컴퓨터활용능력
1급 필기

발 행 일 | 2024년 02월 01일 (1판 1쇄)
I S B N | 979-11-92695-15-0(13000)
정　　가 | 20,000원

집　　필 | 이상미
진　　행 | 김동주
본문디자인 | 디자인앨리스

발 행 처 | (주)아카데미소프트
발 행 인 | 유성천
주　　소 | 경기도 파주시 정문로 588번길 24
홈 페 이 지 | www.aso.co.kr / www.asotup.co.kr

※ 이 책은 저작권법에 따라 보호를 받는 저작물이므로 무단 전재와 무단 복제를 금지하며,
　이 책 내용의 전부 또는 일부를 이용하려면 반드시 ㈜아카데미소프트의 서면동의를 받아야 합니다.

이 책의 구성

PART 01 > 과목별 핵심 요약 정리

시험에 자주 출제되는 핵심적인 내용들을 과목별로 정리하여 주요 내용만 빠르게 학습할 수 있도록 구성하였습니다.

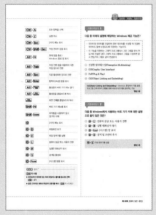

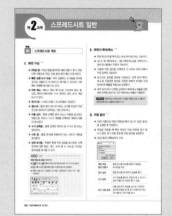

PART 02 > 기출문제

최근에 출제된 기출문제를 수록하여 시험의 전반적인 출제 경향을 빠르게 파악할 수 있도록 구성하였습니다.

PART 03 > 정답 및 해설

기출문제에 관련된 정답 및 해설을 수록하였습니다.

컴퓨터 활용능력 1급 필기 시험안내

1 직무내용

컴퓨터와 주변기기를 이용하고, 인터넷을 사용하는 사무환경에서 스프레드시트, 데이터베이스관리시스템 등의 응용 프로그램을 이용하여 필요한 정보를 수집, 분석, 활용하는 업무를 수행

2 출제기준

① 컴퓨터 일반

주요항목	세부항목	세세항목
컴퓨터 시스템 활용	운영체제 사용	윈도우즈 기본 요소와 기능, 마우스 및 키보드 사용법, 메뉴 및 창 사용법, 시작 메뉴 및 작업 표시줄, 바탕화면의 사용, 폴더 옵션, 폴더 만들기와 사용, 복사/이동/삭제/이름 바꾸기, 휴지통 다루기, 검색 및 실행, 내 PC 및 파일 탐색기, Windows 보조프로그램, 인쇄
	컴퓨터 시스템 설정 변경	시스템 설정, 장치 설정, 전화 설정, 네트워크 및 인터넷 설정, 개인 설정, 앱 설정, 계정 설정, 시간 및 언어 설정, 게임 설정, 접근성 설정, 검색 설정, 개인정보 설정, 업데이트 및 보안 설정
	컴퓨터 시스템 관리	컴퓨터의 원리, 컴퓨터의 기능, 데이터 형태-용도와 규모 등에 의한 분류, 컴퓨터의 성능, 자료의 표현 및 처리 방식, 중앙처리장치, 기억장치, 입출력장치, 기타 장치, 소프트웨어의 개념 및 종류, 각종 유틸리티 프로그램, 운영체제의 기본 개념, 운영체제의 종류, PC 관리 기초지식, PC 응급처치, PC 업그레이드
인터넷 자료 활용	인터넷 활용	인터넷의 개요, 웹 브라우저 사용 및 설정, 인터넷 사용 환경 설정, 웹 프로그래밍 언어, 인터넷 서비스
	멀티미디어 활용	멀티미디어 개요, 멀티미디어 시스템, 멀티미디어 데이터의 종류별 개념 및 특징, 멀티미디어 관련 하드웨어 설정, 멀티미디어 애플리케이션
	최신 정보통신기술 활용	정보통신기술 관련 용어, 모바일 기기 관련 용어
컴퓨터 시스템 보호	정보 보안 유지	정보 윤리 기본, 저작권 보호, 개인정보 보호
	시스템 보안 유지	컴퓨터 범죄의 유형, 컴퓨터 범죄의 예방과 대책, 바이러스의 종류 및 특징, 바이러스의 예방과 치료, 방화벽 및 보안센터, 기타 보안 기능

② 스프레드시트 일반

주요항목	세부항목	세세항목
응용 프로그램 준비	프로그램 환경 설정	프로그램 실행, 프로그램 옵션 설정, 프로그램의 메뉴 및 기능 활용, 창 제어, 화면 인터페이스의 이해 및 활용
	파일 관리	파일의 열기/닫기, 파일의 저장/다른 이름으로 저장 및 저장 옵션, 내보내기, 게시
	통합 문서 관리	시트의 삽입/삭제/선택/숨기기, 시트의 복사/이동, 그룹, 시트 이름 바꾸기, 시트 보호 및 통합 문서 보호, 통합 문서의 공유 및 병합
데이터 입력	데이터 입력	각종 데이터 입력, 일러스트레이션 활용, 이름, 메모 및 노트, 윗주 삽입
	데이터 편집	데이터 편집, 찾기 및 바꾸기, 영역 설정 방식 이해, 서식 설정, 데이터의 복사/이동/삭제, 다양한 붙여넣기 옵션 사용
	서식 설정	기본 서식 지정, 사용자 지정 서식 지정, 조건부 서식 지정, 서식 파일/스타일 사용
데이터 계산	기본 계산식	셀 참조 방식 이해, 수식 입력, 수식 편집, 내장함수를 사용한 수식 입력, 시트 및 통합 문서 간 수식 계산, 오류 메시지 처리
	고급 계산식	사용자 정의 함수, 배열수식 입력
데이터 관리	기본 데이터 관리	데이터 정렬(기본, 사용자 지정), 자동/고급 필터, 텍스트 나누기, 그룹 및 윤곽설정, 중복된 항목 제거, 데이터 유효성 검사
	외부 데이터 관리	외부 데이터 가져오기, 외부 데이터베이스 이용
	데이터 분석	데이터 통합, 데이터 표, 부분합, 목표값 찾기, 시나리오 분석, 피벗 테이블 및 피벗 차트
차트 활용	차트 작성	차트 작성 방법, 차트 종류, 차트 구성 요소
	차트 편집	차트 종류 변경, 차트 구성 요소 편집
출력 작업	페이지 레이아웃 설정	테마 변경, 페이지 설정, 크기 조정, 시트 옵션, 머리글/바닥글 도구 사용
	인쇄 작업	페이지 설정, 인쇄 미리보기 설정, 인쇄 옵션 설정, 프린터 속성 설정
매크로 활용	매크로 작성	매크로의 개념, 매크로의 생성/수정/삭제, 매크로 실행 및 컨트롤 연계
	매크로 편집	매크로 편집, VBA 모듈 작성 및 편집, 사용자 정의 폼 작성 및 편집, 엑셀 객체 이용

③ 데이터베이스 일반

주요항목	세부항목	세세항목
DBMS 파일 사용	데이터베이스 파일 관리	데이터베이스 개념, 데이터베이스 구축 절차, 데이터베이스 구성요소, 데이터베이스 종류, 데이터베이스의 구조, 키(Key)의 개념, 관계도(ERD)의 이해 및 작성, 관계형 모델, 정규화, 새 데이터베이스 파일 생성, 데이터베이스 파일 관리
	인쇄 작업	페이지 설정, 인쇄 미리보기 설정, 인쇄 옵션 설정, 프린터 속성 설정
테이블 활용	테이블 작성	테이블 생성/삭제, 테이블 속성, 필드의 생성/변경/이동/삭제, 필드의 데이터 형식, 필드의 일반 및 조회 속성
	제약요건 설정	제약 요건의 종류 및 의미, 기본 키의 설정 및 특징, 입력 마스크 및 유효성 검사 규칙 등, 인덱스 설정 및 특징, 테이블 간 관계 설정
	데이터 입력	데이터 입력, 데이터 찾기/바꾸기, 레코드 삭제/요약/정렬 등, 외부 데이터 가져오기, 데이터 내보내기, 데이터 수집
쿼리 활용	선택 쿼리 사용	선택 쿼리, 계산 쿼리, 매개 변수 쿼리
	실행 쿼리 사용	테이블 만들기 쿼리, 추가 쿼리/삭제 쿼리, 업데이트 쿼리, 크로스탭 쿼리
	SQL 명령문 사용	Insert/Select/Update/Delete 명령문의 작성 및 실행, Where 절, Order By 절, 연산자 및 함수 활용, Group By ~ Having절, alias 사용
폼 활용	기본 폼 작성	폼 생성 및 삭제, 폼 각 영역의 이해 및 활용, 폭 속성, 연산자 및 함수 활용, 조건부 서식
	컨트롤 사용	컨트롤의 개념 및 종류, 컨트롤의 생성/레이아웃/맞춤/위치/크기/표시 여부, 컨트롤 속성 설정
	기타 폼 작성	폼 분할, 여러 항목, 차트 만들기, 가져오기/내보내기
보고서 활용	기본 보고서 작성	보고서 생성 및 삭제, 보고서 속성, 보고서 각 영역의 이해 및 활용, 그룹화 및 정렬, 요약 정보, 연산자 및 함수 활용, 조건부 서식, 날짜 및 페이지 정보
	컨트롤 사용	컨트롤의 개념 및 종류, 컨트롤의 생성/레이아웃/맞춤/위치/크기/표시 여부, 컨트롤 속성 설정
	기타 보고서 작성	레이블 보고서, 업무 문서 양식 보고서, 우편 엽서 보고서, 페이지 레이아웃, 페이지 설정, 가져오기 및 내보내기
모듈 활용	매크로 함수 사용	매크로의 개념, 매크로의 생성/수정/삭제, 매크로 함수, 매크로 실행 및 컨트롤 연계
	이벤트 프로시저 사용	오브젝트 프로그래밍 개념, 이벤트 프로시저의 생성/수정/삭제, 이벤트 프로시저 실행 및 컨트롤 연계

※ 스프레드시트 함수 출제 범위 (1급)

구분	주요 함수
날짜와 시간함수	DATE, DATEVALUE, DAY, DAYS, EDATE, EOMONTH, HOUR, MINUTE, MONTH, NETWORKDAYS, NOW, SECOND, TIME, TODAY, WEEKDAY, WEEKNUM, WORKDAY, YEAR
논리 함수	AND, FALSE, IF, IFS, IFERROR, NOT, OR, TRUE, SWITCH
데이터베이스 함수	DAVERAGE, DCOUNT, DCOUNTA, DGET, DMAX, DMIN, DPRODUCT, DSTEDEV, DSUM, DVAR
문자열 함수	CONCAT, EXACT, FIND, FIXED, LEFT, LEN, LOWER, MID, PROPER, REPLACE, REPT, RIGHT, SEARCH, SUBSTITUTE, TEXT, TRIM, UPPER, VALUE
수학과 삼각함수	ABS, EXP, FACT, INT, MDETERM, MINVERSE, MMULT, MOD, PI, POWER, PRODUCT, QUOTIENT, RAND, RANDBETWEEN, ROUND, ROUNDDOWN, ROUNDUP, SIGN, SQRT, SUM, SUMIF, SUMIFS, SUMPRODUCT, TRUNC
재무함수	FV, NPV, PMT, PV, SLN, SYD
찾기와 참조함수	ADDRESS, AREAS, CHOOSE, COLUMN, COLUMNS, HLOOKUP, INDEX, INDIRECT, LOOKUP, MATCH, OFFSET, ROW, ROWS, TRANSPOSE, VLOOKUP, XLOOKUP, XMATCH
통계함수	AVERAGE, AVERAGEA, AVERAGEIF, AVERAGEIFS, COUNT, COUNTA, COUNTBLANK, COUNTIF, COUNTIFS, FREQUENCY, GEOMEAN, HARMEAN, LARGE, MAX, MAXA, MEDIAN, MIN, MINA, MODE.SNGL, PERCENTILE.INC, RANK.AVG, RANK.EQ, SMALL, STDEV.S, VAR.S
정보함수	CELL, ISBLANK, ISERR, ISERROR, ISEVEN, ISLOGICAL, ISNONTEXT, ISNUMBER, ISODD, ISTEXT, TYPE

3 시험안내

등급	시험방법	시험과목	출제형태	시험시간	합격기준
1급	필기 시험	컴퓨터 일반 스프레드시트 일반 데이터베이스 일반	객관식 (60문항)	60분	매 과목 100점 만점에 과목당 40점 이상이고, 평균 60점 이상
	※ 운영체제는 Windows 10 버전 기준임 ※ 스프레드시트 및 데이터베이스는 Microsoft Office 2021 버전 기준임				

목 차 CONTENTS

PART 02 > 기출문제

PART 03 > 기출문제 **정답 및 해설**

PART 01

과목별 핵심 요약 정리

1. Windows의 특징 ★★★

- **GUI(Graphic User Interface) 환경을 지원** : 사용자가 마우스를 이용하여 아이콘 등으로 명령을 내리고 작업을 수행하는 방식이다.
- **32비트 및 64비트를 지원** : 64비트의 지원으로 4GB 이상의 RAM을 효율적으로 처리할 수 있다.
- **PnP(Plug & Play)의 지원** : 자동 감지 설치 기능으로 컴퓨터에 장치를 연결하면 자동으로 인식하여 쉽게 장치를 연결하는 기능이다.
- **핫 스왑(Hot Swap)의 지원** : 컴퓨터가 동작하는 상태에서 컴퓨터 시스템에 장치(예 : USB)를 연결하거나 분리하는 기능이다.
- **선점형 멀티태스킹(Preemptive Multitasking)으로 안정성 강화** : 운영체제가 CPU를 선점(CPU 이용 시간)하여 프로그램의 제어권을 가지는 기능으로 멀티태스킹 작업시 안정적인 작업 환경을 지원한다.
- **OLE(Object Linking and Embedding) 기능 지원** : Windows 환경에서 각종 응용 프로그램(앱) 간에 데이터 교환을 위해 서로의 데이터를 공유하는 기능이다.
- **NTFS(NT File System) 파일 시스템의 지원** :
  - 파일 및 폴더에 대한 액세스 제어를 유지하고 제한된 계정을 지원한다.
  - Active Directory 서비스를 제공한다.

> **TIP** 용어
> **Active Directory 서비스** : 사용자, 사용자 그룹, 네트워크 데이터 등을 하나로 통합 관리하는 새로운 인터페이스

  - 하드디스크의 파티션 크기를 256TB까지 지원하여 디스크 공간의 효율적 활용이 가능하다.
  - FAT나 FAT32 파일 시스템보다 성능, 보안, 안전성이 높다.

> **기출지문** 기본적으로 성능, 보안, 안정성 면에서 고급 기능을 제공하는 NTFS 파일 시스템을 사용하여 FAT32는 사용할 수 없다. (X)

- **ReadyBoost를 설정하여 컴퓨터의 속도를 향상** : USB 메모리와 같은 외부 저장 장치를 캐시(cache) 메모리로 활용하여 컴퓨터의 속도를 높이는 기술이다.
- **Windows Defender를 사용하여 컴퓨터 보호** : Windows에 기본적으로 탑재된 백신 프로그램을 사용하여 스파이웨어를 검색 및 제거하고 여러가지 바이러스로부터 컴퓨터를 보호하는 기능이다.
- **에어로 인터페이스 기능** : 에어로 피크, 에어로 스냅, 에어로 쉐이크 등의 기능을 제공한다.

> **TIP** 용어
> ▶ **에어로 피크(Aero Peek)** : 작업 표시줄에서 실행 중인 프로그램을 썸네일 형태로 보여주거나 바탕 화면 미리보기를 제공하는 기능
> ▶ **에어로 스냅(Aero Snap)** : 화면 가장자리로 창을 끌면 자동으로 배열하는 기능
> ▶ **에어로 쉐이크(Aero Shake)** : 창의 제목 표시줄을 흔들면 열려 있던 다른 창이 모두 최소화 되었다가 다시 흔들면 원래대로 복원 되는 기능

2. 바로 가기 키 ★★

바로 가기 키	기능
F1	도움말 표시
F2	선택한 파일이나 폴더의 이름 바꾸기
F3	파일 탐색기의 검색 상자를 선택 파일 또는 폴더 찾기
F4	파일 탐색기의 주소 표시줄로 이동하여 목록 표시
F5	새로 고침
Ctrl + C	복사하기
Ctrl + V	붙여넣기
Ctrl + X	잘라내기

단축키	기능
Ctrl + **A**	모든 항목을 선택
Ctrl + **Z**	실행 취소
Ctrl + **Esc**	[시작] 메뉴 표시
Ctrl + **Shift** + **Esc**	작업 관리자 창을 표시
Alt + **F4**	현재 창을 종료 / Windows 종료 창 표시
Alt + **Tab**	작업 전환 창을 이용하여 다른 작업 창으로 전환
Alt + **Esc**	다음 활성화된 창으로 전환
Alt + **Enter**	항목의 [속성] 창을 표시
Alt + **Space Bar**	활성창의 바로 가기 메뉴 열기
Alt + **Print Screen**	활성창을 클립보드에 복사
Print Screen	화면 전체를 클립보드에 복사
Shift + **F10**	바로 가기 메뉴를 표시
Shift + **Delete**	휴지통을 사용하지 않고 영구히 삭제
⊞	[시작] 메뉴 표시
⊞ + **D**	바탕화면 보기
⊞ + **E**	파일 탐색기를 실행
⊞ + **L**	컴퓨터 잠금 또는 사용자 전환
⊞ + **R**	[실행] 대화상자 표시
⊞ + **S**	검색을 활성화
⊞ + **Pause**	[시스템] 창을 표시

TIP 용어 *
Ctrl 의 사용
▶ 비연속적인 위치에 있는 여러 파일이나 폴더를 동시에 선택 : **Ctrl** + 클릭
▶ 같은 드라이브 내에서 파일이나 폴더를 복사 : **Ctrl** 키 + 드래그

기출따라잡기 **1**

다음 중 아래의 설명에 해당하는 Windows 제공 기능은?

- 데이터와 데이터를 연결하여 원본 데이터를 수정할 때 연결된 데이터도 함께 수정되도록 지원하는 기능이다.
- 이 기능을 지원하는 그래픽 프로그램에서 그린 그림을 문서 편집기에 연결한 경우 그래픽 프로그램에서 그림을 수정하면 문서 편집기의 그림도 같이 변경된다.

① 선점형 멀티태스킹(Preemptive Multitasking)
② GUI(Graphic User Interface)
③ PnP(Plug & Play)
④ OLE(Object Linking and Embedding)

OLE(Object Linking and Embedding) : Windows 환경에서 각종 응용 프로그램 간에 데이터 교환을 위해 서로의 데이터를 공유하는 기능

정답 | ④

기출따라잡기 **2**

다음 중 Windows에서 사용하는 바로 가기 키에 대한 설명으로 옳지 않은 것은?

① **⊞** + **L** : 컴퓨터 잠금 또는 사용자 전환
② **⊞** + **R** : 실행 대화상자 열기
③ **⊞** + **Pause** : [시스템] 창 표시
④ **⊞** + **E** : 장치 및 프린터 추가

⊞ + **E** : 파일 탐색기를 실행

정답 | ④

1. 시작 메뉴

● 설치된 프로그램(앱)들이 메뉴 형태로 등록되어 있다.
● 바로 가기 키 **Ctrl** + **Esc**를 이용하여 호출이 가능하다.
● 프로그램을 클릭한 다음 시작 화면으로 드래그하면 시작 화면에 프로그램을 고정할 수 있다.
● 시작 화면에 고정된 프로그램(앱)에서 마우스 오른쪽 버튼을 누른 후 [시작 화면에서 제거]를 선택하면 제거가 가능하다.

2. 작업 표시줄

● 현재 수행 중인 프로그램들이 표시되는 부분으로 응용 프로그램(앱) 간 작업 전환이 한 번의 클릭으로 가능하다.
● [시작] 단추, 검색 상자, 작업 보기, 작업 표시줄, 숨겨진 아이콘 표시, 시스템 아이콘, 입력 도구 모음, 시간/날짜, 알림 센터, 바탕 화면 보기 등으로 구성된다.
● 작업 표시줄의 위치를 상·하·좌·우로 변경할 수 있다.
● 화면의 50%까지 크기 조절이 가능하다.
● 자동 숨김 기능이 있으며 마우스를 위치시키면 다시 나타난다.

> **기출지문** 작업 표시줄이 항상 나타나지 않도록 숨기기를 설정할 수 있다. (X)

● 작업 표시줄 설정은 [설정]-[개인 설정]-[작업 표시줄]을 클릭한다.
● **작업 표시줄 설정**

작업 표시줄 잠금	작업 표시줄의 이동이나 크기 조절을 잠금
작업 표시줄 자동 숨기기	작업 표시줄을 숨기는 기능으로 작업 표시줄에 마우스를 위치하면 다시 나타남
작은 작업 표시줄 단추 사용	작업 표시줄에 작은 아이콘을 사용하여 나타냄
바탕 화면 미리 보기	[바탕 화면 보기] 단추로 마우스를 가져가면 바탕 화면이 표시되는 기능(에어로 피크)
화면에서의 작업 표시줄 위치	작업 표시줄의 위치를 위, 아래, 왼쪽, 오른쪽으로 지정
작업 표시줄 단추 하나로 표시	항상 레이블 숨기기(기본 설정), 작업 표시줄이 꽉 찼을 때, 안 함을 선택
알림 영역	알림 영역에 표시할 아이콘과 알림을 선택

3. 바로 가기 아이콘

❶ 바로 가기 아이콘의 특징 ★★

● 수행하고자 하는 프로그램을 보다 빠르고 간편하게 실행시킬 수 있는 기능이다.
● 바로 가기 아이콘의 왼쪽 아래에는 화살표 모양의 그림이 표시된다.
● 바로 가기 아이콘의 확장자는 .LNK로 지정된다.
● 파일, 폴더, 디스크 드라이브, 프로그램, 프린터, 네트워크 등의 개체를 바로 가기 아이콘으로 만들 수 있다.
● 바로 가기 아이콘의 이름을 다르게 지정하면 여러 개를 만들 수 있다.
● 바로 가기 아이콘은 이름, 크기, 항목 유형, 수정한 날짜 등의 순으로 정렬하여 표시할 수 있다.
● 바로 가기 아이콘의 속성 창에서 연결된 대상 파일을 변경할 수 있다.
● 바로 가기 아이콘을 이동하거나 삭제해도 원본 대상 파일에는 아무 영향을 주지 않는다.

> **기출지문** 바로 가기를 삭제하면 연결된 실제의 대상 파일도 삭제된다. (X)

❷ 바로 가기 아이콘의 [속성] 창 ★

● 대상 형식, 대상 위치, 대상 등에 관한 연결된 항목의 정보를 확인할 수 있다.
● 연결된 항목을 바로 열 수 있는 바로 가기 키를 지정할 수 있다.
● 바로 가기 아이콘의 디스크 할당 크기를 확인할 수 있다.
● 바로 가기 아이콘을 만든 날짜와 수정한 날짜, 액세스한 날짜 등을 확인할 수 있다.

❸ 바로 가기 아이콘 만들기 ★

● **방법1** : 바탕 화면의 빈 곳에서 마우스 오른쪽 버튼을 눌러 [새로 만들기]-[바로 가기] 메뉴를 선택

- **방법2** : 파일이나 폴더 등을 마우스 오른쪽 버튼을 누른 채 빈 곳으로 드래그한 후 [여기에 바로 가기 만들기] 메뉴를 선택
- **방법3** : [파일 탐색기]에서 파일이나 폴더 등을 Ctrl 과 Shift 키를 누른 채 바탕 화면으로 드래그
- **방법4** : 파일을 Ctrl + C 키로 복사한 후 바탕 화면의 빈 곳에서 마우스 오른쪽 버튼을 눌러 [바로 가기 붙여넣기] 메뉴를 선택

4. 휴지통

❶ 휴지통의 특징 *

- 작업 도중 삭제한 자료들을 임시로 보관해두었다가 필요한 경우 복원이 가능하다.
- 복원하는 경우 경로 지정을 할 수 없으며 자동으로 원래 위치로 복원된다.
- 휴지통에 지정된 최대 크기를 초과하면 보관된 파일 중 가장 오래된 파일부터 자동으로 삭제된다.
- 휴지통에 보관된 파일은 휴지통에서 실행하거나 이름을 변경할 수는 없다.
- 휴지통에 파일이 실제로 저장되는 폴더 위치는 'C:₩$Recycle.Bin'이다.

❷ 휴지통의 [속성] 창 *

- 휴지통의 최대 크기를 변경할 수 있으며, 크기는 각각의 드라이브마다 다르게 지정할 수 있다.
- 파일을 휴지통에 버리지 않고 바로 삭제되도록 설정할 수 있다.
- 파일이나 폴더가 삭제될 때마다 삭제 확인 대화상자가 표시되지 않도록 설정할 수 있다.

❸ 복원이 불가능한 경우 *

- USB 드라이브, 네트워크 드라이브에서 삭제한 경우
- 휴지통 비우기를 한 경우
- [명령 프롬프트] 창에서 삭제한 경우
- Shift + Delete 키로 삭제한 경우
- [휴지통 속성]의 '파일을 휴지통에 버리지 않고 삭제할 때 바로 제거'를 선택한 경우

> **기출지문** USB 드라이브에서 삭제한 파일은 휴지통에서 복원 메뉴로 복원할 수 있다. (X)

기출따라잡기 1

다음 중 바탕 화면에 바로 가기 아이콘을 만들기 위한 방법으로 옳지 않은 것은?

① 바탕 화면의 빈 곳에서 마우스 오른쪽 버튼을 눌러 [새로 만들기]-[바로 가기] 메뉴를 선택한다.

② 파일에서 마우스 오른쪽 버튼을 누른 채 빈 곳으로 드래그한 후 [여기에 바로 가기 만들기] 메뉴를 선택한다.

③ [파일 탐색기]에서 파일을 Ctrl 키를 누른 채 드래그하여 바탕 화면에 놓는다.

④ 파일을 Ctrl + C 키로 복사한 후 바탕 화면의 빈 곳에서 마우스 오른쪽 버튼을 눌러 [바로 가기 붙여넣기] 메뉴를 선택한다.

> - [파일 탐색기]에서 파일을 Ctrl 과 Shift 키를 누른 채 드래그하여 바탕 화면에 놓으면 바로 가기 아이콘이 만들어진다.
> - [파일 탐색기]에서 파일을 Ctrl 키를 누른 채 드래그하여 바탕 화면에 놓으면 파일이 복사된다.
>
> 정답ㅣ③

기출따라잡기 2

다음 중 Windows의 [휴지통]에 관한 설명으로 옳지 않은 것은?

① 휴지통에 지정된 최대 크기를 초과하면 보관된 파일 중 가장 용량이 큰 파일부터 자동 삭제된다.

② 휴지통에 보관된 실행 파일은 복원은 가능하지만 휴지통에서 실행하거나 이름을 변경할 수는 없다.

③ 휴지통 속성에서 파일이나 폴더가 삭제될 때마다 삭제 확인 대화상자가 표시되지 않도록 설정할 수 있다.

④ 휴지통의 파일이 실제 저장된 폴더 위치는 일반적으로 C:₩$Recycle.Bin이다.

> 휴지통에 지정된 최대 크기를 초과하면 보관된 파일 중 가장 오래된 파일부터 자동 삭제된다.
>
> 정답ㅣ①

1. 파일 탐색기

● 컴퓨터에 있는 파일, 폴더 및 드라이브의 계층적 구조를 표시한다.

● 왼쪽에는 탐색 창이 표시되고, 오른쪽에는 폴더 내용 창이 표시된다.

● [실행] 창에서 'explorer'를 입력하고 <확인> 단추를 클릭하여 실행할 수 있다.

● 파일 및 폴더를 복사하거나 이동하고 이름을 바꾸고 검색할 수 있다.

● 문서를 열지 않고 바로 인쇄할 수 있는 인쇄 기능을 제공한다.

TIP 기능 *

[보기] 메뉴의 [자세히]를 선택할 때 볼 수 있는 정보 : 이름, 수정한 날짜, 파일의 유형, 파일의 크기

2. 파일이나 폴더의 선택

● **한 개 선택** : 파일이나 폴더를 클릭

● **연속적으로 여러 개 선택** : 첫번째 파일이나 폴더를 클릭하고 **Shift** 키를 누른 상태로 마지막 파일이나 폴더를 클릭

● **불연속적으로 여러 개 선택** : 첫번째 파일이나 폴더를 클릭하고 **Ctrl** 키를 누른 상태로 클릭

● **전체 선택** : **Ctrl** + **A** 키

3. 복사와 이동

● 복사

바로 가기 키	**Ctrl** + **C** 키 → **Ctrl** + **V** 키
다른 드라이브	원하는 위치로 드래그
같은 드라이브	**Ctrl** 키 + 드래그

● 이동

바로 가기 키	**Ctrl** + **X** 키 → **Ctrl** + **V** 키
다른 드라이브	**Shift** 키 + 드래그
같은 드라이브	원하는 위치로 드래그

4. 연결 프로그램 **

● 문서나 그림 같은 데이터 파일을 더블 클릭할 때 자동으로 실행되는 응용 프로그램(앱)을 의미한다.

● 파일의 바로 가기 메뉴에서 [연결 프로그램]을 선택하면 연결 프로그램을 변경할 수 있다.

● 연결 프로그램이 지정되지 않았을 경우 파일을 더블 클릭하면 연결 프로그램을 선택하기 위한 대화상자가 표시된다.

기출지문 [연결 프로그램] 대화상자에서 연결 프로그램을 삭제하면 연결된 데이터 파일도 함께 삭제된다. (X)

5. 폴더 옵션 *

● 항목을 실행하는 방법과 항목의 표시 여부 등 폴더에 관한 각종 옵션을 지정하는 곳이다.

● 파일 탐색기에서 [보기]-[옵션] 클릭하면 폴더 옵션을 확인할 수 있다.

● [일반] 탭

폴더 찾아보기	같은 창에서 폴더 열기와 새 창에서 폴더 열기를 지정
항목을 다음과 같이 클릭	한 번 클릭해서 열기와 두 번 클릭해서 열기를 지정
개인 정보 보호	· 즐겨찾기에 최근에 사용된 파일 표시 · 즐겨찾기에 최근에 사용된 폴더 표시

● [보기] 탭

폴더 보기	현재 폴더에서 사용하는 보기를 모든 폴더에 적용할지 여부를 지정
고급 설정	· 보호된 운영 체제 파일 숨기기(권장) · 숨김 파일 및 폴더의 표시 유무 · 알려진 파일 형식의 파일 확장명 숨기기 · 제목 표시줄에 전체 경로 표시 여부 등

● [검색] 탭

검색 방법	폴더에서 시스템 파일을 검색할 때 색인 사용 안 함
색인되지 않은 위치 검색 시	· 시스템 디렉토리 포함 · 압축 파일 포함 · 항상 파일 이름 및 내용 검색

6. 파일이나 폴더의 검색 **

● 검색 상자에 찾으려는 파일이나 폴더명을 입력하면 자동으로 필터링 되어 결과가 표시된다.

- 색인을 이용하여 빠르고 정확하게 검색 작업을 할 수 있다.
- '*'나 '?' 등의 와일드 카드 문자(만능 문자)를 사용하여 파일이나 폴더를 검색할 수 있다.
- 검색 내용에 '–'를 붙이면 해당 내용이 포함되지 않은 파일이나 폴더를 검색한다.
- 검색 저장 기능을 이용하면 다음에 사용할 때 원래 검색과 일치하는 최신 파일을 표시해 준다.

TIP 용어

색인(Index) : 색인이란 파일을 검색하는데 필요한 상세 정보를 모아둔 것으로, 이 정보를 통해 빠르고 정확하게 검색 작업을 실시할 수 있다.

7. 시작 프로그램

- Windows가 부팅할 때 자동으로 실행되는 프로그램을 등록하는 공간이다.
- [설정]-[앱]-[시작 프로그램]에서 관리할 수 있다.

8. 레지스트리(Registry) *

- 컴퓨터에 설치된 모든 하드웨어와 소프트웨어의 실행 정보를 관리하는 데이터베이스이다.
- [실행] 또는 [검색 상자]에 'regedit'를 입력하면 레지스트리 편집기를 실행할 수 있다.
- 레지스트리에는 각 사용자의 프로필과 시스템 하드웨어, 설치된 프로그램 및 속성 설정에 대한 정보가 들어 있다.
- 레지스트리 정보는 Windows가 작동하는 동안 지속적으로 참조된다.
- 레지스트리에 문제가 발생하면 시스템 부팅이 안 될 수도 있으므로 편집에 앞서 백업을 해야한다.
- 사용자 프로필과 관련된 부분은 'ntuser.dat' 파일에 저장된다.

기출지문 레지스트리 정보는 Windows의 부팅 시에만 참조된다. (X)

9. Windows 작업 관리자

- 실행 중인 응용 프로그램(앱)이나 프로세스에 대한 정보를 확인할 수 있다.

- 현재 사용되고 있는 메모리, CPU, 디스크 등 리소스에 대한 자세한 정보를 볼 수 있다.
- 컴퓨터에 연결된 사용자 및 작업 상황을 확인할 수 있으며, 둘 이상의 사용자가 연결된 경우 사용자에게 메시지를 보낼 수 있다.
- 현재 네트워크 상태를 보고 네트워크의 이용률을 확인할 수 있다.

기출지문 작업 관리자에서 사용자 계정의 추가와 삭제를 수행할 수 있다. (X)

기출따라잡기 1

다음 중 Windows의 [폴더 옵션]에서 설정할 수 있는 기능에 해당하지 않은 것은?

① 연결 프로그램 변경
② 한 번 클릭해서 열기
③ 항상 파일 이름 및 내용 검색
④ 같은 창에서 폴더 열기

연결 프로그램은 탐색기에서 파일을 선택하고 마우스 오른쪽 버튼을 누른 후 [연결 프로그램]을 선택하여 변경한다.
정답 | ①

기출따라잡기 2

다음 중 파일 탐색기에서 검색 상자를 사용하여 파일이나 폴더를 찾는 방법으로 옳지 않은 것은?

① 검색 상자에서 찾으려는 파일이나 폴더명을 입력하면 자동으로 필터링 되어 결과가 표시된다.
② 검색 내용에 '$'를 붙이면 해당 내용이 포함되지 않은 파일이나 폴더를 검색한다.
③ '*'나 '?' 등의 와일드 카드 문자를 사용하여 파일이나 폴더를 검색할 수 있다.
④ 특정 파일 그룹을 정기적으로 검색하는 경우 검색 저장 기능을 이용하면 다음에 사용할 때 원래 검색과 일치하는 최신 파일을 표시해 준다.

검색 내용에 '–'를 붙이면 해당 내용이 포함되지 않은 파일이나 폴더를 검색한다.
정답 | ②

04 제어판 및 설정

※ 기출문제 위주로 내용을 요약하다보니 [제어판] 기능이 주가 되었습니다. [제어판]을 학습하실 때는 [시작]-[설정]을 클릭하여 Windows 10의 설정에 관련된 여러 기능(시스템, 장치, 개인 설정 등)들을 함께 병행하여 학습하시기 바랍니다.

1. 제어판

- Windows 운영체제의 작업 환경에 도움이 되는 여러 가지 환경 설정 작업을 수행하는 프로그램이다.
- [실행] 창에서 'control'을 입력하거나, [시작]-[Windows 시스템]-[제어판]을 클릭한다.

2. 프로그램 및 기능 ***

- **프로그램 제거** : 사용하지 않는 프로그램(앱)을 제거하거나 하드디스크 공간을 확보하려는 경우 프로그램을 제거한다.(**Win10** : [설정]-[앱]-[앱 및 기능])
- **설치된 업데이트 보기** : 설치된 업데이트를 확인하고 제거하거나 변경한다.(**Win10** : [설정]-[앱]-[앱 및 기능]-[관련 설정]-프로그램 및 기능)
- **Windows 기능 켜기/끄기** : Windows에 포함되어 있는 인터넷 정보 서비스 같은 일부 프로그램(앱) 및 기능을 사용하도록 설정하거나 해제한다.

3. 시스템 *

- Windows 버전, 프로세서(CPU), 설치된 메모리(RAM)의 용량 정보, 시스템 종류(32비트/64비트), 펜 및 터치 사용 여부 등을 확인한다.(**Win10** : [설정]-[시스템]-[정보])
- 컴퓨터 이름, 전체 컴퓨터 이름, 컴퓨터 설명, 작업 그룹, Windows 정품 인증 여부에 대한 정보와 제품키를 변경한다.(**Win10** : [설정]-[시스템]-[정보]-[관련 설정]-이 PC의 이름 바꾸기(고급))

4. 디스플레이 **

- 화면 해상도를 설정할 수 있다.(**Win10** : [설정]-[시스템]-[디스플레이])
- 화면에 표시되는 텍스트 크기 및 기타 항목을 변경할 수 있다.

- 디스플레이의 방향을 가로, 세로, 가로(대칭 이동), 세로(대칭 이동)로 지정할 수 있다.

5. 개인 설정 **

- 바탕 화면의 배경, 창 색, 소리 등을 한 번에 변경할 수 있는 테마를 선택할 수 있다.(**Win10** : [설정]-[개인 설정]-[테마])
- 바탕 화면의 배경 화면을 사진, 단색, 슬라이드 쇼 중에서 설정할 수 있다.(**Win10** : [설정]-[개인 설정]-[배경])
- 잠금 화면의 배경을 사진이나 슬라이드 쇼 중에서 설정할 수 있으며 화면 보호기를 설정할 수 있다.(**Win10** : [설정]-[개인 설정]-[잠금 화면])
- 바탕 화면에 표시되는 아이콘을 변경할 수 있다.(**Win10** : [설정]-[개인 설정]-[테마]-[관련 설정]-바탕 화면 아이콘 설정)

> **기출지문** [개인 설정]을 이용하여 바탕 화면에 시계, 일정, 날씨 등과 같은 가젯을 표시하도록 설정할 수 있다. (X)

6. 마우스 *

(**Win10** : [설정]-[장치]-[마우스]-[관련 설정]-추가 마우스 옵션)

[단추] 탭	· 오른쪽 단추와 왼쪽 단추 기능 바꾸기 · 두 번 클릭 속도 · 클릭 잠금 등을 설정
[포인터] 탭	마우스 구성표와 포인터 지정 및 포인트 그림자 사용 등을 설정
[포인터 옵션] 탭	· 포인터 속도 선택 · 포인터 자국 표시 · 입력할 때 마우스 숨기기 · **Ctrl** 키를 누르면 마우스 위치 표시 등을 설정
[휠] 탭	휠을 한 번 돌리면 스크롤할 양과 휠을 상하로 이동할 때 스크롤할 문자의 수를 설정
[하드웨어] 탭	사용하고 있는 마우스 장치의 이름, 종류, 장치 속성 등을 표시

7. 키보드 ★★

(Win10 : [설정]-[접근성]-[키보드])

● 키 재입력 시간을 조절할 수 있다.

● 키 반복 속도를 조절할 수 있다.

● 커서 깜박임 속도를 조절할 수 있다.

> **기출지문** [제어판]-[키보드]에서 입력 위치를 표시하는 커서의 모양을 선택할 수 있다. (X)

8. 사용자 계정 ★★

● 사용자 계정의 사진 변경, 계정 유형 변경, 다른 계정 관리, 사용자 계정 컨트롤 설정 변경 등이 가능하다. (Win10 : [설정]-[계정]-[가족 및 다른 사용자])

관리자 계정	· 소프트웨어(앱)나 하드웨어를 설치하고 모든 파일에 액세스할 수 있음 · 다른 사용자 계정도 변경이 가능
표준 계정	· 소프트웨어(앱) 및 하드웨어를 설치하거나 제거 할 수는 없고, 설치된 프로그램은 실행 가능함 · 다른 사용자나 컴퓨터 보안에 영향을 주는 설정은 할 수 없음

> **TIP 용어** ★
>
> **사용자 계정 컨트롤(UAC ; User Account Control) :** 프로그램에서 관리자 수준의 권한이 필요한 변경 작업을 수행할 때 이를 사용자 에게 알려 컴퓨터를 제어할 수 있도록 도와주는 기능이다.

9. 장치 관리자 ★

● 장치들의 드라이버를 식별하고, 설치된 장치 드라이 버에 대한 정보를 알 수 있다. (Win10 : [설정]-[시스템]-[정보]-[관련 설정]-장치 관리자)

● 장치 드라이버를 업데이트할 수 있다.

● 하드웨어가 올바르게 작동하는지 확인할 수 있다.

10. 관리 도구 ★

● 제어판의 폴더이며 Windows 관리를 위한 도구로 시스템 관리자 및 고급 사용자용 도구가 포함된다. (Win10 : [시작]-[Windows 관리 도구])

● [컴퓨터 관리]-[디스크 관리]에서 볼륨 확장·축소· 삭제, 드라이브 문자 변경, 포맷 실행 등을 할 수 있다.

● 분석 및 디버그 로그 표시는 [이벤트 뷰어]의 [보기]- [분석 및 디버그 로그 표시]를 선택한다.

11. 글꼴 ★

● 글꼴 파일은 TTF, OTF, FON 등의 확장자를 가진다. (Win10 : [설정]-[개인 설정]-[글꼴])

● 시스템에서 사용하는 글꼴은 C:₩Windows₩Fonts 폴더에 파일 형태로 저장되어 있다.

● TrueType 글꼴과 OpenType 글꼴을 제공하며, 프로 그램이나 프린터에서 작동한다.

12. 네트워크 및 공유센터

● 네트워크 기능을 이용하여 파일, 드라이브, 프로그램과 주변 장치들을 공유할 수 있다. (Win10 : [설정]-[네트워 크 및 인터넷]-[상태]-[네트워크 및 공유 센터])

● TCP/IP 속성(Win10 : [설정]-[네트워크 및 인터넷]-[상 태]-[어댑터 옵션 변경]-이더넷 바로 가기 메뉴 [속성]- 인터넷 프로토콜 버전 4(TCP/IPv4) 더블 클릭)

IP 주소	현재 컴퓨터에 설정된 IP 주소
서브넷 마스크	IP 주소의 네트워크 부분과 호스트 부분을 구별하여 하나의 IP를 여러 개로 나누어서 사용
기본 게이트웨이	프로토콜이 서로 다른 통신망을 상호 접속 하기 위한 장치
DNS 서버 주소	도메인 네임을 숫자로 된 IP 주소로 변환 하는 DNS 서버의 IP 주소

● [네트워크 설정 변경]에서 '새 연결 또는 네트워크 설정' 의 연결 옵션 ★

- 인터넷에 연결하기 위해 무선 또는 광대역 연결을 설정할 수 있다.

- 새 네트워크를 설정할 수 있다.

- 네트워크에 수동으로 연결할 수 있다.

- 회사로 연결하기 위해 전화 접속 또는 VPN 연결을 설정할 수 있다.

> **TIP 기능**
>
> **고급 공유 설정 :** 네트워크 검색, 파일 및 프린터 공유, 공용 폴더 공유, 미디어 스트리밍, 파일 공유 연결, 암호로 보호된 공유

기출따라잡기 **1**

다음 중 Windows [제어판]의 [프로그램] 범주에서 할 수 있는 작업에 관한 설명으로 옳지 않은 것은?

① [프로그램 제거]를 이용하여 프로그램(앱)을 제거할 수 있으며, 삭제된 프로그램 파일을 복원할 수도 있다.

② [설치된 업데이트 보기]를 이용하면 설치된 업데이트를 제거할 수 있다.

③ [Windows 기능 켜기/끄기]를 이용하여 Windows에 포함되어 있는 인터넷 정보 서비스 같은 일부 프로그램 및 기능을 사용하도록 설정하거나 해제할 수 있다.

④ [기본 프로그램 설정]을 이용하면 모든 파일 형식 및 프로토콜을 열 수 있는 기본 프로그램을 설정할 수 있다.

[프로그램 제거]를 이용하여 프로그램을 제거할 수는 있지만 삭제된 프로그램 파일을 복원할 수는 없다.

정답 | ①

기출따라잡기 **2**

다음 중 컴퓨터 변경 내용에 대한 알림 조건을 선택할 수 있는 사용자 계정 컨트롤(UAC) 설정에 대한 설명으로 옳지 않은 것은?

① 유해한 프로그램이나 불법 사용자가 컴퓨터 설정을 임의로 변경하지 못하도록 제어하는 기능이다.

② 표준 사용자 계정에서는 [사용자 계정 컨트롤 설정] 창에서 관리자 계정의 암호를 입력해야 UAC의 알림 빈도를 제어할 수 있다.

③ UAC를 '항상 알림'으로 설정하는 것이 가장 안전한 설정이며, 프로그램에서 관리자 수준 권한이 필요한 컴퓨터 변경 작업을 수행하거나 사용자가 직접 Windows 설정을 변경할 때 알림이 표시된다.

④ UAC를 기본값으로 설정하는 경우 프로그램에서 사용자 모르게 컴퓨터를 변경하려는 경우에만 알림이 표시되며, 사용자가 직접 Windows 설정을 변경하는 경우에는 알림이 표시되지 않는다.

표준 사용자 계정에서는 [사용자 계정 컨트롤 설정] 창이 열리지 않으므로 UAC의 알림 빈도를 설정할 수 없다.

정답 | ②

핵심 05 보조 프로그램 및 프린터 설정

1. 메모장 *

● 텍스트 파일이나 웹 페이지를 편집하는 간단한 편집기이다.

● [실행] 창에서 'Notepad'를 입력하거나 [시작]-[Windows 보조 프로그램]-[메모장]을 클릭한다.

● 기본 확장자는 *.txt이다.

● 그림 파일이나 차트 등의 OLE 개체는 삽입할 수 없다.

● 첫 줄 왼쪽에 .LOG를 입력하면 문서를 열 때 현재의 시간과 날짜를 자동으로 삽입한다.

● 글꼴, 글꼴 스타일, 크기의 변경은 가능하나 글자색은 지원되지 않는다.

● 자동 줄 바꿈, 찾기, 바꾸기 기능을 제공한다.

● [편집]-[이동] 메뉴를 이용하면 문서의 특정 줄로 이동할 수 있으나, 자동 줄 바꿈이 설정된 경우에는 이동 명령을 사용할 수 없다.

● 머리글과 바닥글을 설정하여 문서의 위쪽과 아래쪽 여백에 원하는 텍스트를 반복적으로 인쇄할 수 있다.

2. 명령 프롬프트 **

● MS-DOS 명령 및 기타 컴퓨터 명령을 텍스트 기반으로 실행한다.

● [실행] 창에서 'cmd'를 입력하고 [확인]을 클릭한다.

● [명령 프롬프트] 창에서 표시되는 텍스트를 복사하여 메모장에 붙여 넣을 수 있다.

● [명령 프롬프트] 창에서 'exit'를 입력하여 종료할 수 있다.

기출지문 [명령 프롬프트]는 [실행] 창에서 'command'를 입력하여 실행할 수 있다. (X)

3. 그림판

● Windows에서 기본으로 제공하는 그림 편집 프로그램이다.

● 기본 확장자는 *.png이다.

● *.bmp, *.jpg, *.gif, *.tif, *.dib 등으로 저장이 가능하다.

4. 기본 프린터

- 프린터를 설정하지 않을 경우 자동으로 인쇄 작업을 처리하는 프린터이다.
- 기본 프린터에는 프린터를 확인할 수 있는 표시가 나타난다.
- 기본 프린터는 한 대만 지정할 수 있으며 다른 프린터로 변경이 가능하다.
- 기본 프린터로 설정된 프린터도 삭제가 가능하다.
- **방법1** : [제어판]-[장치 및 프린터]에서 기본 프린터로 지정할 프린터에서 마우스 오른쪽 버튼을 누른 후 '기본 프린터로 설정'을 클릭한다.(**Win10** : [설정]-[장치]-[관련 설정]-장치 및 프린터)
- **방법2** : [설정]-[장치]-[프린터 및 스캐너]에서 기본 프린터로 지정할 프린터를 선택한 후 [관리]-[기본값으로 설정]을 클릭한다.

5. 프린터 설치

- 설치할 프린터 유형은 로컬 프린터와 네트워크, 무선 또는 Bluetooth 프린터 중에서 하나를 선택할 수 있다.
- Bluetooth 프린터를 설치하려면 컴퓨터에 Bluetooth 무선 어댑터를 연결하거나 켠 후 [프린터 추가 마법사]를 실행한다.
- 로컬 프린터 설치 시 프린터가 USB(범용 직렬버스) 모델인 경우에는 프린터를 컴퓨터에 연결하면 Windows에서 자동으로 검색하고 설치한다.
- **방법1** : [제어판]-[장치 및 프린터]에서 '프린터 추가'를 클릭하여 원하는 프린터를 설치한다.(**Win10** : [설정]-[장치]-[관련 설정]-장치 및 프린터)
- **방법2** : [설정]-[장치]-[프린터 및 스캐너]에서 '프린터 또는 스캐너 추가'를 클릭하여 원하는 프린터를 설치한다.

6. 인쇄 관리자 사용

- 인쇄가 실행될 때 작업 표시줄의 알림 영역에 프린터 모양의 아이콘을 더블클릭하여 인쇄 관리자 창을 열 수 있다.
- 인쇄 대기 중인 문서의 출력 대기 순서를 임의로 변경할 수 있다.

- 인쇄 작업에 들어간 것도 중간에 강제로 종료시킬 수 있다.
- 인쇄 대기 중인 문서를 삭제할 수 있다.

7. 프린터 스풀(SPOOL)

- 인쇄 도중에도 다른 작업을 할 수 있는 병행 처리 기능이다.
- 프린터에서 인쇄를 하기 전에 인쇄 내용을 하드디스크에 임시로 보관하는 것이다.
- [프린터 속성] 대화상자의 [고급] 탭에서 설정한다.

> **기출지문** 기본 프린터에 스풀 기능이 설정되어 있을 경우 인쇄 속도가 빨라진다. (X)

8. 프린터 공유

- **방법1** : [제어판]-[장치 및 프린터]에서 공유할 프린터를 선택한 후 바로 가기 메뉴의 [프린터 속성]을 클릭한 다음 [공유] 탭에서 설정한다.(**Win10** : [설정]-[장치]-[관련 설정]-장치 및 프린터)
- **방법2** : [설정]-[장치]-[프린터 및 스캐너]에서 공유할 프린터를 선택한 후 [관리]-[프린터 속성]을 클릭한 다음 [공유] 탭에서 설정한다.
- 프린터 한 대를 공유하여 여러 대의 컴퓨터에서 사용할 수 있다.
- 같은 네트워크에서 여러 대의 프린터 공유가 가능하다.
- 공유 프린터 설정 시 프린터가 연결된 컴퓨터의 전원이 켜져 있어야 프린터의 사용이 가능하다.

다음 중 Windows의 [메모장]에 관한 설명으로 옳지 않은 것은?

① 텍스트 파일이나 웹 페이지를 편집하는 간단한 도구로 사용할 수 있다.

② [이동] 명령으로 원하는 줄 번호를 입력하여 문서의 특정 줄로 이동할 수 있으며, 자동 줄 바꿈이 설정된 경우에도 이동 명령을 사용할 수 있다.

③ 특정 문자나 단어를 찾아서 바꾸거나, 창 크기에 맞추어 텍스트 줄을 바꾸어 문서의 내용을 표시할 수 있다.

④ 머리글과 바닥글을 설정하여 문서의 위쪽과 아래쪽 여백에 원하는 텍스트를 표시하여 인쇄할 수 있다.

자동 줄 바꿈이 설정된 경우에는 [편집]-[이동] 명령이 활성화되지 않는다.
정답 | ②

다음 중 Windows에 설치된 기본 프린터에 관한 설명으로 옳지 않은 것은?

① 프로그램에서 사용할 프린터를 지정하지 않고 인쇄 명령을 내렸을 때 컴퓨터가 자동으로 문서를 보내는 프린터이다.

② 여러 개의 프린터가 설치된 경우 네트워크 프린터와 로컬 프린터 각각 1대씩을 기본 프린터로 설정할 수 있다.

③ 현재 설정되어 있는 기본 프린터를 다른 프린터로 변경할 수 있다.

④ 기본 프린터로 설정된 프린터도 삭제할 수 있다.

기본 프린터는 네트워크 프린터와 로컬 프린터 모두 설정이 가능하지만 한 번에 1대만을 기본 프린터로 설정할 수 있다.
정답 | ②

핵심
06 컴퓨터의 발전 과정과 분류

1. 컴퓨터의 발전 과정

❶ 기계식 계산기

파스칼의 계산기(덧셈과 뺄셈 가능) → 라이프니츠의 계산기(사칙연산이 가능) → 배비지의 차분 기관 → 배비지의 해석 기관(현재 디지털 컴퓨터의 모체) → 홀러리스의 천공 카드 시스템(일괄 처리의 효시) → 에이컨의 MARK-1(최초의 기계식 자동 계산기)

❷ 전자식 계산기 *

● **에니악(ENIAC)** : 최초의 전자식 계산기

● **에드삭(EDSAC)** : 최초로 프로그램 내장 방식을 도입

● **유니박(UNIVAC-I)** : 최초의 상업용 전자계산기

● **에드박(EDVAC)** : 폰 노이만이 제작, 프로그램 내장 방식

❸ 컴퓨터의 세대별 발전과 특징 **

● **1세대**
 - 주요 소자 : 진공관
 - 하드웨어 개발 중심
 - 기계어, 어셈블리어의 사용
 - 일괄 처리 시스템

● **2세대**
 - 주요 소자 : 트랜지스터
 - 운영체제(OS) 등장
 - 실시간 처리 시스템

● **3세대**
 - 주요 소자 : 집적 회로(IC)
 - 시분할 처리 시스템
 - 다중 처리 시스템

● **4세대**
 - 주요 소자 : 고밀도 집적 회로(LSI)
 - 개인용 컴퓨터 개발
 - 네트워크의 발전

● **5세대**
 - 주요 소자 : 초고밀도 집적 회로(VLSI)
 - 인공 지능 연구
 - 전문가 시스템
 - 퍼지 이론

이 정도만 공부해도 자격증딴다!

기출지문 일괄 처리 시스템은 3세대 이후의 특징이다. (X)

2. 컴퓨터의 분류

❶ 데이터 형태에 따른 분류 *

분류	디지털 컴퓨터	아날로그 컴퓨터
데이터 형태	문자, 숫자 등의 이산적인 데이터	온도, 전류, 전압 등의 연속적인 물리량
구성 회로	논리 회로	증폭 회로
주요 연산	사칙 연산	미적분 연산
연산 속도	느림	빠름
정밀도	필요한 한도까지	제한적
프로그램	필요	필요 없음
목적	범용 컴퓨터	과학 연구 등의 특수 목적용 컴퓨터

TIP 용어

하이브리드 컴퓨터 : 디지털 컴퓨터와 아날로그 컴퓨터의 장점을 조합한 컴퓨터

❷ 사용 목적에 따른 분류

전용 컴퓨터	· 특수한 목적으로 사용 · 과학 기술, 군사용, 산업용 등
범용 컴퓨터	· 다양한 분야에서 여러 가지 목적으로 사용 · 문서 작성, 사무 처리, 게임 등

❸ 처리 능력에 따른 분류

● **개인용 컴퓨터(마이크로 컴퓨터)** : 데스크톱과 휴대용 (노트북, 랩톱, 팜톱)으로 분류

● **워크스테이션** : 네트워크에서 서버 역할

● **중형 컴퓨터(미니 컴퓨터)** : 기업체나 학교, 연구소에서 사용

● **대형 컴퓨터(메인 프레임)** : 은행이나 정부 기관, 대학 등에서 사용

● **슈퍼 컴퓨터** : 기상 관측 및 예보, 우주 및 항공 분야 등에 사용

기출따라잡기 **1**

다음 중 컴퓨터의 발전 과정으로 3세대 이후의 특징에 해당하지 않는 것은?

① 개인용 컴퓨터의 사용

② 전문가 시스템

③ 일괄 처리 시스템

④ 집적 회로의 사용

① 4세대, ② 5세대, ③ 1세대, ④ 3세대

정답 | ③

기출따라잡기 **2**

다음 중 아날로그 컴퓨터와 비교하여 디지털 컴퓨터의 특징으로 옳지 않은 것은?

① 데이터의 각 자리마다 0 혹은 1의 비트로 표현한 이산적인 데이터를 처리한다.

② 데이터 처리를 위한 명령어들로 구성된 프로그램에 의해 동작된다.

③ 온도, 전압, 진동 등과 같이 연속적으로 변하는 데이터를 효율적으로 처리할 수 있다.

④ 산술 및 논리 연산을 처리하는 회로에 기반을 둔 범용 컴퓨터로 사용된다.

· 디지털 컴퓨터는 숫자, 문자 등과 같이 이산적으로 변하는 데이터를 효율적으로 처리한다.
· 아날로그 컴퓨터는 온도, 전압, 진동 등과 같이 연속적으로 변하는 데이터를 효율적으로 처리한다.

정답 | ③

자료의 표현

1. 자료의 표현 단위 *

- **비트(Bit)** : 정보 표현의 최소 단위로 2진수 0 또는 1로 표현된다.
- **니블(Nibble)** : 4Bit로 구성되며, 1니블로 표현할 수 있는 정보의 수는 2^4(16)개이다.
- **바이트(Byte)** : 문자를 표현하는 기본 단위로 8Bit로 구성되며, 1바이트로 표현할 수 있는 정보의 수는 2^8(256)개이다.
- **워드(Word)** : 컴퓨터 내부의 명령 처리 단위로, Half Word(2Byte), Full Word(4Byte), Double Word(8Byte)로 구성된다.
- **필드(Field)** : 파일 구성의 최소 단위로 항목 또는 아이템이라고 한다.
- **레코드(Record)** : 하나 이상의 필드가 모여서 구성된 단위로 자료 처리의 기본 단위이다.
- **파일(File)** : 관련된 레코드의 집합으로 디스크의 저장 단위이다.
- **데이터베이스(Database)** : 연관된 파일의 집합으로 중복을 최소화시킨다.

TIP 용어
- ▶ **물리적 구성 단위** : 비트(Bit)-니블(Nibble)-바이트(Byte)-워드(Word)
- ▶ **논리적 구성 단위** : 필드(Field)-레코드(Record)-파일(File)-데이터베이스(Database)

2. 기억 용량과 계산 속도 단위 *

- **기억 용량의 단위** : KB(2^{10}Byte) → MB(2^{20}Byte) → GB(2^{30}Byte) → TB(2^{40}Byte) → PB(2^{50}Byte) → EB(2^{60}Byte)
- **계산 속도의 단위** : ms(10^{-3}) → μs(10^{-6}) → ns(10^{-9}) → ps(10^{-12}) → fs(10^{-15}) → as(10^{-18})

3. 숫자의 표현 *

```
                                    ┌ 팩 형식
                      ┌ 10진 연산 ──┤
              ┌ 정수 ─┤             └ 언팩 형식
숫자의 표현 ──┤       └ 2진 연산
              └ 실수 ──── 부동 소수점 방식
```

- 2진 정수 데이터는 실수 데이터보다 표현할 수 있는 범위가 작으며 연산 속도는 빠르다.
- 10진 연산을 위하여 팩(Pack) 형식과 언팩(Unpack) 형식을 사용한다.
- 실수를 표현하는 부동 소수점 방식은 부호(1bit), 지수부, 가수부로 구분하여 표현한다.

기출지문 실수형 데이터는 정해진 크기에 부호(1bit)와 가수부(7bit)로 구분하여 표현한다. (X)

TIP 용어 *

보수(Complement)
- ▶ 컴퓨터 연산에서 덧셈 연산을 이용하여 뺄셈을 수행하기 위해 사용한다.
- ▶ N진법에는 N−1의 보수와 N의 보수가 존재한다.
- ▶ 2진수는 1의 보수와 2의 보수가 존재한다.

1의 보수	0을 1로, 1을 0으로 바꾼다. 예) 2진수 1010 → 0101
2의 보수	1의 보수에 1을 더하거나 오른쪽에서 시작해서 첫 번째 1까지는 그대로 두고 나머지는 0을 1로, 1을 0으로 바꾼다. 예) 2진수 1010 → 0110

4. 문자의 표현 ★★★★

❶ BCD 코드

- 6비트를 사용하며 2비트의 존 부분과 4비트의 디지트 부분으로 구성된다.
- 2^6(64)가지의 문자를 표현할 수 있으며, 영문 소문자는 표현할 수 없다.

❷ ASCII 코드

- 7비트를 사용하며 3비트의 존 부분과 4비트의 디지트 부분으로 구성된다.
- 2^7(128)가지의 문자 표현이 가능하며 주로 개인용 컴퓨터와 데이터 통신에서 사용된다.

❸ EBCDIC 코드 ★★★★

- 확장 이진화 10진 코드로 BCD 코드를 확장한 형태이다.
- 8비트를 사용하며 4비트의 존 부분과 4비트의 디지트 부분으로 구성된다.
- 2^8(256)가지의 문자 표현이 가능하며 특수 문자 및 소문자 표현이 가능하다.

❹ 유니코드(unicode) ★★★★

● 컴퓨터에서 세계 각국의 언어를 통일된 방법으로 표현할 수 있도록 고안된 국제 표준 코드이다.

● 한글, 한자, 영문, 숫자 모든 글자를 16비트(2바이트)로 표현할 수 있다.

● 한글은 조합형, 완성형, 옛글자 모두를 표현할 수 있으며, 최대 65,536자의 글자를 코드화할 수 있다.

> **기출지문** 유니코드는 8비트 문자 코드인 아스키(ASCII) 코드를 32비트로 확장하여 전 세계의 모든 문자를 표현하는 표준 코드이다. (X)

5. 에러 검출 및 교정 코드

❶ 패리티 비트

● 에러 검출만 가능하고 교정은 불가능한 코드

● **짝수 패리티** : 전체 비트에서 1의 개수가 짝수가 되도록 패리티 비트를 정하는 방법

● **홀수 패리티** : 전체 비트에서 1의 개수가 홀수가 되도록 패리티 비트를 정하는 방법

❷ 해밍 코드

에러 검출과 단일 비트의 에러 교정이 가능한 코드

❸ CRC(순환 중복 검사)

집단 에러에 대한 에러 검출이 가능한 코드

❹ BSC(블록합 검사)

패리티 검사의 단점을 보완한 방식의 코드

❺ 정 마크 부호 방식

패리티 검사가 자체적으로 이루어지는 방식의 코드

기출따라잡기 1

다음 중 컴퓨터에서 사용하는 데이터의 논리적 구성 단위를 작은 것에서 큰 것 순으로 바르게 나열한 것은?

① 비트(Bit) - 바이트(Byte) - 레코드(Record) - 워드 (Word)

② 워드(Word) - 필드(Field) - 바이트(Byte) - 레코드 (Record)

③ 워드(Word) - 필드(Field) - 파일(File) - 레코드 (Record)

④ 필드(Field) - 레코드(Record) - 파일(File) - 데이터베이스 (Database)

> • **논리적 구성 단위** : 필드(Field) - 레코드(Record) - 파일(File) - 데이터베이스(Database)
> • **물리적 구성 단위** : 비트(Bit) - 니블(Nibble) - 바이트(Byte) - 워드(Word)
>
> **정답 | ④**

기출따라잡기 2

다음 중 컴퓨터에서 문자를 표현하는 코드 체계에 대한 설명으로 옳지 않은 것은?

① BCD 코드 : 64가지의 문자를 표현할 수 있으나 영문 소문자는 표현 불가능하다.

② Unicode : 세계 각국의 언어를 4바이트 체계로 통일한 국제 표준 코드이다.

③ ASCII 코드 : 128가지의 문자를 표현할 수 있으며, 주로 데이터 통신용이나 PC에서 많이 사용된다.

④ EBCDIC 코드 : BCD 코드를 확장한 코드 체계로 256가지의 문자를 표현할 수 있다.

> **Unicode** : 컴퓨터에서 세계 각국의 언어를 16비트(2바이트)로 표현할 수 있는 국제 표준 코드
>
> **정답 | ②**

1. 중앙처리장치(CPU ; Central Processing Unit)

● 명령어의 해석과 자료의 연산, 비교 등의 처리를 제어하는 컴퓨터 시스템의 핵심적인 장치이다.

● 중앙처리장치는 제어장치, 연산장치, 레지스터로 구성된다.

제어장치	· 모든 장치들의 동작을 지시하고 제어하는 장치 · 프로그램 카운터, 명령 레지스터, 부호기, 명령 해독기, 번지 해독기 등으로 구성
연산장치	· 명령을 실행하기 위해 마이크로 연산을 수행하는 장치로 구성 · 가산기, 보수기, 누산기 등으로 구성
레지스터	· 프로그램을 실행하는데 필요한 명령이나 데이터를 임시로 보관하는 기억 장소 · 플립플롭(Flip-Flop)이나 래치(Latch)를 직렬 또는 병렬로 연결

2. 레지스터 ***

● **프로그램 계수기, 프로그램 카운터(PC)** : 다음에 실행할 명령어의 번지를 기억하는 레지스터

● **명령 레지스터(IR)** : 현재 실행 중인 명령어를 기억하는 레지스터

● **메모리 번지 레지스터(MAR)** : 주기억장치에 저장된 데이터의 번지를 기억하는 레지스터

● **메모리 버퍼 레지스터(MBR)** : 주기억장치에 저장된 데이터를 기억하는 레지스터

● **명령 해독기(Decoder)** : 명령 레지스터에 있는 명령어를 해독하는 레지스터

● **부호기(Encoder)** : 해독된 명령에 따라 각 장치로 보낼 제어 신호를 생성하는 회로

● **누산기(Accumulator)** : 연산 결과를 일시적으로 저장하는 레지스터

● **데이터 레지스터(Data Register)** : 연산에 사용될 데이터를 기억하는 레지스터

● **상태 레지스터(Status Register)** : 다양한 산술 연산 결과의 상태를 알려주는 레지스터

● **보수기(Complementor)** : 뺄셈을 수행하기 위해 입력된 값을 보수로 변환하는 회로

3. 성능 평가 단위

● **MIPS(Million Instruction Per Second)** : 1초 동안에 처리할 수 있는 명령의 개수를 100만 단위로 표시한다.

● **FLOPS(FLoating point Operations Per Second)** : 1초 동안에 처리할 수 있는 부동 소수점 연산의 횟수이다.

● **클록(Clock)** *
  - 컴퓨터는 전류가 흐르는 상태(ON)와 흐르지 않는 상태(OFF)가 반복되어 작동하는데, 이 전류의 흐름을 클록 주파수라 한다.
  - 클록 주파수가 높을수록 연산 속도가 빠르다.
  - 클록 속도의 단위로는 Hz를 사용하며, 1Hz는 1초 동안 1번의 주기가 반복되는 것을 의미한다. (1GHz는 1,000,000,000Hz를 의미하며, 1초 동안 1,000,000,000번의 주기가 반복되는 것을 의미한다.)

> **기출지문** CPU는 클럭 주기에 따라 명령을 수행하며 클럭 주파수가 적을수록 연산 속도가 빠르다고 할 수 있다. (X)

4. 마이크로프로세서(Microprocessor) **

● 마이크로프로세서는 제어장치, 연산장치, 레지스터가 하나의 반도체 칩에 내장된 장치이다.

● 개인용 컴퓨터의 중앙처리 장치로 사용되며, 작은 규모의 임베디드 시스템이나 휴대용 기기에도 사용된다.

> **TIP** 용어
> **임베디드 시스템(Embedded System)** : 특정 기능을 수행하기 위하여 전체 장치의 일부분으로 내장되는 전자 시스템

> **기출지문** 제어장치, 연산장치, 주기억장치가 하나의 반도체 칩에 내장된 장치이다. (X)

● 마이크로프로세서의 설계 방식 *

CISC (Complex Instruction Set Computer)	· 많은 종류의 명령어와 주소 지정 모드 지원 · 프로그램 구현이 수월하나 처리 속도가 느림 · 생산 가격이 비싸고 소비 전력이 높음 · 개인용 컴퓨터(PC)에 주로 사용
RISC (Reduced Instruction Set Computer)	· 적은 종류의 명령어와 주소 지정 모드를 지원 · 프로그램 구현이 어려우나 처리 속도가 빠름 · 생산 가격이 싸고 소비 전력이 낮음 · 성능이 좋은 그래픽용이나 워크스테이션에서 주로 사용

기출따라잡기 **1**

다음 중 컴퓨터의 제어장치에 있는 레지스터에 관한 설명으로 옳지 않은 것은?

① 다음번에 실행할 명령어의 번지를 기억하는 프로그램 계수기(PC)가 있다.
② 현재 실행 중인 명령어를 기억하는 명령 레지스터(IR)가 있다.
③ 명령 레지스터에 있는 명령어를 해독하는 명령 해독기(Decoder)가 있다.
④ 해독된 데이터의 음수 부호를 검사하는 부호기(Encoder)가 있다.

부호기(Encoder) : 해독된 명령에 따라 각 장치로 보낼 제어 신호를 생성하는 회로

정답 | ④

기출따라잡기 **2**

다음 중 컴퓨터를 구성하는 CPU와 관련된 RISC 프로세서에 대한 설명으로 옳지 않은 것은?

① CISC 프로세서에 비해 주소 지정 모드와 명령어의 종류가 적다.
② CISC 프로세서에 비해 프로그래밍이 어려운 반면 처리 속도가 빠르다.
③ CISC 프로세서에 비해 생산 가격이 비싸고 소비 전력이 높다.
④ 고성능의 워크스테이션이나 그래픽용 컴퓨터에 많이 사용된다.

RISC 프로세서는 CISC 프로세서에 비해 생산 가격이 싸고 소비 전력이 낮다.

정답 | ③

핵심 09 기억장치

1. 주기억장치

❶ ROM(Read Only Memory) *

● 전원이 꺼져도 기억된 내용이 사라지지 않는 비휘발성 메모리로 읽기만 가능하다.
● 컴퓨터의 기본적인 입출력 프로그램(BIOS), 자가진단(POST) 프로그램 등의 펌웨어(Firmware)가 저장되어 있어 부팅 시 실행된다.

TIP 용어 *

펌웨어(Firmware)
▶ 하드웨어와 소프트웨어의 중간 형태로 소프트웨어를 하드웨어화한 것이라고 볼 수 있다.
▶ 하드웨어 교체없이 소프트웨어 업그레이드만으로 시스템의 성능을 높이기 위한 목적으로 사용된다.
▶ 시스템의 효율을 높이기 위해 ROM에 저장되어 관리된다.
▶ 기계어 처리, 데이터 전송, 부동 소수점 연산, 채널 제어 등의 처리 루틴을 가지고 있다.

● ROM의 종류

Mask ROM	제조 과정에서 내용을 미리 기록한 롬으로 수정이 불가능함
PROM	사용자가 한 번만 기록할 수 있음
EPROM	자외선(UV)을 이용하여 기록된 내용을 여러 번 변경하거나 새로 기록하는 것이 가능
EEPROM	전기적인 방법으로 기록된 내용을 여러번 변경하거나 새로 기록하는 것이 가능

❷ RAM(Random Access Memory) ****

● RAM은 전원이 공급되지 않으면 내용이 모두 지워지는 휘발성 메모리이다.
● RAM은 재충전 여부에 따라 SRAM(Static RAM)과 DRAM(Dynamic RAM)으로 분류된다.

	SRAM	DRAM
재충전	필요 없음	필요함
구성 회로	트랜지스터	콘덴서
연산 속도	빠름	느림
전력 소모	많음	적음
집적도	낮음	높음
목적	캐시 메모리	주기억장치

> **기출지문** SRAM은 주로 콘덴서로 구성되며, 재충전이 필요하다. (X)

2. 보조 기억장치

❶ 하드디스크 ★★★★

● 디스크 위에는 트랙이라 불리는 동심원이 있으며 그 안에 데이터가 기록된다.

● 논리적인 영역 확보를 위해 디스크를 파티션하여 사용한다.

> **TIP** 용어 *
> **파티션(Partition)**
> ▶ 하나의 물리적인 하드디스크를 여러 개의 논리적 영역으로 분할하거나 다시 합치는 작업이다.
> ▶ 파티션 작업을 실행한 후에는 반드시 포맷을 실행하여야 하드디스크를 사용할 수 있다.
> ▶ 각 파티션 영역에는 다른 운영체제를 설치할 수 있다.
> ▶ 하나의 파티션에는 하나의 파일 시스템을 사용할 수 있다.

● 하드디스크의 인터페이스 방식으로는 PATA(IDE, EIDE)가 널리 사용되었으나 현재는 SCSI, SATA 등이 사용된다.

> **TIP** 용어 ★★★★
> ▶ **SCSI(Small Computer System Interface)** : 하드디스크, CD-ROM, 스캐너 등의 주변기기를 컴퓨터에 연결할 때, 직렬 방식으로 연결하기 위한 표준이다.
> ▶ **SATA(Serial ATA)** : 2003년에 규정이 제정된 직렬 인터페이스 방식으로 PATA 방식보다 편의성과 안정성이 향상되었으며 전원이 켜진 상태에서도 하드디스크의 교체가 가능한 핫 플러그인 기능을 지원한다.

> **기출지문** EIDE는 일반적으로 SATA를 의미한다. (X)

❷ RAID(Redundant Array of Inexpensive Disks) *

● 여러 개의 하드디스크를 모아서 하나의 하드디스크처럼 사용할 수 있도록 하는 기술이다.

● 장애 발생시 자동으로 복구하여 백업 정책을 구현해주는 기술이다.

● 미러링과 스트라이핑 기술을 결합하여 안정성과 속도를 향상시킨 디스크 연결 기술이다.

> **TIP** 용어
> ▶ **미러링(Mirroring)** : 실시간 백업 기능
> ▶ **스트라이핑(Striping)** : 데이터를 일정한 크기로 나누어 분산 저장하는 기능

❸ SSD(Solid State Drive) ★★★

● 반도체를 이용한 기억장치로 초고속 메모리 칩(chip)에 데이터를 저장한다.

● 속도가 빠르고 외부의 충격에도 강하다

● 발열, 소음, 전력 소모가 적다.

● 소형화, 경량화 할 수 있다.

● 기억 매체로 플래시 메모리나 DRAM을 이용하므로 배드섹터가 발생하지 않는다.

❹ 블루레이 디스크 *

● 기존의 붉은 색 레이저를 사용하는 CD, DVD에 비해 푸른색 레이저를 사용하며 파장이 짧기 때문에 높은 정밀도로 데이터를 읽거나 쓸 수 있다.

● 단층 구조는 한 면에 최대 27GB, 듀얼 구조는 50GB의 데이터를 기록한다.

3. 기타 기억장치

❶ 캐시 메모리(Cache Memory) ★★

● CPU와 주기억장치 사이에서 처리 속도를 향상시키기 위한 일종의 버퍼 메모리 역할을 한다.

● 캐시 메모리로 SRAM이 사용되어 접근 속도가 매우 빠르다.

● 캐시 적중률이 높을수록 컴퓨터 시스템의 전체 처리 속도가 향상된다.

❷ 가상 기억장치(Virtual Memory) *

- 보조 기억장치의 일부를 주기억장치처럼 사용하여 주기억장치의 용량을 확대하는 기법이다.
- 주기억장치의 용량보다 큰 프로그램의 실행을 가능하게 한다.
- 가상 메모리 주소를 실제 메모리 주소로 변환하는 작업인 주소 매핑(mapping) 작업이 필요하다.

> **기출지문** 가상 기억장치는 주기억장치의 접근 시간을 최소화하여 시스템의 처리 속도가 빨라진다. (X)

❸ 연상 기억장치(Associative Memory)

주소 대신 기억된 데이터의 내용을 이용하여 원하는 정보에 접근하는 방식이다.

❹ 플래시 메모리(Flash Memory) *

비휘발성 기억장치로 주로 디지털 카메라나 MP3, 개인용 정보 단말기, USB 드라이브 등 휴대형 기기에서 대용량 정보를 저장하는 용도로 사용된다.

4. 접근 속도와 용량

- **기억장치 접근 속도(빠른 것 → 느린 것)** : 레지스터 → 캐시 메모리 → 주기억장치 → 보조 기억장치(디스크 → 테이프)
- **기억장치 용량(큰 것 → 작은 것)** : 보조 기억장치 → 주기억장치 → 캐시 메모리 → 레지스터

기출따라잡기 1

다음 중 RAM(Random Access Memory)에 대한 설명으로 옳은 것은?

① 주로 펌웨어(Firmware)를 저장한다.
② 주기적으로 재충전(Refresh)이 필요한 DRAM은 주기억장치로 사용된다.
③ 전원이 꺼져도 기억된 내용이 사라지지 않는 비휘발성 메모리로 읽기만 가능하다.
④ 컴퓨터의 기본적인 입출력 프로그램, 자가진단 프로그램 등이 저장되어 있어 부팅 시 실행된다.

> ①, ③, ④는 모두 ROM(Read Only Memory)에 대한 설명이다.
>
> **정답 | ②**

기출따라잡기 2

다음 중 컴퓨터에서 사용하는 기억장치에 관한 설명으로 옳지 않은 것은?

① 플래시(Flash) 메모리는 비휘발성 기억장치로 주로 디지털 카메라나 MP3, 개인용 정보 단말기, USB 드라이브 등 휴대형 기기에서 대용량 정보를 저장하는 용도로 사용된다.
② 하드디스크 인터페이스 방식은 EIDE, SATA, SCSI 방식 등이 있다.
③ 캐시(Cache) 메모리는 CPU와 주기억장치 사이에 위치하여 두 장치 간의 속도 차이를 줄여 컴퓨터의 처리 속도를 빠르게 하기 위한 메모리이다.
④ 연관(Associative) 메모리는 보조 기억장치를 마치 주기억장치와 같이 사용하여 실제 주기억장치 용량보다 기억용량을 확대하여 사용하는 방법이다.

> - **연관(Associative) 메모리** : 주소 대신 기억된 내용의 일부를 이용하여 정보를 검색하는 기억장치
> - **가상(Virtual) 메모리** : 보조 기억장치를 마치 주기억장치와 같이 사용하여 주기억장치의 용량을 확대하여 사용하는 방법
>
> **정답 | ④**

기타 장치

1. 바이오스(BIOS) ★★

● 기본 입출력 장치나 메모리 등 하드웨어 작동에 필요한 프로그램이다.

● 전원이 켜지면 POST(Power On Self Test)를 통해 컴퓨터를 점검하고 사용 가능한 장치를 초기화한다.

● ROM에 저장되어 있으며, 펌웨어(Firmware)라고 한다.

> **기출지문** BIOS는 CMOS에 저장되어 있다. (X)

2. CMOS ★★★

● 부팅 시에 필요한 하드웨어 정보를 담고 있는 반도체이다.

● 일반적으로 `Delete` 키, `F2` 키 등을 이용하여 전원이 켜질 때 CMOS 셋업에 들어갈 수 있다.

● CMOS에서 설정할 수 있는 항목 : 시스템 날짜와 시간, 칩셋 설정, 부팅 순서, 시스템 암호, 하드디스크의 타입 등

3. 포트(Port) ★★

● 컴퓨터와 주변 장치를 연결하기 위한 접속 부분을 의미한다.

● **PS/2 포트** : 마우스나 키보드 연결에 사용

● **USB(Universal Serial Bus) 포트**
  - 범용 직렬 장치를 연결할 수 있게 해주는 컴퓨터 인터페이스
  - 핫 플러그인(Hot Plug In) 기능과 플러그 앤 플레이(Plug & Play) 기능을 모두 지원
  - 허브를 이용하면 최대 127개의 주변기기 연결이 가능
  - USB 1.1(12Mbps), USB 2.0(480Mbps), USB 3.0(5Gbps), USB 3.1(10Gbps)의 최대 전송 속도를 가짐

● **IEEE 1394**
  - 미국의 애플사와 TI사가 공동으로 디자인한 'firewire'를 미국전기전자학회가 표준화한 방식
  - 컴퓨터와 디지털 가전기기를 연결해 데이터를 교환할 수 있게 하는 직렬(Serial) 인터페이스 방식

● **IrDA** : 적외선을 이용한 무선 직렬 포트

4. 영상 표시 장치(모니터) ★

● 모니터 화면을 이루는 최소 단위를 픽셀(Pixel)이라고 한다.(점 간격 : 픽셀 사이의 간격이 좁을수록 해상도가 높음)

● 해상도(Resolution)는 화면에 포함되어 있는 픽셀의 수로 픽셀의 수가 많아질수록 해상도는 높아진다.

● 모니터 크기는 화면의 대각선 길이를 센티미터(cm) 단위로 나타낸다.

● 재생률(Refresh Rate)이 높을수록 모니터의 깜박임이 줄어든다.

● 플리커 프리(Flicker free)가 적용된 모니터의 경우 눈의 피로를 줄일 수 있다.

> **TIP** 용어
> ▶ **재생률(Refresh Rate)** : 화면을 유지하기 위해 1초 동안 전자 빔을 쏘는 횟수
> ▶ **플리커 프리(Flicker free)** : 깜빡임을 제거하여 눈의 피로, 두통을 줄이는 기술

5. 하드웨어 관련 용어 ★★★

● **인터럽트(Interrupt)** : 예기치 않은 일이 발생한 경우 현재 실행 중인 프로그램을 일시 중지하고, 응급사태를 해결하고 다시 원래의 상태로 복귀하는 것을 말한다.

● **채널(Channel)** : CPU와 독립적으로 입출력을 빠르게 처리할 수 있도록 만든 입출력 전용 프로세서로 중앙처리장치와 입출력 장치 사이의 속도 차이로 인한 문제점을 해결한다.

셀렉터 채널 (Selector Channel)	고속 입출력 장치에 사용
멀티플렉서 채널 (Multiplexer Channel)	저속 입출력 장치에 사용
블록 멀티플렉서 채널 (Block Multiplexer Channel)	셀렉터 채널과 멀티플렉서 채널의 장점을 혼합

● **DMA(Direct Memory Access)** : CPU의 간섭 없이 주기억장치와 입출력 장치 사이에서 직접 전송이 이루어지는 방식이다.

TIP 용어 *

▶ **내부 버스** : CPU 내부에서 레지스터 간의 데이터를 전송하는 통로

▶ **외부 버스** : CPU와 주변 장치의 데이터를 전송하는 통로

▶ **확장 버스** : 메인보드에서 지원하는 기능 외에 다른 기능을 지원하는 장치를 연결하는 버스

기출지문 내부 버스는 CPU와 주변 장치 간의 데이터 전송에 사용되는 통로이다. (X)

기출따라잡기 1

다음 중 CMOS 셋업 프로그램에서 설정할 수 없는 항목은?

① 시스템 암호 설정

② 하드디스크의 타입

③ 멀티 부팅 시 사용하려는 BIOS의 종류

④ 하드디스크나 USB 등의 부팅 순서

멀티 부팅 시 사용하려는 BIOS의 종류는 CMOS 셋업에서 설정할 수 없다.

정답 | ③

기출따라잡기 2

다음 중 USB 규격의 버전별 최대 데이터 전송 속도로 옳지 않은 것은?

① USB 1.1 : 12Mbps

② USB 2.0 : 480Mbps

③ USB 3.0 : 1Gbps

④ USB 3.1 : 10Gbps

· **USB(Universal Serial Bus)** : 범용 직렬 버스로 컴퓨터와 주변 장치를 연결하는 표준 규격
· USB 3.0의 최대 데이터 전송 속도는 5Gbps이다.

정답 | ③

핵심 11 **PC 관리와 문제 해결**

1. PC 관리 *

● 직사광선과 습기가 많거나 자성이 강한 물체가 있는 곳은 피하여 설치한다.

● 컴퓨터 전용 전원 장치를 단독으로 사용하고, 전원을 끌 때는 사용 중인 프로그램을 먼저 종료한다.

● 컴퓨터의 성능 향상을 위해 주기적으로 오류 검사, 디스크 정리, 드라이브 조각 모음 및 최적화 등을 실행하는 것이 좋다.

● 컴퓨터를 이동하거나 부품을 교체할 경우에는 전원을 끄고 작업한다.

● 무정전 전원 공급장치(UPS)는 갑자기 정전되었을 때 이를 감지하여 빠르게 전원을 공급하는 장치이다.

● 모니터의 번인 현상(Burn-in)을 방지하기 위하여 화면 보호기를 사용한다.

TIP 용어

번인 현상(Burn-in) : 고정된 화면을 장시간 켜놓았거나 같은 이미지가 화면에 계속 표시되었을 때 해당 이미지가 사라지지 않고 화면상에 남아있는 현상

기출지문 무정전 전원 공급장치(UPS)를 설치하면 전압이나 전류가 갑자기 증가할 경우 발생할 수 있는 시스템 손상을 방지할 수 있다. (X)

2. 컴퓨터의 문제 해결 *

❶ 하드디스크 인식이 안 되는 경우

● 백신 프로그램으로 바이러스에 의한 것인지 점검한다.

● 하드디스크의 데이터 케이블 연결이나 전원 케이블 연결을 확인한다.

● CMOS 셋업에서 하드디스크 타입이 일치하는지 확인한다.

● USB나 CD-ROM으로 부팅이 되면 하드디스크 손상을 점검한 후 운영체제를 다시 설치한다.

❷ 하드디스크 용량 부족의 문제

● 사용 빈도가 낮은 파일은 백업한 후 하드디스크에서 삭제

- 사용하지 않는 Windows 구성 요소와 응용 프로그램(앱)을 제거
- 디스크 정리를 수행하여 불필요한 파일을 삭제
- 휴지통 비우기를 실행

❸ 모니터 화면이 보이지 않는 경우

모니터의 전원 및 연결 부분을 점검

❹ 메모리 부족 문제

- 시스템 재부팅
- 불필요한 램 상주 프로그램(앱) 삭제

❺ 인쇄 문제

- 프린터의 전원이나 케이블의 연결 상태 확인
- 프린터의 기종과 프린터의 등록 정보가 올바르게 설정되어 있는지 확인

3. 컴퓨터 업그레이드 ★★

- 컴퓨터 처리 성능의 개선을 위해 하드웨어를 업그레이드를 한다.
- 장치 제어기를 업그레이드하면 하드웨어를 교체하지 않더라도 보다 향상된 기능으로 하드웨어를 사용할 수 있다.
- 컴퓨터의 처리 속도가 느려지거나 제대로 동작하지 않을 경우 RAM 업그레이드를 고려한다.
- 하드디스크를 교체할 때에는 연결 방식의 종류와 버전을 확인한다.
- CPU 클록 속도는 높은 것이 좋다.
- RAM이나 ODD를 설치할 때 접근 속도의 수치는 작은 것이 좋다.

> **TIP** 용어
> ▶ **수치가 클수록 좋은 것** : CPU 클록 속도, 하드디스크 용량 등
> ▶ **수치가 작을수록 좋은 것** : RAM이나 ODD의 접근 속도

4. 오류 검사 ★★

- 파일과 폴더 및 디스크의 논리적, 물리적인 오류를 검사하고 수정하는 기능이다.
- 하드디스크의 [속성]-[도구] 탭에서 오류 검사를 실행할 수 있다.
- CD-ROM과 네트워크 드라이브는 디스크 검사를 할 수 없다.
- 하드디스크 자체의 물리적 오류를 찾아서 복구하므로 완료하는 데 시간이 오래 걸릴 수 있다.
- 하드디스크 드라이브를 검사하는 동안에도 드라이브를 계속 사용할 수 있다.

5. 디스크 정리

- 디스크의 사용 가능한 공간을 늘리기 위해 불필요한 파일을 삭제하는 기능이다.
- 임시 파일, 휴지통에 있는 파일, 다운로드한 프로그램 파일, 임시 인터넷 파일 등을 삭제하여 디스크 공간을 늘린다.

6. 드라이브 조각 모음 및 최적화

- 디스크에 단편화되어 저장된 파일들을 모아서 디스크의 수행 속도를 높여준다.
- CD-ROM 드라이브, 네트워크 드라이브, Windows가 지원하지 않는 형식의 압축 프로그램 등은 디스크 조각 모음을 할 수 없다.
- 디스크의 접근 속도를 높여주지만 용량이 늘어나지는 않는다.

> **기출지문** 사용 가능한 디스크 공간을 늘리기 위하여 [디스크 조각 모음]을 수행한다. (X)

이정도만 공부해도 자격증딴다!

기출따라잡기 1

다음 중 컴퓨터가 하드디스크를 인식하지 못하는 경우의 대처 방법으로 가장 적절하지 않은 것은?

① 디스크 조각 모음을 수행하여 단편화를 제거한다.
② CMOS Setup에서의 하드디스크 설정 내용을 확인한다.
③ 백신 프로그램으로 바이러스에 의한 것인지 점검한다.
④ 하드디스크 전원의 연결 상태를 점검한다.

> 디스크 조각 모음은 디스크의 용량을 늘리거나 하드디스크를 인식하지 못하는 경우와는 상관이 없다.
>
> **정답 | ①**

기출따라잡기 2

다음 중 컴퓨터 업그레이드에 관한 설명으로 적절하지 않은 것은?

① 컴퓨터 처리 성능의 개선을 위해 하드웨어 업그레이드를 한다.
② 장치 제어기를 업그레이드하면 하드웨어를 교체하지 않더라도 보다 향상된 기능으로 하드웨어를 사용할 수 있다.
③ 하드디스크 업그레이드의 경우에는 부족한 공간 확보를 위해 파티션이 여러 개로 나뉘는 제품을 선택한다.
④ 고사양을 요구하는 소프트웨어가 늘어남에 따라 컴퓨터의 처리속도가 느려지거나 제대로 동작하지 않을 경우 가장 먼저 고려하는 것은 RAM 업그레이드이다.

> 파티션은 프로그램과 데이터를 분리하거나 운영체제를 여러 개 사용할 때 지정하는 것으로 하드디스크의 부족한 공간을 확보하는 것과는 상관이 없다.
>
> **정답 | ③**

핵심 12

소프트웨어의 개념 및 종류

1. 소프트웨어

하드웨어적 자원을 이용하여 컴퓨터를 효율적으로 활용하기 위한 프로그램과 처리 절차에 관한 기술 및 각종 문서들을 포함하는 프로그램 체계의 총칭을 말한다.

2. 소프트웨어의 종류 **

❶ 시스템 소프트웨어

● 컴퓨터와 사용자의 중간에서 시스템을 효율적으로 운영할 수 있도록 도와주는 프로그램이다.
● **운영체제** : 사용자가 응용 프로그램을 편리하게 사용하고, 하드웨어의 성능을 최적화하는 프로그램
● **언어 번역 프로그램** : 프로그래밍 언어로 작성한 프로그램을 기계어로 변환하는 프로그램
● **유틸리티 프로그램** : 컴퓨터의 수행 과정에 필요한 업무를 도와주는 프로그램

❷ 응용 소프트웨어

● 사용자들이 특정한 용도에 맞게 활용하기 위해 작성된 소프트웨어이다.
● **종류** : 워드프로세서, 스프레드시트, 데이터베이스, 프레젠테이션, 그래픽 S/W, 전자출판 S/W 등

3. 운영체제 ****

● 컴퓨터가 동작하는 동안 주기억장치 내에 위치하여 여러 종류의 자원 관리 서비스를 제공한다.
● 프로세스 관리, 기억장치 관리, 주변장치 관리, 파일 관리 등으로 여러 가지 기능을 처리한다.
● 운영체제는 크게 제어 프로그램과 처리 프로그램으로 구성된다.

제어 프로그램	감시 프로그램, 작업 관리 프로그램, 데이터 관리 프로그램
처리 프로그램	언어 번역 프로그램, 서비스 프로그램, 문제 처리 프로그램

TIP 용어

슈퍼바이저(Supervisor)
시스템의 모든 동작 상태를 관리하고 감독하는 제어 프로그램의 핵심
프로그램

기출지문 운영체제는 사용자 측면에서 특정 분야의 작업을 처리하기 위한 프로그램으로 반드시 설치될 필요는 없으나 설치하여 사용할 것을 권고하고 있다. (X)

4. 운영체제의 목적 **

- **처리 능력(Throughput)** : 일정 시간 내에 시스템이 처리하는 일의 양을 향상한다.
- **신뢰도(Reliability)** : 시스템이 주어진 문제를 정확하게 해결하는 정도를 향상한다.
- **반환 시간(Turn Around Time)** : 시스템에 작업을 의뢰한 시간부터 처리가 완료될 때까지 걸린 시간을 단축한다.
- **사용 가능도(Availability)** : 컴퓨터 시스템 내의 한정된 자원을 여러 사용자가 요구할 때, 신속하고 충분히 지원해 줄 수 있는지의 여부로 사용 가능도를 향상한다.

5. 운영체제의 운영 방식 *****

- **일괄 처리 시스템(Batch Processing)** : 처리할 데이터를 일정 시간 동안 모아서 한꺼번에 처리하는 방식
- **실시간 처리 시스템(Real Time Processing)** : 처리할 데이터가 입력될 때 마다 즉시 처리하는 방식으로 각종 예약 시스템이나 은행 업무 등에서 사용
- **시분할 처리 시스템(Time Sharing System)** : 여러 명의 사용자가 사용하는 시스템에서 시간을 분할하여 프로그램을 실행하는 시스템
- **다중 처리 시스템(Multi Processing System)** : 여러 개의 CPU와 하나의 주기억장치를 이용하여 여러 프로그램을 동시에 처리
- **다중 프로그래밍 시스템(Multi Programming System)** : 하나의 CPU와 주기억장치를 이용하여 여러 개의 프로그램을 동시에 처리하는 방식
- **분산 처리 시스템(Distributed Processing System)** : 여러 대의 컴퓨터들에 의해 작업한 결과를 통신망을 이용하여 상호 교환할 수 있도록 연결되어 있는 시스템

- **듀얼 시스템(Dual system)** : 2개의 CPU가 같은 업무를 동시에 처리하여 그 결과를 상호점검하면서 운영하는 시스템
- **듀플렉스 시스템(Duplex system)** : 2개의 CPU로 하나가 가동될 때 다른 하나는 고장을 대비해 대기하는 시스템
- **클러스터링 시스템(Clustering system)** : 여러 대의 컴퓨터를 병렬로 연결하는 방식

TIP 용어 ****

▶ **클라이언트/서버 방식** : 서버와 클라이언트가 모두 처리 능력을 가지며, 분산 처리 환경에 적합한 방식
▶ **동배 간 처리(Peer-To-Peer) 방식** : P2P 방식이라고 하며 전용 서버가 필요 없고 모든 컴퓨터가 서버인 동시에 클라이언트인 방식으로 클라이언트-서버 방식보다 유지보수 및 데이터의 보안 유지가 어려운 방식

기출지문 클라이언트/서버 방식은 단방향 통신 방식으로 데이터 처리를 위한 대기 시간이 필요하다. (X)

6. 소프트웨어의 구분 *****

- **상용 소프트웨어(Commercial Software)** : 사용료를 지불하고 구입해서 사용하는 소프트웨어이다.
- **공개 소프트웨어(Open source software)** : 소스 코드를 공개해 누구나 그 코드를 무료로 이용하고 수정하거나 재배포할 수 있는 소프트웨어이다. (프리웨어)
- **셰어웨어(Shareware)** : 일정 기간 동안만 사용이 가능하거나 기능에 제한을 두는 소프트웨어이다.
- **애드웨어(Adware)** : 배너 광고를 보는 대가로 무료로 사용하는 소프트웨어이다.
- **데모 버전(Demo Version)** : 프로그램의 홍보를 목적으로 주요 기능을 시연하는 소프트웨어이다.
- **트라이얼 버전(Trial Version)** : 일정 기간 동안 무료로 사용할 수 있는 체험판이다.
- **주문형 소프트웨어(Customized software)** : 특정 조직이나 개인에 의해 사용될 목적으로 설계된 프로그램이다.
- **알파 버전(Alpha Version)** : 베타 테스트를 하기 전에 제작 회사 내에서 테스트할 목적으로 제작된 프로그램이다.
- **베타 버전(Beta Version)** : 정식 버전이 출시되기 전에 프로그램에 대한 일반인의 평가를 받기 위해 제작된 소프트웨어이다.

● **패치 프로그램(Patch Program)** : 오류 수정이나 기능 향상을 위해 프로그램 일부를 변경해 주는 프로그램이다.

● **번들 프로그램(Bundle Program)** : 특정한 하드웨어나 소프트웨어를 구매하였을 때 포함하여 무료로 주는 소프트웨어이다.

● **포스트카드웨어(Postcardware)** : 사용자가 소프트웨어 제공자에게 사용의 대가로 우편엽서 한 장만을 보내기만 하면 되는 프리웨어이다.

● **스파이웨어(Spyware)** : 다른 사람의 컴퓨터에 잠입하여 중요한 개인정보를 빼가는 소프트웨어이다.

> **기출지문** 패치 프로그램(Patch Program)은 기능을 알리기 위해 기간이나 기능에 제한을 두어 무료 배포하는 프로그램이다. (X)

기출따라잡기 1

다음 중 컴퓨터에서 사용되는 운영체제의 목적에 관한 설명으로 옳지 않은 것은?

① 시스템에 작업을 의뢰한 시간부터 처리가 완료될 때까지 걸린 시간을 의미하는 반환 시간의 단축이 요구된다.

② 일정 시간 내에 시스템이 처리하는 일의 양을 의미하는 처리 능력의 향상이 요구된다.

③ 시스템이 주어진 문제를 정확하게 해결하는 정도를 의미하는 신뢰도의 향상이 요구된다.

④ 시스템을 사용할 수 있는 사용자의 수를 의미하는 사용 가능도의 향상이 요구된다.

> • 사용 가능도는 컴퓨터 시스템 내의 한정된 자원을 여러 사용자가 요구할 때, 신속하고 충분히 지원해 줄 수 있는지의 여부로 사용 가능도의 향상이 요구된다.
> • **운영체제의 목적** : 처리 능력 향상, 신뢰도 향상, 반환 시간(응답 시간) 단축, 사용 가능도의 향상
>
> **정답 | ④**

기출따라잡기 2

다음 중 소스 코드까지 제공되어 사용자들이 자유롭게 수정하거나 변경할 수 있는 소프트웨어를 의미하는 것은?

① 주문형 소프트웨어(Customized software)

② 오픈 소스 소프트웨어(Open source software)

③ 쉐어웨어(Shareware)

④ 프리웨어(Freeware)

> **오픈 소스 소프트웨어(Open source software)** : 소스 코드를 공개해 누구나 그 코드를 무료로 이용하고 수정하거나 재배포할 수 있는 소프트웨어
>
> **정답 | ②**

1. 프로그래밍 언어

● **저급 언어(Low Level Language)** : 기계가 이해할 수 있는 언어

기계어	컴퓨터가 직접 이해할 수 있는 가장 기초적인 언어(0과 1의 2진수 형태)
어셈블리어	기계어와 1:1로 기호화한 언어

● **고급 언어(High Level Language)**
  - 인간 중심의 언어
  - 종류 : FORTRAN, COBOL, ALGOL, BASIC, PASCAL, C, C++, LISP, SNOBOL, PL/1, JAVA

 TIP 용어

C 언어 : 구조적 프로그래밍 구현, 영문 대소문자를 구분하여 프로그래밍, 하드웨어 제어가 가능

2. 언어 번역 과정

원시 프로 그램	→	목적 프로 그램	→	로드 모듈	→	실행
	컴파일러		링커		로더	

● **원시 프로그램(Source Program)** : 사용자가 고급 언어로 작성한 프로그램
● **목적 프로그램(Object Program)** : 컴파일러를 통해 원시 프로그램을 기계어로 번역한 프로그램
● **링커(Linker)** : 목적 프로그램을 연계 편집
● **로드 모듈(Load Module)** : 실행 가능하게 만든 프로그램
● **로더(Loder)** : 프로그램을 실행하기 위해 주기억장치에 적재하는 프로그램

3. 언어 번역 프로그램

● **어셈블러(Assembler)** : 어셈블리어로 작성한 프로그램을 기계어로 번역하는 프로그램
● **컴파일러(Compiler)** : 전체 프로그램을 한 번에 번역하여 목적 프로그램을 생성하는 번역 프로그램

● **인터프리터(Interpreter)** : 목적 프로그램을 생성하지 않고 필요할 때마다 기계어로 번역하는 프로그램

	컴파일러	인터프리터
번역 단위	전체를 한 번에	행 단위
목적 프로그램	생성 O	생성 X
실행 속도	빠름	느림

4. 객체 지향 프로그래밍 (Object-Oriented Programming) *

● 프로그램에서 사용하는 데이터 구조의 데이터형과 사용하는 함수까지 정의하는 프로그래밍 기법이다.
● 시스템의 확장성이 높고 정보 은폐가 용이하다.
● 객체 지향 언어는 C++, Actor, SmallTalk, JAVA 등이 있다.
● **클래스(Class)** : 공통적인 기능과 속성을 가진 객체의 전체 구조
● **객체(Object)** : 클래스를 기반으로 만들어진 실행 가능한 하나의 모듈
● **메서드(Method)** : 객체가 수행하는 실제 기능을 기술한 코드
● **특징** : 추상화, 캡슐화, 상속성, 다형성 등

기출지문 객체는 GOTO문을 사용하여 순서, 선택, 반복의 3가지 물리적 구조에 의해서 프로그래밍 된다. (X)

5. 웹 프로그래밍 언어 *****

● **HTML** : 인터넷용 하이퍼텍스트 문서 제작에 사용하는 언어
● **SGML** : 다양한 형태의 전자 문서들을 서로 다른 시스템들 사이에 정보의 손실 없이 효율적으로 전송·저장·자동 처리를 하기 위한 웹 프로그래밍 언어
● **XML** : 차세대 인터넷 언어로 SGML의 복잡성과 HTML의 단순함을 개선한 언어로 웹에서 구조화된 폭넓고 다양한 문서들을 상호 교환할 수 있도록 설계된 언어
● **VRML** : 3차원 가상 공간을 표현하기 위한 언어
● **DHTML** : 기존의 정적인 웹 페이지에 동적인 기능을 추가하기 위해 만들어진 웹 프로그래밍 언어

- **JAVA** : 객체 지향 언어로 가상 바이트 머신 코드를 사용
- **JSP**
  - HTML내에 자바 코드를 삽입하여 웹 서버에서 동적으로 웹 페이지를 생성하여 웹브라우저에 돌려주는 스크립트 언어
  - 웹 환경에서 작동되는 웹 어플리케이션을 개발할 수 있다.
  - HTML 문서 내에서는 <% … %> 와 같은 형태로 작성된다.
  - 다양한 운영체제에서 실행이 가능하다.

> **기출지문** JSP는 JAVA 언어를 기반으로 하여 윈도우즈 운영체제에서만 실행이 가능하다. (X)

- **ASP** : 서버 측에서 동적으로 수행되는 페이지를 만들기 위한 언어로 Windows 계열의 운영체제에서 실행 가능하다.
- **PHP** : 서버 측에서 동적으로 수행되는 스크립트 언어로 Unix 운영체제에서 실행 가능하다.
- **Java Script** : 웹 페이지에서 사용자로부터 특정 값을 입력받아 동적으로 처리할 수 있는 객체 기반의 스크립트 프로그래밍 언어
- **CSS(Cascading Style Sheets)** : 웹 문서의 스타일을 미리 저장해 둔 스타일시트
- **UML(Unified Modeling Language)** : 시스템 개발 과정에서 의사소통을 위한 표준화 모델링 언어
- **WML** : 무선 접속을 통하여 휴대폰이나 PDA 등에 웹 페이지가 표시되도록 해주는 언어

기출따라잡기 1

다음 중 웹 프로그래밍 언어에 대한 설명으로 옳지 않은 것은?

① ASP는 서버 측에서 동적으로 수행되는 페이지를 만들기 위한 언어로 Windows 계열의 운영체제에서 실행 가능하다.

② PHP는 클라이언트 측에서 동적으로 수행되는 스크립트 언어로 Unix 운영체제에서 실행 가능하다.

③ XML은 HTML의 단점을 보완하여 웹에서 구조화된 폭 넓고 다양한 문서들을 상호 교환할 수 있도록 설계된 언어이다.

④ JSP는 자바로 만들어진 서버 스크립트로 다양한 운영체제에서 사용 가능하다.

ASP, PHP, JSP는 모두 서버 측에서 수행되는 서버 스크립트 언어이다.

정답 | ②

기출따라잡기 2

다음 중 웹 프로그래밍 언어에 해당하지 않는 것은?

① DHTML 　　② COBOL

③ SGML 　　④ WML

COBOL : 사무 처리용 프로그래밍 언어

정답 | ②

1. 멀티미디어 **

● Multi(다중)+Media(매체)로 다양한 매체를 통해 정보를 전달한다는 의미이다.
● 멀티미디어의 특징

통합성	문자, 그래픽, 사운드 등의 다양한 매체를 통합
디지털화	다양한 데이터 형식을 컴퓨터가 인식하도록 디지털화
쌍방향성	사용자와 제공자 간에 서로 정보를 주고 받음
비선형성	사용자의 선택에 따라 정보를 처리

2. 하이퍼미디어 **

● 하이퍼텍스트와 멀티미디어를 합한 개념이다.
● 특정 텍스트나 이미지 등의 다양한 미디어를 클릭하면 연결된 문서로 이동하는 문서 형식이다.
● 문서를 읽는 순서가 사용자에 의해 결정되는 비선형 구조이다.
● 하나의 데이터를 여러 사용자가 서로 다른 경로를 통해 검색할 수 있다.

> 기출지문 사용자에 의해 문서의 읽는 순서가 결정되는 선형 구조이다. (X)

3. 멀티미디어의 활용

● **가상 현실(Virtual Reality)** : 어떤 특정한 환경이나 상황을 컴퓨터를 이용하여 가상으로 체험하는 서비스이다.
● **주문형 비디오(VOD)** : 텔레비전 드라마나 뉴스 등의 프로그램을 원하는 시간에 다시 볼 수 있는 서비스이다.
● **화상 회의 시스템(VCS)** : 서로 먼 거리에 떨어져 있는 사람들끼리 각자의 화면을 보면서 회의를 진행하는 시스템이다.
● **키오스크** : "정보를 제공하는 기점"으로 박물관이나 백화점, 쇼핑센터 등에 보통 터치스크린(Touch Screen)을 이용하여 운영되는 무인 종합정보안내 시스템이다.

4. 멀티미디어 데이터

❶ 사운드 데이터 **

● WAV
– 무압축 방식이므로 아날로그 사운드를 디지털 사운드로 바꾼 방식이다.
– 자연의 음향과 사람의 음성 표현이 가능하며 파일의 용량이 크다.
● MP3
– 소리에 대한 사람의 청각 특성을 잘 살려 압축하는 기법이다.
– CD 수준의 음질을 들을 수 있는 고음질 오디오 압축 표준 형식이다.
● MIDI(Musical Instrument Digital Interface) : 전자 악기 사이의 데이터 교환을 위한 규약으로 용량이 작으며 사람의 목소리나 자연음은 재생할 수 없다.
● FLAC : 오디오 파일을 무손실 압축하는 방식으로 음원의 손실이 없다.
● AIFF : 비압축 무손실 압축 포맷으로 Mac OS에서 표준으로 사용되는 오디오 파일 형식이다.

> **TIP** 용어 *
> ▶ **샘플링(Sampling)** : 아날로그 신호를 디지털 신호로 변환해 주는 작업이다.
> ▶ **샘플링 레이트(Sampling Rate)** : 1초에 몇 개의 샘플을 추출할 것인지를 정하는 것으로 높을수록 원음에 가까우며, 단위는 Hz를 사용한다.

❷ 그래픽 데이터

● 그래픽 데이터의 표현 방식 *****

비트맵 방식	· 이미지를 점의 집합으로 표시 · 래스터(Raster) 이미지 · 확대시 계단 현상이 발생 · 벡터 방식에 비해 메모리를 많이 차지 · 화면에 표시하는 속도는 벡터 방식에 비해 빠름 · 확장자 : BMP, JPG, GIF, PNG 등 · 프로그램 : 포토샵, 그림판, 페인트 샵 프로 등
벡터 방식	· 이미지를 점과 선을 이용하여 표현하는 방식 · 확대시 계단 현상이 발생하지 않음 · 확장자 : WMF, AI 등 · 프로그램 : 일러스트레이터, 플래시, 코렐 드로 등

> 기출지문 이미지를 비트맵 방식으로 저장한 경우 벡터 방식에 비해 메모리를 적게 차지하지만, 화면에 이미지를 보여 주는 속도는 느리다. (X)

● 그래픽 데이터의 파일 형식 **

BMP	· Windows의 표준 이미지 형식 · 압축을 하지 않아 파일의 용량이 매우 큼
JPEG	· 사진과 같이 다양한 색을 가진 정지 영상을 표현하기에 적합한 방식 · 24비트 컬러를 사용하여 트루컬러로 이미지를 표현 · 손실, 무손실 압축 기법을 모두 사용 · 저장할 때 사용자가 임의로 압축률을 조정할 수 있음 · 압축률이 높을수록 이미지의 질이 낮아짐
PNG	· 트루컬러를 지원하는 무손실 방식의 그래픽 파일 · 8비트 알파 채널을 이용하여 부드러운 투명층을 표현
GIF	· 무손실 압축 기법을 사용 · 256색 표현, 애니메이션 효과

● 그래픽 관련 용어 ****

렌더링 (Rendering)	컴퓨터 그래픽에서 3차원 질감(명암, 색상 등)을 줌으로써 사실감을 추가하는 과정
모델링 (Modeling)	물체의 형상을 컴퓨터 내부에서 3차원 그래픽으로 어떻게 표현할 것인지를 정하는 과정
디더링 (Dithering)	표현할 수 없는 색상이 존재할 경우, 다른 색상들을 섞어서 비슷한 색상을 내는 효과
인터레이싱 (Interlacing)	화면에 이미지를 표시할 때 한 번에 표시하지 않고 천천히 표시되면서 선명해지는 효과
모핑 (Morphing)	두 개의 이미지에 대해 하나의 이미지가 다른 이미지로 자연스럽게 변화하도록 하는 특수 효과
안티 앨리어싱 (Anti Aliasing)	이미지 표현에 계단 현상을 제거하는 작업

❸ 동영상 데이터

● 동영상 파일 형식 ****

MPEG	· 동영상 전문가 그룹인 Motion Picture Experts Group에서 제정한 동영상 압축 기술의 국제 표준 규격 · 동영상뿐만 아니라 오디오 데이터도 압축
DVI	디지털 TV를 만들기 위해 개발된 것을 동영상 압축 기술로 개발
AVI	· Windows에서 기본적으로 지원하는 표준 동영상 파일 형식 · 별도의 하드웨어 장치 없이 재생 가능
MOV	· Apple사에서 개발한 동영상 압축 기술 · Windows에서 재생하려면 Quick Time for Windows 프로그램을 설치해야 함
DIVX	MPEG-4와 MP3를 재조합한 것으로 코덱을 변형해서 만든 것
ASF	· 마이크로소프트사에서 개발한 스트리밍을 위한 동영상 파일 형식 · 용량이 작고 음질이 뛰어나 주로 스트리밍 서비스를 하는 인터넷 방송국에서 사용

기출지문 국제 표준 규격인 MPEG은 Windows 표준 동영상 파일 형식으로 Windows에서 별도의 하드웨어 장치 없이 재생할 수 있다. (X)

● MPEG 규격

MPEG-1	비디오 테이프 수준의 화질을 제공하며 비디오 CD 제작에 사용
MPEG-2	높은 화질과 음질을 제공하며 DVD, HDTV 등에 사용
MPEG-4	멀티미디어 통신을 위해 만들어진 영상 압축 기술
MPEG-7	동영상 데이터 검색과 전자상거래 등에 적합하도록 개발
MPEG-21	디지털 컨텐츠의 제작, 유통, 보안 등 모든 과정을 관리할 수 있는 규격

● 동영상 관련 용어 **

코덱 (CODEC)	아날로그-디지털 변환과 디지털-아날로그 변환을 하나의 장치에서 수행하는 기기
스트리밍 (Streaming)	전송되는 데이터를 끊김없이 지속적으로 처리할 수 있어 파일을 다운 받으면서 재생할 수 있는 기능

TIP 기능 *

동영상 파일의 [속성]으로 확인할 수 있는 비디오 정보 : [속성] 대화상자의 [자세히] 탭에서 동영상의 길이, 프레임 속도, 프레임 너비, 프레임 높이, 총 비트 전송률 등을 확인할 수 있으나 비트 수준은 표시되지 않음

다음 중 멀티미디어의 특징으로 옳지 않은 것은?

① 디지털 데이터로 변환하여 통합 처리한다.
② 정보 제공자와 사용자 간의 상호 작용에 의해 데이터가 전달된다.
③ 데이터가 사용자 선택에 따라 순차적으로 처리되는 선형성의 특징을 가진다.
④ 문자, 그림, 사운드 등의 여러 미디어를 통합하여 처리한다.

- 멀티미디어는 사용자 선택에 따라 비순차적으로 처리되는 비선형성의 특징을 가진다.
- ① 디지털화, ② 양방향성, ④ 통합성

정답 | ③

다음 중 멀티미디어의 동영상에 관련된 설명으로 옳지 않은 것은?

① 국제 표준화 단체인 MPEG에서는 다양한 규격의 압축 포맷과 부가 표준을 만들었다.
② 비디오 스트리밍은 인터넷에서 영상 파일을 다운로드하면서 실시간 재생하는 기법이다.
③ MIDI는 애플사에서 개발한 동영상 압축 기술로 시퀀싱 작업을 통해 작성된다.
④ AVI는 Windows에서 기본적으로 지원하는 표준 동영상 파일 형식으로 별도의 하드웨어 장치 없이 재생 가능하다.

- MIDI(Musical Instrument Digital Interface) : 전자 악기 사이의 데이터 교환을 위한 규약으로 시퀀싱 작업(컴퓨터로 음악제작)이 가능하다.
- MOV : 애플사에서 개발한 동영상 압축 기술

정답 | ③

핵심
15 인터넷 활용

1. 인터넷(Internet)의 개념

- 전 세계 통신망들이 연결되어 만들어진 세계적인 네트워크이다.
- 네트워크에 연결된 모든 컴퓨터를 연결하는 네트워크의 네트워크이다.
- TCP/IP 프로토콜을 통해 연결된 글로벌 네트워크이다.
- 1969년 최초 군사용 목적으로 개발된 ARPANET에서 유래되었다.

2. IP 주소 *****

❶ IPv4

- 인터넷에 연결된 컴퓨터의 고유한 주소이다.
- 32비트를 8비트씩 4부분으로 나누고 점(.)으로 구분한다.
- 각 자리는 0~255의 10진수로 표시한다.
- 네트워크의 규모에 따라 A 클래스에서 E 클래스까지 5단계로 구분된다.
- A 클래스 > B 클래스 > C 클래스이며, A 클래스는 대규모 통신망에 사용된다.

A 클래스	국가나 대형 통신망에 사용(0~127)
B 클래스	중대형 통신망에 사용(128~191)
C 클래스	소규모 통신망에 사용(192~223)
D 클래스	멀티캐스트용으로 사용
E 클래스	실험용으로 사용

TIP 용어

서브넷 마스크(Subnet Mask)

▶ IP를 클래스 개념을 이용해 네트워크ID, 호스트ID로 구분했을 때 주소 낭비가 너무 심하기 때문에 낭비를 줄이기 위해 사용한다.
▶ IP주소와 서브넷 마스크를 같이 이용해서 네트워크ID와 호스트ID를 구분한다.
▶ 서브넷 마스크도 IP주소처럼 8비트씩 10진수로 변환하여 표기한다. 예) 255.255.255.0

❷ IPv6

- 128비트를 16비트씩 8부분으로 나누고 콜론(:)으로 구분한다.
- 각 부분은 4자리의 16진수로 표현하며 앞자리의 0은 생략할 수 있다.
- IPv4와의 호환성이 우수하다.
- IPv4에 비해 주소의 확장성, 융통성, 연동성이 뛰어나다.
- 실시간 흐름 제어로 향상된 멀티미디어 기능을 지원한다.
- 인증성, 기밀성, 데이터 무결성의 지원으로 보안 문제를 해결할 수 있다.
- 유니캐스트, 애니캐스트, 멀티캐스트 형태의 유형으로 할당하기 때문에 할당된 주소의 낭비 요인을 줄이고 간단하게 주소를 결정할 수 있다.

> **기출지문** IPv6는 16비트씩 4부분, 총 64비트의 주소를 사용하여 IP 주소의 부족 문제를 해결할 수 있다. (X)

3. 도메인 네임(Domain Name) ★★

- IP 주소를 사용자가 이해하기 쉽도록 문자 형태로 표현한다.
- 도메인 네임은 왼쪽에서 오른쪽으로 갈수록 상위 도메인을 의미한다.
- DNS(Domain Name Server 또는 Domain Name System)
  - 문자로 만들어진 도메인 네임을 IP 주소로 변환해주는 시스템이다.
  - DNS에서는 모든 호스트들을 각 도메인별로 계층화시켜서 관리한다.

4. URL(Uniform Resource Locator) ★★★

- 인터넷상에 존재하는 각종 자원이 있는 위치를 나타내는 표준 주소 체계이다.
- **형식 :** 프로토콜:///서버주소[:포트번호]/디렉터리/파일명
- **기본 포트 번호 :** HTTP-80, FTP-21, TELNET-23, News-119, Gopher-70

5. 인터넷 프로토콜

❶ 프로토콜의 기능 ★★

- **동기화 :** 정보를 전송하기 위하여 송·수신기가 같은 상태를 유지하는 기능이다.
- **연결 제어 :** 데이터를 정확하게 전송하는 기능이다.
- **흐름 제어 :** 신호등과 같은 역할로 네트워크에서 혼잡을 방지하는 기능이다.
- **오류 제어 :** 데이터 전송시 오류를 검사하는 기능이다.

> **기출지문** 프로토콜은 네트워크에 접속된 다양한 단말 장치를 자동으로 인식하고 호환성을 제공한다. (X)

❷ TCP/IP ★★

- 서로 다른 기종의 컴퓨터들 간 데이터를 송/수신하기 위한 표준 프로토콜이다.

TCP	· 메시지를 송수신의 주소와 정보로 묶어 패킷 단위로 나누는 역할 · 일부 망에 장애가 있어도 다른 망으로 통신이 가능한 신뢰성을 제공 · OSI 7 계층 중 전송 계층에 해당
IP	· 패킷 주소를 해석하고 최적의 경로를 결정하여 전송하는 역할 · OSI 7 계층 중 네트워크 계층에 해당

❸ 기타 프로토콜

- 서로 다른 기종의 컴퓨터들 간 데이터를 송/수신하기 위한 표준 프로토콜이다.

HTTP	하이퍼텍스트를 주고받기 위한 프로토콜
DHCP	IP 주소를 자동으로 할당해주는 동적 호스트 설정 통신 규약
ARP	인터넷 주소(IP Address)를 물리적 하드웨어 주소(MAC Address)로 변환
RARP	물리적 하드웨어 주소(MAC Address)를 인터넷 주소(IP Address)로 변환
UDP	전송 계층에서 동작하는 비연결 지향형 프로토콜

❹ TCP/IP의 계층 ★

- 1계층-네트워크 인터페이스(링크) 계층 : 물리적 연결 구성을 정의

- **2계층-인터넷 계층** : 데이터 전송을 위한 주소 지정 및 경로 설정을 지원
- **3계층-전송 계층** : 호스트들 간의 신뢰성 있는 통신을 지원
- **4계층-응용 계층** : 사용자가 컴퓨터에 접근할 수 있도록 서비스를 제공(데이터 송·수신)

6. 전자우편(E-mail)

- **전자우편 헤더의 구성** : 발신자 주소, 수신자 주소, 참조인 주소, 숨은 참조인 주소, 작성 날짜, 제목
- **전자우편 프로토콜** ***

SMTP	사용자가 작성한 이메일을 다른 사람의 계정으로 전송해 주는 역할을 하는 프로토콜
POP3	메일 서버의 이메일을 사용자의 컴퓨터로 가져올 수 있도록 메일 서버에서 제공하는 프로토콜
MIME	멀티미디어 전자 우편을 주고받기 위한 인터넷 메일의 표준 프로토콜
IMAP	전자우편의 헤더 부분만 수신하는 프로토콜

> **기출지문** POP3는 웹브라우저에서 제공하지 않는 멀티미디어 파일을 확인하여 실행시켜주는 프로토콜이다. (X)

> **TIP** 용어
> ▶ **스팸 메일** : 수신인이 원하지 않는 메시지나 정보를 일방적으로 보내는 행위
> ▶ **옵트인(Opt-in) 메일** : 광고성 이메일을 받기로 사전에 수락한 것으로 법적으로 문제가 되지 않음

7. 인터넷 서비스 ****

- **WWW** : 하이퍼텍스트를 기반으로 멀티미디어 정보를 검색할 수 있는 서비스이다.
- **FTP(File Transfer Protocol)** ***
  - 컴퓨터와 컴퓨터 사이에 파일을 주거나 받을 수 있는 원격 파일 전송 프로토콜이다.
  - FTP 프로그램을 이용하여 FTP 서버에 파일을 전송하거나 수신하고, 파일의 삭제 및 이름 바꾸기 등을 할 수 있다.
  - Anonymous FTP는 FTP 서버에 계정이 없는 익명의 사용자도 접속하여 사용할 수 있는 서비스이다.

- ASCII 모드와 Binary 모드가 있으며, 아스키 코드의 텍스트 파일은 ASCII 모드로 전송하고 그림, 동영상, 실행 파일, 압축 파일 등은 Binary 모드로 전송한다.

> **기출지문** FTP 서버에 있는 프로그램은 접속 후에 서버에서 바로 실행시킬 수 있다.

- **텔넷(Telnet)** : 멀리 있는 컴퓨터를 자신의 컴퓨터처럼 사용할 수 있는 서비스(원격 접속)이다.
- **아키(Archie)** : Anonymous FTP 서버 내의 파일 리스트를 검색하기 위해 사용되는 데이터베이스 검색 서비스이다.
- **고퍼(Gopher)** : 인터넷에 있는 정보를 계층적 또는 메뉴 방식으로 찾아주는 서비스이다.
- **IRC(Internet Relay Chat)** : 여러 사람들이 관심 있는 분야별로 채널에서 대화할 수 있는 채팅 서비스이다.
- **WAIS** : 여러 곳에 분산되어 있는 전문 주제 데이터베이스의 자료를 키워드로 고속 검색하는 환경을 제공하는 서비스이다.
- **Usenet** : 인터넷상의 전자 게시판으로 특정한 주제나 관심사에 대해 의견을 제시하고 자료를 등록할 수 있는 서비스이다.
- **VoIP** : 음성 데이터를 인터넷 프로토콜 네트워크를 통해 전송하여 통화할 수 있게 하는 음성 통신 기술이다.
- **인트라넷(Intranet)** : 인터넷 관련 기술과 통신 규약을 이용하여 조직 내부 업무를 통합하는 정보 시스템이다.
- **엑스트라넷(Extranet)** : 인터넷 기술을 사용하여 공급자·고객·협력업체 사이의 인트라넷을 연결하는 협력적 네트워크이다.

8. 웹브라우저 사용 **

- 웹 문서를 사용자에게 보여주는 프로그램이다.
- **종류** : 익스플로러, 크롬, 엣지, 넷스케이프, 모자이크, 링스, 오페라, 아라크네, 삼바, 핫자바, 파이어폭스 등
- 웹 페이지의 내용을 저장하거나 인쇄할 수 있다.
- HTML 및 XML 형태의 소스 파일을 볼 수 있다.
- 플러그인(Plug-In)을 설치하여 비디오, 애니메이션과 같은 멀티미디어 파일을 재생할 수 있다.

> **TIP** 용어
> **플러그인(Plug-In)** : 웹브라우저에 추가 기능을 부여하는 프로그램

9. 인터넷 옵션

[일반] 탭	홈페이지 지정, 검색 기록 삭제 여부를 지정
[보안] 탭	인터넷, 로컬 인트라넷, 신뢰할 수 있는 사이트, 제한된 사이트를 설정
[개인정보] 탭	쿠키 처리 방법, 팝업 차단 등의 설정

TIP 용어 *

쿠키(Cookie) : 웹 사이트의 방문 정보를 기록하는 텍스트 파일

기출따라잡기 **1**

다음 중 인터넷을 사용하기 위한 IPv6 주소 체계에 대한 설명으로 옳지 않은 것은?

① IPv4의 업그레이드 버전으로 주소 구조가 64비트로 확장되었다.

② 주소의 각 부분은 콜론(:)으로 구분하여 16진수로 표현한다.

③ IPv4에 비해 주소의 확장성, 융통성, 연동성이 뛰어나다.

④ 실시간 흐름 제어로 향상된 멀티미디어 기능을 지원한다.

IPv6 : 128비트로 확장되었으며 16비트씩 8부분으로 나누고 콜론(:)으로 구분

정답 | ①

기출따라잡기 **2**

다음 중 인터넷 서비스와 관련하여 FTP(File Transfer Protocol)에 관한 설명으로 옳지 않은 것은?

① 컴퓨터와 컴퓨터 사이에 파일을 주거나 받을 수 있는 원격 파일 전송 프로토콜이다.

② FTP 프로그램을 이용하여 FTP 서버에 파일을 전송하거나 수신하고, 파일의 삭제 및 이름 바꾸기 등을 할 수 있다.

③ Anonymous FTP는 FTP 서버에 계정이 없는 익명의 사용자도 접속하여 사용할 수 있는 서비스이다.

④ 그림, 동영상, 실행 파일, 압축 파일 등은 ASCII 모드로 전송한다.

- **ASCII 모드 :** 아스키 코드의 텍스트 파일 전송
- **Binary 모드 :** 그림, 동영상, 실행 파일, 압축 파일 전송

정답 | ④

핵심 **16** 정보 통신 기술

1. 정보 전송 방식 *

- **단방향 전송 :** 한쪽 방향으로만 데이터를 전송하는 방식
  예) 라디오, TV 방송
- **반이중 전송 :** 양쪽 방향으로 데이터를 전송하지만 동시 전송은 불가능한 방식
  예) 무전기
- **전이중 전송 :** 양쪽 방향으로 동시에 데이터를 전송하는 방식
  예) 전화

TIP 용어

▶ **베이스밴드 전송 :** 디지털 데이터 신호를 변조하지 않고 원래의 신호를 그대로 직접 전송하는 방식으로 LAN과 같은 근거리 통신망에 사용

▶ **브로드밴드 전송 :** 디지털 데이터 신호를 아날로그로 변조하여 다수의 통신 채널로 데이터를 동시에 전송하는 방식

2. 정보 통신망의 구성 형태 **

❶ 스타(Star)형

- 모든 단말기가 중앙 컴퓨터와 1:1로 연결된 형태
- 포인트 투 포인트(Point to Point) 방식이라고도 함
- 중앙 컴퓨터에서 모든 단말기의 제어가 가능

❷ 트리(Tree)형

- 중앙 컴퓨터와 일정 지역의 단말기까지는 하나의 통신 회선으로 연결하고, 이웃하는 단말기는 일정 지역 내에 설치된 중간 단말기부터 다시 연결
- 확장이 많을 경우 트래픽이 과중될 수 있음

❸ 링(Ring)형

- 여러 대의 컴퓨터를 원형의 모양으로 서로 연결한 형태
- 단방향 또는 양방향으로 데이터 전송이 가능
- 고장 시 전체 시스템에 영향을 미침

기출지문 링형(Ring Topology)은 모든 노드들을 하나의 원형으로 연결하는 구조로 통신 제어가 간단하고 신뢰성이 높아 특정 노드의 이상도 쉽게 해결할 수 있다. (X)

❹ 버스(Bus)형

- 하나의 통신 회선에 여러 대의 단말기를 접속
- 케이블 종단에는 종단 장치가 있어야 함
- 증설이나 삭제가 용이

❺ 망(Mesh)형

- 모든 단말기와 단말기들을 통신 회선으로 연결
- 특정 노드에 이상이 생겨도 전송이 가능

3. 정보 통신망의 종류 ★★

❶ 근거리 통신망(LAN)

- 수 km 이내의 거리에서 데이터 전송을 목적으로 연결된 통신망
- 전송 거리가 짧고 고속 전송이 가능하며 에러 발생률이 낮은 통신망

> **기출지문** LAN은 자원 공유를 목적으로 작은 기관의 구내에서 사용하며 전송 거리가 짧고 고속 전송이 가능하지만 WAN에 비해 에러 발생률이 높은 통신망이다. (X)

❷ 도시권 정보 통신망(MAN)

대도시와 같은 지역에 데이터 전송을 제공하는 통신망

❸ 광역 통신망(WAN)

하나의 국가 등 매우 넓은 네트워크 범위를 갖는 통신망

❹ 부가가치통신망(VAN)

기간 통신 사업자로부터 통신 회선을 임대하여 기존의 정보에 새로운 가치를 더하여 다수의 이용자에게 판매하는 통신망

❺ 광대역 종합 정보통신망(B-ISDN)

광대역 네트워크에서 데이터, 음성, 고해상도의 동영상 등 다양한 서비스를 디지털 통신망을 이용하여 제공하는 고속 통신망

❻ 무선 가입자 통신망(WLL)

전화국과 가입자 단말 사이의 회선을 유선 대신 무선 시스템을 이용하여 구성하는 통신망

> **TIP** 용어
>
> **4세대 이동통신**
> - 하나의 단말기를 통해 위성망, 무선랜, 인터넷 등을 모두 사용할 수 있는 서비스이다.
> - 3세대 이동통신으로 불리는 IMT-2000에 뒤이은 이동통신 서비스이다.
> - 동영상, 인터넷 방송 등의 대용량 데이터를 높은 속도로 처리할 수 있으며 3차원 영상 데이터를 이용한 통화가 가능하다.
> - LTE-advanced, Wibro-Evolution 등이 이에 포함된다.

4. 네트워크 장치 ★★

- **모뎀(Modem)** : 디지털 신호를 아날로그 신호로 변조하거나 아날로그 신호를 디지털 신호로 복조하는 장치
- **허브(Hub)** : 여러 대의 컴퓨터를 연결하는 장치로 네트워크에 연결된 각 회선이 모이는 집선 장치
- **라우터(Router)** : 데이터 전송을 위한 최적의 경로를 찾아 통신망에 연결하는 장치
- **브리지(Bridge)** : 독립된 두 개의 근거리 통신망을 연결하는 장치
- **리피터(Repeater)** : 신호를 증폭하며 먼 거리로 정보를 전달할 때 사용하는 연동 장치
- **게이트웨이(Gateway)** : 서로 구조가 다른 두 개의 통신 네트워크를 연결하는데 쓰이는 장치

> **TIP** 용어
>
> - **디지털 서비스 유니트(DSU)** : 원거리 전송에 적합하도록 디지털 신호의 형태로 변형하는 장치
> - **통신제어장치(CCU)** : 통신 회선과 정보 처리 장치와의 사이에 위치하여 단말 장치와의 제어, 정보 신호의 제어를 실행하는 장치

5. OSI 7 계층 ★★★

- 국제 표준화 기구에서 개발한 모델
- 컴퓨터 네트워크 프로토콜과 통신을 계층으로 나누어 설명한 것
- **1계층 물리 계층(Physical Layer)**
  - 전송 매체에서의 전기 신호 전송 기능과 제어 및 클럭 신호를 제공
  - 작동 장치 : 리피터(Repeater), 허브(Hub)
- **2계층 데이터 링크 계층(Data Link Layer)**

- 포인트 투 포인트(Point to Point) 간 신뢰성 있는 전송을 보장하기 위한 계층
- 동기화, 흐름 제어, 순서 제어 기능을 제공
- 작동 장치 : 브리지(Bridge), 스위치(Switch)

● **3계층 네트워크 계층(Network Layer)**
- 정보 교환 및 중계 기능, 경로 설정 기능을 제공
- 작동 장치 : 라우터(Router)

● **4계층 전송 계층(Transport Layer)**
- 송수신 시스템 간의 논리적 안정과 균일한 서비스를 제공
- 작동 장치 : 게이트웨이(Gateway)

● **5계층 세션 계층(Session Layer)**
- 사용자와 전송 계층 간의 인터페이스를 위한 연결을 제공

● **6계층 표현 계층(Presentation Layer)**
- 네트워크 내에서 일관되게 데이터를 표현하도록 코드 변환, 데이터의 재구성, 암호화 등을 담당

● **7계층 응용 계층(Application Layer)**
- 응용 프로세스 간의 정보 교환, 파일 전송 등을 제공

> **기출지문** 네트워크 계층은 응용 프로세스 간의 정보 교환, 파일 전송 등을 제공한다. (X)

6. 네트워크 명령어 ★★★★

● **Ping** : 지정된 호스트에 대해 네트워크층의 통신이 가능한지의 여부를 확인하는 서비스이다.

● **Nslookup** : DNS가 가지고 있는 특정 도메인의 IP Address를 검색해 주는 서비스이다.

● **Tracert** : 송신한 패킷이 어떤 경로로 가는지 추적하는 명령어이다.
- IP 주소, 목적지까지 거치는 경로의 수, 각 구간 사이의 데이터 왕복 속두를 확인할 수 있다.
- 특정 사이트가 열리지 않을 때 해당 서버가 문제인지 인터넷 망이 문제인지 확인할 수 있다.
- 인터넷 속도가 느릴 때 어느 구간에서 정체를 일으키는지 확인할 수 있다.

● **Netstat** : 현재 자신의 컴퓨터에 연결된 다른 컴퓨터의 IP 주소나 포트 정보를 확인하는 명령어이다.

7. 모바일 관련 용어 ★★★★★

● **블루투스(Bluetooth)**
- 휴대폰, 노트북, 이어폰, 헤드폰 등의 휴대기기를 서로 연결해 정보를 교환하는 근거리 무선 기술 표준이다.
- IEEE 802.15.1 규격을 사용하는 PANs(Personal Area Networks)의 산업 표준이다.

● **와이브로(WiBro)** : 이동 중에도 초고속 인터넷을 이용할 수 있는 무선 휴대 인터넷이다.

● **와이파이(Wi-Fi)**
- IEEE 802.11 기술 규격의 브랜드명으로 Wireless Fidelity의 약어이다.
- 무선 신호를 전달하는 AP(Access Point)를 중심으로 데이터를 주고받는 인프라스트럭쳐(Infrastructure) 모드와 AP 없이 데이터를 주고받는 애드혹(ad hoc) 모드가 있다.
- IEEE 802.11b 규격은 최대 11Mbps, IEEE 802.11g 규격은 최대 54Mbps의 속도를 지원한다.

● **클라우드 서비스(Cloud Service)** : 언제 어디서나 인터넷이 연결된 장소에서 정보를 업로드하고 다운 받아 사용할 수 있는 서비스이다.

● **테더링(Tethering)** : 인터넷에 연결된 기기를 이용하여 다른 기기도 인터넷에 접속될 수 있도록 설정하는 방법이다.

● **텔레매틱스(Telematics)** : 자동차와 무선 통신을 결합한 기술로 운전 경로를 안내하거나 차량 사고를 감지하는 역할을 한다.

● **유비쿼터스 센서 네트워크(USN ; Ubiquitous Sensor Network)** : 각종 센서에서 감지한 정보를 무선으로 수집하는 기술이다.

> **TIP** 용어 ★
>
> **유비쿼터스 컴퓨팅 기반 기술**
> ▶ 유비쿼터스 컴퓨팅이 가능하기 위한 고속의 네트워크 전송 기술
> ▶ 휴대성을 위한 초소형, 초경량의 하드웨어 제조 기술
> ▶ 개인별 최적화된 소프트웨어의 제작, 유통 기술

● **사물 인터넷(IoT ; Internet of Things)**
- 인터넷을 기반으로 사람을 포함한 모든 사물과 공간, 데이터 등을 연결하는 서비스이다.
- 개인 맞춤형 스마트 서비스를 지향한다.
- 스마트 센싱 기술과 무선 통신 기술을 융합하여 실시간으로 데이터를 주고받는 기술이다.

- 사물 인터넷 기반 서비스는 개방형 아키텍처를 필요로 하기 때문에 정보 공유에 대한 부작용을 최소화하기 위한 정보 보안 기술의 적용이 중요하다.

기출지문 사물 인터넷은 사람을 제외한 사물과 공간, 데이터 등을 이더넷으로 서로 연결시켜 주는 무선 통신 기술을 의미한다 (X)

- **RFID** : 제품 식별, 출입 관리 등 다양한 분야에서 활용되는 기술로 전파를 이용하여 정보를 인식하는 기술이다.

- **NFC(Near Field Communication)** : 아주 가까운 거리에서 양방향 통신을 지원하는 RFID 기술의 일종이다.

- **3D 프린터**
  - 입력한 도면을 바탕으로 3차원 입체 물품을 만들어 내는 프린터이다.
  - 인쇄 원리는 잉크를 종이 표면에 분사하여 2D 이미지를 인쇄하는 잉크젯 프린터의 원리와 같다.
  - 3D 프린터의 인쇄 방식으로는 레이어로 쌓아 입체 형상을 만드는 적층형과 작은 덩어리로 깎아서 만드는 절삭형이 있다.
  - 기계, 건축, 예술, 우주 등 많은 분야에서 응용되고 있으며, 의료 분야에서도 활발히 활용되고 있다.

기출따라잡기 1

다음 중 컴퓨터 통신의 OSI 7 계층에서 사용되는 장비와 해당 계층의 연결이 옳지 않은 것은?

① 물리 계층 - 리피터(Repeater), 허브(Hub)
② 데이터 링크 계층 - 브릿지(Bridge), 스위치(Switch)
③ 네트워크 계층 - 라우터(Router)
④ 응용 계층 - 게이트웨이(Gateway)

게이트웨이(Gateway)는 서로 다른 네트워크를 연결하는 관문 역할을 하며, 전송 계층에서 사용되는 장비이다.

정답 | ④

기출따라잡기 2

다음 중 휴대폰을 모뎀처럼 활용하는 방법으로, 컴퓨터나 노트북 등의 IT 기기를 휴대폰에 연결하여 무선 인터넷을 사용할 수 있게 하는 기능은?

① 와이파이   ② 블루투스
③ 테더링   ④ 와이브로

테더링(Tethering) : 인터넷에 연결된 기기를 이용하여 다른 기기도 인터넷에 접속될 수 있도록 설정하는 방법

정답 | ③

이 정도만 공부해도 지 격증딴다!

핵심 17 컴퓨터 시스템 보호

1. 저작권 보호

- **저작권법** : 저작자의 권리와 이에 인접하는 권리를 보호, 저작물의 공정한 이용을 도모함으로써 문화의 향상 발전에 이바지함을 목적으로 한다.
- **저작재산권의 보호 기간** *
  - 저작재산권은 특별한 규정이 있는 경우를 제외하고는 저작자가 생존하는 동안과 사망한 후 70년간 존속한다.
  - 공동저작물의 저작재산권은 맨 마지막으로 사망한 저작자가 사망한 후 70년간 존속한다.
  - 저작재산권의 보호기간을 계산하는 경우에는 저작자가 사망하거나 저작물을 공표한 다음 해 1월1일부터 기산한다.
- **저작재산권의 제한 사항** **
  - 재판 절차에 필요하여 저작물을 복제한 경우
  - 방송사업자가 자체방송을 위해 일시적으로 녹음하거나 녹화한 경우
  - 영리를 목적으로 하지 않는 공연 또는 방송인 경우
  - 시각 장애자나 청각 장애자 등을 위해 점자에 의한 복제인 경우
  - 도서관에 보관된 자료를 복제하는 경우

> **TIP** 용어 *
>
> **컴퓨터 프로그램 보호법**
> ▶ 프로그램 저작권은 프로그램이 창작된 때부터 발생하며 어떠한 절차나 형식의 이행을 필요로 하지 않는다.
> ▶ 프로그램을 작성하기 위하여 사용하는 프로그램 언어, 규약 및 해법에는 저작권법을 적용하지 않는다.

2. 컴퓨터 범죄의 유형 *****

- 컴퓨터 범죄란 컴퓨터 및 통신 기술을 이용하여 데이터를 허가 없이 불법적으로 이용하거나 불건전 정보를 다른 곳으로 전송하는 등의 위법 행위를 말한다.
- **해킹(Hacking)** : 컴퓨터 시스템에 불법적으로 접근, 침투하여 정보를 유출하거나 파괴하는 행위이다.
- **크래킹(Cracking)** : 어떤 목적을 가지고 네트워크에 불법으로 침입하여 상용 소프트웨어의 복사 방지를 풀어서 정보의 내용을 자신의 이익에 맞게 불법적으로 변조하는 행위이다.

- **피싱(Phishing)** : 메일을 통하여 가짜 금융기관 등의 가짜 웹 사이트로 유인하여 개인 정보를 빼내는 행위이다.
- **스니핑(Sniffing)** : 네트워크 주변을 돌아다니는 패킷을 엿보면서 계정과 패스워드를 알아내는 행위이다.
- **스푸핑(Spoofing)** : 검증된 사람이 네트워크를 통해 데이터를 보낸 것처럼 데이터를 변조하여 접속을 시도하는 행위이다.
- **웜(Worm)** : 네트워크를 통해 연속적으로 자신을 복제하여 시스템의 부하를 높이는 프로그램이다.
- **트로이 목마(Trojan horse)** : 자기복제 능력은 없으나 시스템에 다른 프로그램 코드로 위장하여 침투시키는 행위이다.
- **백도어(Back Door) 또는 트랩 도어(Trap Door)** : 컴퓨터 시스템 보안 예방책을 침입하여 시스템에 무단으로 접근할 수 있는 경로를 만드는 컴퓨터 범죄이다.
- **키 로거(Key Logger Attack)** : 키보드의 키 입력 시 캐치 프로그램을 사용하여 ID나 비밀번호 등을 빼내는 행위이다.
- **서비스 거부 공격(DoS ; Denial of Service)** : 일시에 대량의 데이터를 한 서버에 집중, 전송시켜 특정 서버를 마비시키는 것을 말한다.
- **분산 서비스 거부 공격(DDoS ; Distributed Denial of Service)** : 악성코드나 이메일 등을 통하여 일반 사용자의 PC를 감염시켜 좀비PC를 만든 다음 동시에 동작하게 함으로써 특정 사이트를 공격하는 방식이다.

> **기출지문** 분산 서비스 거부 공격(DDoS)은 마이크로소프트사의 MS-DOS를 운영체제로 사용하는 컴퓨터에 네트워크를 통해 불법적으로 접속하는 행위이다. (X)

- **워 드라이빙(War Driving)** : 차량으로 이동하면서 타인의 무선 정보 통신망에 불법으로 접속하는 것을 말한다.

3. 컴퓨터 바이러스(Computer Virus) **

- 사용자 몰래 자기 자신을 복제하고 디스크나 프로그램에 기생하면서 컴퓨터의 정상적인 작동을 방해하여 운영체제나 저장된 데이터에 손상을 입힐 수 있는 불법 프로그램이다.
- **바이러스의 특징**
  - 디스크의 부트 영역이나 프로그램 영역에 숨어 있다.
  - 자신을 복제할 수 있으며, 다른 프로그램을 감염시킬 수 있다.

- 인터넷과 같은 통신 매체뿐만 아니라 USB 메모리 등을 이용하여 외부에서 가져온 파일을 통해서도 감염될 수 있다.
- 소프트웨어뿐만 아니라 하드웨어의 성능에도 영향을 미칠 수 있다.

> **TIP** 용어 *
>
> **파일 바이러스 유형**
> ▶ **연결형 바이러스** : 프로그램의 위치 정보를 바이러스의 위치 정보로 바꾸는 바이러스
> ▶ **기생형 바이러스** : 프로그램의 앞이나 뒤에 기생하는 바이러스
> ▶ **산란형 바이러스** : 바이러스를 확장자가 COM인 파일로 만들어서 실행 파일인 EXE보다 먼저 실행되도록 만드는 바이러스
> ▶ **겹쳐쓰기형 바이러스** : 원래 프로그램의 일부에 겹쳐쓰기를 하는 바이러스

4. 정보보호 서비스 *

- **기밀성(Confidentiality)** : 허가되지 않은 사용자 또는 객체가 해당 정보의 내용을 알 수 없도록 비밀을 보장하는 것
- **무결성(Integrity)** : 허가되지 않은 사용자 또는 객체가 정보를 함부로 수정할 수 없게 하는 것
- **인증(Authentication)** : 정보를 보내오는 사람의 신원 확인, 사용자를 식별하고, 사용자의 접근 권한을 검증하는 것

5. 암호화(Encryption) ***

- 데이터에 암호 알고리즘을 적용하여 허가 받지 않은 사람들이 정보를 볼 수 없도록 암호문으로 변환하는 기법이다.
- **비밀키 암호화 기법(대칭키, 단일키)**
  - 암호화 키와 복호화 키가 서로 같음
  - 대표적인 알고리즘으로 DES가 있음
  - 비밀키 암호의 안전성은 키의 길이 및 키의 비밀성 유지 여부에 영향을 받음
  - 장점 : 알고리즘이 간단하고 암호화와 복호화 속도가 빠름
  - 단점 : 키의 분배가 어렵고 관리해야 할 키의 개수가 많음
- **공개키 암호화 기법(비대칭키, 이중키)**
  - 암호화 키와 복호화 키가 서로 다름

- 암호화 키는 공개(공개키)하고 복호화 키는 비밀(개인키)로 함
- 대표적인 알고리즘으로 RSA가 있음
- 장점 : 키의 분배가 용이하고 관리해야 할 키의 개수가 적음
- 단점 : 알고리즘이 복잡하며 암호화와 복호화 속도가 느림

> **기출지문** 공개키 암호화 기법에서는 암호화할 때 사용하는 키는 비밀로 하고, 복호화할 때 사용하는 키는 공개하는 방식을 사용한다. (X)

6. 방화벽(Firewall) *****

- 외부의 불법 침입으로부터 내부의 정보 자산을 보호하고 외부로부터 유해 정보 유입을 차단하기 위한 정책과 이를 지원하는 H/W 및 S/W를 의미한다.
- 통신하도록 허용할 프로그램 및 기능을 설정하고 변경한다.
- 특정 연결 요청을 차단하거나 차단 해제하기 위해 사용자의 허가를 요청한다.
- 로그 정보를 통해 역추적하는 기능이 있어 외부 침입자의 흔적을 찾을 수 있다.
- 외부로부터의 침입을 막을 수는 있지만 내부에서 일어나는 해킹은 막을 수 없다.

> **TIP** 용어 *
>
> **프록시 서버(Proxy Server)** : 클라이언트와 서버 사이에서 데이터를 중계하는 서버로 어떤 사이트에 접속할 때 프록시 서버에서 데이터를 가지고 와서 전달하는 것으로 방화벽 기능과 캐시 기능을 가지고 있다.

> **기출지문** 방화벽은 내 컴퓨터에서 외부로 나가는 패킷의 내용을 체크하여 인증된 패킷만 내보내도록 설정할 수 있다. (X)

기출따라잡기 1

다음 중 인터넷에서 방화벽을 사용하는 이유로 적절하지 않은 것은?

① 외부로부터 허가받지 않은 불법적인 접근이나 해커의 공격으로부터 내부의 네트워크를 효과적으로 보호할 수 있다.

② 방화벽의 접근제어, 인증, 암호화와 같은 기능으로 네트워크를 보호할 수 있다.

③ 역추적 기능으로 외부의 침입자를 역추적하여 흔적을 찾을 수 있다.

④ 외부에 대한 보안이 완벽하며, 내부의 불법적인 해킹도 막을 수 있다.

> 방화벽은 내부 네트워크와 외부 네트워크 사이에 위치하여 외부에서 들어오는 패킷을 검사하는 방식으로 내부의 불법적인 해킹은 막을 수 없다.
> **정답 | ④**

기출따라잡기 2

다음 중 정보 보안을 위해 사용하는 공개키 암호화 기법에 대한 설명으로 옳지 않은 것은?

① 알고리즘이 복잡하며 암호화와 복호화 속도가 느리다.

② 키의 분배가 용이하고 관리해야 할 키의 수가 적다.

③ 비대칭 암호화 기법이라고도 하며 대표적으로 DES가 있다.

④ 데이터를 암호화할 때 사용하는 키를 공개하고 복호화할 때 키는 비밀로 한다.

> DES는 비밀키 암호화 기법의 대표적인 알고리즘이다.
> **정답 | ③**

제2과목 스프레드시트 일반

1. 화면 구성 ★★

- **[파일] 탭** : [파일] 탭을 클릭하면 새로 만들기, 열기, 저장, 다른 이름으로 저장, 인쇄, 옵션 등의 메뉴가 표시된다.
- **빠른 실행 도구 모음** : 자주 실행하는 도구들을 모아둔 곳으로 사용자가 추가하거나 제거할 수 있으며, 리본 메뉴 아래에 표시할 수도 있다.
- **리본 메뉴** : 메뉴는 탭의 형식으로 구성되며 파일, 홈, 삽입, 페이지 레이아웃, 수식, 데이터, 검토, 보기, 개발 도구가 있다.
- **워크시트** : 1,048,576행 × 16,384열로 구성된다.
- **셀(Cell)** : 행과 열이 만나서 이루는 사각형 모양의 작은 칸으로 데이터가 입력되는 기본 단위이다.
- **이름 상자** : 현재 선택한 셀의 주소나 이름을 표시하는 부분으로, 차트나 그리기 개체를 선택하면 개체의 이름이 표시된다.
- **수식 입력줄** : 셀에 입력한 데이터 및 수식이 표시되는 영역이다.
- **시트 탭** : 통합 문서에 포함되어 있는 시트의 이름을 표시한다.
- **상태 표시줄** : 엑셀의 현재 작업 상태를 표시하며, 선택 영역에 대한 평균, 개수, 숫자 셀 수, 최소값, 최대값, 합계 등을 표시할 수 있다.

> **TIP** 기능 ★
>
> **리본 메뉴의 바로 가기 키**
>
> ▶ **Alt** 키 또는 **F10** 키를 누르면 리본 메뉴에 바로 가기 키가 표시된다.
>
> ▶ → 키를 누르면 활성화된 탭이 오른쪽 탭으로 변경된다.
>
> ▶ [빠른 실행 도구 모음]의 도구에는 일련번호가 바로 가기 키로 부여된다.
>
>

2. 화면의 확대/축소 ★★

- 현재 워크시트를 확대 또는 축소하여 표시하는 기능이다.
- [보기] 탭-[확대/축소] 그룹-[확대/축소]를 선택하거나 상태 표시줄에서 지정이 가능하다.
- '사용자 지정' 옵션을 선택하면 10~400% 범위 내에서 직접 입력이 가능하다.
- 워크시트 일부를 범위로 지정하고 '선택 영역 확대/축소'로 지정하면 범위로 지정한 부분이 최대한 크게 보이도록 배율을 자동으로 설정한다.
- 여러 워크시트가 선택된 상태에서 확대/축소 배율을 변경하면 선택된 워크시트 모두 확대/축소 배율이 적용된다.

> **기출지문** [확대/축소] 대화상자에서 지정한 배율은 인쇄 시 [페이지 설정]의 확대/축소 배율에 반영된다. (X)

3. 저장 옵션 ★★

- [다른 이름으로 저장] 대화상자에서 [도구]-[일반 옵션]을 실행한 후 지정한다.
- 파일을 저장할 때 백업 파일의 작성 여부와 열기 및 쓰기 암호, 읽기 전용 권장 등 저장 옵션을 설정한다.
- [일반 옵션] 대화상자의 구성

백업 파일 항상 만들기	통합 문서를 저장할 때마다 백업용 복사본을 저장
열기 암호	통합 문서를 열 때마다 암호를 확인
쓰기 암호	쓰기 암호를 몰라도 파일은 열 수 있으나 같은 이름으로 저장은 할 수 없음
읽기 전용 권장	내용 검토자가 파일을 실수로 수정하지 않도록 파일을 열 때 읽기 전용으로 여는 것이 좋다는 메시지를 표시

기출지문 '쓰기 암호'는 '열기 암호'가 함께 설정되어 있어야 하며, 저장할 때마다 암호를 확인하게 한다. (X)

4. 파일 형식 ★★

*.xlsx	Excel 통합 문서
*.xlsm	매크로 통합 문서
*.xlsb	바이너리 통합 문서
*.xltx	서식 파일(VBA 매크로 코드는 저장할 수 없음)
*.xml	XML 데이터
*.txt	텍스트 파일(탭으로 분리)
*.prn	텍스트 파일(공백으로 분리)

기출지문 *.xltx는 Excel 서식 파일의 기본 Excel 파일 형식으로 VBA 매크로 코드나 Excel 4.0 매크로 시트를 저장할 수 있다. (X)

5. 창 나누기 ★★★

- 워크시트의 내용이 많아 하나의 화면으로 표시하기 어려운 경우 떨어져 있는 데이터를 한 화면에 표시하는 기능이다.
- [보기] 탭-[창] 그룹-[나누기]를 클릭한다.
- 창 나누기는 화면을 2개나 4개의 영역으로 분할할 수 있다.
- 나누어진 상태에서는 분할선을 드래그하여 분할된 지점을 변경할 수 있다.
- 창 나누기는 [실행 취소] 명령으로 나누기를 해제할 수 없으며 분할선을 더블클릭하면 해제할 수 있다.

기출지문 창 나누기는 [실행 취소] 명령으로 나누기를 해제할 수 있다. (X)

6. 틀 고정 ★★★★★

- 특정한 범위의 열 또는 행을 고정시켜 화면을 스크롤해도 한 자리에 항상 표시할 수 있도록 하는 기능이다.
- [보기] 탭-[창] 그룹-[틀 고정]을 클릭한다.

- 현재 셀 포인터의 위쪽과 왼쪽에 틀 고정 선이 생긴다.
- 틀 고정은 행 또는 열, 열과 행으로 모두 고정이 가능하다.
- 고정선의 위치를 드래그하여 조절할 수 없다.
- 틀 고정과 창 나누기를 동시에 수행할 수 없다.
- 화면에 표시되는 틀 고정 형태는 인쇄 시 적용되지 않는다.
- 틀 고정은 통합 문서 보기가 [페이지 레이아웃] 상태일 때는 설정할 수 없다.

TIP [보기]-[창] 그룹 ★★

- ▶ [새 창]을 클릭하면 현재 통합문서와 동일한 통합문서가 새 창으로 열린다.
- ▶ [모두 정렬]은 현재 열려 있는 문서를 바둑판식, 계단식, 가로, 세로 등 4가지 형태로 정렬할 수 있다.
- ▶ [숨기기]는 현재 활성화된 통합문서의 창이 보이지 않도록 숨긴다.

기출지문 틀 고정 구분선을 마우스로 잡아끌어 틀 고정 구분선을 이동시킬 수 있다. (X)

기출따라잡기 1

다음 중 아래 그림의 리본 메뉴에 대한 설명으로 옳지 않은 것은?

① 그림과 같이 리본 메뉴에 바로 가기 키를 나타내려면 **Shift** + **F10** 키를 누른다.
② 오른쪽 방향키 **→**를 누르면 활성화된 탭이 [홈] 탭에서 [삽입] 탭으로 변경된다.
③ [탭] 및 [명령] 간에 이동할 때도 키보드를 사용할 수 있으며, 그림과 같은 상태에서 **N** 키를 누르면 [삽입] 탭으로 변경된다.
④ [빠른 실행 도구 모음]에 명령이 추가되면 일련 번호로 바로 가기 키가 부여된다.

> 그림과 같이 리본 메뉴에 바로 가기 키를 나타내려면 **Alt** 키나 **F10** 키를 누른다.
>
> 정답 | ①

기출따라잡기 2

다음 중 엑셀의 화면 설정에 대한 설명으로 옳은 것은?

① 워크시트 화면의 확대/축소 배율 지정은 모든 시트에 같은 배율로 적용된다.
② 틀 고정과 창 나누기를 동시에 수행할 수 있다.
③ 화면에 표시되는 틀 고정 형태는 인쇄 시 적용되지 않는다.
④ 틀 고정 구분선은 마우스 드래그로 위치를 변경할 수 있다.

> • 워크시트 화면의 확대/축소 배율 지정은 지정한 시트에만 적용된다.
> • 틀 고정과 창 나누기를 동시에 수행할 수 없다.
> • 화면에 표시되는 틀 고정 형태는 인쇄 시 적용되지 않는다.
> • 틀 고정 구분선은 마우스 드래그로 위치를 변경할 수 없으며, 창 나누기 선은 드래그로 위치를 변경할 수 있다.
>
> 정답 | ③

1. 시트의 삽입, 삭제, 숨기기

❶ 시트의 삽입 *

- [홈] 탭-[셀] 그룹-[삽입]-[시트 삽입]을 선택하거나 **Shift** + **F11** 키를 누른다.(활성 시트 왼쪽에 삽입)
- 여러 개의 워크시트가 연속적으로 선택된 상태에서 **Shift** + **F11** 키를 누르면 선택된 개수만큼 워크시트가 삽입된다.

❷ 시트의 삭제

- [홈] 탭-[셀] 그룹-[삭제]-[시트 삭제]를 선택하거나 시트 탭에서 마우스 오른쪽 버튼을 클릭한 후 [삭제]를 선택한다.
- 삭제된 워크시트는 되살릴 수 없으므로 유의해서 삭제해야 한다.
- 여러 개의 워크시트를 선택하여 한꺼번에 삭제할 수 있다.

❸ 시트 숨기기

- [홈] 탭-[셀] 그룹-[서식]-[숨기기 및 숨기기 취소]-[시트 숨기기]를 선택하거나, 시트 탭에서 마우스 오른쪽 버튼을 클릭한 후 [숨기기]를 선택한다.
- 모든 시트를 숨기기 할 수는 없으며, 화면에 보이는 시트가 적어도 하나는 있어야 한다.
- 시트를 숨긴 경우 시트 탭에는 표시되지 않지만 다른 워크시트나 통합 문서에서 계속 참조할 수 있다.

> **TIP** 기능 **
> ▶ **Ctrl** + **Page Up** 키 : 이전 워크시트로 이동
> ▶ **Ctrl** + **Page Down** 키 : 다음 워크시트로 이동

2. 시트의 선택, 복사/이동, 그룹

❶ 시트의 선택

- 연속적으로 여러 개의 시트를 선택하려면 시트 탭에서 첫 번째 시트를 클릭하고 **Shift** 키를 누른 채 마지막 시트를 클릭한다.
- 떨어져 있는 여러 개의 시트를 선택하려면 시트 탭에서 **Ctrl** 키를 누른 채 차례대로 선택한다.

● 모든 시트를 선택하려면 시트 탭에서 마우스 오른쪽 버튼을 클릭하고 [모든 시트 선택]을 선택한다.

❷ 시트의 그룹 *

● 여러 개의 시트를 선택하면 제목 표시줄에 [그룹]이라고 표시된다.

● 그룹 상태에서 데이터 입력이나 편집을 하면 그룹으로 설정된 모든 시트에 동일하게 실행된다.

● 그룹이 설정된 상태에서는 도형, 그림, 차트 등의 그래픽 개체를 삽입할 수 없으며 정렬이나 필터 등의 데이터 작업도 할 수 없다.

> **기출지문** 그룹으로 묶은 시트에서 복사하거나 잘라낸 모든 데이터는 다른 한 개의 시트에 붙여 넣을 수 있다. (X)

❸ 시트의 복사와 이동

● 워크시트를 복사하려면 시트를 선택한 후 `Ctrl` 키를 누른 채 원하는 위치로 드래그한다.

● 워크시트를 이동하려면 시트를 선택한 후 원하는 위치로 드래그한다.

3. 시트 이름 바꾸기, 시트 배경, 시트 탭 색

❶ 시트 이름 바꾸기 *

● 시트 탭에서 시트 이름을 더블클릭한 후 원하는 이름을 입력한다.

● 워크시트의 이름은 공백을 포함하여 최대 31자까지만 지정할 수 있다.

● 워크시트 이름에는 ₩, /, ?, *, [ ] 등의 문자는 사용할 수 없다.

● 워크시트의 이름을 변경하지 못하도록 하려면 [검토] 탭-[보호] 그룹-[통합 문서 보호]를 선택한다.

❷ 시트 배경 *

● [페이지 레이아웃] 탭-[페이지 설정] 그룹-[배경]을 이용하여 시트 배경 이미지를 표시할 수 있다.

● 시트 배경 이미지는 인쇄되지 않는다.

❸ 탭 색 *

● 시트 탭에 색을 지정하여 구분하기 쉽게 할 수 있다.

● 시트 탭에서 마우스 오른쪽 버튼을 클릭한 후 [탭 색]을 선택한다.

4. 시트 보호 및 통합 문서 보호

❶ 시트 보호 **

● 시트의 내용, 개체, 시나리오 등을 보호하도록 설정하는 기능이다.

● [검토] 탭-[보호] 그룹-[시트 보호]를 클릭한다.

● [시트 보호]를 설정하면 기본적으로 셀의 선택만 가능하며, 셀의 내용만 수정할 수 있도록 하려면 [셀 서식]에서 '잠금' 설정을 해제한다.

❷ 통합 문서 보호 ****

● 구조를 보호할 수 있으며 암호를 입력할 수 있는 기능이다.

● [검토] 탭-[보호] 그룹-[통합 문서 보호]-[구조]를 클릭한다.

● 워크시트의 이동, 삭제, 숨기기, 워크시트의 이름 변경 등의 기능을 실행할 수 없다.

● 시나리오 요약 보고서를 만들 수 없다.

● 피벗 테이블 보고서의 특정 셀에 대한 원본 데이터를 표시하거나 별도 워크시트에 피벗 테이블 보고서를 표시할 수 없다.

> **기출지문** [통합 문서 보호]를 설정하면 포함된 차트, 도형 등의 그래픽 개체를 변경할 수 없다. (X)

❸ 통합 문서 공유 ★★★★

- 통합 문서 공유는 엑셀 2021 버전에서는 비활성화가 되어 있다. 명령을 추가하기 위해서는 [파일]-[옵션]-'빠른 실행 도구 모음'-[모든 명령]에서 [통합 문서 공유(레거시)]를 선택 후 <추가> 단추를 클릭한 다음 <확인> 단추를 클릭한다.

- '빠른 실행 도구 모음'에서 [통합 문서 공유(레거시)]를 클릭한다.

- 통합 문서가 공유되면 제목 표시줄의 파일명 옆에 [공유]가 표시된다.

- 공유된 통합 문서에서는 매크로, 그림, 조건부 서식, 차트, 시나리오 등을 추가하거나 변경할 수 없다.

- 필요시 공유 통합 문서에서 특정 사용자의 연결을 끊을 수 있다.

- 암호로 보호된 공유 통합 문서에서 보호를 해제하려면 먼저 통합 문서의 공유 상태를 해제해야 한다.

- 공유 통합 문서를 네트워크 위치에 복사해도 다른 통합 문서와의 연결은 그대로 유지된다.

- 공유 통합 문서는 사용자의 엑셀 버전과 관련이 있다.

> **TIP 기능** ★★ ────────────
>
> **범위 편집 허용** : [범위 편집 허용]을 이용하면 보호된 통합 문서나 시트에서 특정 사용자가 지정된 범위를 편집할 수 있도록 허용할 수 있다.

> **기출지문** 사용자별로 공유된 통합 문서를 열기 위한 암호를 다르게 설정할 수 있다. (X)

기출따라잡기 1

다음 중 여러 워크시트를 선택하여 그룹으로 설정한 경우에 대한 설명으로 옳지 않은 것은?

① 엑셀 창의 맨 위 제목 표시줄에 [그룹]이라고 표시된다.

② 그룹 상태에서 도형이나 차트 등의 그래픽 개체는 삽입되지 않는다.

③ 그룹으로 설정된 임의의 시트에서 입력하거나 편집한 데이터는 그룹으로 설정된 모든 시트에 반영된다.

④ 그룹 상태에서 여러 개의 시트에 정렬 및 필터 기능을 수행할 수 있다.

> 그룹 상태에서 여러 개의 시트에 정렬 및 필터 기능은 수행할 수 없다.
> **정답 | ④**

기출따라잡기 2

다음 중 공유 통합 문서에 대한 설명으로 옳지 않은 것은?

① 여러 사용자가 동시에 동일한 셀을 변경하려면 충돌이 발생한다.

② 통합 문서를 공유한 후 하이퍼링크, 시나리오, 매크로 등의 기능은 변경할 수 없지만 조건부 서식, 차트, 그림 등의 기능은 변경할 수 있다.

③ 공유 통합 문서를 네트워크 위치에 복사해도 다른 통합 문서나 문서의 연결은 그대로 유지된다.

④ 공유 통합 문서를 열면 창의 제목 표시줄의 엑셀 파일명 옆에 [공유]라는 글자가 표시된다.

> - **공유 통합 문서** : 여러 사람이 동시에 내용을 편집하도록 네트워크 위치에 놓는 것으로 [검토] 탭-[변경 내용] 그룹-[통합 문서 공유]를 선택한다.
> - 통합 문서를 공유한 후 하이퍼링크, 시나리오, 매크로, 조건부 서식, 차트, 그림 등의 기능은 모두 변경할 수 없다.
> **정답 | ②**

핵심
03 데이터 입력

1. 데이터 형식

❶ 문자 데이터 *

● 문자, 숫자, 기호 등이 조합된 데이터로 셀의 왼쪽으로 정렬된다.

● 숫자 데이터를 문자 데이터로 입력하려면 숫자 앞에 작은 따옴표(')를 먼저 입력한다.

❷ 숫자 데이터 *

● 숫자, +, -, (), 쉼표, ₩, $, %, 소수점, 지수 기호 등으로 이루어진 데이터로 셀의 오른쪽에 정렬된다.

● 음수 입력은 괄호()를 넣거나 '-' 기호를 붙인다.

● 분수는 0을 입력한 후 한 칸 띄우고 입력한다. 예) 0 2/3

● 셀 너비보다 긴 숫자는 지수 형식으로 표시된다.

● '#'이 표시되는 경우에는 열의 너비를 늘리면 정상적으로 표시된다.

● 고정 소수점이 포함된 숫자를 입력하려면 [파일] 탭 -[옵션]-[고급]에서 '소수점 자동 삽입'을 체크하고 소수점 위치를 설정한다.

❸ 날짜/시간 데이터

● 날짜 데이터는 하이픈(-)이나 슬래시(/)로 년, 월, 일을 구분하여 입력한다.

● 시간 데이터는 콜론(:)으로 시, 분, 초를 구분하여 입력한다.

● 날짜와 시간을 한 셀에 같이 입력하려면 '공백'으로 날짜와 시간을 구분한다.

● 시간은 24시간제로 입력되므로 12시간제로 입력하려면 시간 뒤에 한 칸을 띄우고 'AM' 또는 'PM'을 입력한다. 예) 9:00 PM

● **현재 시스템의 날짜 입력 : Ctrl + ; 키**

● **현재 시스템의 시간 입력 : Ctrl + Shift + ; 키**

❹ 수식 데이터 **

● 반드시 등호(=)나 더하기(+) 기호로 시작한다.

● 수식이 입력된 셀에는 수식의 결과가 표시되고, 수식 입력줄에는 입력한 수식이 표시된다.

● 입력된 수식을 보려면 Ctrl + ~ 키를 누르거나 [파일] 탭-[옵션]-[고급]의 [계산 결과 대신 수식을 셀에 표시]를 체크한다.

● 수식을 입력한 후 결과 값이 수식이 아닌 상수로 입력되게 하려면 수식을 입력한 후 바로 F9 키를 누른다.

❺ 기타 데이터 *

● 한자 : 한글을 입력하고 한자 키를 누른 후 표시되는 목록에서 한자를 선택한다.

● 특수 문자 : [삽입] 탭-[기호] 그룹-[기호]를 선택하거나 한글 자음 또는 쌍자음을 입력한 후 한자 키를 누른다.

2. 데이터 입력 방법 ***

● 한 셀에 여러 줄의 데이터를 입력하려면 Alt + Enter 키를 누른다.

● 여러 셀에 동일한 데이터를 입력하려면 범위로 지정한 후 데이터를 입력하고 Ctrl + Enter 키를 누른다.

● 셀에 데이터를 입력하고 Shift + Enter 키를 누르면 셀 입력이 완료되고 바로 위의 셀이 선택된다.

● 범위를 지정하고 Enter 키를 누르면 지정한 범위 내에서만 셀 포인터가 이동한다.

● 셀에 입력하는 글자의 첫 몇 자가 해당 열에 입력한 내용과 일치하면 나머지 글자가 자동으로 완성되며, 텍스트나 텍스트/숫자 조합이 입력되는 경우에만 자동으로 입력된다.

● 셀을 선택하고 Alt + ↓ 키를 누르면 같은 열에 입력된 문자열 목록이 표시된다.

> **기출지문** 셀에 데이터를 입력하고 Shift + Enter 키를 누르면 셀 입력이 완료되고 바로 아래의 셀이 선택된다. (X)

3. 자동 채우기 ***

● 셀의 채우기 핸들을 드래그하여 데이터를 자동으로 입력하는 기능이다.

● **문자 데이터** : 데이터가 복사됨

● **숫자 데이터**
 - 한 개의 셀을 선택하고 드래그하면 데이터가 복사됨
 - 두 개의 셀을 선택하고 드래그하면 두 셀의 차이 값 만큼 증가됨
 - 한 개의 셀을 선택하고 Ctrl 키를 누른 채 드래그하면 1씩 증가됨

● **문자+숫자** : 문자는 복사되고 숫자는 1씩 증가함

- **날짜/시간 데이터** : 날짜는 1일 단위로, 시간은 1시간 단위로 증가함
- **수식 데이터** : 수식이 자동으로 채워져서 결과가 표시됨

TIP 기능 *
날짜 데이터의 채우기 옵션 : 셀 복사, 연속 데이터 채우기, 서식만 채우기, 서식 없이 채우기, 일 단위 채우기, 평일 단위 채우기, 월 단위 채우기, 연 단위 채우기, 빠른 채우기

4. 메모, 윗주, 하이퍼링크

❶ 메모 ***

- 셀에 입력된 내용에 대한 보충 설명을 기록할 때 사용한다.
- 메모를 삽입할 셀을 선택하고 **Shift** + **F2** 키를 누르거나 [검토] 탭-[메모] 그룹-[새 메모]를 선택한다.
- 메모가 항상 표시되도록 설정할 수 있으며, 메모에 입력된 텍스트 길이에 맞게 메모의 크기를 자동으로 조정할 수 있다.
- 메모를 삽입한 셀을 이동하면 메모도 함께 이동된다.
- 한 시트에 여러 개의 메모가 삽입된 경우 [검토] 탭-[메모] 그룹의 [이전] 또는 [다음]을 이용하면 메모를 탐색할 수 있다.
- 메모는 시트에 표시된 대로 인쇄하거나 시트 끝에 모아서 인쇄할 수 있다.
- [검토]-[메모]-[메모 표시/숨기기]를 이용하여 메모를 표시할 수 있다.
- [홈] 탭-[편집] 그룹-[지우기]-[모두 지우기]를 이용하면 셀과 함께 메모도 삭제된다.

> **기출지문** 피벗 테이블의 셀에 메모를 삽입한 경우 데이터를 정렬하면 메모도 데이터와 함께 정렬된다. (X)

❷ 윗주 *

- 셀에 대해 작은 글씨로 입력하는 주석으로 반드시 문자 데이터가 입력된 셀에만 표시할 수 있다.
- 윗주를 입력하려면 [홈] 탭-[글꼴] 그룹-[윗주 필드 표시/숨기기]의 [윗주 편집]을 선택한다.
- 윗주는 [홈] 탭-[글꼴] 그룹-[윗주 필드 표시/숨기기]의 [윗주 필드 표시]를 선택해야 표시된다.
- 셀에 입력된 데이터를 삭제하면 윗주도 함께 삭제된다.

> **기출지문** 윗주에 입력된 텍스트 중 일부분의 서식을 별도로 변경할 수 있다. (X)

❸ 하이퍼링크

- 기존 파일, 웹 페이지, 현재 문서, 새 문서, 전자 메일 주소 등의 링크를 만드는 기능이다.
- [삽입] 탭-[링크] 그룹-[링크]를 선택한다.

기출따라잡기 **1**

다음 중 자료 입력에 대한 설명으로 옳지 않은 것은?

① 한자를 입력하려면 한글을 입력한 후 키보드의 **한자** 키를 눌러 변환한다.

② 특수문자를 입력하려면 먼저 한글 자음을 입력한 후 키보드의 ㈜ 키를 눌러 원하는 특수문자를 선택한다.

③ 숫자 데이터를 문자 데이터로 입력하려면 숫자 데이터 앞에 문자 접두어(')를 입력한다.

④ 분수 앞에 정수가 없는 일반 분수를 입력하려면 '0'을 먼저 입력하고 **Space Bar** 키를 눌러 빈 칸을 한 개 입력 한 후 '3/8'과 같이 분수를 입력한다.

> 특수문자를 입력하려면 먼저 한글 자음을 입력한 후 키보드의 **한자** 키를 눌러 원하는 특수문자를 선택한다. **정답 | ②**

기출따라잡기 **2**

다음 중 메모에 대한 설명으로 옳지 않은 것은?

① 새 메모를 작성하려면 바로 가기 키 **Shift** + **F2** 키를 누른다.

② 작성된 메모가 표시되는 위치를 자유롭게 지정할 수 있고, 메모가 항상 표시되도록 설정할 수 있다.

③ 피벗 테이블의 셀에 메모를 삽입한 경우 데이터를 정렬하면 메모도 데이터와 함께 정렬된다.

④ 메모의 텍스트 서식을 변경하거나 메모에 입력된 텍스트에 맞도록 메모 크기를 자동으로 조정할 수 있다.

> 피벗 테이블의 셀에 메모를 삽입한 경우 데이터를 정렬하여도 메모는 피벗 테이블의 셀에 고정되어 있다. **정답 | ③**

핵심 04 데이터 편집

1. 셀 선택과 범위 지정

- **연속된 셀 선택** : 첫 번째 셀을 클릭하고 Shift 키를 누른 상태에서 마지막 셀을 클릭
- **떨어져 있는 셀 선택** : 첫 번째 범위를 지정하고 Ctrl 키를 누른 상태에서 다음 범위를 지정
- **행 또는 열을 선택** : 행 머리글이나 열 머리글을 클릭
- **현재 행 선택** : Shift + Space Bar 키
- **현재 열 선택** : Ctrl + Space Bar 키
- **시트 전체 선택** : [시트 전체 선택] 단추를 클릭하거나 Ctrl + A 키

2. 데이터 수정하기 ★★

- F2 키를 누르면 입력된 내용의 맨 뒤에 삽입 포인터가 나타난다.
- 해당 셀을 더블클릭하여 수정한다.
- 수식 입력줄에서 수정한다.

> **기출지문** 셀을 선택한 후 F2 키를 누르면 셀에 입력된 내용의 맨 앞에 삽입 포인터가 나타난다. (X)

3. 데이터 지우기 ★★

- **데이터 내용 지우기** : Delete 키를 누르거나 [홈] 탭-[편집] 그룹-[지우기]-[내용 지우기]를 선택
- **모두 지우기** : [홈] 탭-[편집] 그룹-[지우기]-[모두 지우기]를 선택
- **서식 지우기** : [홈] 탭-[편집] 그룹-[지우기]-[서식 지우기]를 선택
- **메모 지우기** : [홈] 탭-[편집] 그룹-[지우기]-[메모 지우기]를 선택

4. 찾기/바꾸기 ★★★★

- 워크시트에 입력된 특정한 데이터를 찾거나 다른 데이터로 바꾸는 기능이다.

- [홈] 탭-[편집] 그룹-[찾기 및 선택]의 [찾기] 또는 [바꾸기]를 선택한다.
- **Ctrl + F 키** : [찾기] 탭이 선택된 [찾기 및 바꾸기] 대화상자를 표시한다.
- **Ctrl + H 키** : [바꾸기] 탭이 선택된 [찾기 및 바꾸기] 대화상자를 표시한다.
- [찾기 및 바꾸기] 대화상자에서 Shift 키를 누른 상태에서 [다음 찾기]를 클릭하면 역순으로 찾기가 진행된다.
- [서식] 단추를 클릭하고 서식을 지정하면 동일한 셀 서식이 적용된 셀을 찾을 수 있다.
- [찾기 및 바꾸기] 대화상자의 구성

범위	찾을 범위를 시트 또는 통합 문서로 지정
검색	검색 방향을 행 또는 열로 지정
찾는 위치	찾을 데이터를 수식, 값, 메모 중에서 선택
대/소문자 구분	영문 대/소문자를 구분하여 검색
전체 셀 내용 일치	찾을 내용과 완전히 내용이 일치하는 것을 검색

- **와일드 카드**

?	한 글자를 지정 예) 홍길? : 홍길동, 홍길순
*	여러 글자를 지정 예) 홍길* : 홍길, 홍길동, 홍길동자
~	?나 *의 와일드 카드를 지정 예) ~?, ~*

> **기출지문** '찾을 내용'으로 숫자, 특수문자, 한자 등을 입력하여 찾을 수 있으나 *와 ?는 와일드 카드 문자이므로 사용할 수 없다. (X)

5. 이동 및 복사 ★

- 셀을 선택하여 이동하거나 복사하는 경우 수식, 결과 값 이외에도 셀 서식, 메모를 포함한 셀 전체가 이동되거나 복사된다.

- 선택한 복사 영역에 숨겨진 행이나 열이 있는 경우 숨겨진 영역도 함께 복사되거나 이동된다.
- 마우스를 이용하여 복사나 이동을 하려면 [파일] 탭-[옵션]-[고급]의 '채우기 핸들 및 셀 끌어서 놓기 사용' 항목에 체크되어 있어야 한다.

– 이동

마우스	드래그
메뉴	[홈] 탭-[클립보드] 그룹-[잘라내기] → [홈] 탭-[클립보드] 그룹-[붙여넣기]
바로 가기 키	**Ctrl** + **X** 키 → **Ctrl** + **V** 키

– 복사

마우스	**Ctrl** + 드래그
메뉴	[홈] 탭-[클립보드] 그룹-[복사] → [홈] 탭-[클립보드] 그룹-[붙여넣기]
바로 가기 키	**Ctrl** + **C** 키 → **Ctrl** + **V** 키

6. 선택하여 붙여넣기 ***

- 복사한 데이터를 붙여 넣을 때 서식, 값, 수식 등 일부 내용만 선택하여 붙여 넣는 기능으로 잘라내기 한 경우에는 사용할 수 없다.
- 선택 영역을 복사한 다음 [홈] 탭-[클립보드] 그룹-[붙여넣기]의 [선택하여 붙여넣기]를 클릭한다.
- 선택하여 붙여넣기의 바로 가기 키는 **Ctrl**+**Alt**+**V** 키 이다.

모두	원본 데이터를 그대로 붙여 넣음
수식	서식은 제외하고 수식만 붙여넣음
값	서식은 제외하고 화면에 표시된 값만 붙여넣음
서식	데이터는 제외하고 셀 서식만 붙여넣음
테두리만 제외	테두리를 제외하고 나머지 서식과 내용을 붙여넣음

기출지문 **Ctrl** + **X** 키를 이용하여 잘라내기 한 경우 [값 붙여넣기]를 실행할 수 있다. (X)

기출따라잡기 1

다음 중 [찾기 및 바꾸기] 대화상자에 대한 설명으로 옳지 않은 것은?

① 특정 서식이 있는 텍스트나 숫자를 찾을 수 있다.
② 데이터를 뒤에서부터 앞으로 검색하려면 **Ctrl** 키를 누른 상태에서 <다음 찾기>를 클릭한다.
③ 영문자의 경우 대/소문자를 구분하여 찾을 수 있다.
④ 찾는 위치를 수식, 값, 메모 중에서 선택하여 지정할 수 있다.

데이터를 뒤에서부터 앞으로 검색하려면 **Shift** 키를 누른 상태에서 <다음 찾기>를 클릭한다.

정답 | ②

기출따라잡기 2

다음 중 '선택하여 붙여넣기' 기능에 대한 설명으로 옳지 않은 것은?

① 선택하여 붙여넣기 명령을 사용하면 워크시트에서 클립보드의 특정 셀 내용이나 수식, 서식, 메모 등을 복사하여 붙여넣을 수 있다.
② 선택하여 붙여넣기의 바로 가기 키는 **Ctrl** + **Alt** + **V** 이다.
③ 잘라낸 데이터 범위에서 서식을 제외하고 내용만 붙여넣으려면 '내용 있는 셀만 붙여넣기'를 선택한다.
④ '연결하여 붙여넣기'를 선택하면 원본 셀의 값이 변경되었을 때 붙여넣기 한 셀의 내용도 자동 변경된다.

내용 있는 셀만 붙여넣기 : 복사한 데이터 범위에서 빈 셀을 제외하고 내용이 있는 셀만 붙여넣는 기능으로 잘라낸 데이터에는 사용할 수 없다.

정답 | ③

셀 서식

1. [셀 서식] 대화상자

● [홈] 탭-[셀] 그룹-[서식]을 선택한 후 [셀 서식]을 실행하거나 바로 가기 키 **Ctrl** + **1** 키를 누른다.

[표시 형식] 탭	데이터가 표시되는 형식을 변경
[맞춤] 탭	가로, 세로 맞춤 방식과 텍스트 조정, 텍스트 방향을 지정
[글꼴] 탭	글꼴, 스타일, 크기, 밑줄, 색 등을 선택
[테두리] 탭	선택 영역에 테두리를 지정
[채우기] 탭	배경색과 무늬 색, 무늬 스타일을 지정
[보호] 탭	셀의 잠금이나 숨김을 지정

2. 사용자 지정 표시 형식 ★★★★★

❶ 숫자 서식

#	유효한 자릿수만 나타내고 유효하지 않은 0은 표시하지 않음
0	유효하지 않은 자릿수를 0으로 표시
?	유효하지 않은 0 대신 공백을 추가하여 소수점을 맞춤
,	천 단위 구분 기호로 콤마(,)를 삽입
[색 이름]	각 구역의 첫 부분에 대괄호 안에 색을 입력
[조건]	조건과 일치하는 숫자에만 서식을 적용

❷ 날짜 서식

yy	연도 두 자리	yyyy	연도 네 자리
m	월 1~12	mm	월 01~12
mmm	Jan~Dec	mmmm	January~December
d	일 1~31	dd	일 01~31
ddd	Sun~Sat	dddd	Sunday~Saturday

❸ 시간 서식

h	시간 0~23	hh	시간 00~23
m	분 0~59	mm	분 00~59
s	초 0~59	ss	초 00~59

TIP 기능 *

▶ 천 단위 구분 기호(,)를 맨 뒤에 표시하면 3자리가 생략되고 반올림된 값이 표시됨(56700에 #,를 하면 57로 표시)

▶ 경과된 시간은 대괄호([])로 묶어줌 : [h]→경과된 시간, [m]→경과된 분, [s]→경과된 초

❹ 문자열 서식

@	문자 데이터를 그대로 표시
*	* 뒤의 문자를 셀 너비만큼 채워서 표시

❺ 사용자 지정 표시 형식

#,##0;[빨강](#,##0);0.00;@"님"

● 각 구역은 세미콜론(;)으로 구분한다.

● 양수, 음수, 0값, 문자의 표시 형식을 순서대로 지정한다.

● 양수일 때는 천 단위 구분 기호 표시, 음수일 때는 빨간색으로 괄호 안에 천 단위 구분 기호 표시, 0일 때는 소수 이하 두 자리로 표시, 문자일 때는 문자 뒤에 "님"을 표시

3. 조건부 서식 ★★★★★

● 선택한 영역에서 사용자가 지정한 조건을 만족하는 셀에만 특정 서식을 적용하는 기능이다.

● [홈] 탭-[스타일] 그룹-[조건부 서식]을 선택한다.

● 해당 셀의 값이 변경되어 규칙을 만족하지 않으면 적용된 서식은 해제된다.

● 두 개 이상의 규칙이 참일 경우 규칙에 지정된 서식이 모두 적용되지만, 서식이 충돌할 경우에는 우선순위가 높은 규칙의 서식만 적용된다.

● 규칙을 수식으로 지정하는 경우에는 수식 앞에 등호(=)를 입력한다.(=$G3>=10000)

● 조건부 서식의 조건은 동일한 워크시트만 참조할 수 있으며 다른 워크시트나 통합 문서는 참조할 수 없다.

● 조건부 서식에서 지정한 서식은 사용자가 임의로 지정한 서식보다 우선한다.

● [홈] 탭-[편집] 그룹-[찾기 및 선택]-[이동 옵션]을 이용하면 조건부 서식이 적용되고 있는 셀의 범위를 알려준다.

TIP 용어

고유 또는 중복 값만 서식 지정 : 고유한 값이나 중복 값에만 서식을 지정하는 기능으로 피벗 테이블 보고서의 값 영역에서는 사용할 수 없다.

기출지문 [홈] 탭 [편집] 그룹의 [찾기 및 선택]-[이동 옵션]을 이용하면 조건부 서식이 적용되고 있는 셀을 적용한 순서대로 찾아 이동할 수 있다. (X)

기출따라잡기 1

다음 중 아래 조건을 처리하는 셀 서식의 사용자 지정 표시 형식으로 옳은 것은?

> 셀의 값이 1000 이상이면 '파랑', 1000 미만 500 이상이면 '빨강', 500 미만이면 색을 지정하지 않고, 각 조건에 대해 천 단위 구분 기호(,)와 소수 이하 첫째 자리까지 표시한다.
> [표시 예 : 1234.56 → 1,234.6, 432 → 432.0]

① [파랑][>=1000]#,##0.0;[빨강][>=500]#,##0.0;#,##0.0
② [파랑][>=1000]#,###.#;[빨강][>=500]#,###.#;#,###.#
③ [>=1000]<파랑>#,##0.0;[>=500]<빨강>#,##0.0;#,##0.0
④ [>=1000]<파랑>#,###.#;[>=500]<빨강>#,###.#;#,###.#

- 셀의 값이 1000 이상이면 '파랑' : [파랑][>=1000]
- 1000 미만 500 이상이면 '빨강' : [빨강][>=500]
- 각 조건에 대해 천 단위 구분 기호(,)와 소수 이하 첫째 자리까지 표시 : #,##0.0
- 각 구역은 세미콜론(;)으로 구분한다. 　　　　정답 | ①

기출따라잡기 2

다음 중 조건부 서식에 대한 설명으로 옳지 않은 것은?

① 동일한 셀 범위에 둘 이상의 조건부 서식 규칙이 True로 평가되어 충돌하는 경우 [조건부 서식 규칙 관리자] 대화상자의 규칙 목록에서 가장 위에 있는 즉, 우선순위가 높은 규칙 하나만 적용된다.
② [홈] 탭 [편집] 그룹의 [찾기 및 선택]-[이동 옵션]을 이용하면 조건부 서식이 적용되고 있는 셀을 적용한 순서대로 찾아 이동할 수 있다.
③ 조건부 서식을 만들 때 조건으로 다른 워크시트 또는 통합 문서에 참조는 사용할 수 없다.
④ 셀 범위에 대한 서식 규칙이 True로 평가되면 해당 규칙의 서식이 사용자가 임의로 지정한 서식보다 우선한다.

[홈] 탭-[편집] 그룹-[찾기 및 선택]-[이동 옵션]을 이용하면 조건부 서식이 적용되고 있는 셀의 범위를 알려주지만 순서대로 찾아 이동할 수는 없다.
　　　　정답 | ②

핵심 06 데이터 계산

1. 연산자

- 산술 연산자 : +, −, *, /, %(백분율), ^(거듭제곱)
- 비교 연산자 : >, <, >=, <=, =, <>
- 문자열 연산자 : &
- 참조 연산자 : 콜론(범위 연산자), 쉼표(구분 연산자), 공백(교점 연산자)

2. 셀 참조 ★★★★

❶ 상대 참조
- 셀의 위치가 바뀌면 수식의 주소가 자동으로 변경된다. 예) A1

❷ 절대 참조
- 셀의 위치가 바뀌어도 수식의 주소가 변경되지 않는다.
- F4 키를 이용하면 상대 참조에서 절대 참조로 자동 변환할 수 있다. 예) $A$1

❸ 혼합 참조
- 행이나 열 중에서 하나만 절대 참조로 지정된다. 예) $A1, A$1

❹ 다른 워크시트의 셀 참조
- 시트 이름과 셀 주소 사이에 느낌표(!)로 구분한다. 예) =Sheet2!A1
- 시트 이름에 한글, 영문 이외의 문자가 있을 경우에는 작은 따옴표(')로 감싸준다. 예) ='1월'!A1

❺ 다른 통합 문서의 셀 참조
- 통합 문서의 이름을 대괄호([ ])로 표시한다. 예) =[판매량.xlsx]Sheet1!$A$1

❻ 3차원 참조 ★★
- 여러 시트 내에서 위치가 같은 셀들을 범위로 지정하는 참조 형태이다.
  예) =SUM(Sheet1:Sheet2!A1) → Sheet1의 A1셀과 Sheet2의 A1셀의 합계
- 배열 수식에는 3차원 참조를 사용할 수 없다.

● SUM, AVERAGE, MAX, MIN, COUNTA, STDEV 등의 함수를 사용할 수 있다.

3. 이름 정의

● 자주 사용하는 셀이나 범위에 이름을 정의하는 것으로 수식이나 함수에서 셀 주소 대신 사용할 수 있다.

● 이름의 첫 글자는 반드시 문자나 밑줄(_), 역슬래시(\)만 사용할 수 있다.

● 이름에는 공백을 사용할 수 없다.

● 셀 주소와 같은 형태의 이름은 사용할 수 없다.

● 이름은 기본적으로 절대 참조로 정의된다.

● 이름 정의 방법

방법1	이름을 정의하려는 영역을 범위로 지정한 후 이름 상자에 이름을 입력하고 **Enter** 키를 누름
방법2	[수식] 탭-[정의된 이름] 그룹-[이름 정의]를 실행한 후 [새 이름] 대화상자에 이름 입력

4. 오류값 ***

● **####** : 결과 값이 셀 너비보다 커서 결과를 셀에 모두 표시할 수 없는 경우

● **#DIV/0!** : 0으로 나누기 연산을 시도한 경우

● **#N/A** : 수식에서 잘못된 값으로 연산을 시도한 경우

● **#NAME?** : 함수 이름이나 정의되지 않은 셀 이름을 사용한 경우

● **#NULL!** : 교차하지 않은 두 영역의 교점을 지정한 경우 발생되는 오류 예) =SUM(A1:A3 B1:B3)

● **#NUM!** : 표현할 수 있는 숫자의 범위를 넘어갈 때

● **#REF!** : 셀 참조를 잘못 사용한 경우

● **#VALUE!** : 함수의 인수로 잘못된 값을 사용한 경우

● **순환 참조 경고** : 수식에 자기 자신 셀을 참조하려고 하는 경우

5. 자동 합계(∑)

● 자동으로 계산을 수행하는 기능으로 계산을 하고자 하는 셀을 선택하고 [수식] 탭-[함수 라이브러리] 그룹-∑를 클릭한다.

● ∑의 [자동 합계▼]를 클릭하면 합계, 평균, 숫자 개수, 최대값, 최소값 등의 함수를 사용할 수 있다.

6. 함수 작성

● 함수 마법사(ƒx)
  - [수식] 탭-[함수 라이브러리] 그룹-[함수 삽입]을 클릭
  - 수식 입력줄 왼쪽의 [함수 삽입] 아이콘을 클릭

● 직접 함수 입력
  - 함수명을 입력하면 해당 셀 바로 아래에 인수에 대한 형식이 표시되어 편리하게 입력이 가능

기출따라잡기 1

다음 중 3차원 참조에 대한 설명으로 옳지 않은 것은?

① 여러 시트의 동일한 셀 데이터나 셀 범위 데이터에 대한 참조를 뜻한다.

② Sheet2부터 Sheet4까지의 A2 셀을 모두 더하라는 식을 =SUM(Sheet2:Sheet4!A2)와 같이 3차원 참조로 표현할 수 있다.

③ SUM, AVERAGE, COUNTA, STDEV 등의 함수를 사용할 수 있다.

④ 배열 수식에 3차원 참조를 사용할 수 있다.

> 배열 수식에는 3차원 참조를 사용할 수 없다. **정답|④**

기출따라잡기 2

다음 중 아래의 워크시트에서 [C1] 셀에 수식 '=A1+B1+C1'을 입력할 경우 발생하는 상황으로 옳은 것은?

① [C1] 셀에 '#REF!' 오류 표시

② [C1] 셀에 '#NUM!' 오류 표시

③ 데이터 유효성 오류 메시지 창 표시

④ 순환 참조 경고 메시지 창 표시

> 수식 '=A1+B1+C1'에 [C1] 셀을 포함하여 스스로를 참조하려 하므로 순환 참조 경고 메시지 창이 표시된다
>
> **정답|④**

1. 수학/삼각 함수 ★★★★★

- ABS(수) : 수의 절대값을 구함
- EXP(수) : E를 수만큼 거듭 제곱한 값을 구함
- FACT(수) : 1×2×3×…×수로 계산한 계승값을 구함
- INT(수) : 수의 가장 가까운 정수로 내린 값을 구함
- MOD(수1,수2) : 수1을 수2로 나눈 나머지를 구함
- PI() : 원주율 값을 구함
- POWER(수1,수2) : 수1을 수2만큼 거듭 제곱한 값을 구함
- PRODUCT(수1,수2…) : 인수를 모두 곱한 결과를 표시
- QUOTIENT(수1,수2) : 수1을 수2로 나눈 몫을 구함
- RAND( ) : 0과 1 사이의 난수를 구함
- RANDBETWEEN(수1,수2) : 지정한 두 수 사이의 임의의 수를 반환
- ROUND(숫자,자릿수) : 숫자를 지정한 자릿수로 반올림
- ROUNDDOWN(숫자,자릿수) : 숫자를 지정한 자릿수로 내림
- ROUNDUP(숫자,자릿수) : 숫자를 지정한 자릿수로 올림
- SIGN(수) : 수의 부호를 구함(양수 : 1, 음수 : -1, 0 : 0)
- SQRT(수) : 수의 양의 제곱근을 구함
- SUM(수1,수2…) : 숫자의 합계를 구함
- SUMIF(검색범위,조건,합계범위) : 검색범위에서 조건을 검사하여 만족하는 경우 합계범위에서 합계를 구함
- SUMIFS(합계범위,범위1,조건1,범위2,조건2…) : 범위 1에서 조건1이 만족되고 범위2에서 조건2가 만족되면 합계범위에서 합을 구함
- SUMPRODUCT(배열1,배열2) : 범위1에서 조건1이 만족되고 범위2에서 조건2가 만족되면 합계범위에서 합을 구함
- TRUNC(수1,수2) : 배열에서 해당 요소들을 모두 곱하고 그 곱의 합계를 반환

2. 통계 함수 ★★★★★

- AVERAGE(수1,수2…) : 숫자의 평균을 구함
- AVERAGEA(인수1,인수2…) : 인수의 산술 평균을 구함 (텍스트, 논리값 등 포함)
- AVERAGEIF(범위,조건,평균범위) : 범위에서 조건을 만족하는 값의 평균을 구함
- AVERAGEIFS(평균범위,범위1,조건1,범위2,조건2) : 범위1에서 조건1을 만족하고 범위2에서 조건2를 만족하는 경우 평균을 구함
- COUNT(인수1,인수2…) : 인수 중에서 숫자의 개수를 구함
- COUNTA(인수1,인수2…) : 공백이 아닌 인수의 개수를 구함
- COUNTBLANK(범위) : 범위에서 공백 셀의 개수를 구함
- COUNTIF(검색범위,조건) : 검색 범위에서 조건을 만족하는 셀의 개수를 구함
- COUNTIFS(범위1,조건1,범위2,조건2…) : 범위1에서 조건1을 만족하고 범위2에서 조건2를 만족하는 경우 개수를 구함
- GEOMEAN(수1,수2…) : 기하 평균을 구함
- HARMEAN(수1,수2…) : 조화 평균을 구함
- LARGE(배열 또는 범위,n) : 인수로 지정한 숫자 중 n번째로 큰 값을 구함
- SMALL(배열 또는 범위,n) : 인수로 지정한 숫자 중 n번째로 작은 값을 구함
- MAX(수1,수2…) : 인수 중에서 최대값을 구함
- MIN(수1,수2…) : 인수 중에서 최소값을 구함
- MAXA(수1,수2…) : 인수 중에서 최대값을 구함(논리값, 텍스트로 나타낸 숫자 포함)
- MEDIAN(수1,수2…) : 숫자들의 중간값을 구함
- RANK.EQ(수,범위,방법) : 범위에서 수의 순위를 구하며 순위가 같으면 가장 높은 순위를 반환(방법을 생략하거나 0으로 지정하면 내림차순, 나머지는 오름차순)
- FREQUENCY(값이 나타나는 빈도를 계산할 범위,값을 분류할 값 or 배열) : 범위에서 해당 값이 나타나는 빈도를 계산하여 세로 배열로 표시하는 함수
- MINA(작은 값을 찾을 범위) : 지정한 범위에서 가장 작은 값을 표시하는 함수
- MODE.SNGL(범위1,범위2,…) : 데이터 배열이나 범위에서 가장 많이 나타난 수(최빈수)를 표시하는 함수
- PERCENTILE.INC(백분위로 지정할 배열 또는 범위,찾을 백분위) : 데이터 배열이나 범위에서 지정한 k번째 백분위 수를 표시하는 함수
- VAR.S(인수1,인수2,…) : 지정한 값들을 표본(표본집단)으로 분산을 구하는 함수

● STDEV.S(인수1,인수2,…) : 표본집단의 표준편차를 구하는 함수

3. 날짜/시간 함수 *****

● NOW( ) : 현재 컴퓨터 시스템의 날짜와 시간을 표시

● TODAY( ) : 현재 컴퓨터 시스템의 날짜를 표시

● DATE(연,월,일) : 해당 날짜 데이터를 표시

● YEAR(날짜), MONTH(날짜), DAY(날짜) : 날짜의 연도, 월, 일을 표시

● TIME(시,분,초) : 해당 시간 데이터를 표시

● HOUR(시간), MINUTE(시간), SECOND(시간) : 시간의 시, 분, 초를 표시

● WEEKDAY(날짜, 반환값) : 요일 번호를 표시, 반환값 (1 또는 생략 : 일요일이 1, 2 : 월요일이 1)

● DATEVALUE(날짜) : 날짜의 일련번호를 표시

● DAYS(종료날짜, 시작날짜) : 시작 날짜부터 종료 날짜까지 경과한 일수를 계산

● EDATE(시작날짜,전후개월수) : 지정한 시작 날짜 이전 또는 이후의 개월 수를 나타내는 날짜의 일련번호를 반환(양수이면 이후 날짜, 음수이면 이전 날짜를 구함)

● EOMONTH(시작날짜,전후개월수) : 지정된 개월 수 이전 또는 이후 달에서 마지막 날짜의 일련번호를 반환

● WORKDAY(시작날짜,전후 주말/휴일 제외 날짜수, 휴일) : 지정된 업무일 수 이전 또는 이후 날짜의 일련번호를 반환

● NETWORKDAYS(시작날짜,끝날짜,휴일) : 시작날짜와 끝날짜 사이의 작업 일수를 계산

● WEEKNUM(해당주 날짜,반환유형) : 해당 주 날짜가 일 년 중 몇 번째 주인지 표시

4. 논리 함수 ***

● IF(조건식,값1,값2) : 조건식이 참이면 값1, 거짓이면 값2를 반환

● IFERROR(식 또는 값, 반환값) : 식 또는 값이 오류이면 반환 값을 표시

● NOT(조건식) : 조건식의 결과를 반대로 반환

● AND(조건1,조건2…) : 모든 조건이 참이면 TRUE, 나머지는 FALSE를 반환

● OR(조건1,조건2…) : 조건 중 하나 이상이 참이면 TRUE, 나머지는 FALSE를 반환

● TRUE( ) : TRUE를 반환

● FALSE( ) : FALSE를 반환

● IFS(조건1, 조건1이 참일 때 값, 조건2, 조건2 참일 때 값…) : 여러 조건에 대해 다른 결과 값을 쉽게 반환하도록 도와주는 함수

● SWITCH(조건식, 결과값1, 반환값1…) : 조건식의 결과에 따라 다른 값을 반환하는 논리 함수

5. 문자열 함수 *****

● LEFT(문자열,개수) : 문자열의 왼쪽에서 지정한 개수만큼 문자를 추출

● RIGHT(문자열,개수) : 문자열의 오른쪽에서 지정한 개수만큼 문자를 추출

● MID(문자열,위치,개수) : 문자열의 지정한 위치에서 개수만큼 문자를 추출

● LOWER(문자열) : 문자열을 모두 소문자로 반환

● UPPER(문자열) : 문자열을 모두 대문자로 반환

● PROPER(문자열) : 단어 첫 글자만 대문자로 나머지는 소문자로 반환

● TRIM(문자열) : 단어 사이에 공백이 많을 경우 한 칸의 공백을 제외하고 나머지 공백을 모두 삭제

● FIND(찾을텍스트,문자열,시작문자번호) : 문자열에서 찾을 텍스트의 시작 위치를 반환(대소문자 구분O, 와일드 카드 사용 X)

● SEARCH(찾을텍스트,문자열,시작문자번호) : 문자열에서 찾을 텍스트의 시작 위치를 반환(대소문자 구분X, 와일드 카드 사용 O)

● REPLACE(문자열1,시작위치,개수,문자열2) : 시작 위치에서 바꿀 개수만큼 문자열1의 일부를 문자열2로 교체

● SUBSTITUTE(문자열,인수1,인수2) : 문자열에서 바꿀 문자열(인수1)을 찾아서 새로운 문자열로 대체

● LEN(문자열) : 문자열의 길이를 숫자로 구함

● TEXT(인수,형식) : 인수를 지정된 형식의 문자열로 바꿈

● FIXED(인수,자릿수,논리값) : 숫자를 소수점 형식의 텍스트로 변경하며 논리값이 TRUE이면 쉼표가 없고, FALSE이면 쉼표가 표시된다.

● CONCAT(셀 범위 또는 문자열1,문자열2,…) : 문자열1과 문자열2를 연결하여 나타냄

- **VALUE(문자열)** : 숫자 형태의 텍스트를 숫자로 변경함
- **EXACT(문자열1,문자열2)** : 두 텍스트를 비교하여 동일하면 TRUE, 다르면 FALSE를 표시
- **REPT(문자열,개수)** : 문자열을 개수만큼 반복하여 표시

6. 찾기/참조 함수 ★★★★★

- **CHOOSE(검색값,값1,값2…)** : 검색값이 1이면 값1, 2이면 값2… 순서로 값을 반환
- **HLOOKUP(값,범위,행번호,방법)** : 범위의 첫 번째 행에서 값을 찾아 지정한 행에서 대응하는 값을 반환
- **VLOOKUP(값,범위,열번호,방법)** : 범위의 첫 번째 열에서 값을 찾아 지정한 열에서 대응하는 값을 반환
- **LOOKUP(기준값,범위)** : 한 행 범위나 한 열 범위 또는 배열에서 값을 구함
- **INDEX(범위,행,열)** : 범위에서 지정한 행과 열의 교차값을 반환
- **MATCH(검색값,배열,검색유형)** : 검색값과 일치하는 배열 요소를 찾아 상대 위치를 표시
  - 1 : 검색자료보다 작거나 같은 값 중 최대값(오름차순)
  - 0 : 검색자료와 같은 첫 번째 값
  - -1 : 검색자료보다 크거나 같은 값 중 최소값(내림차순)
- **COLUMN(셀이나 범위)** : 셀이나 범위의 열 번호를 반환
- **COLUMNS(배열이나 범위)** : 배열이나 범위에 들어있는 열 수를 반환
- **ROW(셀이나 범위)** : 셀이나 범위의 행 번호를 반환
- **ROWS(배열이나 범위)** : 배열이나 범위에 들어있는 행 수를 반환
- **OFFSET(기준 위치,행,열,높이,너비)** : 기준 위치를 기준으로 지정한 행과 열만큼 떨어진 값을 표시하는 함수
- **TRANSPOSE(범위)** : 지정한 범위의 행과 열의 값을 바꿔서 표시
- **ADDRESS(행번호,열번호,참조유형)** : 행 번호와 열 번호를 사용하여 셀 주소를 나타냄
- **AREAS(범위)** : 참조 영역에 있는 영역 수를 반환
- **HYPERLINK(위치)** : 현재 문서의 다른 시트, 다른 통합 문서, 인터넷에 저장된 문서를 연결
- **INDIRECT(텍스트)** : 텍스트 문자열을 셀 주소로 변환하여 참조

- **XLOOKUP(찾을값,찾을범위,출력범위,찾을값 없을 때 반환값,일치유형)** : 범위의 좌우 상관없이 열에서 값을 찾아 열 번호로 지정한 열에서 대응하는 값을 표시하는 함수
- **XMATCH(찾을값,배열,일치유형,검색유형)** : 배열 또는 셀 범위에서 지정된 항목을 검색한 다음 항목의 상대 위치를 표시하는 함수

7. 데이터베이스 함수 ★★★★★

- 데이터베이스 함수 형식

  =데이터베이스 함수(데이터베이스, 필드, 조건범위)

  - 데이터베이스 : 레코드와 필드로 이루어진 관련 데이터의 목록을 의미한다.
  - 필드 : 어떤 필드가 함수에 사용되는지를 지정, 필드명을 지정하거나 열 번호로 지정할 수 있다.
  - 조건 범위 : 찾을 조건이 들어있는 셀 범위로 필드명과 함께 지정해야 한다.
- **DSUM(데이터베이스,필드,조건범위)** : 조건을 만족하는 필드의 합계를 구함
- **DAVERAGE(데이터베이스,필드,조건범위)** : 조건을 만족하는 필드의 평균을 구함
- **DCOUNT(데이터베이스,필드,조건범위)** : 조건을 만족하는 필드의 숫자 개수를 구함
- **DCOUNTA(데이터베이스,필드,조건범위)** : 조건을 만족하는 모든 필드의 개수를 구함
- **DMAX(데이터베이스,필드,조건범위)** : 조건을 만족하는 필드의 최대값을 구함
- **DMIN(데이터베이스,필드,조건범위)** : 조건을 만족하는 필드의 최소값을 구함
- **DVAR(데이터베이스,필드,조건범위)** : 조건을 만족하는 필드의 분산을 구함
- **DSTDEV(데이터베이스,필드,조건범위)** : 조건을 만족하는 필드의 표준 편차를 구함
- **DGET(데이터베이스,필드,조건범위)** : 조건을 만족하는 단일값을 구함
- **DPRODUCT(데이터베이스,필드,조건범위)** : 조건을 만족하는 필드의 곱을 구함

8. 재무 함수 ***

- **FV(이자,기간,금액,현재가치,납입시점)** : 미래가치를 구함(매월 일정한 금액을 불입했을 때 만기일에 받을 원금과 이자 계산)
  - 납입시점 : 0 또는 생략하면 기말, 1은 기초
- **PV(이자,기간,금액,미래가치,납입시점)** : 현재가치를 구함
- **NPV(할인율,금액1,금액2, …)** : 투자의 현재 가치를 구함
- **PMT(이자,기간,현재가치,미래가치,납입시점)** : 정기적으로 상환할 금액을 구함(일정 금액을 대출받았을 때 이자를 포함하여 매월 상환해야 할 금액 계산)
- **SLN(자산의 구입가,자산의 잔존 가치,총 감가 상각 기간)** : 정액법을 사용하여 단위 기간 동안 자산의 감가 상각을 구하는 함수
- **SYD(자산의 구입가,자산의 잔존 가치,총 감가 상각 기간,계산할 감가 상각 기간)** : 연수합계법으로 자산의 감가 상각을 구하는 함수

9. 정보 함수 *****

- **ISBLANK(인수)** : 인수가 빈 셀이면 TRUE를 출력
- **ISERROR(인수)** : 인수가 오류값이면 TRUE를 출력
- **ISERR(인수)** : 인수가 #N/A를 제외한 오류값이면 TRUE를 출력
- **ISEVEN(인수)** : 인수가 짝수이면 TRUE를 출력
- **ISODD(인수)** : 인수가 홀수이면 TRUE를 출력
- **ISLOGICAL(인수)** : 인수가 논리값이면 TRUE를 출력
- **ISNUMBER(인수)** : 인수가 숫자이면 TRUE를 출력
- **ISTEXT(인수)** : 인수가 텍스트이면 TRUE를 출력
- **ISNONTEXT(인수)** : 인수가 텍스트가 아니면 TRUE를 출력
- **N(인수)** : 인수를 숫자로 변환하여 표시
- **TYPE(인수)** : 인수의 데이터 형식을 숫자로 표시
- **CELL(정보유형,셀주소)** : 셀의 서식 지정이나 위치, 내용 등에 대한 정보 표시

기출따라잡기 1

다음 중 아래의 시트에서 지원자가 0이 아닌 셀의 평균을 구하는 [B9] 셀의 수식으로 옳지 않은 것은?

	A	B
1	지원부서	지원자
2	개발	450
3	영업	261
4	마케팅	880
5	재무	0
6	기획	592
7	생산	0
8	전체 평균	364
9	0 제외 평균	

① =SUMIF(B2:B7,"〈〉0")/COUNTIF(B2:B7,"〈〉0")

② =SUMIF(B2:B7,"〈〉0")/COUNT(B2:B7)

③ =AVERAGEIF(B2:B7,"〈〉0")

④ {=AVERAGE(IF(B2:B7〈〉0,B2:B7))}

> =SUMIF(B2:B7, "〈〉0")/COUNT(B2:B7)
> → COUNT(B2:B7)은 숫자가 포함된 셀의 개수를 모두 세므로 0도 포함하여 전체 평균과 같은 결과 값이 나온다.
>
> 정답 | ②

기출따라잡기 2

다음 중 수식의 결과가 옳지 않은 것은?

① =FIXED(3456.789,1,FALSE) → 3,456.8

② =EOMONTH(DATE(2015,2,25),1) → 2015-03-31

③ =CHOOSE(ROW(A3:A6), "동","서","남",2015) → 남

④ =REPLACE("February",SEARCH("U","Seoul-Unesco"), 5,"") → Febru

> =REPLACE("February",SEARCH("U","Seoul-Unesco"), 5,"") : SEARCH("U","Seoul-Unesco")에 의해 "Seoul-Unesco"에서 "U"의 위치를 대소문자 구분 없이 찾으므로 4가 되며, REPLACE에 의해 "February"의 4번째에서 5 글자를 공백으로 채우면 "Feb"가 된다.
>
> 정답 | ④

다음 중 10,000,000원을 2년간 연 5.5%의 이자율로 대출할 때, 매월 말 상환해야 할 불입액을 구하기 위한 수식으로 옳은 것은?

① =PMT(5.5%/12, 24, -10000000)

② =PMT(5.5%, 24, -10000000)

③ =PMT(5.5%, 24, -10000000,0,1)

④ =PMT(5.5%/12, 24, -10000000,0,1)

> PMT(이율, 기간, 현재가치, 미래가치, 납입시점) : 일정 금액을 정기적으로 납입하고 일정한 이자율이 적용되는 대출 상환금을 계산
> * **이율** : 월 이율로 계산하기 위해 12로 나눈다. → 5.5%/12
> * **기간** : 월 단위로 계산하기 위해 12를 곱한다. → 2*12=24
> * **현재가치** : 불입액이 양수로 나오기 위해 음수를 취한다. → -10000000
> * **미래가치(불입 후 잔액)** : 대출금의 미래 가치는 0이므로 생략
> * **납입시점** : 월말은 0 또는 생략, 월초는 1
>
> 정답 | ①

아래 그림과 같이 발령부서[C2:C11]는 부서명[E2:E4]의 데이터 값을 번호[A2:A11]를 기준으로 순서대로 반복하여 배정하고자 한다. 다음 중 [C2] 셀에 입력할 수식으로 옳은 것은?

	A	B	C	D	E
1	번호	이름	발령부서		부서명
2	1	황현아	기획팀		기획팀
3	2	김미진	재무팀		재무팀
4	3	정미주	총무팀		총무팀
5	4	오민아	기획팀		
6	5	김혜린	재무팀		
7	6	김윤중	총무팀		
8	7	박유미	기획팀		
9	8	김영주	재무팀		
10	9	한상미	총무팀		
11	10	서은정	기획팀		

① =INDEX($E$2:$E$4, MOD(A2,3))

② =INDEX($E$2:$E$4, MOD(A2,3)+1)

③ =INDEX($E$2:$E$4, MOD(A2-1,3)+1)

④ =INDEX($E$2:$E$4, MOD(A2-1,3))

> * **MOD(숫자1, 숫자2)** : 숫자1을 숫자2로 나눈 나머지를 표시
> * **INDEX(범위, 행번호, 열번호)** : 범위에서 행번호와 열번호가 교차하는 값을 표시하며, 데이터 범위가 하나의 행(열)인 경우 인수 생략 가능
> * **=INDEX($E$2:$E$4,MOD(A2-1,3)+1)** : MOD(A2-1,3)+1에 의해 A2에서 1을 뺀 값을 3으로 나눈 나머지에 1을 더하면 1, 2, 3이 반복되므로 $E$2:$E$4에서 1행, 2행, 3행이 교대로 표시된다.
>
> 정답 | ③

다음 중 아래의 워크시트에서 [F2] 셀에 소속이 '영업1부'인 총매출액의 합계를 계산하기 위한 수식으로 옳지 않은 것은?

	A	B	C	D	E	F	G
1	성명	이름	발령부서		소속	총매출액	평균매출액
2	이민우	영업1부	8,819		영업1부	28,581	7,145
3	차소라	영업2부	8,072				
4	진희경	영업3부	6,983		소속별 총매출액의 합계		
5	장용	영업1부	7,499				
6	최병철	영업1부	7,343				
7	김철수	영업3부	4,875				
8	정진수	영업2부	5,605				
9	고희숙	영업3부	8,689				
10	조민희	영업2부	7,060				
11	추소영	영업2부	6,772				
12	홍수아	영업3부	6,185				
13	이경식	영업1부	4,920				
14	유동근	영업2부	7,590				
15	이혁재	영업3부	6,437				

① =DSUM(A1:C15,3,E1:E2)

② =DSUM(A1:C15,C1,E1:E2)

③ =SUMIF(B2:B15,E2,C2:C15)

④ =SUMIF(A1:C15,E2,C1:C15)

> **=SUMIF(A1:C15,E2,C1:C15)** : SUMIF의 첫 번째 인수를 여러 열로 구성된 범위로 지정한 경우 첫 번째 열에 조건을 적용한다. 즉, [A1:C15] 셀 영역의 첫 번째 열에서 '영업1부'를 찾을 수 없으므로 결과가 0이 된다.
>
> 정답 | ④

다음 중 아래 워크시트를 이용한 수식의 실행 결과가 나머지 셋과 다른 것은?

① =IFERROR(ISLOGICAL(A3), "ERROR")

② =IFERROR(ISERR(A7), "ERROR")

③ =IFERROR(ISERROR(A7),"ERROR")

④ =IF(ISNUMBER(A4), TRUE, "ERROR")

	A
1	결과
2	33
3	TRUE
4	55
5	#REF!
6	88
7	#N/A

> * ①, ③, ④는 'TRUE'가 표시되지만, ②는 'FALSE'가 표시된다.
> * =IFERROR(ISERR(A7),"ERROR") → [A7] 셀이 #N/A 오류이면 FALSE로 표시되며, 그 외 다른 오류가 발생하면 TRUE가 표시됨
>
> 정답 | ②

핵심 08 배열 수식

1. 배열 수식 ★★★

- 배열 수식은 배열에 있는 하나 이상의 항목에서 여러 계산을 수행할 수 있는 수식으로, 여러 결과를 반환할 수도 있고 하나의 결과만 반환할 수도 있다.
- 배열식은 배열 인수라는 두 개 이상의 값에 의해 작용하며, 각 배열 인수의 행과 열 수는 같아야 한다.
- 수식을 입력하고 **Ctrl**+**Shift**+**Enter** 키를 누르면 수식의 앞뒤에 중괄호({ })가 자동으로 입력된다.
- 조건을 지정할 때 AND 조건은 '*', OR 조건은 '+'를 사용한다.
- 배열 수식에서 잘못된 인수나 피연산자를 사용할 경우 '#VALUE!'의 오류값이 발생한다.

2. 배열 상수 ★★★★★

- 배열 수식에서 사용되는 인수를 배열 상수라고 한다.
- 배열 상수는 숫자, 텍스트, 논리값, 오류값 등을 사용할 수 있다.
- 같은 배열 상수에 다른 종류의 값을 사용할 수 있다.
- $, 괄호, %, 길이가 다른 행이나 열, 셀 참조는 배열 상수로 사용될 수 없다.
- 열의 구분은 쉼표(,)로 행의 구분은 세미콜론(;)으로 한다. 예) ={1, 2, 3, 4; 6, 7, 8, 9}

A1	⌄	:	× ✓ fx	{={1,2,3;4,5,6,}}	
	A	B	C	D	E
1	1	2	3		
2	4	5	6		
3					

> **기출지문** 배열 상수는 숫자, 논리값, 텍스트, 오류값 외에 수식도 사용할 수 있다. (X)

3. 배열 수식 활용 ★★★★★

❶ 합계

- =SUM((조건1)*(조건2)*합계를 구할 범위)
- =SUM(IF((조건1)*(조건2),합계를 구할 범위))

❷ 평균

- =AVERAGE(IF((조건1)*(조건2),평균을 구할 범위))

❸ 개수

- =SUM((조건1)*(조건2))
- =SUM(IF((조건1)*(조건2),1))
- =COUNT(IF((조건1)*(조건2),1))

❹ 최대값

- =MAX((조건1)*(조건2)*최대값을 구할 범위)
- =MAX(IF((조건1)*(조건2),최대값을 구할 범위))

4. 배열 함수 ★★★★★

- MDETERM(배열) : 배열로 저장된 행렬에 대한 행렬식을 산출
- MINVERSE(배열) : 배열로 저장된 행렬에 대한 역행렬을 산출
- MMULT(배열1, 배열2) : 배열1과 배열2의 행렬 곱을 계산
- FREQUENCY(배열1, 배열2) : 배열2의 범위에 대한 배열1 요소의 빈도수를 계산
- PERCENTILE(범위, 인수) : 범위에서 인수 번째의 백분위수 값을 계산
- SUMPRODUCT(배열1,배열2) : 주어진 배열에서 해당 요소들을 모두 곱하고 그 곱의 합계를 구함

기출따라잡기 1

아래 시트에서 배열 수식을 이용하여 한 번에 금액 [D2:D5]을 구하려고 한다. 다음 중 [D2] 셀에 입력할 배열 수식으로 옳은 것은? (금액 = 수량 * 단가)

	A	B	C	D
1	제품명	수량	단가	금액
2	디지털 카메라	10	350,000	
3	전자사전	15	205,000	
4	모니터	20	155,000	
5	태블릿	5	550,000	

① {=B2*C2}

② {=B2:B5*C2:C5}

③ {=B2*C2:B5*C5}

④ {=SUMPRODUCT(B2:B5,C2:C5)}

[D2:D5] 영역을 블록으로 지정하고 {=B2:B5*C2:C5}를 입력하면 각 배열에 해당하는 값들끼리 곱한 결과가 표시된다.

정답 | ②

기출따라잡기 2

아래 워크시트에서 매출액[B3:B9]을 이용하여 매출 구간별 빈도수를 [F3:F6] 영역에 계산하고자 한다. 다음 중 이를 위한 배열 수식으로 옳은 것은?

	A	B	C	D	E	F
1						
2		매출액		매출 구간		빈도수
3		75		0	50	1
4		93		51	100	2
5		130		101	200	3
6		32		201	300	1
7		123				
8		257				
9		169				

① {=PERCENTILE(B3:B9,E3:E6)}

② {=PERCENTILE(E3:E6,B3:B9)}

③ {=FREQUENCY(B3:B9,E3:E6)}

④ {=FREQUENCY(E3:E6,B3:B9)}

· =FREQUENCY(배열1, 배열2) : 배열2의 범위에 대한 배열1 요소의 빈도수를 계산
· =PERCENTILE(범위, 인수) : 범위에서 인수 번째의 백분위수 값을 계산

정답 | ③

핵심 09

외부 데이터 관리

1. 외부 데이터 가져오기 ★★★

- 데이터베이스 파일과 텍스트 파일 등을 워크시트로 가져오거나 쿼리 형태로 변경하여 엑셀에서 사용할 수 있도록 하는 기능이다.
- 데이터베이스 파일(SQL, Access, dBASE, Oracle), 텍스트 파일(txt, prn), PDF 파일, 엑셀 파일(xlsx), 쿼리(dqy), OLAP 큐브 파일(oqy) 등을 가져온다.
- **가져올 수 없는 파일 형식** : 한글(*.hwp), MS-Word (*.doc), 압축된 Zip 파일 등
- 원본 데이터가 변경될 경우 가져온 데이터에 반영되도록 설정할 수 있다.
- [데이터] 탭-[데이터 가져오기 및 변환] 그룹-[Access], [웹], [텍스트], [기타 원본에서] 등을 선택한다.

2. 텍스트 파일 가져오기 ★

- 텍스트 파일을 워크시트로 가져오는 기능이다.
- 구분 기호로 탭, 세미콜론, 쉼표, 공백 등이 기본으로 제공되며, 사용자가 원하는 구분 기호를 설정할 수도 있다.
- 열 데이터 서식을 지정하거나 특정 열만 지정하여 가져올 수 있다.
- [데이터] 탭-[데이터 가져오기 및 변환] 그룹-[텍스트/CSV에서]를 클릭한다.

3. Microsoft Query 가져오기 ★

- 외부 데이터베이스에서 특정 테이블을 지정하여 가져오거나 원본 데이터와 동기화할 수 있는 기능이다.
- 데이터베이스(SQL, Access, dBASE), 쿼리, OLAP 큐브 파일을 가져올 수 있다.
- [데이터] 탭-[데이터 가져오기 및 변환] 그룹-[데이터 가져오기]-[기타 원본에서] - [Microsoft Query에서]를 클릭한다.

4. 통합 문서 연결 ★★★

● 통합 문서에서 연결을 만들고 편집하고 삭제할 수 있는 기능이다.

● 시트, 이름, 위치(셀, 범위), 값, 수식 등 통합 문서에서 사용되는 연결 위치 정보가 제공된다.

● 열려 있는 통합 문서가 여러 개이면 각 통합 문서에서 [데이터] 탭-[쿼리 및 연결] 그룹-[모두 새로 고침]을 실행한다.

● [연결 속성] 대화상자에서 일정한 시간 간격으로 외부 데이터를 자동으로 새로·고치거나 업데이트할 수 있다.

● [연결 속성] 대화상자에서 통합 문서를 열 때 외부 데이터를 자동으로 새로 고치거나 외부 데이터를 새로 고치지 않고 즉시 통합 문서를 열도록 설정할 수 있다.

● 새로 고침 옵션

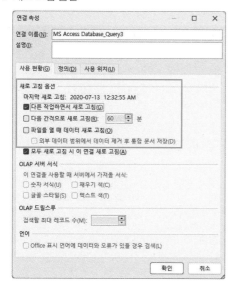

– 다른 작업하면서 새로 고침 : 백그라운드에서 쿼리를 실행하는 기능, OLAP(온라인 분석 처리) 쿼리는 백그라운드로 실행할 수 없음

– 다음 간격으로 새로 고침 : 일정한 시간 간격으로 외부 데이터 새로 고침을 자동으로 실행

– 파일을 열 때 데이터 새로 고침 : 통합 문서를 열 때 자동으로 외부 데이터 새로 고침을 실행

– 외부 데이터 범위에서 데이터 제거 후 통합 문서 저장 : 외부 데이터를 제외하고 통합 문서를 저장하려 할 때 선택

> **기출지문** 연결을 제거하면 연결만 제거되며 외부에서 연결하여 가져온 데이터는 제거되지 않는다. (O)

기출따라잡기 1

다음 중 워크시트에 외부 데이터를 가져오는 방법으로 적절하지 않은 것은?

① Microsoft Query 사용

② 웹 쿼리 사용

③ 데이터 연결 마법사 사용

④ 하이퍼링크 사용

> · **하이퍼링크** : 웹 페이지, 그림, 전자 메일 주소, 프로그램에 대한 링크를 만드는 기능
> · **워크시트에 외부 데이터를 가져오는 방법** : Access, 웹, 텍스트, 기타 원본(SQL Server, Analysis Services, XML 데이터 가져오기, 데이터 연결 마법사, Microsoft Query)
>
> 정답 | ④

기출따라잡기 2

다음 중 외부 데이터 가져오기를 이용하여 데이터를 추출한 경우 연결된 데이터에 새로 고침을 실행하는 작업에 대한 설명으로 옳지 않은 것은?

① 통합 문서를 열 때 외부 데이터 범위를 자동으로 새로 고칠 수 있으며, 외부 데이터는 저장하지 않고 통합 문서를 저장하여 통합 문서 파일 크기를 줄일 수도 있다.

② 새로 고침 옵션에서 '다른 작업하면서 새로 고침'을 선택하여 OLAP쿼리를 백그라운드로 실행하면 쿼리가 실행되는 동안에도 Excel을 사용할 수 있다.

③ 열려 있는 통합 문서가 여러 개이면 각 통합 문서에서 '모두 새로 고침'을 클릭하여 외부 데이터를 새로 고쳐야 한다.

④ 일정한 간격으로 데이터 새로 고침을 자동 수행하도록 설정할 수 있으며, 수행 간격은 분 단위로 지정한다.

> 쿼리를 백그라운드로 실행하면서 Excel을 사용할 수 있지만, OLAP(온라인 분석 처리) 쿼리는 백그라운드로 실행할 수 없다.
>
> 정답 | ②

1. 정렬 * * * * *

- 데이터 목록을 특정 기준에 따라 재배열하는 기능으로 정렬 기준은 최대 64개까지 지정할 수 있다.
- 정렬 방식에는 오름차순, 내림차순, 사용자 지정 목록이 있다.
- **오름차순** : 숫자 – 특수문자 – 영문 소문자 – 영문 대문자 – 한글 – 논리값 – 오류값 – 빈 셀(대소문자 구분시)
- **내림차순** : 오류값 – 논리값 – 한글 – 영문 대문자 – 영문 소문자 – 특수문자 – 숫자 – 빈 셀(대소문자 구분시)
- 숨겨진 행이나 열에 있는 데이터는 정렬에 포함되지 않는다.
- 정렬 기준을 글꼴 색이나 셀 색으로 선택한 경우, 기본 정렬 순서는 선택한 색 아이콘 순서대로만 가능하다.
- **내 데이터에 머리글 표시** : 데이터 목록의 첫 행이 필드 명인 경우에 [정렬] 대화상자의 '내 데이터에 머리글 표시'를 체크하여 필드명은 정렬 대상에서 제외한다.
- 정렬 옵션

대/소문자 구분	영문 대문자와 소문자를 구분하여 정렬
방향	위쪽에서 아래쪽, 왼쪽에서 오른쪽으로 정렬 방향을 선택 (기본은 위쪽에서 아래쪽)

- 정렬 방법

방법1	[데이터] 탭-[정렬 및 필터] 그룹 -[텍스트 오름차순 정렬]/[텍스트 내림차순 정렬]
방법2	[데이터] 탭-[정렬 및 필터] 그룹-[정렬]

기출지문 사용자가 [정렬 옵션] 대화상자에서 대/소문자를 구분 하도록 변경하여, 오름차순으로 정렬하면 대문자가 소문자보다 우선 순위를 갖는다. (X)

TIP 기능 *
사용자 지정 목록

▶ [파일] 탭-[옵션]-[고급]-[일반]-[사용자 지정 목록 편집]을 클릭한 후 사용자 지정 목록 대화상자에서 사용자 지정 목록을 추가 또는 삭제할 수 있다.

▶ 엑셀에서 기본적으로 제공되는 목록은 수정하거나 삭제할 수 없다.

▶ 사용자 지정 목록에는 텍스트 또는 텍스트와 숫자의 조합 등이 포함 될 수 있다.

▶ 사용자 지정 목록을 만들면 다른 통합 문서에서 사용할 수 있도록 컴퓨터 레지스트리에 추가된다.

2. 자동 필터 * * * *

- 단순한 비교 조건을 이용하여 빠르게 필터링하는 기능 으로 지정한 조건에 맞는 행만 표시한다.
- [데이터] 탭-[정렬 및 필터] 그룹-[필터]를 클릭하여 실행한다.
- 두 개 이상의 필드에 조건을 지정하면 AND 조건으로 필터링한다.
- 필터링된 데이터는 다시 정렬하거나 이동하지 않고도 복사, 찾기, 편집 및 인쇄를 할 수 있다.
- 한 열에 숫자 입력 셀과 텍스트 입력 셀이 함께 있는 경우 자동 필터는 셀의 수가 많은 필터로 표시된다.
- 날짜 데이터는 연, 월, 일의 계층별로 그룹화되어 계층 에서 상위 수준을 선택하거나 선택을 취소하는 경우 해당 수준 아래의 중첩된 날짜가 모두 선택되거나 선택 취소된다.
- **상위 10** : 항목이나 백분율을 기준으로 상위나 하위로 데이터의 범위를 지정하여 필터링하는 기능으로 숫자 데이터 필드에서만 가능하다.
- **사용자 지정** : 하나의 필드에 한 개 이상의 조건을 지정 하여 필터링하는 기능으로 비교 연산자와 만능 문자(*, ?)의 사용이 가능하다.

3. 고급 필터 * * * * *

- 여러 필드를 결합하여 복잡한 조건을 지정하거나 필터 링 결과를 다른 위치에 복사하는 경우에 사용한다.
- [데이터] 탭-[정렬 및 필터] 그룹-[고급]을 클릭하여 실행한다.

● 조건 범위와 복사 위치는 고급 필터를 실행하기 전에 미리 설정해야 한다.

● **현재 위치에 필터** : 복사 위치를 지정하지 않고 현재 위치에 필터링 결과를 표시한다.

● **다른 장소에 복사** : 복사 위치를 미리 지정하고 복사 위치에 필터링 결과를 표시한다.

● 고급 필터의 조건에 수식을 포함할 때는 필드명을 다르게 입력하거나 입력하지 않으며, 조건을 입력하면 셀에는 TRUE나 FALSE가 표시된다.

● 문자 데이터를 필터링할 때 대/소문자는 구분되지 않으나 수식으로 대/소문자를 구분하여 검색할 수 있다.

● 조건 지정

AND 조건	조건을 모두 같은 행에 입력
OR 조건	조건을 서로 다른 행에 입력

예) 이름이 세 글자이면서 '이'로 시작하고 TOEIC 점수가 600점 이상 800점 미만인 직원이거나, 직급이 대리이면서 연차가 3년 이상인 직원의 데이터를 추출하는 경우

이름	TOEIC	TOEIC	직급	연차
이??	>=600	<800		
			대리	>=3

기출지문 함수를 사용하여 조건을 입력하는 경우 원본 필드명과 동일한 필드명을 조건 레이블로 사용해야 한다. (X)

4. 텍스트 나누기 **

● 한 셀에 입력된 데이터를 원본 데이터의 형식에 따라 구분 기호나 일정한 너비로 분리하여 여러 셀로 나누는 기능이다.

● 분할하려는 범위에 포함할 수 있는 열은 반드시 1개여야 한다.

● 텍스트 값이 들어 있는 셀 범위를 선택한 다음 [데이터] 탭-[데이터 도구] 그룹-[텍스트 나누기]를 클릭한다.

● 선택한 열의 오른쪽에 빈 열이 한 개 이상 있어야 하며, 없는 경우에는 오른쪽 열의 내용에 덮어쓴다.

● 원본 데이터 형식

구분 기호로 분리됨	각 필드가 탭, 세미콜론, 쉼표, 공백, 기타 문자로 분리된 경우
너비가 일정함	각 필드가 일정한 너비로 정렬된 경우

TIP 기능

각 필드의 너비(열 구분선)를 지정

▶ 구분선을 넣으려면 원하는 위치를 마우스로 클릭한다.

▶ 구분선을 이동하려면 원하는 위치로 드래그한다.

▶ 구분선을 삭제하려면 구분선을 마우스로 더블 클릭한다.

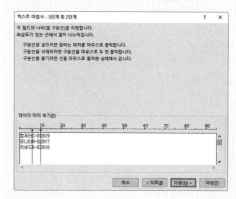

5. 그룹 및 윤곽 설정 ***

❶ 그룹

● 행 또는 열을 그룹 단위로 묶어서 이것을 숨기거나 나타내어 데이터를 요약 관리하는 기능이다.

● [데이터] 탭-[개요] 그룹-[그룹]을 클릭한다.

❷ 윤곽 기호

● 하위 수준 데이터를 숨기거나 표시하는 기능으로 윤곽 기호를 설정하면 그룹의 요약 정보만 또는 필요한 그룹의 데이터만 확인할 수 있어 편리하다.

● 데이터에 최대 8개 수준까지 하위 수준을 표시할 수 있으며 안쪽 수준은 상위, 바깥쪽 수준은 하위 수준을 표시한다.

[1]	전체 계산 항목을 표시
[2]	그룹별 계산 항목을 표시
[3]	모든 데이터를 표시
[-]	하위 수준 숨기기
[+]	하위 수준을 표시

● 윤곽 기호가 나타나지 않으면 [파일] 탭-[옵션]-[고급]에서 '윤곽을 설정한 경우 윤곽 기호 표시'를 체크한다.

● 윤곽을 만들 때나 만든 후에 윤곽에 스타일을 적용할 수 있으며, 윤곽에 스타일을 적용하려면 [데이터] 탭-[개요] 그룹에서 윤곽선 대화상자 표시 아이콘을 클릭하고 '자동 개요'를 체크한다.

기출지문 그룹별로 요약된 데이터에 설정된 윤곽을 제거하면 윤곽 기호와 함께 요약 정보가 표시된 원본 데이터도 삭제된다. (X)

6. 중복된 항목 제거 *

- 선택된 범위 내에서 중복된 레코드 중 하나를 제외하고 나머지를 제거하는 도구이다.
- [데이터] 탭-[데이터 도구] 그룹-[중복된 항목 제거]를 클릭한다.
- [중복된 항목 제거]를 실행하면 동일한 데이터의 첫 번째 레코드를 제외한 나머지 레코드가 삭제된다.
- [중복된 항목 제거] 대화상자에서 '내 데이터에 머리글 표시'를 선택하면 대화상자의 '열' 목록에 '열 A' 대신 필드명이 표시된다.
- 중복 값을 제거하면 선택한 셀 범위나 테이블 값이 제거되지만, 테이블 밖의 값은 변경되거나 이동되지 않는다.

7. 데이터 유효성 검사 *

- 데이터의 형식을 제어하거나 사용자가 셀에 입력하는 값을 제어하는 도구이다.
- [데이터] 탭-[데이터 도구] 그룹-[데이터 유효성 검사]를 클릭한다.
- **유효성 조건 제한 대상 :** 모든 값, 정수, 소수점, 목록, 날짜, 시간, 텍스트 길이, 사용자 지정 등

기출따라잡기 1

다음 중 아래 워크시트 (가)를 (나)와 같이 정렬하기 위한 방법으로 옳은 것은?

① 정렬 옵션을 '왼쪽에서 오른쪽'으로 설정
② 정렬 옵션을 '위쪽에서 아래쪽'으로 설정
③ 정렬 기준을 '셀 색', 정렬을 '위에 표시'로 설정
④ 정렬 기준을 '셀 색', 정렬을 '아래쪽에 표시'로 설정

기본적인 정렬은 '위에서 아래로'의 행 단위 정렬이며, [정렬] 대화상자의 [옵션] 도구에서 방향을 '왼쪽에서 오른쪽'을 선택하면 열 단위로 정렬할 수 있다.

정답 | ①

기출따라잡기 2

다음 중 고급 필터 실행을 위한 조건 지정 방법에 대한 설명으로 옳지 않은 것은?

① 함수나 식을 사용하여 조건을 입력하면 셀에는 비교되는 현재 대상의 값에 따라 TRUE나 FALSE가 표시된다.
② 함수를 사용하여 조건을 입력하는 경우 원본 필드명과 동일한 필드명을 조건 레이블로 사용해야 한다.
③ 다양한 함수와 식을 혼합하여 조건을 지정할 수 있다.
④ 텍스트 데이터를 필터링할 때 대/소문자는 구분되지 않으나 수식으로 대/소문자를 구분하여 검색할 수 있다.

함수를 이용하여 조건을 입력하는 경우 원본 필드명과 동일한 필드명을 조건 레이블로 사용해서는 안되며 필드명을 생략하거나 다른 이름을 지정해야 한다.

정답 | ②

핵심

11 데이터 분석

1. 데이터 통합 ★★

- 하나 이상의 원본 영역을 지정하여 하나의 표로 데이터를 요약하는 기능이다.

- [데이터] 탭-[데이터 도구] 그룹-[통합]을 클릭한다.

- [통합] 대화상자의 구성

- 함수 : 합계, 평균, 개수, 최대값, 최소값, 곱, 숫자개수, 표본 표준 편차, 표준 편차, 표본 분산, 분산 등의 함수를 선택
- 참조 : 계산할 범위를 선택한 후 [추가] 단추를 클릭하면 '모든 참조 영역'에 추가됨
- 사용할 레이블 : 참조 영역으로 설정한 범위에 레이블(열 이름표와 행 이름표)이 포함되어 있는 경우 레이블을 복사해 올 것인지 여부를 선택
- 원본 데이터에 연결 : 참조한 원본 데이터가 변경되면 자동으로 통합 기능을 이용해 구한 계산 결과가 변경되게 할지 여부를 선택

2. 데이터 표 ★★★

- 특정 데이터를 변화시켜 수식의 결과가 어떻게 변하는지를 한 번의 연산으로 빠르게 계산하여 표의 형태로 표시해 주는 도구이다.

- 특정 값의 변화에 따른 결과 값의 변화 과정을 한 번의 연산으로 빠르게 계산하여 표의 형태로 표시해 주는 도구

- [데이터] 탭-[예측] 그룹-[가상 분석]-[데이터 표]를 클릭한다.

- 변동 데이터가 같은 행에 입력되어 있으면 행 입력 셀을, 같은 열에 입력되어 있으면 열 입력 셀을 지정한다.

- 결과 값은 반드시 특정 값을 포함하는 수식으로 작성되어야 한다.

- 데이터 표의 결과는 배열 수식으로 작성되므로 일부만을 수정할 수 없다.

3. 부분합 ★★★

- 데이터를 일정한 기준으로 요약하여 합계, 평균 등 다양한 계산을 수행한다.

- 부분합을 작성하려면 첫 행에는 필드명이 있어야 하며, 그룹화할 항목을 기준으로 반드시 정렬되어 있어야 한다.

- 기준이 될 필드로 먼저 정렬하고 [데이터] 탭-[개요] 그룹-[부분합]을 클릭한다.

- [부분합] 대화상자의 구성

- 그룹화할 항목 : 부분합을 계산할 기준 필드로 정렬되어 있는 항목
- 사용할 함수 : 합계, 평균, 개수, 최대값, 최소값, 곱, 숫자 개수, 표본 표준 편차, 표준 편차, 표본 분산, 분산 등의 함수 중에서 계산할 함수를 지정
- 부분합 계산 항목 : 부분합을 계산하여 표시할 항목을 선택
- 새로운 값으로 대치 : 이전 부분합을 지우고 새로운 부분합을 구함
- 그룹 사이에서 페이지 나누기 : 페이지 구분선 삽입
- 데이터 아래에 요약 표시 : 부분합의 내용을 세부 데이터 아래에 표시

- 부분합을 설정하면 자동으로 윤곽이 지정된다.

- 부분합을 제거하면 부분합과 함께 표에 삽입된 윤곽 및 페이지 나누기도 모두 제거된다.

기출지문　그룹화를 위한 데이터의 정렬을 오름차순으로 할 때와 내림차순으로 할 때의 그룹별 부분합의 결과는 서로 다르다. (X)

4. 목표값 찾기 ★★★

● 수식에서 원하는 결과를 알고 있지만, 그 결과를 얻는 데 필요한 입력 값을 알아 내고자 하는 경우 사용하는 도구이다.

● 목표값 찾기에서 입력 값은 하나만 지정할 수 있다.

● [데이터] 탭-[예측] 그룹-[가상 분석]-[목표값 찾기]를 클릭한다.

● [목표값 찾기] 대화상자의 구성

수식 셀	특정 값을 얻기 위하여 수식이 들어있는 셀
찾는 값	원하는 특정 값을 숫자로 직접 입력
값을 바꿀 셀	목표값을 얻기 위해 데이터를 조절할 셀로 반드시 수식에서 이 셀을 참조하고 있어야 함

5. 시나리오 분석 ★★★★★

● 시트에 입력되어 있는 데이터들에 대해 가상의 상황을 만들어서 그 결과를 분석하고 예측하는 기능이다.

● 변경 셀의 값에 따라 결과 셀의 값이 자동으로 변경되어 결과 값을 예측할 수 있다.

● 시나리오 결과는 요약 보고서나 피벗 테이블 보고서로 작성할 수 있다.

● 하나의 시나리오에 최대 32개까지 변경 셀을 지정할 수 있다.

● 시나리오 이름은 사용자가 직접 입력해야 하며, 설명은 꼭 입력하지 않아도 된다.

● 변경 셀과 결과 셀에 이름을 지정한 후 시나리오 요약 보고서를 작성하면 결과에 셀 주소 대신 지정한 이름이 표시된다.

● 시나리오는 현재 시트 앞에 새 워크시트를 삽입하여 시나리오 보고서를 표시하며 별도의 파일에 저장할 수는 없다.

● [데이터] 탭-[예측] 그룹-[가상 분석]-[시나리오 관리자]를 클릭한다.

● [시나리오 관리자] 대화상자의 구성

❶ 추가	시나리오 이름과 변경 셀을 지정할 수 있는 대화상자를 표시
❷ 삭제	선택한 시나리오를 삭제
❸ 편집	선택한 시나리오를 편집할 수 있는 대화상자를 표시
❹ 병합	선택한 시나리오를 병합
❺ 요약	시나리오에 대한 요약 보고서나 피벗 테이블을 작성
❻ 표시	선택한 시나리오에 대해 결과를 표시

기출지문　시나리오 관리자에서 시나리오를 삭제하면 시나리오 요약 보고서의 해당 시나리오도 자동으로 삭제된다. (X)

6. 피벗 테이블 및 피벗 차트 ★★★★★

❶ 피벗 테이블

● 방대한 양의 자료를 다양한 형태로 요약하여 보여주는 대화형 테이블을 만드는 도구이다.

● 엑셀의 목록, 외부 데이터, 다중 통합 범위, 다른 피벗 테이블을 바탕으로 작성한다.

● [삽입] 탭-[표] 그룹-[피벗 테이블]을 클릭한다.

● 한번 작성된 피벗 테이블의 필드 위치를 필요에 따라 삭제하거나 이동하여 재배치할 수 있다.

● 값 필드 단추를 클릭하고 [값 필드 설정]을 선택하면 함수를 변경할 수 있다.

● 새 워크시트에 피벗 테이블을 생성하면 보고서 필터의 위치는 [A1] 셀, 행 레이블은 [A3] 셀에서 시작한다.

● [피벗 테이블 옵션] 대화 상자에서 오류 값을 빈 셀로 표시하거나 빈 셀에 원하는 값을 지정하여 표시할 수도 있다.

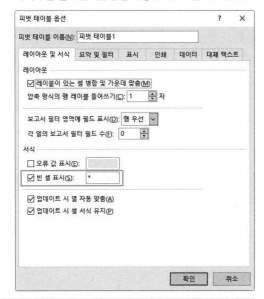

기출지문 하위 데이터 집합에도 필터와 정렬을 적용하여 원하는 정보만 강조할 수 있으나 조건부 서식은 적용되지 않는다. (X)

❷ 피벗 차트

● 피벗 차트는 피벗 테이블을 만들지 않고는 만들 수 없으며, 피벗 테이블 보고서를 만들 때 함께 만들 수도 있고 피벗 테이블 보고서가 존재하는 경우 피벗 차트 보고서를 만들 수도 있다.

● 피벗 차트에서 필터를 적용하면 자동으로 피벗 테이블 보고서에 적용된다.

● 피벗 테이블을 삭제하면 피벗 차트는 일반 차트로 변경된다.

● 피벗 테이블 보고서를 선택한 후 [피벗 테이블 분석] 탭-[동작] 그룹-[지우기]-[모두 지우기]를 수행하면 피벗 테이블 보고서와 피벗 차트가 모두 제거된다.

● 피벗 차트를 삭제해도 관련된 피벗 테이블 보고서는 삭제되지 않는다.

기출따라잡기 1

다음 중 시나리오에 대한 설명으로 옳지 않은 것은?

① 시나리오 관리자에서 시나리오를 삭제하면 시나리오 요약 보고서의 해당 시나리오도 자동으로 삭제된다.

② 특정 셀의 변경에 따라 연결된 결과 셀의 값이 자동으로 변경되어 결과값을 예측할 수 있다.

③ 여러 시나리오를 비교하기 위해 시나리오를 피벗 테이블로 요약할 수 있다.

④ 변경 셀과 결과 셀에 이름을 지정한 후 시나리오 요약 보고서를 작성하면 결과에 셀 주소 대신 지정한 이름이 표시된다.

> 시나리오 관리자에서 시나리오를 삭제해도 시나리오 요약 보고서의 해당 시나리오는 삭제되지 않는다.
>
> **정답 | ①**

기출따라잡기 2

다음 중 피벗 테이블과 피벗 차트에 대한 설명으로 옳지 않은 것은?

① 새 워크시트에 피벗 테이블을 생성하면 보고서 필터의 위치는 [A1] 셀, 행 레이블은 [A3] 셀에서 시작한다.

② 피벗 테이블과 연결된 피벗 차트가 있는 경우 피벗 테이블에서 [모두 지우기] 명령을 사용하면 피벗 테이블과 피벗 차트의 필드, 서식 및 필터가 제거된다.

③ 하위 데이터 집합에도 필터와 정렬을 적용하여 원하는 정보만 강조할 수 있으나 조건부 서식은 적용되지 않는다.

④ [피벗 테이블 옵션] 대화 상자에서 오류 값을 빈 셀로 표시하거나 빈 셀에 원하는 값을 지정하여 표시할 수도 있다.

> 하위 데이터 집합에도 필터와 정렬, 조건부 서식을 적용하여 원하는 정보만 강조할 수 있다.
>
> **정답 | ③**

1. 차트 작성 ★★

- 데이터를 막대, 선, 원 등으로 알아보기 쉽게 표현한 것으로 데이터를 효과적으로 전달하는 기능이다.
- 차트를 작성하려면 반드시 원본 데이터가 있어야 한다.
- 차트로 만들 데이터를 범위로 지정하고 [삽입] 탭-[차트] 그룹의 세로 막대형, 꺾은선형, 원형, 가로 막대형, 영역형, 분산형, 기타 중에서 원하는 스타일을 클릭하여 작성한다.
- F11 키 : 새로운 차트 시트에 세로 막대형 차트가 작성된다.
- Alt + F1 키 : 현재 시트에 기본 차트인 묶은 세로 막대형 차트가 작성된다.
- 차트에서 사용할 데이터가 들어있는 셀을 하나만 선택하고 차트를 만들면 해당 셀을 직접 둘러싸는 셀의 데이터가 모두 차트에 표시된다.
- 차트에 두 개 이상의 차트 종류를 사용하여 혼합형(콤보) 차트를 만들 수 있지만, 2차원 차트와 3차원 차트를 혼합할 수는 없다.
- **이중 축 차트** : 차트에 보조 축을 표시하는 차트로 특정 데이터 계열의 값이 다른 계열의 값과 현저하게 차이가 날 경우나 두 가지 이상의 데이터 계열을 가진 차트에 사용한다.
- 차트를 작성한 후 차트를 클릭하면 리본 메뉴에 [차트 디자인], [서식] 탭이 있는 [차트 도구]가 표시된다.
- 워크시트에 삽입된 차트는 [차트 이동] 기능을 이용하여 새로운 시트나 현재 통합 문서의 다른 시트로 이동할 수 있다.

> **기출지문** 차트에 사용될 데이터를 범위로 지정한 후 Alt + F11 키를 누르면 데이터가 있는 워크시트에 기본 차트인 묶은 세로 막대형 차트가 작성된다. (X)

2. 차트 종류 ★★★★★

- **세로 막대형** : 각 항목 간의 값을 막대의 길이로 비교, 분석
- **꺾은선형** : 시간의 흐름에 따라 각 항목의 변화나 경향을 파악하고자 할 때 가장 적합한 차트

- **원형** : 각 항목의 값들이 항목 합계의 비율로 표시되므로 중요한 요소를 강조할 때 사용(데이터 계열이 한 개)
- **가로 막대형** : 세로 막대형 차트와 유사하며 값 축과 항목 축의 위치가 서로 바뀜(값 축 : 수평, 항목 축 : 수직)
- **영역형** : 시간에 따른 변화를 보여주며 각 값의 합계와 전체에 대한 관계를 비교
- **분산형**
  - 과학, 통계 및 공학 데이터와 같은 숫자 값을 표시하고 비교
  - 가로 축의 값이 일정한 간격이 아닌 경우
  - 가로 축의 데이터 요소 수가 많은 경우
  - 데이터 요소 간의 차이점보다는 큰 데이터 집합 간의 유사점을 표시하려는 경우
- **도넛형** : 원형 차트와 비슷하지만 여러 데이터 계열을 표시
- **주식형** : 주가 변동을 나타내는 차트로 시가, 종가, 거래량, 저가, 고가 등을 표시
- **방사형** : 데이터 계열이 많을 때 사용하며 가운데에서 뻗어가는 형태의 차트로 가로 축이 없음
- **거품형** : 가로 축과 세로 축이 존재하며, 세 번째 열을 추가하여 거품의 크기를 지정(데이터 계열 값이 세 개)
- **표면형** : 두 개의 데이터 집합에서 최적의 조합을 찾을 때 사용

> **기출지문** 방사형 차트와 거품형 차트에서는 기본 가로 축만 표시된다. (X)

3. 차트 구성 요소 ★★★

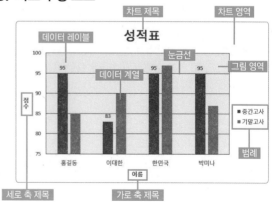

차트 제목	차트의 제목을 표시
차트 영역	차트의 모든 구성 요소를 포함

그림 영역	가로 축과 세로 축으로 형성된 영역
범례	데이터 계열의 항목별 이름으로 무늬, 색으로 계열을 구분
데이터 계열	차트로 나타낼 값을 가진 항목들을 의미
가로 축 제목	가로 축 항목의 전체 의미를 나타내는 제목
세로 축 제목	세로 축에 표현되는 숫자들의 전체 의미를 나타내는 제목
눈금선	일정한 간격의 눈금을 그림 영역에 표시
데이터 레이블	데이터 계열의 값이나 항목의 이름표를 표시

● [홈] 탭-[글꼴] 그룹이나 미니 도구 모음을 이용하여 차트 구성 요소의 텍스트 서식을 지정할 수 있다.

● 차트 구성 요소에 도형 스타일이나 WordArt 스타일을 적용할 수 있다.

> **기출지문** 차트 요소들은 도형처럼 맞춤, 그룹, 회전 등의 정렬 설정을 할 수 있다. (X)

기출따라잡기 1

다음 중 아래 설명에 해당하는 차트 종류는?

> - 항목의 값을 점으로 표시하여 여러 데이터 값들의 관계를 보여 주며 주로 과학 데이터의 차트 작성에 사용된다.
> - 가로 축의 값이 일정한 간격이 아닌 경우나 데이터 요소의 수가 많은 경우 사용된다.
> - 기본적으로 5개의 하위 차트 종류가 제공되며, 3차원 차트로 작성할 수 없다.

① 분산형 차트   ② 도넛형 차트
③ 방사형 차트   ④ 혼합형 차트

> • **도넛형 차트** : 원형 차트와 비슷하지만 여러 데이터 계열을 표시할 수 있는 차트
> • **방사형 차트** : 중간 지점에서 뻗어 나가는 자체 값 축이 있는 차트
> • **혼합형 차트** : 두 개 이상의 데이터 계열이 있는 경우 특정 데이터 계열을 다른 차트로 표시한 것으로 2차원 차트에서만 가능
>
> **정답 | ①**

기출따라잡기 2

다음 중 차트에 관한 설명으로 옳지 않은 것은?

① 차트를 작성하려면 반드시 원본 데이터가 있어야 하며, 작성된 차트는 원본 데이터가 변경되면 차트의 내용이 함께 변경된다.

② 특정 차트 서식 파일을 자주 사용하는 경우에는 이 서식 파일을 기본 차트로 설정할 수 있다.

③ 차트에 사용될 데이터를 범위로 지정한 후 Alt + F11 키를 누르면 데이터가 있는 워크시트에 기본 차트인 묶은 세로 막대형 차트가 작성된다.

④ 차트에 두 개 이상의 차트 종류를 사용하여 혼합형 차트를 만들 수 있다.

> • Alt + F11 키 : Visual Basic 편집기 창이 열린다.
> • Alt + F1 키 : 데이터가 있는 워크시트에 기본 차트인 묶은 세로 막대형 차트가 작성
>
> **정답 | ③**

1. 차트 편집

❶ 차트 크기 조정

● 차트를 선택한 후 크기 조절점을 드래그한다.

● 차트에 포함된 그림 영역, 범례 등을 선택하여 크기를 조절할 수 있다.

❷ 차트 이동

● 차트를 선택한 후 드래그하여 원하는 위치로 이동한다.

❸ 차트 삭제

● 차트 영역을 선택하고 Delete 키를 누른다.

● 차트를 삭제하면 워크시트에 있는 원본 데이터에 영향을 미치지 않지만, 원본 데이터를 삭제하면 차트도 새로 변경된다.

2. 차트 종류 변경

● [차트 디자인] 탭-[종류] 그룹의 [차트 종류 변경]을 선택하거나 바로 가기 메뉴에서 [차트 종류 변경]을 선택한다.

● 데이터 계열을 클릭하여 선택한 다음 바로 가기 메뉴에서 [계열 차트 종류 변경]을 선택하면 특정 계열만 차트 종류를 변경할 수 있다.

3. 차트 원본 데이터 변경 **

● [차트 디자인] 탭-[데이터] 그룹-[데이터 선택]을 클릭하거나 바로 가기 메뉴에서 [데이터 선택]을 클릭한다.

● [행/열 전환]을 클릭하면 가로 축의 데이터 계열과 범례 항목을 바꿀 수 있다.

● 데이터 계열이 범례에서 표시되는 순서를 바꿀 수 있다.

● 워크시트에서 차트 데이터 범위 영역의 중간에 항목을 삽입하는 경우 차트에서도 항목이 삽입된다.

기출지문 워크시트에서 차트 데이터 범위 영역의 중간에 데이터 계열을 삽입하는 경우 차트에서도 데이터 계열이 삽입된다. (X)

4. 축 서식 변경 *****

● 세로 축의 바로 가기 메뉴에서 [축 서식]을 선택한 후 [축 옵션]에서 최소, 최대 값을 입력한다.

값을 거꾸로	세로 축에 표시되는 값을 거꾸로 나열
로그 눈금 간격	데이터의 값 차이가 매우 클 때 사용
가로 축 교차	자동, 축 값, 축의 최대값으로 설정

5. 계열 겹치기/간격 너비 ****

● 데이터 계열의 바로 가기 메뉴에서 [데이터 계열 서식]을 선택한 후 [계열 옵션]을 클릭한다.

계열 겹치기	수치가 클수록 겹쳐지는 부분이 커짐
간격 너비	수치가 클수록 항목과 항목 사이의 공백이 커짐

6. 추세선 ***

● 데이터 계열의 변화 추세나 방향을 표시하는 선으로 예측 문제를 분석하는데 사용된다.

● 비누적 2차원 영역형, 가로 막대형, 세로 막대형, 꺾은 선형, 주식형, 분산형, 거품형 차트에 추가할 수 있다.

● 3차원, 원형, 도넛형, 방사형, 표면형 차트에는 추세선을 추가할 수 없다.

● 추세선이 추가된 데이터 계열의 차트 종류를 3차원 차트로 변경하면 추세선은 자동으로 삭제된다.

● 추세선의 종류에는 지수, 선형, 로그, 다항식, 거듭제곱, 이동 평균이 있다.

● 하나의 데이터 계열에 두 개 이상의 추세선을 동시에 표시할 수 있다.

● 추세선을 삭제하려면 추세선을 선택한 후 Delete 키를 누르거나 추세선의 바로 가기 메뉴에서 [삭제]를 선택한다.

기출지문 3차원 차트에 추세선을 표시하기 위해 2차원 차트를 작성하여 추세선을 추가한 뒤에 3차원으로 변환한다. (X)

7. 오차 막대 **

- 데이터 계열에 있는 각 데이터 표식의 잠재적인 오차량을 표시하는 막대이다.
- 3차원 차트는 오차 막대를 표시할 수 없다.
- 2차원 영역형, 가로 막대형, 세로 막대형, 꺾은선형, 분산형, 거품형 차트에 오차 막대를 사용할 수 있다.
- 분산형과 거품형 차트에는 세로 오차 막대, 가로 오차 막대를 적용할 수 있다.
- 오차 막대의 표시 방향은 모두(기준점을 기준으로 양의 값, 음의 값이 모두 표시), 음의 값, 양의 값이 있다.
- 오차량은 고정값, 백분율, 표준 편차, 표준 오차, 사용자 지정 중 하나를 선택할 수 있다.

> **기출지문** 오차 막대를 화면에 표시하는 방법은 2가지로 양의 값, 음의 값이 있다. (X)

기출따라잡기 1

다음 중 차트에서 3차원 막대 그래프에 적용할 수 없는 기능은?

① 상하 회전　　　　　② 원근감 조절
③ 추세선　　　　　　④ 데이터 표 표시

> • **추세선** : 데이터의 추세를 그래픽으로 표시하고 예측 문제를 분석하는 데 사용된다.
> • **추세선을 적용할 수 없는 차트** : 3차원, 원형, 도넛형, 방사형, 표면형
> **정답 | ③**

기출따라잡기 2

다음 중 세로 막대형 차트에 대한 설명으로 옳지 않은 것은?

① 시간의 경과에 따른 데이터 변동을 표시하거나 항목별 비교를 나타내는 데 유용하다.
② [계열 겹치기] 값을 0에서 100 사이의 백분율로 조정하여 세로 막대의 겹침 상태를 조정할 수 있으며, 값이 높을수록 세로 막대 사이의 간격이 증가한다.
③ [간격 너비] 값을 0에서 500 사이의 백분율로 조정하여 각 항목에 대해 표시되는 데이터 요소 집합 사이의 간격을 조정할 수 있다.
④ 세로(값) 축 값의 순서를 거꾸로 표시할 수 있다.

> [계열 겹치기] 값은 –100에서 100 사이의 백분율로 조정하며, 값이 높을수록 세로 막대가 겹쳐진다.
> **정답 | ②**

1. 페이지 설정 ★★★★

- 인쇄할 문서의 페이지, 여백, 머리글/바닥글, 시트 등에 관한 사항을 설정한다.
- [페이지 레이아웃] 탭-[페이지 설정] 그룹-[페이지 설정]을 클릭한다.
- [페이지] 탭

용지 방향	세로 또는 가로 방향으로 선택
확대/축소 배율	10~400%로 축소 또는 확대
자동 맞춤	· 지정한 너비와 높이에 맞추어 인쇄 · 용지 너비와 높이를 '1'로 지정하면 여러 페이지가 한 페이지에 맞추어 축소 인쇄
용지 크기	인쇄 용지의 크기 설정
인쇄 품질	인쇄 품질을 높일수록 선명하게 인쇄
시작 페이지 번호	자동으로 설정하면 1페이지부터 인쇄

> **기출지문** [페이지] 탭 '자동 맞춤'에서 용지 너비와 용지 높이를 모두 1로 설정하면 확대/축소 배율이 항상 100%로 인쇄된다. (X)

- [여백] 탭

여백	인쇄 용지의 위, 아래, 왼쪽, 오른쪽, 머리글, 바닥글 여백을 지정
페이지 가운데 맞춤	가로 또는 세로 방향으로 페이지 가운데에 맞춰 인쇄

- [머리글/바닥글] 탭

머리글	모든 페이지의 상단에 고정적(페이지 번호, 날짜 등)으로 인쇄되는 내용을 지정
바닥글	모든 페이지의 하단에 고정적(페이지 번호, 날짜 등)으로 인쇄되는 내용을 지정
페이지 여백에 맞추기	머리글이나 바닥글을 표시하기에 충분한 머리글 또는 바닥글 여백이 확보됨

TIP 기능

▶ 머리글이나 바닥글에 직접 입력할 경우에는 앰퍼샌드(&) 뒤에 해당 항목을 대괄호([])로 묶어준다.(예 : &[페이지 번호], &[시간])
▶ 머리글이나 바닥글의 텍스트에 앰퍼샌드(&) 문자 한 개를 포함시키려면 앰퍼샌드(&) 문자를 두 번 입력한다.(기획 && 마케팅)

- [시트] 탭

인쇄 영역	특정 영역만 선택하여 인쇄
인쇄 제목	· 모든 페이지에 반복해서 인쇄할 행과 열을 지정 · 반복할 행 : $1:$3과 같이 행 번호로 표시 · 반복할 열 : $A:$C와 같이 열 번호로 표시
인쇄	· 눈금선, 행/열 머리글 등 기본적으로 인쇄되지 않는 내용 중 원하는 항목을 선택하여 인쇄 · 메모 : 시트 끝이나 시트에 표시된 대로 인쇄 · 간단하게 인쇄 : 차트, 도형, 그림, 클립아트 등의 그래픽 요소를 제외하고 텍스트만 빠르게 인쇄 · 셀 오류 표시 : 표시된 대로, 〈공백〉, --, #N/A 중 선택하여 표시 · 행/열 머리글 : 워크시트의 행 머리글과 열 머리글을 포함하여 인쇄
페이지 순서	여러 페이지일 경우 인쇄 방향 또는 페이지 번호를 매기는 순서를 행 또는 열 방향으로 지정

TIP 기능

차트의 [페이지 설정] : 차트가 선택된 상태에서 페이지 설정을 선택하면 [페이지 설정] 대화상자에 [시트] 탭 대신 [차트] 탭이 표시된다.

> **기출지문** 메모의 인쇄 방법을 '시트 끝'으로 선택하면 원래 메모가 속한 각 페이지의 끝에 모아 인쇄된다. (X)

2. 페이지 나누기, 페이지 나누기 미리 보기, 페이지 레이아웃 보기

❶ 페이지 나누기

- 인쇄시 사용자가 임의로 페이지 구분선을 삽입하는 기능이다.
- 원하는 위치에서 [페이지 레이아웃] 탭-[페이지 설정] 그룹-[나누기]-[페이지 나누기 삽입]을 클릭한다.
- 현재 셀 포인터를 기준으로 위쪽과 왼쪽에 페이지 구분선이 삽입된다.

❷ 페이지 나누기 미리 보기 ★★★

- 워크시트 상태에서 페이지 구분선, 인쇄 영역, 페이지 번호 등을 보여주는 보기 상태이다.

- [보기] 탭-[통합 문서 보기] 그룹-[페이지 나누기 미리 보기]를 클릭한다.
- 페이지 구분선을 드래그하여 구분선의 위치를 이동할 수 있다.
- 수동으로 삽입된 페이지 나누기는 실선으로 표시되고 자동으로 추가된 페이지 나누기는 파선으로 표시된다.
- 원래 보기 상태로 돌아가려면 [보기] 탭-[통합 문서 보기] 그룹-[기본]을 클릭한다.

❸ 페이지 레이아웃 보기 ★★

- 워크시트에 머리글과 바닥글 영역이 함께 표시되어 간단히 머리글/바닥글을 추가할 수 있다.
- 마우스를 이용하여 페이지 여백 및 머리글과 바닥글의 여백을 조정할 수 있다.
- 페이지 레이아웃 보기에서는 기본 보기와 같이 데이터 형식과 레이아웃을 변경할 수 있다.
- [보기] 탭-[통합 문서 보기] 그룹-[페이지 레이아웃]을 클릭한다.
- 페이지 레이아웃 보기에서 표시되는 눈금자의 단위는 [파일] 탭-[옵션]-[고급]의 '눈금자 단위'에서 지정한다.

> **기출지문** [페이지 나누기 미리 보기] 상태에서는 워크시트에 머리글과 바닥글 영역이 함께 표시되어 간단히 머리글/바닥글을 추가할 수 있다. (X)

3. 인쇄 미리 보기 ★

- 인쇄하기 전 화면으로 출력 결과를 미리 확인하는 기능이다.
- [파일] 탭-[인쇄]를 클릭하거나 **Ctrl** + **F2** 키를 누른다.
- '여백 표시'를 선택하면 여백선을 드래그하여 여백의 크기를 조정하거나 열 너비를 조정할 수 있다.
- 페이지 확대/축소 기능은 인쇄 크기에는 영향을 미치지 않는다.

> **TIP** 기능 ★
>
> **전체 통합 문서의 페이지 번호가 일련번호로 이어지게 하는 방법**
> ▶ [인쇄]의 '설정'을 '전체 통합 문서 인쇄'로 선택하여 인쇄
> ▶ 전체 시트를 그룹으로 설정한 후 인쇄
> ▶ 각 시트의 [페이지 설정] 대화상자에서 '시작 페이지 번호'를 일련 번호에 맞게 설정한 후 인쇄

4. 인쇄 영역 ★★

- 인쇄 영역을 정의한 후 워크시트를 인쇄하면 해당 인쇄 영역만 인쇄된다.
- 인쇄할 영역을 블록으로 설정한 후 [페이지 레이아웃] 탭-[페이지 설정] 그룹-[인쇄 영역]-[인쇄 영역 설정]을 클릭한다.
- 인쇄 영역은 [페이지 설정]-[시트] 탭에서도 지정할 수 있지만 [인쇄 미리 보기] 상태에서 페이지 설정을 실행하면 '인쇄 영역'이 활성화되지 않으므로 지정할 수 없다.
- 인쇄 영역을 지정하면 자동으로 Print_Area라는 이름이 작성되며, **Ctrl** + **F3** 키를 누르거나 [수식] 탭-[정의된 이름] 그룹-[이름 관리자]에서 이름을 확인할 수 있다.
- [페이지 레이아웃] 탭-[페이지 설정] 그룹-[인쇄 영역]-[인쇄 영역에 추가]를 설정하면 다른 영역을 추가하여 인쇄 영역을 확대할 수 있다.
- 여러 영역을 인쇄 영역으로 설정한 경우 설정한 순서대로 각기 다른 페이지에 인쇄된다.
- 페이지 나누기 미리 보기에서 인쇄 영역으로 설정된 부분은 밝게, 설정되지 않은 부분은 어둡게 표시된다.

> **기출지문** 인쇄 영역으로 설정되면 페이지 나누기 미리 보기에서는 설정된 부분만 표시된다. (X)

다음 중 [페이지 설정] 대화상자에 대한 설명으로 옳지 않은 것은?

① [페이지] 탭 '자동 맞춤'에서 용지 너비와 용지 높이를 모두 1로 설정하면 확대/축소 배율이 항상 100%로 인쇄된다.

② [여백] 탭 '페이지 가운데 맞춤'의 가로 및 세로를 체크하면 인쇄 내용이 용지의 가운데에 맞춰 인쇄된다.

③ [머리글/바닥글] 탭의 '페이지 여백에 맞추기'를 체크하면 머리글이나 바닥글을 표시하기에 충분한 머리글 또는 바닥글 여백이 확보된다.

④ [시트] 탭 '페이지 순서'에서 행 우선을 선택하면 여러 장에 인쇄될 경우 행 방향으로 인쇄된 후 나머지 열들을 인쇄한다.

> [페이지] 탭 '자동 맞춤'에서 용지 너비와 용지 높이를 모두 1로 설정하면 1페이지에 모두 출력되도록 배율이 조정된다.
>
> 정답 | ①

다음 중 [보기] 탭의 [페이지 나누기 미리보기]에 대한 설명으로 옳지 않은 것은?

① 페이지 나누기는 구분선을 이용하여 인쇄를 위한 페이지 나누기를 빠르게 조정하는 기능이다.

② 행 높이와 열 너비를 변경하면 자동 페이지 나누기의 위치도 변경된다.

③ [페이지 나누기 미리보기]에서 수동으로 삽입된 페이지 나누기는 파선으로 표시되고 자동으로 추가된 페이지 나누기는 실선으로 표시된다.

④ 용지 크기, 여백 설정, 배율 옵션 등에 따라 자동 페이지 나누기가 삽입된다.

> [페이지 나누기 미리보기]에서 수동으로 삽입된 페이지 나누기는 실선으로 표시되고 자동으로 추가된 페이지 나누기는 파선으로 표시된다.
>
> 정답 | ③

매크로 활용

1. 매크로의 개념 ★★

● 자주 사용하는 명령, 반복적인 작업 등을 매크로에 기록해 두었다가 해당 작업이 필요할 때 빠르게 작업을 수행하는 기능이다.

● 매크로는 Visual Basic 언어를 기반으로 작성되며, Visual Basic Editor로 추가, 삭제, 변경할 수 있다.

● 매크로는 통합 문서에 첨부된 모듈 시트로 하나의 Sub 프로시저로 기록된다.(Sub로 시작하고 End Sub로 끝남)

● 매크로는 기본적으로 절대 참조로 기록되며, 상대 참조로 기록하고자 하는 경우에는 '상대 참조로 기록'을 선택한 다음 매크로를 기록한다.

● 매크로를 기록하는 경우 실행 후 작업을 완료하는데 필요한 모든 단계가 매크로 레코더에 기록된다. 단, 리본 메뉴에서의 탐색은 기록된 단계에 포함되지 않는다.

2. 매크로 작성 ★★★

● [보기] 탭-[매크로] 그룹-[매크로]-[매크로 기록]을 선택한다.([개발 도구]-[코드]-[매크로 기록])

● [매크로 기록] 대화상자에서 매크로 이름, 바로 가기 키, 매크로 저장 위치, 설명을 지정하고 [확인]을 클릭한다.

● 매크로에 기록할 작업을 순서대로 수행한다.

● [보기] 탭-[매크로] 그룹-[매크로]-[기록 중지]를 선택한다.([개발 도구]-[코드]-[기록 중지])

3. [매크로 기록] 대화상자의 구성 ★★

● **매크로 이름**
- 첫 글자는 반드시 문자이어야 하며 #, @, $, %, &, -, ? 등의 기호를 사용할 수 없음
- 이름에 공백은 사용할 수 없음

● **바로 가기 키**
- 특수문자와 숫자는 지정할 수 없으며, 영문 대소문자는 가능
- 소문자로 지정하면 **Ctrl** 키를 누른 상태에서 해당 문자를 눌러 실행
- 대문자로 지정하면 **Ctrl** + **Shift** 키를 누른 상태에서 해당 문자를 눌러 실행
- 매크로 바로 가기 키가 엑셀 바로 가기 키보다 우선됨

● **매크로 저장 위치**
- 현재 통합 문서, 새 통합 문서, 개인용 매크로 통합 문서 중에서 선택
- XLStart 폴더에 Personal.xlsb로 저장(개인용 매크로 통합 문서)되면 엑셀이 시작될 때마다 모든 통합 문서에서 사용할 수 있음

● **설명**
- 선택사항으로 매크로에 설명이 필요한 경우에 입력할 수 있음

> **기출지문** 매크로에 지정된 바로 가기 키가 엑셀 고유의 바로 가기 키와 중복될 경우 엑셀 고유의 바로 가기 키가 우선한다. (X)

4. 매크로 실행

● **바로 가기 키** : 매크로 기록시 지정한 바로 가기 키를 눌러 실행

● **개체 사용** : 실행 단추, 온라인 그림, 도형, 차트 개체 등에 매크로를 연결하여 실행(셀이나 텍스트 등에는 지정할 수 없음)

● **[매크로] 대화상자** : [보기] 탭-[매크로] 그룹-[매크로]- [매크로 보기](**Alt** + **F8** 키)를 실행한 후 실행할 매크로를 선택하고 [실행]을 클릭([개발 도구]-[코드]-[매크로])

● **Visual Basic Editor에서 매크로 실행**
- [개발 도구] 탭-[코드] 그룹-[Visual Basic]를 클릭
- **F5** 키 : 매크로 실행
- **F8** 키 : 한 단계씩 실행

5. [매크로] 대화상자의 구성 *

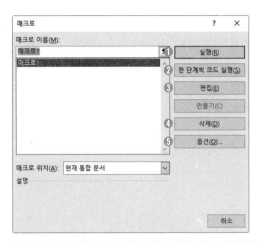

❶ 실행	선택한 매크로를 실행
❷ 한 단계씩 코드 실행	선택한 매크로를 한 줄씩 실행
❸ 편집	선택한 매크로를 편집할 수 있는 VBE가 실행됨
❹ 삭제	선택한 매크로를 삭제
❺ 옵션	바로 가기 키를 설정하거나 변경

> **기출지문** 매크로 이름 상자에서는 매크로의 이름을 선택하여 변경할 수 있다. (X)

6. 매크로 편집

● 매크로는 Visual Basic Editor를 이용하여 편집할 수 있다.

● [개발 도구] 탭-[코드] 그룹-[Visual Basic]을 실행하거나 **Alt** + **F11** 키를 누른다.

● 작은 따옴표(')가 붙은 문장은 주석으로 처리되어 매크로 실행에 영향을 주지 않는다.

● 매크로는 모듈 시트에 기록되며, 모듈 시트의 이름은 Module1, Module2,… 등 순서대로 자동 설정된다.

● 하나의 모듈 시트에 여러 개의 매크로를 기록할 수 있다.

다음 중 아래 그림의 [매크로 기록] 대화상자에 대한 설명으로 옳지 않은 것은?

① 매크로 이름의 첫 글자는 문자, 숫자, 밑줄 등을 사용할 수 있으며, 공백은 사용할 수 없다.

② 바로 가기 키 상자에 사용할 문자는 @나 #과 같은 특수 문자와 숫자는 사용할 수 없으며, 영문 대소문자는 모두 입력할 수 있다.

③ 개인용 매크로 통합 문서에 저장된 매크로는 엑셀을 시작할 때마다 모든 통합 문서에서 사용할 수 있다.

④ 설명 상자에 매크로에 관한 설명을 입력할 수 있으며, 입력된 내용은 매크로 실행에 영향을 주지 않는다.

- 매크로 이름의 첫 글자는 반드시 문자로 지정해야 하며, 이후 문자는 문자, 숫자 또는 밑줄을 사용할 수 있다.
- 매크로 이름에는 공백을 사용할 수 없다.

정답 | ①

다음 중 [매크로] 대화상자에 대한 설명으로 옳지 않은 것은?

① 매크로 이름 상자에서는 매크로의 이름을 선택하여 변경할 수 있다.

② [한 단계씩 코드 실행] 단추를 클릭하면 선택한 매크로를 한 줄씩 실행한다.

③ [편집] 단추를 클릭하면 선택한 매크로를 수정할 수 있도록 VBA가 실행된다.

④ [옵션] 단추를 클릭하면 바로 가기 키를 설정하거나 변경할 수 있다.

매크로 이름 상자에서는 매크로의 이름을 변경할 수 없으며 [편집] 단추를 누른 후 VBA에서 변경이 가능하다.

정답 | ①

핵심
16 VBA 프로그래밍

1. VBE(Visual Basic Editor)의 화면

프로젝트 탐색기	현재 열려 있는 모든 통합 문서의 시트와 모듈, 사용자 정의 폼 등을 표시
속성 창	개체에 대한 모든 속성을 표시
코드 창	· 코드를 기록하고 편집할 수 있는 공간 · 선택된 모듈 내의 프로시저 내용을 표시
직접 실행 창	프로시저를 직접 실행할 수 있으며 실행 결과를 미리 확인할 수 있음(Ctrl + G)

2. 매크로 작성

- **모듈(Module)** : 프로젝트를 구성하는 기본 단위로 프로시저의 집합
- **프로시저(Procedure)**
  - 특정 기능을 수행하는 명령문의 집합
  - Sub~End Sub : 결과 값을 반환하지 않음
  - Function~End Function : 결과 값을 반환
- **개체(Object)** : 통합 문서, 셀, 차트, 폼처럼 독립적인 성질을 갖는 하나의 구성 요소로 마침표(.)로 구분
- **속성(Property)** : 개체가 갖는 고유한 성질로 '개체명.속성=값'으로 지정 예) Range("A1").Value = 100
- **메서드(Method)** : 개체가 실행할 수 있는 동작으로 '개체명.메서드'로 지정 예) Range("A1").Select
- **이벤트(Event)**
  - 마우스나 키보드를 움직이는 동작 등의 사건이나 조작
  - 이벤트 프로시저는 '개체명_이벤트명'으로 지정 예) txt날짜_DblClick → txt날짜 컨트롤이 더블 클릭될 때 실행
- **컬렉션(Collection)** : 여러 개의 개체를 포함한 개체 모음

3. IF 구문 ★★★

조건을 검사하여 참일 경우와 거짓일 경우 서로 다른 명령을 처리하는 구문이다.

If 조건식 Then
　참일 때 실행
Else
　거짓일 때 실행
End If
	If Cells(1, 1).Value >= 60 Then
	　MsgBox "합격"
	Else
	　MsgBox "불합격"
	End If

4. Select 구문

조건이 여러 개인 경우 하나의 식을 여러 개의 값과 비교하여 각 조건에 해당하는 명령을 실행한다.

Select Case 값 Case 값1 　명령문1 Case 값2 　명령문2 … Case Else 　명령문3 End Select	Select Case Range("C3") 　Case 90 To 100 　　Range("D3") = "여행" 　Case 70 To 89 　　Range("D3") = "도서" 　Case Else 　　Range("D3") = "커피" End Select

5. 반복 제어문 ★★★★★

❶ For ~ Next 구문

For 문에서 지정한 횟수만큼 명령문을 반복 실행하는 구문이다.

```
For 변수=시작값 To 종료값 Step 단계값
    명령문
Next
```

```
For i = 1 To 10 Step 1
    Sum = Sum + i
Next
```

> **TIP 기능**
>
> **시험에 출제된 VBA 코드**
>
> sum = 0
> For no = 1 To 10 → no는 1부터 10까지 1씩 증가한다.
> 　sum = sum + no → sum에 no를 더한다.
> Next
> MsgBox sum → sum을 출력한다.

❷ For Each ~ Next 구문

개체 집합이나 배열에 대해 지정된 횟수만큼 명령을 반복, 처리하는 구문이다.

```
For Each 개체변수 In 컬렉션 개체
    명령문
Next 개체변수
```

❸ Do While ~ Loop 구문

● 조건을 만족하는 동안 명령을 반복 실행하는 구문이다.
● **Do While ~ Loop** : 반복 전에 조건을 판단한다.
● **Do ~ Loop While** : 반복 후에 조건을 판단한다.

```
Do While 조건식
    명령문
Loop
```

```
Do
    명령문
Loop While 조건식
```

TIP 기능

시험에 출제된 VBA 코드

```
Sub loopTest()
    Dim k As Integer
    Do while k < 3
        [A1].offset(k,1)=10 ;
        k = k + 2
    Loop
End Sub
```

[코드 설명]

· K가 3보다 작은 동안 반복된다.
· K가 0인 경우
  A1.offset(0,1) = 10 → [A1] 셀을 기준으로 아래로 0칸, 오른쪽으로 1칸이므로 [B1] = 10
· K가 2인 경우
  A1.offset(2,1) = 10 → [A1] 셀을 기준으로 아래로 2칸, 오른쪽으로 1칸이므로 [B3] = 10

❹ Do Until ~ Loop 구문

● 조건을 만족하지 않는 동안(조건을 만족할 때까지) 명령을 반복 실행하는 구문이다.
● **Do Until ~ Loop** : 반복 전에 조건을 판단한다.
● **Do ~ Loop Until** : 반복 후에 조건을 판단한다.

```
Do Until 조건식
    명령문
Loop
```

```
Do
    명령문
Loop Until 조건식
```

6. 입출력문 *****

❶ MsgBox

● 대화상자에 주어진 메시지를 출력해 주는 구문이다.
  예) MsgBox("계속할까요",vbYesNoCancel+vbQuestion,"확인")
● **사용할 아이콘** : vbCritical(중대 메시지), vbQuestion(질의), vbExclamation(메시지 경고), vbInformation(메시지 정보)

❷ InputBox

● 특정 값을 입력받을 때 사용하는 구문이다.

TIP 기능

시험에 출제된 VBA 코드

a=MsgBox("작업을 종료합니까?", vbYesNoCancel + vbQuestion, "확인")
         ①   ②   ③
④

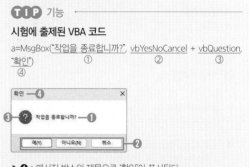

▶ ❹ : 메시지 박스의 제목으로 '확인'이 표시된다.
▶ ❸ : 물음표 아이콘이 표시된다.
▶ ❷ : 메시지 박스에 '예', '아니오', '취소' 버튼이 표시된다.

7. Worksheet 개체

● 주요 속성

Cells	워크시트의 모든 셀
Columns	워크시트의 모든 열
Range	워크시트의 셀이나 셀 범위
Rows	워크시트의 모든 행
Entirecolumn	지정된 범위 내의 모든 열
Entirerow	지정된 범위 내의 모든 행
Name	워크시트의 이름
Visible	워크시트의 표시 여부

● 주요 메서드

Activate	해당 워크시트를 활성화
Add	새 워크시트 삽입
Copy	워크시트 복사

Protect	워크시트 보호 설정
Select	워크시트 선택
Unprotect	워크시트 보호 해제

8. Range 개체

● 주요 속성

ActiveCell	현재 셀
Address	참조하는 셀 주소
Cells	지정된 범위의 모든 셀
Count	지정된 범위의 셀 수
Currentregion	데이터가 있는 인접 영역의 범위
End	지정된 범위의 마지막 셀
Next	다음 시트의 셀
Offset	지정된 범위에서 떨어진 범위
Range	셀이나 영역 범위
Value	지정된 셀

TIP 기능

시험에 출제된 주요 VBA 코드

▶ Range("A5").Select → [A5] 셀로 셀 포인터를 이동한다.

▶ Range("C2").Font.Bold = True → [C2] 셀의 글꼴 스타일을 '굵게'로 설정한다.

▶ Range("A1").Formula = 3*4 → [A1] 셀에 수식 '=3*4'의 결과인 12가 입력된다.

▶ Range("1:1").Font.Bold = True → 1행의 글꼴 서식을 '굵게'로 설정한다.

▶ Range("B3").CurrentRegion.Select → B3셀과 연결된 인접 영역을 블록으로 지정한다.

▶ Range("A1:C3").Value = 10 → [A1:C3] 영역에 모두 10이 입력된다.

▶ Range("A1", "C3").Value = 20 → [A1:C3] 영역에 모두 20이 입력되므로 10은 모두 20으로 바뀐다.

▶ Range("A1, C3").Value = 30 → [A1] 셀과 [C3] 셀에만 30이 입력된다.

▶ Workbooks.Add → 새 통합 문서를 생성한다.

▶ ActiveCell.FormulaR1C1 = "=RC[-2]*RC[-1]" → 현재 셀을 기준으로 왼쪽 두 번째 셀과 바로 왼쪽 셀을 곱한다.

기출따라잡기 1

다음 중 VBA에서 각 영역 선택을 위한 Range 속성 관련 코드로 옳지 않은 것은?

① [A1:D10] 영역 선택 → Range("A1:D10").Select

② "판매량"으로 정의된 이름 영역 선택 → Range("판매량").Select

③ [A1] 셀, [C5] 셀 선택 → Range("A1", "C5").Select

④ [A1:C5] 영역 선택 → Range(Cells(1, 1), Cells(5, 3)).Select

> • Range("A1", "C5").Select : [A1:C5] 영역을 모두 선택
> • Range("A1, C5").Select : [A1] 셀, [C5] 셀 선택
>
> 정답 | ③

기출따라잡기 2

아래는 Do...Loop 문을 이용하여 1에서부터 100까지의 홀수 합을 메시지 상자에 표시하는 코드이다. 다음 중 ⑦과 ⓒ에 들어갈 식으로 옳은 것은?

```
Sub ODD( )
  Count = 1
  Total = 0
  Do ( ⑦ )
    Total = Total + Count
    ( ⓒ )
  Loop
  MsgBox Total
End Sub
```

① ⑦ While Count 〈 100 ⓒ Count = Count + 2

② ⑦ Until Count 〈 100 ⓒ Count = Count + 2

③ ⑦ Until Count 〉 100 ⓒ Count = Count + 1

④ ⑦ While Count 〉 100 ⓒ Count = Count + 1

> Count = 1 → Count를 1로 설정한다.
> Total = 0 → Total을 0으로 설정한다.
> Do While Count 〈 100 → Count가 100보다 작은 동안 반복한다.
>   Total = Total + Count → Total에 Count를 더한다.
>   Count = Count + 2 → Count에 2를 더한다.
> Loop
> MsgBox Total → Total을 메시지 상자에 표시한다.
>
> 정답 | ①

제3과목 데이터베이스 일반

핵심 01 **데이터베이스의 개념**

1. 데이터베이스 정의

- 여러 사람에 의해 공유되어 사용될 수 있는 관련된 데이터의 집합으로 데이터의 중복성을 최소화한다.
- **공용 데이터(Shared Data)** : 조직의 여러 사용자가 함께 소유하고 이용하는 데이터
- **통합 데이터(Integrated Data)** : 데이터의 중복을 최소화하고 통제가 가능한 중복만 허용하는 데이터
- **저장 데이터(Stored Data)** : 데이터베이스는 컴퓨터에 의해 처리되므로 컴퓨터가 접근할 수 있는 매체에 저장
- **운영 데이터(Operational Data)** : 조직의 운영과 주요 기능의 수행을 위해 지속적으로 유지해야 하는 데이터

2. 데이터베이스의 장단점 **

- **특징** : 실시간 접근 처리, 내용에 의한 참조, 자원의 동시 공유, 계속적인 변화

장점	· 데이터의 중복성 최소화 · 데이터의 공유 · 데이터의 일관성과 무결성 유지 · 데이터의 보안성 유지 · 데이터의 논리적 · 물리적 독립성
단점	· 전산화 비용 증가 · 백업과 회복 방법이 복잡 · 시스템의 복잡화

> **기출지문** 데이터베이스는 데이터의 검색이나 갱신이 효율적으로 이루어질 수 있도록 데이터의 중복을 최대화한다. (X)

3. 데이터베이스 관리 시스템(DBMS ; DataBase Management System)

- 사용자와 데이터베이스 사이에 위치하여 데이터베이스를 정의하고, 사용자의 요구에 따라 데이터베이스에 대한 연산을 수행한다.

- 데이터베이스에 대한 접근 방법의 통제를 통해 데이터의 무결성을 유지 관리하는 소프트웨어이다.

> **TIP** 용어 **
> **관계형 데이터베이스 관리 시스템(RDBMS)의 종류** : ORACLE, ACCESS, MS-SQL, MY-SQL 등

> **기출지문** 파이썬(Python)은 관계형 데이터베이스 관리 시스템 (RDBMS)의 한 종류이다. (X)

4. 스키마(Schema) **

- 데이터베이스에 저장되는 데이터 구조와 제약조건을 정의한 것이다.
- 사용자의 관점에 따라 외부 스키마, 개념 스키마, 내부 스키마로 나누어진다.

외부 스키마 (서브 스키마)	· 일반 사용자나 응용 프로그래머의 관점에서 본 스키마 · 외부 스키마는 여러 개 존재
개념 스키마 (스키마)	· 데이터베이스 전체의 논리적 구조 · 기관이나 조직체의 관점에서 본 스키마
내부 스키마 (물리적 스키마)	· 데이터베이스의 물리적 구조 · 시스템 프로그래머나 시스템 설계자의 관점에서 본 스키마

5. 데이터베이스 언어 **

- 데이터베이스를 정의하고 접근하기 위한 언어이다.

데이터 정의어 (DDL)	데이터베이스를 생성하거나 수정하기 위해 사용
데이터 조작어 (DML)	데이터의 삽입, 삭제, 수정, 검색 등의 처리를 요구하기 위해서 사용
데이터 제어어 (DCL)	데이터 보안, 무결성, 데이터 회복, 병행 수행 제어 등을 정의하는데 사용

이 정도만 공부해도 자격증딴다!

TIP 용어 *

▶ **절차식 언어** : 원하는 결과를 얻기 위해 어떤 연산을 수행해야 하는지 사용자가 시스템에 알려줘야 하는 언어이다.

▶ **비절차식 언어** : 원하는 결과를 얻기 위한 구체적 수행 과정을 명시할 필요가 없이, 어떤 데이터가 필요한지만 명시하며, 절차식 언어에 비해 배우기 쉽고 사용하기 쉽지만 코드의 효율성은 떨어진다.

6. 데이터베이스 사용자

● **일반 사용자** : 데이터베이스에 접근하여 데이터를 조작(삽입, 삭제, 수정, 검색)하는 사람

● **응용 프로그래머** : 응용 프로그램을 작성하여 데이터에 접근할 수 있는 사람

● **데이터베이스 관리자(DBA)** : 데이터베이스 시스템을 총체적으로 감시, 관리하는 책임과 권한을 갖는 사람

기출따라잡기 1

다음 중 데이터베이스 관리 시스템(DBMS)의 장점에 해당하지 않는 것은?

① 데이터의 일관성 유지 ② 데이터의 무결성 유지
③ 데이터의 보안 보장 ④ 데이터 간의 종속성 유지

데이터베이스 관리 시스템은 데이터 간의 중복 및 종속성을 최소화한다.
정답 | ④

기출따라잡기 2

다음 중 데이터 보안 및 회복, 무결성, 병행 수행 제어 등을 정의하는 데이터베이스 언어로 데이터베이스 관리자가 데이터 관리를 목적으로 주로 사용하는 언어는?

① 데이터 제어어(DCL) ② 데이터 부속어(DSL)
③ 데이터 정의어(DDL) ④ 데이터 조작어(DML)

· **데이터 제어어(DCL)** : 데이터 보안 및 회복, 무결성, 병행 수행 제어 등을 정의하는 데이터베이스 언어
· **데이터 정의어(DDL)** : 데이터베이스를 생성, 수정, 삭제하는데 사용되는 데이터베이스 언어
· **데이터 조작어(DML)** : 사용자가 데이터베이스의 데이터를 실질적으로 처리하는데 사용하는 언어
정답 | ①

데이터베이스 설계

1. 데이터 모델링

● 현실 세계에 존재하는 데이터를 컴퓨터 세계의 데이터베이스로 옮기는 변환 과정이다.

● **개념적 데이터 모델링** : 현실 세계의 중요 데이터를 추출하여 개념 세계로 옮기는 작업

● **논리적 데이터 모델링** : 개념 세계의 데이터를 데이터베이스에 저장하는 구조로 표현하는 작업

● **물리적 데이터 모델링** : 컴퓨터 시스템의 저장 장치에 저장하기 위한 구조와 접근 방법 등을 설계하는 단계

2. 개체 관계 모델(E-R Model ; Entity Relationship Model) *

● 개체와 개체 간의 관계를 기본 요소로 하여 현실 세계를 개념적인 논리 데이터로 표현하는 방법이다.

● 개체 집합과 관계 집합으로 나누어서 개념적으로 표시하는 방식으로 특정 데이터베이스 관리 시스템(DBMS)을 고려한 것은 아니다.

● **개체(Entity)** : 다른 것과 구분되는 개체로 독립적으로 존재하는 현실 세계의 객체나 개념이다.

● **속성(Attribute)** : 개체가 가지고 있는 고유한 특성 및 상태를 표현한 것이다.

● **관계(Relationship)** : 개체와 개체가 맺고 있는 연관성을 표현하며, 일대일, 일대다, 다대다 관계가 있다.

기출지문 개체(entity)는 가상의 객체나 개념을 의미하고, 속성(attribute)은 개체를 묘사하는데 사용될 수 있는 특성을 의미한다. (X)

3. E-R 다이어그램(ERD) ***

● 개체-관계 모델을 이용해 현실 세계를 개념적으로 모델링한 결과물을 시각적으로 표현한 것이다.

● 다양한 사용자의 요구 사항을 분석하여 개념적 설계 단계에서 생성한다.

기호	이름	의미
	사각형	개체(Entity) 타입

◇	마름모	관계(Relationship) 타입
○	타원	속성(Attribute) 타입
⬯	밑줄 타원	기본 키 속성
———	선	개체 타입과 속성 또는 개체 타입 간의 연결

4. 데이터베이스 모형 *

- **계층 데이터베이스 모델** : 두 레코드 타입이 부모 자식 관계로 설명되는 모델이다.
- **네트워크 데이터베이스 모델** : 데이터베이스의 논리적 구조가 그래프(graph) 또는 네트워크(network) 형태로 설명되는 모델이다.
- **관계 데이터베이스 모델** : 데이터베이스의 논리적 구조가 2차원인 테이블 형태로 설명되는 모델이다.

5. 관계 데이터베이스 **

- **릴레이션(Relation) 또는 테이블(Table)** : 관계 데이터베이스에서 2차원 형태의 행과 열의 형태로 나타내는 저장소이다.
- **속성(Attribute)** : 개체의 특성이나 상태를 기술해 주는 것으로, 테이블에서 열을 의미한다.(필드)
- **튜플(Tuple)** : 속성의 모임으로, 테이블에서 행을 의미한다.(레코드)
- **도메인(Domain)** : 하나의 속성이 취할 수 있는 값을 말한다.
- **차수(Degree)** : 한 테이블이 가진 속성(열)의 개수이다.
- **기수(Cardinality)** : 한 테이블이 가진 튜플(행)의 개수이다. 예) [사원] 테이블

사번	이름	부서	직위	
111	이순신	총무부	과장	← 튜플
222	백두산	인사부	대리	
333	홍길동	전산부	사원	

속성

기출지문 개체의 특성이나 상태를 기술해 주는 것을 개체 인스턴스(Instance)라 한다. (X)

6. 키의 개념 ***

- 데이터베이스에서 조건에 만족하는 튜플을 찾거나 순서대로 정렬할 때 튜플들을 서로 구분할 수 있는 기준이 되는 속성이다.
- 키의 종류

후보 키 (Candidate Key)	테이블에서 유일성과 최소성을 만족하는 키
기본 키 (Primary Key)	· 후보 키 중에서 선정되어 사용되는 키 · Null 값을 가질 수 없고 중복될 수 없음
외래 키 (Foreign Key)	· 다른 테이블의 기본 키를 참조하는 키 · 참조하는 기본 키와 일치하는 값을 갖거나 Null 값을 가져야 함
대체 키 (Alternate Key)	후보 키 중 기본 키로 선택되지 않은 나머지 키
슈퍼 키 (Super Key)	· 유일성은 만족시키지만 최소성은 만족시키지 못하는 키 · 속성들의 집합으로 구성

기출지문 기본 키는 하나의 필드에만 설정할 수 있다. (X)

예)

[학생] 테이블

번호	이름	주민등록번호
1	이순신	970202-1234567
2	백두산	991212-2345678
3	홍길동	980808-3456712

[수강] 테이블

번호	수강과목
1	전산기구조
2	데이터베이스
3	운영체제

- 후보 키 : [학생] 테이블의 번호, 주민등록번호
- 기본 키 : [학생] 테이블의 번호
- 대체 키 : [학생] 테이블의 주민등록번호
- 외래 키 : [수강] 테이블의 번호([학생] 테이블의 번호를 참조)

TIP 용어 ***

무결성 제약 조건

▶ **개체 무결성** : 테이블에서 기본 키는 중복된 값이나 Null 값을 가질 수 없다.

▶ **참조 무결성** : 한 테이블이 다른 테이블의 기본 키를 참조하는 외래 키를 가질 때 외래 키는 Null 값이거나 다른 테이블의 기본 키에 존재하는 값이어야 한다.

1. 정규화(Normalization) ****

● 데이터의 중복 최소화와 불일치를 방지하기 위해 테이블을 분해해 가는 과정이다.

● 데이터베이스의 개념적 설계 단계와 논리적 설계 단계에서 수행한다.

● 데이터의 추가, 갱신, 삭제 등 작업 시에 이상(Anomaly) 현상이 발생하지 않도록 하는 것이다.

● 속성들 사이의 종속성 개념에 기반을 두고 이들 종속성을 최대한 제거하는 과정이다.

● 테이블을 여러 개로 나누기 때문에 테이블의 크기가 작아지지만 모든 테이블의 필드 수가 같아지는 것은 아니다.

기출지문 정규화는 데이터 중복을 최소화하기 위해 데이터베이스의 물리적 설계 단계에서 수행한다. (X)

기출따라잡기 1

다음 중 E-R 다이어그램 표기법의 기호와 의미가 바르게 연결된 것은?

① 사각형 - 속성(Attribute) 타입
② 마름모 - 관계(Relationship) 타입
③ 타원 - 개체(Entity) 타입
④ 밑줄 타원 - 의존 개체 타입

- **마름모** : 관계(Relationship) 타입
- **사각형** : 개체(Entity) 타입
- **타원** : 속성(Attribute) 타입
- **밑줄 타원** : 기본키 속성
- **선** : 개체 타입과 속성 또는 개체 타입 간의 연결

정답 | ②

기출따라잡기 2

다음 중 정규화에 대한 설명으로 옳지 않은 것은?

① 대체로 더 작은 필드를 갖는 테이블로 분해하는 과정이다.
② 데이터 중복을 최소화하기 위한 작업이다.
③ 정규화를 통해 테이블 간의 종속성을 높이기 위한 것이다.
④ 추가, 갱신, 삭제 등 작업 시의 이상(Anomaly) 현상이 발생하지 않도록 하기 위한 것이다.

- **정규화(Normalization)** : 추가, 갱신, 삭제 등 작업 시의 이상 현상이 발생하지 않도록 하기 위해 테이블을 분해하는 과정이다.
- 정규화를 통해 데이터의 중복을 최소화하고 테이블 간의 종속성을 줄일 수 있다.

정답 | ③

1. 액세스의 개체

- **테이블** : 데이터베이스에서 사용할 데이터를 저장하고 관리하는 개체
- **쿼리** : 다양한 조건으로 데이터를 검색하고 추출하는 개체
- **폼** : 데이터의 추가, 삭제, 수정, 검색 등의 작업을 쉽게 할 수 있는 작업 화면을 만드는 개체
- **보고서** : 다양한 모양의 출력 자료를 만드는 데 사용하는 개체
- **매크로** : 매크로 함수를 이용하여 복잡한 작업을 자동화할 수 있는 개체
- **모듈** : VBA 코드를 입력해서 사용자 정의 프로시저를 만들 수 있는 개체

2. 테이블 작성 *

- 필드 이름은 최대 64자까지 지정할 수 있다.
- 필드 이름의 첫 글자는 숫자로 시작할 수 있으며, 공백은 첫 글자로 사용할 수 없다.
- 테이블 이름과 같은 이름을 필드 이름으로 지정할 수 있지만, 한 테이블 내에 같은 이름의 필드를 2개 이상 지정할 수 없다.
- 필드 이름에 마침표(.), 느낌표(!), 악센트 기호(') 대괄호([ ])를 제외한 특수 문자 및 문자, 숫자, 공백 등을 조합하여 포함할 수 있다.

> **기출지문** 필드 이름에 문자, 숫자, 공백, 특수 문자를 조합한 모든 기호를 포함할 수 있다. (X)

3. 데이터 형식 *****

- **짧은 텍스트**
  - 텍스트나 계산에 사용되지 않는 숫자(전화번호, 우편번호 등)
  - 최대 255자까지 저장이 가능
- **긴 텍스트** : 메모 데이터 형식으로 최대 64,000자까지 저장이 가능

- **숫자**
  - 통화 형식을 제외한 계산에 사용되는 숫자
  - 바이트형(1Byte), 정수형(Integer, 2Byte), 정수형(Long, 4Byte), 실수형(Single, 4Byte), 실수형(Double, 8Byte)이 있으며 기본적으로 정수형(Long)이 지정됨
- **날짜/시간** : 날짜 및 시간 데이터의 형식을 가진 데이터

> **TIP 기능** *
>
> **날짜 형식**
> ▶ **간단한 날짜** : 2020-10-17
> ▶ **기본 날짜** : 2021-10-17 오후 5:34:23
> ▶ **자세한 날짜** : 2021년 10월 17일 일요일
> ▶ **보통 날짜** : 21년 10월 17일

- **통화**
  - 화폐 형식으로 표시되는 숫자
  - 소수점 왼쪽으로 15자리, 오른쪽으로 4자리까지 표시 가능
  - 기본 필드 크기는 8바이트
- **일련번호**
  - 레코드가 추가될 때 자동으로 1씩 증가하는 번호
  - 사용자가 임의로 입력하거나 수정할 수 없음
  - 기본 필드 크기는 4바이트
- **예/아니오**
  - Yes/No, True/False, On/Off 등 두 값 중 하나만 입력되며 기본 필드 크기는 1비트
  - '예' 값에는 '-1'이 사용되고, '아니요' 값에는 '0'이 사용됨
- **OLE 개체** : 다른 프로그램에서 만든 문서, 그림, 동영상, 소리 등 입력
- **하이퍼링크** : 웹 사이트나 파일의 특정 위치로 바로 이동하는 주소 데이터를 입력

> **기출지문** 긴 텍스트 형식은 텍스트 및 숫자 데이터가 최대 255자까지 저장된다. (X)

4. 테이블의 구조 변경

❶ 필드 삽입

- [테이블 도구]-[디자인] 탭-[도구] 그룹-[행 삽입]을 선택
- 바로 가기 메뉴의 [행 삽입]을 선택
- **Insert** 키를 누름

❷ 필드 삭제

● [테이블 도구]-[디자인] 탭-[도구] 그룹-[행 삭제]를 선택

● 바로 가기 메뉴의 [행 삭제]를 선택

● Delete 키를 누름

❸ 필드 이동

● 행 선택기를 클릭한 채 해당 위치로 드래그

● 바로 가기 메뉴의 [잘라내기] → [붙여넣기]

● Ctrl + X 키 → Ctrl + V 키

❹ 필드 이름 변경

● 필드 이름을 지우고 다시 입력

5. 기본 키 ★★★★

● 각 레코드를 고유하게 식별해주는 값으로, 중복 값이나 Null 값은 입력될 수 없다.

● 기본 키는 테이블의 [디자인 보기] 상태에서 설정할 수 있다.

● [테이블 도구]-[디자인] 탭-[도구] 그룹-[기본 키]나 바로 가기 메뉴의 [기본 키]를 선택하여 지정한다.

● 데이터가 이미 입력된 필드도 기본 키로 지정할 수 있다.

● 기본 키를 반드시 설정해야 하는 것은 아니며, 기본 키를 설정하지 않고도 다른 테이블과의 관계를 설정할 수 있다.

● OLE 개체, 첨부 파일 형식의 필드에는 기본 키를 설정할 수 없다.

● 여러 개의 필드를 합쳐 기본 키를 지정할 수 있다.

> **TIP** 기본 키 종류 *
>
> ▶ **일련번호 기본키** : 일련번호를 기본 키로 지정하여 자동으로 입력
> ▶ **단일필드 기본키** : 주민번호, 학번 등의 데이터를 기본 키로 지정
> ▶ **다중필드 기본키** : 2개 이상의 필드를 이용하여 기본 키로 지정

> **기출지문** 테이블에서 기본 키는 반드시 지정해야 하며, 한 개의 필드에만 지정할 수 있다. (X)

기출따라잡기 1

다음 중 하나의 필드에 할당되는 크기(바이트 수 기준)가 가장 작은 데이터 형식은?

① Yes/No

② 날짜/시간

③ 통화

④ 일련 번호

> • **Yes/No** : 1bit
> • **날짜/시간** : 8byte
> • **통화** : 8byte
> • **일련 번호** : 4byte
>
> 정답 | ①

기출따라잡기 2

다음 중 기본 키(Primary Key)에 대한 설명으로 옳은 것은?

① 모든 테이블에는 기본 키를 반드시 설정해야 한다.

② 액세스에서는 단일 필드 기본 키와 일련번호 기본 키만 정의 가능하다.

③ 데이터가 이미 입력된 필드도 기본 키로 지정할 수 있다.

④ OLE 개체나 첨부 파일 형식의 필드에도 기본 키를 지정할 수 있다.

> • 데이터가 이미 입력된 필드도 기본 키로 지정할 수 있다.
> • 모든 테이블에 기본 키를 반드시 설정할 필요는 없다.
> • 액세스에서는 단일 필드 기본 키, 일련번호 기본 키 이외에 두 개 이상의 필드로 구성된 복합 키도 정의 가능하다.
> • OLE 개체나 첨부 파일 형식의 필드에는 기본 키를 지정할 수 없다.
>
> 정답 | ③

핵심
04 제약요건 설정

1. 제약요건의 지정

- 데이터를 입력할 때 미리 사용자가 원하는 크기나 형식, 조건 등으로 입력되도록 데이터의 내용을 제한한다.
- [테이블] 개체의 [디자인 보기]에서 필드를 선택하고, 필드 속성의 [일반] 탭과 [조회] 탭에서 지정한다.
- 창 전환 바로 가기 키 : **F6** 키

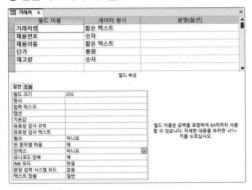

2. 입력 마스크 ★★★★

- 지정된 형식에 따라 데이터를 입력하기 위해 사용한다.
- 입력 마스크 지정 문자

0	숫자를 0~9까지 입력(필수), 덧셈과 뺄셈 기호 사용할 수 없음
9	숫자, 공백 입력(선택), 덧셈과 뺄셈 기호 사용할 수 없음
#	숫자, 공백 입력(선택), 덧셈과 뺄셈 기호 사용할 수 있음
L	영문자, 한글 입력(필수)
A	영문자, 한글, 숫자(필수)
?	영문자, 한글 입력(선택)
C	모든 문자나 공백을 입력(선택)
&	모든 문자나 공백을 입력(필수)
>	대문자로 변환
<	소문자로 변환
\	뒤에 나오는 문자를 그대로 표시

예) 입력 마스크를 'LA09#'으로 설정 → A상345 입력 가능

3. 유효성 검사 규칙 ★★★★

- 필드에 입력되는 데이터의 종류나 범위를 지정하는 기능이다.
- 일련 번호와 OLE 개체에는 유효성 검사를 지정할 수 없다.
- 산술 연산자, 비교 연산자, 논리 연산자, 특수 연산자, 함수 등을 사용하여 규칙을 지정한다.

산술 연산자	+, −, *, /, mod, ^
비교 연산자	=, >, >=, <>, <, <=, Like
논리 연산자	Not, And, Or
특수 연산자	In : 지정한 값 중 하나 Between : 지정한 값 사이

- 유효성 검사의 예
  - <>0 : 0이 아닌 값만 입력
  - 1 or 2 : 1 또는 2만 입력
  - >=1 And <=100 : 1 이상이고 100 이하인 값만 입력
  - = Is Not Null : Null이 아닌 값만 입력
  - Like "*인사*" : '인사'가 포함된 값만 입력
  - >=#2021-03-01# And <=#2021-03-31# : 2021년 3월의 값만 입력
  - In("경영", "통계", "사회") : 경영, 통계, 사회 중에서 입력
  - Between 0 And 100 : 0에서 100까지의 숫자만 입력
- **유효성 검사 텍스트** : 유효성 검사 규칙에서 지정한 범위 이외의 값을 입력했을 때 나타낼 오류 메시지를 지정한다.

4. 기타 제약조건 ★★★★★

- **형식** : 데이터의 표시 형식을 지정
- **캡션** : 표시될 제목을 지정
- **기본값** : 필드에 기본으로 입력되는 값을 지정
- **필수** : 데이터가 꼭 입력되어야 하는 필드에 '예'로 지정
- **빈 문자열 허용** : 빈 값의 허용 여부를 조정
- **인덱스**
  - 키 값을 기초로 하여 테이블에서 찾기나 정렬 속도를 빠르게 하는 기능
  - 아니요, 예(중복 가능), 예(중복 불가능) 중 선택
  - OLE 개체, 첨부 파일의 필드는 인덱스를 만들 수 없음
  - 레코드 변경/추가 시 자동 업데이트

● **유니코드 압축** : 입력되는 문자를 2바이트로 나타내는 속성

● **IME 모드** : 필드로 포커스가 이동되었을 때 설정될 한글 입력기의 상태를 지정

> **TIP** 기능 *
>
> 형식을 '표준'으로 지정한 경우 숫자에는 천 단위 구분 기호를 사용하여 표시한다. 예) '1234'를 입력하는 경우 → '1,234.00'

5. 조회 속성 *

● 조회를 통하여 미리 입력해 놓은 데이터 목록을 선택해서 입력하는 기능이다.

● 사용자가 직접 값을 입력하는 과정에서 발생하는 오류를 줄일 수 있다.

● 다른 테이블이나 쿼리에 있는 값을 조회하거나 원하는 값을 직접 입력하여 조회 목록을 만들 수 있다.

● 짧은 텍스트, 숫자, Yes/No 형식에서 사용한다.

● 디자인 보기에서 데이터 형식의 '조회 마법사'를 이용하거나 [조회] 탭의 각 속성에서 직접 설정한다.

컨트롤 표시	콤보 상자, 목록 상자를 설정
행 원본 유형	테이블/쿼리, 값 목록, 필드 목록을 설정
행 원본	행 원본 유형이 값 목록인 경우에는 세미콜론(;)으로 항목을 지정
바운드 열	선택한 목록의 여러 열 중 해당 컨트롤에 연결될 열을 지정
열 개수	목록으로 표시할 열의 개수를 지정

> **기출지문** 조회 목록으로 표시할 열의 개수는 변경할 수 없으며, 행 원본에 맞추어 자동으로 설정된다. (X)

6. 관계 설정 *****

❶ 관계의 개요

● 여러 테이블을 연결하여 정보를 가져올 수 있도록 관계를 설정한다.

● 기본 테이블의 기본 키, 관련 테이블의 외래 키 필드를 서로 대응시켜 관계를 설정하며, 두 키는 반드시 데이터 형식과 종류가 같아야 한다.

● 일대일(1:1) 관계는 한 테이블의 각 레코드가 다른 테이블의 한 레코드에만 대응되는 관계로 양쪽 테이블의 연

결 필드가 모두 중복 불가능의 인덱스나 기본 키로 설정되어 있는 경우에만 가능하다.

● 일대다(1:N) 관계는 하나의 테이블에 저장된 대표 값을 다른 테이블에서 여러 번 참조하는 작업에 적합하다.

● 액세스에서는 두 테이블을 직접 다대다(N:M) 관계로 설정할 수 없기 때문에 별도의 테이블이 필요하다.

● 테이블 관계를 제거하려면 관계선을 클릭하여 굵게 표시된 상태에서 **Delete** 키를 누른다.

> **기출지문** 관계의 종류를 일대다, 다대다, 일대일 중에서 선택할 수 있다. (X)

❷ 참조 무결성 ***

● 관련 테이블의 레코드 간 관계가 유효하고 사용자가 관련 데이터를 실수로 삭제 또는 변경하지 않았는지 확인하기 위해 사용되는 규칙이다.

● 참조 무결성을 지정하려면 관계를 설정할 때 '관계 편집'의 '항상 참조 무결성 유지'를 선택한다.

● 기본 테이블에서 사용할 필드는 기본 키이거나 고유 인덱스가 설정되어 있어야 한다.

● 관계 설정에 사용되는 두 테이블의 필드는 데이터 형식이 같아야 한다.

❸ [관계 편집] 대화상자의 구성 **

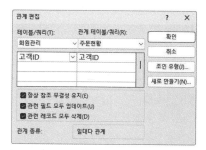

● **항상 참조 무결성 유지** : [거래처] 테이블에 입력하려는 '제품번호'는 반드시 [제품] 테이블에 존재하거나 널(Null) 값이어야 한다.

● **관련 필드 모두 업데이트** : [제품] 테이블의 레코드를 수정하면 [거래처] 테이블의 관련 레코드도 자동으로 변경된다.

● **관련 레코드 모두 삭제** : [제품] 테이블의 레코드를 삭제하면 [거래처] 테이블의 관련 레코드도 모두 삭제된다.

기출따라잡기 1

다음 중 [학생] 테이블의 'S_Number' 필드를 [데이터시트 보기] 상태에서는 '학번'으로 표시하고자 할 때 설정해야 할 항목은?

① 형식　　　　　　② 캡션

③ 스마트 태그　　　④ 입력 마스크

- **캡션** : 표시될 제목을 지정
- **형식** : 데이터의 표시 형식을 지정하는 속성
- **스마트 태그** : 필드에 적용할 작업 태그
- **입력 마스크** : 데이터를 입력할 때 표시되는 형식을 지정하는 속성

정답 | ②

기출따라잡기 2

'부서코드'를 기본 키로 하는 [부서] 테이블과 '부서코드'를 포함한 사원정보가 있는 [사원] 테이블을 이용하여 관계를 설정하였다. 다음 중 이와 관련된 관계 설정에 대한 설명으로 옳은 것은? (단, 한 부서에는 여러 명의 사원이 소속되어 있으며, 한 사원은 하나의 부서에 소속된다.)

① '항상 참조 무결성 유지'를 설정하면 [사원] 테이블에 입력하려는 '사원'의 '부서코드'는 반드시 [부서] 테이블에 존재해야만 한다.

② '항상 참조 무결성 유지'를 설정하면 [사원] 테이블에서 '부서코드'를 수정하는 경우 [부서] 테이블의 해당 '부서코드'도 자동으로 수정된다.

③ '항상 참조 무결성 유지'를 설정하지 않더라도 [사원] 테이블에 입력하려는 '사원'의 '부서코드'는 반드시 [부서] 테이블에 존재해야만 한다.

④ '항상 참조 무결성 유지'를 설정하지 않더라도 [사원] 테이블에서 사용 중인 '부서코드'는 [부서] 테이블에서 삭제할 수 없다.

- **항상 참조 무결성 유지** : 한 테이블이 다른 테이블의 기본 키를 참조하는 외래 키를 가질 때 외래 키는 널(null)이거나 다른 테이블의 기본 키에 존재하는 값이어야 한다.
- [사원] 테이블에 입력하려는 사원의 '부서코드'는 반드시 [부서] 테이블에 존재하거나 널 값이어야 한다.

정답 | ①

핵심 05 외부 데이터 가져오기

1. 외부 데이터 가져오기 ★★★★

- 텍스트 파일이나 스프레드시트, 데이터베이스 등의 데이터를 현재 데이터베이스 파일로 불러올 수 있는 기능이다.
- [외부 데이터] 탭-[가져오기 및 연결] 그룹을 이용하여 지정한다.
- 데이터를 가져와도 원본 데이터는 변경되지 않으며, 가져온 데이터를 변경해도 원본 데이터에 영향을 미치지 않는다.
- 가져올 수 있는 형태에는 Excel, Access, ODBC 데이터베이스, 텍스트 파일, XML 파일, SharePoint 목록, 데이터 서비스, HTML 문서, Outlook 폴더 등이 있다.
- Access 파일을 가져오는 경우 테이블, 쿼리, 폼, 보고서, 매크로 및 모듈을 가져올 수 있으며 테이블의 관계도 함께 복사할 수 있다. 또한 테이블을 가져올 때 정의만 가져올 것인지 아니면 정의와 데이터를 모두 가져올 것인지도 지정할 수 있다.
- 원본 개체와 같은 이름의 개체가 대상 데이터베이스에 이미 있으면 가져오기 개체의 이름에 숫자(1, 2, 3 등)가 추가된다.
- Access에서는 가져오려는 데이터 원본에 255개가 넘는 필드가 있으면 처음 255개 필드만 가져온다.
- Excel 데이터는 한 번에 하나의 워크시트만 가져올 수 있으므로 여러 워크시트에서 데이터를 가져오려면 각 워크시트에 대해 가져오기 명령을 반복해야 한다.

기출지문 [텍스트 가져오기 마법사]를 이용하여 기존 테이블에 내용을 추가하려는 경우 기본 키에 해당하는 필드의 값들이 고유한 값이 되도록 데이터를 수정하며 가져올 수 있다. (X)

2. 테이블 연결

- 연결된 테이블의 데이터를 변경하면 원본 데이터도 자동으로 변경되는 기능이다.
- 연결된 테이블을 삭제할 수 있으며, 연결된 테이블을 삭제하더라도 원본 데이터에는 아무런 영향을 주지 않는다.
- [외부 데이터 가져오기] 창에서 '연결 테이블을 만들어 데이터 원본에 연결' 옵션을 선택하여 수행한다.

TIP 기능 *

Excel 통합 문서를 가져오거나 연결하기 위한 방법 :
[외부 데이터] 탭-[가져오기 및 연결] 그룹-[새 데이터 원본]-[파일
에서]-[Excel]을 선택하면 현재 데이터베이스의 새 테이블로 원본
데이터 가져오기, 다음 테이블에 레코드 복사본 추가, 연결 테이블
을 만들어 데이터 원본에 연결 중 하나를 선택할 수 있다.

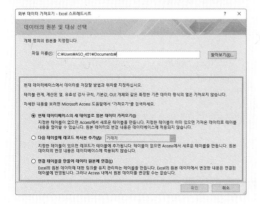

3. 데이터 내보내기 ★★

- 데이터베이스 개체를 다른 응용 프로그램에서 사용할
수 있도록 형식을 변경하여 출력하는 기능이다.

- [외부 데이터] 탭-[내보내기] 그룹을 이용하여 지정
한다.

- 데이터베이스 개체는 Access 데이터베이스의 각 개체,
엑셀, 텍스트 파일, XML 파일, PDF 또는 XPS, 전자 메
일, Word 병합, SharePoint 목록, ODBC 데이터베이스,
HTML 등의 형태로 내보낼 수 있다.

- 테이블을 Access 데이터베이스로 내보내는 경우 '정의
및 데이터'를 내보낼 것인지 '정의만' 내보낼 것인지
선택할 수 있다.

- 테이블에 대한 제약 조건, 관계, 인덱스 같은 속성은 내보
낼 수 없다.

- 쿼리를 엑셀이나 HTML 형식으로 내보내는 경우, 쿼리
의 SQL문이 아니라 SQL문의 실행 결과가 저장된다.

- 보고서만 'Word'(*.rtf)로 내보내는 경우 원본 테이블이
없어도 데이터는 표시된다.

> **기출지문** 테이블은 내보내지 않고 보고서만 'Word'(*.rtf)로 내보내
> 는 경우 원본 테이블이 없으므로 데이터는 표시되지 않는다. (X)

기출따라잡기 1

**다음 중 외부 데이터로 Access 파일을 가져오는 경우에
관련된 설명으로 옳지 않은 것은?**

① 테이블의 관계도 함께 복사할 수 있다.

② Access 개체는 테이블과 쿼리 개체만 복사할 수 있다.

③ 테이블의 정의만 가져오는 경우 데이터가 없는 빈 테이
블이 만들어진다.

④ 원본 개체와 같은 이름의 개체가 대상 데이터베이스에
이미 있으면 가져오기 개체의 이름에 숫자(1, 2, 3 등)가
추가된다.

> 테이블, 쿼리, 폼, 보고서, 매크로 및 모듈을 현재 데이터베이스로 가져올
> 수 있다.
>
> **정답 | ②**

기출따라잡기 2

**다음 중 테이블에서 내보내기가 가능한 파일 형식에 해당
하지 않는 것은?**

① 엑셀(Excel) 파일

② ODBC 데이터베이스

③ HTML 문서

④ VBA 코드

> 테이블에서 내보내기가 가능한 파일 형식 : Excel, 텍스트 파일, XML, PDF,
> XPS, 전자메일, Access, Word, Sharepoint, ODBC, HTML 등
>
> **정답 | ④**

1. 쿼리(Query) *

- 테이블이나 쿼리를 대상으로 원하는 데이터를 추출하거나 조합하여 결과를 표시한다.
- 쿼리는 폼이나 보고서의 원본으로 사용된다.
- 쿼리의 종류

선택 쿼리	1개 이상의 테이블이나 쿼리에서 지정한 조건에 따라 데이터를 추출하는 쿼리
실행 쿼리	추가 쿼리, 테이블 만들기 쿼리, 삭제 쿼리, 업데이트 쿼리
SQL 쿼리	SQL문을 이용하여 쿼리를 작성
매개 변수 쿼리	쿼리를 실행할 때 매개 변수를 입력하여 조건에 맞는 결과만 표시하는 쿼리
크로스탭 쿼리	필드별 합계, 개수, 평균 등의 요약을 계산한 다음 표로 표시하는 쿼리

2. 쿼리의 작성

❶ 마법사 이용

- [만들기] 탭 – [쿼리] 그룹 – [쿼리 마법사] → [새 쿼리] 대화상자의 [단순 쿼리 마법사]를 선택

❷ 쿼리 디자인 이용

- [만들기] 탭 – [쿼리] 그룹 – [쿼리 디자인] → [테이블 추가] → [테이블 표시] 창의 [테이블] 탭 또는 [쿼리] 탭에서 테이블 추가

❸ SQL 보기 이용

- [만들기] 탭 – [쿼리] 그룹 – [쿼리 디자인] → [결과] 그룹에서 [SQL 보기] 선택

3. SQL(Structured Query Language)의 개요

- 데이터베이스를 조작하기 위한 언어로 비절차적 언어이다.
- 대소문자를 구분하지 않는다.
- 문장의 마지막에는 세미콜론(;)을 입력한다.

- 여러 개 필드를 나열할 때는 콤마(,)로 구분하고 모든 필드를 지정할 때는 '*'을 사용한다.
- 명령문을 여러 줄에 나누어서 입력할 수도 있다.
- 기능별 구분에 따른 SQL

데이터 정의어 (DDL)	· 테이블의 생성(CREATE) · 변경(ALTER) · 제거(DROP)
데이터 조작어 (DML)	· 조회(SELECT) · 삽입(INSERT) · 변경(UPDATE) · 삭제(DELETE)
데이터 제어어 (DCL)	· 권한부여(GRANT) · 권한 회수(REVOKE)

4. SELECT 문 *****

- 하나 이상의 테이블이나 쿼리에서 조건에 맞는 데이터를 검색한다.
- 검색 결과가 중복되지 않게 표시하기 위해서 'DISTINCT'를 지정한다.

  SELECT [DISTINCT] 필드 이름 FROM 테이블 또는 쿼리 이름
  [WHERE 조건식]
  [GROUP BY 필드 이름 [HAVING 조건]]
  [ORDER BY 필드 이름 정렬 방식]

❶ WHERE절

- 특정 조건에 맞는 레코드를 검색한다.
- 산술 연산자, 비교 연산자, 논리 연산자, Between ~And, IN, Like 등의 연산자를 사용한다.
  예)
  · SELECT * FROM 회원 WHERE 나이 Between 20 And 30 And 이름 like "김*";
    → 회원 테이블에서 나이가 20 이상 30 이하이고 이름이 '김'으로 시작하는 모든 필드를 검색
  · SELECT T1.품번, T2.제조사 FROM T1, T2
    → 테이블 T1의 품번 필드와 테이블 T2의 제조사 필드를 검색
  · WHERE T2.소재지 IN('서울', '수원') AND T1.품번=T2.품번;
    → T2의 소재지가 서울 또는 수원이고 T1의 품번과 T2의 품번이 같은 레코드만 표시

❷ GROUP BY절

- 특정 필드를 기준으로 그룹화하여 검색한다.
- 집계 함수(SUM, AVG, MAX, MIN, COUNT)를 함께 사용한다.

- GROUP BY를 사용할 때에는 HAVING절을 사용하여 조건을 지정한다.
  예)
  · SELECT 동아리 FROM 학생 → 학생 테이블의 동아리 필드를 검색
  · GROUP BY 동아리 HAVING COUNT(*)>2; → 동아리별로 그룹화하여 같은 동아리 개수가 2보다 큰(3개 이상) 동아리를 표시

기출지문 ORDER BY문을 사용할 때에는 HAVING절을 사용하여 조건을 지정한다. (X)

❸ ORDER BY절

- 특정 필드를 기준으로 오름차순(ASC)이나 내림차순(DESC)으로 정렬한다.
- 정렬 방법을 지정하지 않으면 기본적으로 오름차순(ASC)이 수행된다.
  예)
  · SELECT 학년, 반, 이름 FROM 평균성적
    → 평균성적 테이블에서 학년, 반, 이름을 검색
  · WHERE 평균)= 90 ORDER BY 학년 DESC, 반 ASC;
    → 평균이 90 이상인 학생들을 '학년' 필드로 내림차순하고, 학년이 같은 경우 '반' 필드를 오름차순으로 정렬하여 표시

5. 주요 함수

❶ 문자열 함수 ***

- **LEFT(문자열, 자릿수)** : 왼쪽에서 자릿수만큼 추출
- **MID(문자열, 시작 위치, 자릿수)** : 시작 위치에서 자릿수만큼 추출
- **RIGHT(문자열, 자릿수)** : 오른쪽에서 자릿수만큼 추출
  예)
  RIGHT([주민번호],2)="01" → [주민번호] 필드에서 맨 뒤의 두 자리가 '01'인 레코드를 추출
- **TRIM(문자열)** : 좌우 공백 제거
- **LTRIM(문자열)** : 왼쪽 공백 제거
- **RTRIM(문자열)** : 오른쪽 공백 제거
- **INSTR(문자열, 찾으려는 문자)** : 문자열에서 찾으려는 문자의 위치를 반환
  예)
  INSTR("KOREA","R") → 'KOREA'라는 문자열에서 'R'의 위치를 반환

- **STRCOMP(문자열1, 문자열2)** : 문자열1과 문자열2를 비교해서 같으면 0, 다르면 −1을 반환
- **LEN(문자열)** : 문자열 길이를 반환
- **LENB(문자열)** : 문자열 길이를 바이트로 반환
- **LCASE(문자열)** : 모두 소문자로 변환
- **UCASE(문자열)** : 모두 대문자로 변환
- **STRREVERSE(문자열)** : 역순으로 정렬

❷ 날짜/시간 함수 **

- **NOW( )** : 현재 날짜와 시간을 표시
- **DATE( )** : 현재의 날짜를 표시
- **TIME( )** : 현재의 시간을 표시
- **YEAR(날짜)** : 날짜의 연도를 표시
  예)
  YEAR(DATE()) → 시스템의 현재 날짜 정보에서 연도 값만을 반환
- **MONTH(날짜)** : 날짜의 월을 표시
- **DAY(날짜)** : 날짜의 일을 표시
- **HOUR(시간)** : 시간의 시를 표시
- **MINUTE(시간)** : 시간의 분을 표시
- **SECOND(시간)** : 시간의 초를 표시
- **WEEKDAY(날짜)** : 날짜에 해당하는 요일의 숫자를 표시(1→일요일 ~ 7→토요일)
- **DATEADD(간격, 숫자, 날짜)** : 날짜에 지정한 기간을 더한 날짜를 구함
- **DATEDIFF(간격, 날짜1, 날짜2)** : 날짜의 차를 구함
- **DATESERIAL(년, 월, 일)** : 지정된 값을 날짜로 반환
- **TIMESERIAL(시, 분, 초)** : 지정된 값을 시간으로 반환

❸ 논리 함수 *

- **IIF(조건, 값1, 값2)** : 조건이 참이면 값1, 거짓이면 값2를 수행
  예)
  IIF(1,2,3) → 조건이 1 즉, 참이므로 결과값은 2가 반환된다.
- **CHOOSE(번호, 값1, 값2…)** : 번호가 1이면 값1, 2이면 값2를 수행
- **SWITCH(조건1,값1,조건2,값2…)** : 조건1이 참이면 값1, 조건2가 참이면 값2를 수행

❹ 자료 형식 변환 함수 **

CDATE	날짜 형식으로 된 문자열을 날짜로 변환
CINT, CLNG	정수로 변환(2Byte, 4Byte)
CSTR	숫자를 문자로 변환
CBOOL	TRUE나 FALSE로 변환
VAL	숫자로 된 문자열을 숫자로 변환
STR	숫자를 문자열로 변환

❺ 집계 함수 *****

AVG(필드)	필드의 평균을 구함
SUM(필드)	필드의 합계를 구함
COUNT(필드)	필드의 레코드 수를 구함
MAX(필드)	필드에서의 최대값을 구함
MIN(필드)	필드에서의 최소값을 구함

기출따라잡기 1

다음 중 [회원] 테이블에서 '나이' 필드의 값이 20 이상 30 이하이고, '이름' 필드에서 성이 김씨인 회원을 검색하는 SQL 문으로 옳은 것은?

① SELECT * FROM 회원 WHERE 나이 〈= 30 And 나이 〉= 20 And 이름 = "김";

② SELECT * FROM 회원 WHERE 나이 〈= 30 And 〉= 20 Or 이름 like "*김*";

③ SELECT * FROM 회원 WHERE 나이 〈= 30 Or 나이〉= 20 And 이름 = "김*";

④ SELECT * FROM 회원 WHERE 나이 Between 20 And 30 And 이름 like "김*";

- **Between 20 And 30** : 20 이상이고 30 이하
- **이름 like "김*"** : 이름이 '김'으로 시작

정답 | ④

기출따라잡기 2

다음 중 문자열 처리 함수 instr의 식이 아래와 같을 때, 결과 값으로 옳은 것은?

=instr("ABCDABCDAB","CD")

① 0

② true

③ 3

④ 3, 7

- **INSTR(문자열, 찾으려는 문자)** : 문자열에서 찾으려는 문자의 위치를 반환
- **=INSTR("ABCDABCDAB","CD")** : "ABCDABCDAB"에서 "CD"의 위치를 찾으므로 결과 값은 3이 된다.

정답 | ③

핵심

07 실행 쿼리의 활용

1. 조인 ★★★

- 2개 이상의 테이블을 연결하여 하나의 테이블처럼 사용하기 위해 연결하는 방법을 정의하는 것이다.
- 조인에 사용되는 기준 필드의 데이터 형식은 같거나 호환되어야 한다.
- 필드 이름 앞에 테이블 이름을 마침표(.)로 구분하여 사용한다.(학생.성별)
- 관계가 설정되지 않은 경우라도 조인을 수행할 수 있다.

❶ 내부 조인(Inner Join)

관계가 설정된 두 테이블에서 조인된 필드가 일치하는 레코드만 포함한다.

    SELECT 필드이름
    FROM 테이블이름1 INNER JOIN 테이블이름2
    ON 테이블이름1.필드이름=테이블이름2.필드이름;

예)
SELECT 동호회.*, 사원.* FROM 동호회 INNER JOIN 사원 ON 동호회.사번 = 사원.사번; → [동호회] 테이블과 [사원] 테이블에서 사번이 일치하는 레코드를 표시한다.

❷ 왼쪽 외부 조인(Left Join)

왼쪽 테이블에서는 모든 레코드를 포함하고, 오른쪽 테이블에서는 조인된 필드가 일치하는 레코드만 포함된다.

    SELECT 필드이름
    FROM 테이블이름1 LEFT JOIN 테이블이름2
    ON 테이블이름1.필드이름=테이블이름2.필드이름;

❸ 오른쪽 외부 조인(Right Join)

오른쪽 테이블에서는 모든 레코드를 포함하고, 왼쪽 테이블에서는 조인된 필드가 일치하는 레코드만 포함된다.

    SELECT 필드이름
    FROM 테이블이름1 RIGHT JOIN 테이블이름2
    ON 테이블이름1.필드이름=테이블이름2.필드이름;

예)
SELECT 부서정보.부서번호, 부서명, 번호, 이름, 실적 FROM 부서정보 RIGHT JOIN 사원정보 ON 부서정보.부서번호 = 사원정보.부서번호; → [부서정보] 테이블의 레코드는 [사원정보] 테이블의 부서번호와 일치되는 것만 포함하고, [사원정보] 테이블에서는 모든 레코드가 포함하여 결과를 표시한다.

2. 실행 쿼리

❶ 삽입(INSERT 문) ★★★★★

- 테이블에 레코드를 추가할 때 사용한다.
- 한 개의 INSERT 문으로 하나의 테이블에 여러 개의 레코드를 삽입할 수 있다.
- 필드 값을 직접 지정하거나 다른 테이블의 레코드를 추출하여 추가할 수 있다.

    INSERT INTO 테이블이름(필드이름1, 필드이름2⋯) VALUES(값1, 값2⋯);

예)
INSERT INTO SERVICE (등급, 비용, 번호) VALUES ('A', 10000, 10) → SERVICE 테이블에 등급은 'A', 비용은 '10000', 번호는 '10'인 새로운 레코드를 삽입한다.

> **기출지문** 여러 개의 레코드를 한 번에 여러 개의 테이블에 동시에 추가할 수 있다. (X)

❷ 수정(UPDATE 문) ★★★★★

테이블의 필드 값을 변경할 때 사용한다.

    UPDATE 테이블이름 SET 필드이름1=값1, 필드이름2=값2⋯
    WHERE 조건;

예)
UPDATE 사원 SET 급여=급여*1.2 WHERE 직급='관리자' → 사원 테이블에서 직급이 관리자인 사원의 급여를 20%씩 인상한다.

❸ 삭제(DELETE 문) ★★

테이블의 레코드를 삭제할 때 사용한다.

    DELETE * FROM 테이블이름 WHERE 조건;

예)
DELETE * FROM MEMBER WHERE 나이 >= 20; → MEMBER 테이블에서 나이가 20 이상인 레코드를 모두 삭제한다.

TIP 용어 *

테이블 만들기 쿼리 : 테이블의 데이터를 복사하거나 데이터를 보관해야 하는 경우에 사용되며, 새로운 테이블을 생성하는 쿼리이다.

3. 매개 변수 쿼리 *****

● 쿼리를 실행할 때 매개 변수를 입력하여 조건에 맞는 결과만 표시하는 쿼리이다.

● 매개 변수 대화상자에 표시할 텍스트는 디자인 보기의 조건 행에 대괄호([ ])로 묶어서 입력한다.

● 매개 변수 대화상자에 표시할 텍스트에 '.', '!', '[ ]'와 같은 특수 문자는 포함하면 안 된다.

● 2개 이상의 정보를 물어보는 쿼리를 만들 수 있다.
예)
>=[조회할 최소 나이 입력] → 조회할 고객의 최소 나이를 입력받아 검색하는 매개 변수 쿼리를 작성

> **기출지문** 매개 변수를 적용할 필드의 조건 행에서 매개 변수 대화상자에 표시할 텍스트를 { } 중괄호로 묶어 입력한다. (X)

4. 크로스탭 쿼리 ***

● 특정 필드의 합계, 평균, 개수와 같은 요약값을 표시하고 그 값들을 묶어 행과 열에 나열해 주는 쿼리이다.

● 열과 행이 교차하는 곳에는 숫자, 날짜, 텍스트 필드를 선택할 수 있다.

● 레코드 개수, 합계, 평균, 최대값, 최소값, 분산, 표준편차 등을 계산한다.

● 열 머리글에는 1개의 필드만 지정하고, 행 머리글에는 3개까지 필드를 지정한다.

● 크로스탭 쿼리의 데이터시트 보기에서 데이터를 직접 편집할 수 없다.

> **기출지문** 크로스탭 쿼리는 값을 요약한 다음 세 가지의 집합 기준으로 그룹화한다. (X)

5. 통합(Union) 쿼리 **

● 성격이 유사한 두 개의 테이블이나 쿼리를 합쳐 하나로 만드는 쿼리이다.

● 두 테이블은 필드의 개수가 같아야 한다.

● 결과에는 먼저 지정한 테이블의 필드 이름이 표시된다.

UNION	중복된 레코드를 제거하고 합침
UNION ALL	별도의 중복 제거 과정을 거치지 않고 합침

예)
SELECT A FROM 갑 UNION SELECT A FROM 을; → 갑 테이블과 을 테이블에서 속성 A가 중복되는 것은 한 번만 기록하여 하나로 합친다.

6. 기타 쿼리

● **불일치 검색 쿼리** : 다른 테이블의 레코드와 일치하지 않는 레코드를 찾아서 쿼리를 만드는 기능으로 두 개 이상의 테이블이 있어야 한다.

● **중복 데이터 검색 쿼리** : 테이블이나 쿼리에서 중복된 필드 값이 있는 레코드를 찾는 쿼리이다.

> **기출따라잡기 1**

다음 중 실행 쿼리에 해당하지 않는 것은?

① 테이블 만들기 쿼리
② 추가 쿼리
③ 업데이트 쿼리
④ 선택 쿼리

• **실행 쿼리** : 테이블 만들기 쿼리, 추가 쿼리, 삭제 쿼리, 업데이트 쿼리
• **선택 쿼리** : 선택한 필드를 이용하여 만드는 단순 쿼리

정답 | ④

> **기출따라잡기 2**

다음 중 쿼리 실행 시 값이나 패턴을 묻는 메시지를 표시한 후 사용자에게 조건 값을 입력받아 사용하는 쿼리는?

① 선택 쿼리
② 요약 쿼리
③ 매개 변수 쿼리
④ 크로스탭 쿼리

• **매개 변수 쿼리** : 쿼리 실행 시 값이나 패턴을 묻는 메시지를 표시한 후 사용자에게 조건 값을 입력받아 사용하는 쿼리로 조건 지정시 [ ]를 사용한다.
• **선택 쿼리** : 선택한 필드를 이용하여 만드는 단순 쿼리
• **요약 쿼리** : 집계 함수(SUM, AVG, COUNT, MAX, MIN 등)를 이용하여 그룹별 계산을 하기 위한 쿼리
• **크로스탭 쿼리** : 쿼리 결과를 Excel 워크시트와 비슷한 표 형태로 표시하는 특수한 형식의 쿼리

정답 | ③

1. 폼의 개념

- 테이블이나 쿼리를 원본으로 하여 데이터의 입력, 수정, 삭제, 조회 등의 작업을 편리하고 쉽게 할 수 있도록 도와주는 개체이다.
- 폼에서 데이터를 입력하거나 수정하면 연결된 테이블이나 쿼리에 변경된 내용이 반영된다.
- 이벤트 속성을 설정하여 해당 작업을 자동화할 수 있다.
- 데이터베이스의 보안성을 높일 수 있다.
- 테이블이나 쿼리의 데이터와 연결된 바운드 폼과 연결되지 않은 언바운드 폼으로 나누어진다.

2. 폼의 구성 요소

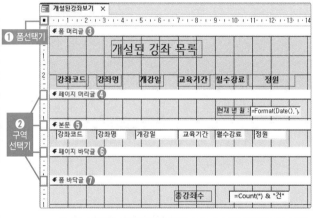

- ❶ **폼 선택기** : 폼을 선택하거나 폼 속성을 지정할 때 사용
- ❷ **구역 선택기** : 구역을 선택하거나 해당 구역의 속성을 지정할 때 사용
- ❸ **폼 머리글**
  - 폼의 제목이나 각 레코드에 공통으로 적용되는 정보
  - 인쇄 미리 보기에서는 첫 페이지의 상단에 한 번만 표시
- ❹ **페이지 머리글**
  - 각 페이지의 위쪽에 인쇄되는 정보 표시(예: 날짜)
  - 폼 보기에서는 표시되지 않으며, 인쇄 미리 보기에서만 확인 가능
- ❺ **본문** : 실제 레코드를 표시하는 부분
- ❻ **페이지 바닥글**
  - 각 페이지의 아래쪽에 인쇄되는 정보 표시
    (예: 페이지 번호)

  - 폼 보기에서는 표시되지 않으며, 인쇄 미리 보기에서만 확인 가능
- ❼ **폼 바닥글** : 인쇄 미리 보기에서는 마지막 페이지의 본문 다음에 한 번만 표시

3. 폼의 작성

- **마법사 이용** : [만들기] 탭-[폼] 그룹-[폼 마법사]
- **폼 디자인 이용** : [만들기] 탭-[폼] 그룹-[폼 디자인]
- **자동 폼 만들기** : [만들기] 탭-[폼] 그룹-[폼]
- **분할 폼 만들기** : [만들기] 탭-[폼] 그룹-[기타 폼]-[폼 분할]

> **TIP** 용어 ★★★★
>
> **폼 분할**
> - ▶ 데이터시트 보기와 폼 보기를 동시에 표시하는 기능이다.
> - ▶ 같은 데이터 원본에 연결되어 있으며 항상 상호 동기화된다.
> - ▶ 데이터 원본 변경은 폼 보기와 데이터시트 보기에서 모두 가능하다.
> - ▶ 분할 표시 폼을 만든 후에는 컨트롤의 크기를 조정할 수 있으며, 기존 필드의 추가는 가능하다.
> - ▶ 폼 속성 창의 '분할 표시 폼 방향' 항목을 이용하면 데이터시트를 폼의 위쪽, 아래쪽, 왼쪽, 오른쪽 등으로 위치를 설정할 수 있다.

4. 폼의 모양 ★★★

- **열 형식** : 각 필드가 왼쪽의 레이블과 함께 각 행에 표시되며, 가장 일반적으로 사용하는 형식
- **테이블 형식** : 각 레코드의 필드들이 한 줄에 나타나며, 레이블은 폼의 맨 위에 한 번 표시되는 형식
- **데이터시트** : 데이터시트 보기 형식
- **맞춤** : 필드 내용에 따라 각 필드를 균형 있게 배치하는 형식

▲ 열 형식

▲ 테이블 형식

▲ 데이터시트

▲ 맞춤

다음 중 [폼 마법사]를 이용한 폼 작성 시 선택 가능한 폼의 모양 중 각 필드가 왼쪽의 레이블과 함께 각 행에 표시되고 컨트롤 레이아웃이 자동으로 설정되는 것은?

① 열 형식
② 테이블 형식
③ 데이터시트
④ 맞춤

> • **열 형식** : 각 필드가 왼쪽의 레이블과 함께 각 행에 표시되며, 가장 일반적으로 사용하는 형식
> • **테이블 형식** : 각 레코드의 필드들이 한 줄에 나타나며, 레이블은 폼의 맨 위에 한 번 표시되는 형식
> • **데이터시트** : 데이터시트 보기 형식
> • **맞춤** : 필드 내용에 따라 각 필드를 균형있게 배치하는 형식
>
> 정답 | ①

다음 중 분할 표시 폼에 대한 설명으로 옳지 않은 것은?

① 분할 표시 폼은 [만들기] 탭의 [폼] 그룹에서 [기타 폼]-[폼 분할]을 클릭하여 만들 수 있다.
② 분할 표시 폼은 데이터시트 보기와 폼 보기를 동시에 표시하기 기능이며, 이 두 보기는 같은 데이터 원본에 연결되어 있어 항상 상호 동기화된다.
③ 분할 표시 폼을 만든 후에는 컨트롤의 크기 조정은 할 수 없으나, 새로운 필드의 추가는 가능하다.
④ 폼 속성 창의 '분할 표시 폼 방향' 항목을 이용하여 폼의 위쪽, 아래쪽, 왼쪽, 오른쪽 등 데이터시트가 표시되는 위치를 설정할 수 있다.

> 분할 표시 폼을 만든 후에는 컨트롤의 크기를 조정할 수 있으며, 기존 필드의 추가도 가능하다.
>
> 정답 | ③

핵심 09 폼 속성

1. 폼 속성

- 폼의 크기와 형식, 폼과 연결된 테이블이나 쿼리 등 폼과 관련된 전반적인 사항을 정의하는 기능이다.
- [폼 디자인 도구]-[양식 디자인] 탭-[도구] 그룹-[속성 시트]를 이용하여 지정한다.
- 폼 선택기나 폼의 여백을 더블클릭하면 폼 속성 창을 열 수 있다.
- 구역 선택기를 더블클릭하면 구역 속성 창을 열 수 있다.

2. 주요 속성

❶ **[형식] 탭** ★★

- **캡션** : 제목 표시줄에 표시될 제목을 지정
- **기본 보기** : 단일 폼, 연속 폼, 데이터시트, 분할 표시 폼
- **그림 유형** : 배경 그림의 저장 방식 지정(포함, 연결, 공유)
- **그림** : 폼의 배경 그림을 지정
- **자동 가운데 맞춤** : 폼 실행 시 창의 가운데에 표시할 여부 지정
- **자동 크기 조정** : 모든 레코드가 표시되도록 자동 크기 조절 여부 지정
- **레코드 선택기** : 레코드 선택기 표시 여부 지정
- **탐색 단추** : 탐색 단추 표시 여부 지정
- **스크롤 막대** : 스크롤 막대 표시 여부 지정
- **컨트롤 상자** : 제목 표시줄에 조절 메뉴 상자와 제어 상자 표시 여부 지정

> **기출지문** 폼의 제목 표시줄에 표시되는 텍스트는 '이름' 속성을 이용하여 변경할 수 있다. (X)

❷ **[데이터] 탭** ★★

- **레코드 원본** : 폼에 연결할 테이블이나 쿼리, SQL을 지정
- **레코드 집합 종류**
  - '스냅숏'인 경우 원본 테이블의 업데이트는 안 되며, 조회만 가능

- '다이너셋'인 경우에는 레코드 집합을 변경하면 테이블이 업데이트된다.
- **필터** : 특정 기준에 따른 필터 지정
- **정렬 기준** : 레코드를 정렬할 기준을 지정
- **추가, 삭제, 편집 가능** : 레코드 추가, 삭제, 편집 가능 여부를 지정
- **필터 사용** : 필터의 사용 여부를 지정
- **레코드 잠금**
  - 동시에 같은 레코드를 편집하려고 할 때 레코드를 잠그는 방법을 지정
  - 잠그지 않음, 모든 레코드, 편집한 레코드로 구분됨
  - 기본 값은 '잠그지 않음'이며, 레코드 편집 작업이 완료되기 전에 다른 사용자가 레코드를 변경할 수 있다.

> **기출지문** 레코드 집합 종류 속성의 값이 '다이너셋'인 경우 원본 테이블의 업데이트는 안 되며, 조회만 가능하다. (X)

❸ [기타] 탭 *

- **모달** : '예'를 선택하면 포커스를 다른 개체로 이동하기 위해서는 반드시 폼을 닫아야 한다.

> **기출지문** 팝업 속성을 설정하면 포커스를 다른 개체로 이동하기 위해서는 반드시 폼을 닫아야 한다. (X)

3. 탭 순서 ****

- 폼 보기에서 TAB⇥ 키를 눌렀을 때 각 컨트롤 사이에 이동되는 순서를 지정한다.
- 기본적으로는 컨트롤을 작성한 순서대로 탭 순서가 설정되며, 레이블에는 설정할 수 없다.
- [폼 디자인 도구]-[양식 디자인] 탭-[도구] 그룹-[탭 순서]를 선택한다.
- [탭 순서] 대화상자의 [자동 순서]는 폼에 삽입된 컨트롤의 위치를 기준으로 위에서 아래로, 왼쪽에서 오른쪽으로 자동 설정된다.
- [탭 순서] 대화상자에서 컨트롤 이름 행을 드래그하여 순서를 변경할 수 있다.
- 탭 정지 속성의 기본값은 '예'이며, '아니요'를 선택하면 TAB⇥ 키를 눌러도 커서가 오지 않는다.

> **기출지문** 탭 순서에서 컨트롤을 제거하려면 컨트롤의 탭 정지 속성을 '예'로 설정한다. (X)

4. 하위 폼

❶ 하위 폼의 개요 ****

- 폼 안에 있는 또 하나의 폼으로 테이블이나 쿼리, 다른 폼을 이용하여 하위 폼을 작성할 수 있다.
- '일대다' 관계일 때 기본 폼에는 '일'에 해당하는 데이터가 표시되며, 하위 폼에는 '다'에 해당하는 데이터가 표시된다.
- 하위 폼은 단일 폼, 연속 폼, 데이터시트 형태로 표시할 수 있지만, 기본 폼은 단일 폼 형태로만 표시할 수 있다.
- 기본 폼이 포함할 수 있는 하위 폼의 수는 제한이 없으며, 중첩된 하위 폼은 최대 7개 수준까지 만들 수 있다.
- 테이블 간에 관계가 설정되어 있지 않은 경우에도 하위 폼으로 연결할 수 있다.

> **기출지문** 하위 폼은 단일 폼, 연속 폼, 데이터시트 형태로 표시할 수 있으며, 기본 폼은 단일 폼 또는 연속 폼 형태로 표시할 수 있다. (X)

❷ 하위 폼의 작성

- **기존 폼에 마법사를 이용하여 추가** : [폼 디자인 도구]-[양식 디자인] 탭-[컨트롤] 그룹-[하위 폼/하위 보고서] 컨트롤을 클릭한 후 드래그하여 작성
- **드래그하여 작성** : 디자인 보기 상태에서 탐색 창의 Access 개체 중 테이블, 쿼리, 폼 등을 [폼] 창으로 드래그하여 작성

❸ 기본 폼과 하위 폼 연결 ★★★

● 기본 폼과 하위 폼을 연결할 필드의 데이터 형식은 같거나 호환되어야 한다.

● [하위 폼 필드 연결기]를 이용하면 간단히 기본 폼과 하위 폼의 연결 필드를 지정할 수 있다.

● 두 개 이상의 연결 필드를 지정할 때는 필드 이름을 세미콜론(;)으로 구분한다.

● 연결하는 필드의 변경은 [데이터] 탭의 '하위 필드 연결'이나 '기본 필드 연결'에서 가능하다.

> **기출지문** 하위 폼 필드 연결기 창에서는 기본 폼과 하위 폼의 연결 필드를 한꺼번에 지정할 수 없다. (X)

5. 조건부 서식 ★★★★★

● 폼이나 보고서에서 조건에 맞는 특정 컨트롤에만 서식을 적용하는 기능이다.

● 컨트롤을 선택한 후 [폼 디자인 도구]-[서식] 탭-[컨트롤 서식] 그룹- [조건부 서식]을 클릭한다.

● 본문 영역의 모든 컨트롤에 조건부 서식을 지정하려면 모든 컨트롤을 선택해야 한다.

● 필드 값이나 식을 기준으로 조건부 서식을 설정할 수 있다.

● 각 컨트롤에 대해 최대 50개까지 조건을 지정할 수 있다.

● 조건 지정시 와일드 카드(?, *)를 사용할 수 없다.

● 컨트롤 값이 변경되어 조건에 만족하지 않으면 적용된 서식이 해제된다.

● 지정한 조건 중 두 개 이상의 조건이 참이면, 첫 번째 조건의 서식이 적용된다.

● 하나의 컨트롤에 여러 규칙이 설정된 경우 목록에서 규칙을 위/아래로 이동해 우선순위를 변경할 수 있다.

● 규칙 유형에서 '다른 레코드와 비교'를 선택하면 적용할 형식으로 '데이터 막대 형식'을 지정할 수 있다.

● 폼이나 보고서를 다른 파일 형식으로 출력하거나 내보내면 조건부 서식은 해제된다

> **기출지문** 조건부 서식은 레이블 컨트롤에 필드 값이나 식을 기준으로만 설정할 수 있다. (X)

기출따라잡기 1

다음 중 하위 폼에 관한 설명으로 옳지 않은 것은?

① 하위 폼은 기본 폼 내에서만 존재하며 별도의 독립된 폼으로 열 수 없다.

② 일대다 관계가 설정되어 있는 테이블이나 쿼리를 효과적으로 사용하기 위하여 사용한다.

③ 하위 폼은 보통 일대다 관계에서 '다'에 해당하는 테이블이나 쿼리를 원본으로 한다.

④ 연결 필드의 데이터 형식과 필드 크기는 같거나 호환되어야 한다.

> 보통 하위 폼은 기본 폼 내에서 존재하며 별도의 독립된 폼으로 열 수도 있다.
>
> **정답 | ①**

기출따라잡기 2

다음 중 폼이나 보고서에서 사용되는 조건부 서식 기능에 대한 설명으로 옳지 않은 것은?

① 조건을 지정할 때 와일드 카드 문자(*, ?)는 사용할 수 없다.

② 조건부 서식은 레이블 컨트롤에 필드 값이나 식을 기준으로만 설정할 수 있다.

③ 각 컨트롤에 대해 최대 50개까지 조건부 서식 규칙을 추가할 수 있으며, 조건별로 다른 서식을 지정할 수 있다.

④ 조건에 맞지 않으면 적용된 서식이 해제된다.

> 레이블 컨트롤에는 조건부 서식을 지정할 수 없다.
>
> **정답 | ②**

10 폼의 컨트롤

1. 컨트롤의 개념 ★★

- 폼이나 보고서에서 데이터를 표시하고, 매크로나 함수 등의 명령을 실행하는 데 사용되는 그래픽 개체이다.
- 컨트롤은 폼이나 보고서의 디자인 보기 상태에서 작성하거나 수정할 수 있다.

바운드 컨트롤	· 테이블이나 쿼리의 필드를 컨트롤 · 원본으로 사용하는 컨트롤
언바운드 컨트롤	데이터 원본이 없는 컨트롤
계산 컨트롤	데이터 원본으로 식을 사용하는 컨트롤

2. 컨트롤의 종류 ★★★

- **텍스트 상자** : 폼이나 보고서의 원본으로 사용되는 데이터나 계산 결과를 표시하는 컨트롤
- **레이블**
  - 제목이나 캡션, 설명 등과 같은 텍스트를 표시하는 컨트롤
  - 언바운드 컨트롤로 다른 레코드로 이동해도 변경되지 않음
- **단추** : 특정 기능(레코드 삭제, 인쇄 등)을 실행할 때 사용하는 컨트롤

> **기출지문** '단추' 컨트롤은 하나 이상의 매크로 함수를 수행하는 데만 사용된다. (X)

- **콤보 상자** : 제공된 항목에서 한 개의 값을 선택할 수 있으며 목록에서 선택하거나 직접 입력할 수 있는 컨트롤
- **목록 상자** : 제공된 항목에서 여러 개의 값을 선택할 수 있으며 직접 입력할 수는 없는 컨트롤
- **하위 폼/하위 보고서** : 일대다 관계에 있는 테이블이나 쿼리를 표시
- **옵션 그룹** : 확인란, 옵션 단추, 토글 단추를 하나의 그룹으로 지정하여 사용하는 컨트롤
- **옵션 단추** : 여러 개의 값 중 하나를 선택할 수 있는 컨트롤
- **토글 단추** : Yes나 No 중 하나를 선택할 수 있는 컨트롤
- **확인란**
  - 여러 개의 값 중 하나 이상을 선택할 수 있는 컨트롤
  - '예/아니요' 필드를 추가하는 경우 기본적으로 '확인란' 컨트롤이 삽입

3. 컨트롤의 사용

❶ 컨트롤 선택 ★

하나의 컨트롤 선택	해당 컨트롤을 클릭
여러 개의 컨트롤 선택(비연속)	**Shift** 또는 **Ctrl** 키를 누른 상태에서 컨트롤을 클릭
모든 컨트롤 선택	마우스로 모든 컨트롤이 포함되도록 드래그하거나 **Ctrl** + **A** 키를 누름

> **기출지문** 본문 영역 내의 컨트롤들만 모두 선택하려면 **Ctrl** + **A** 키를 누른다. (X)

❷ 컨트롤의 복사와 이동 ★

- **복사**
  - [홈] 탭-[클립보드] 그룹-[복사] → [홈] 탭-[클립보드] 그룹-[붙여넣기]
  - 복사 후 다른 구역에 붙여넣으면 해당 구역의 왼쪽 위에 붙여짐
- **이동**
  - 컨트롤의 가장자리를 드래그
  - 세밀하게 이동 : **Ctrl** 키를 누른 채 방향키를 눌러 조정

❸ 컨트롤의 크기 조절

- **하나의 컨트롤 크기 조정** : 크기 조정 핸들을 드래그
- **여러 컨트롤 크기 조정** : [폼 디자인 도구]-[정렬] 탭-[크기 및 순서 조정] 그룹-[크기/공간]에서 [자동], [눈금에 맞춤], [가장 긴 길이에], [가장 짧은 길이에], [가장 넓은 너비에], [가장 좁은 너비에]를 이용

❹ 맞춤

[폼 디자인 도구]-[정렬] 탭-[크기 및 순서 조정] 그룹-[맞춤]을 이용(눈금에 맞춤, 왼쪽, 오른쪽, 위쪽, 아래쪽)

❺ 간격 조정

[폼 디자인 도구]-[정렬] 탭-[크기 및 순서 조정] 그룹-[크기/공간]-[간격]을 이용(간격 같음, 넓게, 좁게)

4. 컨트롤의 속성

❶ [형식] 탭

- **형식** : 데이터의 표시 형식을 지정
- **소수 자릿수** : 소수점 이하의 자릿수를 지정
- **표시** : 화면에 컨트롤의 표시 여부를 지정
- **특수 효과** : 특수 효과(기본, 볼록, 오목, 새김(사방), 그림자, 새김(밑줄))를 지정
- **테두리 스타일** : 컨트롤 테두리를 나타내는 방법을 지정
- **텍스트 맞춤, 줄 간격** : 텍스트 표준(일반, 왼쪽, 가운데, 오른쪽, 배분), 줄 간격을 지정
- **열 개수, 열 너비** : 콤보 상자, 목록 상자 컨트롤에서 표시할 열의 개수, 열의 너비를 지정
- **확장 가능, 축소 가능** : 컨트롤에서 표시될 데이터를 모두 볼 수 있도록 컨트롤 세로 길이의 확장, 축소 가능 여부
- **중복 내용 숨기기** : 보고서에서 사용되는 형식으로 컨트롤 값이 동일할 경우 숨김 여부를 지정

❷ [데이터] 탭 *

- **컨트롤 원본** : 컨트롤에 연결할 데이터를 지정
- **행 원본 유형** : 콤보 상자, 목록 상자 컨트롤에서 사용할 데이터를 제공하는 방법(테이블/쿼리, 필드 목록, 값 목록)을 지정
- **행 원본** : 콤보 상자, 목록 상자 컨트롤에서 사용할 데이터를 지정
- **바운드 열** : 콤보 상자나 목록 상자에 표시되는 여러 개의 열 중에서 '컨트롤 원본' 속성에 연결된 필드에 저장될 열을 지정
- **기본값** : 새 레코드가 만들어질 때 필드에 자동으로 입력되는 값
- **입력 마스크** : 데이터를 쉽게 입력할 수 있는 틀을 지정
- **유효성 검사 규칙** : 입력될 내용에 대한 제한이나 조건을 지정
- **사용 가능** : 컨트롤에 포커스 이동 가능 여부를 지정
- **잠금** : 컨트롤의 데이터 수정 여부를 지정
- **목록 값만 허용** : '예'로 설정하면 콤보 상자에 지정된 목록 값만 입력할 수 있음

❸ [기타] 탭 *

- **이름** : 컨트롤의 이름을 지정
- **IME 모드** : 컨트롤이 포커스를 가질 때 입력 모드를 지정
- **Enter 키 기능** : 텍스트 상자 컨트롤에서 Enter를 눌렀을 때 수행할 작업을 지정
- **상태 표시줄 텍스트** : 컨트롤이 포커스를 가질 때 상태 표시줄에 표시할 텍스트를 지정
- **컨트롤 팁 텍스트** : 컨트롤에 마우스 포인터를 이동시켰을 때 스크린 팁으로 표시되는 텍스트를 지정
- **탭 정지** : TAB을 이용하여 포커스를 이동시킬 수 있는지 여부를 지정
- **탭 인덱스** : 컨트롤의 탭(TAB) 순서를 지정
- **여러 항목 선택** : 목록 상자에서 여러 항목의 선택 여부와 방법을 지정
- **자동 고침 사용** : '예'로 설정하면 사용자가 잘못 입력한 영어 단어를 올바른 단어로 자동 정정

5. 도메인 함수 사용 ****

- **DAVG("필드", "도메인", "조건")** : 도메인에서 조건에 맞는 필드의 평균
- **DSUM("필드", "도메인", "조건")** : 도메인에서 조건에 맞는 필드의 합계
- **DCOUNT("필드", "도메인", "조건")** : 도메인에서 조건에 맞는 필드의 개수
- **DMAX("필드", "도메인", "조건")** : 도메인에서 조건에 맞는 필드의 최대값
- **DMIN("필드", "도메인", "조건")** : 도메인에서 조건에 맞는 필드의 최소값
- **DLOOKUP("필드", "도메인", "조건")** : 도메인에서 조건에 맞는 필드를 표시

  예)
  - =DSUM("급여", "[사원]", "[직급]='과장'") → [사원] 테이블에서 직급이 과장인 레코드의 급여 합계
  - =DCOUNT("*", "학생", "학년=1") → [학생] 테이블에서 학년이 1인 레코드의 개수
  - =DLOOKUP("성명", "사원", "[사원번호] = 1") → [사원] 테이블에서 사원번호가 1인 데이터의 성명 필드에 저장된 값

기출따라잡기 **1**

다음 중 폼이나 보고서에서 테이블이나 쿼리의 필드를 컨트롤 원본으로 사용하는 컨트롤을 의미하는 것은?

① 언바운드 컨트롤

② 바운드 컨트롤

③ 계산 컨트롤

④ 레이블 컨트롤

- **바운드 컨트롤** : 폼이나 보고서에서 테이블이나 쿼리의 필드를 컨트롤의 원본으로 사용하는 컨트롤
- **언바운드 컨트롤** : 폼이나 보고서에서 컨트롤 원본이 지정되지 않은 컨트롤
- **계산 컨트롤** : 컨트롤 원본으로 식을 사용하는 컨트롤
- **레이블 컨트롤** : 제목이나 설명과 같은 텍스트를 표시하는 컨트롤

정답 | ②

기출따라잡기 **2**

다음 중 콤보 상자 컨트롤의 각 속성에 대한 설명으로 옳지 않은 것은?

① 행 원본(Row Source) : 콤보 상자 컨트롤에서 사용할 데이터 설정

② 컨트롤 원본(Control Source) : 연결할(바운드 할) 데이터 설정

③ 바운드 열(Bound Column) : 콤보 상자 컨트롤에 저장할 열 설정

④ 사용 가능(Enabled) : 컨트롤에 입력된 데이터의 편집 여부 설정

- **사용 가능** : 컨트롤에 포커스를 이동할 수 있는지의 여부를 설정
- **잠금** : 컨트롤에 입력된 데이터의 편집 여부 설정

정답 | ④

보고서 작성

1. 보고서(Report)

- 테이블, 쿼리, SQL 문을 레코드 원본으로 하여 내용을 요약하거나 그룹화하여 프린터로 출력하기 위한 개체이다.
- 폼과 동일하게 여러 유형의 컨트롤로 데이터를 표시할 수 있으나 데이터 입력, 추가, 삭제 등의 작업은 불가능하다.

2. 보고서 종류

- **보고서** : 원본 테이블이나 쿼리의 필드가 모두 표시되는 보고서로 자동으로 만들어 줌
- **보고서 디자인** : 디자인 보기 상태에서 사용자가 직접 보고서를 작성
- **새 보고서** : 레이아웃 보기 상태에서 필드를 추가
- **보고서 마법사** : 마법사의 진행에 따라 자동으로 보고서 작성
- **레이블** : 우편물 레이블 인쇄용 보고서를 작성
- **업무 문서 양식 마법사** : 거래 명세서, 세금 계산서 등의 업무용 양식 보고서를 작성
- **우편 엽서 마법사** : 우편 엽서용 보고서를 작성

TIP 기능 **＊＊**

우편물 레이블 마법사

▶ [만들기] 탭-[보고서] 그룹-[레이블]을 이용하여 작성할 수 있다.

▶ 레이블의 크기는 다양하게 선택할 수 있으며, 사용자가 직접 지정할 수도 있다.

▶ 레이블 형식은 낱장 용지나 연속 용지를 선택할 수 있다.

▶ 마법사에서 추가 가능한 필드는 각 줄에 10개이다

▶ 수신자 성명 뒤에 일괄 '귀하'와 같은 문구를 넣을 수도 있다.

▶ 마법사로 완성된 보고서의 [인쇄 미리 보기] 상태에서는 [페이지 설정] 대화상자를 사용하여 레이블 사이의 간격이나 여백을 변경할 수 있다.

3. 보고서의 작성

- **마법사 이용** : [만들기] 탭-[보고서] 그룹-[보고서 마법사]

● 보고서 디자인 이용 : [만들기] 탭-[보고서] 그룹-[보고서 디자인]

4. 보고서 보기 형식

● **보고서 보기** : 작성된 보고서를 화면을 통해 미리 보는 기능
● **인쇄 미리 보기** : 출력되는 모양 전체를 미리 보는 기능
● **레이아웃 보기** : 실제 데이터와 함께 보고서의 레이아웃을 보는 기능
● **디자인 보기** : 컨트롤 도구를 이용하여 보고서를 만들거나 수정

5. 보고서의 구성 **★★**

● 보고서는 보고서 머리글, 보고서 바닥글, 본문, 페이지 머리글, 페이지 바닥글, 컨트롤 등으로 구성된다.
● 보고서 머리글/바닥글, 페이지 머리글, 바닥글 구역은 표시하거나 숨길 수 있으며, 그룹을 설정한 경우 그룹 머리글과 그룹 바닥글을 설정할 수 있다.

❶ 보고서 머리글	보고서의 첫 페이지에 위쪽에 한 번만 표시
❷ 페이지 머리글	· 모든 페이지의 맨 위에 표시 · 필드 제목 등을 삽입하는 데 사용
❸ 그룹 머리글	각 그룹의 첫 번째 레코드 위에 반복적으로 표시
❹ 본문	실제 데이터가 레코드 단위로 반복 출력되는 부분
❺ 그룹 바닥글	· 각 그룹의 마지막 레코드 아래에 반복적으로 표시 · 그룹에 대한 요약 정보를 표시
❻ 페이지 바닥글	· 모든 페이지의 맨 아래에 표시 · 페이지 번호 등을 삽입하는 데 사용
❼ 보고서 바닥글	· 보고서의 마지막 페이지에 한 번만 표시 · 전체 데이터에 대한 합계와 같은 요약 정보를 나타내는 데 사용

6. 그룹화 및 정렬 **★★★**

● **그룹화** : 특정한 필드의 값을 기준으로 같은 속성을 가진 데이터를 그룹화하여 표시한다.
● **정렬** : 특정 필드를 기준으로 오름차순이나 내림차순으로 정렬하는 기능이다.
● [보고서 디자인 도구]-[보고서 디자인] 탭-[그룹화 및 요약] 그룹-[그룹화 및 정렬]을 이용하여 지정한다.
● 필드나 식을 기준으로 10개까지 그룹 및 정렬을 지정할 수 있다.
● 그룹으로 설정한 필드에 그룹 머리글/바닥글, 그룹 설정, 그룹 간격 등의 속성을 설정할 수 있다.
● 그룹화할 필드가 날짜 데이터이면 전체 값(기본) · 일 · 주 · 월 · 분기 · 연도를 기준으로, 문자 데이터이면 전체 값(기본) 또는 첫 문자, 처음 두 문자, 사용자 지정 문자 수를 기준으로 그룹화할 수 있다.
  - 같은 페이지에 표시 안 함 : 페이지의 나머지 공간에 그룹을 표시할 수 없는 경우 다음 페이지에 나누어서 표시
  - 전체 그룹을 같은 페이지에 표시 : 페이지의 나머지 공간에 그룹을 표시할 수 없는 경우 빈 공간으로 두고 대신 다음 페이지에서 그룹이 시작됨
  - 머리글과 첫 레코드를 같은 페이지에 표시 : 머리글 다음에 적어도 하나의 데이터 행을 인쇄할 수 있는 공간이 없으면 다음 페이지에서 그룹이 시작됨

> **기출지문** 그룹 수준을 삭제하는 경우 그룹 머리글 또는 그룹 바닥글 구역에 삽입되어 있는 모든 컨트롤들은 자동으로 본문 구역으로 이동된다. (X)

7. 그룹 머리글 및 바닥글

● 요약 함수(SUM, AVG, MAX, MIN, COUNT, IIF 등) 등을 입력하여 그룹 집계를 출력한다.
● SUM 함수를 사용하는 계산 컨트롤을 그룹 머리글에 추가하면 현재 그룹에 대한 합계를 표시할 수 있다.
● COUNT(*) 함수를 그룹 머리글/바닥글에서 사용하면 그룹별 레코드의 개수를 표시하고, 보고서 머리글/바닥글에서 사용하면 전체 레코드의 개수를 표시한다.

> **기출지문** 그룹화를 하려면 그룹 머리글과 그룹 바닥글을 모두 선택해야 한다. (X)

다음 중 보고서의 각 구역에 관한 설명으로 옳지 않은 것은?

① 보고서 머리글은 보고서의 맨 앞에 한 번 출력되며, 일반적으로 로고나 제목 및 날짜와 같이 표지에 나타나는 정보를 추가한다.

② 그룹 머리글은 각 새 레코드 그룹의 맨 앞에 출력되며, 그룹 이름을 출력하려는 경우에 사용한다.

③ 본문은 레코드 원본의 모든 행에 대해 한 번씩 출력되며, 보고서의 본문을 구성하는 컨트롤이 여기에 추가된다.

④ 보고서 바닥글은 모든 페이지의 맨 끝에 출력되며, 페이지 번호 또는 페이지별 정보를 표시하려는 경우에 사용한다.

> • **보고서 바닥글** : 보고서의 맨 마지막 페이지에 한 번 표시되며 보고서의 요약을 표시하려는 경우에 사용
> • **페이지 바닥글** : 모든 페이지의 맨 끝에 출력되며, 페이지 번호 또는 페이지별 정보를 표시하려는 경우에 사용

정답 | ④

다음 중 보고서의 [그룹, 정렬 및 요약] 창을 이용한 정렬 및 그룹 설정에 대한 설명으로 옳지 않은 것은?

① 보고서의 그룹 수준 및 정렬 수준은 최대 10개까지 정의할 수 있다.

② 그룹 수준을 삭제하는 경우 그룹 머리글 또는 그룹 바닥글 구역에 삽입되어 있는 모든 컨트롤들은 자동으로 본문 구역으로 이동된다.

③ '전체 그룹을 같은 페이지에 표시' 옵션을 선택한 경우 페이지의 나머지 공간에 그룹을 표시할 수 없는 경우 빈 공간으로 두고 대신 다음 페이지에서 그룹이 시작된다.

④ 그룹 간격 옵션은 레코드가 그룹화 되는 방식을 결정하는 설정이며, 텍스트 필드인 경우 '전체 값', '첫 문자', '처음 두 문자', '사용자 지정 문자'를 기준으로 그룹화할 수 있다.

> 그룹 수준을 삭제하면 그룹 머리글 또는 그룹 바닥글 구역에 삽입되어 있는 모든 컨트롤도 함께 삭제된다.

정답 | ②

보고서 활용

1. 누적 합계

- 보고서에서 레코드나 그룹별로 누적 값을 계산하는 기능이다.
- 컨트롤 속성의 [데이터] 탭-[누적 합계]를 선택한다.

아니요(기본값)	레코드에서 원본으로 사용하는 필드 값을 표시
그룹	동일한 그룹 내 누적 합계를 표시
모두	그룹과 관계없이 필드 전체 값에 대한 누적 합계를 표시

- 컨트롤 원본을 '=1'로 설정하고 누적 합계 속성을 '그룹'으로 설정하면 그룹별로 순번을, '모두'로 설정하면 전체에 대한 순번을 구한다.

2. 날짜/시간

- 보고서에 현재 날짜와 시간을 삽입한다.
- [보고서 디자인 도구]-[보고서 디자인] 탭-[머리글/바닥글] 그룹-[날짜 및 시간]을 클릭한다.
- [보고서 디자인 도구]-[보고서 디자인] 탭-[컨트롤] 그룹-[텍스트 상자]로 텍스트 상자를 만든 후 날짜와 시간을 출력하는 함수를 입력할 수도 있다.

Now( )	현재 날짜와 시간을 표시
Date( )	현재 날짜를 표시
Time( )	현재 시간을 표시

3. 페이지 번호 *****

- 보고서의 페이지 머리글이나 페이지 바닥글에 페이지 번호를 삽입한다.
- [보고서 디자인 도구]-[보고서 디자인] 탭-[머리글/바닥글] 그룹-[페이지 번호]를 클릭한다.
- Format(인수, 형식) 함수를 이용하여 페이지 번호의 형식을 지정할 수 있다.

[Page]	현재 페이지
[Pages]	전체 페이지

&	식이나 문자열을 연결
" "	큰 따옴표 안의 내용을 그대로 표시

예)
전체 페이지가 5페이지이고 현재 페이지가 2페이지인 보고서
- =[Page] & " Page" → 2 Page
- =[Page] & "/" & [Pages] & "페이지" → 2/5페이지
- =Format([Page]," 000") → 002

4. 보고서 인쇄

❶ 페이지 설정 ★★

- [인쇄 미리 보기] 탭-[페이지 레이아웃] 그룹-[페이지 설정]을 클릭한다.
- [인쇄 옵션] 탭

❶ 여백	위, 아래, 왼쪽, 오른쪽 여백을 밀리미터 단위로 지정
❷ 보기	지정된 여백을 미리 보기
❸ 데이터만 인쇄	레이블 및 컨트롤의 테두리, 눈금선 등의 그래픽은 인쇄하지 않고 데이터만 인쇄
❹ 분할 표시 폼	보고서에서는 지정할 수 없으며, 폼만 인쇄할지 데이터시트만 인쇄할지를 선택

- [페이지] 탭

❶ 용지 방향	용지 방향을 세로나 가로로 지정
❷ 용지	용지 크기 및 원본을 선택
❸ 프린터	프린터를 선택

기출지문 [페이지] 탭에서 보고서의 인쇄할 범위로 인쇄할 페이지를 지정할 수 있다. (X)

- [열] 탭

❶ 눈금 설정	인쇄 시 한 페이지에 인쇄할 열의 개수, 행 간격, 열 간격을 지정
❷ 열 크기	· 열의 너비와 높이 지정 · 본문과 같게 : 열의 너비와 높이를 보고서 본문의 너비와 높이에 맞춰 인쇄
❸ 열 레이아웃	열을 인쇄하는 방향을 지정

기출지문 [열] 탭에서 지정한 '눈금 설정'과 '열 크기'에 비해 페이지의 가로 크기가 작은 경우 자동으로 축소하여 인쇄된다. (X)

❷ [인쇄] 대화상자 ★

[파일] 탭-[인쇄]-[인쇄]를 클릭하면 [인쇄] 대화상자가 표시된다.

❶ 프린터	프린터 이름, 상태, 종류, 위치, 설명 등을 표시
❷ 인쇄 범위	모두, 인쇄할 페이지, 선택한 레코드 중 선택
❸ 속성	설치된 프린터의 등록 정보를 표시

❹ 파일로 인쇄	인쇄 내용을 파일(*.prn)로 저장
❺ 인쇄 매수	인쇄할 매수를 지정
❻ 설정	[페이지 설정] 대화상자 표시

핵심 13 **매크로의 활용**

1. 매크로(Macro) 사용 ★★★

- 여러 개의 명령문을 하나로 묶어서 반복적으로 수행되는 작업을 자동화하여 처리하는 기능이다.
- 매크로 함수 또는 매크로 함수 집합으로 구성되며, 각 매크로 함수의 수행 방식을 제어하는 인수를 추가할 수 있다.
- 매크로 함수는 주로 컨트롤의 이벤트에 연결하여 사용한다.
- 데이터베이스 파일이 열릴 때 자동으로 실행되는 자동 매크로를 정의하려면 매크로 이름을 'AutoExec'로 설정한다.
- 자동실행 매크로가 실행되지 않게 하려면 **Shift** 키를 누른 채 데이터베이스 파일을 연다.
- 엑셀은 매크로 기록 기능이 지원되지만, 액세스는 매크로 기록 기능이 지원되지 않는다.
- 매크로 개체는 탐색 창의 매크로에 표시되지만 포함된 매크로는 표시되지 않는다.
- 매크로가 실행 중일 때 한 단계씩 실행을 시작하려면 **Ctrl** + **Break** 키를 누른다.

> 기출지문 매크로는 모듈에 비해 복잡한 작업을 처리하기 위해 프로그램을 직접 작성하는 것이다. (X)

기출따라잡기 1

다음 중 보고서 작성 시 페이지 번호 출력을 위한 식과 그 결과의 연결이 옳지 않은 것은? (Page, Pages 변수 값은 각각 20과 80으로 설정되었다고 가정한다.)

① 식 : =[Page] 결과값: 20
② 식 : =[Page] & " Page" 결과값: 20 Page
③ 식 : =Format([Page],"000") 결과값: 020
④ 식 : =[Page/Pages] 결과값: 20/80

> =[Page/Pages]은 '=[Page] & "/" & [Pages]'로 수정해야 한다.
> 정답 | ④

기출따라잡기 2

다음 중 보고서의 [페이지 설정] 대화상자에 대한 설명으로 옳지 않은 것은?

① 여러 열로 구성된 보고서를 인쇄할 때에는 [열] 탭에서 열의 개수와 행 간격, 열의 너비, 높이 등을 설정한다.
② [인쇄 옵션] 탭에서 보고서의 위쪽, 아래쪽, 왼쪽, 오른쪽 여백을 밀리미터 단위로 설정할 수 있다.
③ [페이지] 탭에서 보고서의 인쇄할 범위로 인쇄할 페이지를 지정할 수 있다.
④ [인쇄 옵션] 탭의 '데이터만 인쇄'를 선택하여 체크 표시하면 컨트롤의 테두리, 눈금선 및 선이나 상자 같은 그래픽을 표시하지 않는다.

> • [페이지] 탭에서 용지 방향, 용지, 프린터를 선택할 수 있다.
> • [인쇄] 대화상자에서 인쇄할 범위로 인쇄할 페이지를 지정할 수 있다.
> 정답 | ③

2. 매크로의 작성

❶ 일반 매크로
- [만들기] 탭-[매크로 및 코드] 그룹-[매크로]

❷ 그룹 매크로
- 한 개의 매크로 창에서 여러 개의 매크로를 그룹으로 작성하고 관리하는 기능
- [만들기] 탭-[매크로 및 코드] 그룹-[매크로]→[매크로 도구]-[매그로 디자인] 탭-[표시/숨기기] 그룹-[함수 카탈로그] -[프로그램 흐름]의 [그룹] 더블 클릭

❸ 조건 매크로
- 특정 조건에 맞는 경우에만 실행되는 매크로

- [만들기] 탭-[매크로 및 코드] 그룹-[매크로] → [매크로 도구]-[매크로 디자인] 탭-[표시/숨기기] 그룹 -[함수 카탈로그]-[프로그램 흐름]의 If를 더블 클릭

3. 매크로의 실행

❶ 직접 실행

- 탐색 창의 개체 목록에서 [매크로]를 선택한 후 실행할 매크로를 더블클릭

❷ 바로 가기 키

- Autokeys 매크로 그룹을 만들어 특정 키나 키 조합에 매크로 함수나 매크로 함수 집합을 할당할 수 있음
- 이미 사용되는 키 조합에 새로운 매크로 함수를 할당하면 기존 기능이 무시됨

❸ 자동 실행 매크로

- 매크로 이름을 AutoExec로 설정하면 데이터베이스를 처음 열 때 매크로가 자동으로 실행됨
- 자동 실행 매크로가 실행되지 않도록 하려면 데이터베이스를 열 때 **Shift** 키를 누름

❹ 컨트롤 이용

- 해당 컨트롤의 속성 시트 창에서 이벤트를 선택한 후 매크로를 선택하여 연결

❺ 빠른 실행 도구 모음 이용

- [옵션] 대화상자의 [빠른 실행 도구 모음] 탭에서 추가

4. 매크로 함수

❶ 폼과 보고서 관련 매크로 함수 *

- ApplyFilter : 테이블이나 쿼리로부터 레코드를 필터링
- FindRecord : 특정한 조건에 맞는 첫 번째 레코드를 검색
- GoToControl : 활성화된 폼에서 커서를 특정 컨트롤로 자동으로 이동시킴
- GoToRecord : 레코드 포인터를 이동

❷ 실행 관련 매크로 함수 ***

- OpenQuery : 쿼리를 실행
- QuitAccess : 액세스를 종료
- RunMenuCommand : 액세스의 명령을 실행
- RunMacro : 매크로를 실행
- RunSQL : SQL문을 실행
- RunSQL : SQL문을 실행
- CancelEvent : 이벤트를 취소

❸ 가져오기/내보내기 관련 매크로 함수 *

- ExportWithFormatting : 액세스의 개체를 엑셀, 텍스트, 서식 있는 문서 파일 형식 등으로 내보내기함
- EmailDatabaseObject : 액세스의 개체를 전자 우편 메시지에 첨부하여 전송

❹ 개체 조작 관련 매크로 함수 **

- CloseWindows : 지정된 액세스 개체 창 또는 현재 데이터베이스 창을 닫음
- OpenReport : 보고서를 디자인 보기, 미리 보기로 열거나 바로 인쇄
- OpenForm : 폼 보기, 폼 디자인 보기, 인쇄 미리 보기, 데이터시트 보기로 폼을 열 수 있음
- OpenTable : 테이블을 데이터시트 보기, 디자인 보기, 미리보기로 열 수 있음

❺ 기타 매크로 함수 *

- MessageBox : 사용자에게 필요한 메시지를 화면에 보여줌
- Beep : 경고음을 설정

기출따라잡기 1

다음 중 매크로(MACRO)에 관한 설명으로 옳지 않은 것은?

① 매크로는 작업을 자동화하고 폼, 보고서 및 컨트롤에 기능을 추가하는 데 사용되는 도구이다.

② 매크로 개체는 탐색 창의 매크로에 표시되지만 포함된 매크로는 표시되지 않는다.

③ 매크로가 실행 중일 때 한 단계씩 실행을 시작하려면 Ctrl + Break 키를 누른다.

④ 자동실행 매크로가 실행되지 않게 하려면 Ctrl 키를 누른 채 데이터베이스 파일을 연다.

> 매크로의 이름을 Autoexec로 저장하면 데이터베이스를 열 때마다 매크로가 실행되며, 자동실행 매크로가 실행되지 않게 하려면 Shift 키를 누른 채 데이터베이스 파일을 연다.
>
> 정답 | ④

기출따라잡기 2

다음 중 폼을 디자인 보기나 데이터시트 보기로 열기 위해 사용하는 매크로 함수는?

① RunCommand

② OpenForm

③ RunMacro

④ RunSQL

> • **OpenForm** : 폼을 여는 매크로 함수
> • **RunCommand** : 명령어를 실행
> • **RunMacro** : 매크로를 실행
> • **RunSQL** : SQL을 실행
>
> 정답 | ②

핵심 14 모듈의 활용

1. 모듈의 개념 ★★

● 매크로에 비해 복잡한 작업을 자동으로 처리하기 위해 Visual Basic 프로그래밍 언어를 사용하여 직접 작성한다.

● [만들기] 탭-[매크로 및 코드] 그룹-[모듈]을 이용하여 작성한다.

● 모듈은 한 개 이상의 프로시저로 구성할 수 있다.

● 선언부에서는 변수, 상수, 외부 프로시저 등을 정의한다.

● 전역 변수 선언을 위해서는 PUBLIC으로 변수명 앞에 지정해 주어야 한다.

● 선언문에서 변수에 데이터 형식을 생략하면 변수는 VARIANT 형식을 가진다.

● 모듈에는 표준 모듈과 클래스 모듈이 있다.

표준 모듈	다른 개체와 연결되지 않은 일반적 프로시저
클래스 모듈	폼이나 보고서에 연결된 프로시저

2. [프로시저 추가] 대화상자 ★★

Sub	코드를 실행하고, 결과 값을 반환하지 않음
Function	코드를 실행하고 실행된 결과 값을 반환
Property	개체의 속성을 새로 정의할 때 사용되는 것으로 반환 값이 있음
Private	해당 모듈 내의 프로시저에서 사용이 가능
Public	모든 모듈에서 사용이 가능

3. 주요 이벤트

❶ 데이터 이벤트

- **AfterUpdate** : 컨트롤이나 레코드의 데이터가 업데이트된 후에 발생
- **BeforeUpdate** : 컨트롤이나 레코드의 데이터가 업데이트되기 전에 발생
- **AfterInsert** : 새 레코드가 추가된 후에 발생
- **BeforeInsert** : 새 레코드에 첫 문자를 입력할 때 발생
- **Current** : 포커스가 임의의 레코드로 이동되어 그 레코드가 현재 레코드가 되거나 폼이 새로 고쳐지거나 다시 쿼리될 때 발생
- **Change** : 텍스트 상자나 콤보 상자의 텍스트가 바뀔 때 발생

❷ 마우스 이벤트 *

- **Click** : 개체를 마우스로 클릭했을 때 발생
- **DblClick** : 개체를 마우스로 더블클릭했을 때 발생
- **MouseDown** : 포인터가 폼이나 컨트롤에 있는 동안 마우스로 클릭했을 때 발생
  예) txt날짜_DblClick → txt날짜 컨트롤이 더블 클릭될 때 실행

❸ 창 이벤트

- **Open** : 폼이나 보고서를 열 때 발생
- **Close** : 폼이나 보고서를 닫을 때 발생
- **Load** : 폼을 열어 레코드가 나타날 때 발생
- **Unload** : 폼이 닫히고 레코드가 업로드될 때 발생

❹ 포커스 이벤트

- **Activate** : 폼이나 보고서가 포커스를 받아 활성화될 때 발생
- **Deactivate** : 폼이나 보고서의 활성화가 취소될 때 발생
- **GotFocus** : 폼이나 컨트롤이 포커스를 받을 때 발생
- **LostFocus** : 폼이나 컨트롤이 포커스를 잃을 때 발생

4. DoCmd 개체 ***

- 액세스의 매크로 함수를 Visual Basic에서 실행하기 위한 개체로 메서드를 이용하여 매크로를 실행할 수 있다.

- 주요 메서드

OpenQuery	쿼리를 여는 매크로 함수를 실행
OpenReport	보고서를 여는 매크로 함수를 실행
OpenForm	폼을 여는 매크로 함수를 실행
RunSQL	SQL 문을 실행
RunCommand	명령어를 실행
RunMacro	매크로를 실행

예)
· Private Sub Command1_Click( )
   DoCmd.OpenForm "사원정보", acNormal → [사원정보] 폼을 폼 보기로 연다
   DoCmd.GoToRecord , , acNewRec → 새 레코드를 추가한다.
   End Sub

5. 데이터 ADO 개체 **

- ADO(ActiveX Data Object)란 데이터베이스에 접근할 수 있는 개체로 OLE DB를 활용하여 데이터베이스 서버에 있는 데이터를 액세스하고 조작할 수 있도록 고안된 것이다.
- 레코드의 수정, 추가, 삭제 등 편집 작업을 할 수 있다.
- Connection 개체의 주요 메서드

Open	연결되어 있는 데이터 원본을 오픈함
Close	열려 있거나 종속된 개체를 모두 닫음
Execute	쿼리, SQL 구분 등을 실행

- RecordSet 개체의 주요 메서드
  - RecordSet 개체는 레코드(행)와 필드(열)를 사용하여 구성된다.
  - 테이블에서 가져온 레코드를 임시로 저장해 두는 레코드 집합이다.
  - 공급자가 지원하는 기능에 따라 RecordSet의 속성이나 메소드를 사용할 수 없다.
  - RecordSet 개체는 항상 현재 레코드의 설정 내에서 단일 레코드만 참조한다.

Open	연결된 레코드셋 열기
Close	열려있는 레코드셋 닫기
AddNew	새 레코드를 추가
Delete	현재 레코드나 레코드 그룹의 삭제

Update	RecordSet 개체의 변경 사항을 저장
UpdateBatch	현재 사용하고 있는 레코드셋을 실제 DB에 반영
Seek	RecordSet 개체의 인덱스를 검색하여 지정된 값에 해당하는 레코드를 찾음

기출따라잡기 1

다음 중 VBA에서 프로시저, 형식, 데이터 선언과 정의 등의 선언 집단을 의미하는 것은?

① 매크로

② 모듈

③ 이벤트

④ 폼

- **매크로(Macro) :** 여러 개의 매크로 함수를 하나로 묶어서 반복 작업을 쉽게 처리하는 기능
- **모듈(Module) :** VBA에서 프로시저, 형식, 데이터 선언과 정의 등의 선언 집단을 의미
- **이벤트 :** 프로그램 실행 중에 일어나는 사건
- **폼 :** 데이터의 조회, 입력, 수정, 삭제 등의 작업을 편리하게 수행할 수 있는 개체

정답 | ②

기출따라잡기 2

다음 중 모듈에 대한 설명으로 적절하지 않은 것은?

① 모듈은 표준 모듈과 클래스 모듈로 구분된다.

② 사용자 정의 개체를 만들 때에는 표준 모듈만 사용한다.

③ 선언부에서는 변수, 상수, 외부 프로시저 등을 정의한다.

④ 폼의 이벤트 프로시저로 작성된 모듈은 폼과 함께 저장된다.

- 사용자 정의 개체를 만들 때에는 클래스 모듈을 사용한다.
- **표준 모듈 :** 다른 개체와 연결되지 않은 일반적 프로시저
- **클래스 모듈 :** 폼이나 보고서에 연결된 프로시저

정답 | ②

PART 02

기출문제

1 과목 컴퓨터 일반

01 난이도 상 중 **하**

다음 중 아래 설명에 해당하는 그래픽 관련 용어는?

> 물체의 형상을 컴퓨터 내부에서 3차원 그래픽으로 어떻게 표현할 것인지를 정하는 과정

① 디더링 ② 인터레이싱 ③ 모핑 ④ 모델링

02 난이도 상 **중** 하

다음 중 멀티미디어와 관련된 비디오 데이터에 관한 설명으로 옳지 않은 것은?

① AVI는 고화질 동영상 압축을 위한 비표준 동영상 파일 형식으로 Windows Media Player로만 재생이 가능하다.

② MPEG은 동영상 전문가 그룹에서 제정한 동영상 압축 기술에 관한 국제 표준 규격으로 동영상뿐만 아니라 오디오 데이터도 압축할 수 있다.

③ ASF는 MS사에서 개발한 통합 멀티미디어 형식으로, 용량이 작고 음질이 뛰어나 주로 스트리밍 서비스를 하는 인터넷 방송국에서 사용된다.

④ Quick Time Movie는 Apple사에서 개발한 동영상 압축 기술로 Windows에서도 재생 가능하다.

03 난이도 상 중 **하**

다음 중 보안을 위협하는 공격 형태의 하나인 DoS(Denial of Service) 공격에 대한 설명으로 옳은 것은?

① 특정한 시스템에서 보안이 제거되어 있는 통로를 지칭하는 말이다.

② 시스템에 불법적인 행위를 수행하기 위해 다른 프로그램으로 위장하여 특정 프로그램을 침투시키는 행위이다.

③ 시스템에 오버플로우를 일으켜 정상적인 서비스를 수행하지 못하도록 만드는 행위이다.

④ 자기 스스로를 복제함으로써 시스템의 부하를 일으켜 시스템을 다운시키는 프로그램을 말한다.

04 난이도 상 중 **하**

다음 중 인터넷에서 사용하는 DNS에 관한 설명으로 옳지 않은 것은?

① DNS는 Domain Name Server 또는 Domain Name System의 약자로 쓰인다.

② 문자로 만들어진 도메인 이름을 숫자로 된 IP주소로 바꾸는 시스템이다.

③ DNS 서버는 IP주소를 이용하여 패킷의 최단 전송 경로를 설정한다.

④ DNS에서는 모든 호스트들을 각 도메인별로 계층화 시켜서 관리한다.

05 난이도 **상** 중 하

다음 중 인터넷 서버까지의 경로를 추적하는 명령어인 'Tracert'의 실행 결과에 관한 설명으로 옳지 않은 것은?

① IP주소, 목적지까지 거치는 경로의 수, 각 구간 사이의 데이터 왕복 속도를 확인할 수 있다.

② 특정 사이트가 열리지 않을 때 해당 서버가 문제인지 인터넷 망이 문제인지 확인할 수 있다.

③ 인터넷 속도가 느릴 때 어느 구간에서 정체를 일으키는지 확인할 수 있다.

④ 현재 자신의 컴퓨터에 연결된 다른 컴퓨터의 IP주소나 포트 정보를 확인할 수 있다.

06 난이도 상 **중** 하

다음 중 OSI 7계층에서 데이터 링크 계층(Data Link Layer)의 기능에 관한 설명으로 옳지 않은 것은?

① 송신측이 수신측의 처리 속도보다 더 빨리 데이터를 보내지 못하도록 조절하는 흐름 제어 기능이 있다.

② 프레임의 시작과 끝을 구분하기 위한 프레임의 동기화 기능이 있다.

③ 응용 프로세스 간의 정보 교환, 파일 전송 등의 전송 제어 기능이 있다.

④ 프레임의 순차적 전송을 위한 순서 제어 기능이 있다.

07 난이도 상 중 하

다음 중 인터넷에서 사용하는 표준 주소 체계인 URL (Uniform Resource Locator)의 4가지 구성요소를 순서대로 옳게 나열한 것은?

① 프로토콜, 서버 주소, 포트 번호, 파일 경로
② 서버 주소, 프로토콜, 포트 번호, 파일 경로
③ 프로토콜, 서버 주소, 파일 경로, 포트 번호
④ 포트 번호, 프로토콜, 서버 주소, 파일 경로

08 난이도 상 중 하

다음 중 전송할 데이터의 양과 회선 사용시간이 많을 때 효율적이며, 중앙 컴퓨터와 터미널이 1:1로 연결되어 유지보수가 쉬운 연결 방식은?

① 메인 프레임 방식
② 포인트 투 포인트 방식
③ 클라이언트-서버 방식
④ 반이중 방식

09 난이도 상 중 하

다음 중 컴퓨터의 소프트웨어 관련 용어에 대한 설명으로 옳지 않은 것은?

① 셰어웨어(Shareware)는 일정기간 무료 사용 후 원하면 정식 프로그램을 구입할 수 있는 형태의 프로그램이다.
② 프리웨어(Freeware)는 누구나 자유롭게 사용할 수 있는 프로그램으로 기간 및 기능에 제한이 없다.
③ 패치 프로그램(Patch Program)은 기능을 알리기 위해 기간이나 기능에 제한을 두어 무료 배포하는 프로그램이다.
④ 베타 버전(Beta Version)은 정식 프로그램을 발표하기 전에 프로그램의 문제 발견이나 기능 향상을 위해 무료로 배포하는 프로그램이다.

10 난이도 상 중 하

다음 중 아래에서 설명하는 내용으로 옳은 것은?

> 컴퓨터를 사용하기 위해 근본적으로 필요한 소프트웨어를 의미하며, 여기에는 운영체제, 각종 언어의 컴파일러, 어셈블러, 라이브러리 프로그램 등이 있다.

① 응용 소프트웨어
② 임베디드 소프트웨어
③ 시스템 소프트웨어
④ 멀티미디어 소프트웨어

11 난이도 상 중 하

다음 중 컴퓨터의 클럭 주파수에 대한 설명으로 옳지 않은 것은?

① 컴퓨터는 전류가 흐르는 상태(ON)와 흐르지 않는 상태(OFF)가 반복되어 작동하는데, 이 전류의 흐름을 클럭 주파수라 한다.
② CPU는 클럭 주기에 따라 명령을 수행하며 클럭 주파수가 적을수록 연산 속도가 빠르다고 할 수 있다.
③ PC의 클럭 속도 단위는 보통 GHz를 사용하는데 1GHz는 1,000,000,000Hz를 의미하며, 1Hz는 1초 동안 1번의 주기가 반복되는 것을 의미한다.
④ 컴퓨터의 메인 보드에 공급되는 클럭은 CPU의 속도에 맞추어 적절하게 적용되어야 컴퓨터가 안정적으로 구동된다.

12 난이도 상 중 하

다음 중 컴퓨터를 구성하는 CPU와 관련된 RISC 프로세서에 대한 설명으로 옳지 않은 것은?

① CISC 프로세서에 비해 주소 지정 모드와 명령어의 종류가 적다.
② CISC 프로세서에 비해 프로그래밍이 어려운 반면 처리 속도가 빠르다.
③ CISC 프로세서에 비해 생산 가격이 비싸고 소비 전력이 높다.
④ 고성능의 워크스테이션이나 그래픽용 컴퓨터에 많이 사용된다.

13 난이도 상 중 (하)

다음 중 보조 기억 장치인 SSD에 대한 설명으로 옳지 않은 것은?

① SSD는 Solid State Drive(또는 Disk)의 약자로 HDD에 비해 속도가 빠르고, 발열 및 소음이 적으며, 소형화·경량화 할 수 있는 장점이 있다.

② 기억매체로 플래시 메모리나 DRAM을 사용하나 DRAM은 제품 규격이나 가격, 휘발성의 문제로 많이 사용하지는 않는다.

③ SSD는 HDD에 비해 외부의 충격에 강하며, 디스크가 아닌 메모리에 데이터를 기록하므로 배드섹터가 발생하지 않는다.

④ SSD는 HDD에 비해 저장 용량당 가격이 저렴하여 향후 빠르게 하드디스크를 대체할 것으로 전망된다.

14 난이도 상 중 (하)

다음 중 하드웨어와 그 성능을 나타내는 단위를 연결한 것으로 가장 적절하지 않은 것은?

① 하드디스크 : RPM
② CPU : FLOPS
③ DVD-ROM : 배속
④ RAM : BPI

15 난이도 상 (중) 하

다음 중 하드웨어를 추가하여 설치하는 방법에 대한 설명으로 옳지 않은 것은?

① [시작]-[설정]-[장치]-[Bluetooth 및 기타 디바이스]를 선택하고 [Bluetooth 또는 기타 장치 추가]를 이용하여 설치할 수 있다.

② [하드웨어 추가 마법사]를 이용하여 설치할 수 있다.

③ 플러그 앤 플레이가 지원되는 하드웨어를 장착하고 Windows를 실행하면 새로 장착한 하드웨어를 자동으로 인식하고 설치한다.

④ PS/2 또는 직렬 포트를 통해 연결된 키보드와 마우스 등은 [제어판]-[장치 및 프린터]를 이용하여 설치할 수 있다.

16 난이도 상 중 (하)

다음 중 Windows에서 연결 프로그램에 대한 설명으로 옳지 않은 것은?

① 문서나 그림 같은 데이터 파일을 더블클릭하면 자동으로 실행되는 응용 프로그램(앱)이다.

② 데이터 파일의 바로 가기 메뉴에서 [연결 프로그램]을 선택하면 연결 프로그램을 변경할 수 있다.

③ 연결 프로그램이 지정되지 않았을 경우 데이터 파일을 더블클릭하면 연결 프로그램을 선택하기 위한 대화상자가 표시된다.

④ [연결 프로그램] 대화상자에서 연결 프로그램을 삭제하면 연결된 데이터 파일도 함께 삭제된다.

※ 응용 프로그램의 명칭은 '앱'으로 변경하여 출제될 수도 있습니다.

17 난이도 상 (중) 하

다음 중 Windows 운영체제의 다양한 기능에 대한 설명으로 옳지 않은 것은?

① ReadyBoost를 설정한 USB 플래시 드라이브 및 플래시 메모리 카드를 사용하여 컴퓨터 속도를 향상시킬 수 있다.

② Windows Defender를 사용하여 스파이웨어 및 그 밖의 원치 않는 소프트웨어로부터 컴퓨터를 보호할 수 있다.

③ 기본적으로 성능, 보안, 안정성 면에서 고급 기능을 제공하는 NTFS 파일 시스템을 사용하여 FAT32는 사용할 수 없다.

④ 점프 목록을 사용하여 최근에 작업한 파일을 빠르게 찾을 수 있다.

18 난이도 상 (중) 하

다음 중 Windows의 파일이나 폴더 검색에 대한 설명으로 옳지 않은 것은?

① ⊞ + S 키를 눌러 실행할 수도 있다.

② 검색 상자에서 내용 앞에 '-'를 붙이면 해당 내용이 포함되지 않은 파일이나 폴더를 검색할 수 있다.

③ 데이터를 검색한 후 검색 기준을 저장할 수 있고, 저장된 검색을 열기만 하면 원래 검색과 일치하는 최신 파일이 나타난다.

④ '컴?.*'을 입력하면 '컴'으로 시작되는 모든 파일을 검색할 수 있다.

19 난이도 상 **중** 하

다음 중 원격 데스크톱을 사용할 때 네트워크 연결이 잘 안 되는 경우, 원인을 찾는 방법으로 가장 적절하지 않은 것은?

① 방화벽과 같은 외부적인 요인 확인

② 원격 데스크톱 연결 설정 확인

③ Ping과 같은 DOS 명령어 이용

④ 파일 탐색기의 [폴더 옵션]에서 [기본값 복원] 이용

20 난이도 상 중 **하**

다음 중 Windows에서 사용하는 바로 가기 키에 대한 설명으로 옳지 않은 것은?

① **Alt** + **Ctrl** : 열린 항목 간 전환

② **Alt** + **F4** : 사용 중인 항목 닫기 또는 실행 중인 프로그램 끝내기

③ **Alt** + **Space Bar** : 활성창의 바로 가기 메뉴 열기

④ **Alt** + **Enter** : 선택한 항목의 속성 표시

2 과목 스프레드시트 일반

21 난이도 상 **중** 하

다음 중 [찾기 및 바꾸기] 대화상자에 대한 설명으로 옳지 않은 것은?

① **Ctrl** + **F** : [바꾸기] 탭이 선택되어 있는 [찾기 및 바꾸기] 대화상자를 표시한다.

② [찾기 및 바꾸기] 대화상자의 찾을 내용에 '김*혁'을 입력하면 '김혁', '김동혁', '김신혁' 등을 찾을 수 있다.

③ 영문자의 경우 대/소문자를 구분하여 찾을 수 있다.

④ 찾는 위치를 수식, 값, 메모 중에서 선택하여 지정할 수 있다.

22 난이도 상 **중** 하

다음 중 각 VBA 코드에 대한 설명으로 옳지 않은 것은?

① Range("A5").Select → [A5] 셀로 셀 포인터를 이동한다.

② Range("C2").Font.Bold = "True" → [C2] 셀의 글꼴 스타일을 '굵게'로 설정한다.

③ Range("A1").Formula = 3*4 → [A1] 셀에 수식 '=3*4'가 입력된다.

④ Workbooks.Add → 새 통합 문서를 생성한다.

23 난이도 **상** 중 하

다음 중 엑셀의 정렬 기능에 대한 설명으로 옳지 않은 것은?

① 오름차순 정렬과 내림차순 정렬 모두 빈 셀은 항상 마지막으로 정렬된다.

② 영숫자 텍스트는 왼쪽에서 오른쪽 방향으로 문자 단위로 정렬된다.

③ 사용자가 [정렬 옵션] 대화상자에서 대/소문자를 구분하도록 변경하여, 오름차순으로 정렬하면 대문자가 소문자보다 우선순위를 갖는다.

④ 공백으로 시작하는 문자열은 오름차순 정렬일 때 숫자 바로 다음에 정렬되고, 내림차순 정렬일 때는 숫자 바로 앞에 정렬된다.

24 난이도 상 **중** 하

다음 중 엑셀에서 특정 데이터의 연속 항목을 더 쉽게 입력하기 위해 사용하거나 정렬의 기준으로 사용되는 사용자 지정 목록에 대한 설명으로 옳지 않은 것은?

① 엑셀에서 기본적으로 제공되는 목록은 수정하여 사용할 수 있으며, 필요 없는 경우 삭제할 수도 있다.

② [파일]-[옵션]-[고급]-[사용자 지정 목록 편집]을 클릭한 후 사용자 지정 목록 대화상자에서 사용자 지정 목록을 추가 또는 삭제할 수 있다.

③ 사용자 지정 목록을 만들면 다른 통합 문서에서 사용할 수 있도록 컴퓨터 레지스트리에 추가된다.

④ 사용자 지정 목록에는 텍스트 또는 텍스트와 숫자의 조합 등이 포함될 수 있다.

25 난이도 상 중 **하**

다음 시트에서 '판정' 결과를 구하는 함수식으로 옳은 것은?
(평균이 3.5 이상이면 "최우수", 2.5 이상이면 "우수", 2.5 미만이면 빈 공간을 구함)

	A	B	C	D	E
1	제품명	평가1	평가2	평균	판정
2	SP20A1	2.1	2.9	2.5	우수
3	GX20P2	3.2	1.1	2.2	
4	CP31G1	3.8	3.6	3.7	최우수

① =IFS(D2>=3.5,"최우수",D2>=2.5,"우수",TRUE,"")

② =IF(D2>3.5,"최우수",IF(D2>2.5,"우수",""))

③ =IFS(D2>=3.5,"최우수",D2>=2.5,"우수")

④ =IF(D2>=3.5,"최우수",IF(D2<>2.5,"우수",""))

26 난이도 **상** 중 하

아래 시트에서 [A2:C4] 영역을 선택한 후 조건부 서식을 그림과 같이 설정하였다. 다음 중 이에 대한 설명으로 옳은 것은? (단, 규칙의 적용 대상은 =$A$2:$C$4임)

수식 : =MAX($B$2:$B$4)=$B2
수식 : =RIGHT($A2,1)="손"

① [A3:C3] 영역이 조건부 서식의 첫 번째 규칙에 설정된 서식으로 바뀐다.

② [B3] 셀만 조건부 서식의 첫 번째 규칙에 설정된 서식으로 바뀐다.

③ [A3:C3] 영역이 조건부 서식의 두 번째 규칙에 설정된 서식으로 바뀐다.

④ [A3] 셀만 조건부 서식의 두 번째 규칙에 설정된 서식으로 바뀐다.

27 난이도 상 **중** 하

다음 중 부분합 실행 결과에 대한 설명으로 옳지 않은 것은?

	A	B	C
1	이름	분기	매출
2	강호동	상반기	3,302,000
3	강호동	하반기	3,062,850
4	강호동 요약		6,364,850
5	박명수	상반기	1,565,100
6	박명수	하반기	2,691,100
7	박명수 요약		4,256,200
8	유재석	상반기	3,138,950
9	유재석	하반기	1,948,500
10	유재석 요약		5,087,450
11	총합계		15,708,500

① 상반기와 하반기를 기준으로 항목이 그룹화되었다.

② 매출에 대하여 합계 함수가 사용되었다.

③ 데이터 아래에 요약 표시가 선택되었다.

④ 부분합 윤곽 기호 지우기가 실행되었다.

28 난이도 상 중 **하**

다음 중 자료 입력에 대한 설명으로 옳지 않은 것은?

① 한자를 입력하려면 한글을 입력한 후 키보드의 [한자] 키를 눌러 변환한다.

② 특수문자를 입력하려면 먼저 한글 자음을 입력한 후 키보드의 [한영] 키를 눌러 원하는 특수문자를 선택한다.

③ 숫자 데이터를 문자 데이터로 입력하려면 숫자 데이터 앞에 문자 접두어(')를 입력한다.

④ 분수 앞에 정수가 없는 일반 분수를 입력하려면 '0'을 먼저 입력하고 [Space Bar] 키를 눌러 빈 칸을 한 개 입력한 후 '3/8'과 같이 분수를 입력한다.

29 난이도 **상** 중 하

다음 중 [B5] 셀에 적용된 사용자 지정 표시 형식으로 옳은 것은?

B5		:	× ✓ fx	=SUM(B2:B4)

	A	B	C	D
1	근무일	근무시간		
2	1째날	11:30		
3	2째날	10:45		
4	3째날	11:10		
5	합계	33:25		

① h:mm　　② hh:mm　　③ h:mm;@　　④ [h]:mm

30 난이도 상 **중** 하

아래 시트에서 배열 수식을 이용하여 한 번에 금액 [D2:D5]을 구하려고 한다. 다음 중 [D2] 셀에 입력할 배열 수식으로 옳은 것은? (금액 = 수량 * 단가)

	A	B	C	D
1	제품명	수량	단가	금액
2	디지털 카메라	10	350,000	
3	전자사전	15	205,000	
4	모니터	20	155,000	
5	태블릿	5	550,000	

① {=B2*C2}

② {=B2:B5*C2:C5}

③ {=B2*C2:B5*C5}

④ {=SUMPRODUCT(B2:B5,C2:C5)}

31 난이도 상 **중** 하

다음 중 아래 그림의 [매크로 기록] 대화상자에 대한 설명으로 옳지 않은 것은?

[매크로 기록 대화상자]

매크로 기록 ? ×

매크로 이름(M):
매크로1

바로 가기 키(K):
Ctrl+

매크로 저장 위치(I):
개인용 매크로 통합 문서

설명(D):

확인 취소

① 매크로 이름의 첫 글자는 문자, 숫자, 밑줄 등을 사용할 수 있으며, 공백은 사용할 수 없다.

② 바로 가기 키 상자에 사용할 문자는 @나 #과 같은 특수 문자와 숫자는 사용할 수 없으며, 영문 대소문자는 모두 입력할 수 있다.

③ 개인용 매크로 통합 문서에 저장된 매크로는 엑셀을 시작할 때마다 모든 통합 문서에서 사용할 수 있다.

④ 설명 상자에 매크로에 관한 설명을 입력할 수 있으며, 입력된 내용은 매크로 실행에 영향을 주지 않는다.

32 난이도 상 **중** 하

다음 중 아래의 시트에서 지원자가 0이 아닌 셀의 평균을 구하는 [B9] 셀의 수식으로 옳지 않은 것은?

	A	B
1	지원부서	지원자
2	개발	450
3	영업	261
4	마케팅	880
5	재무	0
6	기획	592
7	생산	0
8	전체 평균	364
9	0 제외 평균	

① =SUMIF(B2:B7,"<> 0")/COUNTIF(B2:B7,"<> 0")

② =SUMIF(B2:B7,"<> 0")/COUNT(B2:B7)

③ =AVERAGEIF(B2:B7,"<> 0")

④ {=AVERAGE(IF(B2:B7<> 0,B2:B7))}

33 난이도 상 **중** 하

다음 중 10,000,000원을 2년간 연 5.5%의 이자율로 대출할 때, 매월 말 상환해야 할 불입액을 구하기 위한 수식으로 옳은 것은?

① =PMT(5.5%/12, 24, -10000000)

② =PMT(5.5%, 24, -10000000)

③ =PMT(5.5%, 24, -10000000,0,1)

④ =PMT(5.5%/12, 24, -10000000,0,1)

34 난이도 상 **중** 하

다음 중 [보기] 탭의 [페이지 나누기 미리보기]에 대한 설명으로 옳지 않은 것은?

① 페이지 나누기는 구분선을 이용하여 인쇄를 위한 페이지 나누기를 빠르게 조정하는 기능이다.

② 행 높이와 열 너비를 변경하면 자동 페이지 나누기의 위치도 변경된다.

③ [페이지 나누기 미리보기]에서 수동으로 삽입된 페이지 나누기는 파선으로 표시되고 자동으로 추가된 페이지 나누기는 실선으로 표시된다.

④ 용지 크기, 여백 설정, 배율 옵션 등에 따라 자동 페이지 나누기가 삽입된다.

35 난이도 상 **중** 하

다음 중 수식 작성 과정에 대한 설명으로 옳지 않은 것은?

① 셀 범위를 참조할 때에는 시작 셀 이름과 마지막 셀 이름 사이에 콜론(:)이 입력된다.

② 다른 워크시트의 값을 참조하는 경우 해당 워크시트 이름에 알파벳 이외의 문자가 포함되어 있으면 워크시트 의 이름은 큰 따옴표(" ")로 묶인다.

③ 수식 안의 문자나 숫자에는 글꼴 서식이 지정되지 않는다.

④ 외부 참조에는 통합 문서의 이름과 경로가 포함된다.

36 난이도 상 중 **하**

다음 중 워크시트에 관한 설명으로 옳은 것은?

① 탭 스크롤 단추(◀ ▶)를 이용하여 다른 시트를 빠르게 선택할 수 있다.

② 행과 열이 교차되면서 만들어진 사각형으로 데이터가 입력되는 기본 단위를 워크시트라고 한다.

③ 새로운 통합 문서를 열었을 때 기본적으로 만들어지는 워크시트 수는 항상 3개로 한정되어 있다.

④ 이름 상자는 현재 작업 중인 셀의 이름이나 주소를 표시 하는 부분으로, 차트나 그리기 개체를 선택하면 개체의 이름이 표시된다.

37 난이도 상 **중** 하

다음 중 [파일]-[옵션]-[고급] 탭에서 설정할 수 없는 것은?

① 셀에 데이터를 입력한 후 **Enter** 키를 누를 때 포인터의 이동 방향을 오른쪽, 왼쪽, 아래쪽, 위쪽 중의 하나로 지정할 수 있다.

② 페이지 나누기 선의 표시 여부를 지정할 수 있다.

③ 눈금선 표시 여부를 지정할 수 있다.

④ 새 통합 문서를 열었을 때 적용할 표준 글꼴과 글꼴 크기, 새 시트의 기본 보기를 지정할 수 있다.

38 난이도 상 **중** 하

다음 중 차트에 관한 설명으로 옳지 않은 것은?

① 차트를 작성하려면 반드시 원본 데이터가 있어야 하며, 작성된 차트는 원본 데이터가 변경되면 차트의 내용이 함께 변경된다.

② 특정 차트 서식 파일을 자주 사용하는 경우에는 이 서식 파일을 기본 차트로 설정할 수 있다.

③ 차트에 사용될 데이터를 범위로 지정한 후 **Alt** + **F11** 키를 누르면 데이터가 있는 워크시트에 기본 차트인 묶은 세로 막대형 차트가 작성된다.

④ 차트에 두 개 이상의 차트 종류를 사용하여 혼합형 차트를 만들 수 있다.

39 난이도 상 중 **하**

다음 중 아래에서 설명하는 차트의 종류로 가장 적절한 것은?

> - 가로 축의 값이 일정한 간격이 아닌 경우
> - 가로 축의 데이터 요소 수가 많은 경우
> - 데이터 요소 간의 차이점보다는 데이터 집합 간의 유사점을 표시하려는 경우

① 주식형 차트

② 분산형 차트

③ 영역형 차트

④ 방사형 차트

40 난이도 상 **중** 하

워크시트 인쇄 시 매 페이지 상단에 '작성 일 : 오늘 날짜' 를 출력하려고 한다. 다음 중 머리글의 내용으로 옳은 것 은? (표시 예 : 오늘 날짜가 2014-01-01인 경우 → 작성 일 : 2014-01-01)

① "작성 일 : "&[날짜]

② "작성 일 : "&[DATE]

③ 작성 일 : &[날짜]

④ 작성 일 : &[DATE]

3 과목 데이터베이스 일반

41 난이도 상 중 하

다음 중 VBA 코드로 작성한 모듈에서 txt날짜_DblClick인 프로시저가 실행되는 시점으로 옳은 것은?

① 다른 프로시저에서 이 프로시저를 호출해야 실행된다.
② 해당 폼을 열면 폼에 속해 있는 모든 프로시저가 실행된다.
③ txt날짜 컨트롤이 더블 클릭될 때 실행된다.
④ 해당 폼의 txt날짜 컨트롤에 값이 입력되면 실행된다.

42 난이도 상 중 하

다음 중 보고서 머리글과 바닥글에 대한 설명으로 옳지 않은 것은?

① 보고서 머리글은 보고서의 첫 페이지에 한 번만 출력된다.
② 보고서 바닥글은 전체 데이터에 대한 합계와 같은 요약 정보를 나타내는데 사용된다.
③ 보고서 첫 페이지의 윗부분에는 보고서 머리글이 먼저 나타나고 다음에 페이지 머리글이 출력된다.
④ 보고서를 인쇄하거나 미리 보는 경우에는 보고서 바닥글이 페이지 바닥글 아래에 표시된다.

43 난이도 상 중 하

다음 중 데이터베이스에 저장된 데이터를 실제 처리하는데 사용되는 데이터 조작어에 해당하는 SQL문은?

① COMMIT
② SELECT
③ DROP
④ CREATE

44 난이도 상 중 하

다음 중 정규화(Normalization)의 목적에 대한 설명으로 옳지 않은 것은?

① 테이블의 불일치 위험을 최소화하고 데이터 구조의 안정성을 최대화한다.
② 모든 릴레이션이 데이터베이스 내에서 모든 개체 간의 관계를 표현 가능하도록 한다.
③ 간단한 관계 연산에 의해 효율적인 정보 검색과 데이터 조작이 가능하다.
④ 데이터 중복을 최소화하기 위해 데이터베이스의 물리적 설계 단계에서 수행한다.

45 난이도 상 중 하

다음 중 보고서 인쇄 미리 보기에서의 [페이지 설정] 대화상자에 대한 설명으로 옳지 않은 것은?

① [열] 탭의 '열 크기'에서 '본문과 같게'는 열의 너비와 높이를 보고서 본문의 너비와 높이에 맞춰 인쇄하는 것이다.
② [열] 탭에서 지정한 '눈금 설정'과 '열 크기'에 비해 페이지의 가로 크기가 작은 경우 자동으로 축소하여 인쇄된다.
③ [인쇄 옵션] 탭에서 레이블 및 컨트롤의 테두리, 눈금선 등의 그래픽은 인쇄하지 않고 데이터만 인쇄되도록 설정할 수 있다.
④ [페이지] 탭에서는 인쇄할 용지의 크기, 용지 방향, 프린터를 지정할 수 있다.

46 난이도 상 중 하

다음 중 제품별 납품 현황을 출력하기 위한 아래의 보고서를 작성하는 방법에 대한 설명으로 옳지 않은 것은?

제품별납품현황

제품명	납품일자	납품수량	납품단가	납품금액	기타
아동화	2020-08-12	92	₩23,500	₩2,116,000	우수거래처
	2020-08-15	13	₩23,500	₩299,000	
	2020-08-25	56	₩23,500	₩1,288,000	
	2020-09-11	29	₩23,500	₩667,000	
	2020-09-14	74	₩23,500	₩1,702,000	
			총납품금액:	₩6,072,000	

제품명	납품일자	납품수량	납품단가	납품금액	기타
런닝화	2020-08-12	120	₩45,000	₩5,400,000	우수거래처
	2020-08-25	40	₩45,000	₩1,800,000	
	2020-09-01	99	₩45,000	₩4,455,000	우수거래처
	2020-09-27	117	₩45,000	₩5,265,000	우수거래처
	2020-10-11	67	₩45,000	₩3,015,000	우수거래처
			총납품금액:	₩19,935,000	

① '제품별 납품 현황'을 표시하는 부분은 페이지 머리글에 작성하였다.

② 제품명, 납품일자 등의 레이블과 두 개의 선이 표시되는 부분은 그룹 머리글에 작성하였으며, '반복 실행 구역' 속성을 '예'로 설정하였다.

③ 납품수량, 납품단가, 납품금액을 표시하는 텍스트 상자 컨트롤에는 [납품수량]>=100 과 같은 식을 조건으로 하는 '조건부 서식'이 적용되었다.

④ 아동화, 런닝화 등이 표시되는 '제품명' 컨트롤은 그룹 머리글 영역에 작성하여 그룹별로 한 번씩만 표시되도록 설정하였다.

47 난이도 상 중 하

다음 중 액세스의 내보내기(Export) 기능에 대한 설명으로 옳지 않은 것은?

① 테이블이나 쿼리, 폼이나 보고서 등을 다른 형식으로 바꾸어 파일로 저장할 수 있다.

② 테이블을 Access 데이터베이스로 내보내는 경우 '정의 및 데이터'를 내보낼 것인지 '정의만' 내보낼 것인지 선택할 수 있다.

③ 쿼리를 엑셀이나 HTML 형식으로 내보내는 경우, 쿼리의 SQL문이 아니라 SQL문의 실행 결과가 저장된다.

④ 테이블은 내보내지 않고 보고서만 'Word'(*.rtf)로 내보내는 경우 원본 테이블이 없으므로 데이터는 표시되지 않는다.

48 난이도 상 중 하

다음 중 데이터 형식에 대한 설명으로 옳지 않은 것은?

① 숫자 형식을 선택하면 기본적으로 실수가 지정된다.

② 예/아니오 형식은 '예' 값에는 '-1'이 사용되고, '아니요' 값에는 '0'이 사용된다.

③ 일련 번호 형식의 필드는 사용자가 임의로 입력하거나 수정할 수 없다.

④ 짧은 텍스트 형식은 문자를 최대 255자까지 저장할 수 있다.

49 난이도 상 중 하

다음 중 실행 쿼리의 삽입(INSERT)문에 대한 설명으로 옳지 않은 것은?

① 여러 개의 레코드를 한 번에 여러 개의 테이블에 동시에 추가할 수 있다.

② 필드 값을 직접 지정하거나 다른 테이블의 레코드를 추출하여 추가할 수 있다.

③ 레코드의 전체 필드를 추가할 경우 필드 이름을 생략할 수 있다.

④ 하나의 INSERT문을 이용해 여러 개의 레코드와 필드를 삽입할 수 있다.

50 난이도 상 중 하

다음 중 아래 SQL문에 대한 설명으로 옳은 것은?

```
SELECT T1.품번, T2.제조사
FROM T1, T2
WHERE T2.소재지 IN('서울', '수원') AND T1.품번=T2.품번;
```

① 테이블 T1과 T2에서 품번이 일치하는 레코드들만 선택된다.

② 테이블 T2의 소재지가 서울 또는 수원인 레코드들만 선택된다.

③ 테이블 T1의 품번 필드와 T2의 소재지 필드만 SQL 실행 결과로 표시된다.

④ 테이블 T1의 품번 필드와 T2의 제조사 필드만 SQL 실행 결과로 표시된다.

51 난이도 상 중 하

다음 중 매개변수 쿼리를 작성하기 위한 설명으로 옳지 않은 것은?

① 매개변수 쿼리는 쿼리 실행 시 조건을 입력받아 조건에 맞는 레코드만 반환하는 쿼리이다.

② 매개 변수를 적용할 필드의 조건 행에서 매개 변수 대화 상자에 표시할 텍스트를 { } 중괄호로 묶어 입력한다.

③ Like 키워드와 와일드카드 문자를 사용하여 필드 값의 일부로 검색할 수 있는 조건을 만들 수 있다.

④ 매개 변수 대화 상자에 표시할 텍스트에 '.', '!', '[ ]' 와 같은 특수 문자는 포함시키면 안 된다.

52 난이도 상 중 하

다음 중 문자열 처리 함수 instr의 식이 아래와 같을 때, 결과 값으로 옳은 것은?

=instr("ABCDABCDAB","CD")

① 0   ② true   ③ 3   ④ 3, 7

53 난이도 상 중 하

다음 중 사원 테이블(사원번호, 이름, 직급, 급여, 부서명)에서 직급이 관리자인 사원의 급여를 20%씩 인상하는 SQL문으로 옳은 것은?

① update from 사원 set 급여=급여＊1.2 where 직급='관리자'
② update 사원 set 급여=급여＊1.2 where 직급='관리자'
③ update 급여 set 급여＊1.2 from 사원 where 직급='관리자'
④ update 급여=급여＊1.2 set 사원 where 직급='관리자'

54 난이도 상 중 하

다음 중 테이블의 관계 설정에 관한 내용으로 옳지 않은 것은?

① 두 테이블을 직접 다대다 관계로 설정할 수 있다.

② 일대다 관계는 하나의 테이블에 저장된 대표 값을 다른 테이블에서 여러 번 참조하는 작업에 적합하다.

③ 일대일 관계에서 한 테이블의 각 레코드는 다른 테이블의 한 레코드에만 대응된다.

④ 참조 무결성 유지를 설정하면 기본 테이블의 기본 키 필드에 없는 값은 관련된 테이블의 외래 키 필드에 입력할 수 없다.

55 난이도 상 중 하

사원 폼을 선택한 후 [만들기]-[기타 폼]-[모달 대화 상자]를 선택하여 모달 대화상자 폼을 생성하였다. 다음 중 모달 대화상자 폼의 실행에 대한 설명으로 옳지 않은 것은?

① 생성된 폼의 2개 버튼 중 하나는 [확인]이다.

② 생성된 폼의 2개 버튼 중 하나는 [취소]이다.

③ 확인 버튼을 누르면 사원 폼이 열린다.

④ 취소 버튼을 누르면 대화상자가 닫힌다.

56 난이도 상 중 하

다음 중 현재 폼에서 'cmd숨기기' 단추를 클릭하는 경우, DateDue 컨트롤이 표시되지 않도록 하기 위한 이벤트 프로시저로 옳은 것은?

① Private Sub cmd숨기기_Click( )
    Me.[DateDue]!Visible = False
  End Sub

② Private Sub cmd숨기기_DblClick( )
    Me!DateDue.Visible = True
  End Sub

③ Private Sub cmd숨기기_Click( )
    Me![DateDue].Visible = False
  End Sub

④ Private Sub cmd숨기기_DblClick( )
    Me.DateDue!Visible = True
  End Sub

57 난이도 상 중 하

다음 중 필드 속성에 대한 설명으로 옳지 않은 것은?

① 입력 마스크는 텍스트, 숫자, 날짜/시간, 통화 형식에서 사용할 수 있다.

② 필드 값이 반드시 있어야 하는 경우, 필수 속성을 '예'로 설정하면 된다.

③ '예/아니오'의 세부 형식은 'Yes/No'와 'True/False' 두 가지를 제공한다.

④ 짧은 텍스트, 숫자, 일련 번호 형식에서만 필드 크기를 지정할 수 있다.

58 난이도 상 **중** 하

다음 중 폼의 탭 순서(Tab Order)에 대한 설명으로 옳지 않은 것은?

① 기본으로 설정되는 탭 순서는 폼에 컨트롤을 추가하여 작성한 순서대로 설정된다.
② [탭 순서] 대화상자의 [자동 순서]는 탭 순서를 위에서 아래로, 오른쪽에서 왼쪽으로 설정한다.
③ 폼 보기에서 Tab 키를 눌렀을 때 각 컨트롤 사이에 이동되는 순서를 설정하는 것이다.
④ 탭 정지 속성의 기본 값은 '예'이다.

59 난이도 상 **중** 하

다음 중 크로스탭 쿼리에 관한 설명으로 옳지 않은 것은?

① 레코드의 요약 결과를 열과 행 방향으로 그룹화하여 표시할 때 사용한다.
② 쿼리 데이터시트에서 데이터를 직접 편집할 수 없다.
③ 2개 이상의 열 머리글 옵션과 행 머리글 옵션, 값 옵션 등을 지정해야 한다.
④ 행과 열이 교차하는 곳의 숫자 필드는 합계, 평균, 분산, 표준 편차 등을 계산할 수 있다.

60 난이도 상 **중** 하

다음 중 기본 폼과 하위 폼에 대한 설명으로 옳지 않은 것은?

① '일 대 다' 관계일 때 하위 폼에는 '일'에 해당하는 데이터가 표시되며, 기본 폼에는 '다'에 해당하는 데이터가 표시된다.
② 하위 폼은 연속 폼의 형태로 표시할 수 있지만 기본 폼은 연속 폼의 형태로 표시할 수 없다.
③ 기본 폼 내에 포함시킬 수 있는 하위 폼의 개수는 제한이 없으며, 최대 7수준까지 하위폼을 중첩시킬 수 있다.
④ 테이블, 쿼리나 다른 폼을 이용하여 하위 폼을 작성할 수 있다.

1 과목   컴퓨터 일반

01 난이도 상 중 **하**

다음 중 하이퍼미디어에 관련된 설명으로 옳지 않은 것은?

① 특정 텍스트나 다양한 미디어를 클릭하면 연결된 문서로 이동하는 문서 형식이다.
② 사용자에 의해 문서의 읽는 순서가 결정되는 선형 구조 이다.
③ 하이퍼미디어는 하이퍼텍스트와 멀티미디어를 합한 개념 이다.
④ 하나의 데이터를 여러 사용자가 다른 경로를 통해 검색 할 수 있다.

02 난이도 상 중 **하**

다음 중 소프트웨어 자체에 광고를 포함하여 이를 보는 대가 로 무료로 사용하는 소프트웨어는?

① 스파이웨어(Spyware)
② 애드웨어(Adware)
③ 프리웨어(Freeware)
④ 셰어웨어(Shareware)

03 난이도 상 **중** 하

다음 중 인터넷을 이용한 FTP(File Transfer Protocol)에 관한 설명으로 옳지 않은 것은?

① 멀리 떨어져 있는 컴퓨터로부터 파일을 전송받거나 전송 하는 서비스를 의미한다.
② 익명의 계정을 이용하여 파일을 전송할 수 있는 서버를 Anonymous FTP 서버라고 한다.
③ FTP 서버에 계정을 가지고 있는 사용자는 FTP 서버에 있는 프로그램을 다운로드 없이 실행시킬 수 있다.
④ 일반적으로 텍스트 파일의 전송을 위한 ASCII 모드와 실행 파일의 전송을 위한 Binary 모드로 구분하여 수행 한다.

04 난이도 상 **중** 하

다음 중 인터넷 주소 체계인 IPv6(Internet Protocol version 6)에 관한 설명으로 옳지 않은 것은?

① 주소의 확장성, 융통성, 연동성이 뛰어나며 실시간 흐름 제어로 향상된 멀티미디어 서비스를 제공할 수 있다.
② 16비트씩 4부분, 총 64비트의 주소를 사용하여 IP주소의 부족 문제를 해결할 수 있다.
③ 주소체계는 유니캐스트(Unicast), 애니캐스트(Anycast), 멀티캐스트(Multicast) 등 세 가지로 나뉜다.
④ 인증 서비스, 비밀성 서비스, 데이터 무결성 서비스를 제공 함으로써 보안 문제를 해결할 수 있다.

05 난이도 상 **중** 하

다음 중 Windows에서 [파일 탐색기]의 즐겨찾기(바로 가기)에 관한 설명으로 옳지 않은 것은?

① 인터넷 익스플로러의 [즐겨찾기] 메뉴와 유사한 기능이다.
② 즐겨찾기(바로 가기)의 순서는 변경할 수 있다.
③ 폴더, 저장된 검색, 라이브러리 또는 드라이브를 즐겨찾기 로 추가하려면 탐색 창의 즐겨찾기(바로 가기) 섹션으로 끌어 놓는다.
④ 파일이 저장된 위치에서 파일을 이동할 필요 없이 여러 위치에서 파일을 모아 하나의 모음으로 표시한다.

06 난이도 상 **중** 하

다음 중 각 용어에 대한 설명으로 옳지 않은 것은?

① 부팅(Booting) : 운영체제 프로그램을 하드디스크로부터 컴퓨터의 메인메모리에 적재하여 실행하는 과정을 말 한다.
② 포스트(POST) : 컴퓨터의 전원이 켜지면서 자동으로 RAM, 키보드, 하드디스크 등을 테스트하는 것을 말한다.
③ BIOS(Basic Input/Output System) : 컴퓨터를 테스트하는 운영체제의 일부로 CPU를 집중적으로 테스트한다.
④ 운영체제(Operation System) : 프로그램과 데이터 관리, 메모리 관리, 입출력 제어 그리고 일부 네트워크 통신 기능 등을 제어한다.

07 난이도 상 중 하

다음 중 Windows에서 사용하는 USB(Universal Serial Bus)에 대한 설명으로 옳은 것은?

① USB는 범용 병렬 장치를 연결할 수 있게 해주는 컴퓨터 인터페이스이다.
② 핫 플러그인(Hot Plug In) 기능은 지원하지 않으나 플러그 앤 플레이(Plug & Play) 기능은 지원한다.
③ USB 3.0은 이론적으로 최대 5Gbps의 전송 속도를 가지며, PC 및 연결기기, 케이블 등의 모든 USB 3.0 단자는 파랑색으로 되어 있어 이전 버전과 구분이 된다.
④ 허브를 이용하여 하나의 USB 포트에 여러 개의 주변기기를 연결할 수 있으며, 최대 256개까지 연결할 수 있다.

08 난이도 상 중 하

다음 중 정보통신과 관련하여 OSI 7계층 참조 모델에서 네트워크 계층의 주요 기능에 관한 설명으로 옳은 것은?

① 정보 교환 및 중계 기능, 경로 설정 기능을 제공한다.
② 전송 매체에서의 전기 신호 전송 기능과 제어 및 클럭 신호를 제공한다.
③ 송수신 시스템 간의 논리적 안정과 균일한 서비스를 제공한다.
④ 응용 프로세스 간의 정보 교환, 파일 전송 등을 제공한다.

09 난이도 상 중 하

다음 중 1994년 스웨덴의 에릭슨에 의하여 최초로 개발된 근거리통신 기술로 휴대폰, PDA, 노트북과 같은 휴대 가능한 장치들 사이의 양방향 정보 전송을 목적으로 하는 것은?

① TCP/IP   ② CDMA   ③ Bluetooth   ④ USN

10 난이도 상 중 하

다음 중 컴퓨터가 하드디스크를 인식하지 못하는 경우의 대처 방법으로 가장 적절하지 않은 것은?

① 디스크 조각 모음을 수행하여 단편화를 제거한다.
② CMOS Setup에서의 하드디스크 설정 내용을 확인한다.
③ 백신 프로그램으로 바이러스에 의한 것인지 점검한다.
④ 하드디스크 전원의 연결 상태를 점검한다.

11 난이도 상 중 하

다음 중 오디오 파일 형식에 대한 설명으로 옳지 않은 것은?

① MP3 : 소리에 대한 사람의 청각 특성을 잘 살려 압축하는 기법으로 CD 수준의 음질을 들을 수 있는 고음질 오디오 압축 표준 형식이다.
② MIDI : 실시간으로 사운드를 보내기 위해 만들어진 압축 방식으로 인터넷을 통해 데이터를 계속 받으면서 동시에 이미 다운로드 받은 데이터를 재생한다.
③ AIFF : 비압축 무손실 압축 포맷으로 Mac OS에서 표준으로 사용되는 오디오 파일 형식이다.
④ WAVE : 마이크로소프트사와 IBM이 개발한 PC용 오디오 파일 형식으로 낮은 레벨의 모노에서부터 CD 수준의 스테레오에 이르기까지 다양한 수준으로 저장할 수 있다.

12 난이도 상 중 하

다음 중 컴퓨터 시스템을 효율적으로 관리하기 위한 유의 사항으로 적절하지 않은 것은?

① 컴퓨터를 이동하거나 부품을 교체할 경우에는 전원을 끄고 작업한다.
② 주기적으로 시스템을 재부팅하여 부품의 수명을 연장시킨다.
③ 컴퓨터를 끌 때에는 사용 중인 프로그램을 먼저 종료한다.
④ 정기적으로 시스템 최적화 프로그램을 사용하여 컴퓨터를 점검한다.

13 난이도 상 중 하

다음 중 시스템 소프트웨어의 종류에 해당하지 않는 것은?

① 기업 전산망에서 사용하는 인사관리 및 회계관리 기업용 소프트웨어
② 새로 개발된 하드웨어에 대한 시스템용 구동 소프트웨어
③ 원시 프로그램을 목적 프로그램으로 변환시켜주는 언어 번역 프로그램
④ 컴퓨터 또는 기타 디지털 장비의 내부 동작을 지원하는 펌웨어

14 난이도 상 중 **하**

다음 중 인터넷 기반 기술을 이용하여 기업들이 외부보안을 유지한 채 협력 업체 간의 효율적인 업무처리를 위해 사용하는 네트워크로 옳은 것은?

① 인트라넷(Intranet)
② 원거리 통신망(WAN)
③ 엑스트라넷(Extranet)
④ 근거리 통신망(LAN)

15 난이도 상 중 **하**

다음 중 Windows의 [제어판]-[키보드]에서 설정할 수 있는 것으로 옳지 않은 것은?

① 입력 위치를 표시하는 커서의 모양을 선택할 수 있다.
② 키 반복 속도를 조절할 수 있다.
③ 커서 깜박임 속도를 조절할 수 있다.
④ 키 재입력 시간을 조절할 수 있다.

16 난이도 **상** 중 하

다음 중 운영체제의 처리 프로그램인 서비스 프로그램에 관한 설명으로 옳은 것은?

① 원시 프로그램을 시스템이 이해할 수 있는 기계어로 바꾸어주는 프로그램이다.
② 사용자의 업무를 컴퓨터로 처리하기 위하여 작성된 응용 프로그램이다.
③ 사용자의 편의를 위해 제작사에서 제공하는 프로그램으로 연계 편집, 유틸리티, 정렬, 병합 등이 있다.
④ 주기억장치와 보조기억장치 사이에 파일의 입출력을 관리하는 프로그램이다.

17 난이도 **상** 중 하

다음 중 Windows에서 [제어판]-[네트워크 및 공유 센터]의 [네트워크 설정 변경]에서 '새 연결 또는 네트워크 설정'의 연결 옵션으로 옳지 않은 것은?

① 인터넷에 연결하기 위해 무선 또는 광대역 연결을 설정할 수 있다.
② 새 네트워크를 설정할 수 있다.
③ 파일 및 폴더의 공유를 설정할 수 있다.
④ 회사로 연결하기 위해 전화 접속 또는 VPN 연결을 설정할 수 있다.

18 난이도 상 중 **하**

다음 중 컴퓨터 기억장치와 관련하여 캐시 메모리(Cache Memory)에 대한 설명으로 옳지 않은 것은?

① 컴퓨터의 CPU 내부에 비휘발성 메모리로 구성되며 고속 액세스가 가능한 기억장치이다.
② 캐시 메모리는 DRAM보다 접근 속도가 빠른 SRAM 등이 사용되며 주기억장치보다 소용량으로 구성된다.
③ 속도가 빠른 중앙처리장치와 상대적으로 속도가 느린 주기억장치 사이에 위치하며 컴퓨터 처리의 속도를 향상시키는 역할을 한다.
④ 캐시 메모리의 효율성은 적중률(Hit Ratio)로 나타낼 수 있으며, 적중률이 높을수록 시스템의 전체적인 속도가 향상된다.

19 난이도 상 중 **하**

다음 중 Windows의 [폴더 옵션]에서 설정할 수 있는 기능에 해당하지 않은 것은?

① 연결 프로그램 변경
② 한 번 클릭해서 열기
③ 항상 파일 이름 및 내용 검색
④ 같은 창에서 폴더 열기

20 난이도 상 **중** 하

다음 중 Windows에서 [명령 프롬프트]에 관한 설명으로 옳지 않은 것은?

① MS-DOS 명령 및 기타 컴퓨터 명령을 실행할 수 있다.
② [명령 프롬프트] 창에서 표시되는 텍스트를 복사하여 메모장에 붙여넣을 수 있다.
③ [실행] 창에서 'command'를 입력하여 실행할 수 있다.
④ [명령 프롬프트] 창에서 'exit'를 입력하여 종료할 수 있다.

2 과목 　　　**스프레드시트 일반**

21 난이도 상 중 **하**

다음 중 엑셀 리본 메뉴의 [탭]에 해당하지 않는 것은?

① 삽입
② 페이지 레이아웃
③ 검토
④ 편집

22 난이도 상 중 하

다음 중 워크시트의 데이터 목록 윤곽 설정에 대한 설명으로 옳지 않은 것은?

① 그룹화하여 요약하려는 데이터 목록이 있는 경우 데이터에 최대 8개 수준의 윤곽을 설정할 수 있다.

② 1 2 , + , − 등의 윤곽기호가 표시되지 않는 경우 [Excel 옵션]에서 표시되도록 설정할 수 있다.

③ 그룹별로 요약된 데이터에 설정된 윤곽을 제거하면 윤곽기호와 함께 요약 정보가 표시된 원본 데이터도 삭제된다.

④ 윤곽을 만들 때나 만든 후에 윤곽에 스타일을 적용할 수 있다.

23 난이도 상 중 하

다음 중 부분합에 대한 설명으로 옳지 않은 것은?

① 부분합을 작성하려면 첫 행에는 열 이름표가 있어야 하며, 그룹화할 항목을 기준으로 반드시 정렬해야 제대로 된 결과를 얻을 수 있다.

② 그룹화를 위한 데이터의 정렬을 오름차순으로 할 때와 내림차순으로 할 때의 그룹별 부분합의 결과는 서로 다르다.

③ 부분합을 제거하면 부분합과 함께 표에 삽입된 윤곽 및 페이지 나누기도 모두 제거된다.

④ 부분합 대화상자에서 '새로운 값으로 대치'를 해제하지 않고 부분합을 실행하면 이전에 작성한 부분합은 삭제되고 새롭게 작성한 부분합만 표시된다.

24 난이도 상 중 하

다음 중 외부 데이터의 연결 설정 기능에 대한 설명으로 옳지 않은 것은?

① [통합 문서 연결] 대화상자에서 시트, 이름, 위치(셀, 범위), 값, 수식 등 통합 문서에서 사용되는 연결 위치 정보가 제공된다.

② [연결 속성] 대화상자에서 일정한 시간 간격으로 외부 데이터를 자동으로 새로 고치거나 업데이트할 수 있다.

③ [연결 속성] 대화상자에서 통합 문서를 열 때 외부 데이터를 자동으로 새로 고치거나 외부 데이터를 새로 고치지 않고 즉시 통합 문서를 열도록 설정할 수 있다.

④ 연결을 제거하면 현재 통합 문서에 외부에서 연결하여 가져온 데이터도 함께 제거된다.

25 난이도 상 중 하

다음 중 아래의 시나리오 요약 보고서에 대한 설명으로 옳지 않은 것은?

① '연장'과 '단기간' 두 개의 시나리오가 작성되어 있다.

② '기간'과 '상환액'은 셀에 이름이 정의되어 있어 셀 참조 주소 대신 이름이 요약 보고서에 포함된 것이다.

③ 변경 셀은 수식이 입력되어 있는 셀이고, 결과 셀은 변경 셀의 값을 예측할 수 있는 숫자 값이 입력되어 있는 셀이다.

④ '현재 값:' 열은 시나리오 요약 보고서 작성 시점의 변경 셀 값들을 나타낸다.

26 난이도 상 중 하

다음 중 통합 문서 보호 및 공유에 대한 설명으로 옳지 않은 것은?

① 공유 통합 문서를 여러 사용자가 동시에 편집할 수 있도록 설정할 수 있다.

② 공유된 통합 문서에서는 조건부 서식을 추가하거나 변경할 수 없다.

③ 사용자별로 공유된 통합 문서를 열기 위한 암호를 다르게 설정할 수 있다.

④ 필요시 공유 통합 문서에서 특정 사용자의 연결을 끊을 수 있다.

27 난이도 상 중 하

다음 중 셀의 내용을 편집할 수 있는 셀 편집 모드로 전환하는 방법에 대한 설명으로 옳지 않은 것은?

① 편집하려는 데이터가 입력되어 있는 셀을 두 번 클릭한다.

② 편집하려는 데이터가 입력되어 있는 셀을 클릭하고 수식 입력줄을 클릭한다.

③ 편집하려는 데이터가 입력되어 있는 셀의 바로 가기 메뉴에서 [셀 편집]을 클릭한다.

④ 편집하려는 데이터가 입력되어 있는 셀을 클릭하고 F2 키를 누른다.

28 난이도 상 중 하

다음 중 메모 기능에 대한 설명으로 옳지 않은 것은?

① 새 메모를 작성하려면 바로 가기 **Shift** + **F2** 키를 누르거나 [검토]-[메모] 그룹의 [새 메모]를 클릭한다.

② 셀을 이동하면 메모를 제외한 수식, 결과 값, 셀 서식 등이 이동된다.

③ 한 시트에 여러 개의 메모가 삽입되어 있는 경우 [검토]-[메모] 그룹의 [이전] 또는 [다음]을 이용하여 메모들을 탐색할 수 있다.

④ 통합 문서에 포함된 메모를 시트에 표시된 대로 인쇄하거나 시트 끝에 인쇄할 수 있다.

29 난이도 상 중 하

다음 중 아래 프로시저를 실행한 결과에 대한 설명으로 옳은 것은?

```
Sub Bold( )
    Worksheets("Sheet3").Rows(4).Font.Bold = True
End Sub
```

① 현재 통합 문서의 Sheet3에서 D열의 글꼴 스타일을 굵게 설정하는 프로시저이다.

② 현재 통합 문서의 Sheet3에서 4행의 글꼴 스타일을 굵게 설정하는 프로시저이다.

③ 현재 통합 문서의 Sheet3에서 [D4] 셀의 글꼴 스타일을 굵게 설정하는 프로시저이다.

④ 현재 통합 문서의 Sheet3에서 [A4] 셀의 글꼴 스타일을 굵게 설정하는 프로시저이다.

30 난이도 상 중 하

다음 중 엑셀의 워크시트 관리에 대한 설명으로 옳지 않은 것은?

① 워크시트의 이름은 최대 31자까지만 지정할 수 있다.

② 여러 개의 워크시트에 데이터를 동시에 입력하고 편집할 수 있다.

③ 시트 전환시 **Alt** + **Page Up** 키를 누르면 이전 워크시트로 이동하고, **Alt** + **Page Down** 키를 누르면 다음 워크시트로 이동한다.

④ 시트 탭을 색으로 구분하여 더욱 알아보기 쉽게 만들 수 있다.

31 난이도 상 중 하

다음 중 아래 워크시트를 이용한 수식의 결과 값이 셋과 다른 것은?

	A
1	결과
2	33
3	TRUE
4	55
5	#REF!
6	88
7	#N/A

① =IFERROR(ISLOGICAL(A3), "ERROR")

② =IFERROR(ISERR(A7), "ERROR")

③ =IFERROR(ISERROR(A7),"ERROR")

④ =IF(ISNUMBER(A4), TRUE, "ERROR")

32 난이도 상 중 하

다음 중 현재 선택된 셀을 기준으로 왼쪽 두 번째 셀과 바로 왼쪽 셀을 곱하는 수식을 입력하는 VBA 코드로 옳은 것은?

① ActiveCell.FormulaR1C1 = "=RC[2]*RC[1]"

② ActiveCell.FormulaR1C1 = "=RC[-2]*RC[-1]"

③ ActiveCell.Value = RC[2]*RC[1]

④ ActiveCell.Value = RC[-2]*RC[-1]

33 난이도 상 중 하

다음 중 데이터 정렬 기능에 대한 설명으로 옳지 않은 것은?

① 원칙적으로 숨겨진 행이나 열에 있는 데이터는 정렬에 포함되지 않는다.

② 정렬은 기본적으로 왼쪽에서 오른쪽으로 열 단위로 정렬한다.

③ 영문자는 대/소문자를 구분하여 정렬할 수 있다.

④ 빈 셀은 오름차순/내림차순 정렬 방법에 상관없이 항상 가장 마지막으로 정렬된다.

34 난이도 상 중 하

다음 중 3차원 참조에 대한 설명으로 옳지 않은 것은?

① 여러 시트의 동일한 셀 데이터나 셀 범위 데이터에 대한 참조를 뜻한다.

② Sheet2부터 Sheet4까지의 A2 셀을 모두 더하라는 식을 =SUM(Sheet2:Sheet4!A2)와 같이 3차원 참조로 표현할 수 있다.

③ SUM, AVERAGE, COUNTA, STDEV 등의 함수를 사용할 수 있다.

④ 배열 수식에 3차원 참조를 사용할 수 있다.

35 난이도 상 중 하

다음 중 [페이지 설정] 대화상자에 대한 설명으로 옳지 않은 것은?

① [페이지] 탭 '자동 맞춤'에서 용지 너비와 용지 높이를 모두 '1'로 설정하면 확대/축소 배율이 항상 100%로 인쇄된다.

② [여백] 탭 '페이지 가운데 맞춤'의 가로 및 세로를 체크하면 인쇄 내용이 용지의 가운데에 맞춰 인쇄된다.

③ [머리글/바닥글] 탭의 '페이지 여백에 맞추기'를 체크하면 머리글이나 바닥글을 표시하기에 충분한 머리글 또는 바닥글 여백이 확보된다.

④ [시트] 탭 '페이지 순서'에서 행 우선을 선택하면 여러 장에 인쇄될 경우 행 방향으로 인쇄된 후 나머지 열들을 인쇄한다.

36 난이도 상 중 하

다음 중 차트 및 차트 요소의 서식 변경에 대한 설명으로 옳지 않은 것은?

① 차트 요소에 도형 스타일이나 WordArt 스타일을 적용할 수 있다.

② 차트를 클릭하면 리본 메뉴에 [디자인], [서식] 탭이 있는 [차트 도구]가 표시된다.

③ 차트 요소들은 도형처럼 맞춤, 그룹, 회전 등의 정렬 설정을 할 수 있다.

④ [홈]-[글꼴] 그룹이나 미니 도구 모음을 이용하여 차트 요소의 텍스트 서식을 지정할 수 있다.

37 난이도 상 중 하

다음 중 [다른 이름으로 저장] 대화상자의 [일반 옵션] 설정에 대한 설명으로 옳지 않은 것은?

① '백업 파일 항상 만들기'는 통합 문서를 저장할 때마다 백업용 복사본을 저장한다.

② '열기 암호'는 파일을 보다 안전하게 보호하기 위해 일반적으로 사용되는 방법으로 통합 문서를 열 때마다 암호를 확인하게 한다.

③ '쓰기 암호'는 '열기 암호'가 함께 설정되어 있어야 하며, 저장할 때마다 암호를 확인하게 한다.

④ '읽기 전용 권장'은 내용 검토자가 파일을 실수로 수정하지 않도록 파일을 열 때 읽기 전용으로 여는 것이 좋다는 메시지를 표시한다.

38 난이도 상 중 하

다음 중 아래 차트와 같이 X축을 위쪽에 표시하기 위한 방법으로 옳은 것은?

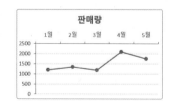

① 가로 축을 선택한 후 [축 서식]의 축 옵션에서 세로 축 교차를 '최대 항목'으로 설정한다.

② 가로 축을 선택한 후 [축 서식]의 축 옵션에서 '항목을 거꾸로'를 설정한다.

③ 세로 축을 선택한 후 [축 서식]의 축 옵션에서 가로 축 교차를 '축의 최대값'으로 설정한다.

④ 세로 축을 선택한 후 [축 서식]의 축 옵션에서 '값을 거꾸로'를 설정한다.

39 난이도 상 중 **하**

다음 중 [틀 고정] 기능에 대한 설명으로 옳지 않은 것은?

① 워크시트를 스크롤할 때 특정 행이나 열이 한 자리에 계속 표시되도록 선택할 수 있는 기능이다.

② 첫 행과 첫 열을 동시에 고정하여 표시되도록 설정할 수 있다.

③ 틀 고정은 통합 문서 보기가 [페이지 레이아웃] 상태일 때 설정할 수 있다.

④ 화면에 표시되는 틀 고정의 형태는 인쇄 시 적용되지 않는다.

40 난이도 **상** 중 하

아래 워크시트에서 자격증 응시자에 대한 과목별 점수의 합계를 배열 수식으로 구하였다. 다음 중 [C10] 셀에 입력된 배열 수식으로 옳은 것은?

	A	B	C
1	응시자	과목	점수
2	김영호	1과목	60
3		2과목	85
4	강미진	1과목	90
5		2과목	75
6	최수영	1과목	80
7		2과목	95
8			
9		과목	합계
10		1과목	230
11		2과목	255

① {=SUM(IF($B$2:$B$7=B10,$C$2:$C$7))}

② {=SUM(IF(MOD(ROW($C$2:$C$7),2)=1,$C$2:$C$7))}

③ {=SUM(IF(C2:C7, B2:B7=B10))}

④ {=SUM(IF(MOD(ROWS(C2:C7),2)=0,C2:C7))}

3 과목 데이터베이스 일반

41 난이도 상 **중** 하

다음 중 데이터베이스 설계에 대한 설명으로 옳지 않은 것은?

① 스키마는 전체 데이터베이스의 논리적인 구조와 정의를 기술하는 것을 말한다.

② 물리적 데이터베이스의 기본 데이터 단위는 저장 레코드이다.

③ 데이터의 저장 또는 물리적인 표현 방법을 정의한 것을 내부 스키마라 한다.

④ 네트워크 데이터 모델은 두 레코드 타입을 부모 자식 관계로 설명한다.

42 난이도 상 **중** 하

다음 중 우편물 레이블 마법사를 이용한 레이블 보고서 생성에 대한 설명으로 옳지 않은 것은?

① 레이블은 우편물 발송을 위한 것이므로 반드시 출력하려는 테이블에 우편번호와 주소가 있어야 한다.

② 수신자 성명 뒤에 일괄 '귀하'와 같은 문구를 넣을 수도 있다.

③ 레이블의 크기는 다양하게 준비되어 있으며, 필요에 따라 사용자가 직접 지정할 수도 있다.

④ 레이블 형식은 낱장 용지나 연속 용지를 선택할 수 있다.

43 난이도 상 중 **하**

다음 중 각 컨트롤에 대한 설명으로 옳지 않은 것은?

① '페이지 번호 삽입' 컨트롤은 페이지 번호 식을 포함한 텍스트 상자이다.

② '목록 상자' 컨트롤은 바운드 또는 언바운드 컨트롤로 사용할 수 있다.

③ '로고' 컨트롤은 액세스2007에 새로 추가된 메뉴이며, 실제로는 이미지 컨트롤이다.

④ '단추' 컨트롤은 하나 이상의 매크로 함수를 수행하는 데만 사용된다.

44 난이도 상 중 하

다음 중 기본 폼과 하위 폼의 연결에 대한 설명으로 옳은 것은?

① [직접 지정]을 선택하려면 두 테이블 간에 일대다 관계가 설정되어 있어야 한다.

② 연결하는 필드의 변경은 [데이터] 탭의 '하위 필드 연결'에서만 가능하다.

③ 두 개 이상의 연결 필드를 지정할 때는 하위 폼 연결기 창에서 여러 필드를 선택한다.

④ 하위 폼 필드 연결기 창에서는 기본 폼과 하위 폼의 연결 필드를 한꺼번에 지정할 수 없다.

45 난이도 상 중 하

다음 중 [회원] 테이블에서 '나이' 필드의 값이 20 이상 30 이하이고, '이름' 필드에서 성이 김씨인 회원을 검색하는 SQL 문으로 옳은 것은?

① SELECT * FROM 회원 WHERE 나이 <= 30 And 나이 >= 20 And 이름 = "김";

② SELECT * FROM 회원 WHERE 나이 <= 30 And >= 20 Or 이름 like "*김*";

③ SELECT * FROM 회원 WHERE 나이 <= 30 Or 나이 >= 20 And 이름 = "김*";

④ SELECT * FROM 회원 WHERE 나이 Between 20 And 30 And 이름 like "김*";

46 난이도 상 중 하

다음 중 보고서의 각 구역에 대한 설명으로 옳지 않은 것은?

① '페이지 머리글'은 인쇄 시 모든 페이지의 맨 위에 출력되며, 모든 페이지에 특정 내용을 반복하려는 경우 사용한다.

② '보고서 머리글'은 보고서의 맨 앞에 한 번 출력되며, 일반적으로 그룹별 요약정보를 표시할 때 사용한다.

③ '그룹 머리글'은 각 새 레코드 그룹의 맨 앞에 출력되며, 그룹 이름이나 그룹별 계산결과를 표시할 때 사용한다.

④ '본문'은 레코드 원본의 모든 행에 대해 한 번씩 출력되며, 보고서의 본문을 구성하는 컨트롤이 추가된다.

47 난이도 상 중 하

다음 중 보고서의 보기 형태에 대한 설명으로 옳지 않은 것은?

① '보고서 보기'는 인쇄 미리 보기와 비슷하지만 페이지의 구분 없이 한 화면에 보고서를 표시한다.

② '인쇄 미리 보기'에서는 페이지 레이아웃의 설정이 용이하며, 보고서가 인쇄되었을 때의 모양을 확인할 수 있다.

③ '디자인 보기'에서는 보고서에 삽입된 컨트롤의 속성, 맞춤, 위치 등을 설정할 수 있다.

④ '레이아웃 보기'는 '보고서 보기'와 '인쇄 미리 보기'를 혼합한 형태로 데이터를 임시로 변경하려는 경우 사용한다.

48 난이도 상 중 하

[평균성적] 테이블에서 '평균' 필드 값이 90 이상인 학생들을 검색하여 '학년' 필드를 기준으로 내림차순, '반' 필드를 기준으로 오름차순 정렬하여 표시하고자 한다. 다음 중 아래 SQL문의 각 괄호 안에 넣을 예약어로 옳은 것은?

```
SELECT 학년, 반, 이름
FROM 평균성적
WHERE 평균 >= 90 ( ㉠ ) 학년 ( ㉡ ) 반 ( ㉢ );
```

① ㉠ GROUP BY ㉡ DESC ㉢ ASC

② ㉠ GROUP BY ㉡ ASC ㉢ DESC

③ ㉠ ORDER BY ㉡ DESC ㉢ ASC

④ ㉠ ORDER BY ㉡ ASC ㉢ DESC

49 난이도 상 중 하

다음 중 테이블에서 사원들이 부모님과 함께 살고 있는지의 여부를 입력받고자 할 때, 설정할 데이터 형식으로 가장 적절한 것은?

① 텍스트

② 예/아니오

③ 일련번호

④ 하이퍼링크

50 난이도 상 **중** 하

다음 중 폼에서의 탭 순서(Tab Order) 지정에 관한 설명으로 옳지 않은 것은?

① 폼 보기에서 '탭' 키나 '엔터' 키를 눌렀을 때 포커스(Focus)의 이동 순서를 지정하는 것이다.

② 키보드를 이용하여 컨트롤 간 이동을 신속하게 할 수 있는 기능이다.

③ 레이블 컨트롤을 포함한 모든 컨트롤에 탭 순서를 지정할 수 있다.

④ 해당 컨트롤의 '탭 정지' 속성을 '아니오'로 지정하면 탭 순서에서 제외된다.

51 난이도 상 **중** 하

다음 중 테이블에서 필드 속성으로 인덱스를 지정할 수 없는 것은?

① 검색을 자주 하는 필드　② OLE 개체 형식의 필드
③ 정렬의 기준이 자주 되는 필드　④ 기본키로 설정된 필드

52 난이도 상 **중** 하

다음 중 아래 [학과] 테이블의 '학과코드' 필드에 대한 설명으로 옳지 않은 것은?

학과 ×	
필드 이름	**데이터 형식**
학과코드	숫자

일반 조회	
필드 크기	바이트
형식	
소수 자릿수	자동
입력 마스크	999;0;0
캡션	
기본값	10
유효성 검사 규칙	<=200
유효성 검사 텍스트	
필수	예
인덱스	예(중복 불가능)
텍스트 맞춤	일반

① 동일한 학과코드는 입력될 수 없으며, 학과코드는 반드시 입력되어야 한다.

② 문자나 4자리 이상의 숫자는 입력할 수 없다.

③ 필드의 형식이 바이트이므로 필드의 값은 최대 '255'까지 입력할 수 있다.

④ 레코드가 새로 생성되는 경우, '10'이 자동으로 입력된다.

53 난이도 상 **중** 하

다음 중 아래 보고서에 대한 설명으로 옳지 않은 것은? (단, 이 보고서는 전체 4페이지이며, 현재 페이지는 2페이지이다.)

거래처별 제품목록				
거래처명	제품번호	제품이름	단가	재고량
㈜맑은세상	15	아쿠아렌즈	₩50,000	22
	20	C-BR렌즈	₩50,000	3
	14	바슈롬렌즈	₩35,000	15
		제품수	3　총재고량:	40
거래처명	제품번호	제품이름	단가	재고량
참아이㈜	8	선글래스B	₩120,000	46
	7	선글래스A	₩100,000	23
	9	선글래스C	₩170,000	10
		제품수	3　총재고량:	79

2/4

① '거래처명'을 표시하는 컨트롤은 '중복내용 숨기기' 속성이 '예'로 설정되어 있다.

② '거래처명'에 대한 그룹 머리글 영역이 만들어져 있고, '반복 실행 구역' 속성이 '예'로 설정되어 있다.

③ '거래처명'에 대한 그룹 바닥글 영역이 설정되어 있고, 요약 정보를 표시하고 있다.

④ '거래처별 제품목록'이라는 제목은 '거래처명'에 대한 그룹 머리글 영역에 만들어져 있다.

54 난이도 상 중 **하**

다음 중 E-R 다이어그램 표기법의 기호와 의미가 맞게 연결된 것은?

① 사각형 - 속성(Attribute) 타입

② 마름모 - 관계(Relationship) 타입

③ 타원 - 개체(Entity) 타입

④ 밑줄 타원 - 의존 개체 타입

55 난이도 상 **중** 하

다음 중 폼 마법사에서 선택 가능한 폼의 모양으로 각 필드가 왼쪽의 레이블과 함께 각 행에 나타나며, 폼이 생성된 직후에는 컨트롤 레이아웃이 설정되어 있어 각각의 컨트롤을 다른 크기로 변경할 수 없는 것은?

① 열 형식　　　　② 테이블 형식
③ 데이터시트　　　④ 맞춤

56 난이도 상 중 하

다음 중 각 쿼리 유형에 대한 설명으로 옳지 않은 것은?

① 매개 변수 쿼리 - 쿼리를 실행할 때마다 값이나 패턴을 묻는 메시지를 표시하여 조건에 맞는 필드만 반환한다.

② 크로스탭 쿼리 - 레코드의 합계나 평균 등의 요약을 계산한 다음, 데이터시트의 왼쪽 세로 방향과 위쪽 가로 방향 두 종류로 결과를 그룹화하는 쿼리로 데이터를 쉽게 분석할 수 있게 해준다.

③ 추가 쿼리 - 테이블의 데이터를 복사하거나 데이터를 보관해야 하는 경우에 사용되며, 새로운 테이블을 생성한다.

④ 선택 쿼리 - 하나 이상의 테이블, 기존 쿼리 또는 이 두 가지의 조합에서 데이터를 가져올 수 있다.

57 난이도 상 중 하

다음 중 각 매크로 함수에 대한 설명으로 옳지 않은 것은?

① MSGBOX 함수는 사용자에게 필요한 메시지를 화면에 보여주며, 경고음을 설정할 수 있다.

② GOTOCONTROL 함수는 활성화된 폼에서 커서를 특정 컨트롤로 자동 이동하는데 사용한다.

③ CANCELEVENT 함수는 인수로 지정한 이벤트를 취소하는 기능을 수행한다.

④ FINDNEXT 함수는 FindRecord 함수나 [찾기 및 바꾸기] 대화상자에서 지정한 조건에 맞는 다음 레코드를 찾는다.

58 난이도 상 중 하

다음 중 테이블의 특정 필드에서 텍스트 길이와 상관 없이 '가'로 시작하는 데이터만 입력할 수 있도록 제한하는 유효성 검사 규칙으로 옳은 것은?

① = "가?"

② = "가"

③ Like "가*"

④ Like "가?"

59 난이도 상 중 하

다음 중 Connection 개체와 관련된 메서드나 속성에 해당하지 않는 것은?

① Open : 데이터 원본에 대한 연결을 설정한다.

② Execute : 지정된 쿼리, SQL 구문 등을 실행한다.

③ AddNew : 새 레코드를 만든다.

④ ConnectionString : 데이터 원본을 연결할 때 사용되는 정보를 나타낸다.

60 난이도 상 중 하

다음 중 아래와 같은 필드로 구성된 [MEMBER] 테이블에서 실행 가능한 쿼리로 가장 적절하지 않은 것은?

필드 이름	데이터 형식
이름	짧은 텍스트
나이	숫자
ID	짧은 텍스트

① INSERT INTO MEMBER (이름, 나이) VALUES ("홍길동", 20);

② INSERT INTO MEMBER (이름, 나이, ID) VALUES ("홍길동", 20, "123");

③ UPDATE MEMBER SET 나이 = 20 WHERE ID LIKE "123*";

④ DELETE FROM MEMBER WHERE 나이 >= 20;

1 과목　컴퓨터 일반

01 난이도 상 중 하

다음 중 멀티미디어와 관련된 그래픽 기법에 관한 설명으로 옳은 것은?

① 안티 앨리어싱(Anti-Aliasing)은 제한된 색상을 조합하여 복잡한 색이나 새로운 색을 만드는 작업이다.

② 모델링(Modeling)은 3차원 애니메이션을 만드는 과정 중의 하나로 물체의 모형에 명암과 색상을 입혀 사실 감을 더해 주는 작업이다.

③ 모핑(Morphing)은 2개의 이미지를 부드럽게 연결하여 변환 또는 통합하는 것으로 컴퓨터 그래픽, 영화 등에서 많이 사용된다.

④ 렌더링(Randering)은 이미지 가장자리의 톱니 모양 같은 계단 현상을 제거하여 경계선을 부드럽게 하는 필터링 기술이다.

02 난이도 상 중 하

다음 중 인터넷 해킹과 관련하여 스니핑(Sniffing)에 관한 설명으로 옳은 것은?

① 네트워크를 거쳐 전송되는 패킷 정보를 읽어 계정과 암호를 알아내는 행위이다.

② 프로그램이 정상적인 상태로 유지되는 것처럼 믿도록 속임수를 사용하는 행위이다.

③ 자기 복제를 하는 프로그램으로 특정 대상을 파괴하는 행위이다.

④ 컴퓨터 사용자 몰래 다른 파일에 자신의 코드를 복사하는 행위이다.

03 난이도 상 중 하

다음 중 HDD의 인터페이스 표준에 해당하지 않는 것은?

① EIDE
② SCSI
③ VESA
④ SATA

04 난이도 상 중 하

다음 중 이미지와 그래픽에서 사용되는 비트맵 방식의 파일 형식에 관한 설명으로 옳지 않은 것은?

① 픽셀(Pixel)로 이미지를 표현하며 이미지를 확대하면 테두리가 거칠어진다.

② Windows에서 표준으로 사용되는 방식으로 복원한 데이터가 압축 전의 데이터와 완전히 일치하는 무손실 압축을 사용한다.

③ 래스터 방식이라고도 하며 다양한 색상을 사용하므로 사실 같은 이미지를 표현할 수 있다.

④ 파일 형식에는 BMP, GIF, JPG 등이 있다.

05 난이도 상 중 하

다음 중 인터넷 서비스와 관련하여 FTP 서비스에 관한 설명으로 옳지 않은 것은?

① FTP 서버에 파일을 전송 또는 수신, 삭제, 이름 바꾸기 등의 작업을 할 수 있다.

② FTP 서버에 있는 프로그램은 접속 후에 서버에서 바로 실행시킬 수 있다.

③ 익명(Anonymous) 사용자는 계정이 없는 사용자로 FTP 서비스를 이용할 수 있다.

④ 기본적으로 그림 파일은 Binary 모드로 텍스트 파일은 ASCII 모드로 전송한다.

06 난이도 상 중 하

다음 중 용어에 대한 설명으로 옳지 않은 것은?

① Ubiquitous : 시간과 장소에 상관없이 자유롭게 네트워크에 접속할 수 있는 정보 통신 환경

② Wibro : 고정된 장소에서 초고속 인터넷을 이용할 수 있는 무선 휴대 인터넷 서비스

③ VoIP : 음성 데이터를 인터넷 프로토콜 데이터 패킷으로 변화하여 일반 데이터망에서 통화를 가능하게 해주는 통신 서비스 기술

④ RFID : 전파를 이용해 정보를 인식하는 기술로 출입 관리, 주차 관리에 주로 사용

07 난이도 상 중 하

다음 중 인터넷에서 방화벽을 사용하는 이유로 적절하지 않은 것은?

① 외부로부터 허가받지 않은 불법적인 접근이나 해커의 공격으로부터 내부의 네트워크를 효과적으로 보호할 수 있다.

② 방화벽의 접근제어, 인증, 암호화와 같은 기능으로 네트워크를 보호할 수 있다.

③ 역추적 기능이 있어서 외부의 침입자를 역추적하여 흔적을 찾을 수 있다.

④ 방화벽을 이용하면 외부의 보안이 완벽하며, 내부의 불법적인 해킹도 막을 수 있다.

08 난이도 상 중 하

다음 중 Windows에서 화면 설정과 관련된 [디스플레이 설정]과 [개인 설정]에 대한 설명으로 옳지 않은 것은?

① [디스플레이 설정]에서 화면 해상도를 설정할 수 있다.

② [디스플레이 설정]에서 화면에 표시되는 텍스트 크기 및 기타 항목을 변경할 수 있다.

③ [개인 설정]에서 디스플레이의 방향을 변경할 수 있다.

④ [개인 설정]에서 바탕 화면 아이콘을 설정할 수 있다.

09 난이도 상 중 하

다음 중 정보 통신망의 구성 형태를 설명한 내용으로 옳지 않은 것은?

① 망형(Mesh Topology)은 네트워크 상의 모든 노드들이 서로 연결되는 방식으로 특정 노드에 이상이 생겨도 전송이 가능하다.

② 링형(Ring Topology)은 모든 노드들을 하나의 원형으로 연결하는 구조로 통신 제어가 간단하고 신뢰성이 높아 특정 노드의 이상도 쉽게 해결할 수 있다.

③ 트리형(Tree Topology)은 하나의 컴퓨터에 네트워크를 연결하여 확장하는 형태로 확장이 많을 경우 트래픽이 과중될 수 있다.

④ 버스형(Bus Topology)은 모든 노드들이 하나의 케이블에 연결되어 있으며, 케이블 종단에는 종단 장치가 있어야 한다.

10 난이도 상 중 하

다음 중 소스 코드까지 제공되어 사용자들이 자유롭게 수정하거나 변경할 수 있는 소프트웨어를 의미하는 것은?

① 주문형 소프트웨어(Customized software)

② 오픈소스 소프트웨어(Open source software)

③ 쉐어웨어(Shareware)

④ 프리웨어(Freeware)

11 난이도 상 중 하

다음 중 1952년 폰 노이만이 프로그램 내장 방식과 2진 연산 방식을 적용하여 제작한 초창기 전자식 계산기는?

① 에니악(ENIAC)

② 에드삭(EDSAC)

③ 유니박(UNIVAC)

④ 에드박(EDVAC)

12 난이도 상 중 하

다음 중 Windows의 공유에 대한 설명으로 옳지 않은 것은?

① 공유 기능을 이용하면 사진, 음악, 비디오, 문서 및 프린터를 쉽게 공유할 수 있다.

② 공용 폴더 공유 시 폴더 내의 일부 파일에 대해 사용자별로 접근 권한을 다르게 설정할 수 있다.

③ 공유 대상 메뉴를 사용하면 개별 파일과 폴더를 선택하고 다른 사용자와 공유할 수 있다.

④ 파일 탐색기의 세부 정보 창을 통해 공유된 항목과 공유되지 않은 항목을 확인할 수 있다.

13 난이도 상 중 하

다음 중 쿠키(Cookie)에 대한 설명으로 옳은 것은?

① 인터넷 사용 시 네트워크에 접속하기 위한 프로그램이다.

② 특정 웹 사이트 접속 시 반복적으로 사용되는 접속 정보를 가지고 있는 파일이다.

③ 웹 브라우저에서 기본으로 제공하지 않는 기능을 부가적으로 설치하여 구현되도록 한다.

④ 자주 사용하는 사이트의 자료를 저장한 후 다시 동일한 사이트 접속 시 자동으로 자료를 불러온다.

14 난이도 상 **중** 하

다음 중 Windows 바로 가기 아이콘의 [속성] 창에 대한 설명으로 옳지 않은 것은?

① 대상 파일이나 대상 형식, 대상 위치 등에 관한 연결된 항목의 정보를 확인할 수 있다.

② 연결된 항목을 바로 열 수 있는 바로 가기 키를 지정할 수 있다.

③ 연결된 항목의 디스크 할당 크기를 확인할 수 있다.

④ 바로 가기 아이콘을 만든 날짜와 수정한 날짜, 액세스한 날짜 등을 확인할 수 있다.

15 난이도 상 **중** 하

다음 중 RAM(Random Access Memory)에 대한 설명으로 옳은 것은?

① 주로 펌웨어(Firmware)를 저장한다.

② 주기적으로 재충전(Refresh)이 필요한 DRAM은 주기억 장치로 사용된다.

③ 전원이 꺼져도 기억된 내용이 사라지지 않는 비휘발성 메모리로 읽기만 가능하다.

④ 컴퓨터의 기본적인 입출력 프로그램, 자가진단 프로그램 등이 저장되어 있어 부팅시 실행된다.

16 난이도 상 중 **하**

다음 중 IPv6 주소체계에 관한 설명으로 옳지 않은 것은?

① IPv4 주소체계의 주소 부족 문제를 해결하기 위해서 개발되었다.

② 128비트의 긴 주소를 사용하기 때문에 IPv4 주소 체계에 비해 자료 전송 속도가 느리다.

③ 인증성, 기밀성, 데이터 무결성의 지원으로 보안성이 강화되었다.

④ IPv4 주소 체계와 호환성이 좋으며, 주소의 확장성, 융통성, 연동성이 우수하다.

17 난이도 상 중 **하**

다음 중 컴퓨터 운영체제(OS)에 대한 설명으로 옳지 않은 것은?

① 시스템의 메모리를 관리하고, 응용 프로그램이 제대로 실행될 수 있도록 제어한다.

② 컴퓨터 하드웨어와 응용 프로그램을 사용하고자 하는 사용자 사이에 위치하여 인터페이스 역할을 해주는 소프트웨어이다.

③ 프로세스 및 기억장치 관리, 파일 및 주변장치 관리 그리고 컴퓨터에 설치된 프로그램 등을 관리하는 역할과 유틸리티 프로그램을 제공한다.

④ 사용자 측면에서 특정 분야의 작업을 처리하기 위한 프로그램으로 반드시 설치될 필요는 없으나 설치하여 사용할 것을 권고하고 있다.

18 난이도 상 **중** 하

다음 중 블루레이 디스크에 관한 설명으로 옳지 않은 것은?

① CD, DVD에 비해 훨씬 짧은 파장을 갖는 레이저를 사용한다.

② 단층 구조로만 생산된다.

③ 트랙의 폭이 가장 좁다.

④ 디스크의 지름은 CD-ROM과 동일하다.

19 난이도 상 **중** 하

다음 중 Windows의 [제어판]-[시스템]에서 '컴퓨터에 대한 기본 정보 보기'에 관한 설명으로 옳지 않은 것은?

① Windows의 버전과 CPU의 종류, RAM의 크기를 직접 변경할 수 있다.

② 컴퓨터의 이름, 작업 그룹 등을 확인하거나 변경할 수 있다.

③ 32bit 또는 64bit 운영체제를 확인할 수 있다.

④ Windows 정품 인증을 받을 수 있다.

20 난이도 상 중 하

다음 중 Windows에서 [사용자 계정]에 관한 설명으로 옳지 않은 것은?

① 공용 컴퓨터의 경우 계정을 추가하여 바탕화면, 폴더, 파일 등을 독립적으로 사용할 수 있다.

② 새로운 사용자 계정을 추가하거나, 사용하지 않는 사용자 계정을 삭제할 수 있다.

③ 관리자 계정은 다른 사용자 계정의 이름, 그림, 암호 및 계정 유형을 변경할 수 있다.

④ 표준 사용자 계정은 소프트웨어나 하드웨어 설치 및 보안 설정 등을 수행할 수 있다.

2 과목 스프레드시트 일반

21 난이도 상 중 하

다음 중 [홈] 탭 [클립보드] 그룹의 [붙여넣기] 옵션에 대한 설명으로 옳은 것은?

① [테두리 없음]을 이용하면 복사한 셀에 적용된 셀 서식을 모두 제외하고 셀의 내용만 붙여넣는다.

② [연결하여 붙여넣기]를 이용하면 복사한 셀에 입력된 내용을 연결하여 셀 서식과 함께 붙여넣는다.

③ [바꾸기]를 이용하면 복사한 데이터의 열을 행으로 변경하고, 행을 열로 변경하여 표를 뒤집어서 붙인다.

④ [그림]을 이용하면 복사한 셀에 입력된 내용이 변경되는 경우 그림에 표시되는 텍스트도 자동으로 변경된다.

22 난이도 상 중 하

다음 중 [B3:E6] 영역에 대해 아래 시트와 같이 배경색을 설정하기 위한 조건부 서식의 규칙으로 옳은 것은?

	A	B	C	D	E
1					
2		자산코드	내용 연수	경과 연수	취득원가
3		L47C	4	2	550,000
4		S22C	3	1	66,000
5		N71E	3	2	132,000
6		534G	5	3	33,000

① =MOD(COLUMNS($B3),2)=0 ② =MOD(COLUMNS(B3),2)=0

③ =MOD(COLUMN($B3),2)=0 ④ =MOD(COLUMN(B3),2)=0

23 난이도 상 중 하

다음 중 아래 그림의 리본 메뉴에 대한 설명으로 옳지 않은 것은?

① 그림과 같이 리본 메뉴에 바로 가기 키를 나타내려면 **Shift** + **F10** 키를 누른다.

② 오른쪽 방향키(→)를 누르면 활성화된 탭이 [홈] 탭에서 [삽입] 탭으로 변경된다.

③ [탭] 및 [명령] 간에 이동할 때도 키보드를 사용할 수 있으며, 그림과 같은 상태에서 **N** 키를 누르면 [삽입] 탭으로 변경된다.

④ [빠른 실행 도구 모음]에 명령이 추가되면 일련 번호로 바로 가기 키가 부여된다.

24 난이도 상 중 하

다음 중 아래 [시나리오 관리자] 대화상자의 각 버튼에 대한 설명으로 옳지 않은 것은?

① 표시 : 선택한 시나리오에 대해 결과를 표시한다.

② 편집 : 선택한 시나리오를 변경한다.

③ 병합 : 다른 워크시트의 시나리오를 통합하여 함께 관리한다.

④ 요약 : 시나리오에 대한 요약 보고서나 피벗 테이블을 작성한다.

25 난이도 상 중 **하**

다음 시트에서 '지역' 결과를 구하는 함수식으로 옳지 않은 것은? (코드의 첫 번째 문자가 "A"이면 "강남", "B"이면 "구로", "C"이면 "종로"로 표시)

	A	B	C	D
1				
2	지점	코드	판매량	지역
3	판매1지점	A101	1,700	강남
4	판매2지점	B101	1,500	구로
5	판매3지점	A201	1,200	강남
6	판매4지점	A301	1,020	강남
7	판매5지점	C101	1,450	종로
8	판매6지점	B201	1,630	구로
9	판매7지점	C202	2,421	종로
10				

① =SWITCH(LEFT(B3,1), "A", "강남", "B", "구로", "C", "종로")

② =CHOOSE(LEFT(B3,1), "강남", "구로", "종로")

③ =IFS(LEFT(B3,1)="A", "강남", LEFT(B3,1)="B", "구로", TRUE, "종로")

④ =IF(LEFT(B3,1)="A", "강남", IF(LEFT(B3,1)="B", "구로", "종로"))

26 난이도 상 중 **하**

다음 중 엑셀의 다양한 데이터 입력 방법에 대한 설명으로 옳지 않은 것은?

① 하나의 셀에 여러 줄을 입력할 때는 **Alt** + **Enter** 키를 눌러 줄 바꿈을 한다.

② 선택한 범위에 동일한 데이터를 한 번에 입력할 때에는 입력 후 바로 **Ctrl** + **Enter** 키를 누른다.

③ 배열 수식을 작성할 때는 수식 입력 후 **Ctrl** + **Shift** + **Enter** 키를 누른다.

④ 셀에 입력된 수식의 결과가 아닌 수식 자체를 보기 위해서는 **Alt** + **~** 키를 누른다.

27 난이도 상 **중** 하

다음 중 사용자 지정 표시 형식에서 숫자 형식 지정에 관한 설명으로 옳지 않은 것은?

① ? : 데이터를 공백으로 구분

② 0 : 숫자의 자릿수가 서식에 지정된 자릿수보다 적으면 유효하지 않은 0을 표시

③ # : 입력한 숫자의 자릿수가 소수점 위쪽 또는 아래쪽에서 서식에 지정된 # 기호보다 적은 경우 추가로 0을 표시하지 않음

④ , : 1000 단위마다 구분 기호로 콤마 표시

28 난이도 상 중 하

아래 그림과 같이 발령부서[C2:C11]는 부서명[E2:E4]의 데이터 값을 번호[A2:A11]를 기준으로 순서대로 반복하여 배정하고자 한다. 다음 중 [C2] 셀에 입력할 수식으로 옳은 것은?

	A	B	C	D	E
1	번호	이름	발령부서		부서명
2	1	황현아	기획팀		기획팀
3	2	김미진	재무팀		재무팀
4	3	정미주	총무팀		총무팀
5	4	오민아	기획팀		
6	5	김혜린	재무팀		
7	6	김윤중	총무팀		
8	7	박유미	기획팀		
9	8	김영주	재무팀		
10	9	한상미	총무팀		
11	10	서은정	기획팀		

① =INDEX($E$2:$E$4, MOD(A2,3))

② =INDEX($E$2:$E$4, MOD(A2,3)+1)

③ =INDEX($E$2:$E$4, MOD(A2-1,3)+1)

④ =INDEX($E$2:$E$4, MOD(A2-1,3))

29 난이도 상 중 **하**

다음 중 [찾기 및 바꾸기] 대화상자의 '찾기' 기능에 대한 설명으로 옳지 않은 것은?

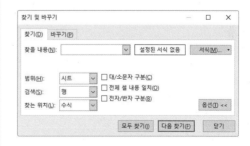

① [서식] 단추를 이용하면 특정 셀의 서식을 선택하여 동일한 셀 서식이 적용된 셀을 찾을 수도 있다.

② '찾을 내용'으로 숫자, 특수문자, 한자 등을 입력하여 찾을 수 있으나 *와 ?는 와일드카드 문자이므로 사용할 수 없다.

③ '찾는 위치'는 수식, 값, 메모 중 선택하여 찾을 수 있다.

④ '검색'에서 행 방향을 우선하여 찾을 것인지 열 방향을 우선하여 찾을 것인지를 지정할 수 있다.

30 난이도 상 중 하

다음 중 아래 차트의 종류에 대한 설명으로 가장 적절한 것은?

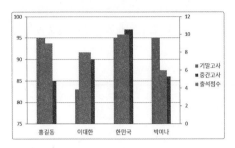

① 각 항목의 값들이 항목 합계의 비율로 표시되므로 중요한 요소를 강조할 때 사용한다.

② 특정 데이터 계열의 값이 다른 계열의 값과 현저하게 차이가 날 경우나 두 가지 이상의 데이터 계열을 가진 차트에 사용하면 편리하다.

③ 두 개 이상의 데이터 계열을 갖는 차트에서 시간에 따른 특정 데이터 계열을 강조하고자 할 때 사용하면 편리하다.

④ 각 항목 간의 값을 막대의 길이로 비교, 분석하는 누적 세로 막대형 차트이다.

31 난이도 상 중 하

다음 중 아래의 데이터를 이용하여 계산할 현재가치 [D3]의 수식으로 옳은 것은?

	A	B	C	D
1	투자 금액의 현재 가치			
2	연이율	투자기간(년)	투자금액	현재가치
3	6%	3	3000000	

① =PV(A3/12,B3*12,,C3) ② =PV(A3/12,B3/12,,C3)

③ =PV(A3/12,B3,,C3) ④ =PV(A3,B3,,C3)

32 난이도 상 중 하

다음 중 A열의 글꼴 서식을 '굵게'로 설정하는 매크로로 옳지 않은 것은?

① Range("A:A").Font.Bold = True

② Columns(1).Font.Bold = True

③ Range("1:1").Font.Bold = True

④ Columns("A").Font.Bold = True

33 난이도 상 중 하

다음 중 아래의 괄호( ) 안에 들어갈 기능으로 옳은 것은?

(㉠)은/는 특정 값의 변화에 따른 결과값의 변화 과정을 한 번의 연산으로 빠르게 계산하여 표의 형태로 표시해 주는 도구이고, (㉡)은/는 비슷한 형식의 여러 데이터의 결과를 하나의 표로 통합하여 요약해 주는 도구이다.

① ㉠ : 데이터 표 ㉡ : 통합

② ㉠ : 정렬 ㉡ : 시나리오 관리자

③ ㉠ : 부분합 ㉡ : 피벗 테이블

④ ㉠ : 해 찾기 ㉡ : 데이터 유효성 검사

34 난이도 상 중 하

차트에 표시할 데이터 계열의 요소 간 값의 차이가 큰 경우 [수정 전] 차트와 같이 그 차이를 차트에 표시하기가 어려운데, [수정 후] 차트처럼 변경하면 값의 차이를 표시할 수 있게 된다. 다음 중 [수정 전] 차트를 [수정 후]와 같이 변경하기 위한 축 옵션으로 옳은 것은?

[수정 전]

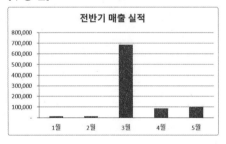

[수정 후]

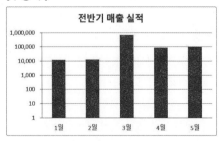

① 최소값과 최대값을 각각 1과 1,000,000으로 설정한다.

② 로그 눈금 간격을 10으로 설정한다.

③ 주단위를 1,000,000으로 설정한다.

④ 표시 단위를 백만으로 설정한다.

35 난이도 상 중 하

다음 중 아래 프로시저에 대한 설명으로 옳지 않은 것은?

```
Sub LocalVariable()
  Dim strMsg As String
  strMsg = "작업이 완료되었습니다."
  MsgBox strMsg
End Sub
Sub OutsideScope()
  MsgBox strMsg
End Sub
```

① LocalVariable( )에서 strMsg를 문자열 변수로 선언하였다.

② LocalVariable( )에서 변수 strMsg에 "작업이 완료되었습니다."라는 문자열을 대입시킨다.

③ LocalVariable( )에서 변수 strMsg 내용을 MsgBox를 이용해 대화상자에 표시한다.

④ OutsideScope( )에서도 LocalVariable( )에서 선언된 strMsg 변수가 적용되어 MsgBox를 이용해 대화상자에 표시한다.

36 난이도 상 중 하

워크시트에서 [A1:D2] 영역을 블록 설정하고, '={1, 2, 3, 4; 6, 7, 8, 9}'을 입력한 후 **Ctrl** + **Shift** + **Enter** 키를 눌렀다. 다음 중 [B2] 셀에 입력되는 값은?

① 0   ② 4

③ 7   ④ 없다.

37 난이도 상 중 하

다음 중 [페이지 설정] 대화상자의 [시트] 탭에 대한 설명으로 옳지 않은 것은?

① 인쇄 영역을 지정하지 않으면 기본적으로 워크시트의 모든 내용을 인쇄한다.

② 반복할 행은 "$1:$3"과 같이 행 번호로 나타낸다.

③ 메모의 인쇄 방법을 '시트 끝'으로 선택하면 원래 메모가 속한 각 페이지의 끝에 모아 인쇄된다.

④ 여러 페이지가 인쇄될 경우 열 우선을 선택하면 오른쪽 방향으로 인쇄를 마친 후에 아래쪽 방향으로 진행된다.

38 난이도 상 중 하

다음 중 아래 그림과 같이 [A1:C19] 영역을 복사하여 부분합의 요약된 결과만 [A23:C27] 영역에 붙여 넣기 위한 방법으로 옳은 것은?

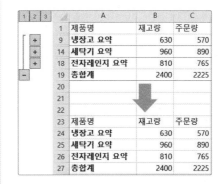

① [A1:C19] 영역 선택 → [홈]-[편집]-[찾기 및 선택]-[이동 옵션]에서 '화면에 보이는 셀만'을 선택한 후 [확인] 클릭 → 복사 → 붙여넣기

② [A1:C19] 영역 선택 → [홈]-[편집]-[찾기 및 선택]-[이동 옵션]에서 '현재 셀이 있는 영역'을 선택한 후 [확인] 클릭 → 복사 → 붙여넣기

③ [A1:C19] 영역 선택 → 복사 → 선택하여 붙여넣기 → '내용이 있는 셀만 붙여넣기'를 선택한 후 [확인] 클릭

④ [A1:C19] 영역 선택 → 복사 → 선택하여 붙여넣기 → '값'을 선택한 후 [확인] 클릭

39 난이도 상 중 하

다음 중 수식의 결과가 옳지 않은 것은?

① =FIXED(3456.789,1,FALSE) → 3,456.8

② =EOMONTH(DATE(2015,2,25),1) → 2015-03-31

③ =CHOOSE(ROW(A3:A6), "동", "서", "남", 2015) → 남

④ =REPLACE("February",SEARCH("U","Seoul-Unesco"), 5,"") → Febru

40 난이도 상 중 하

다음 중 엑셀의 메뉴인 [데이터] 탭 [데이터 가져오기 및 변환] 그룹을 이용하여 가져올 수 없는 파일 형식은?

① Access(*.mdb)   ② 웹(*.htm)

③ XML 데이터(*.xml)   ④ MS-Word(*.doc)

3 과목　　데이터베이스 일반

41 난이도 상 중 하

다음 중 개체 관계 모델(Entity Relationship Model)에 관한 설명으로 옳지 않은 것은?

① 개념적 설계에 가장 많이 사용되는 모델로 개체 관계도(ERD)가 가장 대표적이다.

② 개체 집합과 관계 집합으로 나누어서 개념적으로 표시하는 방식으로 특정 데이터베이스 관리 시스템(DBMS)을 고려한 것은 아니다.

③ 데이터를 개체(entity), 관계(relationship), 속성(attribute)과 같은 개념으로 표시한다.

④ 개체(entity)는 가상의 객체나 개념을 의미하고, 속성(attribute)은 개체를 묘사하는데 사용될 수 있는 특성을 의미한다.

42 난이도 상 중 하

다음 중 성적(학번, 이름, 학과, 점수) 테이블의 레코드 수가 10개, 평가(학번, 전공, 점수) 테이블의 레코드 수가 5개일 때, 아래 SQL의 결과에 대한 설명으로 옳은 것은?

> SELECT 학번, 학과, 점수 FROM 성적 UNION ALL
> SELECT 학번, 전공, 점수 FROM 평가 ORDER BY 학번

① 쿼리 실행 결과의 필드 수는 모든 테이블의 필드를 더한 개수만큼 검색된다.

② 쿼리 실행 결과의 총 레코드 수는 15개이다.

③ 쿼리 실행 결과의 필드는 평가.학번, 평가.전공, 평가.점수이다.

④ 쿼리 실행 결과는 학번의 내림차순으로 정렬되어 표시된다.

43 난이도 상 중 하

다음 중 SQL문의 각 WHERE절에 대한 설명으로 옳지 않은 것은?

① WHERE 부서 = '영업부' → 부서 필드의 값이 '영업부'인 레코드들이 검색됨

② WHERE 나이 Between 28 in 40 → 나이 필드의 값이 29에서 39 사이인 레코드들이 검색됨

③ WHERE 생일 = #1996-5-10# → 생일 필드의 값이 1996-5-10인 레코드들이 검색됨

④ WHERE 입사년도 = 2014 → 입사년도 필드의 값이 2014인 레코드들이 검색됨

44 난이도 상 중 하

다음 중 폼이나 보고서에서 사용되는 조건부 서식 기능에 대한 설명으로 옳지 않은 것은?

① 조건을 지정할 때 와일드 카드 문자(*, ?)는 사용할 수 없다.

② 조건부 서식은 레이블 컨트롤에 필드 값이나 식을 기준으로만 설정할 수 있다.

③ 각 컨트롤에 대해 최대 50개까지 조건부 서식 규칙을 추가할 수 있으며, 조건별로 다른 서식을 지정할 수 있다.

④ 조건에 맞지 않으면 적용된 서식이 해제된다.

45 난이도 상 중 하

다음 중 텍스트 상자 컨트롤에 대한 설명으로 옳지 않은 것은?

① 일반 텍스트 상자는 컨트롤 원본 속성이 테이블의 필드명을 제외한 일반 텍스트가 입력된 경우이다.

② 바운드 텍스트 상자는 컨트롤 원본 속성이 테이블의 필드명으로 지정된 경우이다.

③ 언바운드 텍스트 상자는 컨트롤 원본 속성이 비어있는 경우이다.

④ 계산 텍스트 상자는 컨트롤 원본 속성이 식으로 입력되어 있는 경우이다.

46 난이도 상 중 하

다음 중 컨트롤의 이동과 복사 방법에 대한 설명으로 옳은 것은?

① 다른 구역에서 복사하여 붙여넣으면 붙여넣기 구역의 오른쪽 위에 붙여진다.

② 같은 구역내에서 복사하여 붙여넣으면 복사한 컨트롤의 바로 아래에 붙여진다.

③ Ctrl 키를 누른 상태에서 이동하면 다른 컨트롤과 세로 및 가로 맞춤을 유지할 수 있다.

④ Shift 키를 누른 상태에서 방향키를 눌러 컨트롤의 위치를 변경할 수 있다.

47 난이도 상 중 하

다음 중 아래와 같은 테이블 구조를 가진 데이터베이스에서 부서명이 '인사부'인 직원들의 정보를 조회하는 SQL문으로 가장 적절한 것은?

부서(부서번호, 부서명)
직원(사번, 사원명, 부서번호)

① SELECT * FROM 부서 WHERE 부서번호 IN (SELECT 부서번호 FROM 직원)

② SELECT * FROM 직원 WHERE 부서번호 IN (SELECT 부서번호 FROM 부서 WHERE 부서명='인사부')

③ SELECT 직원.* FROM 직원, 부서 WHERE 부서.부서명 = '인사부'

④ SELECT * FROM 부서 WHERE 부서명='인사부' ORDER BY 부서번호

48 난이도 상 중 하

다음 중 전체 페이지가 5페이지이고 현재 페이지가 2페이지인 보고서에서 표시되는 식과 결과가 올바른 것은?

① 식 =[Page] → 결과 2/5

② 식 =[Page] & "페이지" → 결과 2페이지

③ 식 =[Page] & "중 " & [Page] → 결과 5중 2

④ 식 =Format([Page], "000") → 결과 005

49 난이도 상 중 하

다음 중 테이블 간의 관계 설정에서 일대일 관계가 성립하는 것은?

① 양쪽 테이블의 연결 필드가 모두 중복 불가능의 인덱스나 기본키로 설정되어 있는 경우

② 어느 한쪽의 테이블의 연결 필드가 중복 불가능의 인덱스나 기본키로 설정되어 있는 경우

③ 오른쪽 관련 테이블의 연결 필드가 중복 가능한 인덱스나 후보키로 설정되어 있는 경우

④ 양쪽 테이블의 연결 필드가 모두 중복 가능한 인덱스나 후보키로 설정되어 있는 경우

50 난이도 상 중 하

다음 중 외부 데이터로 Access 파일을 가져오는 경우에 관련된 설명으로 옳지 않은 것은?

① 테이블의 관계도 함께 복사할 수 있다.

② Access 개체는 테이블과 쿼리 개체만 복사할 수 있다.

③ 테이블의 정의만 가져오는 경우 데이터가 없는 빈 테이블이 만들어진다.

④ 원본 개체와 같은 이름의 개체가 대상 데이터베이스에 이미 있으면 가져오기 개체의 이름에 숫자(1, 2, 3 등)가 추가된다.

51 난이도 상 중 하

다음 중 보고서의 각 구역에 관한 설명으로 옳지 않은 것은?

① 보고서 머리글은 보고서의 맨 앞에 한 번 출력되며, 일반적으로 로고나 제목 및 날짜와 같이 표지에 나타나는 정보를 추가한다.

② 그룹 머리글은 각 새 레코드 그룹의 맨 앞에 출력되며, 그룹 이름을 출력하려는 경우에 사용한다.

③ 본문은 레코드 원본의 모든 행에 대해 한 번씩 출력되며, 보고서의 본문을 구성하는 컨트롤이 여기에 추가된다.

④ 보고서 바닥글은 모든 페이지의 맨 끝에 출력되며, 페이지 번호 또는 페이지별 정보를 표시하려는 경우에 사용한다.

52 난이도 상 중 하

다음 중 관계형 데이터 모델에서 데이터의 정확성과 일관성을 보장하기 위한 것은?

① 릴레이션　　　　　② 관계 연산자
③ 무결성 제약조건　　④ 속성의 집합

53 난이도 상 중 하

다음 중 필드의 각 데이터 형식에 대한 설명으로 옳지 않은 것은?

① 통화 형식은 소수점 이하 4자리까지의 숫자를 저장할 수 있으며, 기본 필드 크기는 8바이트이다.

② 예/아니오 형식은 Yes/No, True/False, On/Off 등 두 값 중 하나만 입력하는 경우에 사용하는 것으로 기본 필드 크기는 1비트이다.

③ 일련 번호 형식은 새 레코드를 만들 때 자동으로 생성되는 고유 값으로 저장된다.

④ 긴 텍스트 형식은 텍스트 및 숫자 데이터가 최대 255자까지 저장된다.

54 난이도 상 중 하

다음 중 읽기 전용 폼을 만들기 위한 폼과 컨트롤의 속성 설정이 옳지 않은 것은?

① [편집 가능] 속성을 '아니오'로 설정한다.
② [삭제 가능] 속성을 '아니오'로 설정한다.
③ [잠금] 속성을 '아니오'로 설정한다.
④ [추가 가능] 속성을 '아니오'로 설정한다.

55 난이도 상 중 하

폼의 각 컨트롤에 포커스가 위치할 때 입력 모드를 '한글' 또는 '영숫자반자'로 각각 지정하고자 한다. 다음 중 이를 위해 설정해야 할 컨트롤 속성은?

① 엔터키 기능(EnterKey Behavior)
② 상태 표시줄(StatusBar Text)
③ 탭 인덱스(Tab Index)
④ 입력 시스템 모드(IME Mode)

56 난이도 상 중 하

다음 중 Application 개체의 속성과 메서드에 대한 설명으로 옳은 것은?

① CurrentData : 현재 액세스 프로젝트나 액세스 데이터베이스에 대한 참조

② Run : 사용자 정의 Function 또는 Sub 프로시저를 수행

③ CurrentProject : 현재 데이터베이스에 저장된 개체를 참조

④ DoCmd : 인수로 지정된 명령어를 실행

57 난이도 상 중 하

다음 중 아래 그림과 같이 '고객ID' 필드가 'txt고객ID' 컨트롤에 입력된 문자를 포함하는 레코드만을 표시하도록 하는 프로시저의 코드로 옳은 것은?

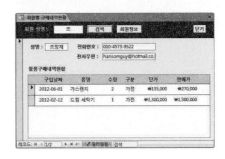

① Me.Filter = "고객ID = '*' & txt고객ID & '*'"
　 Me.FilterOn = True

② Me.Filter = "고객ID = '*' & txt고객ID & '*'"
　 Me.FilterOn = False

③ Me.Filter = "고객ID like '*' & txt고객ID & '*'"
　 Me.FilterOn = True

④ Me.Filter = "고객ID like '*' & txt고객ID & '*'"
　 Me.FilterOn = False

58 난이도 상 중 하

다음 중 데이터베이스에서 인덱스를 사용하는 목적으로 가장 적절한 것은?

① 레코드 검색 속도 향상　② 데이터 독립성 유지
③ 중복성 제거　　　　　④ 일관성 유지

59 난이도 상 중 하

다음 중 SQL문의 각 예약어에 대한 설명으로 옳지 않은 것은?

① SQL문에서 검색 결과가 중복되지 않게 표시하기 위해서 'DISTINCT'를 입력한다.

② ORDER BY문을 사용할 때에는 HAVING절을 사용하여 조건을 지정한다.

③ FROM절에는 SELECT문에 나열된 필드를 포함하는 테이블이나 쿼리를 지정한다.

④ 특정 필드를 기준으로 그룹화하여 검색할 때에는 GROUP BY문을 사용한다.

60 난이도 상 중 하

폼의 머리글에 아래와 같은 도메인 함수 계산식을 사용하는 컨트롤을 삽입하였다. 다음 중 계산 결과 값에 대한 설명으로 옳은 것은?

```
= DLOOKUP("성명", "사원", "[사원번호] = 1")
```

① 성명 테이블에서 사원번호가 1인 데이터의 성명 필드에 저장되어 있는 값

② 성명 테이블에서 사원번호가 1인 데이터의 사원 필드에 저장되어 있는 값

③ 사원 테이블에서 사원번호가 1인 데이터의 성명 필드에 저장되어 있는 값

④ 사원 테이블에서 사원번호가 1인 데이터의 사원 필드에 저장되어 있는 값

1 과목 **컴퓨터 일반**

01 난이도 상 중 **하**

다음 중 컴퓨터의 발전 과정으로 3세대 이후의 특징에 해당하지 않는 것은?

① 개인용 컴퓨터의 사용
② 전문가 시스템
③ 일괄처리 시스템
④ 집적회로의 사용

02 난이도 상 중 **하**

다음 중 파일 탐색기에서 [보기] 메뉴의 [열 추가]를 선택했을 때 각 파일이나 폴더에 표시되는 내용으로 옳지 않은 것은?

① 수정한 날짜
② 디스크 여유 공간
③ 파일의 크기
④ 파일의 유형

03 난이도 상 **중** 하

다음 중 Windows의 [작업 관리자] 창에서 수행할 수 있는 작업으로 옳지 않은 것은?

① 사용자 계정의 추가와 삭제를 수행할 수 있다.
② 현재 실행 중인 프로그램을 강제로 종료시킬 수 있다.
③ 시스템의 CPU 사용 내용이나 할당된 메모리의 크기를 파악할 수 있다.
④ 현재 네트워크 상태를 보고 네트워크 이용률을 확인할 수 있다.

04 난이도 상 **중** 하

다음 중 웹 프로그래밍 언어에 해당하지 않는 것은?

① DHTML
② COBOL
③ SGML
④ WML

05 난이도 상 중 **하**

다음 중 인터넷 통신 장비인 게이트웨이(Gateway)의 기본적인 역할에 관한 설명으로 옳은 것은?

① 현재 위치한 네트워크에서 다른 네트워크로 연결할 때 사용된다.
② 인터넷 신호를 증폭하며 먼 거리로 정보를 전달할 때 사용된다.
③ 네트워크 계층의 연동장치로 경로 설정에 사용된다.
④ 문자로 된 도메인 이름을 숫자로 이루어진 실제 IP 주소로 변환하는데 사용된다.

06 난이도 상 중 **하**

다음 중 Windows에서 사용하는 바로 가기 키에 대한 설명으로 옳지 않은 것은?

① **⊞** + **L** : 컴퓨터 잠금 또는 사용자 전환
② **⊞** + **R** : 실행 대화상자 열기
③ **⊞** + **Pause** : 제어판의 [시스템] 창 표시
④ **⊞** + **E** : 장치 및 프린터 추가

07 난이도 **상** 중 하

다음 중 인터넷 보안을 위한 해결책으로 사용되는 암호화 기법에 대한 설명으로 옳지 않은 것은?

① 비밀키 암호화 기법은 동일한 키로 데이터를 암호화하고 복호화한다.
② 비밀키 암호화 기법은 대칭키 암호화 기법 또는 단일키 암호화 기법이라고도 하며, 대표적으로 DES(Data Encryption Standard)가 있다.
③ 공개키 암호화 기법은 비대칭 암호화 기법이라고도 하며, 대표적인 암호화 방식으로 RSA(Rivest, Shamir, Adleman)가 있다.
④ 공개키 암호화 기법에서는 암호화할 때 사용하는 키는 비밀로 하고, 복호화할 때 사용하는 키는 공개하는 방식을 사용한다.

08 난이도 상 중 **하**

다음 중 소프트웨어의 사용권에 따른 분류에 대한 설명으로 옳지 않은 것은?

① 애드웨어 : 배너 광고를 보는 대가로 무료로 사용하는 소프트웨어이다.

② 셰어웨어 : 정식 버전이 출시되기 전에 프로그램에 대한 일반인의 평가를 받기 위해 제작된 소프트웨어이다.

③ 번들 : 특정한 하드웨어나 소프트웨어를 구매하였을 때 포함하여 주는 소프트웨어이다.

④ 프리웨어 : 돈을 내지 않고도 사용가능하고 다른 사람에게 전달해 줄 수 있는 소프트웨어이다.

09 난이도 상 중 **하**

다음 중 동영상 데이터 파일 형식으로 옳지 않은 것은?

① AVI   ② DVI   ③ ASF   ④ DXF

10 난이도 상 **중** 하

다음 중 컴퓨터의 운영체제에 대한 설명으로 옳지 않은 것은?

① 시스템의 모든 동작 상태를 관리하고 감독하는 제어 프로그램의 핵심 프로그램을 슈퍼바이저(Supervisor)라 부른다.

② 운영체제는 컴퓨터가 동작하는 동안 하드디스크 내에 위치하여 여러 종류의 자원 관리 서비스를 제공한다.

③ 키보드, 모니터, 디스크 드라이브 등의 필수적인 주변 장치들을 관리하는 BIOS를 포함한다.

④ 운영체제는 사용자가 응용 프로그램을 편리하게 사용하고, 하드웨어의 성능을 최적화 할 수 있도록 한다.

11 난이도 상 중 **하**

다음 중 시스템의 정보 보안을 위한 기본 충족 요건으로 적절하지 않은 것은?

① 시스템 내의 정보와 자원은 인가된 사용자만 접근이 허용되어야 한다.

② 소프트웨어의 버전과 저작권에 관한 내용이 인증되어야 한다.

③ 정보를 전송하는 과정에서 변경되지 않고 전달되어야 한다.

④ 사용자를 식별하고 접근 권한을 확인할 수 있어야 한다.

12 난이도 상 중 **하**

다음 중 컴퓨터에서 사용되는 펌웨어(Firmware)에 대한 설명으로 옳지 않은 것은?

① 하드웨어의 동작을 지시하는 소프트웨어이지만 하드웨어적으로 구성되어 하드웨어의 일부분으로도 볼 수 있는 제품을 말한다.

② 하드웨어 교체 없이 소프트웨어 업그레이드만으로 시스템의 성능을 높이기 위한 목적으로 사용된다.

③ 시스템의 효율을 높이기 위해 RAM에 저장되어 관리된다.

④ 기계어 처리, 데이터 전송, 부동 소수점 연산, 채널 제어 등의 처리 루틴을 가지고 있다.

13 난이도 상 중 **하**

다음 중 멀티미디어와 관련하여 JPG 파일 형식에 관한 설명으로 옳지 않은 것은?

① 사진과 같은 정지 영상을 표현하기 위한 국제 표준 압축 방식이다.

② 24비트 컬러를 사용하여 트루컬러로 이미지를 표현한다.

③ 사용자가 압축률을 지정해서 이미지를 압축하는 압축 기법을 사용할 수 있다.

④ 이미지를 확대해도 테두리가 거칠어지지 않고 매끄럽게 표현된다.

14 난이도 상 **중** 하

다음 중 어떤 장치가 다른 장치의 일을 잠시 중단시키고 자신의 상태 변화를 알려주는 것을 뜻하는 용어로 옳은 것은?

① 클라이언트/서버   ② 인터럽트

③ DMA   ④ 채널

15 난이도 **상** 중 하

다음 중 DNS가 가지고 있는 특정 도메인의 IP Address를 검색해 주는 서비스로 옳은 것은?

① Gopher   ② Archie

③ IRC   ④ Nslookup

16 난이도 상 중 하

다음 중 PC 업그레이드 시 고려해야 할 사항으로 옳지 않은 것은?

① RAM이나 ODD를 설치할 때 접근 속도의 수치는 작은 것이 좋다.

② 하드디스크를 교체할 때에는 연결 방식의 종류와 버전을 확인한다.

③ CPU 클럭 속도는 높은 것이 좋다.

④ RAM을 추가할 때에는 기존의 것보다 더 많은 핀 수의 RAM으로 추가한다.

17 난이도 상 중 하

다음 중 Windows의 [글꼴]에 관한 설명으로 옳지 않은 것은?

① 글꼴 파일은 .rtf 또는 .inf의 확장자를 가지고 있다.

② 시스템에서 사용하는 글꼴은 C:\Windows\Fonts 폴더에 파일 형태로 저장되어 있다.

③ TrueType 글꼴과 OpenType 글꼴을 제공하며, 프린터 및 프로그램에서 작동한다.

④ 글꼴에는 기울임꼴, 굵게, 굵게 기울임꼴과 같은 글꼴 스타일이 있다.

18 난이도 상 중 하

다음 중 인터넷 주소 체계에서 IPv6에 관한 설명으로 옳지 않은 것은?

① 128 비트의 주소를 사용하여 IPv4의 주소 부족 문제를 해결하였다.

② IPv4와 비교하였을 때 자료 전송 속도가 늦지만, 주소의 확장성과 융통성이 우수하다.

③ 인증성, 기밀성, 데이터 무결성의 지원으로 보안 기능을 포함한다.

④ IPv4와 호환성이 있으며, 실시간 흐름 제어가 가능하다.

19 난이도 상 중 하

다음 중 유비쿼터스 센서 네트워크(USN)의 활용 분야에 속하는 것은?

① 테더링　　② 텔레매틱스　　③ 블루투스　　④ 고퍼

20 난이도 상 중 하

다음 중 Windows의 [제어판]-[프로그램 및 기능]에 대한 설명으로 옳지 않은 것은?

① Windows에 설치되어 있는 응용 프로그램(앱)을 변경하거나 제거할 수 있다.

② 게임, 인쇄 및 문서 서비스, 인터넷 정보 서비스 등 Windows에 포함되어 있는 다양한 기능의 사용 여부를 선택할 수 있다.

③ 설치된 업데이트를 확인할 수 있으며, 업데이트 목록에서 업데이트를 제거하거나 변경할 수 있다.

④ [Microsoft Store에서 더 많은 테마 보기]를 선택하여 Microsoft 사에서 제공하는 다양한 테마를 추가 설치할 수 있다.

---

2 과목　　스프레드시트 일반

21 난이도 상 중 하

다음 중 아래 그림에서의 각 기능에 대한 설명으로 옳지 않은 것은?

① [시트 보호]를 설정하면 기본적으로 셀의 선택만 가능하다.

② 시트 보호 시 특정 셀의 내용만 수정 가능하도록 하려면 해당 셀의 [셀 서식]에서 '잠금' 설정을 해제한다.

③ [통합 문서 보호]를 설정하면 포함된 차트, 도형 등의 그래픽 개체를 변경할 수 없다.

④ [범위 편집 허용]을 이용하면 보호된 워크시트에서 특정 사용자가 범위를 편집할 수 있도록 허용할 수 있다.

22 난이도 상 중 하

다음 중 자동 필터에 관한 설명으로 옳지 않은 것은?

① 데이터에 필터를 적용하면 지정한 조건에 맞는 행만 표시되고 나머지 행은 숨겨지며, 필터링된 데이터는 다시 정렬하거나 이동하지 않고도 복사, 찾기, 편집 및 인쇄를 할 수 있다.

② '상위 10 자동 필터'는 숫자 데이터 필드에서만 설정 가능하고, 텍스트 데이터 필드에서는 사용할 수 없다.

③ 한 열에 숫자 입력 셀이 5개 있고, 텍스트 입력 셀이 3개 있는 경우 자동 필터는 셀의 수가 적은 '텍스트 필터' 명령으로 표시된다.

④ 날짜 데이터는 연, 월, 일의 계층별로 그룹화되어 계층에서 상위 수준을 선택하거나 선택을 취소하는 경우 해당 수준 아래의 중첩된 날짜가 모두 선택되거나 선택 취소된다.

23 난이도 상 중 하

다음 중 [셀 서식] 대화상자의 [맞춤] 탭에 '텍스트 방향'에서 설정할 수 없는 항목은?

① 텍스트 방향대로
② 텍스트 반대 방향으로
③ 왼쪽에서 오른쪽
④ 오른쪽에서 왼쪽

24 난이도 상 중 하

아래 시트에서 [표1]의 할인율 [B3]을 적용한 할인가 [B4]를 이용하여 [표2]의 각 정가에 해당하는 할인가 [E3:E6]를 계산하고자 한다. 다음 중 이때 가장 적합한 데이터 도구는?

	A	B	C	D	E	F
1	[표1] 할인 금액			[표2] 할인 금액표		
2	정가	₩ 10,000		정가	₩ 9,500	
3	할인율	5%		₩ 10,000		
4	할인가	₩ 9,500		₩ 15,000		
5				₩ 24,000		
6				₩ 30,000		
7						

① 통합
② 데이터 표
③ 부분합
④ 시나리오 관리자

25 난이도 상 중 하

다음 중 Excel과 Access 간의 데이터 교환 방법에 대한 설명으로 적절하지 않은 것은?

① Excel 통합 문서를 열 때 Access 데이터에 연결하려면 보안 센터 표시줄을 사용하거나 통합 문서를 신뢰할 수 있는 위치에 둠으로써 데이터 연결을 사용할 수 있도록 설정해야 한다.

② Excel의 [데이터] 탭 [데이터 가져오기 및 변환] 그룹에서 [기타 원본에서]-[Microsoft Query에서] 기능을 이용하면 외부 Access 원본 데이터와 동기화할 수 있다.

③ Excel의 [데이터 가져오기 및 변환] 기능을 이용하면 Access 파일의 특정 테이블만 선택하여 가져올 수 있다.

④ Excel의 [데이터] 탭 [쿼리 및 연결] 그룹에서 [속성]을 클릭하면 기존 Access 파일의 연결을 추가하거나 제거할 수 있다.

26 난이도 상 중 하

다음 중 바닥글 영역에 페이지 번호를 인쇄하도록 설정된 여러 개의 시트를 출력하면서 전체 출력물의 페이지 번호가 일련번호로 이어지게 하는 방법으로 옳지 않은 것은?

① [인쇄]의 '설정'을 '전체 통합 문서 인쇄'로 선택하여 인쇄한다.

② 전체 시트를 그룹으로 설정한 후 인쇄한다.

③ 각 시트의 [페이지 설정] 대화상자에서 '일련번호로 출력'을 선택한 후 인쇄한다.

④ 각 시트의 [페이지 설정] 대화상자에서 '시작 페이지 번호'를 일련번호에 맞게 설정한 후 인쇄한다.

27 난이도 상 중 하

다음 중 수식의 결과가 옳지 않은 것은?

① =EXACT("EXCEL","excel") → FALSE
② =SUBSTITUTE("EXCEL 2016","16","21") → EXCEL 2021
③ =CONCAT(ROW(A3),"행") → 3행
④ =QUOTIENT(MOD(10,6),2) → 3

28 난이도 상 중 하

텍스트 파일의 데이터를 워크시트로 가져올 때 사용하는 [텍스트 마법사]에서 각 필드의 너비(열 구분선)를 지정하는 단계에 대한 설명으로 옳지 않은 것은?

① 앞 단계에서 원본 데이터 형식을 '구분 기호로 분리됨'을 선택한 경우 열 구분선을 지정할 수 없다.

② 구분선을 넣으려면 원하는 위치를 마우스로 클릭한다.

③ 열 구분선을 옮기려면 구분선을 삭제한 후 다시 넣어야 한다.

④ 구분선을 삭제하려면 구분선을 마우스로 두 번 클릭한다.

29 난이도 상 중 하

다음 중 아래 프로시저의 실행 결과로 옳은 것은?

```
Sub loopTest( )
  Dim k As Integer
  Do while k< 3
     [A1].offset(k,1)=10
     k = k + 2
  Loop
End Sub
```

① [A2]셀에 10이 입력된다.

② [A1]셀과 [A3]셀에 10이 입력된다.

③ [B2]셀에 10이 입력된다.

④ [B1]셀과 [B3]셀에 10이 입력된다.

30 난이도 상 중 하

다음 중 여러 워크시트를 선택하여 그룹으로 설정한 경우에 대한 설명으로 옳지 않은 것은?

① 엑셀 창의 맨 위 제목 표시줄에 [그룹]이라고 표시된다.

② 그룹 상태에서 도형이나 차트 등의 그래픽 개체는 삽입되지 않는다.

③ 그룹으로 설정된 임의의 시트에서 입력하거나 편집한 데이터는 그룹으로 설정된 모든 시트에 반영된다.

④ 그룹 상태에서 여러 개의 시트에 정렬 및 필터 기능을 수행할 수 있다.

31 난이도 상 중 하

아래의 시트에서 [I2:I5] 영역에 [B2:F14] 영역의 표를 참조하는 배열 수식을 사용하여 지점별 총대출금액을 구하였다. 다음 중 [I2] 셀의 수식 입력줄에 표시된 함수식으로 옳은 것은?

	A	B	C	D
1	성명	지점	대출금액(천)	기간(월)
2	문정현	서울	7,500	36
3	조일순	경기	5,000	24
4	남태우	서울	10,000	60
5	송현주	충남	8,000	36
6	민병우	서울	5,000	24
7	정백칠	경기	10,000	60
8	김주석	경기	10,000	60
9	오창환	부산	15,000	24
10	장정	서울	7,000	24
11	원주연	서울	3,000	36
12	강소라	충남	5,000	24
13	김연	서울	5,000	12
14	정민수	경기	5,000	36

	H	I
1	지점	총대출금액(천)
2	서울	37,500
3	경기	30,000
4	부산	15,000
5	충남	13,000

① {=SUMIF($D$2:$D$14=H2)}

② {=SUMIF($D$2:$D$14=H2,$E$2:$E$14,1)}

③ {=SUM(IF($D$2:$D$14=H2,1,0))}

④ {=SUM(IF($D$2:$D$14=H2,$E$2:$E$14,0))}

32 난이도 상 중 하

다음 중 공유된 통합 문서에 대한 설명으로 옳지 않은 것은?

① 공유된 통합 문서에서는 조건부 서식, 차트, 시나리오 등을 추가하거나 편집할 수 없다.

② 암호로 보호된 공유 통합 문서에서 보호를 해제하여도 통합 문서의 공유 상태는 해제되지 않는다.

③ 공유 통합 문서를 네트워크 위치에 복사해도 다른 통합 문서와의 연결은 그대로 유지된다.

④ 공유 통합 문서는 사용자의 엑셀 버전과 관련이 있다.

33 난이도 상 중 하

다음 중 연이율 4.5%로 2년 만기로 매월 말 400,000원씩 저축할 경우, 복리 이자율로 계산하여 만기에 찾을 수 있는 금액을 구하기 위한 수식으로 옳은 것은?

① =FV(4.5%/12, 2*12,-400000)

② =FV(4.5%/12, 2*12,-400000,,1)

③ =FV(4.5%, 2*12, -400000,,1)

④ =FV(4.5%, 2*12, -400000)

34 난이도 상 중 하

아래의 왼쪽 차트를 수정하여 오른쪽 차트로 변환하였다. 다음 중 변환된 항목에 대한 설명으로 옳은 것은?

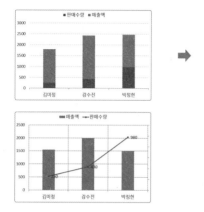

① 기본 가로 눈금선으로 보조 눈금선을 표시하였다.

② 보조 세로 (값) 축의 주 눈금을 '500'으로 설정하였다.

③ 매출액 계열을 보조 축으로 설정하였다.

④ 보조 세로 (값) 축의 축 레이블을 '없음'으로 설정하였다.

35 난이도 상 중 하

다음 중 배열 수식과 배열 상수에 대한 설명으로 옳지 않은 것은?

① 배열 수식에서 잘못된 인수나 피연산자를 사용할 경우 '#VALUE!'의 오류값이 발생한다.

② 배열 상수는 숫자, 논리값, 텍스트, 오류값 외에 수식도 사용할 수 있다.

③ 배열 상수에서 다른 행의 값은 세미콜론(;), 다른 열의 값은 쉼표(,)로 구분한다.

④ Ctrl + Shift + Enter 키를 누르면 중괄호({ }) 안에 배열 수식이 표시된다.

36 난이도 상 중 하

다음 중 작업에 필요한 여러 개의 통합 문서를 한 화면에 함께 표시하여 비교하면서 작업하기에 편리한 기능은?

① 창 나누기   ② 모두 정렬

③ 틀 고정   ④ 페이지 나누기

37 난이도 상 중 하

다음 중 아래 시트의 [A1:C8] 영역에서 아래 그림과 같이 조건부 서식을 적용한 경우 서식이 적용되는 셀의 개수로 옳은 것은?

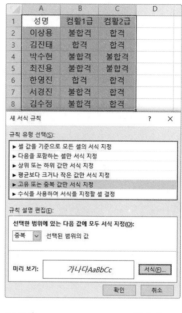

① 0개   ② 2개

③ 14개   ④ 24개

38 난이도 상 중 하

다음 중 엑셀의 틀 고정에 대한 설명으로 옳지 않은 것은?

① 화면에 표시되는 틀 고정 형태는 인쇄 시 적용되지 않는다.

② 틀 고정 구분선의 위치는 지우고 새로 만들기 전에는 마우스를 이용하여 변경할 수 없다.

③ 틀 고정을 수행하면 셀 포인터의 왼쪽과 위쪽으로 고정선이 표시되므로 고정하고자 하는 행의 아래쪽, 열의 오른쪽에 셀 포인터를 놓고 틀 고정을 수행해야 한다.

④ 틀 고정이 설정되어 있는 경우 나중에 복구할 수 있도록 모든 창의 현재 레이아웃이 작업 영역으로 저장된다.

39 난이도 상 중 하

다음 중 1부터 10까지의 합을 구하는 VBA 모듈로 옳지 않은
것은?

①
```
no = 0
sum = 0
Do While no <= 10
  sum = sum + no
  no = no + 1
Loop
MsgBox sum
```

②
```
no = 0
sum = 0
Do
  sum = sum + no
  no = no + 1
Loop While no <= 10
MsgBox sum
```

③
```
no = 0
sum = 0
Do While no < 10
  sum = sum + no
  no = no + 1
Loop
MsgBox sum
```

④
```
sum = 0
For no = 1 To 10
  sum = sum + no
Next
MsgBox sum
```

40 난이도 상 중 하

다음 중 아래 워크시트의 표와 표의 데이터를 이용한 차트
에 대한 설명으로 옳지 않은 것은?

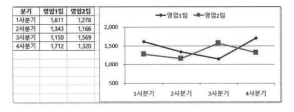

① 표 전체를 원본 데이터로 사용하고 있다.

② 분기가 데이터 계열로 사용되고 있다.

③ 세로 (값) 축의 축 서식에서 최소값을 '500'으로 설정하
였다.

④ 차트의 종류는 표식이 있는 꺾은선형이다.

---

3 과목　　**데이터베이스 일반**

41 난이도 상 중 하

다음 중 Access의 보고서 개체에 대한 설명으로 옳지 않은
것은?

① 보고서는 테이블이나 쿼리의 내용을 화면이나 프린터로
인쇄하기 위한 개체이다.

② 보고서의 레코드 원본으로 테이블, 쿼리, SQL 문을 사용
한다.

③ 보고서에도 조건부 서식을 적용할 수 있다.

④ 보고서의 컨트롤을 이용하여 레코드 원본으로 사용된
테이블에 데이터를 입력하거나 수정할 수 있다.

42 난이도 상 중 하

다음 중 아래의 SQL문에 대한 설명으로 옳지 않은 것은?

```
ALTER TABLE 고객
DROP 취미 CASCADE;
```

① 고객 테이블의 구조적인 변경이 발생한다.

② 취미 필드를 고객 테이블로부터 삭제한다.

③ CASCADE는 해당 필드와 연관된 다른 테이블의 내용도
삭제하는 옵션이다.

④ 고객 테이블이 수정되면 취미 테이블의 내용도 같이 수정
된다.

43 난이도 상 중 하

다음 중 DoCmd 개체에서 사용할 수 있는 메서드로 옳지
않은 것은?

① Close

② Undo

③ OpenForm

④ Quit

44 난이도 상 중 하

다음 중 DBMS의 단점에 대한 설명으로 옳지 않은 것은?

① 하드웨어나 DBMS 구입 비용, 전산화 비용 등이 증가함
② DBMS와 데이터베이스 언어를 조작할 수 있는 고급 프로그래머가 필요함
③ 데이터를 통합하는 중앙 집중 관리가 어려움
④ 데이터의 백업과 복구에 많은 비용과 시간이 소요됨

45 난이도 상 중 하

다음 중 쿼리를 실행할 때마다 메시지 상자를 표시하여 사용자에게 조건 값을 입력받아 쿼리를 실행하는 유형은?

① 크로스탭 쿼리
② 매개 변수 쿼리
③ 통합 쿼리
④ 실행 쿼리

46 난이도 상 중 하

다음 중 폼 작성에 대한 설명으로 옳지 않은 것은?

① [컨트롤 마법사]를 이용하여 '폼 닫기' 매크로를 실행시키는 명령 단추를 삽입할 수 있다.
② 폼 속성 시트에서 그림을 설정하면 폼의 배경 그림으로 표시된다.
③ 사각형, 직선 등의 도형 컨트롤을 삽입할 수 있다.
④ [그룹화 및 정렬] 기능으로 레코드를 그룹화하여 표시할 수 있다.

47 난이도 상 중 하

다음 중 [속성 시트] 창에서 하위 폼의 제목(레이블)을 변경하기 위한 방법으로 옳은 것은?

① [형식] 탭의 '캡션'을 수정한다.
② [데이터] 탭의 '표시'를 수정한다.
③ [이벤트] 탭의 '제목'을 수정한다.
④ [기타] 탭의 '레이블'을 수정한다.

48 난이도 상 중 하

다음 중 보고서의 [페이지 설정] 대화상자에 대한 설명으로 옳지 않은 것은?

① 여러 열로 구성된 보고서를 인쇄할 때에는 [열] 탭에서 열의 개수와 행 간격, 열의 너비, 높이 등을 설정한다.
② [인쇄 옵션] 탭에서 보고서의 위쪽, 아래쪽, 왼쪽, 오른쪽 여백을 밀리미터 단위로 설정할 수 있다.
③ [페이지] 탭에서 보고서의 인쇄할 범위로 인쇄할 페이지를 지정할 수 있다.
④ [인쇄 옵션] 탭의 '데이터만 인쇄'를 선택하여 체크 표시하면 컨트롤의 테두리, 눈금선 및 선이나 상자 같은 그래픽을 표시하지 않는다.

49 난이도 상 중 하

다음 중 텍스트 상자 컨트롤의 [속성 시트] 창에 표시되는 각 탭에서 설정 가능한 속성으로 옳은 것은?

① [형식] 탭 - 유효성 검사 규칙, 중복 내용 숨기기
② [이벤트] 탭 - IME 모드, 하이퍼링크
③ [기타] 탭 - 상태 표시줄 텍스트, 탭 인덱스
④ [데이터] 탭 - 데이터시트 캡션, 기본값

50 난이도 상 중 하

다음 중 테이블에 데이터가 입력되는 방식을 제어하기 위한 방법으로 적절하지 않은 것은?

① 유효성 검사 규칙을 설정하여 필드에 입력되는 데이터 값의 범위를 설정한다.
② 입력 마스크를 이용하여 필드의 각 자리에 입력되는 값의 종류를 제한한다.
③ 색인(index)을 이용하여 해당 필드에 중복된 값이 입력되지 않도록 설정한다.
④ 기본 키(Primary Key) 속성을 이용하여 레코드 추가 시 기본으로 입력되는 값을 설정한다.

51 난이도 상 중 하

다음 중 콤보 상자의 속성에 대한 설명으로 옳지 않은 것은?

① 컨트롤 원본 : 목록으로 표시할 데이터를 SQL문이나 테이블명 등을 통해 지정한다.

② 행 원본 유형 : 목록으로 표시할 데이터 제공 방법을 '테이블/쿼리', '값 목록', '필드 목록' 중 선택한다.

③ 바운드 열 : 선택한 항목에서 몇 번째 열을 컨트롤에 저장할 것인지를 설정한다.

④ 목록 값만 허용 : '예'로 설정하면 목록에 제공된 데이터 이외의 값을 추가할 수 없다.

52 난이도 상 중 하

다음 중 다양한 사용자의 요구 사항을 분석하여 정보 구조를 표현한 관계도(ERD)를 생성하는 데이터베이스 설계 단계는?

① 데이터베이스 기획
② 개념적 설계
③ 논리적 설계
④ 물리적 설계

53 난이도 상 중 하

다음 중 보고서 페이지 번호를 표시하는 컨트롤에 입력된 컨트롤 원본과 그 결과가 맞게 연결된 것을 모두 고른 것은? (단, 전체 페이지는 5페이지임)

	컨트롤 원본	결과
ⓐ	="Page" & [Page] & "/" & [Pages]	1/5 Page
ⓑ	=[Page] & "페이지"	1페이지
ⓒ	=[Page] & "/" & [Pages] & "Page"	Page1/5
ⓓ	=Format([Page], "00")	01

① ⓐ, ⓑ, ⓒ
② ⓑ, ⓒ, ⓓ
③ ⓐ, ⓒ
④ ⓑ, ⓓ

54 난이도 상 중 하

[직원] 테이블의 '급여' 필드는 데이터 형식이 숫자이고, 필드 크기가 정수(Long)로 설정되어 있다. 다음 중 '급여' 필드에 입력 가능한 숫자를 백만원 이상, 오백만원 이하로 설정하기 위한 유효성 검사 규칙으로 옳은 것은?

① <= 1000000 Or <= 5000000
② >= 1000000 And <= 5000000
③ >= 1000000, <= 5000,000
④ 1,000,000 <= And <= 5,000,000

55 난이도 상 중 하

다음 중 프로시저에 대한 설명으로 옳지 않은 것은?

① 프로시저는 연산을 수행하거나 값을 계산하는 일련의 명령문과 메서드로 구성된다.

② 명령문은 대체로 프로시저나 선언 구역에서 한 줄로 표현되며 명령문의 끝에는 세미콜론(;)을 찍어 구분한다.

③ 이벤트 프로시저는 특정 객체에 해당 이벤트가 발생하면 자동적으로 실행되나 다른 프로시저에서도 이를 호출하여 실행할 수 있다.

④ Function 프로시저는 Function 문으로 함수를 선언하고 End Function 문으로 함수를 끝낸다.

56 난이도 상 중 하

다음 중 특정 필드에 입력 마스크를 '09#L'로 설정하였을 때의 입력 데이터로 옳은 것은?

① 123A
② A124
③ 12A4
④ 12AB

57 난이도 상 중 하

다음 중 액세스에서 사용되는 데이터 형식의 종류 – 크기 – 특징에 대한 연결이 옳은 것은?

① 긴 텍스트 - 64,000자 이내 - 참고나 설명과 같이 긴 문자열이나 문자열과 숫자의 조합

② 예/아니요 - 1바이트 - 두 값 중 하나만을 선택할 때 사용

③ 통화 - 8비트 - 소수점 왼쪽으로 7자리, 오른쪽으로 4자리까지 표시 가능

④ 숫자 - 2바이트 - 산술 계산에 이용되는 숫자 데이터

58 난이도 상 중 하

다음 중 SELECT 문의 선택된 필드에서 중복 데이터를 포함하는 레코드를 제외시키는 조건자로 옳은 것은?

① DISTINCT
② UNIQUE
③ ONLY
④ *

59 난이도 상 중 하

사원관리 데이터베이스에는 [부서정보] 테이블과 실적 정보를 포함한 [사원정보] 테이블이 관계로 연결되어 있다. 다음 중 아래의 SQL문의 실행 결과에 대한 설명으로 옳은 것은? (단, 부서에는 여러 사원이 있으며, 한 사원은 하나의 부서에 소속되는 1 대 다 관계임)

> SELECT 부서정보. 부서번호, 부서명, 번호, 이름, 실적 FROM 부서정보 RIGHT JOIN 사원정보 ON 부서정보.부서번호 = 사원정보.부서번호;

① 두 테이블에서 부서번호가 일치되는 레코드의 부서번호, 부서명, 번호, 이름, 실적 필드를 표시한다.

② [부서정보] 테이블의 레코드는 모두 포함하고, [사원정보] 테이블에서는 실적이 있는 레코드만 포함하여 결과를 표시한다.

③ [부서정보] 테이블의 레코드는 [사원정보] 테이블의 부서번호와 일치되는 것만 포함하고, [사원정보] 테이블에서는 실적이 있는 레코드만 포함하여 결과를 표시한다.

④ [부서정보] 테이블의 레코드는 [사원정보] 테이블의 부서번호와 일치되는 것만 포함하고, [사원정보] 테이블에서는 모든 레코드가 포함하여 결과를 표시한다.

60 난이도 상 중 하

폼 바닥글에 [사원] 테이블의 '직급'이 '과장'인 레코드들의 '급여' 합계를 구하고자 한다. 다음 중 폼 바닥글의 텍스트 상자 컨트롤에 입력해야 할 식으로 옳은 것은?

① =DHAP("[사원]", "[급여]", "[직급]='과장'")

② =DHAP("[급여]", "[사원]", "[직급]='과장'")

③ =DSUM("[사원]", "[급여]", "[직급]='과장'")

④ =DSUM("[급여]", "[사원]", "[직급]='과장'")

1과목 컴퓨터 일반

01 난이도 상 중 하

다음 중 컴퓨터 그래픽과 관련하여 벡터(Vector) 이미지에 관한 설명으로 옳지 않은 것은?

① 이미지의 크기를 확대하여도 화질에 손상이 없다.

② 점과 점을 연결하는 직선이나 곡선을 이용하여 이미지를 구성한다.

③ 대표적인 파일 형식에는 AI, WMF 등이 있다.

④ 픽셀로 이미지를 표현하며, 래스터(Raster) 이미지라고도 한다.

02 난이도 상 중 하

다음 중 Windows에서 사용하는 [휴지통]에 대한 설명으로 옳지 않은 것은?

① [명령 프롬프트] 창에서 삭제한 파일은 휴지통과 관계 없이 영구히 삭제된다.

② 휴지통의 크기는 각각의 드라이브마다 다르게 지정할 수 있다.

③ USB 드라이브에서 삭제한 파일은 휴지통에서 복원 메뉴로 복원할 수 있다.

④ 휴지통의 최대 크기는 [휴지통 속성] 창에서 변경할 수 있다.

03 난이도 상 중 하

다음 중 전자 음향 장치나 디지털 악기 간의 통신규약으로 음악의 연주 정보 및 여러 가지 기능에 대한 정보를 포함하여 저장하는 데이터 형식은?

① WAV   ② RA/RM

③ MP3   ④ MIDI

04 난이도 상 중 하

다음 중 저작권에 대한 설명으로 가장 적절하지 않은 것은?

① 저작 재산권은 저작자의 생존하는 동안과 저작시점에 따라 사망 후 50년간 또는 70년간 존속한다.

② 저작권은 저작자의 권리를 보호함을 목적으로 한다.

③ 영리를 목적으로 하지 않는 공연 또는 방송인 경우 저작 재산권을 제한할 수 있다.

④ 프로그램을 작성하기 위하여 사용하고 있는 프로그램 언어, 규약 및 해법에도 저작권이 적용된다.

05 난이도 상 중 하

다음 중 인터넷 전자우편에서 사용하는 POP3 프로토콜에 관한 설명으로 옳은 것은?

① 사용자가 작성한 이메일을 다른 사람의 계정으로 전송해 주는 역할을 한다.

② 메일 서버의 이메일을 사용자의 컴퓨터로 가져올 수 있도록 메일 서버에서 제공하는 프로토콜이다.

③ 멀티미디어 전자우편을 주고받기 위한 인터넷 메일의 표준 프로토콜이다.

④ 웹 브라우저에서 제공하지 않는 멀티미디어 파일을 확인하여 실행시켜주는 프로토콜이다.

06 난이도 상 중 하

다음 중 시스템 보안과 관련한 불법적인 형태에 대한 설명으로 옳지 않은 것은?

① 피싱(Phishing)은 거짓 메일을 보내서 가짜 금융기관 등의 가짜 웹 사이트로 유인하여 정보를 빼내는 행위이다.

② 스푸핑(Spoofing)은 검증된 사람이 네트워크를 통해 데이터를 보낸 것처럼 데이터를 변조하여 접속을 시도하는 행위이다.

③ 분산 서비스 거부 공격(DDOS)은 마이크로소프트사의 MS-DOS를 운영체제로 사용하는 컴퓨터에 네트워크를 통해 불법적으로 접속하는 행위이다.

④ 키로거(Key Logger)는 키 입력 캐치 프로그램을 사용하여 ID나 암호를 알아내는 행위이다.

07 난이도 상 중 하

다음 중 휴대폰을 모뎀처럼 활용하는 방법으로, 컴퓨터나 노트북 등의 IT 기기를 휴대폰에 연결하여 무선 인터넷을 사용할 수 있게 하는 기능은?

① 와이파이
② 블루투스
③ 테더링
④ 와이브로

08 난이도 상 중 하

다음 중 데이터 통신망에 관한 설명으로 옳지 않은 것은?

① LAN은 자원 공유를 목적으로 작은 기관의 구내에서 사용하며 전송 거리가 짧고 고속 전송이 가능하지만 WAN에 비해 에러 발생률이 높은 통신망이다.
② VAN은 기간 통신망 사업자로부터 회선을 빌려 기존의 정보에 새로운 가치를 부여하여 다수의 이용자에게 판매하는 통신망이다.
③ B-ISDN은 광대역 네트워크에서 데이터, 음성, 고해상도의 동영상 등의 다양한 서비스를 디지털 통신망을 이용해 제공하는 고속 통신망이다.
④ WLL은 전화국과 가입자 단말 사이의 회선을 유선 대신 무선 시스템을 이용하여 구성하는 통신망이다.

09 난이도 상 중 하

다음 중 4세대 이동통신에 대한 설명으로 옳지 않은 것은?

① 하나의 단말기를 통해 위성망, 무선랜, 인터넷 등을 모두 사용할 수 있는 서비스이다.
② 3세대 이동통신으로 불리는 IMT-2000에 뒤이은 이동통신 서비스이다.
③ 4세대 이동통신 표준으로는 WCDMA, LTE-advanced, Wibro-Evolution이 있다.
④ 동영상, 인터넷 방송 등의 대용량 데이터를 높은 속도로 처리할 수 있으며 3차원 영상 데이터를 이용한 통화가 가능하다.

10 난이도 상 중 하

다음 중 시스템 소프트웨어에 해당하지 않는 것은?

① 부트 로더
② 장치 드라이버
③ C 런타임 라이브러리
④ 웹 브라우저

11 난이도 상 중 하

다음 중 컴퓨터에서 사용되는 운영체제에 관한 설명으로 옳지 않은 것은?

① 사용자에게 편리함을 제공하고, 시스템의 생산성을 높여 주는 역할을 한다.
② 주요 기능은 프로세스 관리, 기억장치 관리, 주변장치 관리, 파일 관리 등으로 여러 가지 기능을 처리한다.
③ 운영체제의 목적은 처리 능력의 향상, 응답 시간의 최대화, 사용 가능도의 향상, 신뢰도의 향상이다.
④ 제어 프로그램과 처리 프로그램으로 구성된다.

12 난이도 상 중 하

다음 중 RAM(Random Access Memory)에 대한 설명으로 옳은 것은?

① 주로 펌웨어(Firmware)를 저장한다.
② 주기적으로 재충전(Refresh)이 필요한 DRAM은 주기억 장치로 사용된다.
③ 전원이 꺼져도 기억된 내용이 사라지지 않는 비휘발성 메모리로 읽기만 가능하다.
④ 컴퓨터의 기본적인 입출력 프로그램, 자가진단 프로그램 등이 저장되어 있어 부팅 시 실행된다.

13 난이도 상 중 하

다음 중 Windows에서의 프린터 설치에 관한 설명으로 옳지 않은 것은?

① Bluetooth 프린터를 설치하려면 컴퓨터에 Bluetooth 무선 이댑터를 연결하거나 켠 후 [Bluetooth 또는 기타 장치 추가]를 실행한다.
② 새로운 프린터를 설치하는 과정에서 네트워크 프린터를 기본 프린터로 설정하려면 반드시 스풀링의 설정이 필요하다.
③ 로컬 프린터 설치 시 프린터가 USB(범용 직렬버스) 모델인 경우에는 프린터를 컴퓨터에 연결하면 Windows에서 자동으로 검색하고 설치한다.
④ 공유된 프린터는 프린터가 연결된 컴퓨터의 전원이 켜져 있어야 프린터 사용이 가능하다.

14 난이도 상 **중** 하

다음 중 HDD와 비교할 때 SSD에 대한 특징으로 옳지 않은 것은?

① 초고속 메모리 칩(chip)에 데이터를 저장한다.

② 속도가 빠르나 외부의 충격에는 매우 약하다.

③ 발열, 소음, 전력 소모가 적다.

④ 소형화, 경량화 할 수 있다는 장점이 있다.

15 난이도 상 **중** 하

다음 중 컴퓨터의 이상 증상과 해결 방법의 연결이 가장 적절하지 않은 것은?

① 하드디스크로 부팅이 되지 않는 경우 : USB나 CD-ROM 으로 부팅이 되면 하드디스크 손상 점검 후 운영체제 다시 설치

② 모니터 화면이 보이지 않는 경우 : 모니터의 전원 및 연결 부분 점검

③ 프린터가 작동되지 않는 경우 : 프린터와 컴퓨터 연결 부분 확인 및 프린터 드라이버 재설치

④ 컴퓨터 속도가 심하게 느려진 경우 : 메인보드 또는 하드 디스크 교체

16 난이도 상 **중** 하

다음 중 Windows에서 제공되는 Windows 원격 데스크 톱에 관한 설명으로 옳지 않은 것은?

① 사용하는 운영체제의 종류와 버전에 상관없이 상대방의 컴퓨터에서 사용자 컴퓨터에 연결하여 편리하게 문제 해결 방법을 제시할 수 있도록 하는 기능이다.

② 상대방이 연결한 후에 사용자 컴퓨터 화면을 공유하여 실시간으로 채팅을 할 수 있으며 사용자가 허락하면 원격 으로 사용자 컴퓨터를 조작하고 동작시킬 수 있다.

③ 요청을 받은 사람만 Windows 원격 지원을 사용하여 내 컴퓨터에 연결할 수 있도록 모든 세션이 암호화되고 암호 로 보호된다.

④ 원격 지원을 사용하는 동안 상대방과 사용자는 인터넷에 연결되어 있어야 하며 Windows 방화벽을 사용하고 있으 면 원격 지원을 위해 임시로 방화벽 포트를 열어야 한다.

17 난이도 상 **중** 하

다음 중 Windows의 파일 또는 폴더의 암호화에 대한 설명 으로 옳지 않은 것은?

① 암호화한 파일 또는 폴더에 대한 액세스를 원하는 다른 사용자는 자신의 EFS(파일 시스템 암호화) 인증서를 미리 해당 파일에 추가해야 한다.

② 폴더 또는 파일을 처음 암호화할 때 암호화 인증서가 자동으로 만들어진다.

③ NTFS 파일 시스템을 사용하지 않는 컴퓨터 또는 드라이 브로 파일을 복사하더라도 설정된 암호는 유지된다.

④ 파일 또는 폴더의 암호화에 사용되는 암호화 키는 항상 암호화 인증서와 관련되어 있거나 연결되어 있다.

18 난이도 상 **중** 하

다음 중 Windows의 시스템 복원에 관한 설명으로 옳지 않은 것은?

① 시스템에 해를 끼칠 수 있는 변경사항을 시스템 복원을 이용하여 취소하고, 시스템의 설정 및 성능을 복원할 수 있다.

② 전자 메일, 문서 또는 사진과 같은 개인 파일에 영향을 주지 않고 컴퓨터에 대한 시스템 변경 내용을 실행 취소 할 수 있다.

③ 시스템 복원을 수행하면 이전에 삭제된 파일이나 폴더가 휴지통에서 원래 위치로 복원된다.

④ 시스템 복원은 시스템 보호 기능을 사용하여 컴퓨터에서 자동으로 복원 지점을 만들고 저장한다.

19 난이도 상 **중** 하

다음 중 Windows의 [제어판]-[마우스]에서 설정 가능한 기능으로 옳지 않은 것은?

① 입력할 때 포인터 숨기기를 할 수 있다.

② **Alt** 키를 눌러 포인터의 위치를 표시할 수 있다.

③ 포인터 자국의 길이를 조정하여 표시할 수 있다.

④ 포인터의 그림자를 사용할 수 있다.

20 난이도 상 중 하

다음 중 바탕 화면에 바로 가기 아이콘을 만들기 위한 방법으로 옳지 않은 것은?

① 바탕 화면의 빈 곳에서 마우스 오른쪽 버튼을 눌러 [새로 만들기]-[바로 가기] 메뉴를 선택한다.

② 파일에서 마우스 오른쪽 버튼을 누른 채 빈 곳으로 드래그한 후 [여기에 바로 가기 만들기] 메뉴를 선택한다.

③ [파일 탐색기]에서 파일을 **Ctrl** 키를 누른 채 드래그하여 바탕 화면에 놓는다.

④ 파일을 **Ctrl** + **C** 키로 복사한 후 바탕 화면의 빈 곳에서 마우스 오른쪽 버튼을 눌러 [바로 가기 붙여넣기] 메뉴를 선택한다.

---

2 과목 스프레드시트 일반

21 난이도 상 중 하

다음 중 [데이터] 탭 [데이터 가져오기 및 변환] 그룹의 각 명령에 대한 설명으로 옳지 않은 것은?

① [데이터 가져오기]-[기타 원본에서]-[Microsoft Query]를 이용하면 여러 테이블을 조인(join)한 결과를 워크시트로 가져올 수 있다.

② [기존 연결]을 이용하면 Microsoft Query에서 작성한 쿼리 파일(*.dqy)의 실행 결과를 워크시트로 가져올 수 있다.

③ [웹]을 이용하면 웹 페이지의 모든 데이터를 원본 그대로 가져올 수 있다.

④ [Microsoft Access 데이터베이스에서]를 이용하면 원본 데이터의 변경 사항이 워크시트에 반영되도록 설정할 수 있다.

---

22 난이도 상 중 하

다음 중 실행 취소 및 다시 실행 명령에 대한 설명으로 옳지 않은 것은?

① 작업을 취소하려면 빠른 실행 도구 모음에서 [실행 취소](↰)를 선택하거나 **Ctrl** + **Z** 키를 누른다.

② 작업을 취소한 경우 **Ctrl** + **D** 키를 눌러 원래대로 되돌릴 수 있다.

③ 시트 이름 변경, 시트 위치 이동, 시트 복사와 같은 작업은 취소할 수 없다.

④ 빠른 실행 도구 모음에서 [실행 취소] 옆의 화살표(▾)를 클릭하여 여러 작업을 한 번에 취소할 수도 있다.

---

23 난이도 상 중 하

다음 중 괄호( ) 안에 해당하는 바로 가기 키로 옳은 것은?

> 통합 문서 내에서 (㉠) 키는 다음 워크시트로 이동, (㉡) 키는 이전 워크시트로 이동할 때 사용한다.

① ㉠ **Shift** + **Page Down**, ㉡ **Shift** + **Page Up**

② ㉠ **Ctrl** + **Page Down**, ㉡ **Ctrl** + **Page Up**

③ ㉠ **Ctrl** + **←**, ㉡ **Ctrl** + **←**

④ ㉠ **Shift** + **↑**, ㉡ **Shift** + **↓**

---

24 난이도 상 중 하

다음 중 아래의 [A1:E5] 영역에서 B열과 D열에만 배경색을 설정하기 위한 조건부 서식의 규칙으로 옳은 것은?

	A	B	C	D	E
1	자산코드	L47C	S22C	N71E	S34G
2	비품명	디스크	디스크	디스크	모니터
3	내용연수	4	3	3	5
4	경과연수	2	1	2	3
5	취득원가	550,000	66,000	132,000	33,000

① =MOD(COLUMNS($A1),2)=1

② =MOD(COLUMNS(A$1),2)=0

③ =MOD(COLUMN($A1),2)=0

④ =MOD(COLUMN(A$1),2)=0

25 난이도 상 **중** 하

다음 중 서식 코드를 셀의 사용자 지정 표시 형식으로 설정한 경우 입력 데이터와 표시 결과가 옳지 않은 것은? (단, 열 너비는 표준 열 너비이다.)

	서식 코드	데이터 입력	표시
㉠	# ???/???	3.75	3 3/4
㉡	0,00#,	-6789	-0,007
㉢	*-#,##0	6789	*---6,789
㉣	▲#;▼#;0	-6789	▼6789

① ㉠   ② ㉡   ③ ㉢   ④ ㉣

26 난이도 **상** 중 하

다음 중 워크시트에 관한 설명으로 옳지 않은 것은?

① 워크시트가 연속적으로 여러 개 선택된 상태에서 **Shift** + **F11** 키를 누르면 선택된 워크시트의 개수만큼 새로운 워크시트가 삽입된다.
② 워크시트의 이름을 변경하지 못하도록 하려면 [시트 보호] 대화상자의 '잠긴 셀의 내용과 워크시트 보호'에 체크 표시한다.
③ 워크시트를 숨긴 경우 시트 탭 표시줄에는 표시되지 않지만 다른 워크시트나 다른 통합문서에서 계속 참조할 수 있다.
④ [페이지 레이아웃] 탭 [페이지 설정] 그룹의 '배경' 명령을 이용하여 시트 배경 이미지를 화면에 표시할 수 있으나 인쇄되지는 않는다.

27 난이도 **상** 중 하

다음 중 VBA에서 각 영역 선택을 위한 Range 속성 관련 코드로 옳지 않은 것은?

① [A1:D10] 영역 선택 → Range("A1:D10").Select
② "판매량"으로 정의된 이름 영역 선택 → Range("판매량").Select
③ [A1] 셀, [C5] 셀 선택 → Range("A1", "C5").Select
④ [A1:C5] 영역 선택 → Range(Cells(1, 1), Cells(5, 3)).Select

28 난이도 상 **중** 하

아래는 Do … Loop 문을 이용하여 1에서부터 100까지의 홀수 합을 메시지 상자에 표시하는 코드이다. 다음 중 ㉠과 ㉡에 들어갈 식으로 옳은 것은?

```
Sub ODD( )
  Count = 1
  Total = 0
  Do ( ㉠ )
    Total = Total + Count
    ( ㉡ )
  Loop
  MsgBox Total
End Sub
```

① ㉠ While Count < 100 ㉡ Count = Count + 2
② ㉠ Until Count < 100 ㉡ Count = Count + 2
③ ㉠ Until Count > 100 ㉡ Count = Count + 1
④ ㉠ While Count > 100 ㉡ Count = Count + 1

29 난이도 상 **중** 하

다음 중 셀 영역을 선택한 후 상태 표시줄의 바로 가기 메뉴인 [상태 표시줄 사용자 지정]에서 선택할 수 있는 자동 계산에 해당되지 않는 것은?

① 선택한 영역 중 숫자 데이터가 입력된 셀의 수
② 선택한 영역 중 문자 데이터가 입력된 셀의 수
③ 선택한 영역 중 데이터가 입력된 셀의 수
④ 선택한 영역의 합계, 평균, 최소값, 최대값

30 난이도 상 **중** 하

다음 중 아래의 워크시트에서 [C1] 셀에 수식 '=A1+B1+C1'을 입력할 경우 발생하는 상황으로 옳은 것은?

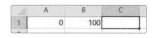

① [C1] 셀에 '#REF!' 오류 표시
② [C1] 셀에 '#NUM!' 오류 표시
③ 데이터 유효성 오류 메시지 창 표시
④ 순환 참조 경고 메시지 창 표시

31 난이도 상 중 **하**

다음 중 아래의 워크시트에서 '김인수' 사원의 근속년수를 오늘 날짜를 기준으로 구하고자 할 때, [D8] 셀에 입력할 수식으로 옳은 것은?

	A	B	C	D	E
1	사원	입사일자	부서	연봉	
2	홍진성	2010-12-12	영업부	3000만원	
3	김미영	2019-12-01	연구소	5000만원	
4	한철수	2005-10-05	총무부	4000만원	
5	김인수	2009-04-02	경리부	3600만원	
6	장인선	2012-01-02	기획실	2500만원	
7					
8	이름	김인수	근속년수		

① =YEAR(TODAY())-YEAR(HLOOKUP(B8,A2:D6,2,0))

② =YEAR(TODAY())-YEAR(XLOOKUP(B8,A2:D6,2,0))

③ =YEAR(TODAY())-YEAR(XLOOKUP(B8,A2:A6,B2:B6))

④ =YEAR(TODAY())-YEAR(VLOOKUP(B8,A2:B6,2,1))

32 난이도 **상** 중 하

다음 중 아래의 부분합 결과를 통해 명확히 알 수 있는 내용으로 옳은 것은?

1 2 3 4		A	B	C	D	E
	1	부서	제품명	상태	판매량	재고량
	2	생산1팀	냉장고	양호	45	35
	3	생산1팀	냉장고	양호	45	25
	4		냉장고 요약		90	60
	5	생산1팀	세탁기	양호	45	10
	6	생산1팀	세탁기	양호	100	20
	7		세탁기 요약		145	30
	8	생산1팀 요약			235	90
	9	생산2팀	세탁기	양호	80	15
	10	생산2팀	세탁기	불량	45	8
	11		세탁기 요약		125	23
	12	생산2팀	전자레인지	양호	70	27
	13	생산2팀	전자레인지	양호	100	60
	14	생산2팀	전자레인지	불량	100	50
	15		전자레인지 요약		270	137
	16	생산2팀 요약			395	160
	17	총합계			630	250

① [부분합] 대회상자에서 '새로운 값으로 대치' 옵션과 '데이터 아래에 요약 표시' 옵션을 해제하여 실행하였다.

② 부분합으로 설정된 그룹의 윤곽이 자동 윤곽으로 재설정 되었다.

③ 부분합 수행 전 첫 번째 정렬 기준으로 '제품명', 두 번째 정렬 기준으로 '부서', 세 번째 정렬 기준으로 '판매량'을 선택하여 각각 오름차순 정렬을 실행하였다.

④ '부서'를 그룹화할 항목으로 선택하여 '판매량'과 '재고량'의 합계를 계산한 후 '제품명'을 그룹화할 항목으로 선택하여 '판매량'과 '재고량'의 합계를 계산하였다.

33 난이도 **상** 중 하

다음 중 차트 편집에 관한 설명으로 옳지 않은 것은?

① 차트를 삭제하여도 원본 데이터에는 영향을 미치지 않지만, 워크시트에서 차트 데이터 범위 영역 내의 데이터를 수정하는 경우 차트에도 수정 사항이 반영된다.

② 두 개 이상의 차트 종류를 혼합하여 작성할 수는 있으나 2차원 차트와 3차원 차트를 혼합하여 작성할 수는 없다.

③ 워크시트에서 차트 데이터 범위 영역의 중간에 항목을 삽입하는 경우 차트에서도 항목이 삽입된다.

④ 워크시트에서 차트 데이터 범위 영역의 중간에 데이터 계열을 삽입하는 경우 차트에서도 데이터 계열이 삽입된다.

34 난이도 상 **중** 하

다음 중 [페이지 설정] 대화상자의 [시트] 탭 옵션에 대한 설명으로 옳지 않은 것은?

① '메모'는 메모를 인쇄에 포함하지 않는 '(없음)' 외에 '시트 끝', '시트에 표시된 대로' 중 선택하여 인쇄 위치를 지정할 수 있다.

② '행/열 머리글'을 선택하면 워크시트의 행 머리글과 열 머리글을 포함하여 인쇄한다.

③ '반복할 행'은 매 페이지 상단에 제목으로 인쇄될 영역을 지정하는 것으로 비연속 구간의 여러 행을 선택할 수 있다.

④ '셀 오류 표시'는 '표시된 대로' 외에 '<공백>', '--', '#N/A' 중 선택하여 표시할 수 있다.

35 난이도 상 중 **하**

다음 중 워크시트의 화면 [확대/축소]에 관한 설명으로 옳지 않은 것은?

① 여러 워크시트가 선택된 상태에서 확대/축소 배율을 변경하면 선택된 워크시트 모두 확대/축소 배율이 적용된다.

② [보기] 탭 [확대/축소] 그룹의 [선택 영역 확대/축소] 명령은 선택된 영역으로 전체 창을 채우도록 워크시트를 확대하거나 축소한다.

③ 확대/축소 배율은 최소 10%, 최대 400%까지 설정할 수 있다.

④ [확대/축소] 대화상자에서 지정한 배율은 인쇄 시 [페이지 설정]의 확대/축소 배율에 반영된다.

36 난이도 상 중 하

직원현황 표에서 이름이 세 글자이면서 '이'로 시작하고 TOEIC 점수가 600점 이상 800점 미만인 직원이거나, 직급이 대리이면서 연차가 3년 이상인 직원의 데이터를 추출하고자 한다. 다음 중 이를 위한 [고급 필터]의 검색 조건으로 옳은 것은?

①
이름	TOEIC	TOEIC	직급	연차
이??	>=600	<800		
			대리	>=3

②
이름	TOEIC	TOEIC	직급	연차
이**	>=600		대리	
		<800		>=3

③
이름	TOEIC	TOEIC	직급	연차
이??	>=600		대리	
		<800		>=3

④
이름	TOEIC	TOEIC	직급	연차
이**	>=600	<800		
			대리	>=3

37 난이도 상 중 하

다음 중 아래의 차트에 대한 설명으로 옳지 않은 것은?

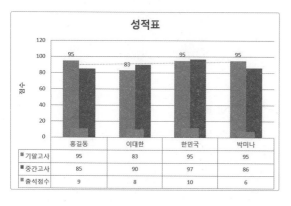

	홍길동	이대한	한민국	박미나
■ 기말고사	95	83	95	95
■ 중간고사	85	90	97	86
■ 출석점수	9	8	10	6

① 기본 세로 축 제목은 '제목 회전'으로 "점수"가 입력되었다.

② 세로 (값) 축의 주 단위는 20이고, 보조 눈금선은 표시되지 않았다.

③ 기말고사에 대한 변화 추세를 파악하기 위하여 추세선과 데이터 레이블을 표시하였다.

④ 범례와 범례 표지가 표시되지 않았다.

38 난이도 상 중 하

다음 중 데이터 정렬에 대한 설명으로 옳지 않은 것은?

① 정렬 조건을 최대 64개까지 지정할 수 있어 다양한 조건으로 정렬할 수 있다.

② 숨겨진 열이나 행은 정렬 시 이동되지 않으므로 데이터를 정렬하기 전에 숨겨진 열과 행을 표시하는 것이 좋다.

③ 정렬 기준을 글꼴 색이나 셀 색으로 선택한 경우의 기본 정렬 순서는 오름차순의 경우 밝은 색에서 어두운 색 순으로 정렬된다.

④ 첫째 기준 뿐만 아니라 모든 정렬 기준에서 사용자 지정 목록을 정렬 기준으로 사용할 수 있다.

39 난이도 상 중 하

아래의 워크시트와 같이 데이터가 입력되도록 [A1:C3] 영역을 선택하여 2차원 배열 상수를 작성하고자 한다. 다음 중 이를 위한 배열 수식으로 옳은 것은?

	A	B	C
1	1	2	3
2	10	20	30
3	100	200	300

① ={1,2,3:10,20,30:100,200,300}   ② ={1,2,3,10,20,30,100,200,300}

③ ={1:2:3:10:20:30:100:200:300}   ④ ={1:2,3:10:20:30,100:200:300}

40 난이도 상 중 하

다음 중 아래의 워크시트에서 [F2] 셀에 소속이 '영업1부'인 총매출액의 합계를 계산하기 위한 수식으로 옳지 않은 것은?

	A	B	C	D	E	F	G
1	성명	소속	총매출액		소속	총매출액	평균매출액
2	이민우	영업1부	8,819		영업1부	28,581	7,145
3	차소라	영업2부	8,072				
4	진희경	영업3부	6,983		소속별 총매출액의 합계		
5	장용	영업1부	7,499				
6	최병철	영업1부	7,343				
7	김철수	영업3부	4,875				
8	정진수	영업2부	5,605				
9	고희수	영업3부	8,689				
10	조민희	영업3부	7,060				
11	추소영	영업2부	6,772				
12	홍수아	영업3부	6,185				
13	이경식	영업1부	4,920				
14	유동근	영업2부	7,590				
15	이혁재	영업3부	6,437				

① =DSUM(A1:C15,3,E1:E2)   ② =DSUM(A1:C15,C1,E1:E2)

③ =SUMIF(B2:B15,E2,C2:C15)   ④ =SUMIF(A1:C15,E2,C1:C15)

3 과목 데이터베이스 일반

41 난이도 상 중 하

다음 중 폼을 디자인 보기나 데이터시트 보기로 열기 위해 사용하는 매크로 함수는?

① RunCommand
② OpenForm
③ RunMacro
④ RunSQL

42 난이도 상 중 하

다음 중 아래의 프로그램을 수행한 후 변수 Sum의 값으로 옳은 것은?

```
Sum = 0
For i = 1 to 20
  Select Case ( i Mod 4)
  Case 0
    Sum = Sum + i
  Case 1, 2, 3
  End Select
Next
```

① 45
② 55
③ 60
④ 70

43 난이도 상 중 하

다음 중 데이터베이스 모델에 대한 설명으로 옳지 않은 것은?

① 계층형 모델은 하나의 루트 레코드 타입과 종속된 레코드 타입으로 구성된 트리 구조를 가진다.

② 네트워크형 모델은 그래프 표현을 이용하여 레코드간의 관계를 다대다 관계(N:M)로 표현할 수 있다.

③ 관계형 모델은 행과 열로 구성되는 테이블로 표시되고, 각 테이블 간에는 공통 속성을 통해 관계가 성립된다.

④ 객체지향형 모델은 데이터를 개체와 관계로 표현하며, 일반화, 집단화 등의 개념을 추가하여 복잡한 데이터를 나타낸다.

44 난이도 상 중 하

다음 중 관계형 데이터베이스 관리 시스템(RDBMS)의 종류에 해당하지 않는 것은?

① MS-SQL Server
② 오라클(ORACLE)
③ MY-SQL
④ 파이썬(Python)

45 난이도 상 중 하

다음 중 디자인이 미리 정해져 있는 거래 명세서나 세금계산서를 가장 손쉽게 생성할 수 있는 보고서 관련 명령은?

① 새 보고서
② 보고서 마법사
③ 보고서 디자인
④ 업무 문서 양식 마법사

46 난이도 상 중 하

다음 중 콤보 상자 컨트롤의 각 속성에 대한 설명으로 옳지 않은 것은?

① 행 원본(Row Source) : 콤보 상자 컨트롤에서 사용할 데이터 설정

② 컨트롤 원본(Control Source) : 연결할(바운드 할) 데이터 설정

③ 바운드 열(Bound Column) : 콤보 상자 컨트롤에 저장할 열 설정

④ 사용 가능(Enabled) : 컨트롤에 입력된 데이터의 편집 여부 설정

47 난이도 상 중 하

다음 중 보고서의 레코드 원본에 대한 설명으로 옳지 않은 것은?

① [보고서 마법사]를 통해 원하는 필드들을 손쉽게 선택하여 레코드 원본으로 지정할 수 있다.

② 기본적으로 하나의 테이블에서만 필요한 필드를 선택하여 레코드 원본으로 지정할 수 있다.

③ [속성 시트]의 '레코드 원본' 드롭다운 목록에서 테이블이나 쿼리를 선택하여 지정할 수 있다.

④ 쿼리 작성기를 통해 새 쿼리를 작성하여 레코드 원본으로 지정할 수 있다.

48 난이도 상 중 하

다음 중 각 쿼리문에 대한 설명으로 옳지 않은 것은?

① SELECT Weekday([출고일], 1) FROM 출고; → 출고일 필드의 날짜 값에서 요일을 나타내는 정수를 표시하며, 일요일을 1로 시작한다.

② SELECT DateDiff("d", [출고일], Date()) FROM 출고; → 출고일 필드의 날짜 값에서 오늘 날짜까지 경과한 일자 수를 표시한다.

③ SELECT DateAdd("y", 5, Date()) AS 날짜계산; → 오늘 날짜에서 5년을 더한 날짜를 표시한다.

④ SELECT * FROM 출고 WHERE Month([출고일])=9; → 출고일 필드의 날짜 값에서 9월에 해당하는 레코드들만 표시한다.

49 난이도 상 중 하

다음 중 보고서 각 보기 형태에 대한 설명으로 옳지 않은 것은?

① '보고서 보기'는 인쇄 미리 보기와 비슷하지만 페이지를 구분하여 화면에 보고서를 표시한다.

② '레이아웃 보기'는 보고서 내용을 직접 보면서 다양한 서식과 컨트롤 속성을 설정할 수 있다.

③ '디자인 보기'는 보고서에 삽입된 컨트롤의 속성, 맞춤, 위치 등을 설정할 수 있으며, 보고서 내용은 볼 수 없다.

④ '인쇄 미리 보기'는 [인쇄] 메뉴의 [인쇄 미리 보기]를 실행하여 보는 것과 같은 것으로 인쇄될 모양을 미리 보여준다.

50 난이도 상 중 하

다음 중 자료 분석에 매우 유용한 결과를 보여주는 크로스탭 쿼리에 관한 설명으로 옳은 것은?

① 크로스탭 쿼리는 값을 요약한 다음 세 가지의 집합 기준으로 그룹화 한다.

② 열과 행이 교차하는 곳에는 숫자 값을 사용하는 필드만 선택 가능하다.

③ 크로스탭 쿼리 작성 시 행 머리글은 최대 3개까지 필드를 지정할 수 있다.

④ 크로스탭 쿼리는 폼 또는 보고서 개체를 데이터 원본으로 사용한다.

51 난이도 상 중 하

아래는 [학생] 테이블의 디자인 보기와 [학생] 테이블을 이용한 SQL문이다. 다음 중 아래 SQL문의 실행 결과에 대한 설명으로 옳은 것은?

필드 이름	데이터 형식
학번	짧은 텍스트
성명	짧은 텍스트
동아리	짧은 텍스트

```
SELECT 동아리 FROM 학생
GROUP BY 동아리
HAVING COUNT(*)>2;
```

① 같은 성명을 가진 학생이 3명 이상인 동아리들을 검색한다.

② 동아리를 3개 이상 가입한 학생들을 검색한다.

③ 3개의 동아리 중 하나라도 가입한 학생들을 검색한다.

④ 동아리에 가입한 학생이 3명 이상인 동아리들을 검색한다.

52 난이도 상 중 하

다음 중 쿼리문의 구문 형식이 옳지 않은 것은?

① insert into member(id, password, name, age) values('a001', '1234', 'kim', 20);

② update member set age=17 where id='a001';

③ select * distinct from member where age=17;

④ delete from member where id='a001';

53 난이도 상 중 하

다음 중 폼에서 컨트롤을 선택하는 방법에 대한 설명으로 옳은 것은?

① 여러 개의 컨트롤들을 비순차적으로 선택하려면 **Alt** 키를 누른 채 원하는 컨트롤을 각각 클릭한다.

② 일정 영역의 컨트롤들을 한 번에 모두 선택하려면 마우스로 선택할 컨트롤들이 다 포함되도록 해당 영역을 드래그 한다.

③ 정렬된 여러 개의 컨트롤들을 모두 선택하려면 맨 위에 위치한 컨트롤을 클릭한 후 마지막에 위치한 컨트롤을 **Shift** 키를 누른 채 클릭한다.

④ 본문 영역 내의 컨트롤들만 모두 선택하려면 **Ctrl** + **A** 키를 누른다.

54 난이도 상 중 **하**

다음 중 외부 데이터 가져오기 기능을 이용하여 테이블에 데이터를 가져올 때 적절하지 않은 파일 형식은?

① 텍스트 파일

② Excel 파일

③ Word 파일

④ XML 파일

55 난이도 **상** 중 하

'부서코드'를 기본키로 하는 [부서] 테이블과 '부서코드'를 포함한 사원정보가 있는 [사원] 테이블을 이용하여 관계를 설정하였다. 다음 중 이와 관련된 관계 설정에 대한 설명으로 옳은 것은? (단, 한 부서에는 여러 명의 사원이 소속되어 있으며, 한 사원은 하나의 부서에 소속된다.)

① '항상 참조 무결성 유지'를 설정하면 [사원] 테이블에 입력하려는 '사원'의 '부서코드'는 반드시 [부서] 테이블에 존재해야만 한다.

② '항상 참조 무결성 유지'를 설정하면 [부서] 테이블에서 '부서코드'가 바뀌는 경우 [사원] 테이블에 있는 '사원'의 '부서코드'도 무조건 자동으로 바뀐다.

③ '항상 참조 무결성 유지'를 설정하지 않더라도 [사원] 테이블에 입력하려는 '사원'의 '부서코드'는 반드시 [부서] 테이블에 존재해야만 한다.

④ '항상 참조 무결성 유지'를 설정하지 않더라도 [사원] 테이블에서 사용 중인 '부서코드'는 [부서] 테이블에서 삭제할 수 없다.

56 난이도 상 중 **하**

다음 중 테이블에 입력된 날짜 필드의 값을 '2015-10-13'과 같은 형식으로 표시하고자 할 때 테이블의 디자인 보기에서 지정해야 할 '형식' 속성 값으로 옳은 것은?

① 기본 날짜

② 자세한 날짜

③ 보통 날짜

④ 간단한 날짜

57 난이도 상 중 하

다음 중 테이블에서의 필드 이름 지정 규칙에 대한 설명으로 옳은 것은?

① 필드 이름의 첫 글자는 숫자로 시작할 수 없다.

② 테이블 이름과 동일한 이름을 필드 이름으로 지정할 수 없다.

③ 한 테이블 내에 동일한 이름의 필드를 2개 이상 지정할 수 없다.

④ 필드 이름에 문자, 숫자, 공백, 특수문자를 조합한 모든 기호를 포함할 수 있다.

58 난이도 상 **중** 하

다음 중 폼 작성 시 속성 설정에 대한 설명으로 옳지 않은 것은?

① 폼은 데이터의 입력, 편집 작업 등을 위한 사용자와의 인터페이스로 테이블, 쿼리, SQL문 등을 '레코드 원본' 속성으로 지정할 수 있다.

② 폼의 제목 표시줄에 표시되는 텍스트는 '이름' 속성을 이용하여 변경할 수 있다.

③ 폼의 보기 형식은 '기본 보기' 속성에서 단일 폼, 연속 폼, 데이터시트, 피벗 테이블, 피벗 차트, 분할 표시 폼 중 선택할 수 있다.

④ 이벤트의 작성을 위한 작성기는 식 작성기, 매크로 작성기, 코드 작성기 중 선택할 수 있다.

59 난이도 **상** 중 하

[만들기] 탭 [폼] 그룹의 명령을 이용하여 폼 보기와 데이터시트 보기를 동시에 표시하는 폼을 만들고자 한다. 다음 중 가장 적절한 폼 만들기 명령은?

① 여러 항목

② 폼 분할

③ 폼 마법사

④ 모달 대화상자

60 난이도 상 중 **하**

다음 중 폼 마법사를 이용하여 폼을 작성할 때 폼의 모양을 지정하기 위한 선택 항목에 해당하지 않는 것은?

① 열 형식

② 피벗 테이블

③ 데이터시트

④ 맞춤

1 과목 컴퓨터 일반

01 난이도 상 **중** 하

다음 중 Windows에서 동영상 파일의 바로 가기 메뉴 중 [속성]을 선택하여 확인할 수 있는 비디오 정보에 해당하지 않는 것은?

① 길이
② 비트 수준
③ 프레임 속도
④ 총 비트 전송률

02 난이도 상 중 **하**

다음 중 하이퍼미디어에 관한 설명으로 옳지 않은 것은?

① 특정 텍스트나 이미지 등의 다양한 미디어를 클릭하면 연결된 문서로 이동하는 문서 형식이다.
② 문서와 문서가 연결되어 있는 형식으로 문서를 읽는 순서가 결정되는 선형 구조를 가지고 있다.
③ 하이퍼미디어는 하이퍼텍스트와 멀티미디어를 합한 개념이다.
④ 하나의 데이터를 여러 사용자가 서로 다른 경로를 통해 검색할 수 있다.

03 난이도 상 **중** 하

다음 중 정보 보안을 위한 비밀키 암호화 기법에 대한 설명으로 옳지 않은 것은?

① 비밀키 암호화 기법의 안전성은 키의 길이 및 키의 비밀성 유지 여부에 영향을 많이 받는다.
② 암호화와 복호화 시 사용하는 키가 동일한 암호화 기법이다.
③ 알고리즘이 복잡하여 암호화나 복호화를 하는 속도가 느리다는 단점이 있다.
④ 사용자의 증가에 따라 관리해야 할 키의 수가 많아진다.

04 난이도 상 중 **하**

다음 중 각 인터넷 서비스에 대한 설명으로 옳지 않은 것은?

① IRC는 여러 사람들이 관심 있는 분야별로 채널에서 대화할 수 있는 서비스이다.
② WAIS는 여러 곳에 분산되어 있는 전문 주제 데이터베이스의 자료들을 키워드를 사용하여 검색할 수 있게 하는 서비스이다.
③ Usenet은 멀리 떨어져 있는 컴퓨터에 접속하여 자신의 컴퓨터처럼 사용할 수 있도록 하는 서비스이다.
④ E-Commerce는 컴퓨터에서 거래할 수 있도록 다양한 서비스를 제공한다.

05 난이도 **상** 중 하

다음 중 컴퓨터 통신에서 사용하는 프로토콜 기능에 관한 설명으로 적절하지 않은 것은?

① 통신망에 전송되는 패킷의 흐름을 제어해서 시스템 전체의 안전성을 유지한다.
② 정보를 전송하기 위해 송·수신기 사이에 같은 상태를 유지하도록 동기화 기능을 수행한다.
③ 데이터 전송 도중에 발생하는 오류를 검출한다.
④ 네트워크에 접속된 다양한 단말 장치를 자동으로 인식하고 호환성을 제공한다.

06 난이도 상 **중** 하

다음 중 네트워크 연결방식의 하나인 클라이언트/서버 방식에 관한 설명으로 옳은 것은?

① 서버와 클라이언트가 모두 처리 능력을 가지며, 분산 처리 환경에 적합하다.
② 중앙 컴퓨터가 모든 단말기에서 요구하는 데이터 처리를 전담한다.
③ 동등한 계층 노드들이 서로 클라이언트와 서버의 역할을 동시에 할 수 있다.
④ 단방향 통신을 사용하며, 처리를 위한 대기 시간이 필요하다.

07 난이도 상 중 하

다음 중 블루투스에 대한 설명으로 옳은 것은?

① IEEE 802.15.1 규격을 사용하는 PANs(Personal Area Networks)의 산업 표준이다.

② 컴퓨터 주변기기에 다양한 규격의 커넥터들을 사용하는데 커넥터 간 호환되지 않는 문제를 해결하고자 개발되었다.

③ 기존의 통신기기, 가전 및 사무실 기기들의 종류에 상관없이 하나의 표준 접속을 통하여 다양한 기능을 수행하도록 하기 위해 개발되었다.

④ 기존의 전화선을 이용한 고속 디지털 전송 기술 중 하나이다.

08 난이도 상 중 하

다음 중 저작재산권의 제한 사항으로 옳지 않은 것은?

① 재판 절차에 필요하여 저작물을 복제한 경우

② 방송사업자가 자체방송을 위해 일시적으로 녹음하거나 녹화한 경우

③ 시각 장애자나 청각 장애자 등을 위해 점자에 의한 복제인 경우

④ 도서관을 포함한 국가의 모든 공공 기관에 보관된 자료를 복제한 경우

09 난이도 상 중 하

다음 중 컴퓨터 소프트웨어 개발 과정에서 제작되는 알파(Alpha) 버전에 관한 설명으로 옳은 것은?

① 정식 프로그램의 기능을 홍보하기 위해 기능 및 기간을 제한하여 배포하는 프로그램이다.

② 베타 테스트를 하기 전에 제작 회사 내에서 테스트할 목적으로 제작된 프로그램이다.

③ 정식 버전을 출시하기 전에 테스트 목적으로 일반인에게 공개하는 프로그램이다.

④ 오류 수정이나 성능 향상을 위해 이미 배포된 프로그램의 일부를 변경해 주는 프로그램이다.

10 난이도 상 중 하

다음 중 Windows의 [시스템 구성]에 대한 설명으로 옳지 않은 것은?

① Windows가 제대로 시작되지 않는 문제를 식별하도록 도와주는 고급 도구이며 문제를 찾아 격리시키기 위한 것이다.

② 시작 모드 중 '선택 모드'는 기본 장치 및 서비스로만 Windows를 시작하여 발생된 문제를 진단하는데 유용하다.

③ 한 번에 하나씩 공용 서비스 및 시작 프로그램을 끈 상태에서 Windows를 시작한 다음 다시 켤 수 있으므로, 서비스를 끌 때는 문제가 발생하지 않지만 켤 때 문제가 발생하면 해당 서비스가 문제의 원인임을 알 수 있다.

④ 부팅 옵션 중 '안전 부팅'의 '최소 설치'를 선택하면 중요한 시스템 서비스만 실행되는 안전 모드로 Windows를 시작하며, 네트워킹은 사용할 수 없다.

11 난이도 상 중 하

다음 중 Windows의 보조 프로그램 중 [명령 프롬프트]에 관한 설명으로 옳지 않은 것은?

① MS-DOS 명령 및 기타 컴퓨터 명령을 텍스트 기반으로 실행한다.

② [명령 프롬프트] 창에서 표시되는 텍스트를 복사하여 메모장에 붙여 넣을 수 있다.

③ 윈도우 시작 단추의 검색 상자에 'command'를 입력하여 실행할 수도 있다.

④ [명령 프롬프트] 창에서 'exit'를 입력하여 종료할 수 있다.

12 난이도 상 중 하

다음 중 하나의 컴퓨터에 여러 개의 중앙처리장치를 설치하여 주기억장치나 주변장치들을 공유하고, 신뢰성과 연산 능력을 향상시키는 시스템을 의미하는 것은?

① 시분할 처리 시스템(Time Sharing System)

② 다중 프로그래밍 시스템(Multi-Programming System)

③ 듀플렉스 시스템(Duplex System)

④ 다중 처리 시스템(Multi-Processing System)

13 난이도 상 중 하

다음 중 컴퓨터에서 사용하는 자료의 외부적 표현 방식에 관한 설명으로 옳은 것은?

① ASCII는 데이터 통신용이나 개인용 컴퓨터에서 사용하며, 128가지의 문자를 표현할 수 있다.

② BCD는 8비트로 구성되어 있으며, 하나의 문자를 표현할 수 있다.

③ EBCDIC는 대형 컴퓨터에서 사용되는 범용 코드이며, 6비트로 구성되어 있다.

④ Unicode는 국제 표준 코드로 최대 256가지의 문자 표현이 가능하다.

14 난이도 상 중 하

다음 중 컴퓨터에서 하드디스크를 연결하는 SATA 방식에 관한 설명으로 옳지 않은 것은?

① 직렬 인터페이스 방식을 사용한다.

② PATA 방식보다 데이터 전송 속도가 빠르다.

③ 핫 플러그인 기능을 지원한다.

④ EIDE는 일반적으로 SATA를 의미한다.

15 난이도 상 중 하

다음 중 컴퓨터 시스템을 효율적으로 관리하기 위한 유의 사항으로 적절하지 않은 것은?

① 모니터의 번인 현상을 방지하기 위하여 화면보호기를 사용한다.

② 주기적으로 자주 시스템을 재부팅하여 부품의 수명을 연장시킨다.

③ 컴퓨터를 끌 때에는 작업 중인 문서를 먼저 저장한 후 종료시킨다.

④ 정기적으로 시스템 최적화 프로그램을 사용하여 컴퓨터를 점검한다.

16 난이도 상 중 하

다음 중 컴퓨터가 하드디스크를 인식하지 못하는 경우의 대처 방법으로 가장 적절하지 않은 것은?

① 디스크 조각 모음을 수행하여 단편화를 제거한다.

② CMOS Setup에서의 하드디스크 설정 내용을 확인한다.

③ 백신 프로그램으로 바이러스에 의한 것인지 점검한다.

④ 하드디스크 전원의 연결 상태를 점검한다.

17 난이도 상 중 하

다음 중 Windows에서 [장치 및 프린터] 폴더에 표시되지 않는 내용은?

① 사용자 컴퓨터

② PS/2 또는 직렬 포트를 통해 연결된 키보드와 마우스

③ 컴퓨터의 USB 포트에 연결하는 모든 장치

④ 가끔 컴퓨터에 연결하는 휴대용 장치

18 난이도 상 중 하

다음 중 Windows의 [설정]-[시스템]에 대한 설명으로 옳지 않은 것은?

① 디스플레이 : 야간 모드, 배율, 해상도, 디스플레이 방향 등을 설정할 수 있다.

② 작업 표시줄 : 작업 표시줄을 잠금, 숨기기, 작은 단추 사용 등을 설정할 수 있다.

③ 전원 및 절전 : 일정 시간동안 컴퓨터를 사용하지 않을 경우 화면을 끄거나 컴퓨터를 절전 상태로 전환할 수 있다.

④ 저장소 : 컴퓨터에 설치된 모든 드라이브의 용량, 사용 용량, 사용 가능 용량을 한 눈 파악할 수 있다.

19 난이도 상 중 **하**

다음 중 Windows의 자녀 보호 기능에 대한 설명으로 옳지 않은 것은?

① 자녀의 온라인 활동(화면 시간, 웹 검색, 앱 및 게임 등)을 주간 보고서로 받아볼 수 있다.

② 자녀의 컴퓨터 사용시간을 요일별로 지정할 수 있다.

③ 자녀 컴퓨터의 앱 및 게임에 제한을 지정할 수 있다.

④ 부모의 계정은 관리자 계정이어야 하지만, 보호 대상이 되는 자녀의 계정은 계정의 종류와 상관없이 적용할 수 있다.

20 난이도 상 중 **하**

다음 중 32비트 및 64비트 버전의 Windows OS에 관한 설명으로 옳지 않은 것은?

① 64비트 버전의 Windows에서는 대용량 RAM을 32비트 시스템보다 효과적으로 처리한다.

② 64비트 버전의 Windows를 설치하려면 64비트 버전의 Windows를 실행할 수 있는 CPU가 필요하다.

③ 64비트 버전의 Windows에서 하드웨어 장치가 정상적으로 동작하려면 64비트용 장치 드라이버가 필요하다.

④ 프로그램이 64비트 버전의 Windows용으로 설계된 경우 호환성 유지를 위해 32비트 버전의 Windows에서도 작동되도록 설계되어 있다.

2 과목   **스프레드시트 일반**

21 난이도 상 중 **하**

다음 중 [데이터]-[데이터 가져오기 및 변환]에서 가져올 수 없는 파일 형식은?

① MS-Word 파일   ② PDF 파일

③ Access 자료   ④ Microsoft Query

22 난이도 상 중 **하**

다음 중 외부 데이터의 [연결] 설정 기능에 대한 설명으로 옳지 않은 것은?

① [통합 문서 연결] 대화상자에서 시트, 이름, 위치(셀, 범위, 개체에 대한 참조), 값, 수식 등 통합 문서에서 사용되는 연결 위치 정보가 제공된다.

② [연결 속성] 대화상자에서 일정한 시간 간격으로 외부 데이터를 자동으로 새로 고치도록 설정할 수 있다.

③ [연결 속성] 대화상자에서 통합 문서를 열 때 외부 데이터를 자동으로 새로 고치거나 외부 데이터를 새로 고치지 않고 즉시 통합 문서를 열도록 설정할 수 있다.

④ 연결을 제거하면 현재 통합 문서에 외부에서 연결하여 가져온 데이터도 함께 제거된다.

23 난이도 상 **중** 하

다음 중 엑셀의 정렬 기능에 대한 설명으로 옳지 않은 것은?

① 오름차순 정렬과 내림차순 정렬 모두 빈 셀은 항상 마지막으로 정렬된다.

② 영숫자 텍스트는 왼쪽에서 오른쪽 방향으로 문자 단위로 정렬된다.

③ 사용자가 [정렬 옵션] 대화상자에서 대/소문자를 구분하도록 변경하여, 오름차순으로 정렬하면 대문자가 소문자보다 우선순위를 갖는다.

④ 공백으로 시작하는 문자열은 오름차순 정렬일 때 숫자 바로 다음에 정렬되고, 내림차순 정렬일 때는 숫자 바로 앞에 정렬된다.

24 난이도 상 **중** 하

다음 중 셀에 수식을 입력하는 방법에 대한 설명으로 옳지 않은 것은?

① 수식에서 통합 문서의 여러 워크시트에 있는 동일한 셀 범위 데이터를 이용하려면 3차원 참조를 사용한다.

② 계산할 셀 범위를 선택하여 수식을 입력한 다음 **Ctrl** + **Enter** 키를 누르면 동일한 수식을 선택한 범위의 모든 셀에 빠르게 입력할 수 있다.

③ 수식을 입력한 후 결과값이 수식이 아닌 상수로 입력되게 하려면 수식을 입력한 후 바로 **Alt** + **F9** 키를 누른다.

④ 배열 상수에는 숫자나 텍스트 외에 'TRUE', 'FALSE' 등의 논리값 또는 '#N/A'와 같은 오류 값도 포함될 수 있다.

25 난이도 상 중 하

다음 중 아래 그림과 같이 목표값 찾기를 지정했을 때의 설명으로 옳은 것은?

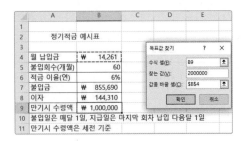

① 만기시 수령액이 2,000,000원이 되려면 월 납입금은 얼마가 되어야 하는가?

② 만기시 수령액이 2,000,000원이 되려면 적금 이율(연)이 얼마가 되어야 하는가?

③ 불입금이 2,000,000원이 되려면 만기시 수령액은 얼마가 되어야 하는가?

④ 월 납입금이 2,000,000원이 되려면 만기시 수령액은 얼마가 되어야 하는가?

26 난이도 상 중 하

다음 중 메모에 대한 설명으로 옳지 않은 것은?

① 새 메모를 작성하려면 바로 가기 Shift + F2 키를 누른다.

② 작성된 메모가 표시되는 위치를 자유롭게 지정할 수 있고, 메모가 항상 표시되도록 설정할 수 있다.

③ 피벗 테이블의 셀에 메모를 삽입한 경우 데이터를 정렬하면 메모도 데이터와 함께 정렬된다.

④ 메모의 텍스트 서식을 변경하거나 메모에 입력된 텍스트에 맞도록 메모 크기를 자동으로 조정할 수 있다.

27 난이도 상 중 하

다음 중 [파일]-[옵션]의 [일반]에서 설정 가능한 것은?

① 셀에 데이터를 입력한 후 Enter 키를 누를 때 포인터의 이동 방향을 오른쪽, 왼쪽, 아래쪽, 위쪽 중의 하나로 지정할 수 있다.

② 페이지 나누기 선의 표시 여부를 지정할 수 있다.

③ 눈금선 표시 여부를 지정할 수 있다.

④ 새 통합 문서를 열었을 때 적용할 기본 글꼴과 글꼴 크기, 포함할 시트 수 등을 지정할 수 있다.

28 난이도 상 중 하

다음 중 아래 조건을 처리하는 셀 서식의 사용자 지정 표시 형식으로 옳은 것은?

> 셀의 값이 1000 이상이면 '파랑', 1000 미만 500 이상이면 '빨강', 500 미만이면 색을 지정하지 않고, 각 조건에 대해 천 단위 구분 기호(,)와 소수 이하 첫째 자리까지 표시한다.
>
> [표시 예 : 1234.56 → 1,234.6, 432 → 432.0]

① [파랑][>=1000]#,##0.0;[빨강][>=500]#,##0.0;#,##0.0

② [파랑][>=1000]#,###.#;[빨강][>=500]#,###.#;#,###.#

③ [>=1000]<파랑>#,##0.0;[>=500]<빨강>#,##0.0;#,##0.0

④ [>=1000]<파랑>#,###.#;[>=500]<빨강>#,###.#;#,###.#

29 난이도 상 중 하

다음 중 아래 괄호( )에 해당하는 바로 가기 키의 연결이 옳은 것은?

> Visual Basic Editor에서 매크로를 한 단계씩 실행하기 위한 바로 가기 키는 (㉮)이고, 모듈 창의 커서 위치까지 실행하기 위한 바로 가기 키는 (㉯)이며, 매크로를 바로 실행하기 위한 바로 가기 키는 (㉰)이다.

① ㉮- F5 ㉯- Ctrl + F5 ㉰- F8

② ㉮- F5 ㉯- Ctrl + F8 ㉰- F8

③ ㉮- F8 ㉯- Ctrl + F5 ㉰- F5

④ ㉮- F8 ㉯- Ctrl + F8 ㉰- F5

30 난이도 상 중 하

다음 중 수식 작성 과정에 대한 설명으로 옳지 않은 것은?

① 셀 범위를 참조할 때에는 시작 셀 이름과 마지막 셀 이름 사이에 콜론(:)이 입력된다.

② 다른 워크시트의 값을 참조하는 경우 해당 워크시트의 이름에 사이 띄우기가 포함되어 있으면 워크시트의 이름은 큰 따옴표("")로 묶인다.

③ 수식에 숫자를 입력할 때 화폐단위나 천 단위 구분 기호와 같은 서식 문자는 입력하지 않는다.

④ 외부 참조를 하는 경우 통합 문서의 이름과 경로가 포함되어야 한다.

31 난이도 상 **중** 하

다음 중 차트에서 사용하는 축에 대한 설명으로 옳지 않은
것은?

① 방사형 차트와 거품형 차트에서는 기본 가로 축만 표시
된다.

② 가로 (항목) 축에서 [축 위치] 옵션은 데이터 표시와 레이
블이 축에 표시되는 방식에 영향을 주며 2차원 영역형
차트, 세로 막대형 차트 및 꺾은선형 차트에 사용할 수
있다.

③ 가로 (항목) 축이 날짜 값인 경우 [축 종류]에서 '날짜 축'
을 선택하여 [기준 단위]를 '일', '월', '년' 중 선택하여 지정
할 수 있다.

④ 3차원 꺾은선형 차트는 세 개의 축(가로, 세로, 깊이 축)에
따라 데이터 요소를 비교한다.

32 난이도 상 중 **하**

아래는 'Macro1' 매크로의 실행 결과와 VBA 코드이다.
다음 중 VBA 코드의 ⓐ, ⓑ, ⓒ에 해당하는 내용이 순서
대로 나열된 것은?

	A	B	C
1	Name	Address	
2			
3			

```
Sub Macro1()
    [ ⓐ ]("A1").Select
    ActiveCell.[ ⓑ ] = "Name"
    [ ⓐ ]("B1").Select
    ActiveCell.[ ⓑ ] = "Address"
    [ ⓐ ]("B2").[ ⓒ ]
End Sub
```

① Range, R1C1, FormulaR1C1

② Range, FormulaR1C1, Select

③ Cells, R1C1, FormulaR1C1

④ Cells, FormulaR1C1, Select

33 난이도 상 **중** 하

다음 중 아래와 같이 워크시트에 데이터가 입력되어 있는
경우, 보기의 수식과 그 결과 값으로 옳지 않은 것은?

	A
1	
2	한국 대한민국
3	분기 수익
4	수익
5	아음다운 설악산

① =MID(A5,SEARCHB(A1,A5)+5,3) → '설악산'

② =REPLACE(A5,SEARCHB("한",A2),5,"") → '설악산'

③ =MID(A2,SEARCHB(A4,A3),2) → '민국'

④ =REPLACE(A3,SEARCHB(A4,A3),2,"명세서") → '분기
명세서'

34 난이도 상 **중** 하

다음 중 영업1부에서 영업3부에 따른 총매출액 합계를
[F2:F4] 영역에 계산하기 위한 수식으로 옳은 것은?

	A	B	C	D	E	F	G
1	성명	소속	총매출액		소속	총매출액	평균매출액
2	이민우	영업1부	8,819		영업1부	28,581	7,145
3	차소라	영업2부	8,072		영업2부	28,039	7,010
4	진희경	영업3부	6,983		영업3부	40,229	6,705
5	장용	영업1부	7,499				
6	최병철	영업1부	7,343				
7	김철수	영업3부	4,875				
8	정진수	영업2부	5,605				
9	고희수	영업3부	8,689				
10	조민희	영업3부	7,060				
11	추소영	영업2부	6,772				
12	홍수아	영업3부	6,185				
13	이경식	영업1부	4,920				
14	유동근	영업2부	7,590				
15	이혁재	영업3부	6,437				

① =SUMIF(B2:B15,E2,C2:C15)

② =SUMIF($B$2:$B$15,"영업1부",$C$2:$C$15)

③ {=SUM(IF($B$2:$B$15="영업1부",$C$2:$C$15))}

④ {=SUM(IF($B$2:$B$15=E2,$C$2:$C$15))}

35 난이도 상 중 **하**

다음 중 워크시트 이름으로 적절하지 않은 것은?

① 시험 & 1분반   ② BOOK / 1

③ 1분기~4분기   ④ TEST #1

36 난이도 상 중 하

다음 중 아래 차트와 같이 오차 막대를 표시하기 위한 오차 막대 서식 설정값으로 옳은 것은?

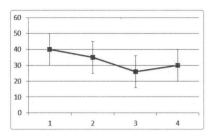

① 표시 방향(모두), 오차량(고정값 10)

② 표시 방향(모두), 오차량(표준편차 1.0)

③ 표시 방향(양의 값), 오차량(고정값 10)

④ 표시 방향(양의 값), 오차량(표준편차 1.0)

37 난이도 상 중 하

아래 워크시트의 [C3:C15] 영역을 이용하여 출신지역별로 인원수를 [G3:G7] 영역에 계산하려고 한다. 다음 중 [G3]셀에 수식을 작성한 뒤 채우기 핸들을 사용하여 [G7]셀까지 수식 복사를 할 경우 [G3]셀에 입력할 수식으로 옳은 것은?

	A	B	C	D	E	F	G
1							
2		성명	출신지역	나이			인원
3		김광철	서울	32		서울 지역	3
4		김다나	경기	35		경기 지역	2
5		고준영	서울	36		호남 지역	3
6		성영주	호남	38		영남 지역	3
7		김철수	경기	38		제주 지역	2
8		정석중	호남	42			
9		이진주	영남	44			
10		박상수	제주	45			
11		최미나	영남	48			
12		강희수	제주	50			
13		조광식	서울	52			
14		원준배	호남	52			
15		지민주	영남	54			

① =SUM(IF($C$3:$C$15=LEFT(F3,2),1,0))

② {=SUM(IF($C$3:$C$15=LEFT(F3,2),1,0))}

③ =SUM(IF($C$3:$C$15=LEFT(F3,2),1,1))

④ {=SUM(IF($C$3:$C$15=LEFT(F3,2),1,1))}

38 난이도 상 중 하

다음 중 셀 서식 관련 바로 가기 키에 대한 설명으로 옳지 않은 것은?

① Ctrl + 1 : 셀 서식 대화상자가 표시된다.

② Ctrl + 2 : 선택한 셀에 글꼴 스타일 '굵게'가 적용되며, 다시 누르면 적용이 취소된다.

③ Ctrl + 3 : 선택한 셀에 밑줄이 적용되며, 다시 누르면 적용이 취소된다.

④ Ctrl + 5 : 선택한 셀에 취소선이 적용되며, 다시 누르면 적용이 취소된다.

39 난이도 상 중 하

다음 중 엑셀의 틀 고정에 대한 기능 설명으로 옳지 않은 것은?

① 틀 고정은 특정 행 또는 열을 고정할 때 사용하는 기능으로 주로 표의 제목 행 또는 제목 열을 고정한 후 작업할 때 유용하다.

② 선택된 셀의 왼쪽 열과 바로 위의 행이 고정된다.

③ 틀 고정 구분선을 마우스로 잡아끌어 틀 고정 구분선을 이동시킬 수 있다.

④ 틀 고정 방법으로 첫 행 고정을 실행하면 선택된 셀의 위치와 상관없이 첫 행이 고정된다.

40 난이도 상 중 하

다음 중 아래 그림 [보기] 탭 [창] 그룹의 각 명령에 대한 설명으로 옳지 않은 것은?

① [새 창]을 클릭하면 새로운 빈 통합문서가 만들어져 표시된다.

② [모두 정렬]은 현재 열려 있는 문서를 바둑판식, 계단식, 가로, 세로 등 4가지 형태로 배열한다.

③ [숨기기]는 현재 활성화된 통합문서 창을 보이지 않도록 숨긴다.

④ [나누기]를 클릭하면 워크시트를 최대 4개의 창으로 분리하여 멀리 떨어져 있는 여러 부분을 한 번에 볼 수 있다.

3 과목 데이터베이스 일반

41 난이도 상 중 **하**

다음 중 VBA에서 프로시저, 형식, 데이터 선언과 정의 등의 선언 집단을 의미하는 것은?

① 매크로　　　　　② 모듈
③ 이벤트　　　　　④ 폼

42 난이도 상 **중** 하

다음 중 SQL문에서 사용되는 연산식과 그 결과 값이 옳지 않은 것은?

① 연산식 : "1" & "2" → 결과값 : 3
② 연산식 : 3 MOD 3 → 결과값 : 0
③ 연산식 : 1 < > 2 AND 3 > 3 → 결과값 : 0(FALSE)
④ 연산식 : 1 AND 2 → 결과값 : -1(TRUE)

43 난이도 상 중 **하**

다음 중 액세스의 매크로에 대한 설명으로 옳지 않은 것은?

① 반복적으로 수행되는 작업을 자동화하여 간단히 처리할 수 있도록 하는 기능이다.
② 매크로 함수 또는 매크로 함수 집합으로 구성되며, 각 매크로 함수의 수행 방식을 제어하는 인수를 추가할 수 있다.
③ 매크로를 이용하여 폼을 열고 닫거나 메시지 박스를 표시할 수도 있다.
④ 매크로는 주로 컨트롤의 이벤트에 연결하여 사용하며, 폼 개체 내에서만 사용할 수 있다.

44 난이도 상 중 **하**

다음 중 관계형 데이터베이스 관리 시스템(RDBMS)의 종류에 해당하지 않는 것은?

① MS-SQL Server
② 오라클(ORACLE)
③ MY-SQL
④ 파이썬(Python)

45 난이도 상 **중** 하

다음 중 릴레이션(Relation)에 대한 설명으로 옳지 않은 것은?

① 한 릴레이션에 포함된 튜플(Tuple)의 수를 인스턴스(Instance)라 한다.
② 연관된 속성의 집합으로 관계형 모델에서의 테이블(Table)을 의미한다.
③ 한 릴레이션을 구성하는 속성(Attribute)들 사이에는 순서가 없다.
④ 한 릴레이션에 포함된 튜플을 유일하게 식별하기 위한 속성들의 부분집합을 키(Key)로 설정한다.

46 난이도 상 **중** 하

다음 중 보고서의 보기 형태에 대한 설명으로 옳지 않은 것은?

① '보고서 보기'는 인쇄 미리 보기와 비슷하지만 페이지의 구분 없이 한 화면에 보고서를 표시한다.
② '인쇄 미리 보기'에서는 페이지 레이아웃의 설정이 용이하며, 보고서가 인쇄되었을 때의 모양을 확인할 수 있다.
③ '디자인 보기'에서는 보고서에 삽입된 컨트롤의 속성, 맞춤, 위치 등을 설정할 수 있다.
④ '레이아웃 보기'는 '보고서 보기'와 '인쇄 미리 보기'를 혼합한 형태로 데이터를 임시로 변경하려는 경우 사용한다.

47 난이도 상 **중** 하

다음 중 콤보 상자 컨트롤의 각 속성에 대한 설명으로 옳지 않은 것은?

① 행 원본(Row Source) : 콤보 상자 컨트롤에서 사용할 데이터 설정
② 컨트롤 원본(Control Source) : 연결할(바운드 할) 데이터 설정
③ 바운드 열(Bound Column) : 콤보 상자 컨트롤에 저장할 열 설정
④ 사용 가능(Enabled) : 컨트롤에 입력된 데이터의 편집 여부 설정

48 난이도 상 중 하

다음 중 하위 보고서에 대한 설명으로 옳지 않은 것은?

① 일대다 관계가 적용되어 있는 테이블이나 쿼리의 데이터를 표시하려는 경우 특히 유용하다.

② 주 보고서와 하위 보고서에 모두 그룹화 및 정렬 기능을 설정할 수 있다.

③ 주 보고서에는 최대 3개까지 하위 보고서를 중첩하여 작성할 수 있다.

④ 주 보고서에 하위 보고서를 연결하려면 원본으로 사용하는 레코드 원본 간에 관계를 만들어야 한다.

49 난이도 상 중 하

다음 중 주어진 [Customer] 테이블을 참조하여 아래의 SQL 문을 실행한 결과로 옳은 것은?

```
SELECT Count(*)
FROM (SELECT Distinct City From Customer);
```

① 3   ② 5   ③ 7   ④ 9

50 난이도 상 중 하

다음 중 데이터시트 보기 상태에서의 레코드 추가/삭제에 대한 설명으로 옳은 것은?

① 레코드를 여러 번 복사한 경우 첫 번째 복사한 레코드만 사용 가능하다.

② 새로운 레코드는 항상 테이블의 마지막 행에서만 추가되며 중간에 삽입될 수 없다.

③ 레코드를 추가하는 단축키는 **Ctrl** + **Insert**이다.

④ 여러 레코드를 선택하여 한 번에 삭제할 수 있으며, 삭제된 레코드는 복원할 수 있다.

51 난이도 상 중 하

다음 중 쿼리 작성 시 사용하는 특수 연산자와 함수에 대한 설명으로 옳지 않은 것은?

① YEAR(DATE()) → 시스템의 현재 날짜 정보에서 연도 값만을 반환한다.

② INSTR("KOREA","R") → 'KOREA'라는 문자열에서 'R'의 위치 '3'을 반환한다.

③ RIGHT([주민번호],2)="01" → [주민번호] 필드에서 맨 앞의 두 자리가 '01'인 레코드를 추출한다.

④ LIKE "[ㄱ-ㄷ]*" → 'ㄱ'에서 'ㄷ' 사이에 있는 문자로 시작하는 필드 값을 검색한다.

52 난이도 상 중 하

다음 중 실행 쿼리의 삽입(INSERT)문에 대한 설명으로 옳지 않은 것은?

① 한 개의 INSERT문으로 여러 개의 레코드를 여러 개의 테이블에 동일하게 추가할 수 있다.

② 필드 값을 직접 지정하거나 다른 테이블의 레코드를 추출하여 추가할 수 있다.

③ 레코드의 전체 필드를 추가할 경우 필드 이름을 생략할 수 있다.

④ 하나의 INSERT문을 이용해 여러 개의 레코드와 필드를 삽입할 수 있다.

53 난이도 상 중 하

다음 중 외부 데이터 가져오기 기능에 대한 설명으로 옳지 않은 것은?

① [텍스트 가져오기 마법사]를 이용하여 기존 테이블에 내용을 추가하려는 경우 기본 키에 해당하는 필드의 값들이 고유한 값이 되도록 데이터를 수정하며 가져올 수 있다.

② 하나 이상의 Excel 워크시트에 있는 데이터의 일부 또는 전체를 Access의 새 테이블이나 기존 테이블에 데이터 복사본으로 만들 수 있다.

③ Access에서는 가져오려는 데이터 원본에 255개가 넘는 필드(열)가 있으면 처음 255개 필드만 가져온다.

④ Excel 데이터는 가져오기 명령으로 한 번에 하나의 워크시트만 가져올 수 있으므로 여러 워크시트에서 데이터를 가져오려면 각 워크시트에 대해 가져오기 명령을 반복해야 한다.

54 난이도 상 중 **하**

다음 중 데이터시트 보기에서 레코드의 요약 정보를 표시하는 'Σ 요약' 기능에 관한 설명으로 옳지 않은 것은?

① 'Σ 요약' 기능을 실행했을 때 생기는 요약 행을 통해 집계 함수를 좀 더 쉽고 빠르게 사용할 수 있다.

② 'Σ 요약' 기능은 데이터시트 형식으로 표시되는 테이블, 폼, 쿼리, 보고서 등에서 사용할 수 있다.

③ 'Σ 요약' 기능이 설정된 상태에서 '텍스트' 데이터 형식의 필드에는 '개수' 집계 함수만 지정할 수 있다.

④ 'Σ 요약' 기능이 설정된 상태에서 '예/아니오' 데이터 형식의 필드에 '개수' 집계 함수를 지정하면 체크된 레코드의 총 개수가 표시된다.

55 난이도 상 중 **하**

다음 중 분할 표시 폼에 대한 설명으로 옳지 않은 것은?

① 분할 표시 폼은 [만들기] 탭의 [폼] 그룹에서 [기타 폼]-[폼 분할]을 클릭하여 만들 수 있다.

② 분할 표시 폼은 데이터시트 보기와 폼 보기를 동시에 표시하기 기능이며, 이 두 보기는 같은 데이터 원본에 연결되어 있어 항상 상호 동기화된다.

③ 분할 표시 폼을 만든 후에는 컨트롤의 크기 조정은 할 수 없으나, 새로운 필드의 추가는 가능하다.

④ 폼 속성 창의 '분할 표시 폼 방향' 항목을 이용하여 폼의 위쪽, 아래쪽, 왼쪽, 오른쪽 등 데이터시트가 표시되는 위치를 설정할 수 있다.

56 난이도 상 중 **하**

다음 중 테이블에 입력된 날짜 필드의 값을 '2015-10-13'과 같은 형식으로 표시하고자 할 때 테이블의 디자인 보기에서 지정해야 할 '형식' 속성값으로 옳은 것은?

① 기본 날짜 ② 자세한 날짜 ③ 보통 날짜 ④ 간단한 날짜

57 난이도 상 중 **하**

다음 중 폼 만들기 도구로 빈 양식의 폼에서 사용자가 직접 텍스트 상자, 레이블, 단추 등의 필요한 컨트롤들을 삽입하여 작성해야 하는 것은?

① 폼　　② 폼 분할　　③ 여러 항목　　④ 폼 디자인

58 난이도 상 중 **하**

다음 중 [Access 옵션]에서 파일을 열 때마다 나타나는 기본 시작 폼의 설정을 위한 '폼 표시' 옵션이 있는 범주는?

① 기본 설정　　　　　　② 현재 데이터베이스
③ 고급　　　　　　　　④ 사용자 지정

59 난이도 상 **중** 하

다음 중 크로스탭 쿼리에 관한 설명으로 옳지 않은 것은?

① 레코드의 요약 결과를 열과 행 방향으로 그룹화하여 표시할 때 사용한다.

② 쿼리 데이터시트에서 데이터를 직접 편집할 수 없다.

③ 2개 이상의 열 머리글 옵션과 행 머리글 옵션, 값 옵션 등을 지정해야 한다.

④ 행과 열이 교차하는 곳의 숫자 필드는 합계, 평균, 분산, 표준 편차 등을 계산할 수 있다.

60 난이도 상 중 **하**

아래와 같이 조회할 고객의 최소 나이를 입력받아 검색하는 매개 변수 쿼리를 작성하려고 한다. 다음 중 'Age' 필드의 조건식으로 옳은 것은?

① >={조회할 최소 나이 입력}

② >="조회할 최소 나이 입력"

③ >=[조회할 최소 나이 입력]

④ >=(조회할 최소 나이 입력)

1 과목 컴퓨터 일반

01 난이도 상 중 **하**

다음 중 컴퓨터에서 사용하는 유니코드(Unicode)에 관한 설명으로 옳은 것은?

① 국제 표준으로 16비트의 만국 공통의 국제 문자 부호 체제이다.

② 6비트로 구성되어 있으며, 대소문자를 구별할 수 없다.

③ 미국 표준국에서 통신을 위해 최근에 개발된 7비트 문자 부호 체제이다.

④ 대형 컴퓨터에서 주로 사용하며 BCD 코드에서 확장된 8비트 체제이다.

02 난이도 상 **중** 하

다음 중 컴퓨터에서 사용하는 모니터에 관한 설명으로 옳지 않은 것은?

① 모니터 해상도는 픽셀(Pixel) 수에 따라 결정된다.

② 모니터 크기는 화면의 가로와 세로 길이를 더한 값이다.

③ 재생률(Refresh Rate)이 높을수록 모니터의 깜박임이 줄어든다.

④ 플리커프리(Flicker free)가 적용된 모니터의 경우 눈의 피로를 줄일 수 있다.

03 난이도 상 중 **하**

다음 중 컴퓨터 주기억장치로 사용되는 SRAM과 DRAM에 관한 설명으로 옳지 않은 것은?

① SRAM은 주로 콘덴서로 구성되며, 재충전이 필요하다.

② SRAM은 DRAM보다 전력 소모가 많으나, 접근 속도가 빠르다.

③ DRAM은 SRAM보다 집적도가 높아 일반적인 주기억 장치로 사용된다.

④ SRAM은 전원이 공급되는 동안에는 기억 내용이 유지된다.

04 난이도 **상** 중 하

다음 중 USB 규격의 버전별 최대 데이터 전송 속도로 옳지 않은 것은?

① USB 1.1 : 12Mbps

② USB 2.0 : 480Mbps

③ USB 3.0 : 1Gbps

④ USB 3.1 : 10Gbps

05 난이도 **상** 중 하

다음 중 Windows의 [작업 관리자]에서 실행 가능한 작업으로 옳지 않은 것은?

① 네트워크에 연결되어 있는 경우 네트워크의 작동 상태를 확인하고 수정할 수 있다.

② 실행 중인 응용 프로그램(앱)이나 프로세스에 대한 정보를 확인할 수 있다.

③ 둘 이상의 사용자가 컴퓨터에 연결되어 있는 경우 연결된 사용자 및 작업 상황을 확인하고 사용자에게 메시지를 보낼 수 있다.

④ 컴퓨터에서 사용되고 있는 메모리 및 CPU 리소스의 양에 대한 자세한 정보를 볼 수 있다.

06 난이도 상 중 **하**

다음 중 컴퓨터에서 사용하는 기억장치에 관한 설명으로 옳지 않은 것은?

① 플래시(Flash) 메모리는 비휘발성 기억장치로 주로 디지털 카메라나 MP3, 개인용 정보 단말기, USB 드라이브 등 휴대형 기기에서 대용량 정보를 저장하는 용도로 사용된다.

② 하드 디스크 인터페이스 방식은 EIDE, SATA, SCSI 방식 등이 있다.

③ 캐시(Cache) 메모리는 CPU와 주기억장치 사이에 위치하여 두 장치 간의 속도 차이를 줄여 컴퓨터의 처리 속도를 빠르게 하기 위한 메모리이다.

④ 연관(Associative) 메모리는 보조기억장치를 마치 주기억 장치와 같이 사용하여 실제 주기억장치 용량보다 기억 용량을 확대하여 사용하는 방법이다.

07 난이도 상 중 하

다음 중 Windows의 작업 표시줄에 대한 설명으로 옳지 않은 것은?

① 작업 표시줄의 크기는 화면의 1/2까지만 늘릴 수 있다.

② 작업 표시줄에 있는 단추를 큰 아이콘으로 표시되도록 설정할 수 있다.

③ 작업 표시줄을 자동으로 숨길 것인지의 여부를 선택할 수 있다.

④ 작업 표시줄에 있는 검색 상자를 숨기거나 아이콘으로 표시할 수 있다.

08 난이도 상 중 하

다음 중 Windows에서 사용하는 바로 가기 키에 대한 설명으로 옳지 않은 것은?

① ⊞ + **Home** : 사용 중인 창을 제외한 모든 창을 최소화

② ⊞ + **M** : 모든 창을 최소화

③ ⊞ + **E** : 엣지 실행

④ ⊞ + **Tab** : 작업 보기로 전환

09 난이도 상 중 하

다음 중 컴퓨터 변경 내용에 대한 알림 조건을 선택할 수 있는 사용자 계정 컨트롤(UAC) 설정에 대한 설명으로 옳지 않은 것은?

① 유해한 프로그램(앱)이나 불법 사용자가 컴퓨터 설정을 임의로 변경하지 못하도록 제어하는 기능이다.

② 표준 사용자 계정에서는 [사용자 계정 컨트롤 설정] 창에서 관리자 계정의 암호를 입력해야 UAC의 알림 빈도를 제어할 수 있다.

③ UAC를 '항상 알림'으로 설정하는 것이 가장 안전한 설정이며, 프로그램에서 관리자 수준 권한이 필요한 컴퓨터 변경 작업을 수행하거나 사용자가 직접 Windows 설정을 변경할 때 알림이 표시된다.

④ UAC를 기본값으로 설정하는 경우 프로그램(앱)에서 사용자 모르게 컴퓨터를 변경하려는 경우에만 알림이 표시되며, 사용자가 직접 Windows 설정을 변경하는 경우에는 알림이 표시되지 않는다.

10 난이도 상 중 하

다음 중 CMOS와 BIOS에 대한 설명으로 옳지 않은 것은?

① 일반적으로 부팅 시 **Ctrl** 또는 **F2** 키 등을 눌러 CMOS 셋업 프로그램을 실행할 수 있다.

② BIOS는 POST, 시스템 초기화, 시스템 부트 등을 수행하는 제어 프로그램이다.

③ BIOS는 CMOS에 저장되어 있다.

④ CMOS는 부팅 시에 필요한 하드웨어 정보를 담고 있는 반도체이다.

11 난이도 상 중 하

다음 중 게시판 입력, 상품 검색, 회원 가입 등과 같은 데이터 베이스 처리 작업을 수행하기 위해 사용하며, 웹 서버에서 작동하는 스크립트 언어들로만 모아 놓은 것은?

① HTML, XML, SGML

② Java, Java Applet, Java Script

③ Java Script, VB Script,

④ ASP, JSP, PHP

12 난이도 상 중 하

다음 중 아래의 설명에 해당하는 Windows 제공 기능은?

- 데이터와 데이터를 연결하여 원본 데이터를 수정할 때 연결된 데이터도 함께 수정되도록 지원하는 기능이다.
- 이 기능을 지원하는 그래픽 프로그램에서 그린 그림을 문서 편집기에 연결한 경우 그래픽 프로그램에서 그림을 수정하면 문서 편집기의 그림도 같이 변경된다.

① 선점형 멀티태스크(Preemptive Multitasking)

② GUI(Graphic User Interface)

③ PnP(Plug & Play)

④ OLE(Object Linking and Embedding)

13 난이도 상 중 하

다음 중 인터넷에서 사용하는 IPv6에 관한 설명으로 옳지 않은 것은?

① IPv4와의 호환성이 우수하다.

② 128비트의 주소를 사용하며, 주소의 각 부분은 .(Period)로 구분한다.

③ 실시간 흐름 제어로 향상된 멀티미디어 기능을 지원한다.

④ 인증성, 기밀성, 데이터 무결성의 지원으로 보안 문제를 해결할 수 있다.

14 난이도 상 중 하

다음 중 디지털 데이터 신호를 변조하지 않고 원래의 신호를 그대로 직접 전송하는 방식으로 LAN과 같은 근거리 통신망에 사용되는 것은?

① 단방향 전송　　　　② 반이중 전송

③ 베이스밴드 전송　　④ 브로드밴드 전송

15 난이도 상 중 하

다음 중 네트워크와 관련하여 Ping 서비스에 대한 설명으로 옳은 것은?

① 인터넷의 기원, 구성, 사용 가능한 인터넷 서비스 등 기초적인 정보를 제공하는 서비스이다.

② 웹 브라우저와 웹 서버 사이의 정보 전달을 위한 인터페이스를 제공해 주는 서비스이다.

③ DNS가 가지고 있는 특정 도메인의 IP 주소를 검색해 주는 서비스이다.

④ 지정된 호스트에 대해 네트워크층의 통신이 가능한지의 여부를 확인하는 서비스이다.

16 난이도 상 중 하

다음 중 음성 또는 영상의 아날로그 신호를 디지털 신호로 변환하거나 그 반대로 디지털 신호를 아날로그 신호로 변환하는 장치는?

① 허브(HUB)　　　　② 디지털 서비스 유니트(DSU)

③ 코덱(CODEC)　　　④ 통신제어장치(CCU)

17 난이도 상 중 하

다음 중 인터넷 상의 보안을 위협하는 행위에 대한 설명으로 옳은 것은?

① 어떤 프로그램이 정상적으로 실행되는 것처럼 속임수를 사용하는 것은 Sniffing이다.

② 네트워크 주변을 지나다니는 패킷을 엿보면서 아이디와 패스워드를 알아내는 것은 Spoofing이다.

③ 크래킹의 도구로 키보드의 입력을 문서 파일로 저장하거나 주기적으로 전송하여 ID나 암호 등의 개인 정보를 빼내는 것은 Key Logger이다.

④ 특정 사이트에 오버플로우를 일으켜서 시스템이 서비스를 거부하도록 만드는 것은 Trap Door이다.

18 난이도 상 중 하

다음 중 컴퓨터 통신에서 사용하는 프록시(Proxy) 서버의 기능으로 옳은 것은?

① 방화벽 기능과 캐시 기능

② 웹 서비스와 IP 주소 확인 기능

③ 팝업 차단과 방문한 웹 주소 기억 기능

④ 서버 인증과 바이러스 차단 기능

19 난이도 상 중 하

다음 중 멀티미디어에 대한 설명으로 옳지 않은 것은?

① 멀티미디어와 관련된 표준안은 그래픽, 오디오, 문서 등 매우 다양하다.

② 대표적인 정지 화상 표준으로는 손실, 무손실 압축 기법을 다 사용할 수 있는 JPEG과 무손실 압축 기법을 사용하는 GIF가 있다.

③ 국제 표준 규격인 MPEG은 Windows 표준 동영상 파일 형식으로 Windows에서 별도의 하드웨어 장치 없이 재생할 수 있다.

④ 스트리밍이 지원되는 파일 형식은 ASF, WMV, RAM 등이 있다.

20 난이도 상 중 하

다음 중 멀티미디어 그래픽과 관련하여 이미지 표현 방식에 관한 설명으로 옳지 않은 것은?

① 비트맵 방식은 이미지를 모니터 화면에 표시하는 속도가 벡터 방식에 비해 빠르다.

② 비트맵 방식은 다양한 색상을 사용하므로 사진과 같은 사실적 표현이 가능하고 여러 가지 특수효과를 쉽게 줄 수 있다.

③ 벡터 방식은 점, 직선, 도형 정보를 사용하여 수학적인 계산에 의해 이미지를 표현한다.

④ 벡터 방식의 대표적인 프로그램의 종류는 포토샵, 일러스트레이터, 플래시 등이 있다.

---

21 난이도 상 중 하

다음 중 피벗 테이블과 피벗 차트에 대한 설명으로 옳지 않은 것은?

① 새 워크시트에 피벗 테이블을 생성하면 보고서 필터의 위치는 [A1] 셀, 행 레이블은 [A3] 셀에서 시작한다.

② 피벗 테이블과 연결된 피벗 차트가 있는 경우 피벗 테이블에서 [모두 지우기] 명령을 사용하면 피벗 테이블과 피벗 차트의 필드, 서식 및 필터가 제거된다.

③ 하위 데이터 집합에도 필터와 정렬을 적용하여 원하는 정보만 강조할 수 있으나 조건부 서식은 적용되지 않는다.

④ [피벗 테이블 옵션] 대화 상자에서 오류 값을 빈 셀로 표시하거나 빈 셀에 원하는 값을 지정하여 표시할 수도 있다.

---

22 난이도 상 중 하

다음 중 자동 필터에 관한 설명으로 옳지 않은 것은?

① 날짜가 입력된 열에서 요일로 필터링하려면 '날짜 필터' 목록에서 필터링 기준으로 사용할 요일을 하나 이상 선택하거나 취소한다.

② 두 개 이상의 필드에 조건을 설정하는 경우 필드 간에는 AND 조건으로 결합되어 필터링 된다.

③ 열 머리글에 표시되는 드롭다운 화살표에는 해당 열에서 가장 많이 나타나는 데이터 형식에 해당하는 필터 목록이 표시된다.

④ 자동 필터를 사용하면 목록 값, 서식 또는 조건 등 세 가지 유형의 필터를 만들 수 있으며, 각 셀의 범위나 표 열에 대해 한 번에 한 가지 유형의 필터만 사용할 수 있다.

---

23 난이도 상 중 하

다음 중 데이터 유효성 검사를 실행하기 위해 유효성 조건으로 설정할 수 있는 '제한 대상'에 대한 설명으로 옳지 않은 것은?

① 목록 : 목록으로 정의한 항목으로 데이터 제한

② 정수 : 지정된 범위를 벗어난 숫자 제한

③ 데이터 : 지정된 데이터 형식에 대한 제한

④ 사용자 지정 : 수식을 사용하여 허용되는 값 제한

---

24 난이도 상 중 하

다음 중 외부 데이터 가져오기를 이용하여 데이터를 추출한 경우 연결된 데이터에 새로 고침을 실행하는 작업에 대한 설명으로 옳지 않은 것은?

① 통합 문서를 열 때 외부 데이터 범위를 자동으로 새로 고칠 수 있으며, 외부 데이터는 저장하지 않고 통합 문서를 저장하여 통합 문서 파일 크기를 줄일 수도 있다.

② 새로 고침 옵션에서 '다른 작업하면서 새로 고침'을 선택하여 OLAP 쿼리를 백그라운드로 실행하면 쿼리가 실행되는 동안에도 Excel을 사용할 수 있다.

③ 열려 있는 통합 문서가 여러 개이면 각 통합 문서에서 '모두 새로 고침'을 클릭하여 외부 데이터를 새로 고쳐야 한다.

④ 일정한 간격으로 데이터 새로 고침을 자동 수행하도록 설정할 수 있으며, 수행 간격은 분 단위로 지정한다.

25 난이도 상 **중** 하

다음 중 서식 코드를 셀의 사용자 지정 표시 형식으로 설정한 경우 입력 데이터와 표시 결과가 옳지 않은 것은?

	A	B	C	D
1		서식 코드	입력 데이터	표시
2	ⓐ	# ???/???	3.75	3 3/4
3	ⓑ	0,00#,	-6789	-0,007
4	ⓒ	*-#,##0	6789	*----6789
5	ⓓ	▲#;▼#;0	-6789	▼6789

① ⓐ   ② ⓑ   ③ ⓒ   ④ ⓓ

26 난이도 상 **중** 하

다음 중 데이터 입력에 대한 설명으로 옳지 않은 것은?

① 고정 소수점이 포함된 숫자를 입력하려면 [Excel 옵션]의 [고급] 편집 옵션에서 '소수점 자동 삽입' 확인란을 선택하고 소수점 위치를 설정한다.

② 셀에 입력하는 글자 중 처음 몇 자가 해당 열의 기존 내용과 일치하면 나머지 글자가 자동으로 입력되며, 텍스트나 텍스트/숫자 조합, 날짜가 입력되는 경우에만 자동으로 입력된다.

③ 두 개 이상의 셀을 선택하고 채우기 핸들을 끌 때 [Ctrl] 키를 누르고 있으면 자동 채우기 기능을 해제할 수 있다.

④ 시간을 12시간제로 입력하려면 '9:00 pm'과 같이 시간 뒤에 공백을 입력하고 am 또는 pm을 입력한다.

27 난이도 상 **중** 하

다음 중 아래와 같이 통합 문서 보호를 설정한 경우 이에 대한 설명으로 옳지 않은 것은?

① 워크시트의 이동, 삭제, 숨기기, 워크시트의 이름 변경 등의 기능을 실행할 수 없다.

② 삽입되어 있는 차트를 다른 워크시트로 이동시킬 수 없다.

③ 시나리오 요약 보고서를 만들 수 없다.

④ 피벗 테이블 보고서에서 데이터 영역의 셀에 대한 원본 데이터를 표시하거나 별도 워크시트에 필드 페이지를 표시할 수 없다.

28 난이도 상 **중** 하

다음 중 셀을 이동하거나 복사하는 과정에 대한 설명으로 옳지 않은 것은?

① 셀을 이동하거나 복사하면 수식과 결과값, 셀 서식 및 메모를 포함한 셀 전체가 이동되거나 복사된다.

② 선택 영역의 테두리를 클릭한 채 다른 위치로 드래그하면 해당 영역이 이동된다.

③ 선택한 복사 영역에 숨겨진 행이나 열이 있는 경우 숨겨진 영역도 함께 복사된다.

④ [Ctrl] + [X] 키를 이용하여 잘라내기 한 경우 [값 붙여넣기]를 실행할 수 있다.

29 난이도 상 **중** 하

다음 중 아래의 워크시트에서 〈보기〉의 프로시저 실행 결과로 옳은 것은?

	A	B	C
1	데이터1	데이터2	데이터3
2	사과	레몬	
3	바나나	배	
4			귤
5		배	
6	바나나		
7		2	

[보기]

```
Sub B3선택( )
    Range("B3").CurrentRegion.Select
End Sub
```

① [B3] 셀이 선택된다.   ② [A1:B3] 셀이 선택된다.

③ [A1:C3] 셀이 선택된다.   ④ [A1:C7] 셀이 선택된다.

30 난이도 상 **중** 하

다음 중 아래의 서브 프로시저가 실행된 후 [A2] 셀의 값으로 옳은 것은?

```
Sub 예제( )
    Range("A1:C3").Value = 10
    Range("A1", "C3").Value = 20
    Range("A1, C3").Value = 30
End Sub
```

① 10   ② 20   ③ 30   ④ 0

31 난이도 상 중 하

다음 중 아래의 워크시트에서 수식의 결과로 '부사장'을 출력하지 않는 것은?

	A	B	C	D
1	사원번호	성명	직함	생년월일
2	101	구민정	영업 과장	1980-12-08
3	102	강수영	부사장	1965-02-19
4	103	김진수	영업 사원	1991-08-30
5	104	박용만	영업 사원	1990-09-19
6	105	이순신	영업 부장	1971-09-20

① =CHOOSE(CELL("row",B3), C2, C3, C4, C5, C6)

② =CHOOSE(TYPE(B4), C2, C3, C4, C5, C6)

③ =OFFSET(A1:A6,2,2,1,1)

④ =INDEX(A2:D6,MATCH(A3, A2:A6, 0), 3)

32 난이도 상 중 하

다음 중 아래의 워크시트에서 [A4:B5] 영역을 선택한 후 수식 '=A1:B2+D1:E2'를 입력하고, Ctrl + Shift + Enter 키를 눌렀을 때, [B5] 셀에 표시되는 값으로 옳은 것은?

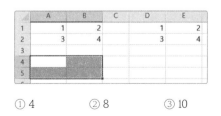

① 4   ② 8   ③ 10   ④ 20

33 난이도 상 중 하

다음 중 배열 수식 및 배열 함수에 대한 설명으로 옳지 않은 것은?

① 배열 수식에서 사용되는 배열 상수에는 숫자, 텍스트, TRUE나 FALSE 등의 논리값 또는 #N/A와 같은 오류 값이 포함될 수 있다.

② MDETERM 함수는 배열로 저장된 행렬에 대한 역행렬을 산출한다.

③ PERCENTILE 함수는 범위에서 k번째 백분위수 값을 구하며, 이 때 k는 0에서 1까지 백분위수 값 범위이다.

④ FREQUENCY 함수는 값의 범위 내에서 해당 값의 발생 빈도를 계산하여 세로 배열 형태로 나타낸다.

34 난이도 상 중 하

다음 중 아래 시트에서 자격증 응시자에 대한 과목별 평균을 구하려고 할 때, [C11] 셀에 입력해야 할 배열 수식으로 옳은 것은?

	A	B	C
1	자격증 응시 결과		
2	응시자	과목	점수
3	강선미	1과목	80
4		2과목	86
5	이수진	1과목	90
6		2과목	80
7	김예린	1과목	78
8		2과목	88
9			
10		과목	평균
11		1과목	
12		2과목	

① {=AVERAGE(IF(MOD(ROW(C3:C8),2)=0,C3:C8))}

② {=AVERAGE(IF(MOD(ROW(C3:C8),2)=1,C3:C8))}

③ {=AVERAGE(IF(MOD(ROWS(C3:C8),2)=0,C3:C8))}

④ {=AVERAGE(IF(MOD(ROWS(C3:C8),2)=1,C3:C8))}

35 난이도 상 중 하

다음 중 [틀 고정]에 대한 설명으로 옳지 않은 것은?

① 워크시트를 스크롤할 때 특정 행이나 열이 계속 표시되도록 하는 기능이다.

② 워크시트의 화면상 첫 행이나 첫 열을 고정할 수 있으며, 선택한 셀의 위쪽 행과 왼쪽 열을 고정할 수도 있다.

③ 표시되어 있는 틀 고정 선을 더블 클릭하여 틀 고정을 취소할 수 있다.

④ 인쇄 시 화면에 표시되는 틀 고정의 형태는 적용되지 않는다.

36 난이도 상 중 하

다음 중 아래 설명에 해당하는 차트 종류는?

- 항목의 값을 점으로 표시하여 여러 데이터 값들의 관계를 보여주며 주로 과학 데이터의 차트 작성에 사용된다.
- 가로 축의 값이 일정한 간격이 아닌 경우나 데이터 요소의 수가 많은 경우 사용된다.
- 기본적으로 5개의 하위 차트 종류가 제공되며, 3차원 차트로 작성할 수 없다.

① 분산형 차트   ② 도넛형 차트

③ 방사형 차트   ④ 혼합형 차트

37 난이도 상 중 하

다음 중 엑셀에서 지원하는 파일 형식에 대한 설명으로 옳지 않은 것은?

① 통합 문서에 매크로나 VBA 코드가 없으면 '*.xlsx' 파일 형식으로 저장한다.

② '*.xml' 형식으로 저장하면 VBA 매크로 코드나 Excel 4.0 매크로 시트(.xlm)를 저장할 수 있다.

③ 통합 문서를 서식 파일로 사용하려면 '*.xltx' 파일 형식으로 저장한다.

④ '*.xlsb' 형식으로 저장하면 Excel 바이너리 파일 형식으로 저장한다.

38 난이도 상 중 하

다음 중 엑셀 차트의 추세선에 관한 설명으로 옳지 않은 것은?

① 추세선은 지수, 선형, 로그, 다항식, 거듭제곱, 이동평균 등 6가지의 종류가 있다.

② 하나의 데이터 계열에 두 개 이상의 추세선을 동시에 표시할 수는 없다.

③ 추세선이 추가된 데이터 계열의 차트 종류를 3차원 차트로 변경하면 추세선은 자동으로 삭제된다.

④ 추세선을 삭제하려면 차트에 표시된 추세선을 선택한 후 Delete 키를 누르거나 추세선의 바로 가기 메뉴에서 [삭제]를 선택한다.

39 난이도 상 중 하

다음 중 워크시트의 화면 [확대/축소]에 관한 설명으로 옳지 않은 것은?

① 여러 워크시트가 선택된 상태에서 확대/축소 배율을 변경하면 선택된 워크시트 모두 확대/축소 배율이 적용된다.

② [보기] 탭 [확대/축소] 그룹의 [선택 영역 확대/축소] 명령은 선택된 영역으로 전체 창을 채우도록 워크시트를 확대하거나 축소한다.

③ 확대/축소 배율은 최소 10%, 최대 400%까지 설정할 수 있다.

④ [확대/축소] 대화상자에서 지정한 배율은 인쇄 시 [페이지 설정]의 확대/축소 배율에 반영된다.

40 난이도 상 중 하

다음 중 [보기] 탭의 [페이지 나누기 미리보기]에 대한 설명으로 옳지 않은 것은?

① 페이지 나누기는 구분선을 이용하여 인쇄를 위한 페이지 나누기를 빠르게 조정하는 기능이다.

② 행 높이와 열 너비를 변경하면 자동 페이지 나누기의 위치도 변경된다.

③ [페이지 나누기 미리보기]에서 수동으로 삽입된 페이지 나누기는 파선으로 표시되고 자동으로 추가된 페이지 나누기는 실선으로 표시된다.

④ 용지 크기, 여백 설정, 배율 옵션 등에 따라 자동 페이지 나누기가 삽입된다.

---

3 과목 **데이터베이스 일반**

41 난이도 상 중 하

다음 중 아래의 매크로 함수에 대한 설명으로 옳은 것은?

ExportWithFormatting	
개체 유형	테이블
개체 이름	부서
출력 형식	HTML (*.htm; *.html)
출력 파일	부서.htm
자동 시작	아니요
서식 파일	
인코딩	
출력 품질	인쇄

① 부서.htm 파일을 인쇄한 후 부서.htm 파일의 내용을 [부서] 테이블로 저장한다.

② HTML 문서인 부서.htm 파일을 읽어 [부서] 테이블로 가져오기 마법사를 실행한다.

③ [부서] 테이블의 내용을 HTML 문서인 부서.htm 파일로 저장한다.

④ [부서] 테이블의 형식을 HTML 형식으로 변경한 후 [부서] 테이블에 저장한다.

42 난이도 상 **중** 하

다음 중 이름이 'txt제목'인 텍스트 상자 컨트롤에 '매출내역'이라는 내용을 입력하는 VBA 명령으로 옳지 않은 것은?

① txt제목 = "매출내역"

② txt제목.text = "매출내역"

③ txt제목.value = "매출내역"

④ txt제목.caption = "매출내역"

43 난이도 상 중 **하**

다음 중 외래 키 값을 관련된 테이블의 기본 키 값과 동일하게 유지해 주는 제약 조건은?

① 동시 제어성 ② 관련성 ③ 참조 무결성 ④ 동일성

44 난이도 상 중 **하**

다음 중 실행 쿼리에 해당하지 않는 것은?

① 테이블 만들기 쿼리 ② 추가 쿼리

③ 업데이트 쿼리 ④ 선택 쿼리

45 난이도 상 중 **하**

다음 중 데이터 보안 및 회복, 무결성, 병행 수행 제어 등을 정의하는 데이터베이스 언어로 데이터베이스 관리자가 데이터 관리를 목적으로 주로 사용하는 언어는?

① 데이터 제어어(DCL) ② 데이터 부속어(DSL)

③ 데이터 정의어(DDL) ④ 데이터 조작어(DML)

46 난이도 상 중 **하**

다음 중 보고서의 각 구역에 대한 설명으로 옳지 않은 것은?

① 보고서 바닥글 영역에는 로고, 보고서 제목, 날짜 등을 삽입하며, 보고서의 모든 페이지에 출력된다.

② 페이지 머리글 영역에는 열 제목 등을 삽입하며, 모든 페이지의 맨 위에 출력된다.

③ 그룹 머리글/바닥글 영역에는 일반적으로 그룹별 이름, 요약 정보 등을 삽입한다.

④ 본문 영역은 실제 데이터가 레코드 단위로 반복 출력되는 부분이다.

47 난이도 상 **중** 하

다음 중 보고서의 그룹화 및 정렬에 대한 설명으로 옳지 않은 것은?

① '그룹'은 머리글과 같은 소계 및 요약 정보와 함께 표시되는 레코드의 모음으로 그룹 머리글, 세부 레코드 및 그룹 바닥글로 구성된다.

② 그룹화 할 필드가 날짜 데이터이면 전체 값(기본)·일·주·월·분기·연도를 기준으로, 문자 데이터이면 전체 값(기본) 또는 첫 문자, 처음 두 문자, 사용자 지정 문자 수를 기준으로 그룹화 할 수 있다.

③ Sum 함수를 사용하는 계산 컨트롤을 그룹 머리글에 추가하면 현재 그룹에 대한 합계를 표시할 수 있다.

④ 필드나 식을 기준으로 최대 5단계까지 그룹화 할 수 있으며, 같은 필드나 식은 한 번씩만 그룹화 할 수 있다.

48 난이도 상 **중** 하

다음 중 보고서 작성 시 페이지 번호 출력을 위한 식과 그 결과의 연결이 옳지 않은 것은? (Page, Pages 변수 값은 각각 20과 80으로 설정되었다고 가정한다.)

① 식 : =[Page] 결과값 : 20

② 식 : =[Page] & " Page" 결과값 : 20 Page

③ 식 : =Format([Page],"000") 결과값 : 020

④ 식 : =[Page/Pages] 결과값 : 20/80

49 난이도 상 **중** 하

다음 중 레이블 보고서에 관한 설명으로 옳지 않은 것은?

① 레이블은 표준 레이블 또는 사용자 지정 레이블을 사용할 수 있다.

② 여러 개의 열로 이루어지고, 그룹 머리글과 그룹 바닥글, 세부 구역이 각 열마다 나타난다.

③ 레이블 형식에서 낱장 용지와 연속 용지를 선택할 수 있다.

④ 레이블에서 이름 필드의 값에 '귀하'를 붙여 출력하려면 '{이름}귀하'로 설정한다.

50 난이도 상 중 하

다음 중 [관계 편집] 대화 상자에 대한 설명으로 옳지 않은 것은?

① 관계를 구성하는 어느 한 쪽의 테이블 또는 필드 및 쿼리를 변경할 수 있다.

② 조인 유형을 내부 조인, 왼쪽 우선 외부 조인, 오른쪽 우선 외부 조인 중에서 선택할 수 있다.

③ '항상 참조 무결성 유지'를 선택한 경우 '관련 필드 모두 업데이트'와 '관련 레코드 모두 삭제' 옵션을 선택할 수 있다.

④ 관계의 종류를 일대다, 다대다, 일대일 중에서 선택할 수 있다.

51 난이도 상 중 하

'갑' 테이블의 속성 A가 1, 2, 3, 4, 5의 도메인을 가지고 있고, '을' 테이블의 속성 A가 0, 2, 3, 4, 6의 도메인을 가지고 있다고 가정할 때 다음 SQL구문의 실행 결과는?

> SELECT A FROM 갑 UNION SELECT A FROM 을;

① 2, 3, 4

② 0, 1, 2, 3, 4, 5, 6

③ 1, 5, 6

④ 0

52 난이도 상 중 하

다음 중 SQL의 SELECT문에 대한 설명으로 옳지 않은 것은?

① ORDER BY문을 이용하여 정렬할 때, 기본 값은 오름차순 정렬(ASC) 값을 가진다.

② 검색 필드의 구분은 콤마(,)로 구분한다.

③ 검색 결과에 중복되는 레코드를 없애기 위해서는 'DISTINCT'를 명시해야 한다.

④ FROM 절에는 테이블 이름만을 지정할 수 있다.

53 난이도 상 중 하

다음 중 필드 속성에 대한 설명으로 옳지 않은 것은?

① 입력 마스크는 짧은 텍스트, 숫자, 날짜/시간, 통화 형식에서 사용할 수 있다.

② 필드 값이 반드시 있어야 하는 경우, 필수 속성을 '예'로 설정하면 된다.

③ '예/아니오'의 세부 형식은 'Yes/No'와 'True/False' 두 가지만을 제공한다.

④ 짧은 텍스트, 숫자, 일련 번호 형식에서만 필드 크기를 지정할 수 있다.

54 난이도 상 중 하

다음 중 조회 속성에서 콤보 상자에 대한 설명으로 옳지 않은 것은?

① 바운드 열의 기본값은 1이며, 열 개수보다 큰 숫자를 지정할 수는 없다.

② 행 원본 유형을 '값 목록'으로 설정한 경우 콤보 상자에 표시된 값만 입력할 수 있다.

③ 행 개수는 최대 255개까지 가능하다.

④ 실제 행 수가 지정된 행 개수를 초과하면 스크롤바가 표시된다.

55 난이도 상 중 하

다음 중 액세스의 다양한 폼 보기에 대한 설명으로 적절하지 않은 것은?

① 데이터시트 : 행과 열로 구성된 형태로 표시하여 여러 레코드를 한 화면에 표시한다.

② 모달 폼 : 해당 폼을 전체 화면 크기의 창으로 표시한다.

③ 연속 폼 : 현재 창을 채울 만큼 여러 레코드를 함께 표시한다.

④ 하위 폼 : 연결된 기본 폼의 현재 레코드와 관련된 레코드만 표시한다.

56 난이도 **상** 중 하

다음 중 폼에서의 컨트롤 속성에 대한 설명으로 옳지 않은 것은?

① 우편번호를 검색할 수 있는 폼에서 텍스트 상자에 사용자가 검색어를 입력하고 **Enter** 키를 누를 때 검색이 일어나게 하는 이벤트 속성은 'On Data Change'이다.

② 텍스트 상자의 '컨트롤 원본' 속성은 텍스트 상자와 테이블의 필드를 연결하는 역할을 한다.

③ '자동 고침 사용' 속성을 '예'로 설정한 경우에는 사용자가 잘못 입력한 영어 단어를 올바른 단어로 자동 정정한다.

④ 콤보 상자의 '바운드 열' 속성은 콤보 상자에 표시되는 열 중에서 '컨트롤 원본' 속성에 연결된 필드에 입력할 열을 지정한다.

57 난이도 **상** 중 하

다음 중 아래 문자열 함수의 결과 값으로 옳은 것은?

InStr(3,"I Have A Dream", "A",1)

① 0

② 1

③ 3

④ 4

58 난이도 상 중 **하**

다음 중 데이터베이스에서 인덱스를 사용하는 목적으로 가장 적절한 것은?

① 데이터 검색 및 정렬 작업 속도 향상

② 데이터의 추가, 수정, 삭제 속도 향상

③ 데이터의 일관성 유지

④ 최소 중복성 유지

59 난이도 **상** 중 하

다음 중 폼이나 보고서에서 조건에 맞는 특정 컨트롤에만 서식을 적용하는 조건부 서식에 대한 설명으로 옳은 것은?

ⓐ 조건부 서식은 식이 아닌 필드 값으로만 설정이 가능하다.
ⓑ 컨트롤 값이 변경되어 조건을 만족하지 않으면, 적용된 서식이 해제되고 기본 서식이 적용된다.
ⓒ 조건은 50개까지 지정할 수 있으며, 조건별로 다른 서식을 적용할 수 있다.
ⓓ 지정한 조건 중 2개 이상이 참이면, 조건이 참인 서식이 모두 적용된다.

① ⓐ, ⓑ

② ⓑ, ⓒ

③ ⓒ, ⓓ

④ ⓐ, ⓓ

60 난이도 상 **중** 하

다음 중 하위 폼에 대한 설명으로 옳지 않은 것은?

① 하위 폼에서 여러 개의 연결 필드를 지정할 때에 사용되는 구분자는 세미콜론(;)이다.

② 하위 폼은 단일 폼, 연속 폼, 데이터시트 형태로 표시할 수 있으며, 기본 폼은 단일 폼 또는 연속 폼 형태로 표시할 수 있다.

③ 기본 폼과 하위 폼을 연결할 필드의 데이터 형식은 같거나 호환되어야 한다.

④ [하위 폼 필드 연결기]를 이용하여 간단히 기본 폼과 하위 폼의 연결 필드를 지정할 수 있다.

1 과목 컴퓨터 일반

01 난이도 상 중 하

다음 중 네트워크 연결을 위한 동배 간 처리(Peer-To-Peer) 방식에 대한 설명으로 옳지 않은 것은?

① 컴퓨터와 컴퓨터가 동등하게 연결되는 방식이다.

② 각각의 컴퓨터는 클라이언트인 동시에 서버가 될 수 있다.

③ 워크스테이션이나 PC를 단말기로 사용하는 작은 규모의 네트워크에 많이 사용된다.

④ 유지 보수가 쉽고 데이터의 보안이 우수하며 주로 데이터의 양이 많을 때 사용한다.

02 난이도 상 중 하

다음 중 멀티미디어의 특징으로 옳지 않은 것은?

① 디지털 데이터로 변환하여 통합 처리한다.

② 정보 제공자와 사용자 간의 상호 작용에 의해 데이터가 전달된다.

③ 데이터가 사용자 선택에 따라 순차적으로 처리되는 선형성의 특징을 가진다.

④ 문자, 그림, 사운드 등의 여러 미디어를 통합하여 처리한다.

03 난이도 상 중 하

다음 중 컴퓨터의 그래픽 데이터 표현에 사용되는 벡터 방식에 대한 설명으로 옳지 않은 것은?

① 이미지를 화소(pixel)의 집합으로 표현하는 방식이다.

② 점과 점을 연결하는 직선과 곡선을 이용하여 이미지를 그린다.

③ 이미지를 확대하거나 축소하여도 계단 현상이 발생하지 않는다.

④ 파일 형식은 WMF, AI 등이 있다.

04 난이도 상 중 하

다음 중 정보 보안을 위해 사용하는 공개키 암호화 기법에 대한 설명으로 옳지 않은 것은?

① 알고리즘이 복잡하며 암호화와 복호화 속도가 느리다.

② 키의 분배가 용이하고 관리해야 할 키의 수가 적다.

③ 비대칭 암호화 기법이라고도 하며 대표적으로 DES가 있다.

④ 데이터를 암호화할 때 사용하는 키를 공개하고 복호화할 때 키는 비밀로 한다.

05 난이도 상 중 하

다음 중 인터넷에서 사용하는 URL에 관한 설명으로 옳지 않은 것은?

① 인터넷상에 존재하는 각종 자원의 위치를 나타내는 표준 주소 체계이다.

② URL의 일반적인 형식은 프로토콜://호스트주소[:포트번호][/파일경로]이다.

③ FTP 계정이 있는 경우의 URL은 'http://user_name:password@server_name:port_number' 형식을 사용한다.

④ 일반적으로 HTTP 서비스는 80번 포트를 사용한다.

06 난이도 상 중 하

다음 중 소프트웨어의 저작권에 따른 분류에서 데모 버전과 가장 유사한 분류에 해당하는 것은?

① 프리웨어(Freeware)

② 셰어웨어(Shareware)

③ 포스트카드웨어(Postcardware)

④ 상용 소프트웨어(Commercial Software)

07 난이도 **상** 중 하

다음 중 시스템 보안을 위해 사용하는 방화벽(Firewall)에 대한 설명으로 옳지 않은 것은?

① IP주소 및 포트 번호를 이용하거나 사용자 인증을 기반으로 접속을 차단하여 네트워크의 출입로를 단일화함으로써 보안 관리 범위를 좁히고 접근제어를 효율적으로 할 수 있다.

② '명백히 금지되지 않은 것은 허용한다'는 소극적 방어 개념이 아니라 '명백히 허용되지 않은 것은 금지한다'라는 적극적 방어 개념을 가지고 있다.

③ 방화벽을 운영하면 네트워크의 부하가 감소되며, 네트워크 트래픽이 게이트웨이로 집중된다.

④ 로그 정보를 통해 누가 외부에서 침입을 시도했는지 그 흔적을 찾아 역추적을 할 수 있다.

08 난이도 **상** 중 하

다음 중 와이파이(Wi-Fi)에 대한 설명으로 옳지 않은 것은?

① IEEE 802.11 기술 규격의 브랜드명으로 wireless fidelity의 약어이다.

② 무선 신호를 전달하는 AP(access point)를 중심으로 데이터를 주고받는 인프라스트럭쳐(infrastructure) 모드와 AP 없이 데이터를 주고받는 애드혹(ad hoc) 모드가 있다.

③ 유선랜을 무선화한 것이기 때문에 사용 거리에 제한이 없고 전송속도가 3G 이동통신에 비해 느리며 전송 비용이 고가이다.

④ IEEE 802.11b 규격은 최대 11Mbps, IEEE 802.11g 규격은 최대 54Mbps의 속도를 지원한다.

09 난이도 **상** 중 하

다음 중 인터넷 서버까지의 경로를 추적하는 명령어인 'Tracert'의 실행 결과에 관한 설명으로 옳지 않은 것은?

① IP 주소, 목적지까지 거치는 경로의 수, 각 구간 사이의 데이터 왕복 속도를 확인할 수 있다.

② 특정 사이트가 열리지 않을 때 해당 서버가 문제인지 인터넷 망이 문제인지 확인할 수 있다.

③ 인터넷 속도가 느릴 때 어느 구간에서 정체를 일으키는지 확인할 수 있다.

④ 현재 자신의 컴퓨터에 연결된 다른 컴퓨터의 IP 주소나 포트 정보를 확인할 수 있다.

10 난이도 **상** 중 하

다음 중 컴퓨터에서 사용하는 하드디스크의 파티션에 관한 설명으로 옳지 않은 것은?

① 파티션 작업을 실행한 후에는 반드시 포맷을 실행하여야 하드디스크를 사용할 수 있다.

② 각 파티션 영역에는 다른 운영체제를 설치할 수 있다.

③ 하나의 파티션에 여러 개의 파일 시스템을 사용할 수 있다.

④ 하나의 물리적인 하드디스크를 여러 개의 논리적 영역으로 분할하거나 다시 합치는 작업이다.

11 난이도 상 **중** 하

다음 중 Windows의 [메모장]에 관한 설명으로 옳지 않은 것은?

① 텍스트 파일이나 웹 페이지를 편집하는 간단한 도구로 사용할 수 있다.

② [이동] 명령으로 원하는 줄 번호를 입력하여 문서의 특정 줄로 이동할 수 있으며, 자동 줄 바꿈이 설정된 경우에도 이동 명령을 사용할 수 있다.

③ 특정 문자나 단어를 찾아서 바꾸거나, 창 크기에 맞추어 텍스트 줄을 바꾸어 문서의 내용을 표시할 수 있다.

④ 머리글과 바닥글을 설정하여 문서의 위쪽과 아래쪽 여백에 원하는 텍스트를 표시하여 인쇄할 수 있다.

12 난이도 상 **중** 하

다음 중 컴퓨터에서 문자를 표현하는 코드 체계에 대한 설명으로 옳지 않은 것은?

① BCD 코드 : 64가지의 문자를 표현할 수 있으나 영문 소문자는 표현 불가능하다.

② Unicode : 세계 각국의 언어를 4바이트 체계로 통일한 국제 표준 코드이다.

③ ASCII 코드 : 128가지의 문자를 표현할 수 있으며, 주로 데이터 통신용이나 PC에서 많이 사용된다.

④ EBCDIC 코드 : BCD 코드를 확장한 코드 체계로 256가지의 문자를 표현할 수 있다.

13 난이도 상 중 ⓗ

다음 중 컴퓨터에서 사용하는 데이터의 논리적 구성 단위를 작은 것에서 큰 것 순으로 바르게 나열한 것은?

① 비트(Bit)-바이트(Byte)-레코드(Record)-워드(Word)

② 워드(Word)-필드(Field)-바이트(Byte)-레코드(Record)

③ 워드(Word)-필드(Field)-파일(File)-레코드(Record)

④ 필드(Field)-레코드(Record)-파일(File)-데이터베이스(Database)

14 난이도 상 ⓜ 하

다음 중 Windows의 [장치 관리자] 창에서 설정 가능한 하드웨어 관리에 대한 설명으로 옳지 않은 것은?

① 장치들의 드라이버를 식별하고, 설치된 장치 드라이버에 대한 정보를 알 수 있다.

② 가상 메모리에 대한 정보를 확인하고, 설정값을 변경할 수 있다.

③ 장치 드라이버를 업데이트할 수 있다.

④ 하드웨어가 올바르게 작동하는지 확인할 수 있다.

15 난이도 상 ⓜ 하

다음 중 컴퓨터에서 사용하는 마이크로프로세서(Micro-processor)에 관한 설명으로 옳지 않은 것은?

① 제어장치, 연산장치, 주기억 장치가 하나의 반도체 칩에 내장된 장치이다.

② 클럭 주파수와 내부 버스의 Bit 수로 성능을 평가한다.

③ 트랜지스터의 집적도에 따라 기본적인 처리 속도가 결정된다.

④ 현재는 작은 규모의 임베디드 시스템이나 휴대용 기기에서부터 메인 프레임이나 슈퍼 컴퓨터까지 사용된다.

16 난이도 상 중 ⓗ

다음 중 레지스터(Register)에 대한 설명 중 옳지 않은 것은?

① CPU 내부에서 처리할 명령어나 연산 결과 값을 일시적으로 저장하는 기억장치이다.

② 레지스터의 크기는 컴퓨터가 한 번에 처리할 수 있는 데이터의 크기를 나타낸다.

③ 펌웨어(Firmware)를 저장하는 비휘발성 메모리로 액세스 속도가 가장 빠른 기억장치이다.

④ 구조는 플립플롭(Flip-Flop)이나 래치(Latch)를 직렬 또는 병렬로 연결한다.

17 난이도 ⓢ 중 하

다음 중 파일 탐색기의 [보기]에 대한 설명으로 옳지 않은 것은?

① 파일을 열기 전에 미리 보기가 가능하도록 설정할 수 있다.

② 아이콘을 여러 가지 레이아웃(자세히, 목록, 타일 등)으로 설정할 수 있다.

③ 파일이나 폴더를 이름, 수정한 날짜, 제목, 크기, 숨긴 파일 등으로 정렬할 수 있다.

④ 파일의 확장자를 보이게 하거나 숨길 수 있다.

18 난이도 상 ⓜ 하

다음 중 Windows에서 [연결 프로그램]에 대한 설명으로 옳지 않은 것은?

① 문서나 그림 같은 데이터 파일을 더블 클릭하면 자동으로 실행되는 응용 프로그램(앱)이다.

② 데이터 파일의 바로 가기 메뉴에서 [연결 프로그램]을 선택하면 연결 프로그램을 변경할 수 있다.

③ 연결 프로그램이 지정되지 않았을 경우 데이터 파일을 더블클릭하면 연결 프로그램을 선택하기 위한 대화상자가 표시된다.

④ [연결 프로그램] 대화상자에서 연결 프로그램을 삭제하면 연결된 데이터 파일도 함께 삭제된다.

19 난이도 상 중 하

다음 중 Windows의 [관리 도구] 중 [컴퓨터 관리]에서 수행 가능한 [디스크 관리] 작업에 해당하지 않는 것은?

① 볼륨을 확장하거나 축소할 수 있다.

② 드라이브 문자를 변경할 수 있다.

③ 포맷을 실행할 수 있다.

④ 분석 및 디버그 로그를 표시할 수 있다.

20 난이도 상 중 하

다음 중 반도체를 이용한 컴퓨터 보조기억장치로 크기가 작고 충격에 강하며, 소음 발생이 없는 대용량 저장 장치에 해당하는 것은?

① HDD(Hard Disk Drive)

② DVD(Digital Versatile Disk)

③ SSD(Solid State Drive)

④ CD-RW(Compact Disc Rewritable)

---

2 과목   **스프레드시트 일반**

21 난이도 상 중 하

다음 중 데이터 입력에 대한 설명으로 옳지 않은 것은?

① 동일한 문자를 여러 개의 셀에 입력하려면 셀에 문자를 입력한 후 채우기 핸들을 드래그한다.

② 두 개 이상의 셀을 선택하고 채우기 핸들을 드래그할 때 Ctrl 키를 누르고 있으면 [자동 채우기] 기능을 해제할 수 있으며, 선택한 값은 인접한 셀에 복사되고 데이터가 연속으로 확장되지 않는다.

③ 일정 범위 내에 동일한 데이터를 한 번에 입력하려면 범위를 지정하여 데이터를 입력한 후 바로 이어서 Shift + Enter 키를 누른다.

④ 사용자 지정 연속 데이터 채우기를 사용하여 데이터를 입력하는 경우 사용자 지정 목록에는 텍스트나 텍스트/숫자 조합만 포함될 수 있다.

22 난이도 상 중 하

아래의 워크시트에서 '영어'가 중간값을 초과하면서 '성명'의 두 번째 문자가 '영'인 데이터를 필터링하고자 한다. 다음 중 고급 필터 실행을 위한 조건의 입력 값으로 옳은 것은?

	A	B	C	D
1	성명	반	국어	영어
2	강동식	1	80	80
3	강영주	2	50	90
4	박강영	1	90	91
5	박영식	1	60	85
6	박민영	2	80	80
7	영수김	2	70	81
8	박영애리	1	95	92
9	김영미	2	88	86
10	이영	1	75	87

①

영어중간값	성명
=$D2>MEDIAN($D$2:$D$10)	="=*영*"

②

영어중간값	성명
=$D2>MEDIAN($D$2:$D$10)	="=?영*"

③

영어	성명
=$D2>MEDIAN($D$2:$D$10)	="=*영*"

④

영어	성명
=$D2>MEDIAN($D$2:$D$10)	="=?영*"

23 난이도 상 중 하

다음 중 엑셀의 오차 막대에 대한 설명으로 옳지 않은 것은?

① 3차원 차트는 오차 막대를 표시할 수 없다.

② 차트에 고정값, 백분율, 표준 편차, 표준 오차, 사용자 지정 중 하나를 선택하여 오차량을 표시할 수 있다.

③ 오차 막대를 화면에 표시하는 방법은 2가지로 양의 값, 음의 값이 있다.

④ 분산형과 거품형 차트에는 세로 오차 막대, 가로 오차 막대를 적용할 수 있다.

24 난이도 상 중 하

다음 중 아래와 같이 왼쪽 그림의 [B2:B5] 영역에 [텍스트 나누기]를 실행하여 오른쪽 그림과 같이 소속이 분리되도록 실행하는 과정에 대한 설명으로 옳지 않은 것은?

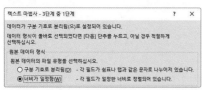

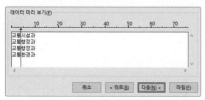

① 텍스트 마법사 2단계에서 구분선의 위치를 변경하려면 구분선을 마우스로 클릭한 상태에서 원하는 위치로 드래그한다.

② 분할하려는 범위에 포함할 수 있는 행과 열의 개수는 제한이 없다.

③ 구분선을 삭제하려면 구분선을 마우스로 두 번 클릭한다.

④ 구분선을 넣으려면 원하는 위치를 마우스로 클릭한다.

25 난이도 상 중 하

다음 중 워크시트의 데이터 목록에 윤곽 설정을 하는 경우 옳지 않은 것은?

① 그룹화하여 요약하려는 데이터 목록이 있는 경우 데이터에 최대 8개 수준의 윤곽을 설정할 수 있다.

② 1 2 , + , − 등의 윤곽 기호가 표시되지 않는 경우 [Excel 옵션]에서 표시되도록 설정할 수 있다.

③ 그룹별로 요약된 데이터에 설정된 윤곽을 제거하면 윤곽 기호와 함께 요약 정보가 표시된 원본 데이터도 삭제된다.

④ 윤곽을 만들 때나 만든 후에 윤곽에 스타일을 적용할 수 있다.

26 난이도 상 중 하

다음 중 시나리오에 대한 설명으로 옳지 않은 것은?

① 시나리오 관리자에서 시나리오를 삭제하면 시나리오 요약 보고서의 해당 시나리오도 자동으로 삭제된다.

② 특정 셀의 변경에 따라 연결된 결과 셀의 값이 자동으로 변경되어 결과값을 예측할 수 있다.

③ 여러 시나리오를 비교하기 위해 시나리오를 피벗 테이블로 요약할 수 있다.

④ 변경 셀과 결과 셀에 이름을 지정한 후 시나리오 요약 보고서를 작성하면 결과에 셀 주소 대신 지정한 이름이 표시된다.

27 난이도 상 중 하

다음 중 조건부 서식에 대한 설명으로 옳지 않은 것은?

① 동일한 셀 범위에 둘 이상의 조건부 서식 규칙이 True로 평가되어 충돌하는 경우 [조건부 서식 규칙 관리자] 대화 상자의 규칙 목록에서 가장 위에 있는 즉, 우선순위가 높은 규칙 하나만 적용된다.

② [홈] 탭 [편집] 그룹의 [찾기 및 선택]-[이동 옵션]을 이용하면 조건부 서식이 적용되고 있는 셀을 적용한 순서대로 찾아 이동할 수 있다.

③ 조건부 서식을 만들 때 조건으로 다른 워크시트 또는 통합 문서에 참조는 사용할 수 없다.

④ 셀 범위에 대한 서식 규칙이 True로 평가되면 해당 규칙의 서식이 사용자가 임의로 지정한 서식보다 우선한다.

28 난이도 상 중 하

다음 중 셀의 내용을 편집할 수 있는 셀의 편집 모드로 전환하는 방법에 대한 설명으로 옳지 않은 것은?

① 편집하려는 데이터가 있는 셀을 더블 클릭한다.

② 편집하려는 셀을 클릭하고 수식 입력줄을 클릭한다.

③ 셀을 선택한 후 F2 키를 누르면 셀에 입력된 내용의 맨 앞에 삽입 포인터가 나타난다.

④ 새 문자를 입력하여 기존 문자를 즉시 바꿀 수 있도록 겹쳐 쓰기 모드를 활성화하려면 편집 모드 상태에서 Insert 키를 누른다.

29 난이도 상 중 하

다음 중 각 VBA 코드에 대한 설명으로 옳지 않은 것은?

① Range("A5").Select → [A5] 셀로 셀 포인터를 이동한다.

② Range("C2").Font.Bold = "True" → [C2] 셀의 글꼴 스타일을 '굵게'로 설정한다.

③ Range("A1").Formula = 3 * 4 → [A1] 셀에 수식 '=3 * 4'가 입력된다.

④ Workbooks.Add → 새 통합 문서를 생성한다.

30 난이도 상 중 하

다음 중 [H2:H10] 영역에 '총점'으로 순위를 구한 후 동점자에 대해 '국어'로 순위를 구할 경우 [H2] 셀에 들어갈 수식으로 옳은 것은?

	A	B	C	D	E	F	G	H
1	성명	국어	수학	영어	사회	총점	순위(총점)	순위(총점, 국어)
2	홍길동	90	50	30	10	180	1	1
3	한민국	80	50	20	30	180	1	3
4	이대한	90	40	20	30	180	1	1
5	이나래	70	50	30	30	180	1	4
6	마상욱	80	50	30	10	170	5	6
7	박정인	90	40	20	20	170	5	5
8	사수영	80	40	30	30	170	5	8
9	고소영	80	40	30	20	170	5	6
10	장영수	70	50	10	5	135	9	9

① {=RANK($F2,$F$2:$F$10)+RANK($B2,$B$2:$B$10)}

② {=RANK($B2,$B$2:$B$10)*RANK($F2,$F$2:$F$10)}

③ {=RANK($F2,$F$2:$F$10)+SUM(($F$2:$F$10=$F2)*($B$2:$B$10>$B2))}

④ {=SUM(($F$2:$F$10=$F2)*($B$2:$B$10>$B2))*RANK($F2,$F$2:$F$10)}

31 난이도 상 중 하

다음 중 메모 기능에 대한 설명으로 옳지 않은 것은?

① 새 메모를 작성하려면 Shift + F2 키를 누른다.

② 메모 텍스트에는 [홈] 탭의 [글꼴] 그룹에 있는 [채우기 색]과 [글꼴 색] 옵션을 사용할 수 없다.

③ 삽입된 메모는 시트에 표시된 대로 인쇄하거나 시트 끝에 모아서 인쇄할 수 있다.

④ [홈] 탭 [편집] 그룹에 있는 [지우기]-[모두 지우기]를 이용하여 셀을 지운 경우 셀의 내용과 서식만 삭제되고 메모는 삭제되지 않는다.

32 난이도 상 중 하

다음 중 [개발 도구] 탭의 [컨트롤] 그룹에 대한 설명으로 옳지 않은 것은?

① 컨트롤은 데이터 표시/입력 또는 작업 수행을 위해 양식에 넣은 그래픽 개체로 텍스트 상자, 목록 상자, 옵션 단추, 명령 단추 등이 있다.

② ActiveX 컨트롤은 양식 컨트롤 보다 다양한 이벤트에 반응할 수 있으나 차트 시트에서는 사용할 수 없는 등 양식 컨트롤보다 호환성은 낮다.

③ [디자인 모드] 상태에서는 양식 컨트롤과 ActiveX 컨트롤 모두 매크로 등 정해진 동작은 실행하지 않으며, 컨트롤의 선택, 크기 조절, 이동 등의 작업을 할 수 있다.

④ 양식 컨트롤의 '단추(양식 컨트롤)'를 클릭하거나 드래그해서 추가하면 [매크로 지정] 대화상자가 자동으로 표시된다.

33 난이도 상 중 하

다음 중 세로 막대형 차트에 대한 설명으로 옳지 않은 것은?

① 시간의 경과에 따른 데이터 변동을 표시하거나 항목별 비교를 나타내는 데 유용하다.

② [계열 겹치기] 값을 0에서 100 사이의 백분율로 조정하여 세로 막대의 겹침 상태를 조정할 수 있으며, 값이 높을수록 세로 막대 사이의 간격이 증가한다.

③ [간격 너비] 값을 0에서 500 사이의 백분율로 조정하여 각 항목에 대해 표시되는 데이터 요소 집합 사이의 간격을 조정할 수 있다.

④ 세로(값) 축 값의 순서를 거꾸로 표시할 수 있다.

34 난이도 상 중 하

다음 중 인쇄 기능에 대한 설명으로 옳지 않은 것은?

① 기본적으로 워크시트의 눈금선은 인쇄되지 않으나 인쇄되도록 설정할 수 있다.

② [페이지 설정] 대화상자의 [시트] 탭에서 '간단하게 인쇄'를 선택하면 셀의 테두리를 포함하여 인쇄할 수 있다.

③ Ctrl + F2 키를 누르면 '인쇄 미리 보기'가 실행된다.

④ [인쇄 미리 보기]에서 '여백 표시'를 선택한 경우 마우스로 여백을 변경할 수 있다.

35 난이도 상 중 하

다음 중 공유 통합 문서에 대한 설명으로 옳지 않은 것은?

① 여러 사용자가 동시에 동일한 셀을 변경하려면 충돌이 발생한다.

② 통합 문서를 공유한 후 하이퍼링크, 시나리오, 매크로 등의 기능은 변경할 수 없지만 조건부 서식, 차트, 그림 등의 기능은 변경할 수 있다.

③ 공유 통합 문서를 네트워크 위치에 복사해도 다른 통합 문서나 문서의 연결은 그대로 유지된다.

④ 공유 통합 문서를 열면 창의 제목 표시줄의 엑셀 파일명 옆에 [공유]라는 글자가 표시된다.

36 난이도 상 중 하

다음 중 [A13] 셀에 수식 '=INDEX((A1:C6, A8:C11), 2, 2, 2)'을 입력한 결과로 옳은 것은?

SUM		: × ✓ fx	=INDEX((A1:C6,A8:C11),2,2,2)	
	A	B	C	D	E
1	과일	가격	개수		
2	사과	₩ 690	40		
3	바나나	₩ 340	38		
4	레몬	₩ 550	15		
5	오렌지	₩ 250	25		
6	배	₩ 590	40		
7					
8	아몬드	₩ 2,800	10		
9	캐슈넛	₩ 3,550	16		
10	땅콩	₩ 1,250	20		
11	호두	₩ 1,750	12		
12					
13	=INDEX((				

① 690   ② 340   ③ 2,800   ④ 3,550

37 난이도 상 중 하

다음 중 수식의 결과가 옳지 않은 것은?

① =FIXED(3456.789,1,FALSE) → 3,456.8

② =EOMONTH(DATE(2015,2,25),1) → 2015-03-31

③ =CHOOSE(ROW(A3:A6), "동","서","남",2015) → 남

④ =REPLACE("February",SEARCH("U","Seoul-Unesco"), 5,"") → Febru

38 난이도 상 중 하

다음 중 3차원 참조에 대한 설명으로 옳지 않은 것은?

① 여러 워크시트에 있는 동일한 셀 데이터나 셀 범위 데이터에 대한 참조를 뜻한다.

② 'Sheet2'부터 'Sheet4'까지의 [A2] 셀을 모두 더하라는 식을 '=SUM(Sheet2:Sheet4!A2)'와 같이 3차원 참조로 표현할 수 있다.

③ SUM, AVERAGE, COUNTA, STDEV 등의 함수를 사용할 수 있다.

④ 배열 수식에 3차원 참조를 사용할 수 있다.

39 난이도 상 중 하

다음 중 워크시트 사용에 관한 설명으로 옳지 않은 것은?

① 현재 워크시트의 앞이나 뒤의 시트를 선택할 때에는 Ctrl + Page Up 과 Ctrl + Page Down 키를 이용한다.

② 현재 워크시트의 왼쪽에 새로운 시트를 삽입할 때에는 Shift + F11 키를 누른다.

③ 연속된 여러 개의 시트를 선택할 때에는 첫 번째 시트를 선택하고 Shift 키를 누른 채 마지막 시트의 시트 탭을 클릭한다.

④ 그룹으로 묶은 시트에서 복사하거나 잘라낸 모든 데이터는 다른 한 개의 시트에 붙여 넣을 수 있다.

40 난이도 상 중 하

다음 중 워크시트의 인쇄 영역 설정에 대한 설명으로 옳지 않은 것은?

① 인쇄 영역을 정의한 후 워크시트를 인쇄하면 해당 인쇄 영역만 인쇄된다.

② 사용자가 설정한 인쇄 영역은 엑셀을 종료하면 인쇄 영역 설정이 자동으로 해제된다.

③ 필요한 경우 기존 인쇄 영역에 다른 영역을 추가하여 인쇄 영역을 확대할 수 있다.

④ 인쇄 영역으로 여러 영역이 설정된 경우 설정한 순서대로 각기 다른 페이지에 인쇄된다.

3 과목 | **데이터베이스 일반**

41 난이도 상 중 **하**

다음 중 관계형 데이터베이스에 대한 설명으로 옳지 않은 것은?

① 개념적으로 개체와 관계로 구성된다.

② 개체의 특성이나 상태를 기술해 주는 것을 개체 인스턴스(Instance)라 한다.

③ 개체와 관계를 도식으로 표현한 것을 ER 다이어그램이라 한다.

④ 관계는 개체 관계와 속성 관계로 나누어 볼 수 있다.

42 난이도 상 **중** 하

다음 중 데이터 조작어(DML : Data Manipulation Language)에 대한 설명으로 옳지 않은 것은?

① 사용자가 응용 프로그램을 통하여 데이터베이스에 저장된 데이터를 액세스하거나 조작할 수 있도록 하는 언어이다.

② 비절차식 데이터 조작 언어는 사용자가 어떠한 데이터가 필요한지를 명시할 뿐, 어떻게 구하는지는 명시할 필요가 없다.

③ 비절차식 데이터 조작 언어는 절차식 데이터 조작 언어보다 배우기 쉽고 사용하기 쉽지만 코드의 효율성은 떨어진다.

④ SELECT, UPDATE, CREATE, DELETE 문이 해당된다.

43 난이도 상 **중** 하

다음 중 보고서의 각 구역에 대한 설명으로 옳지 않은 것은?

① '페이지 머리글'은 인쇄 시 모든 페이지의 맨 위에 출력되며, 모든 페이지에 특정 내용을 반복하려는 경우 사용한다.

② '보고서 머리글'은 보고서의 맨 앞에 한 번 출력되며, 함수를 이용한 집계 정보를 표시할 수 없다.

③ '그룹 머리글'은 각 새 레코드 그룹의 맨 앞에 출력되며, 그룹 이름이나 그룹별 계산 결과를 표시할 때 사용한다.

④ '본문'은 레코드 원본의 모든 행에 대해 한 번씩 출력되며, 보고서의 본문을 구성하는 컨트롤이 추가된다.

44 난이도 상 중 **하**

다음 중 쿼리 실행 시 값이나 패턴을 묻는 메시지를 표시한 후 사용자에게 조건 값을 입력받아 사용하는 쿼리는?

① 선택 쿼리

② 요약 쿼리

③ 매개 변수 쿼리

④ 크로스탭 쿼리

45 난이도 상 **중** 하

다음 중 [우편물 레이블 마법사]를 이용한 보고서 작성에 대한 설명으로 옳지 않은 것은?

① 마법사로 완성된 보고서의 [인쇄 미리 보기] 상태에서는 [페이지 설정] 대화 상자를 사용하여 레이블 사이의 간격이나 여백을 변경할 수 있다.

② 마법사의 각 단계에서 레이블 크기, 텍스트 모양, 사용 가능한 필드, 정렬 기준 등을 지정할 수 있다.

③ 마법사의 마지막 단계에서 '인쇄될 우편물 레이블 미리 보기'를 선택한 경우 완성된 보고서가 [인쇄 미리 보기] 상태로 표시된다.

④ 마법사에서 사용 가능한 필드 지정 시 우편물 레이블에 추가 가능한 필드의 개수는 최대 5개이다.

46 난이도 **상** 중 하

다음 중 보고서의 [그룹, 정렬 및 요약] 창을 이용한 정렬 및 그룹 설정에 대한 설명으로 옳지 않은 것은?

① 보고서의 그룹 수준 및 정렬 수준은 최대 10개까지 정의할 수 있다.

② 그룹 수준을 삭제하는 경우 그룹 머리글 또는 그룹 바닥글 구역에 삽입되어 있는 모든 컨트롤들은 자동으로 본문 구역으로 이동된다.

③ '전체 그룹을 같은 페이지에 표시' 옵션을 선택한 경우 페이지의 나머지 공간에 그룹을 표시할 수 없는 경우 빈 공간으로 두고 대신 다음 페이지에서 그룹이 시작된다.

④ 그룹 간격 옵션은 레코드가 그룹화되는 방식을 결정하는 설정이며, 텍스트 필드인 경우 '전체 값', '첫 문자', '처음 두 문자', '사용자 지정 문자'를 기준으로 그룹화할 수 있다.

47 난이도 ❸ 중 하

다음 중 아래와 같은 필드로 구성된 <SERVICE> 테이블에서 실행 가능한 쿼리로 적절하지 않은 것은?

필드 이름	데이터 형식
등급	짧은 텍스트
비용	숫자
변호	숫자

① INSERT INTO SERVICE(등급, 비용) VALUES ('C', 7000);

② UPDATE SERVICE SET 등급 = 'C' WHERE 등급 = 'D';

③ INSERT INTO SERVICE (등급, 비용, 번호) VALUES ('A', 10000, 10);

④ UPDATE SERVICE SET 비용 = 비용 * 1.1;

48 난이도 상 ❸ 하

다음 중 <도서> 테이블에서 정가 필드의 값이 10000 이상 이면서 20000 이하인 도서를 검색하기 위한 SQL 문으로 옳은 것은?

① SELECT * FROM 도서 WHERE 정가 IN (10000, 20000)

② SELECT * FROM 도서 WHERE 정가 > 10000 OR 정가 < 20000

③ SELECT * FROM 도서 WHERE 10000 <= 정가 <= 20000

④ SELECT * FROM 도서 WHERE 정가 BETWEEN 10000 AND 20000

49 난이도 상 중 ❸

다음 중 <사원> 테이블에서 주소가 '서울'인 사원의 이름과 부서를 입사년도가 오래된 사원부터 최근인 사원의 순서로 검색하기 위한 SQL문으로 옳은 것은?

① SELECT 이름, 부서 FROM 사원 ORDER BY 주소='서울' ASC WHERE 입사년도;

② SELECT 이름, 부서 FROM 사원 ORDER BY 입사년도 DESC WHERE 주소='서울';

③ SELECT 이름, 부서 FROM 사원 WHERE 입사년도 ORDER BY 주소='서울' DESC;

④ SELECT 이름, 부서 FROM 사원 WHERE 주소='서울' ORDER BY 입사년도 ASC;

50 난이도 상 ❸ 하

다음 중 인덱싱된 테이블 형식 Recordset 개체에서 현재 인덱스에 지정한 조건에 맞는 레코드를 검색하여 현재 레코드로 설정하는 Recordset 객체의 메서드는?

① Seek   ② Move   ③ Find   ④ Search

51 난이도 ❸ 중 하

다음 중 모듈에 대한 설명으로 적절하지 않은 것은?

① 모듈은 표준 모듈과 클래스 모듈로 구분된다.

② 사용자 정의 개체를 만들 때에는 표준 모듈만 사용한다.

③ 선언부에서는 변수, 상수, 외부 프로시저 등을 정의한다.

④ 폼의 이벤트 프로시저로 작성된 모듈은 폼과 함께 저장된다.

52 난이도 상 ❸ 하

다음 중 Access의 기본 키에 대한 설명으로 옳지 않은 것은?

① 기본 키는 테이블의 [디자인 보기] 상태에서 설정할 수 있다.

② 기본 키로 설정된 필드에는 널(NULL) 값이 허용되지 않는다.

③ 기본 키로 설정된 필드에는 항상 고유한 값이 입력 되도록 자동으로 확인된다.

④ 관계가 설정되어 있는 테이블의 기본 키를 해제하면 해당 테이블의 관계도 삭제된다.

53 난이도 상 ❸ 하

다음 중 기본 폼과 하위 폼을 연결하기 위한 기본 조건에 대한 설명으로 옳지 않은 것은?

① 기본 필드와 하위 필드의 데이터 형식과 필드의 크기는 같거나 호환되어야 한다.

② 중첩된 하위 폼은 최대 2개 수준까지 만들 수 있다.

③ 테이블 간에 관계가 설정되어 있지 않은 경우에도 하위 폼으로 연결할 수 있다.

④ 하위 폼의 '기본 필드 연결' 속성은 기본 폼을 하위 폼에 연결해 주는 기본 폼의 필드를 지정하는 속성이다.

54 난이도 상 **중** 하

다음 중 Access에서 테이블의 관계 설정에 대한 설명으로 옳지 않은 것은?

① [관계] 문서 탭에서 해당 관계에 대해 참조 무결성, 조인 유형 등을 설정할 수 있다.

② A 테이블과 A 테이블의 기본 키를 외래키로 사용하는 B 테이블 간에 관계를 설정하는 경우 관계 종류는 '일대다 관계'로 자동 지정된다.

③ 이미 [디자인 보기] 상태로 열려 있는 테이블에 대한 관계 설정 시 해당 테이블은 자동 저장되어 닫힌다.

④ 테이블 관계를 제거하려면 관계선을 클릭하여 더 굵게 표시된 상태에서 Delete 키를 누른다.

55 난이도 상 **중** 하

다음 중 특정 필드의 입력 마스크를 'LA09#'으로 설정하였을 때 입력 가능한 데이터로 옳은 것은?

① 12345
② A상345
③ A123A
④ A1BCD

56 난이도 상 **중** 하

다음 중 폼 작성에 관한 설명으로 옳지 않은 것은?

① 여러 개의 컨트롤을 선택하여 자동 정렬할 수 있다.

② 컨트롤의 탭 순서는 자동으로 화면 위에서 아래로 지정된다.

③ 사각형, 선 등의 도형 컨트롤을 삽입할 수 있다.

④ 컨트롤 마법사를 사용하여 폼을 닫는 매크로를 실행시키는 단추를 만들 수 있다.

57 난이도 상 중 **하**

다음 중 <학생> 테이블의 '성적' 필드에 성적을 입력하는 경우 0에서 100 사이의 숫자만 입력 가능하도록 설정하기 위한 필드 속성은?

① 필드 크기
② 필수
③ 유효성 검사 규칙
④ 기본값

58 난이도 상 **중** 하

다음 중 폼이나 보고서에서 사용되는 컨트롤에 대한 설명으로 옳지 않은 것은?

① '페이지 번호' 컨트롤을 추가하는 경우 페이지 번호 식을 포함한 '텍스트 상자' 컨트롤이 삽입된다.

② '목록 상자' 컨트롤은 바운드 또는 언바운드 컨트롤로 사용할 수 있다.

③ '로고' 컨트롤을 추가하는 경우 머리글 구역에 '이미지' 컨트롤이 삽입된다.

④ '예/아니요' 필드를 추가하는 경우 기본적으로 '토글 단추' 컨트롤이 삽입된다.

59 난이도 상 **중** 하

다음 중 폼에 대한 설명으로 옳지 않은 것은?

① 분할 표시 폼을 이용하여 동일한 테이블에 대한 전체 목록과 각 레코드에 대한 단일 폼을 함께 보여줄 수 있다.

② [레이아웃 보기] 상태에서는 [필드 목록] 창을 이용하여 원본으로 사용하는 테이블이나 쿼리의 필드를 추가할 수 있다.

③ 일반적으로 기본 폼과 하위 폼은 일대다 관계이다.

④ [폼 보기] 상태에서는 [컨트롤] 그룹의 '로고', '제목', '날짜 및 시간' 등의 제한적 컨트롤만 사용 가능하다.

60 난이도 상 **중** 하

다음 중 보고서에서 '텍스트 상자' 컨트롤의 속성 설정에 대한 설명으로 옳지 않은 것은?

① '상태 표시줄 텍스트' 속성은 컨트롤을 선택했을 때 상태 표시줄에 표시할 메시지를 설정한다.

② '컨트롤 원본' 속성에서 함수나 수식 사용 시 문자는 작은 따옴표('), 필드명이나 컨트롤 이름은 큰따옴표(")를 사용하여 구분한다.

③ '사용 가능' 속성은 컨트롤에 포커스를 이동시킬 수 있는지의 여부를 설정한다.

④ '중복 내용 숨기기' 속성은 데이터가 이전 레코드와 같을 때 컨트롤을 숨길지의 여부를 설정한다.

1 과목 │ 컴퓨터 일반

01 난이도 상 중 하

다음 중 멀티미디어의 동영상에 관련된 설명으로 옳지 않은 것은?

① 국제 표준화 단체인 MPEG에서는 다양한 규격의 압축 포맷과 부가 표준을 만들었다.
② 비디오 스트리밍은 인터넷에서 영상 파일을 다운로드 하면서 실시간 재생하는 기법이다.
③ MIDI는 애플사에서 개발한 동영상 압축 기술로 시퀀싱 작업을 통해 작성된다.
④ AVI는 Windows에서 기본적으로 지원하는 표준 동영상 파일 형식으로 별도의 하드웨어 장치 없이 재생 가능하다.

02 난이도 상 중 하

다음 중 멀티미디어 그래픽과 관련하여 렌더링(Rendering) 기법에 대한 설명으로 옳은 것은?

① 제한된 색상을 조합하여 새로운 색을 만드는 기술이다.
② 2개의 이미지를 부드럽게 연결하여 변환하는 기술이다.
③ 3차원 그래픽에서 화면에 그린 물체의 모형에 명암과 색상을 입혀 사실감을 더해주는 기술이다.
④ 그림의 경계선을 부드럽게 처리해주는 필터링 기술이다.

03 난이도 상 중 하

다음 중 컴퓨터 보안 기법의 하나인 방화벽에 관한 설명으로 옳지 않은 것은?

① 전자 메일 바이러스나 온라인 피싱 등을 방지할 수 있다.
② 해킹 등에 의한 외부로의 정보 유출을 막기 위해 사용하는 보안 기법이다.
③ 외부 침입자의 역추적 기능이 있다.
④ 내부의 불법 해킹은 막지 못한다.

04 난이도 상 중 하

다음 중 컴퓨터 바이러스의 특징으로 옳지 않은 것은?

① 디스크의 부트 영역이나 프로그램 영역에 숨어 있다.
② 자신을 복제할 수 있으며, 다른 프로그램을 감염시킬 수 있다.
③ 인터넷과 같은 통신 매체를 통해서만 감염된다.
④ 소프트웨어뿐만 아니라 하드웨어의 성능에도 영향을 미칠 수 있다.

05 난이도 상 중 하

다음 중 사물 인터넷에 대한 설명으로 옳지 않은 것은?

① IoT(Internet of Things)라고도 하며 개인 맞춤형 스마트 서비스를 지향한다.
② 사람을 제외한 사물과 공간, 데이터 등을 이더넷으로 서로 연결시켜 주는 무선 통신 기술을 의미한다.
③ 스마트 센싱 기술과 무선 통신 기술을 융합하여 실시간으로 데이터를 주고받는 기술이다.
④ 사물 인터넷 기반 서비스는 개방형 아키텍처를 필요로 하기 때문에 정보 공유에 대한 부작용을 최소화하기 위한 정보 보안 기술의 적용이 중요하다.

06 난이도 상 중 하

다음 중 웹 브라우저를 이용하여 실행할 수 있는 기능에 대한 설명으로 옳지 않은 것은?

① 웹 페이지의 내용을 저장하거나 인쇄할 수 있다.
② 플러그인을 설치하여 비디오, 애니메이션과 같은 멀티미디어 파일을 재생할 수 있다.
③ HTML 및 XML 형태의 소스 파일을 볼 수 있다.
④ 원격의 컴퓨터에 접속하여 자신의 컴퓨터처럼 사용할 수 있다.

07 난이도 상 중 하

다음 중 인터넷 주소 체계에서 IPv6에 대한 설명으로 옳지 않은 것은?

① 16비트씩 8부분으로 구성되며 각 부분은 점(.)으로 구분된다.
② 각 부분은 4자리의 16진수로 표현하며 앞자리의 0은 생략할 수 있다.
③ IPv4에 비해 등급별, 서비스별로 패킷을 구분할 수 있어 품질보장이 용이하다.
④ 유니캐스트, 애니캐스트, 멀티캐스트 형태의 유형으로 할당하기 때문에 할당된 주소의 낭비 요인을 줄이고 간단하게 주소를 결정할 수 있다.

08 난이도 상 중 하

다음 중 정보를 전송하기 위하여 송·수신기가 같은 상태를 유지하도록 하는 프로토콜의 기능을 의미하는 것은?

① 연결 제어　　② 흐름 제어
③ 오류 제어　　④ 동기화

09 난이도 상 중 하

다음 중 컴퓨터 소프트웨어의 개발을 위한 객체 지향 언어에 관한 설명으로 옳지 않은 것은?

① 데이터와 그 데이터를 처리하는 함수를 객체로 묶어서 문제를 해결하는 언어이다.
② 상속, 캡슐화, 추상화, 다형성 등을 지원한다.
③ 시스템의 확장성이 높고 정보 은폐가 용이하다.
④ 대표적인 객체 지향 언어로는 BASIC, Pascal, C언어 등이 있다.

10 난이도 상 중 하

다음 중 디스크 조각 모음을 수행할 수 있는 대상으로 옳은 것은?

① CD-ROM 드라이브
② Windows가 지원하지 않는 형식의 압축 프로그램
③ 외장 하드 디스크 드라이브
④ 네트워크 드라이브

11 난이도 상 중 하

다음 중 컴퓨터에서 사용하는 자료의 표현에 관한 설명으로 옳지 않은 것은?

① 실수형 데이터는 정해진 크기에 부호(1bit)와 가수부(7bit)로 구분하여 표현한다.
② 2진 정수 데이터는 실수 데이터보다 표현할 수 있는 범위가 작으며 연산 속도는 빠르다.
③ 숫자 데이터 표현 중 10진 연산을 위하여 "팩(Pack)과 언팩(Unpack)" 표현 방식이 사용된다.
④ 컴퓨터에서 뺄셈을 수행하기 위해서는 보수와 덧셈 연산을 이용한다.

12 난이도 상 중 하

다음 중 아날로그 컴퓨터와 비교하여 디지털 컴퓨터의 특징으로 옳지 않은 것은?

① 데이터의 각 자리마다 0 혹은 1의 비트로 표현한 이산적인 데이터를 처리한다.
② 데이터 처리를 위한 명령어들로 구성된 프로그램에 의해 동작된다.
③ 온도, 전압, 진동 등과 같이 연속적으로 변하는 데이터를 효율적으로 처리할 수 있다.
④ 산술 및 논리 연산을 처리하는 회로에 기반을 둔 범용 컴퓨터로 사용된다.

13 난이도 상 중 하

다음 중 컴퓨터의 하드 디스크와 관련하여 RAID(Redundant Array of Inexpensive Disks) 기술에 관한 설명으로 옳지 않은 것은?

① 여러 개의 하드 디스크를 모아서 하나의 하드 디스크처럼 사용할 수 있도록 하는 기술이다.
② 하드 디스크의 모음뿐만 아니라 자동으로 복제해 백업 정책을 구현해 주는 기술이다.
③ 미러링과 스트라이핑 기술을 결합하여 안정성과 속도를 향상시킨 디스크 연결 기술이다.
④ 하드 디스크, CD-ROM, 스캐너 등을 통합적으로 연결해 주는 기술이다.

14 난이도 ⓢ 중 ⓗ

다음 중 추가로 설치한 하드 디스크를 인식하지 못하는 경우에 대한 대책으로 적절하지 않은 것은?

① CMOS 셋업에서 하드 디스크 타입이 일치하는지 확인한다.

② 하드 디스크의 데이터 케이블 연결이나 전원 케이블 연결을 확인한다.

③ 부팅 디스크로 부팅한 후 디스크 검사로 부트 섹터를 복구한다.

④ 운영체제가 설치되어 있는 경우 재설치하고, 그 외에는 포맷한다.

15 난이도 상 ⓜ ⓗ

다음 중 컴퓨터의 내부 기억장치에 관한 설명으로 옳은 것은?

① RAM은 일시적으로 전원 공급이 없더라도 내용은 계속 기억된다.

② SRAM이 DRAM보다 접근 속도가 느리다.

③ 주기억장치의 접근 속도 개선을 위하여 가상 메모리가 사용된다.

④ ROM에는 BIOS, 기본 글꼴, POST 시스템 등이 저장되어 있다.

16 난이도 ⓢ 중 ⓗ

다음 중 컴퓨터의 제어장치에 있는 레지스터에 관한 설명으로 옳지 않은 것은?

① 다음 번에 실행할 명령어의 번지를 기억하는 프로그램 계수기(PC)가 있다.

② 현재 실행 중인 명령어를 기억하는 명령 레지스터(IR)가 있다.

③ 명령 레지스터에 있는 명령어를 해독하는 명령 해독기(Decoder)가 있다.

④ 해독된 데이터의 음수 부호를 검사하는 부호기(Encoder)가 있다.

17 난이도 ⓢ 중 ⓗ

다음 중 컴퓨터 고장으로 인한 작업 중단에 대비하고, 업무 처리의 신뢰도를 높이기 위해 2개의 CPU가 같은 업무를 동시에 처리하여 그 결과를 상호점검하면서 운영하는 시스템은?

① 듀플렉스 시스템

② 클러스터링 시스템

③ 듀얼 시스템

④ 다중 처리 시스템

18 난이도 ⓢ 중 ⓗ

다음 중 Windows의 파일이나 폴더 검색에 대한 설명으로 옳지 않은 것은?

① Windows 검색 상자를 사용하면 색인된 파일만 검색 결과에 나타나며, 컴퓨터의 일반적인 파일들은 대부분 색인이 구성되어 있다.

② 검색 상자에서 내용 앞에 '-'를 붙이면 해당 내용이 포함되지 않은 파일이나 폴더를 검색할 수 있다.

③ 데이터를 검색한 후 검색 기준을 저장할 수 있고, 저장된 검색을 열기만 하면 원래 검색과 일치하는 최신 파일이 나타난다.

④ Windows 검색 상자에서 검색 필터를 사용하여 파일을 검색할 수 있다.

19 난이도 ⓢ 중 ⓗ

다음 중 Windows에서 Device Stage에 대한 설명으로 옳지 않은 것은?

① Device Stage는 해당 장치의 제조업체에 의해 각 장치에 맞게 사용자가 지정되며, 연결 시 선택할 수 있는 옵션은 동일하게 표시한다.

② Device Stage는 장치에 대한 세부 정보 및 해당 장치로 수행할 수 있는 작업을 표시하며, 호환되는 장치를 컴퓨터에 연결하면 Device Stage가 자동으로 열린다.

③ 두 개 이상의 장치를 컴퓨터에 연결하는 경우 두 개 이상의 Device Stage 인스턴스가 동시에 열릴 수 있다.

④ 장치 동기화가 설정되어 있는 경우에는 Device Stage가 열리지만 Windows 작업 표시줄에 최소화되어 표시된다.

20 난이도 상 중 하

다음 중 Windows의 멀티 부팅 기능에 대한 설명으로 옳지 않은 것은?

① 컴퓨터의 디스크 공간이 충분한 경우 새 버전의 Windows를 별도의 파티션에 설치하고 이전 버전의 Windows를 컴퓨터에 유지할 수 있게 하는 기능이다.

② 멀티 부팅을 위해서는 컴퓨터의 하드 디스크에 각 운영 체제에 사용할 개별 파티션이 필요하다.

③ 멀티 부팅은 2개의 Windows 중에서 최신 버전을 먼저 설치하고 이전 버전을 다음에 설치해야 정상적으로 부팅된다.

④ 컴퓨터를 시작할 때마다 실행할 Windows 버전을 선택할 수 있다.

2 과목   스프레드시트 일반

21 난이도 상 중 하

다음 중 입력한 데이터에 지정된 사용자 지정 표시 형식의 결과가 옳지 않은 것은?

①
입력 자료	엑셀
표시 형식	@@@
결과	엑셀엑셀엑셀

②
입력 자료	1
표시 형식	#"0,000"
결과	10,000

③
입력 자료	0.5
표시 형식	[<1]0.??;#,###
결과	0.50

④
입력 자료	2012-10-09
표시 형식	mmm-dd
결과	Oct-09

22 난이도 상 중 하

다음 중 그림과 같이 [A1] 셀에 10을 입력하고 [A3] 셀까지 자동 채우기 한 후 나타나는 [자동 채우기] 옵션에 대한 설명으로 옳지 않은 것은?

① 셀 복사 : [A1] 셀의 값 10이 [A2] 셀과 [A3] 셀에 복사되고, [A1] 셀의 서식은 복사되지 않는다.

② 연속 데이터 채우기 : [A1] 셀의 서식과 함께 [A2] 셀에는 값 11, [A3] 셀에는 값 12가 입력된다.

③ 서식만 채우기 : [A2] 셀과 [A3] 셀에 [A1] 셀의 서식만 복사되고 값은 입력되지 않는다.

④ 서식 없이 채우기 : [A2] 셀과 [A3] 셀에 [A1] 셀의 서식은 복사되지 않고 [A1] 셀의 값 10이 입력된다.

23 난이도 상 중 하

아래는 연이율 6%의 대출금 5,000,000원을 36개월, 60개월, 24개월로 상환 시 월상환액에 따른 시나리오 요약 보고서를 작성한 것이다. 다음 중 이에 관한 설명으로 옳지 않은 것은?

① 시나리오 추가 시 사용된 [변경 셀]은 [B3] 셀이다.

② [B3] 셀은 '기간'으로 [B5] 셀은 '월상환액'으로 이름이 정의되어 있다.

③ 일반적으로 시나리오를 만들 때 [변경 셀]에는 사용자가 값을 입력할 수는 있으나 여러 개의 셀을 참조할 수는 없다.

④ [B5] 셀은 시나리오 요약 시 [결과 셀]로 사용되었으며, 수식이 포함되어 있다.

24 난이도 상 중 하

다음 중 피벗 차트 보고서에 대한 설명으로 옳지 않은 것은?

① 피벗 차트 보고서에 필터를 적용하면 피벗 테이블 보고서에 자동 적용된다.

② 처음 피벗 테이블 보고서를 만들 때 자동으로 피벗 차트 보고서를 함께 만들 수도 있고, 기존 피벗 테이블 보고서에서 피벗 차트 보고서를 만들 수도 있다.

③ 피벗 차트 보고서를 정적 차트로 변환하려면 관련된 피벗 테이블 보고서를 선택한 후 [피벗 테이블 분석] 탭 [동작] 그룹의 [모두 지우기] 명령을 수행하여 피벗 테이블 보고서를 먼저 삭제한다.

④ 피벗 차트 보고서를 삭제해도 관련된 피벗 테이블 보고서는 삭제되지 않는다.

25 난이도 상 중 하

다음 중 Access 외부 데이터를 Excel로 가져와 사용하는 방법에 대한 설명으로 옳지 않은 것은?

① 현재 통합 문서에 표, 피벗 테이블 보고서, 피벗 차트 중 선택하여 가져올 수 있다.

② [데이터 가져오기] 대화상자에서 데이터가 들어갈 위치는 새 워크시트의 [A1] 셀이 기본으로 선택된다.

③ 파일을 열거나 다른 작업을 하면서, 또는 일정한 간격으로 데이터에 대한 새로 고침을 실행할 수 있다.

④ [통합 문서 연결] 대화상자에 열로 표시되는 연결 이름과 설명을 변경할 수 있다.

26 난이도 상 중 하

다음 중 엑셀의 데이터 입력에 대한 설명으로 옳지 않은 것은?

① 한 셀에 여러 줄의 데이터를 입력하려면 [Alt] + [Enter] 키를 사용한다.

② 셀에 데이터를 입력하고 [Shift] + [Enter] 키를 누르면 셀 입력이 완료되고 바로 아래의 셀이 선택된다.

③ 같은 데이터를 여러 셀에 한 번에 입력하려면 [Ctrl] + [Enter] 키를 사용한다.

④ 수식이 들어 있는 셀을 선택하고 채우기 핸들을 두 번 클릭하면 수식이 적용되는 모든 인접한 셀에 대해 아래쪽으로 수식을 자동 입력할 수 있다.

27 난이도 상 중 하

다음 중 아래 워크시트 (가)를 (나)와 같이 정렬하기 위한 방법으로 옳은 것은?

	A	B	C	D	
1	이름	사번	부서	직위	
2	윤여송	a-001	기획실	과장	
3	이기상	a-002	기획실	대리	
4	이원평	a-003	기획실	사원	
5	강문상	a-004	관리과	사원	(가)

↓

	A	B	C	D	
1	부서	사번	이름	직위	
2	기획실	a-001	윤여송	과장	
3	기획실	a-002	이기상	대리	
4	기획실	a-003	이원평	사원	
5	관리과	a-004	강문상	사원	(나)

① 정렬 옵션을 '왼쪽에서 오른쪽'으로 설정

② 정렬 옵션을 '위쪽에서 아래쪽'으로 설정

③ 정렬 기준을 '셀 색', 정렬을 '위에 표시'로 설정

④ 정렬 기준을 '셀 색', 정렬을 '아래쪽에 표시'로 설정

28 난이도 상 중 하

다음 중 차트에서 3차원 막대 그래프에 적용할 수 없는 기능은?

① 상하 회전　　　　② 원근감 조절

③ 추세선　　　　　④ 데이터 표 표시

29 난이도 상 중 하

아래의 프로시저를 이용하여 [A1:C3] 영역의 서식만 지우려고 한다. 다음 중 괄호 안에 들어갈 코드로 옳은 것은?

```
Sub Procedure( )
    Range("A1:C3")
    Select Selection.(          )
End Sub
```

① DeleteFormats

② FreeFormats

③ ClearFormats

④ DeactivateFormats

30 난이도 상 중 하

다음 중 [찾기 및 바꾸기] 대화상자에 대한 설명으로 옳지 않은 것은?

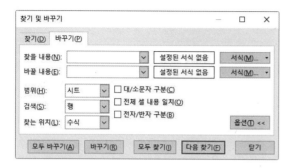

① 문서에서 '찾을 내용'에 입력한 내용과 일치하는 이전 항목을 찾으려면 Shift 키를 누른 상태에서 [다음 찾기] 단추를 클릭한다.

② '찾을 내용'에 입력한 문자만 있는 셀을 검색하려면 '전체 셀 내용 일치'를 선택한다.

③ 별표(*), 물음표(?) 및 물결표(~) 등의 문자가 포함된 내용을 찾으려면 '찾을 내용'에 작은 따옴표(') 뒤에 해당 문자를 붙여 입력한다.

④ 찾을 내용을 워크시트에서 검색할지 전체 통합 문서에서 검색할지 등을 선택하려면 '범위'에서 '시트' 또는 '통합 문서'를 선택한다.

31 난이도 상 중 하

다음 중 아래 시트에서 각 수식을 실행했을 때의 결과 값으로 옳은 것은?

	A	B	C	D	E
1	이름	국어	영어	수학	평균
2	홍길동	83	90	73	82
3	이대한	65	87	91	81
4	한민국	80	75	100	85
5	평균	76	84	88	82.66667

① =SUM(COUNTA(B2:D4), MAXA(B2:D4)) → 102

② =AVERAGE(SMALL(C2:C4, 2), LARGE(C2:C4, 2)) → 75

③ =SUM(LARGE(B3:D3, 2), SMALL(B3:D3, 2)) → 174

④ =SUM(COUNTA(B2,D4), MINA(B2,D4)) → 109

32 난이도 상 중 하

다음 중 매크로 편집에 사용되는 Visual Basic Editor에 관한 설명으로 옳지 않은 것은?

① Visual Basic Editor는 단축키 Alt + F11 키를 누르면 실행된다.

② 작성된 매크로는 한 번에 실행되며, 한 단계씩 실행될 수는 없다.

③ Visual Basic Editor는 프로젝트 탐색기, 속성 창, 모듈 시트 등으로 구성되어 있다.

④ 실행하고자 하는 매크로 구문 내에 커서를 위치시키고 F5 키를 누르면 매크로가 바로 실행된다.

33 난이도 상 중 하

다음 중 아래 시트에서 각 수식을 실행했을 때의 결과 값으로 옳지 않은 것은?

	A
1	2017년 3월 5일 일요일
2	2017년 3월 20일 월요일
3	2017년 4월 10일 월요일

① EOMONTH(A1,-3) → 2016-12-05

② DAYS(A3,A1) → 36

③ NETWORKDAYS(A1,A2) → 11

④ WORKDAY(A1,10) → 2017-03-17

34 난이도 상 중 하

다음 중 통합 문서 공유에 대한 설명으로 옳지 않은 것은?

① 병합된 셀, 조건부 서식, 데이터 유효성 검사, 차트, 그림과 같은 일부 기능은 공유 통합 문서에서 추가하거나 변경할 수 없다.

② 공유된 통합 문서는 여러 사용자가 동시에 변경할 수 없다.

③ 통합 문서를 공유하는 경우 저장 위치는 웹 서버가 아니라 공유 네트워크 폴더를 사용해야 한다.

④ 셀을 잠그고 워크시트를 보호하여 액세스를 제한하지 않으면 네트워크 공유에 액세스할 수 있는 모든 사용자가 공유 통합 문서에 대한 모든 액세스 권한을 갖게 된다.

35 난이도 상 중 하

아래 그림과 같이 워크시트에 배열 상수 형태로 배열 수식이 입력되어 있을 때, [A5] 셀에서 수식 =SUM(A1, B2)를 실행하였다. 다음 중 그 결과로 옳은 것은?

▲	A	B	C
1	={1,2,3;4,5,6}	={1,2,3;4,5,6}	={1,2,3;4,5,6}
2	={1,2,3;4,5,6}	={1,2,3;4,5,6}	={1,2,3;4,5,6}

① 3 ② 6
③ 7 ④ 8

36 난이도 상 중 하

다음 중 엑셀의 확장자에 따른 파일 형식과 설명이 옳지 않은 것은?

① .xlsb - Excel 바이너리 파일 형식이다.
② .xlsm - XML 기반의 Excel 파일 형식으로 매크로를 포함할 수 있다.
③ .xlsx - XML 기반의 기본 Excel 파일 형식으로 VBA 매크로 코드나 Excel 4.0 매크로 시트를 저장할 수 없다.
④ .xltx - Excel 서식 파일의 기본 Excel 파일 형식으로 VBA 매크로 코드나 Excel 4.0 매크로 시트를 저장할 수 있다.

37 난이도 상 중 하

다음 중 엑셀의 [페이지 설정] 대화상자에 대한 설명으로 옳은 것은?

① 인쇄 배율을 수동으로 설정할 수 있으며, 배율은 워크시트 표준 크기의 10%에서 200%까지 설정 가능하다.
② [시트] 탭에서 머리글/바닥글과 행/열 머리글이 인쇄되도록 설정할 수 있다.
③ [페이지] 탭에서 '자동 맞춤'의 용지 너비와 용지 높이를 각각 1로 지정하면 여러 페이지가 한 페이지에 인쇄된다.
④ 셀에 설정된 메모는 시트에 표시된 대로 인쇄할 수는 없으나 시트 끝에 인쇄되도록 설정할 수 있다.

38 난이도 상 중 하

다음 중 [페이지 나누기 미리 보기] 상태에서 설정할 수 있는 기능에 대한 설명으로 옳지 않은 것은?

① 행 높이와 열 너비를 변경하면 자동 페이지 나누기의 위치도 변경된다.
② 수동으로 삽입한 페이지 나누기를 제거하려면 페이지 나누기를 페이지 나누기 미리 보기 영역 밖으로 끌어다 놓는다.
③ [페이지 나누기 삽입] 기능은 선택한 셀의 아래쪽 행 오른쪽 열로 페이지 나누기를 삽입한다.
④ 수동 페이지 나누기를 모두 제거하려면 임의의 셀의 바로 가기 메뉴에서 [페이지 나누기 모두 원래대로]를 클릭한다.

39 난이도 상 중 하

다음 중 수식에서 발생하는 각 오류에 대한 원인으로 옳지 않은 것은?

① #NULL! - 배열 수식이 들어 있는 범위와 행 또는 열수가 같지 않은 배열 수식의 인수를 사용하는 경우
② #VALUE! - 수식에서 잘못된 인수나 피연산자를 사용한 경우
③ #NUM! - 수식이나 함수에 잘못된 숫자 값이 포함된 경우
④ #NAME? - 수식에서 이름으로 정의되지 않은 텍스트를 큰따옴표로 묶지 않고 입력한 경우

40 난이도 상 중 하

다음 중 아래에서 설명하는 차트의 종류로 가장 적절한 것은?

- 가로 축의 값이 일정한 간격이 아닌 경우
- 가로 축의 데이터 요소 수가 많은 경우
- 데이터 요소 간의 차이점보다는 큰 데이터 집합 간의 유사점을 표시하려는 경우

① 주식형 차트 ② 분산형 차트
③ 영역형 차트 ④ 방사형 차트

3 과목 **데이터베이스 일반**

41 난이도 상 중 하

다음 중 아래의 이벤트 프로시저에서 [Command1] 단추를 클릭했을 때의 실행 결과로 옳은 것은?

```
Private Sub Command1_Click( )
    DoCmd.OpenForm "사원정보", acNormal
    DoCmd.GoToRecord , , acNewRec
End Sub
```

① [사원정보] 테이블이 열리고, 가장 마지막 행의 새 레코드에 포커스가 표시된다.

② [사원정보] 폼이 열리고, 첫 번째 레코드의 가장 왼쪽 컨트롤에 포커스가 표시된다.

③ [사원정보] 폼이 열리고, 마지막 레코드의 가장 왼쪽 컨트롤에 포커스가 표시된다.

④ [사원정보] 폼이 열리고, 새 레코드를 입력할 수 있도록 비워진 폼이 표시된다.

42 난이도 상 중 하

다음 중 VBA 모듈에서 선택 쿼리를 데이터시트 보기, 디자인 보기, 인쇄 미리 보기 등으로 열기 위해 사용하는 메서드는?

① Docmd.RunSQL
② DoCmd.OpenQuery
③ DoCmd.RunQuery
④ Docmd.OpenSQL

43 난이도 상 중 하

다음 중 보고서의 각 구역에 대한 설명으로 옳지 않은 것은?

① 보고서 머리글 : 보고서의 맨 앞에 한 번 출력되며, 일반적으로 로고나 제목 및 날짜 등의 정보를 표시할 때 사용한다.

② 페이지 바닥글 : 각 레코드 그룹의 맨 끝에 출력되며, 그룹에 대한 요약 정보를 표시할 때 사용한다.

③ 본문 : 레코드 원본의 모든 행에 대해 한 번씩 출력되며, 보고서의 본문을 구성하는 컨트롤이 여기에 추가된다.

④ 보고서 바닥글 : 보고서 총합계 또는 전체 보고서에 대한 기타 요약 정보를 표시할 때 사용한다.

44 난이도 상 중 하

다음 중 정규화에 대한 설명으로 옳지 않은 것은?

① 정규화를 통해 삽입, 삭제, 갱신 이상의 발생을 방지할 수 있다.

② 정규화를 통해 데이터 삽입 시 테이블 재구성의 필요성을 줄일 수 있다.

③ 정규화는 테이블 속성들 사이의 종속성을 최대한 배제하는 과정으로 볼 수 있다.

④ 정규화를 수행하여 데이터의 중복을 완전히 제거할 수 있다.

45 난이도 상 중 하

다음 중 기본 키(Primary Key)에 대한 설명으로 옳지 않은 것은?

① 기본 키로 지정된 필드는 다른 레코드와 동일한 값을 가질 수 없다.

② 기본 키 필드에 값이 입력되지 않으면 레코드가 저장 되지 않는다.

③ 기본 키가 설정되지 않아도 테이블은 생성된다.

④ 기본 키는 하나의 필드에만 설정할 수 있다.

46 난이도 상 중 하

다음 중 폼이나 보고서에서 테이블이나 쿼리의 필드를 컨트롤 원본으로 사용하는 컨트롤을 의미하는 것은?

① 언바운드 컨트롤
② 바운드 컨트롤
③ 계산 컨트롤
④ 레이블 컨트롤

47 난이도 상 중 하

다음 중 [업무 문서 양식 마법사]를 이용한 보고서 작성에 대한 설명으로 옳지 않은 것은?

① 테이블을 이용하여 세금계산서를 작성할 수 있다.

② 테이블을 이용하여 거래명세서를 작성할 수 있다.

③ 쿼리를 이용하여 우편물 레이블을 작성할 수 있다.

④ 쿼리를 이용하여 서식이 없는 세금계산서를 작성할 수 있다.

48 난이도 상 중 하

다음 중 보고서의 [그룹, 정렬 및 요약] 창의 그룹 설정에 대한 설명으로 옳은 것을 모두 나열한 것은?

> ⓐ 필드나 식을 기준으로 최대 5개까지 그룹 수준을 정의할 수 있다.
> ⓑ 같은 필드나 식을 두 번 이상 그룹화 할 수 있다.
> ⓒ 여러 필드에 요약을 추가하거나 같은 필드에 여러 종류의 요약을 계산할 수 있다.
> ⓓ 그룹 수준을 삭제하려면 그룹의 머리글 구역과 바닥글 구역을 모두 제거하면 된다.
> ⓔ 그룹화를 하려면 그룹 머리글과 그룹 바닥글을 모두 선택해야 한다.

① ⓐ, ⓓ   ② ⓐ, ⓓ, ⓔ   ③ ⓑ, ⓒ   ④ ⓑ, ⓒ, ⓔ

49 난이도 상 중 하

다음 중 폼과 보고서에서 설정 가능한 [조건부 서식]에 대한 설명으로 옳지 않은 것은?

① 원하는 필드 값에 대한 서식을 지정할 수 있다.
② 식이 TRUE 또는 FALSE로 평가되는 경우에 대한 서식을 지정할 수 있다.
③ 필드에 포커스가 있는지 여부에 따라 서식을 지정할 수도 있다.
④ 조건에 맞지 않는 경우의 서식은 조건을 식으로만 지정할 수 있다.

50 난이도 상 중 하

다음 중 아래 그림과 같은 결과를 표시하는 쿼리로 옳은 것은?

영화명	감독	장르	제작년도
베테랑	백감독	멜로	2013
베테랑	류승완	액션	2015
퇴마전	김휘	스릴러	2014
Mother	나니 모레티	멜로	2015

① SELECT * FROM movie ORDER BY 영화명, 장르;
② SELECT * FROM movie ORDER BY 영화명 DESC, 장르 DESC;
③ SELECT * FROM movie ORDER BY 제작년도, 장르 DESC;
④ SELECT * FROM movie ORDER BY 감독, 제작년도;

51 난이도 상 중 하

다음 중 [폼 마법사]를 이용한 폼 작성 시 선택 가능한 폼의 모양 중 각 필드가 왼쪽의 레이블과 함께 각 행에 표시되고 컨트롤 레이아웃이 자동으로 설정되는 것은?

① 열 형식   ② 테이블 형식
③ 데이터시트   ④ 맞춤

52 난이도 상 중 하

다음 중 아래 <PERSON> 테이블에 대한 쿼리의 실행 결과 값은?

```
<PERSON>
| Full_name |
| 오연서 |
| 이종민 |
| 오연수 |
| 오연서 |
| 김종오 |
| 오연수 |

<쿼리>
SELECT COUNT(Full_name)
FROM PERSON
WHERE Full_name Like "*" & "오";
```

① 1   ② 2   ③ 4   ④ 5

53 난이도 상 중 하

다음 중 사원 테이블에서 호봉이 6인 사원의 연봉을 3% 인상된 값으로 수정하는 실행 쿼리를 작성하고자 할 때, 아래의 각 괄호에 넣어야 할 구문을 순서대로 나열한 것은?

```
UPDATE 사원
(              ) 연봉=연봉*1.03
(              ) 호봉=6;
```

① FROM, WHERE   ② SET, WHERE
③ VALUE, SELECT   ④ INTO, VALUE

54 난이도 상 중 하

다음 중 제공된 항목에서만 값을 선택할 수 있으며 직접 입력할 수는 없는 컨트롤은?

① 텍스트 상자   ② 레이블   ③ 콤보 상자   ④ 목록 상자

55 난이도 ㉠ ㉡ ㉢

다음 중 입사일이 '1990-03-02'인 사원의 현재까지 근무한 년 수를 출력하기 위한 SQL 문으로 옳은 것은?

① select datediff("yyyy", '1990-03-02', date( ));

② select dateadd("yyyy", date( ), '1990-03-02');

③ select datevalue("yy", '1990-03-02', date( ));

④ select datediff("yy", '1990-03-02', date( ));

56 난이도 상 중 ㉢

다음 중 테이블의 필드 값을 손쉽게 요약 분석하여 통계적인 값을 그래프로 보여주는 개체는?

① 폼
② 폼 분할
③ 피벗 차트
④ 기타 폼 - 데이터시트

57 난이도 ㉠ 중 하

아래 그림과 같이 <주문내역> 테이블과 <제품> 테이블의 관계가 설정되어 있다. 다음 중 <제품> 테이블의 특정 레코드를 삭제하였을 경우에 대한 설명으로 옳은 것은?

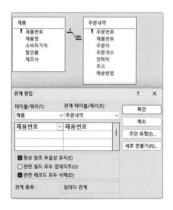

① <주문내역> 테이블에서 참조되고 있으므로 <제품> 테이블에서 특정 레코드를 삭제할 수 없다.

② <제품> 테이블에서만 특정 레코드가 삭제되고, <주문내역> 테이블에는 아무런 변동이 없다.

③ <제품> 테이블의 특정 레코드가 삭제되고, 이를 참조하는 <주문내역> 테이블의 모든 레코드도 함께 삭제된다.

④ <제품> 테이블의 특정 레코드와 <주문내역> 테이블의 모든 레코드가 삭제된다.

58 난이도 ㉠ 중 하

다음 중 입력 마스크를 '>L0L L?0'로 지정했을 때 유효한 입력 값은?

① a9b M
② M3F A07
③ H3H 가H3
④ 9Z3 3?H

59 난이도 ㉠ 중 하

다음 중 아래와 같이 필드 속성을 설정한 경우 입력 값에 따른 결과가 옳지 않은 것은?

필드 크기	실수(Single)
형식	표준
소수 자릿수	1
입력 마스크	
캡션	
기본값	0
유효성 검사 규칙	<>1 And <>-1
유효성 검사 텍스트	
필수	예

① '1'을 입력하는 경우 값이 입력되지 않는다.

② '-1'을 입력하는 경우 값이 입력되지 않는다.

③ 필드 값을 입력하지 않는 경우 기본 값으로 '0.0'이 입력된다.

④ '1234'를 입력하는 경우 표시되는 값은 '1234.0'이 된다.

60 난이도 ㉠ 중 하

다음 중 아래와 같은 <학생> 테이블에서 필드의 순서를 변경하기 위한 방법으로 옳지 않은 것은?

학번	성명	주소	취미	전화
1111	홍길동	서울시	변장술	111-2222
2222	이도령	남원시	태권도	222-3333

① 디자인 보기에서 <주소> 필드를 선택한 후 이동할 위치로 끌어다 놓는다.

② 디자인 보기에서 <주소> 필드를 선택한 후 **Shift** 키를 누른 상태에서 <전화> 필드를 선택하여 이동할 위치로 끌어다 놓으면 <주소, 취미, 전화> 필드가 이동된다.

③ 데이터시트 보기에서 <전화> 필드를 선택한 후 이동할 위치로 끌어다 놓는다.

④ 데이터시트 보기에서 <주소> 필드명을 선택한 후 **Ctrl** 키를 누른 상태에서 <전화> 필드를 선택하여 이동할 위치로 끌어다 놓으면 <주소, 전화> 필드만 이동된다.

1 과목 · 컴퓨터 일반

01 난이도 상 중 하

다음 중 사운드의 압축 및 복원과 관련된 기술이 아닌 것은?

① FLAC
② AIFF
③ H.264
④ WAV

02 난이도 상 중 하

다음 중 그래픽 데이터의 표현 방식에 대한 설명으로 옳지 않은 것은?

① 비트맵 방식은 픽셀(pixel)이라고 하는 여러 개의 점들로 이미지를 표현하는 방식이다.
② 이미지를 비트맵 방식으로 저장한 경우 벡터 방식에 비해 메모리를 적게 차지하지만, 화면에 이미지를 보여 주는 속도는 느리다.
③ 벡터 방식은 점과 점을 연결하는 직선이나 곡선을 이용하여 이미지를 표현하는 방식이다.
④ 벡터 방식은 그림을 확대 또는 축소할 때 화질의 손상이 거의 없다.

03 난이도 상 중 하

다음 중 프로그램을 직접 감염시키지 않고 디렉토리 영역에 저장된 프로그램의 시작 위치를 바이러스의 시작 위치로 변경하는 파일 바이러스 유형은?

① 연결형 바이러스
② 기생형 바이러스
③ 산란형 바이러스
④ 겹쳐쓰기형 바이러스

04 난이도 상 중 하

다음 중 DNS가 가지고 있는 특정 도메인의 IP Address를 검색해 주는 서비스는?

① Gopher
② Archie
③ IRC
④ Nslookup

05 난이도 상 중 하

다음 중 인터넷에서 방화벽을 사용하는 이유로 적절하지 않은 것은?

① 외부로부터 허가받지 않은 불법적인 접근이나 해커의 공격으로부터 내부의 네트워크를 효과적으로 보호할 수 있다.
② 방화벽의 접근제어, 인증, 암호화와 같은 기능으로 네트워크를 보호할 수 있다.
③ 역추적 기능으로 외부의 침입자를 역추적하여 흔적을 찾을 수 있다.
④ 외부에 대한 보안이 완벽하며, 내부의 불법적인 해킹도 막을 수 있다.

06 난이도 상 중 하

다음 중 컴퓨터 통신의 OSI 7계층에서 사용되는 장비와 해당 계층의 연결이 옳지 않은 것은?

① 물리 계층 - 리피터(Repeater), 허브(Hub)
② 데이터 링크 계층 - 브릿지(Bridge), 스위치(Switch)
③ 네트워크 계층 - 라우터(Router)
④ 응용 계층 - 게이트웨이(Gateway)

07 난이도 상 중 하

다음 중 전자 우편에 사용되는 프로토콜인 POP3(Post Office Protocol 3)에 관한 설명으로 옳은 것은?

① 사용자의 컴퓨터에서 작성한 메일을 다른 사람의 계정이 있는 곳으로 전송해 주는 역할을 한다.
② 메일 서버에 도착한 메일을 사용자 컴퓨터로 가져와 관리한다.
③ 웹 브라우저가 지원하지 않는 각종 멀티미디어 파일의 내용을 확인한 후 실행해 준다.
④ 메일을 패킷으로 나누어 패킷 주소를 해석하고 경로를 결정하여 메일 서버로 보낸다.

08 난이도 상 중 **하**

다음 중 네트워크의 구성 형태에 대한 설명으로 옳지 않은 것은?

① 트리형(Tree)은 허브를 이용하여 계층적으로 구성한 형태이다.

② 버스형(Bus)은 하나의 통신 회선에 여러 대의 컴퓨터를 연결한 형태이다.

③ 링형(Ring)은 모든 컴퓨터를 그물 모양으로 서로 연결한 형태이다.

④ 스타형(Star)은 각 컴퓨터를 허브와 점 대 점으로 연결한 형태이다.

09 난이도 상 **중** 하

다음 중 컴퓨터 운영체제의 운영방식에 대한 설명으로 옳지 않은 것은?

① 일괄 처리(Batch Processing) : 컴퓨터에 입력하는 데이터를 일정량 또는 일정시간 동안 모았다가 한꺼번에 처리하는 방식이다.

② 실시간 처리(Real Time Processing) : 처리할 데이터가 입력될 때 마다 즉시 처리하는 방식으로 각종 예약 시스템이나 은행 업무 등에서 사용한다.

③ 다중 처리(Multi-Processing) : 한 개의 CPU로 여러 개의 프로그램을 동시에 처리하는 방식이다.

④ 시분할 시스템(Time Sharing System) : 한 대의 시스템을 여러 사용자가 동시에 사용하는 방식으로 처리 시간을 짧은 시간 단위로 나누어 각 사용자에게 순차적으로 할당하여 실행한다.

10 난이도 **상** 중 하

다음 중 컴퓨터의 수 연산에서 사용되는 보수(Complement)에 대한 설명으로 옳지 않은 것은?

① 보수는 컴퓨터 연산에서 덧셈 연산을 이용하여 뺄셈을 수행하기 위해 사용한다.

② N진법에는 N의 보수와 N-1의 보수가 존재한다.

③ 2진수 1010의 1의 보수는 0을 1로, 1을 0으로 바꾼 0101에 1을 더한 것이다.

④ 2진수 10101의 2의 보수는 01011이다.

11 난이도 상 중 **하**

다음 중 컴퓨터에서 사용하는 유니코드(unicode)에 대한 설명으로 옳지 않은 것은?

① 세계 각국의 언어를 통일된 방법으로 표현할 수 있게 제안된 국제적인 코드 규약의 이름이다.

② 8비트 문자코드인 아스키(ASCII) 코드를 32비트로 확장하여 전 세계의 모든 문자를 표현하는 표준 코드이다.

③ 한글은 조합형, 완성형, 옛글자 모두를 표현할 수 있다.

④ 최대 65,536자의 글자를 코드화할 수 있다.

12 난이도 상 중 **하**

다음 중 컴퓨터 소프트웨어에서 셰어웨어(Shareware)에 관한 설명으로 옳은 것은?

① 정해진 금액을 지불하고 정식으로 사용하는 프로그램이다.

② 사용 기간과 일부 기능을 제한하여 정식 제품의 구입을 유도하기 위한 프로그램이다.

③ 사용 기간의 제한 없이 무료 사용과 배포가 가능한 프로그램이다.

④ ROM에 저장되며, BIOS와 관련이 있는 시스템 프로그램이다.

13 난이도 **상** 중 하

다음 중 3D 프린터에 관한 설명으로 옳지 않은 것은?

① 입력한 도면을 바탕으로 3차원 입체 물품을 만들어 내는 프린터이다.

② 인쇄 방식은 레이어로 쌓아 입체 형상을 만드는 적층형과 작은 덩어리를 뭉쳐서 만드는 모델링형이 있다.

③ 인쇄 원리는 잉크를 종이 표면에 분사하여 2D 이미지를 인쇄하는 잉크젯 프린터의 원리와 같다.

④ 기계, 건축, 예술, 우주 등 많은 분야에서 응용되고 있으며, 의료 분야에서도 활발히 활용되고 있다.

14 난이도 상 중 **하**

다음 중 중앙처리장치와 입출력장치 사이의 속도 차이로 인한 문제를 해결하기 위한 장치는?

① 범용 레지스터　　② 터미널　　③ 콘솔　　④ 채널

15 난이도 상 중 하

다음 중 캐시(Cache) 메모리에 관한 설명으로 옳은 것은?

① 캐시 메모리로 DRAM이 사용되어 접근 속도가 매우 빠르다.
② 캐시 적중률이 높을수록 컴퓨터 시스템의 전체 처리 속도가 저하된다.
③ 캐시 메모리는 보조기억장치의 일부를 주기억장치처럼 사용하는 메모리이다.
④ CPU와 주기억장치 사이에서 처리속도를 향상시키기 위한 일종의 버퍼 메모리 역할을 한다.

16 난이도 상 중 하

다음 중 PC 관리에 대한 설명으로 옳지 않은 것은?

① 직사광선과 습기가 많거나 자성이 강한 물체가 있는 곳은 피하는 것이 좋다.
② 무정전 전원 공급장치(UPS)를 설치하면 전압이나 전류가 갑자기 증가할 경우 발생할 수 있는 시스템 손상을 방지할 수 있다.
③ 컴퓨터 전용 전원 장치를 단독으로 사용하고, 전원을 끌 때는 사용 중인 프로그램을 먼저 종료하는 것이 좋다.
④ 컴퓨터의 성능 향상을 위해 주기적으로 디스크 정리, 디스크 검사, 디스크 조각 모음 등을 실행하는 것이 좋다.

17 난이도 상 중 하

다음 중 Windows에서 파일의 검색 기능을 향상시키기 위한 기능은?

① 색인
② 압축
③ 복원
④ 백업

18 난이도 상 중 하

다음 중 Windows에서 [시스템 속성] 창의 [고급] 탭에서 설정 가능한 기능으로 옳지 않은 것은?

① 프로세서 리소스 할당 방법, 가상 메모리의 크기 등을 지정할 수 있다.
② 컴퓨터의 디스크에 대해 시스템 보호를 설정하거나 해제할 수 있다.
③ 사용자 계정과 관련된 바탕 화면 설정과 기타 정보를 확인하고 사용자 유형 변경, 삭제, 복사 등의 작업을 할 수 있다.
④ 시스템에 이상이 있을 경우에 취할 수 있는 방법을 지정할 수 있다.

19 난이도 상 중 하

다음 중 Windows의 [휴지통]에 관한 설명으로 옳지 않은 것은?

① 휴지통에 지정된 최대 크기를 초과하면 보관된 파일 중 가장 용량이 큰 파일부터 자동 삭제된다.
② 휴지통에 보관된 실행 파일은 복원은 가능하지만 휴지통에서 실행하거나 이름을 변경할 수는 없다.
③ 휴지통 속성에서 파일이나 폴더가 삭제될 때마다 삭제 확인 대화상자가 표시되지 않도록 설정할 수 있다.
④ 휴지통의 파일이 실제 저장된 폴더 위치는 일반적으로 C:\$Recycle.Bin이다.

20 난이도 상 중 하

다음 중 Windows의 [제어판]-[프로그램 및 기능]에 대한 설명으로 옳지 않은 것은?

① Windows에 설치되어 있는 응용 프로그램을 변경하거나 제거할 수 있다.
② 인쇄 및 문서 서비스, 인터넷 정보 서비스 등 Windows에 포함되어 있는 다양한 기능의 사용 여부를 선택할 수 있다.
③ 설치된 업데이트를 확인할 수 있으며, 업데이트 목록에서 업데이트를 제거하거나 변경할 수 있다.
④ [온라인으로 추가 테마보기]를 선택하여 Microsoft 사에서 제공하는 다양한 테마를 추가 설치할 수 있다.

2 과목 스프레드시트 일반

21 난이도 상 중 하

다음 중 [목표값 찾기] 대화상자에 대한 설명으로 옳지 않은 것은?

① '수식 셀' 상자에 목표값 찾기에 의해 변경되는 셀 주소를 입력한다.

② '찾는 값' 상자에 원하는 수식이 있는 셀 주소를 입력한다.

③ '값을 바꿀 셀' 상자에 조정할 값이 있는 셀 주소를 입력한다.

④ 목표값 찾기는 하나의 변수 입력 값만 사용된다.

22 난이도 상 중 하

다음 중 워크시트에 외부 데이터를 가져오는 방법으로 적절하지 않은 것은?

① Microsoft Query 사용

② 웹 쿼리 사용

③ 데이터 연결 마법사 사용

④ 하이퍼링크 사용

23 난이도 상 중 하

다음 중 [찾기 및 바꾸기] 대화상자에 대한 설명으로 옳지 않은 것은?

① 특정 서식이 있는 텍스트나 숫자를 찾을 수 있다.

② 데이터를 뒤에서부터 앞으로 검색하려면 **Ctrl** 키를 누른 상태에서 <다음 찾기>를 클릭한다.

③ 영문자의 경우 대/소문자를 구분하여 찾을 수 있다.

④ 찾는 위치를 수식, 값, 메모 중에서 선택하여 지정할 수 있다.

24 난이도 상 중 하

다음 중 아래 워크시트에서의 [중복된 항목 제거] 기능에 대한 설명으로 옳지 않은 것은?

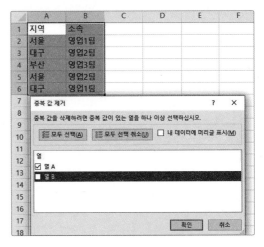

① [중복된 항목 제거]를 실행하면 동일한 데이터의 첫 번째 레코드를 제외한 나머지 레코드가 삭제된다.

② [중복된 항목 제거] 대화상자에서 [내 데이터에 머리글 표시]를 선택하면 대화상자의 '열' 목록에 '열 A' 대신 '지역', '열 B' 대신 '소속'이 표시된다.

③ 중복 값을 제거하면 선택한 셀 범위나 테이블 값이 제거되고, 제거된 만큼의 해당 셀 범위나 테이블 밖의 다른 값도 변경되거나 이동된다.

④ 위 대화상자에서 '열 A'와 '열 B'를 모두 선택하고 실행하면 '중복된 값이 없습니다'라는 메시지 박스가 나타난다.

25 난이도 상 중 하

다음 중 과학, 통계 및 공학 데이터와 같은 숫자 값을 표시하고 비교하는데, 주로 사용되며, 두 개의 숫자 그룹을 xy 좌표로 이루어진 하나의 계열로 표시하기에 적합한 차트 유형은?

① 영역형 차트

② 주식형 차트

③ 분산형 차트

④ 방사형 차트

26 난이도 상 중 하

다음 중 고급 필터의 조건 범위를 [E1:G3] 영역으로 지정한 후 고급 필터를 실행했을 때 결과로 옳은 것은? (단, [G3] 셀에는 '=C2>=AVERAGE($C$2:$C$5)'이 입력되어 있다.)

	A	B	C	D	E	F	G
1	코너	담당	판매금액		코너	담당	식
2	잡화	김남희	5122000		잡화	*남	
3	식료품	남궁미	450000		식료품		TRUE
4	잡화	이수남	5328000				
5	식료품	서남	6544000				

① 코너가 '잡화' 이거나 담당이 '남'으로 끝나고, 코너가 '식료품'이거나 판매금액이 판매금액의 평균 이상인 데이터

② 코너가 '잡화' 이거나 '식료품'이고, 담당에 '남'이 포함되거나 판매금액의 평균이 5,122,000 이상인 데이터

③ 코너가 '잡화' 이고 담당이 '남'으로 끝나거나, 코너가 '식료품'이고 판매금액이 판매금액의 평균 이상인 데이터

④ 코너가 '잡화' 이고 담당이 '남'이 포함되거나, 코너가 '식료품'이고 판매금액의 평균이 5,122,000 이상인 데이터

27 난이도 상 중 하

다음 중 A열의 글꼴 서식을 '굵게'로 설정하는 매크로로 옳지 않은 것은?

① Range("A:A").Font.Bold = True

② Columns(1).Font.Bold = True

③ Range("1:1").Font.Bold = True

④ Columns("A").Font.Bold = True

28 난이도 상 중 하

다음 중 아래 워크시트의 [A1] 셀에서 10.1을 입력한 후 [Ctrl] 키를 누르고 자동 채우기 핸들을 아래로 드래그한 경우 [A4] 셀에 입력되는 값은?

A1		∨
	A	B
1	10.1	
2		
3		
4		

① 10.1   ② 10.4

③ 13.1   ④ 13.4

29 난이도 상 중 하

아래의 워크시트에서 [D1] 셀에 숫자를 입력한 후 [오류 추적 단추]가 표시되었다. 다음 중 아래의 오류 표시에 대한 설명으로 옳지 않은 것은?

	A	B	C	D
1			⚠	789.45
2				

① 오류 검사 규칙으로 '오류를 반환하는 수식이 있는 셀'이 선택되어 있는 경우 그림과 같이 셀 왼쪽에 [오류 추적 단추]가 나타난다.

② 숫자를 셀에 입력한 후 텍스트로 서식을 지정한 경우에 나타난다.

③ [오류 추적 단추]를 눌러 나타난 메뉴 중 [숫자로 변환]을 클릭하면 오류 표시가 사라지고 숫자로 정상 입력된다.

④ 텍스트로 서식이 지정된 셀에 숫자를 입력하는 경우 오류 표시기가 나타난다.

30 난이도 상 중 하

다음 중 셀에 자료를 입력하고 표시 형식을 적용하였을 때 셀에 표시되는 결과로 옳지 않은 것은?

① (입력 자료) 0.5 (표시 형식) hh:mm (결과) 12:00

② (입력 자료) 10 (표시 형식) yyyy-mm-dd (결과) 1900-01-10

③ (입력 자료) 1234 (표시 형식) #, (결과) 1

④ (입력 자료) 13 (표시 형식) ##*! (결과) 13*!

31 난이도 상 중 하

다음 중 아래 VBA 코드로 표시되는 메시지 박스에 관한 설명으로 옳지 않은 것은?

```
a=MsgBox("작업을 종료합니까?", vbYesNoCancel + vbQuestion, "확인")
```

① 메시지 박스에 정보 아이콘(⚠)이 표시된다.

② 메시지 박스의 제목으로 '확인'이 표시된다.

③ 메시지 박스의 [Esc] 키를 누르면 작업이 취소된다.

④ 메시지 박스에 '예', '아니오', '취소' 버튼이 표시된다.

32 난이도 ⓢ 중 하

다음 중 성별이 '여'인 직원의 근속년수 합계를 구하는 수식으로 옳지 않은 것은?

	A	B	C	D	E	F
1			사원현황			
2	사원번호	이름	생년월일	성별	직위	근속년수
3	가-011	백수인	1978-05-19	여	대리	13
4	나-012	장재근	1979-04-30	남	대리	14
5	다-008	이성만	1974-12-23	남	과장	19
6	거-005	김유신	1971-03-12	여	부장	24
7	가-022	이덕화	1988-01-12	남	사원	7
8	나-012	공재룡	1987-12-23	남	사원	9
9	나-006	이현성	1970-04-29	여	부장	22
10	다-008	홍특기	1974-03-22	남	차장	17
11	가-004	신동엽	1968-03-23	남	이사	29
12	나-009	김한석	1970-05-04	여	이사	26

① =DSUM(A2:F12,F2,D2:D3)

② =SUMIFS(F3:F12,D3:D12,"=D3")

③ {=SUM(IF(D3:D12=D3,F3:F12,0))}

④ =SUMIF(D3:F12,D3,F3:F12)

33 난이도 ⓢ 중 하

아래 워크시트에서 일자[A2:A7], 제품명[B2:B7], 수량[C2:C7], [A9:C13] 영역을 이용하여 금액[D2:D7]을 배열수식으로 계산하고자 한다. 다음 중 [D2] 셀에 입력된 수식으로 옳은 것은? (단, 금액은 단가＊수량으로 계산하며, 단가는 [A9:C13] 영역을 참조하여 구함)

	A	B	C	D
1	일자	제품명	수량	금액
2	10월 03일	허브차	35	52,500
3	10월 05일	아로마비누	90	270,000
4	10월 05일	허브차	15	22,500
5	11월 01일	아로마비누	20	80,000
6	11월 20일	허브차	80	160,000
7	11월 30일	허브차	90	180,000
8				
9	제품명	월	단가	
10	허브차	10	1,500	
11	허브차	11	2,000	
12	아로마비누	10	3,000	
13	아로마비누	11	4,000	

① {=INDEX($C$10:$C$13,MATCH(MONTH(A2)&B2, $B$10:$B$13&$A$10:$A$13,0))＊C2}

② {=INDEX($C$10:$C$13,MATCH(MONTH(A2)&B2, $A$10:$A$13,$A$10:$A$13,0))＊C2}

③ {=INDEX($C$10:$C$13,MATCH(MONTH(A2),B2, $B$10:$B$13&$A$10:$A$13,0))＊C2}

④ {=INDEX($C$10:$C$13,MATCH(MONTH(A2),B2, $A$10:$A$13&$B$10:$B$13,0))＊C2}

34 난이도 ⓢ 중 하

다음 중 [인쇄 미리 보기] 상태에서 설정할 수 있는 기능에 대한 설명으로 옳지 않은 것은?

① '여백 표시'가 되어 있는 경우 미리 보기로 표시된 워크시트의 열 너비를 조정할 수 있다.

② [페이지 설정]에서 '인쇄 영역'을 변경하여 인쇄할 수 있다.

③ [머리글/바닥글]로 설정한 내용은 매 페이지 상단이나 하단의 별도 영역에, 인쇄 제목의 반복할 행/열은 매 페이지의 본문 영역에 반복 출력된다.

④ [페이지 설정]에서 확대/축소 배율을 10%에서 최대 400%까지 설정하여 인쇄할 수 있다.

35 난이도 ⓢ 중 하

다음 중 수식의 실행 결과가 나머지 셋과 다른 것은?

① =COLUMNS(C1:E4)

② =COLUMNS({1,2,3;4,5,6})

③ =MOD(2, -5)

④ =COUNT(0,"거짓", TRUE,"1")

36 난이도 ⓢ 중 하

다음 중 아래 워크시트를 이용한 수식의 실행 결과가 나머지 셋과 다른 것은?

	A
1	결과
2	33
3	TRUE
4	55
5	#REF!
6	88
7	#N/A

① =IFERROR(ISLOGICAL(A3), "ERROR")

② =IFERROR(ISERR(A7), "ERROR")

③ =IFERROR(ISERROR(A7),"ERROR")

④ =IF(ISNUMBER(A4), TRUE, "ERROR")

37 난이도 상 **중** 하

다음 중 통합 문서 저장 시 사용하는 [일반 옵션]에 관한 설명으로 옳지 않은 것은?

① [백업 파일 항상 만들기]는 통합 문서를 저장할 때마다 백업 복사본을 저장하는 기능이다.

② [열기 암호]는 암호를 모르면 통합 문서를 열어 사용할 수 없도록 암호를 지정하는 기능이다.

③ [쓰기 암호]는 암호를 모르더라도 읽기 전용으로 열어 열람이 가능하나 원래 문서 및 복사본으로 통합 문서를 저장할 수 없도록 암호를 지정하는 기능이다.

④ [읽기 전용 권장]은 문서를 열 때마다 통합 문서를 읽기 전용으로 열도록 대화상자를 나타내는 기능이다.

38 난이도 상 **중** 하

다음 중 차트 도구의 [데이터 선택]에 대한 설명으로 옳지 않은 것은?

① [차트 데이터 범위]에서 차트에 사용하는 데이터 전체의 범위를 수정할 수 있다.

② [행/열 전환]을 클릭하여 가로 (항목) 축의 데이터 계열과 범례 항목(계열)을 바꿀 수 있다.

③ 데이터 계열이 범례에서 표시되는 순서를 바꿀 수 있다.

④ 데이터 범위 내에 숨겨진 행이나 열의 데이터도 차트에 표시된다.

39 난이도 상 중 **하**

다음 중 [틀 고정] 기능에 대한 설명으로 옳지 않은 것은?

① 워크시트를 스크롤할 때 특정 행이나 열이 한 자리에 계속 표시되도록 선택할 수 있는 기능이다.

② 첫 행과 첫 열을 동시에 고정하여 표시되도록 설정할 수 있다.

③ 틀 고정은 통합 문서 보기가 [페이지 레이아웃] 상태일 때 설정할 수 있다.

④ 화면에 표시되는 틀 고정의 형태는 인쇄 시 적용되지 않는다.

40 난이도 상 중 **하**

다음 중 워크시트에 대한 설명으로 옳은 것은?

① 워크시트 복사는 **Alt** 키를 누르면서 원본 워크시트 탭을 마우스로 드래그 앤 드롭하면 된다.

② 시트를 삭제하려면 시트 탭에서 마우스 오른쪽 단추를 클릭한 후 표시되는 [삭제] 메뉴를 선택하면 되지만, 삭제된 시트는 되살릴 수 없으므로 유의하여야 한다.

③ 연속된 여러 개의 시트를 선택할 때는 첫 번째 시트를 선택하고 **Ctrl** 키를 누른 상태에서 마지막 워크시트의 시트 탭을 클릭하면 된다.

④ 떨어져 있는 여러 개의 시트를 선택할 때는 먼저 **Shift** 키를 누른 상태에서 원하는 워크시트의 시트 탭을 차례로 누르면 된다.

---

3 과목 　**데이터베이스 일반**

41 난이도 상 중 **하**

다음 중 매크로(MACRO)에 관한 설명으로 옳지 않은 것은?

① 매크로는 작업을 자동화하고 폼, 보고서 및 컨트롤에 기능을 추가하는 데 사용되는 도구이다.

② 매크로 개체는 탐색 창의 매크로에 표시되지만 포함된 매크로는 표시되지 않는다.

③ 매크로가 실행 중일 때 한 단계씩 실행을 시작하려면 **Ctrl** + **Break** 키를 누른다.

④ 자동실행 매크로가 실행되지 않게 하려면 **Ctrl** 키를 누른 채 데이터베이스 파일을 연다.

42 난이도 상 **중** 하

다음 중 VBA의 모듈에 대한 설명으로 적절하지 않은 것은?

① 모듈은 여러 개의 프로시저로 구성할 수 있다

② 전역변수 선언을 위해서는 PUBLIC으로 변수명 앞에 지정해 주어야 한다.

③ Sub는 결과 값을 Sub를 호출한 곳으로 반환한다.

④ 선언문에서 변수에 데이터 형식을 생략하면 변수는 VARIANT 형식을 가진다.

43 난이도 상 중 **하**

다음 중 데이터베이스 관리 시스템(DBMS)의 장점에 해당하지 않는 것은?

① 데이터의 일관성 유지 ② 데이터의 무결성 유지
③ 데이터의 보안 보장 ④ 데이터 간의 종속성 유지

44 난이도 상 중 **하**

다음 중 아래 쿼리에서 두 테이블에 조인된 필드가 일치하는 레코드만 결합하기 위해 괄호 안에 넣어야 할 조인 유형으로 옳은 것은?

> SELECT 필드목록 FROM 테이블1 (   )
> 테이블2 ON 테이블1.필드=테이블2.필드;

① INNER JOIN ② OUTER JOIN
③ LEFT JOIN ④ RIGHT JOIN

45 난이도 상 중 **하**

다음 중 [학생] 테이블의 'S_Number' 필드를 [데이터시트 보기] 상태에서는 '학번'으로 표시하고자 할 때 설정해야 할 항목은?

① 형식 ② 캡션 ③ 스마트 태그 ④ 입력 마스크

46 난이도 상 중 **하**

다음 중 하나의 테이블로만 구성되어 있는 데이터베이스에서 쿼리 마법사를 이용하여 만들 수 없는 쿼리는?

① 단순 쿼리 ② 중복 데이터 검색 쿼리
③ 크로스탭 쿼리 ④ 불일치 검색 쿼리

47 난이도 상 중 **하**

회원목록 보고서는 '지역' 필드를 기준으로 정렬되어 있다. 다음 중 동일한 지역인 경우 지역명이 맨 처음에 한 번만 표시되도록 하기 위한 속성으로 옳은 것은?

① [확장 가능] 속성을 '아니오'로 설정
② [누적 합계] 속성을 '예'로 설정
③ [중복 내용 숨기기] 속성을 '예'로 설정
④ [표시] 속성을 '아니오'로 설정

48 난이도 상 중 **하**

다음 중 보고서에 관한 설명으로 옳은 것은?

① 보고서의 각 구역은 표시하거나 숨길 수 있으나 보고서 머리글은 항상 표시되어야 하는 구역으로 숨김 설정이 안 된다.
② 보고서 레이아웃 보기에서는 실제 보고서 데이터를 바탕으로 열 너비를 조정하거나 그룹 수준 및 합계를 추가할 수 있다.
③ 보고서에서는 바운드 컨트롤과 계산 컨트롤만 사용 가능하므로 언바운드 컨트롤의 사용을 주의해야 한다.
④ 보고서의 그룹 중첩은 불가능하며, 같은 필드나 식에 대해 한 번씩만 그룹을 만들 수 있다.

49 난이도 상 중 **하**

다음 중 보고서 마법사로 보고서를 생성하는 과정에서 지정할 수 있는 요약 정보에 대한 설명으로 옳지 않은 것은?

① 텍스트 속성인 필드만으로 구성된 테이블에는 요약 옵션을 사용할 수 없다.
② 요약 옵션은 정렬 순서 지정 단계에서 지정하는 것으로 그룹 수준과는 무관하다.
③ 요약 옵션으로 지정된 필드의 합계, 평균, 최댓값, 최솟값을 구할 수 있다.
④ 테이블 간의 관계를 미리 지정해 둔 경우 둘 이상의 테이블에 있는 필드를 사용할 수 있다.

50 난이도 상 **중** 하

하위 보고서를 만들 때 아래의 조건을 만족하면 주 보고서와 하위 보고서가 자동으로 연결되어 목록에 표시된다. 다음 중 괄호에 들어갈 단어를 순서대로 바르게 나열한 것은?

> - 주 보고서와 하위 보고서에서 사용되는 테이블/쿼리 등이 (ⓐ) 관계로 설정된 경우
> - 주 보고서는 (ⓑ)을(를) 가진 테이블/쿼리를 사용하고, 하위 보고서는 (ⓒ)와(과) 같거나 호환되는 데이터 형식을 가진 필드가 포함된 테이블/쿼리를 사용할 경우

① ⓐ-일대일, ⓑ-필드, ⓒ-기본 키
② ⓐ-일대다, ⓑ-기본 키, ⓒ-기본 키 필드
③ ⓐ-일대일, ⓑ-레코드, ⓒ-기본 키 필드
④ ⓐ-일대다, ⓑ-기본 키 필드, ⓒ-필드

51 난이도 상 중 하

다음 중 폼의 탭 순서(Tab Order)에 대한 설명으로 옳지 않은 것은?

① 기본으로 설정되는 탭 순서는 폼에 컨트롤을 추가하여 작성한 순서대로 설정된다.
② [탭 순서] 대화상자의 [자동 순서]는 탭 순서를 위에서 아래로, 오른쪽에서 왼쪽으로 설정한다.
③ 폼 보기에서 Tab 키를 눌렀을 때 각 컨트롤 사이에 이동되는 순서를 설정하는 것이다.
④ 탭 정지 속성의 기본 값은 '예'이다

52 난이도 상 중 하

다음 중 테이블에서 내보내기가 가능한 파일 형식에 해당하지 않는 것은?

① 엑셀(Excel) 파일
② ODBC 데이터베이스
③ HTML 문서
④ VBA 코드

53 난이도 상 중 하

다음 중 아래의 '학년별검색' 매개 변수 쿼리를 실행하여 나타나는 메시지 상자의 a에 2를, b에 3을 입력한 결과로 옳은 것은?

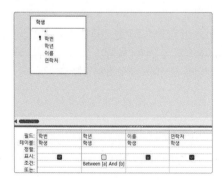

필드:	학번	학년	이름	연락처
테이블:	학생	학생	학생	학생
정렬:				
표시:	☑	☐	☑	☑
조건:		Between [a] And [b]		
또는:				

① 2학년과 3학년 레코드만 출력된다.
② 2학년 레코드만 출력된다.
③ 3학년 레코드만 선택된다.
④ 2학년과 3학년을 제외한 레코드만 출력된다.

54 난이도 상 중 하

다음 중 아래 두 개의 테이블 사이에서 외래 키(Foreign Key)에 해당하는 필드는? (단, 밑줄은 각 테이블의 기본 키를 표시함)

> 직원(<u>사번</u>, 성명, 부서명, 주소, 전화, 이메일)
> 부서(<u>부서명</u>, 팀장, 팀원수)

① 직원 테이블의 사번
② 부서 테이블의 팀원수
③ 부서 테이블의 팀장
④ 직원 테이블의 부서명

55 난이도 상 중 하

다음 중 아래의 <급여> 테이블에 대한 SQL 명령과 실행 결과로 옳지 않은 것은? (단, 빈 칸은 Null임)

사원번호	성명	가족수
1	가	2
2	나	4
3	다	

① SELECT COUNT(성명) FROM 급여; 를 실행한 결과는 3이다.
② SELECT COUNT(가족수) FROM 급여; 를 실행한 결과는 3이다.
③ SELECT COUNT(*) FROM 급여; 를 실행한 결과는 3이다.
④ SELECT COUNT(*) FROM 급여 WHERE 가족수 Is Null; 을 실행한 결과는 1이다.

56 난이도 상 중 하

다음 중 Access에서 데이터를 찾거나 바꿀 때 사용하는 와일드 카드 문자를 사용한 결과에 대한 설명이 옳지 않은 것은?

① 1#3 → 103, 113, 123 등 검색
② 소?자 → 소비자, 소유자, 소개자 등 검색
③ 소[!비유]자 → 소비자와 소개자 등 검색
④ b[a-c]d → bad와 bbd 등 검색

57 난이도 상 중 하

다음 중 아래의 설명에 해당하는 폼을 작성하기에 가장 용이한 방법은?

- 하나의 폼에서 폼 보기와 데이터시트 보기로 동시에 같은 데이터를 볼 수 있다.
- 같은 데이터 원본에 연결되어 있으며 항상 상호 동기화된다.
- 폼의 두 보기 중 하나에서 필드를 선택하면 다른 보기에서도 동일한 필드가 선택된다.

① 폼 도구 사용
② 폼 마법사 사용
③ 여러 항목 도구 사용
④ 폼 분할 도구 사용

58 난이도 상 중 하

다음 중 데이터의 형식에 관한 설명으로 옳지 않은 것은?

① 짧은 텍스트 형식에는 텍스트와 숫자 모두 입력할 수 있다.
② 숫자 형식에는 필드 크기를 설정하여 숫자 값의 크기를 제어할 수 있다.
③ 긴 텍스트 형식에는 텍스트와 비슷하나 최대 255자까지 입력 가능하다.
④ 하이퍼링크 형식에는 웹 사이트나 파일의 특정 위치로 바로 이동하는 주소 데이터를 입력할 수 있다.

59 난이도 상 중 하

다음 중 특정 데이터를 시각적으로 강조 표시하는 조건부 서식에 대한 설명으로 옳지 않은 것은?

① 하나 이상의 조건에 따라 폼과 보고서의 컨트롤 서식 또는 컨트롤 값의 서식을 변경할 수 있다.
② 컨트롤 값이 변경되어 조건에 만족하지 않으면 적용된 서식이 해제되고, 기본 서식이 적용된다.
③ 폼이나 보고서를 다른 파일 형식으로 출력하거나 내보내도 조건부 서식은 유지된다.
④ 지정한 조건 중 두 개 이상이 true이면 true인 첫 번째 조건의 서식만 적용된다.

60 난이도 상 중 하

액세스에서 다음과 같은 폼을 편집하고자 한다. 다음 중 편집에 대한 설명이 옳지 않은 것은?

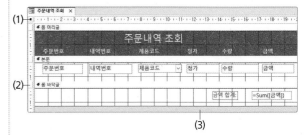

① (1)번 부분을 더블 클릭하면 폼의 간격 속성 창을 열 수 있다.
② (2)번의 세로 눈금자를 클릭하면 본문의 모든 컨트롤을 선택할 수 있다.
③ (3)번 부분을 더블 클릭하여 폼 바닥글의 배경색을 변경할 수 있다.
④ 이런 폼의 기본 보기 속성은 '연속 폼'으로 하는 것이 좋다.

1 과목   컴퓨터 일반

01 난이도 상 중 **하**

다음 중 사운드 데이터의 샘플링(Sampling)에 관한 설명으로 옳지 않은 것은?

① 디지털 신호를 아날로그 신호로 변환해 주는 작업이다.
② 샘플링 레이트(Sampling Rate)가 높을수록 원음에 가깝다.
③ 샘플링 레이트는 초당 샘플링 횟수를 의미한다.
④ 샘플링 레이트의 단위는 Hz(헤르츠)를 사용한다..

02 난이도 상 중 **하**

다음 중 이미지 데이터의 표현 방식에서 벡터(Vector) 방식에 관한 설명으로 옳지 않은 것은?

① 벡터 방식의 그림 파일 형식에는 wmf, ai 등이 있다.
② 이미지를 점과 선을 이용하여 표현하는 방식이다.
③ 그림을 확대하거나 축소할 때 계단 현상이 발생하지 않는다.
④ 포토샵, 그림판 등의 소프트웨어로 그림을 편집할 수 있다.

03 난이도 상 중 **하**

다음 중 방화벽(Firewall)에 대한 설명으로 옳지 않은 것은?

① 보안이 필요한 네트워크의 통로를 단일화하여 관리한다.
② 내부 네트워크에서 외부로 나가는 패킷을 체크하여 인증된 패킷만 통과시킨다.
③ 역추적 기능으로 외부 침입자의 흔적을 찾을 수 있다.
④ 방화벽은 외부 네트워크와 내부 네트워크 사이에 위치한다.

04 난이도 상 중 **하**

다음 중 컴퓨터의 정상적인 작동을 방해하여 운영체제나 저장된 데이터에 손상을 입힐 수 있는 보안 위협의 종류는?

① 바이러스   ② 키 로거   ③ 애드웨어   ④ 스파이웨어

05 난이도 **상** 중 하

다음 중 인터넷에서 사용하는 TCP/IP에 대한 설명으로 옳지 않은 것은?

① 서로 다른 기종의 컴퓨터들 간 데이터를 송/수신하기 위한 표준 프로토콜이다.
② 일부 망에 장애가 있어도 다른 망으로 통신이 가능한 신뢰성을 제공한다.
③ TCP는 패킷 주소를 해석하고 최적의 경로를 결정하여 전송하는 역할을 한다.
④ IP는 OSI 7계층 중 네트워크 계층에 해당하는 프로토콜이다.

06 난이도 상 **중** 하

다음 중 유비쿼터스 센서 네트워크(USN)의 활용 분야에 속하는 것은?

① 테더링
② 텔레매틱스
③ 블루투스
④ 고퍼

07 난이도 상 **중** 하

다음 중 전자 우편에서 사용하는 POP3 프로토콜에 관한 설명으로 옳은 것은?

① 사용자가 작성한 이메일을 다른 사람의 계정으로 전송해 주는 역할을 한다.
② 메일 서버의 이메일을 사용자의 컴퓨터로 가져올 수 있도록 메일 서버에서 제공하는 프로토콜이다.
③ 멀티미디어 전자 우편을 주고받기 위한 인터넷 메일의 표준 프로토콜이다.
④ 웹 브라우저에서 제공하지 않는 멀티미디어 파일을 확인하여 실행시켜주는 프로토콜이다.

08 난이도 상 **중** 하

다음 중 인터넷을 사용하기 위한 IPv6 주소 체계에 대한 설명으로 옳지 않은 것은?

① IPv4의 업그레이드 버전으로 주소 구조가 64비트로 확장되었다.

② 주소의 각 부분은 콜론(:)으로 구분하여 16진수로 표현한다.

③ IPv4에 비해 주소의 확장성, 융통성, 연동성이 뛰어나다.

④ 실시간 흐름 제어로 향상된 멀티미디어 기능을 지원한다.

09 난이도 **상** 중 하

다음 중 컴퓨터 메인보드의 버스(Bus)에 관한 설명으로 옳지 않은 것은?

① 컴퓨터에서 데이터를 주고받는 통로로 사용 용도에 따라 내부 버스, 외부 버스, 확장 버스로 구분된다.

② 내부 버스는 CPU와 주변 장치 간의 데이터 전송에 사용되는 통로이다.

③ 외부 버스는 전달하는 신호의 형태에 따라 데이터 버스, 주소 버스, 제어 버스로 구분된다.

④ 확장 버스는 메인보드에서 지원하는 기능 외에 다른 기능을 지원하는 장치를 연결하는 부분으로 끼울 수 있는 형태이기에 확장 슬롯이라고도 한다.

10 난이도 **상** 중 하

다음 중 웹 프로그래밍 언어에 대한 설명으로 옳지 않은 것은?

① ASP는 서버 측에서 동적으로 수행되는 페이지를 만들기 위한 언어로 Windows 계열의 운영체제에서 실행 가능하다.

② PHP는 클라이언트 측에서 동적으로 수행되는 스크립트 언어로 Unix 운영체제에서 실행 가능하다.

③ XML은 HTML의 단점을 보완하여 웹에서 구조화된 폭넓고 다양한 문서들을 상호 교환할 수 있도록 설계된 언어이다.

④ JSP는 자바로 만들어진 서버 스크립트로 다양한 운영체제에서 사용 가능하다.

11 난이도 상 중 **하**

다음 중 임베디드 시스템에 관한 설명으로 옳은 것은?

① 지역적으로 다른 위치에 있는 여러 대의 컴퓨터를 연결하여 분산 처리 하는 시스템이다.

② 처리할 데이터를 일정 시간 동안 모아서 일괄 처리하는 방식의 시스템이다.

③ 특정 기능을 수행하기 위하여 전체 장치의 일부분으로 내장되는 전자 시스템이다.

④ 두 개의 CPU가 동시에 같은 업무를 처리하는 방식으로 업무의 신뢰도를 높이는 작업에 이용된다.

12 난이도 상 중 **하**

다음 중 컴퓨터 운영체제의 성능 평가 기준에 해당하지 않는 것은?

① 일정 시간 내에 시스템이 처리하는 양을 의미하는 처리 능력(Throughput)

② 작업을 의뢰한 시간부터 처리가 완료된 시간까지의 반환 시간(Turn Around Time)

③ 중앙처리장치의 사용 정도를 측정하는 사용 가능도(Availability)

④ 주어진 문제를 정확하게 해결하는 정도를 의미하는 신뢰도(Reliability)

13 난이도 상 중 **하**

다음 중 컴퓨터의 발전 과정으로 3세대 이후의 특징에 해당하지 않는 것은?

① 개인용 컴퓨터의 사용　　② 전문가 시스템

③ 일괄 처리 시스템　　④ 집적회로의 사용

14 난이도 **상** 중 하

다음 중 CMOS 셋업 프로그램에서 설정할 수 없는 항목은?

① 시스템 암호 설정

② 하드 디스크의 타입

③ 멀티 부팅 시 사용하려는 BIOS의 종류

④ 하드 디스크나 USB 등의 부팅 순서

15 난이도 상 중 하

다음 중 컴퓨터 업그레이드에 관한 설명으로 적절하지 않은 것은?

① 컴퓨터 처리 성능의 개선을 위해 하드웨어 업그레이드를 한다.

② 장치 제어기를 업그레이드하면 하드웨어를 교체하지 않더라도 보다 향상된 기능으로 하드웨어를 사용할 수 있다.

③ 하드디스크 업그레이드의 경우에는 부족한 공간 확보를 위해 파티션이 여러 개로 나뉘는 제품을 선택한다.

④ 고사양을 요구하는 소프트웨어가 늘어남에 따라 컴퓨터의 처리속도가 느려지거나 제대로 동작하지 않을 경우 가장 먼저 고려하는 것은 RAM 업그레이드이다.

16 난이도 상 중 하

다음 중 Windows [제어판]의 [프로그램] 범주에서 할 수 있는 작업에 관한 설명으로 옳지 않은 것은?

① [프로그램 제거]를 이용하여 프로그램을 제거할 수 있으며, 삭제된 프로그램 파일을 복원할 수도 있다.

② [설치된 업데이트 보기]를 이용하면 설치된 업데이트를 제거할 수 있다.

③ [Windows 기능 켜기/끄기]를 이용하여 Windows에 포함되어 있는 인터넷 정보 서비스 같은 일부 프로그램 및 기능을 사용하도록 설정하거나 해제할 수 있다.

④ [기본 프로그램 설정]을 이용하면 모든 파일 형식 및 프로토콜을 열 수 있는 기본 프로그램을 설정할 수 있다.

17 난이도 상 중 하

다음 중 NTFS 파일 시스템에 관한 설명으로 옳지 않은 것은?

① 파일 및 폴더에 대한 액세스 제어를 유지하고 제한된 계정을 지원한다.

② Active Directory 서비스를 제공한다.

③ 하드디스크의 파티션(볼륨) 크기를 100GB까지 지원한다.

④ FAT나 FAT32 파일 시스템보다 성능, 보안, 안전성이 높다.

18 난이도 상 중 하

다음 중 Windows에서 네트워크 연결 시 IP 설정이 자동으로 할당되지 않을 경우 직접 설정해야 하는 TCP/IP 속성에 해당하지 않는 것은?

① IP 주소   ② 기본 게이트웨이

③ 서브넷 마스크   ④ 라우터 주소

19 난이도 상 중 하

다음 중 Windows의 [제어판]-[키보드]에서 설정할 수 있는 것으로 옳지 않은 것은?

① 입력 위치를 표시하는 커서의 모양을 선택할 수 있다.

② 키 반복 속도를 조절할 수 있다.

③ 커서 깜박임 속도를 조절할 수 있다.

④ 키 재입력 시간을 조절할 수 있다.

20 난이도 상 중 하

다음 중 Windows에서 설치된 기본 프린터의 인쇄 관리자 창에서 실행할 수 있는 작업으로 옳지 않은 것은?

① 인쇄 작업이 시작된 문서도 중간에 강제로 인쇄를 종료할 수 있으며 잠시 중지시켰다가 다시 인쇄할 수 있다.

② [프린터] 메뉴에서 [모든 문서 취소]를 선택하면 스풀러에 저장되어 있는 모든 인쇄 작업을 취소할 수 있다.

③ 인쇄 대기 중인 문서를 삭제하거나 출력 대기 순서를 임의로 조정할 수 있다.

④ 인쇄 중인 문서나 오류가 발생한 문서를 다른 프린터로 전송할 수 있다.

---

2 과목   **스프레드시트 일반**

21 난이도 상 중 하

다음 중 날짜 데이터의 자동 채우기 옵션에 포함되지 않는 내용은?

① 일 단위 채우기   ② 주 단위 채우기

③ 월 단위 채우기   ④ 평일 단위 채우기

22 난이도 상 중 하

다음 중 아래 워크시트의 '사번' 필드에 그림과 같이 사용자 지정 자동 필터를 적용하는 경우 표시되는 결과 행은?

	A	B	C	D	E
1	이름	사번	부서	직위	
2	윤여송	A-001	기획실	과장	
3	이기심	a-002	기획실	대리	
4	이원평	B-001	기획실	사원	
5	강문상	b-00?	관리과	사원	
6	사용자 지정 자동 필터				
7	찾을 조건:				
8	사번				
9	포함		a		
10	○ 그리고(A) ● 또는(O)				
11	끝 문자		~?		
12					
13	? 기호를 사용하여 한 문자를 나타낼 수 있습니다.				
14	* 기호를 사용하여 여러 문자를 나타낼 수 있습니다.				

① 3행
② 2행, 3행
③ 3행, 5행
④ 2행, 3행, 5행

23 난이도 상 중 하

다음 중 [데이터] 탭 [데이터 가져오기 및 변환] 그룹의 각 명령에 대한 설명으로 옳지 않은 것은?

① [데이터 가져오기]-[기타 원본에서]-[Microsoft Query에서]를 이용하면 여러 테이블을 조인(join)한 결과를 워크시트로 가져올 수 있다.

② [기존 연결]을 이용하면 Microsoft Query에서 작성한 쿼리 파일(*.dqy)의 실행 결과를 워크시트로 가져올 수 있다.

③ [웹]을 이용하면 웹 페이지의 모든 데이터를 원본 그대로 가져올 수 있다.

④ [Access]를 이용하면 원본 데이터의 변경 사항이 워크시트에 반영되도록 설정할 수 있다.

24 난이도 상 중 하

다음 중 데이터 정렬에 대한 설명으로 옳지 않은 것은?

① 정렬 조건을 최대 64개까지 지정할 수 있어 다양한 조건으로 정렬할 수 있다.

② 숨겨진 열이나 행은 정렬 시 이동되지 않으므로 데이터를 정렬하기 전에 숨겨진 열과 행을 표시하는 것이 좋다.

③ 정렬 기준을 글꼴 색이나 셀 색으로 선택한 경우의 기본 정렬 순서는 오름차순의 경우 밝은 색에서 어두운 색 순으로 정렬된다.

④ 첫째 기준뿐만 아니라 모든 정렬 기준에서 사용자 지정 목록을 정렬 기준으로 사용할 수 있다.

25 난이도 상 중 하

다음 중 Excel에서 Access와의 데이터 교환 방법에 대한 설명으로 적절하지 않은 것은?

① Excel 통합 문서를 열 때 Access 데이터에 연결하려면 보안 센터 표시줄을 사용하거나 통합 문서를 신뢰할 수 있는 위치에 둠으로써 데이터 연결을 사용할 수 있도록 설정해야 한다.

② [데이터] 탭-[데이터 가져오기 및 변환] 그룹에서 [데이터 가져오기]-[기타 원본에서]-[Microsoft Query에서]를 선택하면 Access 파일의 특정 테이블의 특정 필드만 선택하여 가져올 수도 있다.

③ [데이터] 탭-[데이터 가져오기 및 변환] 그룹에서 [데이터 가져오기]-[데이터베이스에서]-[Microsoft Access 데이터베이스에서]를 선택하면 특정 Access 파일에서 테이블을 선택하여 피벗 테이블 보고서로 가져올 수도 있다.

④ [데이터] 탭-[쿼리 및 연결] 그룹에서 [속성]을 클릭하면 기존 Access 파일의 연결을 추가하거나 제거할 수 있다.

26 난이도 상 중 하

아래 워크시트에서 부서명[E2:E4]을 번호[A2:A11] 순서대로 반복하여 발령부서[C2:C11]에 배정하고자 한다. 다음 중 [C2] 셀에 입력할 수식으로 옳은 것은?

	A	B	C	D	E
1	번호	이름	발령부서		부서명
2	1	황현아	기획팀		기획팀
3	2	김지민	재무팀		재무팀
4	3	정미주	총무팀		총무팀
5	4	오민아	기획팀		
6	5	김혜린	재무팀		
7	6	김윤중	총무팀		
8	7	박유미	기획팀		
9	8	김영주	재무팀		
10	9	한상미	총무팀		
11	10	서은정	기획팀		
12					

① =INDEX($E$2:$E$4, MOD(A2,3))

② =INDEX($E$2:$E$4, MOD(A2,3)+1)

③ =INDEX($E$2:$E$4, MOD(A2-1,3)+1)

④ =INDEX($E$2:$E$4, MOD(A2-1,3))

27 난이도 상 중 하

다음 중 아래 워크시트에서 [C2:C4] 영역을 선택하여 작업한 결과가 다른 것은?

	A	B	C	D	E	F
1	이름	국어	영어	수학	평균	
2	홍길동	83	90	73	82	
3	이대한	65	87	91	81	
4	한민국	80	75	100	85	
5	평균	76	84	88	82.66667	

① Delete 키를 누른 경우

② Back space 키를 누른 경우

③ 마우스 오른쪽 버튼의 바로 가기 메뉴에서 [내용 지우기]를 선택한 경우

④ [홈] 탭-[편집] 그룹에서 [지우기]-[내용 지우기]를 선택한 경우

28 난이도 상 중 하

아래 워크시트에서 매출액[B3:B9]을 이용하여 매출 구간별 빈도수를 [F3:F6] 영역에 계산하고자 한다. 다음 중 이를 위한 배열 수식으로 옳은 것은?

	A	B	C	D	E	F
1						
2		매출액		매출구간		빈도수
3		75		0	50	1
4		93		51	100	2
5		130		101	200	3
6		32		201	300	1
7		123				
8		257				
9		169				
10						

① {=PERCENTILE(B3:B9,E3:E6)}

② {=PERCENTILE(E3:E6,B3:B9)}

③ {=FREQUENCY(B3:B9,E3:E6)}

④ {=FREQUENCY(E3:E6,B3:B9)}

29 난이도 상 중 하

다음 중 아래 워크시트의 [A1] 셀에 사용자 지정 표시 형식 '#,###,'을 적용했을 때 표시되는 값은?

	A	B
1	2451648.81	
2		

① 2,451 ② 2,452 ③ 2 ④ 2.4

30 난이도 상 중 하

다음 중 [매크로] 대화상자에 대한 설명으로 옳지 않은 것은?

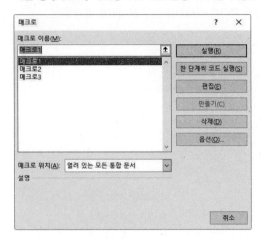

① 매크로 이름 상자에서는 매크로의 이름을 선택하여 변경할 수 있다.

② [한 단계씩 코드 실행] 단추를 클릭하면 선택한 매크로를 한 줄씩 실행한다.

③ [편집] 단추를 클릭하면 선택한 매크로를 수정할 수 있도록 VBA가 실행된다.

④ [옵션] 단추를 클릭하면 바로 가기 키를 설정하거나 변경할 수 있다.

31 난이도 상 중 하

다음 중 [머리글/바닥글] 기능에 대한 설명으로 옳지 않은 것은?

① 머리글이나 바닥글의 텍스트에 앰퍼샌드(&) 문자 한 개를 포함시키려면 앰퍼샌드(&) 문자를 두 번 입력한다.

② 여러 워크시트에 동일한 [머리글/바닥글]을 한 번에 추가하려면 여러 워크시트를 선택하여 그룹화 한 후 설정한다.

③ [페이지 나누기 미리 보기] 상태에서는 워크시트에 머리글과 바닥글 영역이 함께 표시되어 간단히 머리글/바닥글을 추가할 수 있다.

④ 차트 시트인 경우 [페이지 설정] 대화 상자의 [머리글/바닥글] 탭에서 머리글/바닥글을 추가할 수 있다.

32 난이도 **상** 중 하

아래의 워크시트에서 [D2] 셀에 SUM 함수를 사용하여 총점을 계산한 후 채우기 핸들을 [D5] 셀까지 드래그하여 총점을 계산하는 '총점' 매크로를 생성하였다. 다음 중 아래 '총점' 매크로의 VBA 코드 창에서 괄호( ) 안에 해당하는 값을 올바르게 나열한 것은?

	A	B	C	D	E
1	성명	국어	영어	총점	
2	강동식	81	89	170	
3	최서민	78	97	175	
4	박동수	87	88	175	
5	박두식	67	78	145	
6					

```
Sub 총점( )
    Range(" ⓐ ").Select
    ActiveCell.FormulaR1C1 = "=SUM( ⓑ )"
    Range("D2").Select
    Selection.AutoFill Destination:=Range(" ⓒ "),
    Type:=xlFillDefault
    Range(" ⓓ ").Select
    Range("D6").Select
End Sub
```

① ⓐ D2, ⓑ (RC[-1]:RC[-1]), ⓒ D5, ⓓ D5

② ⓐ A6, ⓑ (RC[-1]:RC[-0]), ⓒ D2:D5, ⓓ D5

③ ⓐ D2, ⓑ (RC[-2]:RC[-0]), ⓒ D5, ⓓ D2:D5

④ ⓐ D2, ⓑ (RC[-2]:RC[-1]), ⓒ D2:D5, ⓓ D2:D5

33 난이도 상 중 **하**

다음 중 아래 워크시트에서 수식 '=SUM($B$2:C2)'이 입력된 [D2]셀을 [D4] 셀에 복사하여 붙여넣었을 때의 결과 값은?

	A	B	C	D	E
1					
2		5	10	15	
3		7	14		
4		9	18		
5					

① 15

② 27

③ 42

④ 63

34 난이도 상 중 **하**

다음 중 아래의 워크시트에서 [B3] 셀이 선택되어 있는 경우 각 키의 사용 결과로 옳지 않은 것은?

	A	B	C	D
1		물품명	수량	
2	Fruit_01	사과	12	
3	Fruit_02	배	22	
4	Fruit_03	감귤	19	
5	Fruit_04	포도	24	
6	Fruit_05	메론	11	
7				

① **Home** 키를 눌러서 현재 열의 첫 행인 [B1] 셀로 이동한다.

② **Ctrl** + **Home** 키를 눌러서 [A1] 셀로 이동한다.

③ **Ctrl** + **End** 키를 눌러서 데이터가 포함된 마지막 행/열에 해당하는 [C6] 셀로 이동한다.

④ **Shift** + **Enter** 키를 눌러서 한 행 위인 [B2] 셀로 이동한다.

35 난이도 상 **중** 하

다음 중 아래 워크시트에서 [A6] 셀에 수식 '=VLOOKUP("C",A2:C5,3,0)'을 입력한 경우의 결과로 옳은 것은?

	A	B	C	D
1	코드	품목	가격	
2	A	연필	1000	
3	B	볼펜	2000	
4	D	지우개	3000	
5	E	샤프	4000	
6	=VLOOKUP("C",A2:C5,3,0)			

① #N/A

② #Name?

③ B

④ 2000

36 난이도 상 중 **하**

다음 중 아래의 워크시트에서 작성한 수식으로 결과 값이 다른 것은?

	A	B	C
1	1	30	
2	2	20	
3	3	10	
4			

① {=SUM((A1:A3*B1:B3))}

② {=SUM(A1:A3*{30;20;10})}

③ {=SUM(A1:A3*{30,20,10})}

④ =SUMPRODUCT(A1:A3,B1:B3)

37 난이도 상 **중** 하

다음 중 아래 그림에서의 각 기능에 대한 설명으로 옳지 않은 것은?

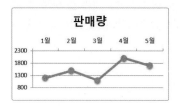

① [시트 보호]를 설정하면 기본적으로 셀의 선택만 가능하다.

② 시트 보호 시 특정 셀의 내용만 수정 가능하도록 하려면 해당 셀의 [셀 서식]에서 '잠금' 설정을 해제한다.

③ [통합 문서 보호]를 설정하면 포함된 차트, 도형 등의 그래픽 개체를 변경할 수 없다.

④ [범위 편집 허용]을 이용하면 보호된 워크시트에서 특정 사용자가 범위를 편집할 수 있도록 허용할 수 있다.

38 난이도 상 **중** 하

다음 중 차트 만들기에 관한 설명으로 옳지 않은 것은?

① 워크시트에 삽입된 차트는 [차트 이동] 기능을 이용하여 새 통합 문서의 차트 시트로 배치할 수 있다.

② 차트를 만들 데이터를 선택하고 F11 키를 누르면 별도의 차트 시트(Chart1)에 기본 차트가 만들어진다.

③ 차트에서 사용할 데이터가 들어있는 셀을 하나만 선택하고 차트를 만들면 해당 셀을 직접 둘러싸는 셀의 데이터가 모두 차트에 표시된다.

④ 차트로 만들 데이터를 선택하고 Alt + F1 키를 누르면 현재 시트에 기본 차트가 만들어진다.

39 난이도 상 **중** 하

다음 중 [페이지 레이아웃] 보기 상태에 대한 설명으로 옳지 않은 것은?

① 페이지 레이아웃 보기에서도 기본 보기와 같이 데이터 형식과 레이아웃을 변경할 수 있다.

② 페이지 레이아웃 보기에서 표시되는 눈금자의 단위는 [Excel 옵션]의 '고급' 범주에서 변경할 수 있다.

③ 마우스를 이용하여 페이지 여백과 머리글과 바닥글 여백을 조정할 수 있다.

④ 페이지 나누기를 조정하는 페이지 구분선을 마우스로 드래그하여 페이지 나누기를 빠르게 조정할 수 있다.

40 난이도 상 **중** 하

다음 중 아래 차트와 같이 X축을 위쪽에 표시하기 위한 방법으로 옳은 것은?

① 가로 축을 선택한 후 [축 서식]의 축 옵션에서 세로 축 교차를 '최대 항목'으로 설정한다.

② 가로 축을 선택한 후 [축 서식]의 축 옵션에서 '항목을 거꾸로'를 설정한다.

③ 세로 축을 선택한 후 [축 서식]의 축 옵션에서 가로 축 교차를 '축의 최대값'으로 설정한다.

④ 세로 축을 선택한 후 [축 서식]의 축 옵션에서 '값을 거꾸로'를 설정한다.

3 과목 **데이터베이스 일반**

41 난이도 상 **중** 하

다음 중 VBA에서 [프로시저 추가] 대화상자의 각 옵션에 대한 설명으로 옳지 않은 것은?

① Sub와 Public을 선택한 경우 Sub 프로시저는 모듈 내의 모든 프로시저에서 해당 Sub 프로시저를 호출할 수 있다.

② Sub와 Private를 선택한 경우 Sub 프로시저는 선언된 모듈 내의 다른 프로시저에서만 호출할 수 있다.

③ Function과 Public을 선택한 경우 Function 프로시저는 모든 모듈의 모든 프로시저에 액세스할 수 있다.

④ Function과 Private를 선택한 경우 Function 프로시저는 모든 모듈의 다른 프로시저에서만 액세스할 수 있다.

42 난이도 상 중 **하**

다음 중 하위 보고서에 대한 설명으로 옳지 않은 것은?

① 관계 설정에 문제가 있을 경우, 하위 보고서가 제대로 표시되지 않을 수 있다.
② 디자인 보기 상태에서 하위 보고서의 크기 조절 및 이동이 가능하다.
③ 테이블, 쿼리, 폼 또는 다른 보고서를 이용하여 하위 보고서를 작성할 수 있다.
④ 하위 보고서에는 그룹화 및 정렬 기능을 설정할 수 없다.

43 난이도 상 중 **하**

다음 중 액세스의 작업을 자동화하고 폼이나 보고서의 컨트롤에 기능들을 미리 정의하여 사용할 수 있도록 하는 기능은?

① 매크로
② 응용 프로그램 요소
③ 업무 문서 양식 마법사
④ 성능 분석 마법사

44 난이도 상 중 **하**

다음 중 관계형 데이터 모델에서 데이터의 정확성과 일관성을 보장하기 위한 것은?

① 릴레이션
② 관계 연산자
③ 무결성 제약 조건
④ 속성의 집합

45 난이도 상 중 **하**

다음 중 E-R 다이어그램 표기법의 기호와 의미가 바르게 연결된 것은?

① 사각형 - 속성(Attribute) 타입
② 마름모 - 관계(Relationship) 타입
③ 타원 - 개체(Entity) 타입
④ 밑줄 타원 - 의존 개체 타입

46 난이도 상 중 **하**

다음 중 보고서의 시작 부분에 한 번만 표시되며 일반적으로 회사의 로고나 제목 등을 표시하는 구역은?

① 보고서 머리글
② 페이지 머리글
③ 그룹 머리글
④ 그룹 바닥글

47 난이도 **상** 중 하

다음 중 폼이나 보고서에서 사용되는 [조건부 서식]에 대한 설명으로 옳은 것은?

① 하나의 컨트롤에 여러 규칙이 설정되어 있는 경우 목록에서 규칙을 위/아래로 이동해 우선 순위를 변경할 수 있다.
② 레이블 컨트롤에는 필드 값을 기준으로 하는 규칙만 설정할 수 있다.
③ 하나의 컨트롤에 대해 규칙을 3개까지 지정할 수 있으며, 규칙별로 다양한 서식을 지정할 수 있다.
④ 규칙 유형에서 '다른 레코드와 비교'를 선택하면 적용할 형식으로 아이콘 집합을 적용할 수 있다.

48 난이도 상 중 **하**

다음 중 보고서의 레코드 원본에 대한 설명으로 옳지 않은 것은?

① [보고서 마법사]를 통해 원하는 필드들을 손쉽게 선택하여 레코드 원본으로 지정할 수 있다.
② 하나의 테이블에서만 필요한 필드를 선택하여 레코드 원본으로 지정할 수 있다.
③ [속성 시트]의 '레코드 원본' 드롭다운 목록에서 테이블이나 쿼리를 선택하여 지정할 수 있다.
④ 쿼리 작성기를 통해 쿼리를 작성하여 레코드 원본으로 지정할 수 있다.

49 난이도 상 중 하

부서별 제품별 영업 실적을 관리하는 테이블에서 부서별로 영업 실적이 1억 원 이상인 제품의 합계를 구하고자 한다. 다음 중 이를 위한 SQL문에서 반드시 사용해야 할 구문에 해당하지 않는 것은?

① SELECT 문
② GROUP BY 절
③ HAVING 절
④ ORDER BY 절

50 난이도 상 중 하

다음 중 크로스탭 쿼리에 관한 설명으로 옳지 않은 것은?

① 레코드의 요약 결과를 열과 행 방향으로 그룹화하여 표시할 때 사용한다.
② 쿼리 데이터시트에서 데이터를 직접 편집할 수 없다.
③ 2개 이상의 열 머리글 옵션과 행 머리글 옵션, 값 옵션 등을 지정해야 한다.
④ 행과 열이 교차하는 곳의 숫자 필드는 합계, 평균, 분산, 표준 편차 등을 계산할 수 있다.

51 난이도 상 중 하

다음 중 쿼리의 [디자인 보기]에서 아래와 같이 설정한 경우 동일한 결과를 표시하는 SQL 문은?

필드:	모집인원	지역
테이블:	Table1	Table1
업데이트:	2000	
조건:		"서울"
또는:	>1000	

① UPDATE Table1 SET 모집인원 > 1000 WHERE 지역="서울" AND 모집인원=2000;
② UPDATE Table1 SET 모집인원 = 2000 WHERE 지역="서울" AND 모집인원>1000;
③ UPDATE Table1 SET 모집인원 > 1000 WHERE 지역="서울" OR 모집인원=2000;
④ UPDATE Table1 SET 모집인원 = 2000 WHERE 지역="서울" OR 모집인원>1000;

52 난이도 상 중 하

다음 중 각 연산식에 대한 결과 값이 옳지 않은 것은?

① IIF(1,2,3) → 결과값 : 2
② MID("123456",3,2) → 결과값 : 34
③ "A" & "B" → 결과값 : "AB"
④ 4 MOD 2 → 결과값 : 2

53 난이도 상 중 하

다음 중 외부 데이터인 Excel 통합 문서를 가져오거나 연결하기 위한 방법으로 옳지 않은 것은?

① 새 테이블로 추가하여 원본 데이터 가져오기
② 현재 데이터베이스의 테이블 중 하나를 지정하여 레코드로 추가하기
③ 테이블, 쿼리, 매크로 등 원하는 개체를 지정하여 가져오기
④ Excel의 원본 데이터에 대한 링크를 유지 관리하는 테이블로 만들기

54 난이도 상 중 하

다음 중 <학생> 테이블의 '나이' 필드에 유효성 검사 규칙을 아래와 같이 지정한 경우 데이터 입력 상황에 대한 설명으로 옳은 것은?

유효성 검사 규칙	> 20
유효성 검사 텍스트	숫자는 >20으로 입력합니다.

① 데이터를 입력하려고 하면 항상 '숫자는 >20으로 입력합니다.'라는 메시지가 먼저 표시된다.
② 20을 입력하면 '숫자는 >20으로 입력합니다.'라는 메시지가 표시된 후 입력 값이 정상적으로 저장된다.
③ 20을 입력하면 '숫자는 >20으로 입력합니다.'라는 메시지가 표시되며, 값을 다시 입력을 해야만 한다.
④ 30을 입력하면 '유효성 검사 규칙에 맞습니다.'라는 메시지가 표시된 후 입력 값이 정상적으로 저장된다.

55 난이도 상 중 하

다음 중 기본 키에 대한 설명으로 옳지 않은 것은?

① 기본 키는 테이블 내 모든 레코드들을 고유하게 식별할 수 있는 필드에 지정한다.

② 테이블에서 기본 키는 반드시 지정해야 하며, 한 개의 필드에만 지정할 수 있다.

③ 데이터시트 보기에서 새 테이블을 만들면 기본 키가 자동으로 만들어지고 일련 번호 데이터 형식이 할당된다.

④ 하나 이상의 관계가 있는 테이블의 기본 키를 제거하려면 관계를 먼저 삭제해야 한다.

56 난이도 상 중 하

다음 중 [만들기] 탭-[폼] 그룹에서 폼 보기와 데이터시트 보기를 동시에 표시하는 폼을 만들 때 가장 적절한 명령은?

① 여러 항목　　　② 폼 분할

③ 폼 마법사　　　④ 모달 대화 상자

57 난이도 상 중 하

다음 중 폼의 레코드 원본으로 사용할 수 없는 것은?

① 테이블　　　② 쿼리

③ SQL문　　　④ 매크로

58 난이도 상 중 하

다음 중 필드의 각 데이터 형식에 대한 설명으로 옳지 않은 것은?

① 통화 형식은 소수점 이하 4자리까지의 숫자를 저장할 수 있으며, 기본 필드 크기는 8바이트이다.

② Yes/No 형식은 Yes/No, True/False, On/Off 등과 같이 두 값 중 하나만 입력하는 경우에 사용하는 것으로 기본 필드 크기는 1비트이다.

③ 일련 번호 형식은 새 레코드를 만들 때 1부터 시작하는 정수가 자동 입력된다.

④ 긴 텍스트 형식은 텍스트 및 숫자 데이터가 최대 255자까지 저장된다.

59 난이도 상 중 하

다음 중 아래와 같이 표시된 폼의 탐색 단추에 대한 설명으로 옳지 않은 것은?

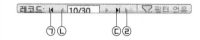

① ㉠ 첫 레코드로 이동한다.

② ㉡ 이전 레코드로 이동한다.

③ ㉢ 마지막 레코드로 이동한다.

④ ㉣ 이동할 레코드 번호를 입력하여 이동한다.

60 난이도 상 중 하

다음 중 폼에 관련된 설명으로 옳지 않은 것은?

① 폼을 구성하는 컨트롤들은 마법사를 이용하여 손쉽게 작성할 수도 있다.

② 모달 폼은 다른 폼 안에 컨트롤로 삽입되어 연결된 폼을 의미한다.

③ 폼은 매크로나 이벤트 프로시저를 이용하여 작업을 자동화 할 수 있다.

④ 폼의 디자인 작업 시 눈금과 눈금자는 필요에 따라 표시하거나 숨길 수 있다.

1 과목 컴퓨터 일반

01 난이도 상 중 하

다음 중 마이크로프로세서(Microprocessor)에 관한 설명으로 옳지 않은 것은?

① 제어장치, 연산장치, 주기억장치가 하나의 반도체 칩에 내장된 장치이다.

② 클럭 주파수와 내부 버스의 폭(bandwidth)으로 성능을 평가한다.

③ 개인용 컴퓨터의 중앙처리 장치로 사용된다.

④ 작은 규모의 임베디드 시스템이나 휴대용 기기에도 사용된다.

02 난이도 상 중 하

다음 중 컴퓨터의 연산장치에 있는 레지스터에 관한 설명으로 옳지 않은 것은?

① 2진수 덧셈을 수행하는 가산기(Adder)가 있다.

② 뺄셈을 수행하기 위해 입력된 값을 보수로 변환하는 보수기(Complementor)가 있다.

③ 연산 결과를 일시적으로 저장하는 누산기(Accumulator)가 있다.

④ 연산에 사용될 데이터를 기억하는 상태 레지스터(Status Register)가 있다.

03 난이도 상 중 하

다음 중 Windows 방화벽 기능에 대한 설명으로 옳지 않은 것은?

① 통신을 허용할 프로그램 및 기능에 대한 설정을 할 수 있다.

② 각 네트워크 위치 유형에 따른 외부 연결의 차단과 알림을 설정할 수 있다.

③ 내 컴퓨터에서 외부로 나가는 패킷의 내용을 체크하여 인증된 패킷만 내보내도록 설정할 수 있다.

④ 역추적 기능으로 외부 침입자의 흔적을 찾을 수 있다.

04 난이도 상 중 하

다음 중 Windows [제어판]-[시스템]에서 실행 가능한 작업에 대한 설명으로 옳지 않은 것은?

① Windows의 버전과 시스템에 대한 기본 정보를 확인할 수 있다.

② Windows 정품 인증을 위한 제품키를 변경할 수 있다.

③ 네트워크에서 확인 가능한 사용자 컴퓨터 이름을 변경할 수 있다.

④ 컴퓨터에 설치된 응용 프로그램(앱)을 설치하거나 제거할 수 있다.

05 난이도 상 중 하

다음 중 Windows에서 하드 디스크의 용량 부족 문제가 발생하였을 때의 해결 방법으로 적절하지 않은 것은?

① 사용 빈도가 낮은 파일은 백업한 후 하드 디스크에서 삭제한다.

② 바이러스에 감염된 파일을 모두 삭제한다.

③ 사용하지 않는 Windows 구성 요소를 제거한다.

④ 디스크 정리를 수행하여 불필요한 파일을 삭제한다.

06 난이도 상 중 하

다음 중 Windows의 파일 탐색기에서 검색 상자를 사용하여 파일이나 폴더를 찾는 방법으로 옳지 않은 것은?

① 검색 상자에서 찾으려는 파일이나 폴더명을 입력하면 자동으로 필터링 되어 결과가 표시된다.

② 검색 내용에 '$'를 붙이면 해당 내용이 포함되지 않은 파일이나 폴더를 검색한다.

③ '*'나 '?' 등의 와일드 카드 문자를 사용하여 파일이나 폴더를 검색할 수 있다.

④ 특정 파일 그룹을 정기적으로 검색하는 경우 검색 저장 기능을 이용하면 다음에 사용할 때 원래 검색과 일치하는 최신 파일을 표시해 준다.

07 난이도 상 **중** 하

다음 중 Windows의 레지스트리에 관한 설명으로 옳지 않은 것은?

① 컴퓨터에 설치된 모든 하드웨어와 소프트웨어의 실행 정보를 관리하는 데이터베이스이다.
② 레지스트리 정보는 Windows가 작동하는 동안 지속적으로 참조된다.
③ Windows에 탑재된 레지스트리 편집기는 'reg.exe'이다.
④ 레지스트리에 문제가 발생하면 시스템 부팅이 안 될 수도 있다.

08 난이도 **상** 중 하

다음 중 서버에 데이터를 전송하기 전 아이디나 비밀번호의 입력 여부 또는 수량 입력과 같은 입력 사항을 확인할 때 사용하는 웹 프로그래밍 언어로 가장 적절한 것은?

① CSS   ② UML   ③ Java Script   ④ VRML

09 난이도 **상** 중 **하**

다음 중 컴퓨터에서 사용되는 운영체제의 목적에 관한 설명으로 옳지 않은 것은?

① 시스템에 작업을 의뢰한 시간부터 처리가 완료될 때까지 걸린 시간을 의미하는 반환 시간의 단축이 요구된다.
② 일정 시간 내에 시스템이 처리하는 일의 양을 의미하는 처리 능력의 향상이 요구된다.
③ 시스템이 주어진 문제를 정확하게 해결하는 정도를 의미하는 신뢰도의 향상이 요구된다.
④ 시스템을 사용할 수 있는 사용자의 수를 의미하는 사용 가능도의 향상이 요구된다.

10 난이도 **상** 중 하

다음 중 컴퓨터에서 하드 디스크를 연결하는 SATA 방식에 관한 설명으로 옳지 않은 것은?

① 직렬 인터페이스 방식을 사용한다.
② PATA 방식보다 데이터 전송 속도가 빠르다.
③ 핫 플러그인 기능을 지원한다.
④ EIDE는 일반적으로 SATA를 의미한다.

11 난이도 상 중 **하**

다음 중 유비쿼터스 컴퓨팅 기반 기술에 대한 설명으로 옳지 않은 것은?

① 유비쿼터스 컴퓨팅이 가능하기 위한 고속의 네트워크 전송 기술
② 휴대성을 위한 초소형, 초경량의 하드웨어 제조 기술
③ 개인별 최적화된 소프트웨어의 제작, 유통 기술
④ 기본적으로 사람이 정보를 수집하는 작업이 요구되는 기술

12 난이도 상 **중** 하

다음 중 컴퓨터를 이용한 정보처리 방식에서 분산 처리 시스템에 관한 설명으로 적절한 것은?

① 여러 개의 CPU와 하나의 주기억장치를 이용하여 여러 프로그램을 동시에 처리하는 방식이다.
② 여러 명의 사용자가 사용하는 시스템에서 시간을 분할하여 프로그램을 실행하는 시스템이다.
③ 여러 대의 컴퓨터들에 의해 작업한 결과를 통신망을 이용하여 상호 교환할 수 있도록 연결되어 있는 시스템이다.
④ 하나의 CPU와 주기억장치를 이용하여 여러 개의 프로그램을 동시에 처리하는 방식이다.

13 난이도 상 **중** 하

다음 중 멀티미디어에서 사용되는 그래픽 기법에 관한 설명으로 옳지 않은 것은?

① 렌더링(Rendering)은 3차원 애니메이션을 만드는 작업의 일부이다.
② 모핑(Morphing)은 두 개의 이미지를 부드럽게 연결하여 변화하거나 통합하는 작업이다.
③ 앨리어싱(Aliasing)은 이미지 표현에 계단 현상을 제거하는 작업이다.
④ 디더링(Dithering)은 제한된 색상을 조합하여 새로운 색을 만드는 작업이다.

14 난이도 상 ◉충◉ 하

다음 중 JPEG 파일 형식에 대한 설명으로 옳지 않은 것은?

① 저장 시 사용자가 임의로 압축률을 조정할 수 있다.
② 사진과 같이 다양한 색을 가진 정지영상을 표현하기에 적합하다.
③ 8비트 알파 채널을 이용하여 부드러운 투명층을 표현할 수 있다.
④ 압축률이 높을수록 보다 많은 정보를 지우므로 이미지의 질이 낮아진다.

15 난이도 상 ◉중◉ 하

다음 중 정보 통신 기술 관련 용어에 대한 설명으로 옳지 않은 것은?

① IoT : 사물에 센서를 부착하여 실시간으로 정보를 모은 후 인터넷을 통해 개별 사물들 간에 정보를 주고 받게 하는 기술
② Wibro : 고정된 장소에서 초고속 인터넷을 이용할 수 있게 하는 무선 인터넷 서비스
③ VoIP : 음성 데이터를 인터넷 프로토콜 네트워크를 통해 전송하여 통화할 수 있게 하는 음성 통신 기술
④ RFID : 제품 식별, 출입 관리 등 다양한 분야에서 활용되는 기술로 전파를 이용하여 정보를 인식하는 기술

16 난이도 상 중 ◉하◉

다음 중 정보사회에서 정보 보안을 위협하는 스니핑(Sniffing)에 관한 설명으로 옳은 것은?

① 네트워크를 통해 연속적으로 자기를 복제하여 시스템 부하를 높여 결국 시스템을 다운시킨다.
② 자기복제 능력은 없으나 프로그램 내에 숨어 있다가 해당 프로그램이 실행될 때 활성화 되어 부작용을 일으킨다.
③ 정상적으로 실행되거나 검증된 데이터인 것처럼 속여 접속을 시도하거나 권한을 얻는 것을 말한다.
④ 사용자가 전송하는 데이터를 훔쳐보는 것으로 네트워크의 패킷을 엿보면서 계정과 패스워드를 알아낸다.

17 난이도 상 ◉충◉ 하

다음 중 인터넷 주소와 관련된 설명으로 옳지 않은 것은?

① IPv4는 클래스별로 주소 부여 체계가 달라지며, A Class는 소규모 통신망에 사용된다.
② URL은 인터넷 상에 존재하는 각종 자원이 있는 위치를 나타내는 표준 주소 체계이다.
③ IPv6은 128비트, IPv4는 32비트로 구성된 주소 체계 방식이다.
④ DNS는 도메인 네임을 IP 주소로 변환하거나 그 반대의 변환을 수행하는 시스템이다.

18 난이도 ◉상◉ 중 하

다음 중 TCP/IP를 구성하는 각 계층에 관한 설명으로 옳지 않은 것은?

① 응용 계층은 응용 프로그램 간의 데이터 송수신을 담당한다.
② 전송 계층은 호스트들 간의 신뢰성 있는 통신을 지원한다.
③ 인터넷 계층은 데이터 전송을 위한 주소지정 및 경로 설정을 지원한다.
④ 링크 계층은 사용자가 컴퓨터에 접근할 수 있도록 서비스를 제공한다.

19 난이도 ◉상◉ 중 하

다음 중 정보 보안을 위해 사용하는 공개키 암호화 기법에 대한 설명으로 옳지 않은 것은?

① 알고리즘이 복잡하며 암호화와 복호화 속도가 느리다.
② 키의 분배가 용이하고 관리해야 할 키의 수가 적다.
③ 비대칭 암호화 기법이라고도 하며 대표적으로 DES가 있다.
④ 데이터를 암호화할 때 사용하는 키를 공개하고 복호화 할 때 키는 비밀로 한다.

20 난이도 **상** **중** **하**

다음 중 네트워크 운영 방식 중 하나인 클라이언트/서버 방식에 관한 설명으로 옳은 것은?

① 서버와 클라이언트가 모두 처리 능력을 가지며, 분산 처리 환경에 적합하다.
② 중앙 컴퓨터가 모든 단말기에서 요구하는 데이터 처리를 전담한다.
③ 모든 단말기가 동등한 계층으로 연결되어 모두 클라이언트와 서버 역할을 할 수 있다.
④ 단방향 통신 방식으로 데이터 처리를 위한 대기 시간이 필요하다.

---

2 과목	스프레드시트 일반

21 난이도 **상** **중** **하**

다음 중 아래의 괄호 안에 들어갈 기능명으로 옳은 것은?

(㉠)은/는 특정 값의 변화에 따른 결과값의 변화 과정을 한 번의 연산으로 빠르게 계산하여 표의 형태로 표시해 주는 도구이고, (㉡)은/는 비슷한 형식의 여러 데이터의 결과를 하나의 표로 통합하여 요약해 주는 도구이다.

① ㉠ 데이터 표, ㉡ 통합
② ㉠ 정렬, ㉡ 시나리오 관리자
③ ㉠ 부분합, ㉡ 피벗 테이블
④ ㉠ 목표값 찾기, ㉡ 데이터 유효성 검사

22 난이도 **상** **중** **하**

다음 중 고급 필터 실행을 위한 조건 지정 방법에 대한 설명으로 옳지 않은 것은?

① 함수나 식을 사용하여 조건을 입력하면 셀에는 비교되는 현재 대상의 값에 따라 TRUE나 FALSE가 표시된다.
② 함수를 사용하여 조건을 입력하는 경우 원본 필드명과 동일한 필드명을 조건 레이블로 사용해야 한다.
③ 다양한 함수와 식을 혼합하여 조건을 지정할 수 있다.
④ 텍스트 데이터를 필터링할 때 대/소문자는 구분되지 않으나 수식으로 대/소문자를 구분하여 검색할 수 있다.

---

23 난이도 **상** **중** **하**

다음 중 피벗 테이블 보고서와 피벗 차트 보고서에 대한 설명으로 옳지 않은 것은?

① 피벗 테이블 보고서에서는 값 영역에 표시된 데이터 일부를 삭제하거나 추가할 수 없다.
② 피벗 차트 보고서를 만들 때마다 동일한 데이터로 관련된 피벗 테이블 보고서가 자동으로 생성된다.
③ 피벗 차트 보고서는 분산형, 주식형, 거품형 등 다양한 차트 종류로 변경할 수 있다.
④ 행 또는 열 레이블에서의 데이터 정렬은 수동(항목을 끌어 다시 정렬), 오름차순, 내림차순 중 선택할 수 있다.

24 난이도 **상** **중** **하**

다음 중 [데이터 가져오기 및 변환] 기능을 이용하여 텍스트 파일을 불러오는 경우에 대한 설명으로 옳은 것은?

① 가져온 데이터는 원본 텍스트 파일이 수정되면 즉시 수정된 내용이 자동으로 반영된다.
② 데이터의 구분 기호로 탭, 세미콜론, 쉼표, 공백 등이 기본으로 제공되며, 사용자가 원하는 구분 기호를 설정할 수도 있다.
③ 텍스트 파일에서 특정 열(column)만 선택하여 가져올 수는 없다.
④ 기본적으로 사용되는 텍스트 파일의 형식은 *.txt, *.prn, *.hwp이다.

25 난이도 **상** **중** **하**

다음 중 작성된 매크로를 엑셀이 실행될 때마다 모든 통합 문서에서 실행할 수 있도록 하는 방법으로 옳은 것은?

① 작성된 매크로를 Office 설치 폴더 내 [XLSTART] 폴더에 Auto.xlsb로 저장한다.
② 작성된 매크로를 임의의 폴더에 Personal.xlsb로 저장한다.
③ 작성된 매크로를 Office 설치 폴더 내 [XLSTART] 폴더에 Personal.xlsb로 저장한다.
④ 작성된 매크로를 임의의 폴더에 Auto.xlsb로 저장한다.

26 난이도 상 중 하

다음 중 아래의 시트에서 주어진 표 전체만 선택하는 방법으로 옳지 않은 것은?

	A	B	C	D	E	F
1	성명	직위	근무년수	월기본급	성과급	
2	이준기	과장	8	2070000	800000	
3	박지영	부장	15	2200000	1000000	
4	정희철	사원	2	1840000	600000	
5	박준원	사원	4	1980000	600000	
6	황유리	과장	10	2160000	800000	
7	최보미	부장	19	2300000	1000000	
8	강만구	과장	15	1980000	800000	
9						

① 행 머리글과 열 머리글이 만나는 워크시트 왼쪽 맨 위의 [모두 선택] 단추(▨)를 클릭한다.

② [A1] 셀을 클릭하고 Shift 키를 누른 채 [E8] 셀을 클릭한다.

③ [B4] 셀을 클릭하고 Ctrl + A 키를 누른다.

④ [A1] 셀을 클릭하고 F8 키를 누른 뒤에 → 키를 눌러 E열까지 이동하고 ↓ 키를 눌러 8행까지 선택한다.

27 난이도 상 중 하

아래는 워크시트 [A1] 셀에서 [매크로 기록]을 클릭하고 작업을 수행한 과정을 Visual Basic Editor의 코드 창에서 확인한 결과이다. 다음 중 이에 대한 설명으로 옳지 않은 것은?

	A	B	C
1		성적현황	
2	학번	학과	이름
3			

```
(일반)
  Sub 매크로2()
  ' 매크로2 매크로

      ActiveCell.Offset(0, 1).Range("A1").Select
      ActiveCell.FormulaR1C1 = "성적현황"
      ActiveCell.Offset(1, -1).Range("A1").Select
      ActiveCell.FormulaR1C1 = "학번"
      ActiveCell.Offset(0, 1).Range("A1").Select
      ActiveCell.FormulaR1C1 = "학과"
      Range("C2").Select
      ActiveCell.Select
      ActiveCell.FormulaR1C1 = "이름"
      Range("A3").Select
  End Sub
```

① 매크로의 이름은 '매크로2'이다.

② '성적현황', '학번', '학과'는 상대 참조로 기록되었다.

③ [A3] 셀을 클릭하고 매크로를 실행한 후의 셀 포인터 위치는 [A5] 셀이다.

④ [B3] 셀을 클릭하고 매크로를 실행한 후의 [C3] 셀의 값은 '성적현황'이다.

28 난이도 상 중 하

다음 중 엑셀의 상태 표시줄에 대한 설명으로 옳지 않은 것은?

① 엑셀의 현재 작업 상태를 표시하며, 선택 영역에 대한 평균, 개수, 합계 등의 옵션을 선택하여 다양한 계산 결과를 표시할 수 있다.

② 확대/축소 컨트롤을 이용하면 10%~400% 범위 내에서 문서를 쉽게 확대/축소할 수 있다.

③ 자주 사용하는 도구들을 모아서 간단히 추가하거나 제거할 수 있으며, 리본 메뉴 아래에 표시할 수도 있다.

④ 기본적으로 상태 표시줄 왼쪽에는 매크로 기록 아이콘(🔳)이 있으며, 매크로 기록 중에는 기록 중지 아이콘(□)으로 변경된다.

29 난이도 상 중 하

다음 중 워크시트의 이름 작성에 관한 설명으로 옳지 않은 것은?

① 시트 탭의 시트 이름을 더블 클릭하여 이름을 수정할 수 있다.

② 시트 이름은 영문 기준으로 대·소문자 구분 없이 최대 255자까지 지정할 수 있다.

③ 하나의 통합 문서 안에서는 동일한 시트 이름을 지정할 수 없다.

④ 시트 이름 입력 시 *, ?, /, [ ] 등의 기호는 입력되지 않는다.

30 난이도 상 중 하

다음 중 엑셀의 화면 설정에 대한 설명으로 옳은 것은?

① 워크시트 화면의 확대/축소 배율 지정은 모든 시트에 같은 배율로 적용된다.

② 틀 고정과 창 나누기를 동시에 수행할 수 있다.

③ 화면에 표시되는 틀 고정 형태는 인쇄 시 적용되지 않는다.

④ 틀 고정 구분선은 마우스 드래그로 위치를 변경할 수 있다.

31 난이도 상 중 하

다음 중 '선택하여 붙여넣기' 기능에 대한 설명으로 옳지 않은 것은?

① 선택하여 붙여넣기 명령을 사용하면 워크시트에서 클립 보드의 특정 셀 내용이나 수식, 서식, 메모 등을 복사하여 붙여넣을 수 있다.

② 선택하여 붙여넣기의 바로 가기 키는 Ctrl + Alt + V 이다.

③ 잘라낸 데이터 범위에서 서식을 제외하고 내용만 붙여 넣으려면 '내용 있는 셀만 붙여넣기'를 선택한다.

④ '연결하여 붙여넣기'를 선택하면 원본 셀의 값이 변경되었을 때 붙여넣기 한 셀 내용도 자동 변경된다.

32 난이도 상 중 하

아래 그림과 같이 조건부 서식의 수식을 사용하여 표의 홀수 행마다 배경색을 노랑색으로 채우고자 한다. 다음 중 조건부 서식에서 작성해야 할 수식으로 옳은 것은?

	A	B	C	D	E
1	부서별 비품관리				
2	부서	보유량	요청량	합계	
3	기획팀	25	5	30	
4	관리팀	15	20	35	
5	총무팀	32	9	41	
6	인사팀	22	25	47	
7	회계팀	18	5	23	
8	경영지원팀	15	18	33	
9	감사팀	25	19	44	
10	합계	152	101	253	
11					

① =MOD(COLUMN( ),2)=1 ② =MOD(ROW( ),2)=1

③ =COLUMN( )/2=1 ④ =ROW( )/2=1

33 난이도 상 중 하

다음 중 데이터 입력 및 편집에 대한 설명으로 옳지 않은 것은?

① 숫자 데이터를 문자 데이터로 입력하려면 숫자 앞에 문자 접두어(인용 부호)를 먼저 입력한 후 이어서 입력한다.

② 한 셀 내에서 줄을 바꾸어 입력하려면 Alt + Enter 키를 이용한다.

③ 여러 셀을 선택하여 동일한 데이터를 한 번에 입력하려면 입력하자마자 Shift + Enter 키를 누른다.

④ [홈] 탭-[편집] 그룹의 [지우기]를 이용하면 셀에 입력된 데이터나 서식, 메모 등을 선택하여 지울 수 있다.

34 난이도 상 중 하

다음 중 정보 함수에 대한 설명으로 옳은 것은?

① ISBLANK 함수 : 값이 '0' 이면 TRUE를 반환한다.

② ISERR 함수 : 값이 #N/A를 제외한 오류 값이면 TRUE를 반환한다.

③ ISODD 함수 : 숫자가 짝수이면 TRUE를 반환한다.

④ TYPE 함수 : 값의 데이터 형식을 나타내는 문자를 반환한다.

35 난이도 상 중 하

다음 중 각 차트 종류에 대한 설명으로 적절하지 않은 것은?

① 영역형 차트 : 워크시트의 여러 열이나 행에 있는 데이터에서 시간에 따른 변동의 크기를 강조하여 합계 값을 추세와 함께 살펴볼 때 사용된다.

② 표면형 차트 : 일반적인 척도를 기준으로 연속적인 데이터를 표시할 수 있으므로 일정 간격에 따른 데이터의 추세를 표시할 때 사용된다.

③ 도넛형 차트 : 여러 열이나 행에 있는 데이터에서 전체에 대한 각 부분의 관계를 비율로 나타내어 각 부분을 비교할 때 사용된다.

④ 분산형 차트 : 여러 데이터 계열에 있는 숫자 값 사이의 관계를 보여 주거나 두 개의 숫자 그룹을 xy 좌표로 이루어진 하나의 계열로 표시할 때 사용된다.

36 난이도 상 중 하

다음 중 [페이지 레이아웃] 보기 상태에서 설정 가능한 설명으로 옳지 않은 것은?

① 눈금자, 눈금선, 머리글 등을 표시하거나 숨길 수 있다.

② 마우스로 페이지 구분선을 클릭하여 페이지 나누기 위치를 조정할 수 있다.

③ 기본 보기에서와 같이 셀 서식을 변경하거나 수식 작업을 할 수 있다.

④ 머리글과 바닥글을 짝수 페이지와 홀수 페이지에 각각 다르게 지정할 수 있다.

37 난이도 상 중 하

다음 중 아래 차트에 대한 설명으로 옳지 않은 것은?

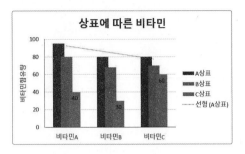

① [데이터 계열 서식] 대화상자에서 '계열 겹치기' 값이 0보다 작게 설정되었다.

② 'A상표' 계열에 선형 추세선이 추가되었고, 'C상표' 계열에는 데이터 레이블이 추가되었다.

③ 세로(값) 축의 주 단위는 20이고, 최소값과 최대값은 각각 20과 100으로 설정되었다.

④ 기본 세로 축 제목은 '제목 회전'으로 "비타민 함유량"이 입력되었다.

38 난이도 상 중 하

다음 중 아래와 같이 워크시트에 데이터가 입력되어 있는 경우, 보기의 수식과 그 결과 값으로 옳지 않은 것은?

	A
1	
2	한국 대한민국
3	분기 수익
4	수익
5	아름다운 설악산
6	

① =MID(A5,SEARCHB(A1,A5)+5,3) → '설악산'

② =REPLACE(A5,SEARCHB("한",A2),5,"") → '설악산'

③ =MID(A2,SEARCHB(A4,A3),2) → '민국'

④ =REPLACE(A3,SEARCHB(A4,A3),2,"명세서") → '분기 명세서'

39 난이도 상 중 하

아래 시트에서 [D2:D5] 영역을 선택한 후 배열 수식으로 한 번에 금액을 구하려고 한다. 다음 중 이를 위한 수식으로 옳은 것은? (금액 = 수량 * 단가)

	A	B	C	D	E
1	제품명	수량	단가	금액	
2	디지털카메라	10	350,000		
3	전자사전	15	205,000		
4	모니터	20	155,000		
5	태블릿	5	550,000		
6					

① {=B2 * C2}

② {=B2:B5 * C2:C5}

③ {=B2 * C2:B5 * C5}

④ {=SUMPRODUCT(B2:B5,C2:C5)}

40 난이도 상 중 하

아래 워크시트의 [C3:C15] 영역을 이용하여 출신지역별로 인원수를 [G3:G7] 영역에 계산하려고 한다. 다음 중 [G3] 셀에 수식을 작성한 뒤 채우기 핸들을 사용하여 [G7] 셀까지 수식 복사를 할 경우 [G3] 셀에 입력할 수식으로 옳은 것은?

	A	B	C	D	E	F	G	H
1								
2		성명	출신지역	나이			인원	
3		김광철	서울	32		서울 지역	3	
4		김다나	경기	35		경기 지역	2	
5		고준영	서울	36		호남 지역	3	
6		성영주	호남	38		영남 지역	3	
7		김철수	경기	38		제주 지역	2	
8		정석중	호남	38				
9		이진주	영남	42				
10		박성수	제주	44				
11		최미나	영남	45				
12		강희수	제주	48				
13		조광식	서울	50				
14		원준배	호남	52				
15		지민주	영남	54				
16								

① =SUM(IF($C$3:$C$15=LEFT(F3,2),1,0))

② {=SUM(IF($C$3:$C$15=LEFT(F3,2),1,0))}

③ =SUM(IF($C$3:$C$15=LEFT(F3,2),1,1))

④ {=SUM(IF($C$3:$C$15=LEFT(F3,2),1,1))}

3 과목 데이터베이스 일반

41 난이도 상 중 하

다음 중 테이블의 '디자인 보기'에서 필드마다 [한/영] 키를 사용하지 않고도 데이터 입력 시의 한글이나 영문 입력 상태를 정할 수 있는 필드 속성은?

① 캡션
② 문장 입력 시스템 모드
③ IME 모드
④ 스마트 태그

42 난이도 상 중 하

다음 중 테이블의 조회 속성에 대한 설명으로 옳지 않은 것은?

① 조회 속성을 이용하면 사용자가 직접 값을 입력하는 과정에서 발생하는 오류를 줄일 수 있다.
② 조회 열에서 다른 테이블이나 쿼리에 있는 값을 조회하도록 설정할 수 있다.
③ 원하는 값을 직접 입력하여 조회 목록을 만들 수 있다.
④ 조회 목록으로 표시할 열의 개수는 변경할 수 없으며, 행 원본에 맞추어 자동으로 설정된다.

43 난이도 상 중 하

다음 중 특정 필드의 입력 마스크를 'LA09#'으로 설정하였을 때 입력 가능한 데이터로 옳은 것은?

① 12345
② A상345
③ A123A
④ A1BCD

44 난이도 상 중 하

다음 중 하위 보고서 작성에 대한 설명으로 옳지 않은 것은?

① 하위 보고서를 통해서 기본 보고서 내용을 보강한 보고서를 만들 수 있다.
② 디자인 보기 화면에서는 삽입된 하위 보고서의 크기를 조절할 수 없다.
③ 일대다 관계에 있는 테이블이나 쿼리를 효과적으로 표시할 수 있다.
④ 일반적으로 하위 보고서의 개수에는 제한이 없으나 하위 보고서를 중첩하는 경우 7개의 수준까지 중첩시킬 수 있다.

45 난이도 상 중 하

'부서코드'를 기본 키로 하는 [부서] 테이블과 '부서코드'를 포함한 사원정보가 있는 [사원] 테이블을 이용하여 관계를 설정하였다. 다음 중 이와 관련된 관계 설정에 대한 설명으로 옳은 것은? (단, 한 부서에는 여러 명의 사원이 소속되어 있으며, 한 사원은 하나의 부서에 소속된다.)

① '항상 참조 무결성 유지'를 설정하면 [사원] 테이블에 입력하려는 '사원'의 '부서코드'는 반드시 [부서] 테이블에 존재해야만 한다.
② '항상 참조 무결성 유지'를 설정하면 [사원] 테이블에서 '부서코드'를 수정하는 경우 [부서] 테이블의 해당 '부서코드'도 자동으로 수정된다.
③ '항상 참조 무결성 유지'를 설정하지 않더라도 [사원] 테이블에 입력하려는 '사원'의 '부서코드'는 반드시 [부서] 테이블에 존재해야만 한다.
④ '항상 참조 무결성 유지'를 설정하지 않더라도 [사원] 테이블에서 사용 중인 '부서코드'는 [부서] 테이블에서 삭제할 수 없다.

46 난이도 상 중 하

다음 중 아래 VBA 코드를 실행했을 때 MsgBox에 표시되는 값은?

```
Dim i As Integer
Dim Num As Integer
For i = 0 To 7 Step 2
    Num = Num+i
Next i
MsgBox Str(Num)
```

① 7
② 12
③ 24
④ 28

47 난이도 상 중 하

다음 중 매크로에 대한 설명으로 옳지 않은 것은?

① 매크로는 작업을 자동화하고 폼, 보고서 및 컨트롤에 기능을 추가하는 데 사용되는 도구이다.
② 특정 조건이 참일 때에만 매크로 함수를 실행하도록 설정할 수 있다.
③ 하나의 매크로에는 하나의 매크로 함수만 포함될 수 있다.
④ 매크로를 컨트롤의 이벤트 속성에 포함시킬 수 있다.

48 난이도 상 중 하

다음 중 데이터베이스의 3단계 구조 중 하나로 데이터베이스 전체의 논리적인 구조를 보여주는 스키마는?

① 외부 스키마 ② 서브 스키마
③ 개념 스키마 ④ 내부 스키마

49 난이도 상 중 하

다음 중 정규화에 대한 설명으로 옳지 않은 것은?

① 한 테이블에 너무 많은 정보를 포함해서 발생하는 이상 현상을 제거한다.
② 정규화를 실행하면 모든 테이블의 필드 수가 동일해진다.
③ 정규화를 실행하면 테이블이 나누어져 최종적으로는 일관성을 유지하게 된다.
④ 정규화를 실행하는 목적 중 하나는 데이터 중복의 최소화이다.

50 난이도 상 중 하

다음 중 보고서를 작성하는 방법으로 옳지 않은 것은?

① [보고서] 도구를 사용하여 보고서 만들기
② [보고서 디자인] 도구를 사용하여 보고서 만들기
③ [새 보고서] 도구를 사용하여 보고서 만들기
④ [데이터] 도구를 사용하여 보고서 만들기

51 난이도 상 중 하

다음 중 보고서의 각 구역에 대한 설명으로 옳지 않은 것은?

① 보고서 바닥글 영역에는 로고, 보고서 제목, 날짜 등을 삽입하며, 보고서의 모든 페이지에 출력된다.
② 페이지 머리글 영역에는 열 제목 등을 삽입하며, 모든 페이지의 맨 위에 출력된다.
③ 그룹 머리글/바닥글 영역에는 일반적으로 그룹별 이름, 요약 정보 등을 삽입한다.
④ 본문 영역은 실제 데이터가 레코드 단위로 반복 출력되는 부분이다.

52 난이도 상 중 하

다음 중 보고서에서 페이지 번호를 표시하는 컨트롤 원본과 그 표시 결과가 옳은 것은? (단, 현재 페이지는 1페이지이고, 전체 페이지는 5페이지임)

① ="Page" & [Page] & "/" & [Pages] → 1/5 Page
② =[Page] & "페이지" → 5페이지
③ =[Page] & "/" & [Pages] & " Page" → Page1/5
④ =Format([Page], "00") → 01

53 난이도 상 중 하

아래는 쿼리의 '디자인 보기'이다. 다음 중 아래 쿼리의 실행 결과로 옳은 것은?

① 2018년 전에 입학했거나 컴퓨터공학을 전공하는 지도학생들의 이름과 전공을 표시
② 2018년 전에 입학하여 컴퓨터공학을 전공하는 지도학생들의 이름과 전공을 표시
③ 2018년 전에 입학했거나 컴퓨터공학을 전공하는 지도학생들의 이름, 전공, 입학연도를 표시
④ 2018년 전에 입학하여 컴퓨터공학을 전공하는 지도학생의 이름, 전공, 입학연도를 표시

54 난이도 상 중 하

다음 중 [학생] 테이블에서 '학년' 필드가 1인 레코드의 개수를 계산하고자 할 때의 수식으로 옳은 것은? (단, [학생] 테이블의 기본 키는 '학번' 필드이다.)

① =DLookup("*","학생","학년=1")
② =DLookup(*,학생,학년=1)
③ =DCount(학번,학생,학년=1)
④ =DCount("*","학생","학년=1")

55 난이도 상 중 하

다음 중 SELECT 문에 대한 설명으로 옳지 않은 것은?

① FROM 절에는 SELECT 문에 나열된 필드를 포함하는 테이블이나 쿼리를 지정한다.

② 검색 결과에 중복되는 레코드를 없애기 위해서는 'DISTINCT' 조건자를 사용한다.

③ AS 문은 필드 이름이나 테이블 이름에 별명을 지정할 때 사용한다.

④ GROUP BY 문으로 레코드를 결합한 후에 WHERE 절을 사용하면 그룹화된 레코드 중 WHERE 절의 조건을 만족하는 모든 레코드가 표시된다.

56 난이도 상 중 하

다음 중 분할 표시 폼에 대한 설명으로 옳지 않은 것은?

① 분할된 화면에서 데이터를 [폼 보기]와 [데이터시트 보기]로 동시에 볼 수 있다.

② 폼의 두 보기 중 하나에서 필드를 선택하면 다른 보기에서도 동일한 필드가 선택된다.

③ 데이터 원본을 변경하는 경우 데이터시트 보기에서만 데이터를 변경할 수 있다.

④ 데이터시트가 표시되는 위치를 폼의 위쪽, 아래쪽, 왼쪽, 오른쪽 중에서 선택할 수 있다.

57 난이도 상 중 하

다음 중 아래 SQL문에 대한 설명으로 옳은 것은?

```
SELECT T1.품번, T2.제조사
FROM T1, T2
WHERE T2.소재지 IN ('서울', '수원') AND T1.품번 = T2.품번;
```

① 테이블 T2에서 소재지가 서울 또는 수원이거나 T1과 품번이 일치하는 레코드들만 선택된다.

② 테이블 T1과 T2의 품번이 일치하면서 소재지는 서울과 수원을 제외한 레코드들만 선택된다.

③ 테이블 T1의 품번 필드와 테이블 T2의 소재지 필드만 SQL 실행 결과로 표시된다.

④ 테이블 T1의 품번 필드와 테이블 T2의 제조사 필드만 SQL 실행 결과로 표시된다.

58 난이도 상 중 하

다음 중 아래와 같은 결과를 표시하는 SQL문은?

도서명	저자	출판사	출간연도
컴퓨터과학	이연산	두빛	2011
자바	고자바	IT	2012
C#	윤피디	가람	2017
액세스	김디비	IT	2018
엑셀	이연산	화요	2018

① SELECT * FROM book ORDER BY [저자], [출간연도];

② SELECT * FROM book ORDER BY [출간연도] DESC, [출판사] DESC;

③ SELECT * FROM book ORDER BY [출간연도] ASC, [저자] ASC;

④ SELECT * FROM book ORDER BY [저자] DESC, [출간연도] ASC;

59 난이도 상 중 하

다음 중 폼의 속성에 대한 설명으로 옳은 것은?

① 팝업 속성을 설정하면 포커스를 다른 개체로 이동하기 위해서는 반드시 폼을 닫아야 한다.

② '레코드 잠금' 속성의 기본 값은 '잠그지 않음'이며, 이 경우 레코드 편집 작업이 완료되기 전에 다른 사용자가 레코드를 변경할 수 있다.

③ 그림 맞춤 속성은 폼의 크기가 이미지의 원래 크기와 다른 경우 다양한 확대/축소 유형을 선택할 수 있다.

④ 레코드 집합 종류 속성의 값이 '다이너셋'인 경우 원본 테이블의 업데이트는 안 되며, 조회만 가능하다.

60 난이도 상 중 하

다음 중 폼에서 컨트롤의 탭 순서를 변경하는 방법으로 옳지 않은 것은?

① 마법사 또는 레이아웃과 같은 도구를 사용하여 폼을 만든 경우 컨트롤이 폼에 표시되는 순서(위쪽에서 아래쪽 및 왼쪽에서 오른쪽)와 같은 순서로 탭 순서가 설정된다.

② 기본적으로는 컨트롤을 작성한 순서대로 탭 순서가 설정되며, 레이블에는 설정할 수 없다.

③ [탭 순서] 대화상자를 이용하면 컨트롤의 탭 순서를 컨트롤 이름 행을 드래그해서 조정할 수 있다.

④ 탭 순서에서 컨트롤을 제거하려면 컨트롤의 탭 정지 속성을 '예'로 설정한다.

1 과목 컴퓨터 일반

01 난이도 상 중 하

다음 중 컴퓨터 시스템에서 사용하는 가상 기억장치(Virtual memory)에 대한 설명으로 옳지 않은 것은?

① 보조 기억장치 같은 큰 용량의 기억장치를 주기억장치 처럼 사용하는 개념이다.
② 주기억장치의 용량보다 큰 프로그램의 실행을 가능하게 한다.
③ 주소 매핑(mapping)이라는 작업이 필요하다.
④ 주기억장치의 접근 시간을 최소화하여 시스템의 처리 속도가 빨라진다.

02 난이도 상 중 하

다음 중 멀티미디어에 대한 설명으로 옳지 않은 것은?

① 멀티미디어와 관련된 표준안은 그래픽, 오디오, 문서 등 매우 다양하다.
② 대표적인 정지화상 표준으로는 손실, 무손실 압축 기법 을 다 사용할 수 있는 JPEG과 무손실 압축 기법을 사용 하는 GIF가 있다.
③ MPEG은 Intel사가 개발한 동영상 압축 기술로 용량이 작고, 음질이 뛰어나다.
④ 스트리밍이 지원되는 파일 형식은 ASF, WMV, RAM 등이 있다.

03 난이도 상 중 하

다음 중 컴퓨터에서 사용하는 EBCDIC 코드에 대한 설명으로 옳지 않은 것은?

① 확장 이진화 10진 코드로 BCD 코드를 확장한 것이다.
② 특수 문자 및 소문자 표현이 가능하다.
③ 4비트의 존 부분과 4비트의 디지트 부분으로 구성된다.
④ 최대 64개의 문자 표현이 가능하다.

04 난이도 상 중 하

다음 멀티미디어 용어 중 선택된 두 개의 이미지에 대해 하나의 이미지가 다른 이미지로 자연스럽게 변화하도록 하는 특수효과를 뜻하는 것은?

① 렌더링(Rendering)
② 안티 앨리어싱(Anti-Aliasing)
③ 모핑(Morphing)
④ 블러링(Bluring)

05 난이도 상 중 하

다음 중 컴퓨터 통신과 관련하여 P2P 방식에 관한 설명으로 옳은 것은?

① 인터넷에서 이루어지는 개인 대 개인의 파일 공유를 위한 기술이다.
② 인터넷을 통해 MP3를 제공해 주는 기술 및 서비스이다.
③ 인터넷을 통해 동영상을 상영해 주는 기술 및 서비스이다.
④ 여러 사용자가 동시에 온라인 게임을 할 수 있도록 제공 해 주는 기술이다.

06 난이도 상 중 하

다음 중 소스 코드까지 제공되어 사용자들이 자유롭게 수정 하거나 변경할 수 있는 소프트웨어를 의미하는 것은?

① 주문형 소프트웨어(Customized software)
② 오픈 소스 소프트웨어(Open source software)
③ 쉐어웨어(Shareware)
④ 프리웨어(Freeware)

07 난이도 상 중 하

다음 중 바탕 화면의 바로 가기 메뉴 [개인 설정]을 선택하여 설정할 수 있는 작업에 대한 설명으로 옳지 않은 것은?

① 바탕 화면의 배경, 창 색, 소리 등을 한 번에 변경할 수 있는 테마를 선택할 수 있다.
② 바탕 화면의 배경 이미지를 변경할 수 있다.
③ 바탕 화면에 시계, 일정, 날씨 등과 같은 가젯을 표시하 도록 설정할 수 있다.
④ 화면 보호기를 설정할 수 있다.

08 난이도 상 ❸ 하

다음 중 Windows에서 [Ctrl] 키를 사용해야 하는 작업으로 옳지 않은 것은?

① 마우스와 함께 사용하여 같은 드라이브 내의 다른 폴더로 파일이나 폴더를 복사할 때

② 마우스와 함께 사용하여 비연속적인 위치에 있는 여러 파일이나 폴더를 동시에 선택할 때

③ 마우스와 함께 사용하여 다른 드라이브로 파일을 이동시킬 때

④ [Esc] 키와 함께 사용하여 시작 메뉴를 표시하고자 할 때

09 난이도 상 중 ❸

다음 중 파일의 바로 가기 메뉴 [연결 프로그램]에 대한 설명으로 옳지 않은 것은?

① 문서나 그림 같은 데이터 파일을 더블 클릭할 때 자동으로 실행되는 응용 프로그램(앱)을 의미한다.

② 파일의 바로 가기 메뉴에서 [연결 프로그램]을 선택하면 연결 프로그램(앱)을 변경할 수 있다.

③ 연결 프로그램이 지정되지 않았을 경우 데이터 파일을 더블 클릭하면 연결 프로그램을 선택하기 위한 대화상자가 표시된다.

④ [연결 프로그램] 대화상자에서 연결 프로그램을 삭제하면 연결된 데이터 파일도 함께 삭제된다.

10 난이도 ❸ 중 하

다음 중 인터넷 서비스와 관련하여 FTP(File Transfer Protocol)에 관한 설명으로 옳지 않은 것은?

① 컴퓨터와 컴퓨터 사이에 파일을 주거나 받을 수 있는 원격 파일 전송 프로토콜이다.

② FTP 프로그램을 이용하여 FTP 서버에 파일을 전송하거나 수신하고, 파일의 삭제 및 이름 바꾸기 등을 할 수 있다.

③ Anonymous FTP는 FTP 서버에 계정이 없는 익명의 사용자도 접속하여 사용할 수 있는 서비스이다.

④ 그림, 동영상, 실행 파일, 압축 파일 등은 ASCII 모드로 전송한다.

11 난이도 상 중 ❸

다음 중 Windows에서 하드 디스크에 적용하는 [오류 검사]에 관한 설명으로 옳지 않은 것은?

① 하드 디스크 자체의 물리적 오류를 찾아서 복구하므로 완료하는 데 시간이 더 오래 걸릴 수 있다.

② 하드 디스크 드라이브를 검사하는 동안에도 드라이브를 계속 사용할 수 있다.

③ 하드 디스크 문제로 인하여 컴퓨터 시스템이 오작동하는 경우나 바이러스의 감염을 예방할 수 있다.

④ 하드 디스크의 [속성] 창 [도구] 탭에서 오류 검사를 실행할 수 있다.

12 난이도 상 ❸ 하

다음 중 웹 프로그래밍 언어인 JSP에 대한 설명으로 옳지 않은 것은?

① 웹 서버에서 동적으로 웹 브라우저를 관리하는 스크립트 언어이다.

② 웹 환경에서 작동되는 웹 어플리케이션을 개발할 수 있다.

③ JAVA 언어를 기반으로 하여 윈도우즈 운영체제에서만 실행이 가능하다.

④ HTML 문서 내에서는 <% … %> 와 같은 형태로 작성된다.

13 난이도 상 중 ❸

다음 중 Windows에 설치된 기본 프린터에 관한 설명으로 옳지 않은 것은?

① 프로그램에서 사용할 프린터를 지정하지 않고 인쇄 명령을 내렸을 때 컴퓨터가 자동으로 문서를 보내는 프린터이다.

② 여러 개의 프린터가 설치된 경우 네트워크 프린터와 로컬 프린터 각각 1대씩을 기본 프린터로 설정할 수 있다.

③ 현재 설정되어 있는 기본 프린터를 다른 프린터로 변경할 수 있다.

④ 기본 프린터로 설정된 프린터도 삭제할 수 있다.

14 난이도 상 중 하

다음 중 컴퓨터의 계산 속도 단위가 느린 것에서 빠른 순서대로 옳게 나열된 것은?

① ms → ns → ps → µs
② ps → ns → ms → µs
③ µs → ms → ns → ps
④ ms → µs → ns → ps

15 난이도 상 중 하

다음 중 컴퓨터에서 중앙처리장치와 입출력 장치 사이의 속도 차이로 인한 문제점을 해결해 주는 장치는?

① 레지스터(register)
② 인터럽트(interrupt)
③ 콘솔(console)
④ 채널(channel)

16 난이도 상 중 하

다음 중 스마트폰을 모뎀처럼 활용하는 방법으로, 컴퓨터나 노트북 등의 IT 기기를 스마트폰에 연결하여 무선 인터넷을 사용할 수 있게 하는 기능은?

① 와이파이(WiFi)
② 블루투스(Bluetooth)
③ 테더링(Tethering)
④ 와이브로(WiBro)

17 난이도 상 중 하

다음 중 컴퓨터에 설치된 프린터에서 인쇄가 수행되지 않을 경우의 문제 해결 방법으로 옳지 않은 것은?

① 프린터 케이블의 연결 상태가 정상인지 확인한다.
② 프린터의 기종과 프린터의 등록 정보가 올바르게 설정되어 있는지 확인한다.
③ 프린터의 스풀 공간이 부족하여 에러가 발생한 경우에는 하드 디스크에서 스풀 공간을 확보한다.
④ CMOS 셋업에서 프린터의 설정이 제대로 되어 있는지 시험 인쇄를 하여 확인한다.

18 난이도 상 중 하

다음 중 Windows에서 [방화벽]이 수행하는 작업에 관한 설명으로 옳지 않은 것은?

① 권한이 없는 사용자가 네트워크를 통해 컴퓨터에 액세스하는 것을 방지한다.
② 특정 연결 요청을 차단하거나 차단 해제하기 위해 사용자의 허가를 요청한다.
③ 사용자가 원할 경우 기록을 만들어 컴퓨터에 대해 성공한 연결 시도와 실패한 연결 시도를 기록한다.
④ 위험한 첨부 파일이 있는 전자 메일을 사용자가 열지 못하게 한다.

19 난이도 상 중 하

다음 중 정보 보안을 위협하는 분산 서비스 거부 공격에 관한 설명으로 옳은 것은?

① 네트워크 주변을 돌아다니는 패킷을 엿보면서 계정과 패스워드를 알아내는 행위
② 검증된 사람이 네트워크를 통해 데이터를 보낸 것처럼 데이터를 변조하여 접속을 시도하는 행위
③ 여러 장비를 이용하여 특정 서버에 대량의 데이터를 집중적으로 전송하여 정상적인 기능을 방해하는 행위
④ 키보드의 키 입력 시 캐치 프로그램을 사용하여 ID나 암호 정보를 빼내는 행위

20 난이도 상 중 하

다음 중 컴퓨터의 CMOS에서 설정할 수 있는 항목으로 옳지 않은 것은?

① 시스템 날짜와 시간
② 칩셋 설정
③ 부팅 순서
④ Windows 로그인 암호 변경

21 난이도 상 중 하

다음 중 셀에 수식을 입력하는 방법에 대한 설명으로 옳지 않은 것은?

① 수식에서 통합 문서의 여러 워크시트에 있는 동일한 셀 범위 데이터를 이용하려면 3차원 참조를 사용한다.

② 계산할 셀 범위를 선택하여 수식을 입력한 후 **Ctrl** + **Enter** 키를 누르면 선택한 영역에 수식을 한 번에 채울 수 있다.

③ 수식을 입력한 후 결과 값이 수식이 아닌 상수로 입력되게 하려면 수식을 입력한 후 바로 **Alt** + **F9** 키를 누른다.

④ 배열 상수에는 숫자나 텍스트 외에 'TRUE', 'FALSE' 등의 논리값 또는 '#N/A'와 같은 오류 값도 포함될 수 있다.

22 난이도 상 중 하

아래 워크시트에서 일자[A2:A7], 제품명[B2:B7], 수량 [C2:C7], [A9:C13] 영역을 이용하여 금액[D2:D7]을 배열 수식으로 계산하고자 한다. 다음 중 [D2] 셀에 입력된 수식으로 옳은 것은? (단, 금액은 단가 * 수량으로 계산하며, 단가는 [A9:C13] 영역을 참조하여 구함)

	A	B	C	D	E
1	일자	제품명	수량	금액	
2	10월 03일	허브차	35	52,500	
3	10월 05일	아로마비누	90	270,000	
4	10월 05일	허브차	15	22,500	
5	11월 01일	아로마비누	20	80,000	
6	11월 20일	허브차	80	160,000	
7	11월 30일	허브차	90	180,000	
8					
9	제품명	월	단가		
10	허브차	10	1,500		
11	허브차	11	2,000		
12	아로마비누	10	3,000		
13	아로마비누	11	4,000		
14					

① {=INDEX($C$10:$C$13,MATCH(MONTH(A2)&B2, $B$10:$B$13&$A$10:$A$13,0))*C2}

② {=INDEX($C$10:$C$13,MATCH(MONTH(A2)&B2, $A$10:$A$13,$A$10:$A$13,0))*C2}

③ {=INDEX($C$10:$C$13,MATCH(MONTH(A2),B2, $B$10:$B$13&$A$10:$A$13,0))*C2}

④ {=INDEX($C$10:$C$13,MATCH(MONTH(A2),B2, $A$10:$A$13&$B$10:$B$13,0))*C2}

23 난이도 상 중 하

다음 중 워크시트 사용에 관한 설명으로 옳지 않은 것은?

① 현재 워크시트의 앞이나 뒤의 시트를 선택할 때에는 **Ctrl** + **Page Up**와 **Ctrl** + **Page Down** 키를 이용한다.

② 현재 워크시트의 왼쪽에 새로운 시트를 삽입할 때에는 **Shift** + **F11** 키를 누른다.

③ 연속된 여러 개의 시트를 선택할 때에는 첫 번째 시트를 선택하고 **Shift** 키를 누른 채 마지막 시트의 시트 탭을 클릭한다.

④ 그룹으로 묶은 시트에서 복사하거나 잘라낸 모든 데이터는 다른 한 개의 시트에 붙여 넣을 수 있다.

24 난이도 상 중 하

다음 중 차트에 포함할 수 있는 추세선에 대한 설명으로 옳은 것은?

① 추세선은 데이터의 추세를 그래픽으로 표시하고 예측 문제를 분석하는데 사용된다.

② 3차원 차트에 추세선을 표시하기 위해 2차원 차트를 작성하여 추세선을 추가한 뒤에 3차원으로 변환한다.

③ 지수, 선형, 로그 등 3가지 추세선 유형이 있다.

④ 모든 종류의 차트에 추세선을 사용할 수 있다.

25 난이도 상 중 하

다음 중 화면 제어에 관한 설명으로 옳은 것은?

① 틀 고정은 행 또는 열, 열과 행으로 모두 고정이 가능하다.

② 창 나누기는 항상 4개로 분할되며 분할된 창의 크기는 마우스를 드래그하여 변경 가능하다.

③ 틀 고정선은 마우스를 드래그하여 위치를 변경할 수 있다.

④ 창 나누기는 [실행 취소] 명령으로 나누기를 해제할 수 있다.

26 난이도 상 중 **하**

다음 중 데이터의 필터 기능에 대한 설명으로 옳지 않은 것은?

① 필터 기능은 조건을 기술하는 방법에 따라 자동 필터와 고급 필터로 구분할 수 있다.

② 자동 필터에서 조건 지정 시 각 열에 설정된 조건들은 OR 조건으로 묶여 처리된다.

③ 필터 기능은 많은 양의 자료에서 설정된 조건에 맞는 자료만을 추출하여 나타내기 위한 기능이다.

④ 고급 필터를 이용하면 조건에 맞는 행에서 원하는 필드만 선택하여 다른 영역에 복사할 수 있다.

27 난이도 상 중 **하**

다음 중 다음과 같은 수학식을 표현하기 위한 엑셀 수식으로 옳은 것은?

$$\sqrt{16} \times (|-2| + 2^3)$$

① =POWER(16)*(ABS(-2)+SQRT(2,3))

② =SQRT(16)*(ABS(-2)+POWER(3,2))

③ =SQRT(16)*(ABS(-2)+POWER(2,3))

④ =POWER(16)*(ABS(-2)+SQRT(3,2))

28 난이도 상 **중** 하

다음 중 윤곽에 대한 설명으로 옳지 않은 것은?

① 윤곽 기호를 설정하면 그룹의 요약 정보만 또는 필요한 그룹의 데이터만 확인할 수 있어 편리하다.

② 그룹별로 요약된 데이터에서 [윤곽 지우기]를 실행하면 설정된 윤곽 기호와 함께 윤곽 설정에 사용된 요약 정보도 함께 제거된다.

③ [부분합]을 실행하면 각 정보 행 그룹의 바로 아래나 위에 요약 행이 삽입되고, 윤곽이 자동으로 만들어진다.

④ 그룹화하여 요약하려는 데이터 목록이 있는 경우 데이터에 최대 8개 수준의 윤곽을 설정할 수 있으며 한 수준은 각 그룹에 해당한다.

29 난이도 상 중 **하**

다음 중 아래의 피벗 테이블에 대한 설명으로 옳지 않은 것은?

	A	B	C	D	E
1	구분	(모두) ▼			
2	차종	(모두) ▼			
3					
4	합계 : 통근거리		부서 ▼		
5	이름 ▼	입사 ▼	영업부	총무부	
6	⊟ 김연희		16		
7		1991	16		
8	⊟ 박은지		24		
9		1996	24		
10	⊟ 배철수			24	
11		1991		24	
12	⊟ 이지원			25	
13		1995		25	
14	총합계		40	49	
15					

① 보고서 필터로 사용된 필드는 '구분'과 '차종'이다.

② 행 레이블로 사용된 필드는 '이름'과 '입사'이다.

③ 이지원은 '총무부'이며 통근거리는 '25'이다.

④ 값 영역에 사용된 필드는 '부서'이다.

30 난이도 **상** 중 하

다음 중 윗주에 대한 설명으로 옳지 않은 것은?

① 윗주는 셀에 대한 주석을 설정하는 것으로 문자열 데이터가 입력되어 있는 셀에만 표시할 수 있다.

② 윗주는 삽입해도 바로 표시되지 않고 [홈] 탭 [글꼴] 그룹의 [윗주 필드 표시]를 선택해야만 표시된다.

③ 윗주에 입력된 텍스트 중 일부분의 서식을 별도로 변경할 수 있다.

④ 셀의 데이터를 삭제하면 윗주도 함께 삭제된다.

31 난이도 상 **중** 하

다음 중 바닥글 영역에 페이지 번호를 인쇄하도록 설정된 여러 개의 시트를 출력하면서 전체 출력물의 페이지 번호가 일련번호로 이어지게 하는 방법으로 옳지 않은 것은?

① [인쇄]의 '설정'을 '전체 통합 문서 인쇄'로 선택하여 인쇄한다.

② 전체 시트를 그룹으로 설정한 후 인쇄한다.

③ 각 시트의 [페이지 설정] 대화상자에서 '일련번호로 출력'을 선택한 후 인쇄한다.

④ 각 시트의 [페이지 설정] 대화상자에서 '시작 페이지 번호'를 일련번호에 맞게 설정한 후 인쇄한다.

32 난이도 상 중 하

다음 중 아래의 VBA 코드에 대한 설명으로 옳지 않은 것은?

```
Private Sub Worksheet_Change(ByVal Target As Range)
    If Target.Address = Range("a1").Address Then
        Target.Font.ColorIndex = 5
        MsgBox Range("a1").Value & "입니다."
    End If
End Sub
```

① 일반 모듈이 아닌 워크시트 이벤트를 사용한 코드이다.

② [A1] 셀을 선택하면 [A1] 셀의 값이 메시지 박스에 표시된다.

③ VBA 코드가 작성된 워크시트에서만 동작한다.

④ [A1] 셀이 변경되면 [A1] 셀의 글꼴 색이 ColorIndex가 5인 색으로 변경된다.

33 난이도 상 중 하

다음 중 시트의 특정 범위만 항상 인쇄하는 경우에 대한 설명으로 옳지 않은 것은?

① 인쇄할 영역을 블록 설정한 후 [페이지 레이아웃] 탭-[페이지 설정] 그룹의 [인쇄 영역]-[인쇄 영역 설정]을 클릭한다.

② 인쇄 영역으로 설정되면 페이지 나누기 미리 보기에서는 설정된 부분만 표시된다.

③ 인쇄 영역을 설정하면 자동으로 Print_Area라는 이름이 작성되며, 이름은 Ctrl + F3 키 혹은 [수식] 탭-[정의된 이름] 그룹-[이름 관리자]에서 확인할 수 있다.

④ 인쇄 영역 설정은 [페이지 설정] 대화상자의 [시트] 탭에서 지정할 수도 있다.

34 난이도 상 중 하

다음 중 수식의 결과가 옳지 않은 것은?

① =FIXED(3456.789,1,FALSE) → 3,456.8

② =EOMONTH(DATE(2015,2,25),1) → 2015-03-31

③ =CHOOSE(ROW(A3:A6),"동","서","남","북") → 남

④ =REPLACE("February",SEARCH("U","Seoul-Unesco"),5," ")
   → Febru

35 난이도 상 중 하

다음 중 아래 워크시트에서 [B1:B3] 영역의 문자열을 [B4] 셀에 목록으로 표시하여 입력하기 위한 키 조작으로 옳은 것은?

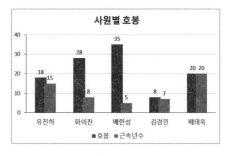

① Tab + ↓

② Shift + ↓

③ Ctrl + ↓

④ Alt + ↓

36 난이도 상 중 하

다음 중 아래 차트에 대한 설명으로 옳지 않은 것은?

① 데이터 표식 항목 사이의 간격을 넓히기 위해서는 '간격 너비' 옵션을 현재 값보다 더 큰 값으로 설정한다.

② 데이터 계열 항목 안에서 표식이 겹쳐 보이도록 '계열 겹치기' 옵션을 음수 값으로 설정하였다.

③ 세로 (값) 축의 '주 눈금선'이 표시되지 않도록 설정하였다.

④ 레이블의 위치를 '바깥쪽 끝에'로 설정하였다.

37 난이도 상 중 하

다음 중 셀에 입력된 데이터에 사용자 지정 표시 형식을 설정한 후의 표시 결과로 옳은 것은?

① 0.25 → 0#.#% → 0.25%

② 0.57 → #.# → 0.6

③ 90.86 → #,##0.0 → 90.9

④ 100 → #,###:@ "점" → 100점

38 난이도 상 중 하

다음 중 아래 시트에서 부서별 인원수[H3:H6]를 구하기 위하여 [H3]셀에 입력되는 배열 수식으로 옳지 않은 것은?

	A	B	C	D	E	F	G	H	I
1									
2		사원명	부서명	직위	급여		부서별 인원수		
3		홍길동	개발1부	부장	3500000		개발1부	3	
4		이대한	영업2부	과장	2800000		개발2부	1	
5		한민국	영업1부	대리	2500000		영업1부	1	
6		이거레	개발1부	과장	3000000		영업2부	2	
7		김국수	개발1부	부장	3700000				
8		박미나	개발1부	대리	2800000				
9		최신호	영업2부	부장	3300000				

① {=SUM((($C$3:$C$9=G3)*1)}

② {=DSUM((($C$3:$C$9=G3)*1)}

③ {=SUM(IF($C$3:$C$9=G3,1))}

④ {=COUNT(IF($C$3:$C$9=G3,1))}

39 난이도 상 중 하

다음 중 매크로를 작성하고 사용하는 방법에 대한 설명으로 옳지 않은 것은?

① 매크로를 기록하는 경우 기본적으로 셀은 절대 참조로 기록되며, 상대 참조로 기록하고자 할 경우 '상대 참조로 기록'을 선택한 다음 매크로 기록을 실행한다.

② 매크로에 지정된 바로 가기 키가 엑셀 고유의 바로 가기 키와 중복될 경우 엑셀 고유의 바로 가기 키가 우선한다.

③ 매크로를 기록하는 경우 실행하려는 작업을 완료하는 데 필요한 모든 단계가 매크로 레코더에 기록되며, 리본 메뉴에서의 탐색은 기록된 단계에 포함되지 않는다.

④ 개인용 매크로 통합 문서에 저장한 매크로는 엑셀을 시작할 때마다 자동으로 로드되므로 다른 통합 문서에서도 실행할 수 있다.

40 난이도 상 중 하

다음 중 시나리오에 대한 설명으로 옳지 않은 것은?

① 시나리오는 별도의 파일로 저장하고 자동으로 바꿀 수 있는 값의 집합이다.

② 시나리오를 사용하여 워크시트 모델의 결과를 예측할 수 있다.

③ 여러 시나리오를 비교하기 위해 시나리오를 한 페이지의 피벗 테이블로 요약할 수 있다.

④ 시나리오 피벗 테이블 보고서에는 결과 셀이 반드시 있어야 한다.

3 과목 **데이터베이스 일반**

41 난이도 상 중 하

다음 중 폼이나 보고서의 특정 컨트롤에서 '=[단가]*[수량]*(1-[할인율])'과 같은 계산식을 사용하고, 계산 결과를 소수점 이하 첫째 자리까지 표시하고자 할 때 사용해야 할 함수는?

① Str( ) ② Val( ) ③ Format( ) ④ DLookUp( )

42 난이도 상 중 하

다음 중 참조 무결성에 대한 설명으로 옳지 않은 것은?

① 참조 무결성은 참조하고 참조되는 테이블 간의 참조 관계에 아무런 문제가 없는 상태를 의미한다.

② 다른 테이블을 참조하는 테이블 즉, 외래 키 값이 있는 테이블의 레코드 삭제 시에는 참조 무결성이 위배될 수 있다.

③ 다른 테이블을 참조하는 테이블의 레코드 추가 시 외래 키 값이 널(Null)인 경우에는 참조 무결성이 유지된다.

④ 다른 테이블에 의해 참조되는 테이블에서 레코드를 추가하는 경우에는 참조 무결성이 유지된다.

43 난이도 상 중 하

다음 중 그룹화된 보고서의 그룹 머리글과 그룹 바닥글에 대한 설명으로 옳지 않은 것은?

① 그룹 머리글은 각 그룹의 첫 번째 레코드 위에 표시된다.

② 그룹 바닥글은 각 그룹의 마지막 레코드 아래에 표시된다.

③ 그룹 머리글에 계산 컨트롤을 추가하여 전체 보고서에 대한 요약 값을 계산할 수 있다.

④ 그룹 바닥글은 그룹 요약과 같은 항목을 나타내는데 효과적이다.

44 난이도 상 중 하

다음 중 하나의 필드에 할당되는 크기(바이트 수 기준)가 가장 작은 데이터 형식은?

① Yes/No ② 날짜/시간

③ 통화 ④ 일련 번호

45 난이도 상 **중** 하

다음 중 기본 키(Primary Key)에 대한 설명으로 옳은 것은?

① 모든 테이블에는 기본 키를 반드시 설정해야 한다.

② 액세스에서는 단일 필드 기본 키와 일련번호 기본 키만 정의 가능하다.

③ 데이터가 이미 입력된 필드도 기본 키로 지정할 수 있다.

④ OLE 개체나 첨부 파일 형식의 필드에도 기본 키를 지정할 수 있다.

46 난이도 상 중 **하**

다음 중 폼을 디자인 보기나 데이터시트 보기로 열기 위해 사용하는 매크로 함수는?

① RunCommand
② OpenForm
③ RunMacro
④ RunSQL

47 난이도 상 **중** 하

다음 중 직원(사원번호, 부서명, 이름, 나이, 근무년수, 급여) 테이블에서 '근무년수'가 3 이상인 직원들을 나이가 많은 순서대로 조회하되, 같은 나이일 경우 급여의 오름차순으로 모든 필드를 표시하는 SQL문은?

① select * from 직원 where 근무년수 >= 3 order by 나이, 급여

② select * from 직원 order by 나이, 급여 where 근무년수 >= 3

③ select * from 직원 order by 나이 desc, 급여 asc where 근무년수 >= 3

④ select * from 직원 where 근무년수 >= 3 order by 나이 desc, 급여 asc

48 난이도 상 **중** 하

다음 중 하위 폼에 관한 설명으로 옳지 않은 것은?

① 하위 폼은 기본 폼 내에서만 존재하며 별도의 독립된 폼으로 열 수 없다.

② 일대다 관계가 설정되어 있는 테이블이나 쿼리를 효과적으로 사용하기 위하여 사용한다.

③ 하위 폼은 보통 일대다 관계에서 '다'에 해당하는 테이블이나 쿼리를 원본으로 한다.

④ 연결 필드의 데이터 형식과 필드 크기는 같거나 호환되어야 한다.

49 난이도 상 **중** 하

다음 중 현재 폼에서 'cmd숨기기' 단추를 클릭하는 경우, DateDue 컨트롤이 표시되지 않도록 하기 위한 이벤트 프로시저로 옳은 것은?

① Private Sub cmd숨기기_Click( )
　　Me.[DateDue]!Visible = False
　End Sub

② Private Sub cmd숨기기_DblClick( )
　　Me!DateDue.Visible = True
　End Sub

③ Private Sub cmd숨기기_Click( )
　　Me![DateDue].Visible = False
　End Sub

④ Private Sub cmd숨기기_DblClick( )
　　Me.DateDue!Visible = True
　End Sub

50 난이도 상 **중** 하

다음 중 크로스탭 쿼리에 대한 설명으로 옳지 않은 것은?

① 쿼리 결과를 Excel 워크시트와 비슷한 표 형태로 표시하는 특수한 형식의 쿼리이다.

② 맨 왼쪽에 세로로 표시되는 행 머리글과 맨 위에 가로 방향으로 표시되는 열 머리글로 구분하여 데이터를 그룹화한다.

③ 그룹화한 데이터에 대해 레코드 개수, 합계, 평균 등을 계산할 수 있다.

④ 열 머리글로 사용될 필드는 여러 개를 지정할 수 있지만, 행 머리글로 사용할 필드는 하나만 지정할 수 있다.

51 난이도 **상** 중 하

다음 중 실행 쿼리의 삽입(INSERT)문에 대한 설명으로 옳지 않은 것은?

① 한 개의 INSERT문으로 여러 개의 레코드를 여러 개의 테이블에 동일하게 추가할 수 있다.

② 필드 값을 직접 지정하거나 다른 테이블의 레코드를 추출하여 추가할 수 있다.

③ 레코드의 전체 필드를 추가할 경우 필드 이름을 생략할 수 있다.

④ 하나의 INSERT문을 이용해 여러 개의 레코드와 필드를 삽입할 수 있다.

52 난이도 상 중 **하**

다음 중 쿼리에서 사용하는 문자열 조건에 대한 설명으로 옳지 않은 것은?

① "수학" or "영어" : "수학"이나 "영어"인 레코드를 찾는다.

② LIKE "서울 * " : "서울"이라는 문자열로 시작하는 필드를 찾는다.

③ LIKE " * 신림 * " : 문자열의 두 번째가 "신"이고 세 번째가 "림"인 문자열을 찾는다.

④ NOT "전산과" : 문자열의 값이 "전산과"가 아닌 문자열을 찾는다.

53 난이도 상 **중** 하

입사 지원자의 정보를 DB화 하기 위해 테이블을 설계하고자 한다. 다음 중 한 명의 지원자가 여러 개의 이력이나 경력 사항을 갖는 경우 가장 적절한 테이블 구조는?

① 지원자(지원자ID, 이름, 성별, 생년월일, 연락처)
경력(경력ID, 회사, 직무, 근무기간)

② 지원자(지원자ID, 이름, 성별, 생년월일, 연락처)
경력(경력ID, 지원자ID, 회사, 직무, 근무기간)

③ 지원자(지원자ID, 이름, 성별, 생년월일, 연락처, 회사, 직무, 근무기간)

④ 지원자(지원자ID, 이름, 성별, 생년월일, 연락처, 회사1, 직무1, 근무기간1, 회사2, 직무2, 근무기간2, 회사3, 직무3, 근무기간3)

54 난이도 상 **중** 하

폼의 각 컨트롤에 포커스가 위치할 때 입력 모드를 '한글' 또는 '영숫자 반자'로 각각 지정하고자 한다. 다음 중 이를 위해 설정해야 할 컨트롤 속성은?

① 엔터키 기능(EnterKey Behavior)

② 상태 표시줄(StatusBar Text)

③ 탭 인덱스(Tab Index)

④ IME 모드(IME Mode)

55 난이도 상 중 **하**

다음 중 동아리 회원 목록을 표시하는 [동아리회원] 폼에서 아래 그림과 같이 여자 회원인 경우 본문 영역의 모든 컨트롤들의 글꼴 서식을 굵게, 기울임꼴로 표시하는 방법으로 적절한 것은?

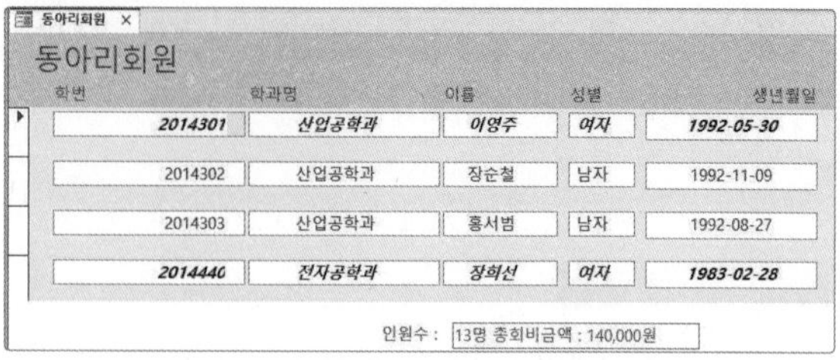

① 본문 영역에서 '성별' 컨트롤을 선택한 후 조건부 서식에서 규칙으로 필드 값이 다음 값과 같음, 값을 '여자'로 지정한 후 서식을 설정한다.

② 본문 영역의 모든 컨트롤들을 선택한 후 조건부 서식에서 규칙으로 조건식을 [성별]='여자'로 지정한 후 서식을 설정한다.

③ 본문 영역의 모든 컨트롤들을 선택한 후 조건부 서식에서 규칙으로 필드 값이 다음 값과 같음, 값을 '여자'로 지정한 후 서식을 설정한다.

④ 테이블의 데이터시트 보기에서 여자 회원 레코드들을 모두 선택한 후 서식을 설정한다.

56 난이도 상 **중** 하

아래와 같이 보고서의 그룹 바닥글에 도서의 총 권수와 정가의 합계를 인쇄하고자 한다. 다음 중 총 권수와 정가 합계 두 컨트롤의 수식으로 옳은 것은?

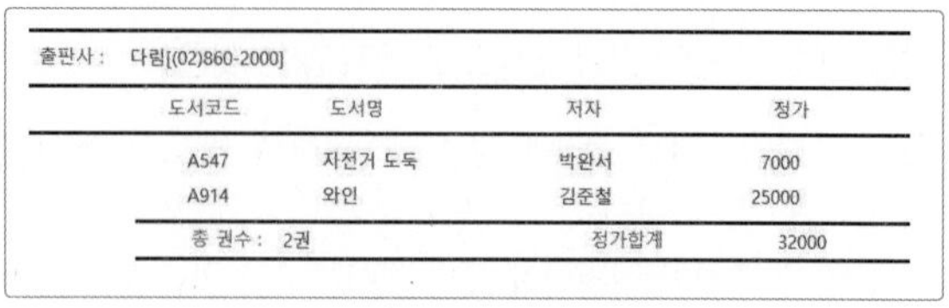

① =Count([정가]) &"권", =Total([정가])

② =CountA([정가]) &"권", =Sum([정가])

③ =CountA([도서명]) &"권", =Total([정가])

④ =Count(*) &"권", =Sum([정가])

57 난이도 상 중 하

다음 중 정규화에 대한 설명으로 옳지 않은 것은?

① 대체로 더 작은 필드를 갖는 테이블로 분해하는 과정
이다.

② 데이터 중복을 최소화하기 위한 작업이다.

③ 정규화를 통해 테이블 간의 종속성을 높이기 위한 것이다.

④ 추가, 갱신, 삭제 등 작업 시의 이상(Anomaly) 현상이
발생하지 않도록 하기 위한 것이다.

58 난이도 상 중 하

다음 중 Access의 개체에 대한 설명으로 옳지 않은 것은?

① 쿼리는 폼이나 보고서의 원본 데이터로 사용할 수 있다.

② 폼은 테이블이나 쿼리 데이터의 입출력 화면을 작성한다.

③ 매크로는 모듈에 비해 복잡한 작업을 처리하기 위해
프로그램을 직접 작성하는 것이다.

④ 테이블은 데이터를 저장하는 데 사용하는 데이터베이스
개체로, 레코드 및 필드로 구성된다.

59 난이도 상 중 하

다음 중 보고서에서 '페이지 번호'를 표현하는 식과 그 결과
의 연결이 옳은 것은? (단, 전체 페이지는 3이고, 현재 페이
지는 1이다.)

① =[Page] → 3

② =[Page]& "페이지" → 1& 페이지

③ =Format([Page], "000") → 1000

④ =[Page]& "/"& [Pages]& "페이지" → 1/3페이지

60 난이도 상 중 하

다음 중 액세스의 보고서에 대한 설명으로 옳은 것은?

① 보고서 머리글과 보고서 바닥글의 내용은 모든 페이지에
출력된다.

② 보고서에서도 폼에서와 같이 이벤트 프로시저를 작성할
수 있다.

③ 보고서의 레코드 원본으로 테이블, 쿼리, 엑셀과 같은
외부 데이터, 매크로 등을 지정할 수 있다.

④ 컨트롤을 이용하지 않고도 보고서에 테이블의 데이터를
표시할 수 있다.

1과목 컴퓨터 일반

01 난이도 상 중 하

다음 중 2차원 또는 3차원 물체의 모형에 명암과 색상을 입혀 사실감을 더해주는 그래픽 기법은?

① 모델링(Modeling)
② 애니메이션(Animation)
③ 리터칭(Retouching)
④ 렌더링(Rendering)

02 난이도 상 중 하

다음 중 mp3 파일의 크기를 결정하는 요소에 해당하지 않는 것은?

① 표본 추출률(Hz)
② 샘플 크기(bit)
③ 재생 방식(mono, stereo)
④ 프레임 너비(pixel)

03 난이도 상 중 하

다음 중 컴퓨터 통신에서 사용하는 프록시(Proxy) 서버의 기능으로 옳은 것은?

① 방화벽 기능과 캐시 기능
② 내부 불법 해킹 차단 기능
③ FTP 프로토콜 연결 해제 기능
④ 네트워크 병목현상 해결 기능

04 난이도 상 중 하

다음 중 바이러스에 대한 설명으로 옳지 않은 것은?

① 감염 부위에 따라 부트 바이러스와 파일 바이러스로 구분한다.
② 사용자 몰래 스스로 복제하여 다른 프로그램을 감염시키고, 정상적인 프로그램이나 다른 데이터 파일 등을 파괴한다.
③ 주로 복제품을 사용하거나 통신 매체를 통하여 다운받은 프로그램에 의해 감염된다.
④ 컴퓨터 하드웨어와 무관하게 소프트웨어에만 영향을 미친다.

05 난이도 상 중 하

다음 중 사물인터넷(IoT)에 대한 설명으로 옳지 않은 것은?

① 모든 사물을 네트워크로 연결하여 소통하는 정보 통신 환경을 의미한다.
② 스마트 센싱 기술과 무선 통신 기술을 융합하여 실시간으로 데이터를 주고받는다.
③ 전기의 생산부터 소비까지의 전 과정에 정보 통신 기술을 접목하여 에너지 효율성을 높인다.
④ 개방형 정보 공유에 대한 부작용을 최소화하기 위해 정보보안 기술의 적용이 필요하다.

06 난이도 상 중 하

다음 중 IPv6 주소 체계에 관한 설명으로 옳지 않은 것은?

① IPv4 주소 체계의 주소 부족 문제를 해결하기 위하여 개발되었다.
② IPv6 주소는 16비트씩 8부분으로 총 128비트로 구성되어 있다.
③ 주소는 네트워크의 크기나 호스트의 수에 따라 A, B, C, D, E 클래스로 나누어진다.
④ 실시간 흐름 제어로 향상된 멀티미디어 기능을 지원한다.

07 난이도 상 중 하

다음 중 인터넷에서 사용하는 URL에 관한 설명으로 옳지 않은 것은?

① 인터넷 상에 존재하는 각종 자원의 위치를 나타내는 표준 주소 체계이다.
② URL의 일반적인 형식은 '프로토콜://호스트주소[:포트번호][/파일경로]'이다.
③ 계정이 있는 FTP의 경우 'http://사용자이름[:비밀번호]@서버이름:포트번호' 형식으로 사용한다.
④ mailto 프로토콜은 IP 정보 없이 받는 사람의 이메일 주소만 나타내면 된다.

08 난이도 상 중 하

다음 중 컴퓨터 통신에서 사용하는 프로토콜 기능에 관한 설명으로 옳지 않은 것은?

① 통신망에 전송되는 패킷의 흐름을 제어해서 시스템 전체의 안전성을 유지한다.

② 정보를 전송하기 위해 송·수신기 사이에 같은 상태를 유지하도록 동기화 기능을 수행한다.

③ 데이터 전송 도중에 발생하는 오류를 검출한다.

④ 네트워크에 접속된 다양한 단말 장치를 자동으로 인식하여 호환성을 제공한다.

09 난이도 상 중 하

다음 중 객체 지향 프로그래밍 언어에 대한 설명으로 옳지 않은 것은?

① 소프트웨어의 재사용으로 프로그램의 개발 시간을 단축할 수 있다.

② 대표적인 객체 지향 언어로 C++, Java 등이 있다.

③ 상속성, 캡슐화, 추상화, 다형성 등의 특징이 있다.

④ 순차적인 처리가 중요시되며 프로그램 전체가 유기적으로 연결되도록 작성한다.

10 난이도 상 중 하

다음 중 아래의 설명에 해당하는 Windows 제공 기능은?

- 데이터와 데이터를 연결하여 원본 데이터를 수정할 때 연결된 데이터도 함께 수정되도록 지원하는 기능이다.
- 이 기능을 지원하는 그래픽 프로그램에서 그린 그림을 문서 편집기에 연결한 경우 그래픽 프로그램에서 그림을 수정하면 문서 편집기의 그림도 같이 변경된다.

① 선점형 멀티태스크(Preemptive Multitasking)

② GUI(Graphic User Interface)

③ PnP(Plug &Play)

④ OLE(Object Linking and Embedding)

11 난이도 상 중 하

다음 중 컴퓨터에서 사용하는 ASCII 코드에 관한 설명으로 옳지 않은 것은?

① 각 문자를 7비트로 표현하며, 총 128개의 문자 표현이 가능하다.

② 확장 ASCII 코드는 8비트를 사용한다.

③ 데이터 처리 및 통신 시스템 상호 간의 정보 교환을 위해 사용된다.

④ 각 나라별 언어를 표현할 수 있다.

12 난이도 상 중 하

다음 중 컴퓨터의 펌웨어(Firmware)에 관한 설명으로 옳은 것은?

① 주로 하드 디스크에 저장되며 부팅 시 동작한다.

② 펌웨어 업데이트만으로도 시스템의 성능을 향상시킬 수 있다.

③ 컴퓨터 바이러스 백신과 관련이 있는 프로그램이다.

④ 컴퓨터 연산 속도를 빠르게 도와주는 하드웨어이다.

13 난이도 상 중 하

다음 중 컴퓨터 메인보드에 사용되는 칩셋(Chip Set)에 관한 설명으로 옳은 것은?

① 컴퓨터를 구성하는 모든 장치들이 장착되고 연결되는 기판이다.

② 메인보드에 장착되어 있는 각 장치들을 제어하고 역할을 조율한다.

③ CPU와 주변장치 간의 데이터 전송에 사용되는 통로 역할을 한다.

④ 메인보드에 주변장치를 연결하기 위한 접속 부분을 말한다.

14 난이도 상 **중** 하

다음 중 컴퓨터 보조 기억장치로 사용되는 SSD(Solid State Drive)에 관한 설명으로 옳은 것은?

① 고속으로 데이터를 입출력할 수 있으며, 배드섹터가 발생하지 않는다.
② HDD와 같이 바로 덮어쓰기를 할 수 있으며, 읽기/쓰기 성능이 비슷하다.
③ 650nm 파장의 적색 레이저를 사용하여 데이터를 기록한다.
④ 소음이 없고 발열이 낮으나 HDD에 비해 외부 충격에 약하다.

15 난이도 **상** 중 하

다음 중 외부 인터럽트가 발생하는 경우에 해당하지 않는 것은?

① 컴퓨터의 전원 공급이 중단되었을 경우
② 실행할 수 없는 명령어가 사용된 경우
③ 타이머에 의해 의도적으로 프로그램이 중단된 경우
④ 입출력 장치의 입출력 준비 완료를 알리는 경우

16 난이도 **상** 중 하

다음 중 레지스터에 관한 설명으로 옳은 것은?

① CPU 내부에서 특정한 목적에 사용되는 일시적인 기억 장소이다.
② 메모리 중에서 가장 속도가 느리며, 플립플롭이나 래치 등으로 구성된다.
③ 컴퓨터의 유지 보수를 위한 시스템 정보를 저장한다.
④ 시스템 부팅 시 운영체제가 로딩되는 메모리이다.

17 난이도 **상** 중 하

다음 중 Windows의 관리 도구 중 [컴퓨터 관리]에서 수행 가능한 [디스크 관리] 작업에 해당하지 않는 것은?

① 볼륨을 확장하거나 축소할 수 있다.
② 드라이브 문자를 변경할 수 있다.
③ 포맷을 실행할 수 있다.
④ 분석 및 디버그 로그를 표시할 수 있다.

18 난이도 상 **중** 하

다음 중 Windows 운영체제에서 사용하는 NTFS 파일 시스템에 관한 설명으로 옳지 않은 것은?

① FAT32 파일 시스템과 비교하여 성능 및 안전성이 우수하다.
② 하드디스크 논리 파티션의 크기에는 제한이 없다.
③ 비교적 큰 오버헤드가 있기 때문에 약 400MB 이하의 볼륨에서 사용하는 것은 좋지 않다.
④ 파일 및 폴더에 대한 액세스 제어를 유지하고 제한된 계정을 지원한다.

19 난이도 상 중 **하**

다음 중 폴더의 [속성] 창에서 설정할 수 없는 작업 내용은?

① 문서나 사진, 음악 등 폴더의 최적화 유형을 설정할 수 있다.
② 폴더에 대한 사용 권한과 공유 설정을 할 수 있다.
③ 폴더 안의 파일을 삭제할 수 있다.
④ 폴더 아이콘을 변경할 수 있다.

20 난이도 상 **중** 하

다음 중 Windows에서 시스템을 복원해야 하는 시기로 적절하지 않은 것은?

① 새 장치를 설치한 후 시스템이 불안정할 때
② 로그온 화면이 나타나지 않으며, Windows가 실행되지 않을 때
③ 누락되거나 손상된 데이터 파일을 이전 버전으로 되돌리고자 할 때
④ 파일의 단편화를 개선하여 디스크의 접근 속도를 향상시키고자 할 때

21 난이도 상 중 하

다음 중 아래의 피벗 테이블에 대한 설명으로 옳지 않은 것은?

	A	B	C	D	E	F	G
18		직위	(모두) ▼				
19							
20		합계 : 근속연수		부서명 ▼			
21		사원번호2 ▼	사원번호 ▼	기획팀	영업팀	총무팀	총합계
22		⊟A 그룹	AC-300	7			7
23			AC-301	10			10
24		⊟B 그룹	BY-400		12		12
25			BY-401	21			21
26			BY-402			8	8

① 피벗 테이블 보고서의 삽입 위치는 기존 워크시트의 [B20] 셀이다.

② 'A 그룹'과 'B 그룹'은 그룹화로 자동 생성된 이름이다.

③ 사원번호를 선택하여 사용자가 직접 그룹화를 설정하였다.

④ 행 레이블 영역의 필드에 필터 조건이 설정되어 있다.

22 난이도 상 중 하

다음 중 자동 필터에 관한 설명으로 옳지 않은 것은?

① 날짜가 입력된 열에서 요일로 필터링하려면 '날짜 필터' 목록에서 필터링 기준으로 사용할 요일을 하나 이상 선택하거나 취소한다.

② 두 개 이상의 필드에 조건을 설정하는 경우 필드 간에는 AND 조건으로 결합되어 필터링된다.

③ 열 머리글에 표시되는 드롭다운 화살표에는 해당 열에서 가장 많이 나타나는 데이터 형식에 해당하는 필터 목록이 표시된다.

④ 검색 상자를 사용하여 텍스트와 숫자를 검색할 수 있으며, 배경 또는 텍스트에 색상 서식이 적용되어 있는 경우 셀의 색상을 기준으로 필터링할 수도 있다.

23 난이도 상 중 하

다음 중 부분합에 대한 설명으로 옳지 않은 것은?

① 다중 함수를 이용하는 중첩 부분합을 작성하려면 '부분합' 대화상자에서 매번 '새로운 값으로 대치' 항목을 선택해야 한다.

② 부분합을 제거하면 부분합과 함께 목록에 삽입된 윤곽 및 페이지 나누기도 제거된다.

③ 세부 정보가 있는 행 아래에 요약 행을 지정하려면 '데이터 아래에 요약 표시' 항목을 선택한다.

④ 중첩 부분합은 이미 작성된 부분합 그룹 내에 새로운 부분합 그룹을 추가하는 것이다.

24 난이도 상 중 하

다음 중 아래와 같이 왼쪽 그림의 [B2:B5] 영역에 [텍스트 나누기]를 실행하여 오른쪽 그림과 같이 소속이 분리되도록 실행하는 과정으로 옳지 않은 것은?

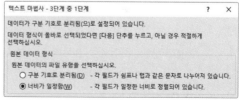

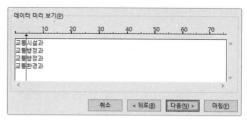

① 텍스트 마법사 2단계의 데이터 미리 보기에서 분할하려는 위치를 클릭하여 구분선을 넣는다.

② 분할하려는 행과 열에 삽입 가능한 구분선의 개수에는 제한이 없다.

③ 구분선을 삭제하려면 구분선을 마우스로 두 번 클릭한다.

④ 구분선을 옮기려면 선을 마우스로 클릭한 상태에서 드래그한다.

25 난이도 상 중 하

다음 중 아래 워크시트의 [B2] 셀에 표시 형식을 '$#,##0;
($#,##0)'으로 설정하였을 때 표시되는 결과로 옳은 것은?

	A	B	C	D
1				
2		-32767		

① $32,767

② -$32,767

③ ($32,767)

④ (-$32,767)

26 난이도 상 중 하

다음 중 데이터 입력에 대한 설명으로 옳지 않은 것은?

① 동일한 문자를 여러 개의 셀에 입력하려면 셀에 문자를 입력한 후 채우기 핸들을 드래그한다.

② 숫자 데이터의 경우 두 개의 셀을 선택하고 채우기 핸들을 선택 방향으로 드래그하면 두 값의 차이만큼 증가/감소하며 자동 입력된다.

③ 일정 범위 내에 동일한 데이터를 한 번에 입력하려면 범위를 지정하여 데이터를 입력한 후 바로 이어서 **Shift** + **Enter** 키를 누른다.

④ 사용자 지정 연속 데이터 채우기를 사용하여 데이터를 입력하는 경우 사용자 지정 목록에는 텍스트나 텍스트/숫자 조합만 포함될 수 있다.

27 난이도 상 중 하

다음 중 날짜 데이터의 입력에 대한 설명으로 옳은 것은?

① 날짜는 1900년 1월 1일을 1로 시작하는 일련번호로 저장된다.

② 날짜 데이터는 슬래시(/)나 점(.) 또는 하이픈(-)으로 연, 월, 일을 구분하여 입력한다.

③ 수식에서 날짜 데이터를 직접 입력할 때에는 작은따옴표(' ')로 묶어서 입력한다.

④ 단축키 **Ctrl** + **Alt** + **;**을 누르면 오늘 날짜가 입력된다.

28 난이도 상 중 하

다음 중 아래 그림에서 바로 가기 메뉴 [삭제]의 삭제 옵션을 선택하여 실행한 결과로 가능하지 않은 것은?

	A	B
1	21	31
2	22	32
3	23	33
4	24	34
5	25	35

①

	A	B
1	21	31
2	32	
3	33	
4	34	
5	25	35

②

	A	B
1	21	31
2	25	32
3		33
4		34
5		35

③

	A	B
1	21	31
2		32
3		33
4		34
5	25	35

④

	A	B
1	31	
2	32	
3	33	
4	34	
5	35	

29 난이도 상 중 하

다음 중 매크로에 대한 설명으로 옳지 않은 것은?

① 매크로 기록 시 리본 메뉴에서의 탐색도 매크로 기록에 포함된다.

② 매크로 이름은 숫자나 공백으로 시작할 수 없다.

③ 매크로를 사용하면 반복적인 작업들을 빠르고 쉽게 실행할 수 있다.

④ 그래픽 개체에 매크로를 지정한 후 개체를 클릭하여 매크로를 실행할 수 있다.

30 난이도 상 중 하

다음 중 VBA에서 엑셀 프로그램은 종료하지 않고 현재 활성화된 통합 문서만 종료하기 위한 메서드는?

① ActiveWorkbook.Quit

② Application.Quit

③ Workbooks.Close

④ ActiveWindows.Close

31 난이도 상 중 하

아래 워크시트에서 순위[G2:G10]는 총점을 기준으로 구하되 동점자에 대해서는 국어를 기준으로 순위를 구하였다. 다음 중 [G2] 셀에 입력된 수식으로 옳은 것은?

	A	B	C	D	E	F	G
1	성명	국어	수학	영어	사회	총점	순위
2	홍길동	92	50	30	10	182	1
3	한민국	80	50	20	30	180	3
4	이대한	90	40	20	30	180	2
5	이나래	70	50	30	30	180	4
6	마상욱	80	50	30	10	170	7
7	박정인	90	40	20	20	170	6
8	사수영	70	40	30	30	170	8
9	고소영	85	40	30	20	175	5
10	장명수	70	50	10	5	135	9

① {=RANK.EQ($F2,$F$2:$F$10)+RANK.EQ($B$2,$B$2:$B$10)}

② {=RANK.EQ($B$2,$B$2:$B$10)*RANK.EQ($F2,$F$2:$F$10)}

③ {=RANK.EQ($F2,$F$2:$F$10)+SUM(($F$2:$F$10=$F2)*($B$2:$B$10>$B2))}

④ {=SUM(($F$2:$F$10=$F2)*($B$2:$B$10>$B2))*RANK.EQ($F2,$F$2:$F$10)}

32 난이도 상 중 하

아래 시트와 같이 원본값에 LEFT(원본값,2) 함수를 적용하여 추출값을 뽑아낸 후 추출값들의 합계를 계산하려고 한다. 다음 중 이를 위한 계산 방법으로 옳지 않은 것은?

	A	B
1	원본값	추출값
2	10개	10
3	23개	23
4	15개	15
5	09개	09
6	24개	24
7	합계	

① =SUMPRODUCT(1*(B2:B6))

② =SUM(VALUE(B2),VALUE(B3),VALUE(B4),VALUE(B5),VALUE(B6))

③ =SUMPRODUCT(++(B2:B6))

④ =SUMPRODUCT(--(B2:B6))

33 난이도 상 중 하

다음 중 수식의 결과가 나머지 셋과 다른 것은?

① =ABS(INT(-3/2))　　　② =MOD(-3,2)

③ =ROUNDUP(RAND( ), 0)　　④ =FACT(1.9)

34 난이도 상 중 하

다음 중 [A13] 셀에 수식 '=INDEX((A1:C6,A8:C11),2,2,2)'를 입력한 결과는?

SUM			∨ : × ✓ fx	=INDEX((A1:C6,A8:C11),2,2,2)		
	A	B	C	D	E	F
1	과일	가격	개수			
2	사과	₩ 690	40			
3	바나나	₩ 340	38			
4	레몬	₩ 550	15			
5	오렌지	₩ 250	25			
6	배	₩ 590	40			
7						
8	아몬드	₩ 2,800	10			
9	캐슈넛	₩ 3,550	16			
10	땅콩	₩ 1,250	20			
11	호두	₩ 1,750	12			
12						
13	=INDEX((A1:C6,A8:C11),2,2,2)					

① 690　　　② 340　　　③ 2,800　　　④ 3,550

35 난이도 상 중 하

다음 중 Excel에서 리본 메뉴를 최소화하는 방법으로 옳지 않은 것은?

① 엑셀 창 오른쪽 위에 있는 '리본 메뉴 축소(⌃)'를 클릭한다.

② 단축키 Alt + F1을 누른다.

③ 리본 메뉴의 활성 탭 이름을 더블 클릭한다.

④ 리본 메뉴를 축소하거나 원래 상태로 되돌리려면 단축키 Ctrl + F1을 누른다.

36 난이도 상 중 하

다음 중 아래 데이터를 이용하여 작성 가능한 차트 종류에 해당하지 않는 것은?

지역	A사	B사
동부	13%	39%
서부	35%	6%
남부	27%	27%
북부	25%	28%

① 분산형 차트　　　② 도넛형 차트

③ 영역형 차트　　　④ 주식형 차트

37 난이도 상 중 하

다음 중 엑셀 작업 중에 발생할 수 있는 만일의 사태에 대비하고 파일을 복구하기 위한 방법으로 옳지 않은 것은?

① 현재 작업 중인 파일의 백업 파일이 생성되도록 [다른 이름으로 저장] 대화상자의 [도구]-[일반 옵션]에서 '백업 파일 항상 만들기'를 체크한다.

② 자동 복구를 활성화하여 파일이 원하는 주기마다 자동 저장되도록 설정한다.

③ 자동 복구를 활성화한 경우 [검토] 탭-[정보]-[통합 문서 관리]에서 저장되지 않은 내용을 관리하여 복구한다.

④ 저장하지 않고 닫은 파일을 복구하려면 [Excel 옵션] 창의 [저장]에서 '저장하지 않고 닫은 경우 마지막으로 자동 저장된 버전 유지' 확인란이 선택되어 있어야 한다.

38 난이도 상 중 하

다음 중 아래의 <수정 전> 차트를 <수정 후> 차트로 변경하기 위한 작업으로 옳은 것은?

[수정 전]

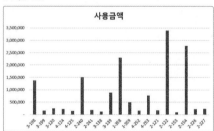

[수정 후]

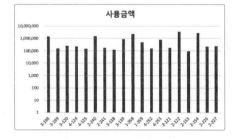

① 차트의 종류를 누적 세로 막대형으로 바꾼다.

② 세로 (값) 축의 표시 단위를 '10000000'으로 설정한다.

③ 세로 (값) 축의 [축 서식]에서 축 옵션 '값을 거꾸로'를 선택한다.

④ 세로 (값) 축의 [축 서식]에서 축 옵션 '로그 눈금 간격'의 기준을 '10'으로 설정한다.

39 난이도 상 중 하

다음 중 [인쇄 미리 보기 및 인쇄]에 대한 설명으로 옳지 않은 것은?

① 인쇄 미리 보기를 끝내고 통합 문서로 돌아가려면 **Esc** 키를 누른다.

② 인쇄 및 미리 보기 할 대상을 선택 영역, 활성 시트, 전체 통합 문서 중 선택할 수 있다.

③ 페이지 여백 표시는 가능하나 페이지 여백의 변경은 [페이지 설정] 대화상자에서만 설정할 수 있다.

④ 용지 방향을 가로 방향과 세로 방향으로 바꿔가며 미리 보기 할 수 있다.

40 난이도 상 중 하

다음 중 워크시트의 인쇄 영역 설정에 대한 설명으로 옳지 않은 것은?

① 인쇄 영역은 리본 메뉴 [페이지 레이아웃] 탭이나 [페이지 설정] 대화상자의 [시트] 탭에서 설정할 수 있다.

② 인쇄 영역을 설정했더라도 인쇄 시 활성 시트 전체가 인쇄되도록 설정할 수 있다.

③ 여러 시트에서 원하는 영역을 추가하여 인쇄 영역을 확대할 수 있다.

④ 여러 영역이 인쇄 영역으로 설정된 경우 설정한 순서대로 각기 다른 페이지에 인쇄된다.

3 과목 데이터베이스 일반

41 난이도 상 중 하

다음 중 매크로에 대한 설명으로 옳지 않은 것은?

① 매크로를 한 단계씩 이동하면서 매크로의 흐름과 각 동작에 대한 정보를 확인할 수 있다.

② Access의 매크로는 작업을 자동화하고 양식, 보고서 및 컨트롤에 기능을 추가할 수 있게 해주는 도구이다.

③ 이미 매크로에 추가한 작업을 반복해야 하는 경우 매크로 동작을 복사하여 붙여 넣으면 된다.

④ 각 매크로는 하위 매크로를 포함할 수 없다.

42 난이도 상 중 하

다음 중 아래의 이벤트 프로시저에서 [Command1] 단추를 클릭했을 때의 실행 결과로 옳은 것은?

```
Private Sub Command1_Click( )
    DoCmd.OpenForm "사원정보", acNormal
    DoCmd.GoToRecord , , acNewRec
End Sub
```

① [사원정보] 테이블이 열리고, 가장 마지막 행의 새 레코드에 포커스가 표시된다.
② [사원정보] 폼이 열리고, 첫 번째 레코드의 가장 왼쪽 컨트롤에 포커스가 표시된다.
③ [사원정보] 폼이 열리고, 마지막 레코드의 가장 왼쪽 컨트롤에 포커스가 표시된다.
④ [사원정보] 폼이 열리고, 새 레코드를 입력할 수 있도록 비워진 폼이 표시된다.

43 난이도 상 중 하

다음 중 데이터 중복성에 대한 설명으로 옳지 않은 것은?

① 중복으로 인한 데이터 불일치 시 일관성을 잃게 된다.
② 중복된 값에 대해 같은 수준의 데이터 보안이 유지되어야 한다.
③ 중복이 많아질수록 갱신 비용이 높아질 수 있다.
④ 제어가 분산되어 데이터 무결성을 유지하기 쉬워진다.

44 난이도 상 중 하

다음 중 관계 데이터 모델에 대한 설명으로 옳지 않은 것은?

① 애트리뷰트가 취할 수 있는 같은 타입의 모든 원자 값들의 집합을 도메인이라 한다.
② 관계형 데이터베이스에서 릴레이션은 데이터들을 표(table) 형태로 표현한 것이다.
③ 속성들로 구성된 튜플들 사이에는 순서가 없다.
④ 애트리뷰트는 널(null) 값을 가질 수 없다.

45 난이도 상 중 하

다음 중 보고서에서 원본 데이터로 테이블이나 쿼리를 선택하기 위한 속성은?

① ODBC 데이터 원본
② 레코드 원본
③ OLE DB 원본
④ 컨트롤 원본

46 난이도 상 중 하

다음 중 보고서의 그룹화에 대한 설명으로 옳지 않은 것은?

① 그룹 머리글과 그룹 바닥글에는 그룹별 요약 정보를 삽입할 수 있다.
② 그룹화 기준이 되는 필드는 데이터가 정렬되어 표시된다.
③ 보고서 마법사를 이용하여 기본적인 그룹화 보고서를 작성할 수 있다.
④ 그룹화 기준은 한 개의 필드로만 지정할 수 있다.

47 난이도 상 중 하

다음 중 보고서의 그룹 바닥글 구역에 '=COUNT(*)'를 입력했을 때 출력되는 결과로 옳은 것은?

① Null 필드를 포함한 그룹별 레코드 개수
② Null 필드를 포함한 전체 레코드 개수
③ Null 필드를 제외한 그룹별 레코드 개수
④ Null 필드를 제외한 전체 레코드 개수

48 난이도 상 중 하

다음 중 보고서의 각 구역에 대한 설명으로 옳지 않은 것은?

① '페이지 머리글'은 인쇄 시 모든 페이지의 맨 위에 출력되며, 모든 페이지에 특정 내용을 반복하려는 경우 사용한다.
② '보고서 머리글'은 보고서의 맨 앞에 한 번 출력되며, 함수를 이용한 집계정보를 표시할 수 없다.
③ '그룹 머리글'은 각 새 레코드 그룹의 맨 앞에 출력되며, 그룹 이름이나 그룹별 계산결과를 표시할 때 사용한다.
④ '본문'은 레코드 원본의 모든 행에 대해 한 번씩 출력되며, 보고서의 본문을 구성하는 컨트롤이 추가된다.

49 난이도 상 중 **하**

[평균성적] 테이블에서 '평균' 필드 값이 90 이상인 학생들을 검색하여 '학년' 필드를 기준으로 내림차순, '반' 필드를 기준으로 오름차순 정렬하여 표시하고자 한다. 다음 중 아래 SQL 문의 각 괄호 안에 넣을 예약어로 옳은 것은?

> SELECT 학년, 반, 이름
> FROM 평균성적
> WHERE 평균 〉= 90 (㉠) 학년 (㉡) 반 (㉢);

① ㉠ GROUP BY ㉡ DESC ㉢ ASC
② ㉠ GROUP BY ㉡ ASC ㉢ DESC
③ ㉠ ORDER BY ㉡ DESC ㉢ ASC
④ ㉠ ORDER BY ㉡ ASC ㉢ DESC

50 난이도 상 중 **하**

다음 중 요약 데이터를 보다 쉽게 이해할 수 있도록 합계, 평균 등의 집계 함수를 계산한 다음 데이터시트의 측면과 위쪽에 두 세트의 값으로 그룹화하는 쿼리 유형은?

① 선택 쿼리   ② 크로스탭 쿼리
③ 통합 쿼리   ④ 업데이트 쿼리

51 난이도 상 **중** 하

다음 중 아래 SQL 문에 대한 설명으로 옳은 것은?

> UPDATE 학생 SET 주소='서울'
> WHERE 학번=100;

① [학생] 테이블에 주소가 '서울'이고 학번이 100인 레코드를 추가한다.
② [학생] 테이블에서 주소가 '서울'이고 학번이 100인 레코드를 검색한다.
③ [학생] 테이블에서 학번이 100인 레코드의 주소를 '서울'로 갱신한다.
④ [학생] 테이블에서 주소가 '서울'인 레코드의 학번을 100으로 갱신한다.

52 난이도 상 **중** 하

다음 중 각 데이터 형식에 맞는 쿼리의 조건식으로 옳지 않은 것은?

① 숫자 데이터 형식인 경우 : >=2000 AND <=4000
② 날짜 데이터 형식인 경우 : <"2019-07-17"
③ 문자 데이터 형식인 경우 : <>"성북구"
④ 문자 데이터 형식인 경우 : In ("서울", "부산")

53 난이도 상 중 **하**

다음 중 두 테이블의 조인된 필드가 일치하는 행만 포함하여 보여주는 조인 방법은?

① 간접 조인
② 내부 조인
③ 외부 조인
④ 중복 조인

54 난이도 상 **중** 하

다음 중 Access의 기본 키에 대한 설명으로 옳지 않은 것은?

① 기본 키는 테이블의 [디자인 보기] 상태에서 설정할 수 있다.
② 기본 키로 설정된 필드에는 널(NULL) 값이 허용되지 않는다.
③ 기본 키로 설정된 필드에는 항상 고유한 값이 입력되도록 자동으로 확인된다.
④ 관계가 설정되어 있는 테이블에서 기본 키 설정을 해제하면 해당 테이블에 설정된 관계도 삭제된다.

55 난이도 상 **중** 하

다음 중 '일련 번호' 데이터 형식에 관한 설명으로 옳지 않은 것은?

① 새로운 레코드 추가 시 자동으로 번호가 부여된다.
② 해당 데이터 필드에 값이 입력되면 일련 번호는 수정할 수 없다.
③ 삭제된 일련 번호는 다시 부여되지 않는다.
④ 일련 번호 형식의 필드 크기는 변경할 수 없다.

56 난이도 상 중 하

다음 중 폼 작성 시 사용하는 컨트롤에 대한 설명으로 옳지 않은 것은?

① 레이블 컨트롤은 제목이나 캡션 등의 설명 텍스트를 표현하기 위해 많이 사용된다.

② 텍스트 상자는 바운드 컨트롤로 사용할 수 있으나 언바운드 컨트롤로는 사용할 수 없다.

③ 목록 상자 컨트롤은 여러 개의 데이터 행으로 구성되며 대개 몇 개의 행을 항상 표시할 수 있는 크기로 지정되어 있다.

④ 콤보 상자 컨트롤은 선택 항목 목록을 보다 간단한 방식으로 나타내기 위해 드롭다운 화살표를 클릭하기 전까지는 목록이 숨겨져 있다.

57 난이도 상 중 하

다음 중 [학생] 테이블의 'S_Number' 필드 레이블이 [데이터시트 보기] 상태에서는 '학번'으로 표시하고자 할 때 설정해야 할 항목은?

① 형식

② 캡션

③ 스마트 태그

④ 입력 마스크

58 난이도 상 중 하

다음 중 폼에서 Tab 키를 누를 때 특정 컨트롤에는 포커스가 이동하지 않도록 하기 위한 방법은?

① '탭 인덱스' 속성을 '0'으로 설정한다.

② '탭 정지' 속성을 '예'로 설정한다.

③ '탭 인덱스' 속성을 '-1'로 설정한다.

④ '탭 정지' 속성을 '아니오'로 설정한다.

59 난이도 상 중 하

다음 중 폼 작성에 대한 설명으로 옳지 않은 것은?

① 컨트롤 마법사를 사용하여 폼을 닫는 매크로 함수를 실행하는 '명령 단추'를 삽입할 수 있다.

② 폼에서 연결된 테이블의 레코드를 삭제한 경우 영구적인 작업이므로 되돌릴 수 없다.

③ 폼에 컨트롤을 삽입하면 탭 순서가 위에서 아래로, 왼쪽에서 오른쪽 순으로 자동 지정된다.

④ 폼 디자인 도구를 이용하여 여러 컨트롤의 크기와 간격을 일정하게 설정할 수 있다.

60 난이도 상 중 하

다음 중 폼에 대한 설명으로 옳지 않은 것은?

① 모든 폼은 기본적으로 테이블이나 쿼리와 연결되어 표시되는 바운드 폼이다.

② 폼 내에서 단추를 눌렀을 때 매크로와 모듈이 특정 기능을 수행하도록 할 수 있다

③ 일 대 다 관계에 있는 테이블이나 쿼리는 폼 안에 하위 폼을 작성할 수 있다.

④ 폼과 컨트롤의 속성은 [디자인 보기] 형식에서 [속성 시트]를 이용하여 설정한다.

1 과목　　컴퓨터 일반

01 난이도 **상 중 하**

다음 중 사운드의 압축 및 복원과 관련된 기술에 해당하지 않는 것은?

① FLAC
② AIFF
③ H.264
④ WAV

02 난이도 **상 중 하**

다음 중 컴퓨터 게임이나 컴퓨터 기반 훈련과 같이 사용자와의 상호작용을 통해 진행 상황을 제어하는 멀티미디어의 특징을 나타내는 용어는?

① 선형 콘텐츠
② 비선형 콘텐츠
③ VR 콘텐츠
④ 4D 콘텐츠

03 난이도 **상 중 하**

다음 중 정보 보안을 위한 비밀키 암호화 기법에 대한 설명으로 옳지 않은 것은?

① 비밀키 암호화 기법의 안전성은 키의 길이 및 키의 비밀성 유지 여부에 영향을 많이 받는다.
② 암호화와 복호화 시 사용하는 키가 동일한 암호화 기법이다.
③ 복잡한 알고리즘으로 인해 암호화와 복호화 속도가 느리다.
④ 사용자가 증가할 경우 상대적으로 관리해야 할 키의 수가 많아진다.

04 난이도 **상 중 하**

다음 중 분산 서비스 거부 공격(DDos)에 관한 설명으로 옳은 것은?

① 네트워크 주변을 돌아다니는 패킷을 엿보면서 계정과 패스워드를 알아내는 행위
② 검증된 사람이 네트워크를 통해 데이터를 보낸 것처럼 데이터를 변조하여 접속을 시도하는 행위
③ 여러 대의 장비를 이용하여 특정 서버에 대량의 데이터를 집중적으로 전송함으로써 서버의 정상적인 동작을 방해하는 행위
④ 키보드의 키 입력시 캐치 프로그램을 사용하여 ID나 암호 정보를 빼내는 행위

05 난이도 **상 중 하**

다음 중 VoIP에 대한 설명으로 옳지 않은 것은?

① 인터넷 IP 기술을 사용한 디지털 음성 전송 기술이다.
② 원거리 통화 시 PSTN(Public Switched Telephone Network) 보다는 요금이 높지만 일정 수준의 통화 품질이 보장된다.
③ 기존 회선 교환 방식과 달리 네트워크를 통해 음성을 패킷 형태로 전송한다.
④ 보컬텍(VocalTec)사의 인터넷폰으로 처음 소개되었으며, PC to PC, PC to Phone, Phone to Phone 방식으로 발전하였다.

06 난이도 **상 중 하**

다음 중 대량의 데이터 안에서 일정한 패턴을 찾아내고, 이로부터 가치 있는 정보를 추출해내는 기술을 의미하는 것은?

① 데이터 웨어하우스(Data Warehouse)
② 데이터 마이닝(Data Mining)
③ 데이터 마이그레이션(Data Migration)
④ 메타데이터(Metadata)

07 난이도 상 중 하

다음 중 네트워크 프로토콜(Protocol)의 기능에 해당하지 않는 것은?

① 패킷 수를 조정하는 흐름 제어 기능
② 송/수신기를 같은 상태로 유지하는 동기화 기능
③ 데이터 전송 도중에 발생하는 에러 검출 기능
④ 네트워크 기반 하드웨어 연결 문제 해결 기능

08 난이도 상 중 하

다음 중 인터넷 서버까지의 경로를 추적하는 명령어인 'Tracert'의 실행 결과에 관한 설명으로 옳지 않은 것은?

① IP 주소, 목적지까지 거치는 경로의 수, 각 구간 사이의 데이터 왕복 속도를 확인할 수 있다.
② 특정 사이트가 열리지 않을 때 해당 서버가 문제인지 인터넷 망이 문제인지 확인할 수 있다.
③ 인터넷 속도가 느릴 때 어느 구간에서 정체를 일으키는지 확인할 수 있다.
④ 현재 자신의 컴퓨터에 연결된 다른 컴퓨터의 IP 주소나 포트 정보를 확인할 수 있다.

09 난이도 상 중 하

다음 중 IPv6 주소에 관한 설명으로 옳지 않은 것은?

① 16비트씩 8부분으로 총 128비트로 구성된다.
② 각 부분은 10진수로 표현되며, 세미콜론(:)으로 구분한다.
③ 주소 체계는 유니캐스트, 멀티캐스트, 애니캐스트로 나누어진다.
④ 실시간 흐름 제어로 향상된 멀티미디어 기능을 지원한다.

10 난이도 상 중 하

다음 중 객체 지향 프로그래밍 특징으로 옳은 것은?

① 객체에 대하여 절차적 프로그래밍의 장점을 사용할 수 있다.
② 객체 지향 프로그램은 주로 인터프리터 번역 방식을 사용한다.
③ 객체 지향 프로그램은 코드의 재사용과 유지보수가 용이하다.
④ 프로그램의 구조와 절차에 중점을 두고 작업을 진행한다.

11 난이도 상 중 하

다음 중 ASCII 코드에 대한 설명으로 옳지 않은 것은?

① 3개의 Zone 비트와 4개의 Digit 비트로 하나의 문자를 표현한다.
② 데이터 통신용으로 사용하며, 128가지 문자를 표현할 수 있다.
③ 2비트의 에러 검출 및 1비트의 에러 교정 비트를 포함한다.
④ 확장 ASCII 코드는 8비트를 사용하여 문자를 표현한다.

12 난이도 상 중 하

다음 중 하나의 컴퓨터에 여러 개의 중앙처리장치를 설치하여 주기억장치나 주변장치들을 공유하여 신뢰성과 연산 능력을 향상시키는 시스템은?

① 시분할 처리 시스템(Time Sharing System)
② 다중 프로그래밍 시스템(Multi-Programming System)
③ 듀플렉스 시스템(Duplex System)
④ 다중 처리 시스템(Multi-Processing System)

13 난이도 상 중 하

다음 중 CPU의 제어장치를 구성하는 레지스터에 관한 설명으로 옳지 않은 것은?

① 프로그램 카운터 : 프로그램의 실행된 명령어의 개수를 계산한다.
② 명령 레지스터 : 현재 실행 중인 명령을 기억한다.
③ 부호기 : 해독된 명령에 따라 각 장치로 보낼 제어 신호를 생성한다.
④ 메모리 주소 레지스터 : 기억장치에 입출력되는 데이터의 번지를 기억한다.

14 난이도 상 중 하

다음 중 프린터에서 출력할 파일의 해상도를 조절하거나 스캐너를 이용해 스캔한 파일의 해상도를 조절하기 위해 쓰는 단위는?

① CPS(Character Per Second) ② BPS(Bits Per Second)
③ PPM(Paper Per Minute) ④ DPI(Dots Per Inch)

15 난이도 상 **중** 하

다음 중 BIOS(Basic Input Output System)에 관한 설명으로 옳지 않은 것은?

① BIOS는 메인보드 상에 위치한 EPROM, 혹은 플래시 메모리 칩에 저장되어 있다.

② 컴퓨터의 전원을 켜면 자동으로 가장 먼저 기동되며, 기본 입출력 장치나 메모리 등 하드웨어의 이상 유무를 검사한다.

③ CMOS 셋업 프로그램을 이용하여 시스템의 날짜와 시간, 부팅 순서 등 일부 BIOS 정보를 설정할 수 있다.

④ 주기억장치의 접근 속도 개선을 위한 가상 메모리의 페이징 파일 크기를 설정할 수 있다.

16 난이도 상 중 **하**

다음 중 반도체를 이용한 컴퓨터 보조 기억장치로 크기가 작고 충격에 강하며, 소음 발생이 없는 대용량 저장 장치는?

① HDD(Hard Disk Drive)

② DVD(Digital Versatile Disk)

③ SSD(Solid State Drive)

④ CD-RW(Compact Disc Rewritable)

17 난이도 **상** 중 하

다음 중 Windows의 [시스템 구성]에 대한 설명으로 옳지 않은 것은?

① Windows가 제대로 시작되지 않는 문제를 식별하도록 도와주는 고급 도구이다.

② 시작 모드 선택에서 '선택 모드'는 기본 장치 및 서비스로만 Windows를 시작하여 발생된 문제를 진단하는데 유용하다.

③ 한 번에 하나씩 공용 서비스 및 시작 프로그램을 끈 상태에서 Windows를 재시작한 후 다시 켤 때 문제가 발생하면 해당 서비스가 문제의 원인임을 알 수 있다.

④ 부팅 옵션 중 '안전 부팅'의 '최소 설치'를 선택하면 중요한 시스템 서비스만 실행되는 안전 모드로 Windows를 시작하며, 네트워킹은 사용할 수 없다.

18 난이도 상 중 **하**

다음 중 Windows의 [폴더 옵션] 창에서 설정할 수 있는 작업으로 옳지 않은 것은?

① 탐색 창, 미리 보기 창, 세부 정보 창의 표시 여부를 선택할 수 있다.

② 숨김 파일이나 폴더의 표시 여부를 지정할 수 있다.

③ 폴더에서 시스템 파일을 검색할 때 색인의 사용 여부를 선택할 수 있다.

④ 알려진 파일 형식의 파일 확장명을 숨기도록 설정할 수 있다.

19 난이도 상 중 **하**

다음 중 Windows의 백업과 복원에 관한 설명으로 옳지 않은 것은?

① 특정한 날짜나 시간에 주기적으로 백업이 되도록 예약할 수 있다.

② 백업에서 사용되는 파일의 확장자는 .bkf 이다.

③ 백업된 파일을 복원할 때 복원 위치를 설정할 수 있다.

④ 직접 선택한 폴더에 있는 알려진 시스템 폴더나 파일도 백업할 수 있다.

20 난이도 상 중 **하**

다음 중 Windows의 작업 표시줄에 대한 설명으로 옳지 않은 것은?

① 작업 표시줄의 위치나 크기를 변경할 수 있으며, 크기는 화면의 1/2까지만 늘릴 수 있다.

② 작업 표시줄에 있는 단추를 작은 아이콘으로 표시되도록 설정할 수 있다.

③ 작업 표시줄을 자동으로 숨길 것인지의 여부를 선택할 수 있다.

④ 작업 표시줄에 있는 시작 단추, 검색 상자(검색 아이콘), 작업 보기 단추의 표시 여부를 설정할 수 있다.

2 과목   스프레드시트 일반

21 난이도 상 중 **하**

다음 중 자동 필터와 고급 필터에 대한 설명으로 옳은 것은?

① 자동 필터는 각 열에 입력된 데이터의 종류가 혼합되어 있는 경우 날짜, 숫자, 텍스트 필터가 모두 표시된다.

② 고급 필터는 조건을 수식으로 작성할 수 있으며, 조건의 첫 셀은 반드시 필드명으로 입력해야 한다.

③ 자동 필터에서 여러 필드에 조건을 설정한 경우 필드간은 OR 조건으로 처리되어 결과가 표시된다.

④ 고급 필터는 필터링 한 결과를 원하는 위치에 별도의 표로 생성할 수 있다.

22 난이도 상 중 **하**

다음 중 데이터 정렬에 관한 설명으로 옳지 않은 것은?

① 대/소문자를 구분하여 정렬할 수 있다.

② 표 안에서 다른 열에는 영향을 주지 않고 선택한 한 열 내에서만 정렬하도록 할 수 있다.

③ 정렬 기준으로 '셀 아이콘'을 선택한 경우 기본 정렬 순서는 '위에 표시'이다.

④ 행을 기준으로 정렬하려면 [정렬] 대화상자의 [옵션]에서 정렬 옵션의 방향을 '위쪽에서 아래쪽'으로 선택한다.

23 난이도 상 **중** 하

다음 중 시나리오에 대한 설명으로 옳지 않은 것은?

① 시나리오 요약 보고서를 만들 때에는 결과 셀을 반드시 지정해야 하지만, 시나리오 피벗 테이블 보고서를 만들 때에는 결과 셀을 지정하지 않아도 된다.

② 여러 시나리오를 비교하여 하나의 테이블로 요약하는 보고서를 만들 수 있다.

③ 시나리오 요약 보고서를 생성하기 전에 변경 셀과 결과 셀에 이름을 정의하면 셀 참조 주소 대신 정의된 이름이 보고서에 표시된다.

④ 시나리오 요약 보고서는 자동으로 다시 갱신되지 않으므로 변경된 값을 요약 보고서에 표시하려면 새 요약 보고서를 만들어야 한다.

24 난이도 상 중 **하**

다음 중 셀 스타일에 대한 설명으로 옳지 않은 것은?

① 셀 스타일은 글꼴과 글꼴 크기, 숫자 서식, 셀 테두리, 셀 음영 등의 정의된 서식의 집합으로 셀 서식을 일관성 있게 적용하는 경우 편리하다.

② 기본 제공 셀 스타일을 수정하거나 복제하여 사용자 지정 셀 스타일을 직접 만들 수 있다.

③ 사용 중인 셀 스타일을 수정한 경우 해당 셀에는 셀 스타일을 다시 적용해야 수정한 서식이 반영된다.

④ 특정 셀을 다른 사람이 변경할 수 없도록 셀을 잠그는 셀 스타일을 사용할 수도 있다.

25 난이도 상 **중** 하

다음 중 피벗 테이블과 피벗 차트에 대한 설명으로 옳지 않은 것은?

① 새 워크시트에 피벗 테이블을 생성하면 보고서 필터의 위치는 [A1] 셀, 행 레이블은 [A3] 셀에서 시작한다.

② 피벗 테이블과 연결된 피벗 차트가 있는 경우 피벗 테이블에서 [피벗 테이블 도구]의 [모두 지우기] 명령을 사용하면 피벗 테이블과 피벗 차트의 필드, 서식 및 필터가 제거된다.

③ 하위 데이터 집합에도 필터와 정렬을 적용하여 원하는 정보만 강조할 수 있으나 조건부 서식은 적용되지 않는다.

④ [피벗 테이블 옵션] 대화 상자에서 오류 값을 빈 셀로 표시하거나 빈 셀에 원하는 값을 지정하여 표시할 수도 있다.

26 난이도 상 중 **하**

다음 중 입력 데이터에 사용자 지정 표시 형식을 설정한 경우 그 표시 결과로 옳지 않은 것은?

	입력 데이터	표시 형식	표시 결과
①	0	#	
②	123.456	#.#	123.5
③	100	##.##	00.00
④	12345	#,###	12,345

27 난이도 상 중 하

다음 중 데이터가 입력된 셀에서 채우기 핸들을 드래그 하여 데이터를 채우는 경우에 대한 설명으로 옳은 것은?

① 일반적인 문자 데이터나 날짜 데이터는 그대로 복사되어 채워진다.

② 1개의 숫자와 문자가 조합된 텍스트 데이터는 숫자만 1씩 증가하고 문자는 그대로 복사되어 채워진다.

③ 숫자 데이터는 1씩 증가하면서 채워진다.

④ 숫자가 입력된 두 셀을 블록 설정하여 채우기 핸들을 드래그하면 두 숫자가 반복하여 채워진다.

28 난이도 상 중 하

다음 중 셀 포인터의 이동 작업에 대한 설명으로 옳지 않은 것은?

① **Alt** + **Page Down** 키를 눌러 현재 시트를 기준으로 오른쪽에 있는 다음 시트로 이동한다.

② 이름 상자에 셀 주소를 입력한 후 **Enter** 키를 눌러 원하는 셀의 위치로 이동한다.

③ **Ctrl** + **Home** 키를 눌러 [A1] 셀로 이동한다.

④ **Home** 키를 눌러 해당 행의 A 열로 이동한다.

29 난이도 상 중 하

다음 중 [개발 도구] 탭의 [컨트롤] 그룹에 대한 설명으로 옳지 않은 것은?

① 컨트롤 종류에는 텍스트 상자, 목록 상자, 옵션 단추, 명령 단추 등이 있다.

② ActiveX 컨트롤은 양식 컨트롤 보다 다양한 이벤트에 반응할 수 있지만, 양식 컨트롤보다 호환성은 낮다.

③ [디자인 모드] 상태에서는 양식 컨트롤과 ActiveX 컨트롤 모두 매크로 등 정해진 동작은 실행하지 않지만 컨트롤 의 선택, 크기 조절, 이동 등의 작업을 할 수 있다.

④ 양식 컨트롤의 '단추(양식 컨트롤)'를 클릭하거나 드래그 해서 추가하면 [매크로 지정] 대화상자가 자동으로 표시 된다.

30 난이도 상 중 하

다음 중 아래 시트의 [A9] 셀에 수식 '=OFFSET(B3,−1,2)'을 입력한 경우 결과값은?

	A	B	C	D	E
1	학번	학과	학년	성명	주소
2	12123	국문과	2	박태훈	서울
3	15234	영문과	1	이경섭	인천
4	20621	수학과	3	윤혜주	고양
5	18542	국문과	1	민소정	김포
6	31260	수학과	2	함경표	부천

① 윤혜주

② 서울

③ 고양

④ 박태훈

31 난이도 상 중 하

다음 중 아래의 프로시저가 실행된 후 [A1] 셀에 입력되는 값으로 옳은 것은?

```
Sub 예제( )
    Test = 0
    Do Until Test > 10
        Test = Test + 1
    Loop
    Range("A1").Value = Test
End Sub
```

① 10   ② 11

③ 0   ④ 55

32 난이도 상 중 하

다음 중 아래 시트에 대한 각 수식의 결과값이 나머지 셋과 다른 것은?

	A	B	C	D	E	F	G
1	10	20	30	40	50	60	70

① =SMALL(A1:G1,{3})

② =AVERAGE(SMALL(A1:G1,{1;2;3;4;5}))

③ =LARGE(A1:G1,{5})

④ =SMALL(A1:G1,COLUMN(D1))

33 난이도 상 중 하

아래 시트에서 주민등록번호의 여덟 번째 문자가 '1' 또는 '3'이면 '남', '2' 또는 '4'이면 '여'로 성별 정보를 알 수 있다. 다음 중 성별을 계산하기 위한 [D2] 셀의 수식으로 옳지 않은 것은? (단, [F2:F5] 영역은 숫자 데이터임)

	A	B	C	D	E	F	G
1	번호	성명	주민등록번호	성별		코드	성별
2	1	이경훈	940209-1******	남		1	남
3	2	서정연	920305-2******	여		2	여
4	3	이정재	971207-1******	남		3	남
5	4	이춘호	990528-1******	남		4	여
6	5	김지수	001125-4******	여			

① =IFS(MID(C2,8,1)="1","남",MID(C2,8,1)="2","여",MID(C2,8,1)="3","남",TRUE,"여")

② =CHOOSE(VALUE(MID(C2,8,1)),"남","여","남","여")

③ =XLOOKUP(VALUE(MID(C2,8,1)),$F$2:$F$5,$G$2:$G$5)

④ =IF(MOD(VALUE(MID(C2, 8, 1)),2)=0,"남","여")

34 난이도 상 중 하

다음 중 이름 상자에 대한 설명으로 옳지 않은 것은?

① **Ctrl** 키를 누르고 여러 개의 셀을 선택한 경우 마지막 선택한 셀 주소가 표시된다.

② 셀이나 셀 범위에 이름을 정의해 놓은 경우 이름이 표시된다.

③ 차트가 선택되어 있는 경우 차트의 종류가 표시된다.

④ 수식을 작성 중인 경우 최근 사용한 함수 목록이 표시된다.

35 난이도 상 중 하

다음 중 엑셀의 화면 확대/축소 작업에 관한 설명으로 옳지 않은 것은?

① 문서의 확대/축소는 10%에서 400%까지 설정할 수 있다.

② 설정한 확대/축소 배율은 통합 문서의 모든 시트에 자동으로 적용된다.

③ 화면의 확대/축소는 단지 화면에서 보이는 상태만을 확대/축소하는 것으로 인쇄 시 적용되지 않는다.

④ **Ctrl** 키를 누른 채 마우스의 스크롤을 위로 올리면 화면이 확대되고, 아래로 내리면 화면이 축소된다.

36 난이도 상 중 하

아래 시트에서 국적별 영화 장르의 편수를 계산하기 위해 [B12] 셀에 작성해야 할 배열 수식으로 옳지 않은 것은?

	A	B	C	D	E
1					
2	NO.	영화명	관객수	국적	장르
3	1	럭키	66,962	한국	코미디
4	2	허드슨가의 기적	33,317	미국	드라마
5	3	그물	9,103	한국	드라마
6	4	프리즘☆투어즈	2,778	한국	애니메이션
7	5	드림 쏭	1,729	미국	애니메이션
8	6	춘몽	382	한국	드라마
9	7	파수꾼	106	한국	드라마
10					
11		코미디	드라마	애니메이션	
12	한국	1	3	1	
13	미국	0	1	1	

① {=SUM(($D$2:$D$9=$A12)*($E$2:$E$9=B$11))}

② {=SUM(IF($D$2:$D$9=$A12,IF($E$2:$E$9=B$11,1)))}

③ {=COUNT(($D$2:$D$9=$A12)*($E$2:$E$9=B$11))}

④ {=COUNT(IF(($D$2:$D$9=$A12)*($E$2:$E$9=B$11),1))}

37 난이도 상 중 하

다음 중 인쇄 기능에 대한 설명으로 옳지 않은 것은?

① 기본적으로 워크시트의 눈금선은 인쇄되지 않으나 인쇄되도록 설정할 수 있다.

② [페이지 설정] 대화상자의 [시트] 탭에서 '간단하게 인쇄'를 선택하면 셀의 테두리를 포함하여 인쇄할 수 있다.

③ [인쇄 미리 보기 및 인쇄] 화면을 표시하는 단축키는 **Ctrl** + **F2** 이다.

④ [인쇄 미리 보기 및 인쇄]에서 '여백 표시'를 선택한 경우 마우스로 여백을 변경할 수 있다.

38 난이도 상 중 하

다음 중 차트 도구의 [데이터 선택]에 대한 설명으로 옳지 않은 것은?

① [차트 데이터 범위]에서 차트에 사용하는 데이터 전체의 범위를 수정할 수 있다.

② [행/열 전환]을 클릭하여 가로 (항목) 축의 데이터 계열과 범례 항목(계열)을 바꿀 수 있다.

③ 범례에서 표시되는 데이터 계열의 순서를 바꿀 수 없다.

④ 데이터 범위 내에 숨겨진 행이나 열의 데이터도 차트에 표시할 수 있다.

39 난이도 상 중 하

다음 중 아래 데이터를 차트로 작성하여 사원별로 각 분기의 실적을 비교·분석하려는 경우 가장 비효율적인 차트는?

	A	B	C	D	E
1	사원	1분기	2분기	3분기	4분기
2	김수정	75	141	206	185
3	박덕진	264	288	383	353
4	이미영	305	110	303	353
5	구본후	65	569	227	332
6	안정인	246	483	120	204
7	정주리	209	59	137	317
8	유경철	230	50	116	239

① 누적 세로 막대형 차트
② 표식이 있는 꺾은선형
③ 원형 대 가로 막대형
④ 묶은 가로 막대형

40 난이도 상 중 하

다음 중 셀 영역을 선택한 후 상태 표시줄의 바로 가기 메뉴인 [상태 표시줄 사용자 지정]에서 선택할 수 있는 자동 계산에 해당되지 않는 것은?

① 선택한 영역 중 숫자 데이터가 입력된 셀의 수
② 선택한 영역 중 문자 데이터가 입력된 셀의 수
③ 선택한 영역 중 데이터가 입력된 셀의 수
④ 선택한 영역의 합계, 평균, 최소값, 최대값

3 과목 데이터베이스 일반

41 난이도 상 중 하

다음 중 Access 파일에 암호를 설정하는 방법으로 옳은 것은?

① [데이터베이스 압축 및 복구] 도구에서 파일 암호를 설정할 수 있다.
② 데이터베이스를 단독 사용 모드(단독으로 열기)로 열어야 파일 암호를 설정할 수 있다.
③ 데이터베이스를 MDE 형식으로 저장한 후 파일을 열어야 파일 암호를 설정할 수 있다.
④ [Access 옵션] 창의 보안 센터에서 파일 암호를 설정할 수 있다.

42 난이도 상 중 하

다음 중 데이터 보안 및 회복, 무결성, 병행 수행 제어 등을 정의하는 데이터베이스 언어로 데이터베이스 관리자가 데이터 관리를 목적으로 주로 사용하는 언어는?

① 데이터 제어어(DCL)
② 데이터 부속어(DSL)
③ 데이터 정의어(DDL)
④ 데이터 조작어(DML)

43 난이도 상 중 하

다음 중 SQL 질의에 대한 설명으로 옳지 않은 것은?

① ORDER BY절 사용 시 정렬 방식을 별도로 지정하지 않으면 기본 값은 'DESC'로 적용된다.
② GROUP BY절은 특정 필드를 기준으로 그룹화 하여 검색할 때 사용한다.
③ FROM절에는 테이블 또는 쿼리 이름을 지정하며, WHERE절에는 조건을 지정한다.
④ SELECT DISTINCT문을 사용하면 중복 레코드를 제거할 수 있다.

44 난이도 상 중 하

다음 중 보고서의 그룹화 및 정렬에 대한 설명으로 옳지 않은 것은?

① '그룹'은 머리글과 같은 소계 및 요약 정보와 함께 표시되는 레코드의 모음으로 그룹 머리글, 세부 레코드 및 그룹 바닥글로 구성된다.
② 그룹화 할 필드가 날짜 데이터이면 전체 값(기본), 일, 주, 월, 분기, 연도 중 선택한 기준으로 그룹화 할 수 있다.
③ Sum 함수를 사용하는 계산 컨트롤을 그룹 머리글에 추가하면 현재 그룹에 대한 합계를 표시할 수 있다.
④ 필드나 식을 기준으로 최대 5단계까지 그룹화 할 수 있으며, 같은 필드나 식은 한 번씩만 그룹화 할 수 있다.

45 난이도 상 중 하

다음 중 보고서 작업 시 필드 목록 창에서 선택한 필드를 본문 영역에 추가할 때 자동으로 생성되는 컨트롤은?

① 단추
② 텍스트 상자
③ 하이퍼링크
④ 언바운드 개체 틀

46 난이도 상 중 하

다음 중 보고서의 보기 형태에 대한 설명으로 옳지 않은 것은?

① [보고서 보기]는 출력되는 보고서를 화면 출력용으로 보여주며 페이지를 구분하여 표시한다.

② [디자인 보기]에서는 보고서에 삽입된 컨트롤의 속성, 맞춤, 위치 등을 설정할 수 있다.

③ [레이아웃 보기]는 출력될 보고서의 레이아웃을 보여주며 컨트롤의 크기 및 위치를 변경할 수도 있다.

④ [인쇄 미리 보기]에서는 종이에 출력되는 모양을 표시하며 인쇄를 위한 페이지 설정이 용이하다.

47 난이도 상 중 하

다음 중 아래 보고서에 대한 설명으로 옳지 않은 것은?

대리점명: 서울지점

순번	모델명	판매날짜	판매량	판매단가
1	PC4003	2024-07-23	3	₩1,350,000
2	PC4003	2024-07-31	7	₩1,350,000
3	PC4204	2024-07-16	4	₩1,400,000
			서울지점소계 :	₩4,100,000

대리점명: 충북지점

순번	모델명	판매날짜	판매량	판매단가
1	PC3102	2024-07-12	4	₩830,000
2	PC3102	2024-07-13	6	₩830,000
3	PC4202	2024-07-07	1	₩1,300,000
4	PC4202	2024-07-31	4	₩1,300,000
			충북지점소계 :	₩4,260,000

① '모델명' 필드를 기준으로 그룹이 설정되어 있다.

② '모델명' 필드에는 '중복 내용 숨기기' 속성을 '예'로 설정하였다.

③ 지점별 소계가 표시된 텍스트 상자는 그룹 바닥글에 삽입하였다.

④ 순번은 컨트롤 원본을 '=1'로 입력한 후 '누적 합계' 속성을 '그룹'으로 설정하였다.

48 난이도 상 중 하

다음 중 아래 <학생> 테이블에 대한 SQL문의 실행 결과로 옳은 것은?

학번	전공	학년	나이
1002	영문	SO	19
1004	통계	SN	23
1005	영문	SN	21
1008	수학	JR	20
1009	영문	FR	18
1010	통계	SN	25

```
SELECT AVG([나이]) FROM 학생
WHERE 학년="SN" GROUP BY 전공
HAVING COUNT(*) >=2;
```

① 21 ② 22

③ 23 ④ 24

49 난이도 상 중 하

다음 중 선택 쿼리에서 사용자가 지정한 패턴과 일치하는 데이터를 찾고자 할 때 사용되는 연산자는?

① Match

② Some

③ Like

④ Any

50 난이도 상 중 하

다음 중 테이블에서 입력 마스크를 "LA09?"로 설정한 경우 입력할 수 없는 값은?

① AA111

② A11

③ AA11

④ A111A

51 난이도 상 중 하

다음 중 아래 SQL문으로 생성된 테이블에서의 레코드 작업에 대한 설명으로 옳지 않은 것은? (단, 고객과 계좌 간의 관계는 1:M이다.)

```
CREATE TABLE 고객
    (고객ID    CHAR(20) NOT NULL,
    고객명     CHAR(20) NOT NULL,
    연락번호   CHAR(12),
    PRIMARY KEY (고객ID)
);
CREATE TABLE 계좌
    (계좌번호   CHAR(10) NOT NULL,
    고객ID     CHAR(20) NOT NULL,
    잔액 INTEGER DEFAULT 0,
    PRIMARY KEY (계좌번호),
    FOREIGN KEY (고객ID) REFERENCES 고객
);
```

① <고객> 테이블에서 '고객ID' 필드는 동일한 값을 입력할 수 없다.
② <계좌> 테이블에서 '계좌번호' 필드는 반드시 입력해야 한다.
③ <고객> 테이블에서 '연락번호' 필드는 원하는 값으로 수정하거나 생략할 수 있다.
④ <계좌> 테이블에서 '고객ID' 필드는 동일한 값을 입력할 수 없다.

52 난이도 상 중 하

다음 중 아래 <고객>과 <구매리스트> 테이블 관계에 참조 무결성이 항상 유지되도록 설정할 수 없는 경우는?

① <고객> 테이블의 '고객번호' 필드 값이 <구매리스트> 테이블의 '고객번호' 필드에 없는 경우
② <고객> 테이블의 '고객번호' 필드 값이 <구매리스트> 테이블의 '고객번호' 필드에 하나만 있는 경우
③ <구매리스트> 테이블의 '고객번호' 필드 값이 <고객> 테이블의 '고객번호' 필드에 없는 경우
④ <고객> 테이블의 '고객번호' 필드 값이 <구매리스트> 테이블의 '고객번호' 필드에 두 개 이상 있는 경우

53 난이도 상 중 하

다음 중 외부 데이터 가져오기 기능에 대한 설명으로 옳지 않은 것은?

① 텍스트 파일을 가져와 기존 테이블의 레코드로 추가하려는 경우 기본 키에 해당하는 필드의 값들이 고유한 값이 되도록 데이터를 수정하며 가져올 수 있다.
② Excel 워크시트에서 정의된 이름의 영역을 Access의 새 테이블이나 기존 테이블에 데이터 복사본으로 만들 수 있다.
③ Access에서는 한 테이블에 256개 이상의 필드를 지원하지 않으므로 원본 데이터는 열의 개수가 255개를 초과하지 않아야 한다.
④ Excel 파일을 가져오는 경우 한 번에 하나의 워크시트만 가져올 수 있으므로 여러 워크시트에서 데이터를 가져오려면 각 워크시트에 대해 가져오기 명령을 반복해야 한다.

54 난이도 상 중 하

다음 중 위쪽 구역에 데이터시트를 표시하는 열 형식의 폼을 만들고, 아래쪽 구역에 선택한 레코드에 대한 정보를 수정하거나 입력할 수 있는 데이터시트 형식의 폼을 자동으로 만들어 주는 도구는?

① 폼
② 폼 분할
③ 여러 항목
④ 폼 디자인

55 난이도 상 중 하

다음 중 이벤트 프로시저에서 쿼리를 실행 모드로 여는 명령은?

① DoCmd.OpenQuery
② DoCmd.SetQuery
③ DoCmd.QueryView
④ DoCmd.QueryTable

56 난이도 상 **중** 하

다음 중 폼의 구성 요소에 대한 설명으로 옳지 않은 것은?

① 폼 머리글은 인쇄할 때 모든 페이지의 상단에 매번 표시된다.

② 하위 폼은 폼 안에 있는 또 하나의 폼을 의미한다.

③ 폼 바닥글은 폼 요약 정보 등과 같이 각 레코드에 동일하게 표시될 정보가 입력되는 구역이다.

④ 본문은 사용할 실제 내용을 입력하는 구역으로 폼 보기 형식에 따라 하나의 레코드만 표시하거나 여러 개의 레코드를 표시한다.

57 난이도 상 **중** 하

다음 중 폼 작성에 관한 설명으로 옳지 않은 것은?

① 여러 개의 컨트롤을 선택하여 자동 정렬할 수 있다.

② 컨트롤의 탭 순서는 자동으로 화면 위에서 아래로 설정된다.

③ 사각형, 선 등의 도형 컨트롤을 삽입할 수 있다.

④ 컨트롤 마법사를 사용하여 폼을 닫는 매크로를 실행시키는 단추를 만들 수 있다.

58 난이도 상 **중** 하

다음 중 관계형 데이터베이스의 조인(JOIN)에 대한 설명으로 옳지 않은 것은?

① 쿼리에 여러 테이블을 포함할 때는 조인을 사용하여 원하는 결과를 얻을 수 있다.

② 내부 조인은 조인되는 두 테이블에서 조인하는 필드가 일치하는 행만을 반환하려는 경우에 사용한다.

③ 외부 조인은 조인되는 두 테이블에서 공통 값이 없는 데이터를 포함할지 여부를 지정할 수 있다.

④ 조인에 사용되는 기준 필드의 데이터 형식은 다르거나 호환되지 않아도 가능하다.

59 난이도 상 **중** 하

다음 중 폼 바닥글의 텍스트 상자의 컨트롤 원본으로 <사원> 테이블에서 직급이 '부장'인 레코드들의 급여 평균을 구하는 함수식으로 옳은 것은?

① =DAVG("[급여]","[사원]","[직급]='부장'")

② =DAVG("[사원]","[급여]","[직급]='부장'")

③ =AVG("[급여]","[사원]","[직급]='부장'")

④ =AVG("[사원]","[급여]","[직급]='부장'")

60 난이도 상 중 **하**

다음 중 액세스의 매크로에 대한 설명으로 옳지 않은 것은?

① 반복적으로 수행되는 작업을 자동화하여 간단히 처리할 수 있도록 하는 기능이다.

② 매크로 함수 또는 매크로 함수 집합으로 구성되며, 각 매크로 함수의 수행 방식을 제어하는 인수를 추가할 수 있다.

③ 매크로를 이용하여 폼을 열고 닫거나 메시지 박스를 표시할 수도 있다.

④ 매크로는 주로 컨트롤의 이벤트에 연결하여 사용하며, 폼 개체 내에서만 사용할 수 있다.

1 과목 컴퓨터 일반

01 난이도 상 **중** 하

다음 중 컴퓨터 및 정보기기에서 사용하는 펌웨어(Firmware)에 관한 설명으로 옳은 것은?

① 주로 하드디스크의 부트 레코드 부분에 저장된다.

② 인터프리터 방식으로 번역되어 실행된다.

③ 운영체제의 일부로 입출력을 전담한다.

④ 소프트웨어의 업그레이드만으로도 기능을 향상시킬 수 있다.

02 난이도 상 **중** 하

다음 중 정보 보안을 위한 비밀키 암호화 기법의 설명으로 옳지 않은 것은?

① 서로 다른 키로 데이터를 암호화하고 복호화 한다.

② 암호화와 복호화의 속도가 빠르다.

③ 알고리즘이 단순하고 파일의 크기가 작다.

④ 사용자의 증가에 따라 관리해야 할 키의 수가 상대적으로 많아진다.

03 난이도 **상** 중 하

다음 중 시스템 보안을 위해 사용하는 방화벽(Firewall)에 대한 설명으로 적절하지 않은 것은?

① IP 주소 및 포트 번호를 이용하거나 사용자 인증을 기반으로 접속을 차단하여 네트워크의 출입로를 단일화 한다.

② '명백히 허용되지 않은 것은 금지한다'라는 적극적 방어 개념을 가지고 있다.

③ 방화벽을 운영하면 바이러스와 내/외부의 새로운 위험에 효과적으로 대처할 수 있다.

④ 로그 정보를 통해 외부 침입의 흔적을 찾아 역추적 할 수 있다.

04 난이도 **상** 중 하

다음 중 수의 표현에 있어 진법에 대한 설명으로 옳지 않은 것은?

① 16진수(Hexadecimal)는 0~9까지의 숫자와 A~F까지 문자로 표현하는 진법으로 한 자리수를 표현하는데 4개의 비트가 필요하다.

② 2진수, 8진수, 16진수를 10진수 실수(float)로 변환하려면 정수 부분과 소수 부분을 나누어서 변환하려는 각 진수의 자리값과 자리의 지수승을 곱한 결과값을 모두 더하여 계산한다.

③ 10진수(Decimal) 정수를 2진수, 8진수, 16진수로 변환하려면 10진수 값을 변환할 진수로 나누어 더 이상 나눠지지 않을 때까지 나누고, 몫을 제외한 나머지를 역순으로 표시한다.

④ 8진수를 16진수로 변환하려면 8진수를 뒤에서부터 2자리씩 자른 후 각각 16진수를 1자리로 계산한다.

05 난이도 상 **중** 하

다음 중 Windows 운영체제에서의 백업과 복원에 관한 설명으로 옳지 않은 것은?

① 특정 날짜와 시간에 백업할 수 있도록 백업 주기를 예약할 수 있다.

② Windows에서 백업에 사용되는 파일의 확장자는 .bkf 이다.

③ 백업 파일을 복원할 경우 복원 위치를 지정할 수 있다.

④ 여러 파일이 백업되어 있는 경우 원하는 파일을 선택하여 복원할 수 없다.

06 난이도 상 **중** 하

다음 중 스마트폰을 모뎀처럼 활용하는 방법으로, 컴퓨터나 노트북 등의 IT 기기를 스마트폰에 연결하여 무선 인터넷을 사용할 수 있게 하는 기능은?

① 와이파이(WiFi) ② 블루투스(Bluetooth)

③ 테더링(Tethering) ④ 와이브로(WiBro)

07 난이도 상 중 하

다음 중 네트워크 관련 장비로 브리지(Bridge)에 관한 설명으로 옳지 않은 것은?

① OSI 참조 모델의 데이터 링크 계층에 속한다.
② 두 개의 근거리 통신망을 상호 접속할 수 있도록 하는 통신망 연결 장치이다.
③ 통신 프로토콜을 변환하여 네트워크를 확장한다.
④ 통신량을 조절하여 데이터가 다른 곳으로 가지 않도록 한다.

08 난이도 상 중 하

다음 중 인터넷 기반 기술을 이용하여 기업들이 외부 보안을 유지한 상태에서 협력 업체 간의 효율적인 업무처리를 위해 사용하는 네트워크로 옳은 것은?

① 인트라넷(Intranet)
② 원거리 통신망(WAN)
③ 엑스트라넷(Extranet)
④ 근거리 통신망(LAN)

09 난이도 상 중 하

다음 중 TCP/IP 프로토콜에서 IP 프로토콜의 개요 및 기능에 관한 설명으로 옳은 것은?

① 메시지를 송/수신자의 주소와 정보로 묶어 패킷 단위로 나눈다.
② 패킷 주소를 해석하고 경로를 결정하여 다음 호스트로 전송한다.
③ 전송 데이터의 흐름을 제어하고 데이터의 에러를 검사한다.
④ OSI 7계층에서 전송 계층에 해당한다.

10 난이도 상 중 하

다음 중 디지털 콘텐츠의 생성·거래·전달·관리 등 전체 과정을 관리할 수 있는 기술로 멀티미디어 프레임워크의 MPEG 표준은?

① MPEG-1
② MPEG-3
③ MPEG-7
④ MPEG-21

11 난이도 상 중 하

다음 중 GIF 파일 형식에 대한 설명으로 옳지 않은 것은?

① 인터넷 표준 그래픽 형식으로, 8비트 컬러를 사용하여 256색만 지원한다.
② 간단한 애니메이션 표현이 가능하다.
③ 색상의 무손실 압축 기술을 사용한다.
④ 벡터 방식으로 이미지를 표현한다.

12 난이도 상 중 하

다음 중 Windows의 [제어판]-[장치 및 프린터]에 표시되지 않는 것은?

① 사용자 컴퓨터
② 하드디스크 드라이브와 사운드 카드
③ 컴퓨터의 USB 포트에 연결하는 모든 장치
④ 컴퓨터에 연결된 호환 네트워크 장치

13 난이도 상 중 하

다음 중 컴퓨터의 제어 장치에 있는 부호기(Encoder) 레지스터에 관한 설명으로 옳은 것은?

① 명령 레지스터에 있는 명령어를 해독한다.
② 해독된 명령어에 따라 각 장치로 보낼 제어 신호를 생성한다.
③ 다음 순서에 실행할 명령어의 주기억장치 주소를 기억한다.
④ 뺄셈 연산을 위해 음수로 변환한다.

14 난이도 상 중 하

다음 중 Windows에서 바로 가기 아이콘에 관한 설명으로 옳지 않은 것은?

① 바로 가기 아이콘을 실행하면 연결된 원본 파일이 실행된다.
② 파일, 폴더뿐만 아니라 디스크 드라이브나 프린터에도 바로 가기 아이콘을 만들 수 있다.
③ 일반 아이콘과 비교하여 왼쪽 아랫부분에 화살표가 포함되어 표시된다.
④ 하나의 바로 가기 아이콘에 여러 개의 원본 파일을 연결할 수 있다.

15 난이도 상 중 하

다음 중 Windows에서 파일이나 폴더, 프린터, 드라이브 등 컴퓨터 자원의 공유에 관한 설명으로 옳지 않은 것은?

① 공유 폴더에 대한 접근 권한은 사용자에 따라 다르게 설정할 수 있다.

② 탐색기의 주소 표시줄에 'WWlocalhost'를 입력하면 네트워크를 통해 공유한 파일이나 폴더를 확인할 수있다.

③ 탐색기의 공유 기능을 이용하면 파일이나 폴더를 쉽게 다른 사용자와 공유할 수 있다.

④ 공유한 파일명 뒤에 '$'를 붙이면 네트워크의 다른 사용자가 해당 파일을 사용하고 있는지 여부를 바로 확인할 수 있다.

16 난이도 상 중 하

다음 중 출력장치인 디스플레이 어댑터와 모니터에 관련된 용어의 설명으로 옳지 않은 것은?

① 픽셀(Pixel) : 화면을 이루는 최소 단위로서 같은 크기의 화면에서 픽셀 수가 많을수록 해상도가 높아진다.

② 해상도(Resolution) : 모니터 화면의 픽셀 수와 관련이 있으며 픽셀 수가 많을수록 표시할 수 있는 색상의 수가 증가한다.

③ 점 간격(Dot Pitch) : 픽셀들 사이의 공간을 나타내는 것으로 간격이 가까울수록 영상은 선명하다.

④ 재생률(Refresh Rate) : 픽셀들이 밝게 빛나는 것을 유지하기 위한 것으로, 재생률이 높을수록 모니터의 깜빡임이 줄어든다.

17 난이도 상 중 하

다음 중 패치(Patch) 버전 소프트웨어에 관한 설명으로 옳은 것은?

① 정식으로 대가를 지불하고 사용하는 소프트웨어이다.

② 홍보용으로 사용 기간이나 기능에 제한을 둔 소프트웨어이다.

③ 오류 수정이나 성능 향상을 위해 프로그램 일부를 변경해주는 소프트웨어이다.

④ 정식 프로그램 출시 전에 테스트용으로 제작되어 일반인에게 공개하는 소프트웨어이다.

18 난이도 상 중 하

다음 중 컴퓨터에서 사용하는 기억장치에 관한 설명으로 옳지 않은 것은?

① 플래시(Flash) 메모리는 비휘발성 기억장치로 주로 디지털 카메라나 MP3, 개인용 정보 단말기, USB 드라이브 등 휴대용 기기에서 대용량 정보를 저장하는 용도로 사용된다.

② 하드디스크 인터페이스 방식은 EIDE, SATA, SCSI 방식 등이 있다.

③ 캐시(Cache) 메모리는 CPU와 주기억장치 사이에 위치하여 두 장치간의 속도 차이를 줄여 컴퓨터의 처리 속도를 빠르게 하기 위한 메모리이다.

④ 연관(Associative) 메모리는 보조기억장치를 마치 주기억장치와 같이 사용하여 실제 주기억 장치 용량보다 기억 용량을 확대하여 사용하는 방법이다.

19 난이도 상 중 하

다음 중 컴퓨터에서 사용하는 압축 프로그램에 관한 설명으로 옳지 않은 것은?

① 압축한 파일을 모아 재압축을 반복하면 파일 크기를 계속 줄일 수 있다.

② 여러 개의 파일을 압축하면 하나의 파일로 생성되어 파일 관리를 용이하게 할 수 있다.

③ 대부분의 압축 프로그램에는 분할 압축이나 암호 설정 기능이 있다.

④ 파일의 전송시간과 비용을 절약하고, 디스크 공간을 효율적으로 사용할 수 있다.

20 난이도 상 중 하

다음 중 Windows에서 바탕 화면의 바로 가기 메뉴에 관한 설명으로 옳지 않은 것은?

① 바탕 화면에서 Shift + F10 키를 누르면 바로 가기 메뉴가 표시된다.

② 바탕 화면에 폴더나 텍스트 문서, 압축 파일 등을 새로 만들 수 있다.

③ 삭제된 컴퓨터, 휴지통, 네트워크 등의 바탕 화면 아이콘을 다시 표시할 수 있다.

④ 아이콘의 정렬 기준을 변경하거나 아이콘의 크기를 변경하여 볼 수 있다.

2 과목   스프레드시트 일반

21 난이도 상 중 하

다음 중 피벗 테이블에 대한 설명으로 옳지 않은 것은?

① 피벗 테이블 보고서를 작성한 후 원본 데이터를 수정하면 피벗 테이블 보고서에 자동으로 반영된다.

② [피벗 테이블 필드 목록]에서 보고서에 추가할 필드 선택 시 데이터 형식이 텍스트이거나 논리값인 필드를 선택하여 '행 레이블' 영역에 추가한다.

③ 값 영역에 추가된 필드가 2개 이상이면 Σ 값 필드가 열 레이블 또는 행 레이블 영역에 추가된다.

④ 열 레이블/행 레이블 단추를 클릭하여 레이블 필터나 값 필터를 설정할 수 있다.

22 난이도 상 중 하

아래 그림과 같이 설정한 상태에서 [매크로 기록] 대화 상자의 [확인] 단추를 누른다. [A2:A6] 범위를 선택한 후 글꼴 스타일을 굵게 지정하고 [기록 중지]를 눌러 '서식' 매크로의 작성을 완료하였다. 다음 중 매크로 작성 후 [C1] 셀을 선택하고 '서식' 매크로를 실행한 결과로 옳은 것은?

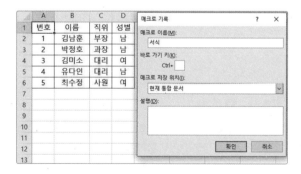

① [A2:A6] 영역의 글꼴 스타일이 굵게 지정된다.

② [A1] 셀만 글꼴 스타일이 굵게 지정된다.

③ [C2:C6] 영역의 글꼴 스타일이 굵게 지정된다.

④ [C1] 셀만 글꼴 스타일이 굵게 지정된다.

23 난이도 상 중 하

다음 중 아래 그림과 같은 시나리오 요약 보고서에 대한 설명으로 옳지 않은 것은?

시나리오 요약			
	현재 값:	호황	불황
변경 셀:			
냉장고판매	2%	4%	-2%
세탁기판매	3%	6%	-3%
$C$5	5%	10%	-5%
결과 셀:			
예상판매금액	516,600,000	533,200,000	483,400,000

① '호황'과 '불황' 두 개의 시나리오로 작성한 시나리오 요약 보고서는 새 워크시트에 표시된다.

② 원본 데이터에 '냉장고판매', '세탁기판매', '예상판매금액'으로 이름을 정의한 셀이 있다.

③ 원본 데이터에서 변경 셀의 현재 값을 수정하면 시나리오 요약 보고서가 자동으로 업데이트된다.

④ 시나리오 요약 보고서 내의 모든 내용은 수정 가능하며, 자동으로 설정된 윤곽도 지울 수 있다.

24 난이도 상 중 하

다음 중 아래 시트에서 사원명이 두 글자이면서 실적이 전체 실적의 평균을 초과하는 데이터를 검색할 때, 고급 필터의 조건으로 옳은 것은?

	A	B
1	사원명	실적
2	유민	15,030,000
3	오성준	35,000,000
4	김근태	18,000,000
5	김원	9,800,000
6	정영희	12,000,000
7	남궁정훈	25,000,000
8	이수	30,500,000
9	김용훈	8,000,000

①

사원명	실적조건
="=??"	=$B2>AVERAGE($B$2:$B$9)

②

사원명	실적
="=??"	=$B2&">AVERAGE($B$2:$B$9)"

③

사원명	실적
=LEN($A2)=2	=$B2>AVERAGE($B$2:$B$9)

④

사원명	실적조건
="=**"	=$B2>AVERAGE($B$2:$B$9)

25 난이도 상 중 하

다음 중 데이터가 입력되어 있는 연속된 셀 범위를 선택하는 방법으로 옳지 않은 것은?

① 첫 번째 셀을 클릭한 후 **Ctrl** + **Shift** + 〈방향〉 키를 눌러 선택 영역을 확장한다.
② 첫 번째 셀을 클릭한 후 **Shift** 키를 누른 상태에서 범위의 마지막 셀을 클릭한다.
③ 첫 번째 셀을 클릭한 후 **F8** 키를 누른 후 〈방향〉 키를 눌러 선택 영역을 확장한다.
④ 첫 번째 셀을 클릭한 후 **Ctrl** 키를 누른 상태에서 〈방향〉 키를 눌러 선택 영역을 확장한다.

26 난이도 상 중 하

다음 중 [데이터 가져오기 및 변환] 기능에 대한 설명으로 옳지 않은 것은?

① 텍스트 파일은 구분 기호나 일정한 너비로 분리된 모든 열을 엑셀로 가져오기 때문에 일부 열만 가져올 수는 없다.
② 액세스 파일은 표, 피벗 테이블, 워크시트의 특정 위치 등으로 다양하게 불러올 수 있다.
③ 웹 상의 데이터 중 일부를 워크시트로 가져오고, 새로 고침 기능을 이용하여 최신 데이터로 업데이트할 수 있다.
④ 기타 원본의 Microsoft Query 기능을 이용하면 외부 데이터베이스에서 가져올 데이터의 추출 조건을 설정하여 원하는 데이터만 가져올 수 있다.

27 난이도 상 중 하

다음 중 [찾기 및 바꾸기] 대화상자에 대한 설명으로 옳지 않은 것은?

① 찾을 내용에 '*수정*', 바꿀 내용에 '*변경*'으로 입력하고, [모두 바꾸기] 단추를 클릭하면 '수정'이라는 모든 글자를 '*변경*'으로 바꾼다.
② '=A1*B1'과 같은 수식을 검색하려면 찾는 위치를 '수식'으로 선택한 후 찾을 내용에 '=A1*B1'으로 입력한다.
③ 찾을 내용과 바꿀 내용은 입력하지 않고, 찾을 서식과 바꿀 서식으로 설정 할 수 있다.
④ 셀 포인터 위치를 기준으로 앞에 위치한 데이터를 찾으려면 **Shift** 키를 누른 상태에서 [다음 찾기] 단추를 클릭한다.

28 난이도 상 중 하

다음 중 엑셀에서 날짜 데이터의 입력 방법에 대한 설명으로 옳지 않은 것은?

① 날짜 데이터는 하이픈(-)이나 슬래시(/)를 이용하여 년, 월, 일을 구분한다.
② 날짜의 연도를 생략하고 월과 일만 입력하면 자동으로 현재 연도가 추가된다.
③ 날짜의 연도를 두 자리로 입력할 때 연도가 30 이상이면 1900년대로 인식하고, 29 이하이면 2000년대로 인식한다.
④ **Ctrl** + **Shift** + **;** 키를 누르면 오늘 날짜가 입력된다.

29 난이도 상 중 하

다음 중 아래 차트에 대한 설명으로 옳지 않은 것은?

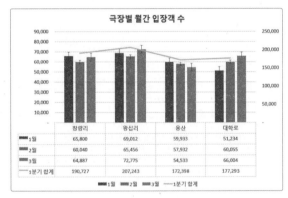

① 계열 옵션에서 '간격 너비'가 0%로 설정되어 있다.
② 범례 표지 없이 데이터 표가 표시되어 있다.
③ '1월', '2월', '3월' 계열에 오차 막대가 표시되어 있다.
④ '1분기 합계' 계열은 '보조 축'으로 지정되어 있다.

30 난이도 상 중 하

다음 중 서식 코드를 셀의 사용자 지정 표시 형식으로 설정한 경우 입력 데이터와 표시 결과가 옳지 않은 것은?

	서식 코드	입력 데이터	표시
ⓐ	# ???/???	3.75	3　3/4
ⓑ	0,00#,	-6789	-0.007
ⓒ	*-#,##0	6789	*----6789
ⓓ	▲#;▼#;0	-6789	▼6789

① ⓐ　　　② ⓑ　　　③ ⓒ　　　④ ⓓ

31 난이도 상 중 하

다음 중 매크로 편집 및 삭제에 대한 설명으로 옳지 않은 것은?

① [매크로] 대화상자에서 편집할 매크로를 선택하고 [편집] 단추를 클릭하면 Visual Basic 편집기를 실행할 수 있다.

② **Alt** + **F8** 키를 눌러 Visual Basic 편집기를 실행하면 매크로를 수정할 수 있다.

③ PERSONAL.XLSB 파일을 삭제하면 통합 문서에 있는 모든 매크로를 삭제할 수 있다.

④ Visual Basic 편집기에서 삭제할 매크로의 코딩 부분을 범위로 지정한 뒤 **Delete** 키를 눌러 여러 매크로를 한 번에 삭제할 수 있다 .

32 난이도 상 중 하

다음 중 아래의 워크시트에서 수식의 결과로 '부사장'을 출력하지 않는 것은?

	A	B	C	D
1	사원번호	성명	직함	생년월일
2	101	구민정	영업 과장	1980-12-08
3	102	강수영	부사장	1965-02-19
4	103	김진수	영업 사원	1991-08-30
5	104	박용만	영업 사원	1990-09-19
6	105	이순신	영업 부장	1971-09-20

① =CHOOSE(CELL("row",B3),C2,C3,C4,C5,C6)

② =CHOOSE(TYPE(B4),C2,C3,C4,C5,C6)

③ =OFFSET(A1:A6,2,2,1,1)

④ =INDEX(A2:D6,MATCH(A3,A2:A6,0),3)

33 난이도 상 중 하

다음 중 아래의 워크시트에서 작성한 수식으로 결과 값이 다른 것은?

	A	B	C
1	10	30	50
2	40	60	80
3	20	70	90

① =SMALL(B1:B3,COLUMN(C3))

② =SMALL(A1:B3,AVERAGE({1;2;3;4;5}))

③ =LARGE(A1:B3,ROW(A1))

④ =LARGE(A1:C3,AVERAGE({1;2;3;4;5}))

34 난이도 상 중 하

다음 중 통합 문서에 대한 설명으로 옳지 않은 것은?

① 시트 보호는 통합 문서 전체가 아닌 특정 시트만을 보호한다.

② 공유된 통합 문서는 여러 사용자가 동시에 변경 및 병합할 수 있다.

③ 통합 문서 보호 설정 시 암호를 지정하면 워크시트에 입력된 내용을 수정할 수 없다.

④ 사용자가 워크시트를 추가, 삭제하거나 숨겨진 워크시트를 표시하지 못하도록 통합 문서의 구조를 잠글 수 있다.

35 난이도 상 중 하

아래 시트에서 각 부서마다 직위별로 종합점수의 합계를 구하려고 한다. 다음 중 [B17] 셀에 입력된 수식으로 옳은 것은?

	A	B	C	D	E
1	부서명	직위	업무평가	구술평가	종합점수
2	영업부	사원	35	30	65
3	총무부	대리	38	33	71
4	총무부	과장	45	36	81
5	총무부	대리	35	40	75
6	영업부	과장	46	39	85
7	홍보부	과장	30	37	67
8	홍보부	부장	41	38	79
9	총무부	사원	33	29	62
10	영업부	대리	36	34	70
11	홍보부	대리	27	36	63
12	영업부	과장	42	39	81
13	영업부	부장	40	39	79

	A	B	C	D
16	부서명	부장	과장	대리
17	영업부			
18	총무부			
19	홍보부			

① {=SUMIFS($E$2:$E$13,$A$2:$A$13,$A$17,$B$2:$B$13,$B$16)}

② {=SUM(($A$2:$A$13=A17)*($B$2:$B$13=B16)*$E$2:$E$13)}

③ {=SUM(($A$2:$A$13=$A17)*($B$2:$B$13=B16)*$E$2:$E$13)}

④ {=SUM(($A$2:$A$13=A$17)*($B$2:$B$13=$B16)*$E$2:$E$13)}

36 난이도 상 중 하

다음 중 셀에 수식을 입력하는 방법에 대한 설명으로 옳지 않은 것은?

① 통합 문서의 여러 워크시트에 있는 동일한 셀 범위 데이터를 이용하려면 수식에서 3차원 참조를 사용한다.

② 계산할 셀 범위를 선택하여 수식을 입력한 후 [Ctrl] + [Enter] 키를 누르면 선택한 영역에 수식을 한 번에 채울 수 있다.

③ 수식을 입력한 후 결과 값이 상수로 입력되게 하려면 수식을 입력한 후 바로 [Alt] + [F9] 키를 누른다.

④ 배열 상수에는 숫자나 텍스트 외에 'TRUE', 'FALSE' 등의 논리값 또는 '#N/A'와 같은 오류 값도 포함될 수 있다.

37 난이도 상 중 하

다음 중 아래 그림 [보기] 탭-[창] 그룹의 각 명령에 대한 설명으로 옳지 않은 것은?

① [새 창]을 클릭하면 새로운 빈 통합문서가 표시된다.

② [모두 정렬]은 현재 열려 있는 통합문서를 바둑판식, 계단식, 가로, 세로 등 4가지 형태로 배열한다.

③ [숨기기]는 현재 활성화된 통합문서 창을 보이지 않도록 숨긴다.

④ [나누기]를 클릭하면 워크시트를 최대 4개의 창으로 분할하여 멀리 떨어져 있는 여러 부분을 한 번에 볼 수 있다.

38 난이도 상 중 하

다음 중 엑셀의 상태 표시줄에 대한 설명으로 옳지 않은 것은?

① 상태 표시줄에서 워크시트의 보기 상태를 기본 보기, 페이지 레이아웃 보기, 페이지 나누기 미리 보기 중 선택하여 변경할 수 있다.

② 상태 표시줄에는 확대/축소 슬라이더가 기본적으로 표시된다.

③ 상태 표시줄의 바로 가기 메뉴를 이용하여 셀의 특정 범위에 대한 이름을 정의할 수 있다.

④ 상태 표시줄은 현재의 작업 상태에 대한 기본적인 정보가 표시되는 곳이다.

39 난이도 상 중 하

다음 중 차트의 편집에 대한 설명으로 옳지 않은 것은?

① 차트와 연결된 워크시트의 데이터에 열을 추가하면 차트에 자동적으로 반영되지 않는다.

② 차트 크기를 조정하면 새로운 크기에 가장 적합하도록 차트 내의 텍스트의 크기 등이 자동적으로 조정된다.

③ 차트에 적용된 원본 데이터의 행이나 열을 숨겨도 차트에는 반영되지 않는다.

④ 데이터 계열의 순서가 변경되면 범례의 순서도 자동으로 변경된다.

40 난이도 상 중 하

다음 중 엑셀의 인쇄 기능에 대한 설명으로 옳지 않은 것은?

① 차트만 제외하고 인쇄하기 위해서는 [차트 영역 서식] 대화상자에서 '개체 인쇄'의 체크를 해제한다.

② 시트에 표시된 오류 값을 제외하고 인쇄하기 위해서는 [페이지 설정] 대화 상자에서 '셀 오류 표시'를 <공백>으로 선택한다.

③ 인쇄 내용을 페이지의 가운데에 맞춰 인쇄하려면 [페이지 설정] 대화 상자에서 '문서에 맞게 배율 조정'을 체크한다.

④ 인쇄되는 모든 페이지에 특정 행을 반복하려면 [페이지 설정] 대화 상자에서 '인쇄 제목'의 '반복할 행'에 열 레이블이 포함된 행의 참조를 입력한다.

---

3 과목 **데이터베이스 일반**

41 난이도 상 중 하

다음 중 입력 마스크 설정에 사용하는 사용자 정의 입력 마스크 기호에 대한 설명으로 옳은 것은?

① 9 : 소문자로 변환

② > : 숫자나 공백을 입력받도록 설정

③ < : 영문 대문자로 변환하여 입력받도록 설정

④ L : 영문자와 한글만 입력받도록 설정

42 난이도 상 중 하

다음 중 관계형 데이터베이스 모델에 대한 설명으로 옳지 않은 것은?

① 도메인(Domain)은 하나의 애트리뷰트(Attribute)가 취할 수 있는 같은 타입의 원자값들의 집합이다.
② 한 릴레이션(Relation)에 포함된 튜플(Tuple)들은 모두 상이하며, 튜플(Tuple) 사이에는 순서가 있다.
③ 튜플(Tuple)의 수를 카디널리티(Cardinality), 애트리뷰트(Attribute)의 수를 디그리(Degree)라고 한다.
④ 애트리뷰트(Attribute)는 데이터베이스를 구성하는 가장 작은 논리적 단위이며, 파일 구조상의 데이터 필드에 해당된다.

43 난이도 상 중 하

다음 중 데이터를 입력 또는 삭제 시 이상(anomaly) 현상이 일어나지 않도록 데이터베이스를 설계하기 위한 기술을 의미하는 용어는?

① 자동화
② 정규화
③ 순서화
④ 추상화

44 난이도 상 중 하

다음 중 [관계 편집] 대화 상자에 대한 설명으로 옳지 않은 것은?

① 관계를 구성하는 어느 한쪽의 테이블 또는 필드 및 쿼리를 변경할 수 있다.
② 조인 유형을 내부 조인, 왼쪽 우선 외부 조인, 오른쪽 우선 외부 조인 중에서 선택할 수 있다.
③ '항상 참조 무결성 유지'를 선택한 경우 '관련 필드 모두 업데이트'와 '관련 레코드 모두 삭제' 옵션을 선택할 수 있다.
④ 관계의 종류를 일대다, 다대다, 일대일 중에서 선택할 수 있다.

45 난이도 상 중 하

다음 중 테이블의 필드 속성 설정 시 사용하는 인덱스에 관한 설명으로 옳지 않은 것은?

① 인덱스를 설정하면 레코드의 검색과 정렬 속도가 빨라진다.
② 인덱스를 설정하면 레코드의 추가, 수정, 삭제 속도는 느려진다.
③ 데이터 형식이 OLE 개체인 필드에는 인덱스를 설정할 수 없다.
④ 인덱스는 한 개의 필드에만 설정 가능하므로 주로 기본 키에 설정한다.

46 난이도 상 중 하

다음 중 테이블의 [디자인 보기]에서 설정 가능한 작업에 해당하지 않는 것은?

① 폼 필터를 적용하여 조건에 맞는 레코드만 표시할 수 있다.
② 필드의 '설명'에 입력한 내용은 테이블 구조에 영향을 미치지 않고, 상태 표시줄에 표시된다.
③ 컨트롤 표시 속성은 텍스트 상자, 목록 상자, 콤보 상자 중 선택할 수 있다.
④ 한 개 이상의 필드를 선택하여 기본 키로 설정할 수 있다.

47 난이도 상 중 하

아래와 같이 관계가 설정된 데이터베이스에 [Customer] 테이블에는 고객번호가 1004인 레코드만 있고, [Artist] 테이블에는 작가이름이 CAT인 레코드만 있다. 다음 중 이 데이터베이스에서 실행 가능한 SQL 문은? (단, SQL문에 입력되는 데이터 형식은 모두 올바르다고 간주함)

① INSERT INTO Artist VALUES ('ACE','한국', Null, Null);
② INSERT INTO CINTA (고객번호,작가이름) VALUES (1004,'ACE');
③ INSERT INTO Customer (고객번호,고객이름) VALUES (1004,'ACE');
④ INSERT INTO CINTA VALUES (1234,'CAT','유화');

48 난이도 상 중 하

다음 중 주어진 [학생] 테이블을 참조하여 아래의 SQL문을 실행한 결과로 옳은 것은?

```
SELECT AVG(나이) FROM 학생
WHERE 전공 NOT IN ('수학','회계');
```

[학생] 테이블

학 번	전 공	학 년	나 이
100	국사	4	21
150	회계	2	19
200	수학	3	30
250	국사	3	31
300	회계	4	25
350	수학	2	19
400	국사	1	23

① 25　　　② 23　　　③ 21　　　④ 19

49 난이도 상 중 하

아래와 같이 조회할 고객의 최소 나이를 입력받아 검색하는 매개 변수 쿼리를 작성하려고 한다. 다음 중 'Age' 필드의 조건식으로 옳은 것은?

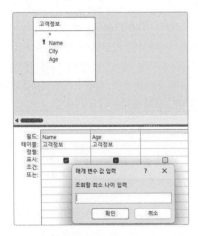

① >={조회할 최소 나이 입력}

② >="조회할 최소 나이 입력"

③ >=[조회할 최소 나이 입력]

④ >=(조회할 최소 나이 입력)

50 난이도 상 중 하

다음 중 아래의 이벤트 프로시저에 대한 설명으로 옳지 않은 것은?

```
Private Sub cmd재고_Click()
    txt재고수량 = txt입고량 – txt총주문량
    DoCmd.OpenReport "제품별재고현황",_
    acViewDesign, , "제품번호 = '" & cmb조회 & "'"
End Sub
```

① 'cmd재고' 컨트롤을 클릭했을 때 실행된다.

② 'txt재고수량' 컨트롤에는 'txt입고량' 컨트롤에 표시되는 값에서 'txt총주문량' 컨트롤에 표시되는 값을 차감한 값으로 표시된다.

③ '제품별재고현황' 보고서가 즉시 프린터로 출력된다.

④ '제품별재고현황' 보고서가 출력될 때 '제품번호' 필드 값이 'cmb조회' 컨트롤 값과 일치하는 데이터만 표시된다.

51 난이도 상 중 하

다음 중 주어진 [Customer] 테이블을 참조하여 아래의 SQL문을 실행한 결과로 옳은 것은?

```
SELECT Count(*)
FROM (SELECT Distinct City From Customer);
```

City	Age	Hobby
부산	30	축구
서울	26	영화감상
부산	45	낚시
서울	25	야구
대전	21	축구
서울	19	음악감상
광주	19	여행
서울	38	야구
인천	53	배구

① 3　　　② 5

③ 7　　　④ 9

52 난이도 상 중 하

다음 중 보고서에서 '텍스트 상자' 컨트롤의 속성 설정에 대한 설명으로 옳지 않은 것은?

① '상태 표시줄 텍스트' 속성은 컨트롤을 선택했을 때 상태 표시줄에 표시할 메시지를 설정한다.

② '컨트롤 원본' 속성에서 함수나 수식 사용 시 문자는 작은 따옴표('), 필드명이나 컨트롤 이름은 큰따옴표(")를 사용하여 구분한다.

③ '사용 가능' 속성은 컨트롤에 포커스를 이동시킬 수 있는지의 여부를 설정한다.

④ '중복 내용 숨기기' 속성은 데이터가 이전 레코드와 같을 때 컨트롤의 숨김 여부를 설정한다.

53 난이도 상 중 하

다음 중 보고서에서 [페이지 번호] 대화 상자를 이용한 페이지 번호 설정에 대한 설명으로 옳지 않은 것은?

① 첫 페이지에만 페이지 번호가 표시되거나 표시되지 않도록 설정할 수 있다.

② 페이지 번호의 표시 위치를 '페이지 위쪽', '페이지 아래쪽', '페이지 양쪽' 중 선택할 수 있다.

③ 페이지 번호의 형식을 'N 페이지'와 'N/M 페이지' 중 선택할 수 있다.

④ [페이지 번호] 대화 상자를 열 때마다 페이지 번호 표시를 위한 수식이 입력된 텍스트 상자가 자동으로 삽입된다.

54 난이도 상 중 하

다음 중 서류봉투에 초대장을 넣어 발송하려는 경우 우편물에 사용할 수신자의 주소를 프린트하기에 가장 적합한 보고서는?

① 업무 문서 양식 보고서

② 우편 엽서 보고서

③ 레이블 보고서

④ 크로스탭 보고서

55 난이도 상 중 하

다음 중 폼 작성에 대한 설명으로 옳지 않은 것은?

① [폼 디자인 도구]의 [디자인] 탭에서 [컨트롤 마법사 사용] 여부를 선택할 수 있다.

② [레이블] 컨트롤은 마법사를 이용한 만들기가 제공되지 않으며, 레이블 컨트롤을 추가한 후 내용을 입력하지 않으면 추가된 레이블 컨트롤이 자동으로 사라진다.

③ [텍스트 상자] 컨트롤을 지칭하는 이름은 중복 설정이 가능하다.

④ [단추] 컨트롤은 명령 단추 마법사를 이용하여 다양한 매크로 함수를 제공한다.

56 난이도 상 중 하

다음 중 폼의 모달 속성에 관한 설명으로 옳지 않은 것은?

① 폼이 열려 있는 경우 다른 화면을 선택할 수 있다.

② VBA 코드를 이용하여 대화 상자의 모달 속성을 지정할 수 있다.

③ 폼이 모달 대화 상자이면 디자인 보기로 전환 후 데이터 시트 보기로 전환이 가능하다.

④ 사용자 지정 대화 상자의 작성이 가능하다.

57 난이도 상 중 하

다음 중 보고서에 대한 설명으로 옳지 않은 것은?

① 보고서에 포함할 필드가 모두 한 테이블에 있는 경우 해당 테이블을 레코드 원본으로 사용한다.

② 둘 이상의 테이블을 이용하여 보고서를 작성하는 경우 쿼리를 만들어 레코드 원본으로 사용한다.

③ '보고서' 도구를 사용하면 정보를 입력하지 않아도 바로 보고서가 생성되므로 매우 쉽고 빠르게 보고서를 만들 수 있다.

④ '보고서 마법사'를 이용하는 경우 필드 선택은 여러 개의 테이블 또는 하나의 쿼리에서만 가능하며, 데이터 그룹화 및 정렬 방법을 지정할 수도 있다.

58 난이도 상 중 하

다음 중 분할 표시 폼에 대한 설명으로 옳지 않은 것은?

① 분할 표시 폼은 [만들기] 탭의 [폼] 그룹에서 [기타 폼]-[폼 분할]을 클릭하여 만들 수 있다.

② 분할 표시 폼은 데이터시트 보기와 폼 보기를 동시에 표시하기 기능이며, 이 두 보기는 같은 데이터 원본에 연결되어 있어 항상 상호 동기화된다.

③ 분할 표시 폼을 만든 후에는 컨트롤의 크기 조정은 할수 없으나, 새로운 필드의 추가는 가능하다.

④ 폼 속성 창의 '분할 표시 폼 방향' 항목을 이용하여 폼의 위쪽, 아래쪽, 왼쪽, 오른쪽 등 데이터시트가 표시되는 위치를 설정할 수 있다.

59 난이도 상 중 하

다음 중 매크로 함수에 대한 설명으로 옳지 않은 것은?

① FindRecord 함수는 필드, 컨트롤, 속성 등의 값을 설정한다.

② ApplyFilter 함수는 테이블이나 쿼리로부터 레코드를 필터링한다.

③ OpenReport 함수는 작성된 보고서를 호출하여 실행한다.

④ MessageBox 함수는 메시지 상자를 통해 경고나 알림 등의 정보를 표시한다.

60 난이도 상 중 하

다음 중 하위 폼에 대한 설명으로 옳지 않은 것은?

① 기본 폼과 하위 폼을 연결할 필드의 데이터 형식은 같거나 호환되어야 한다.

② 본 폼 내에 삽입된 다른 폼을 하위 폼이라 한다.

③ 일대다 관계가 설정되어 있는 테이블들을 효과적으로 표시하기 위해 사용된다.

④ '폼 분할' 도구를 이용하여 폼을 생성하면 하위 폼 컨트롤이 자동으로 삽입된다.

PART 03

기출문제
정답 및 해설

제1회 최신기출문제

정답

01 ④	02 ①	03 ③	04 ③	05 ④	06 ③	07 ①	08 ②	09 ③	10 ③
11 ②	12 ⑤	13 ④	14 ④	15 ④	16 ④	17 ③	18 ④	19 ④	20 ①
21 ①	22 ③	23 ③	24 ①	25 ①	26 ①	27 ①	28 ②	29 ④	30 ②
31 ①	32 ②	33 ①	34 ③	35 ②	36 ④	37 ④	38 ③	39 ②	40 ③
41 ③	42 ④	43 ②	44 ④	45 ②	46 ④	47 ④	48 ①	49 ①	50 ④
51 ②	52 ③	53 ②	54 ①	55 ③	56 ③	57 ③	58 ②	59 ③	60 ①

1 과목 컴퓨터 일반

01 ■ **디더링** : 제한된 색상을 조합하여 새로운 색을 만드는 기술
　　■ **인터레이싱** : 화면에 이미지를 표시할 때 한 번에 표시하지 않고 천천히 표시되면서 선명해지는 효과
　　■ **모핑** : 2개의 이미지를 부드럽게 연결하여 변환하는 기술

02 AVI는 Windows에서 기본적으로 지원하는 표준 동영상 파일 형식으로 별도의 플러그인 및 하드웨어 장치 없이 재생이 가능하다.

03 ■ **DoS(서비스 거부 공격)** : 일시에 대량의 데이터를 한 서버에 집중, 전송시켜 시스템에 오버플로우를 일으켜 정상적인 서비스를 수행하지 못하도록 만드는 행위
　　■ ①-백도어(Back Door) 또는 트랩 도어(Trap Door), ②- 트로이 목마, ④-웜(Worm)

04 ■ **DNS(Domain Name Server)** : 문자로 된 도메인 이름을 숫자로 된 IP주소로 바꾸는 시스템
　　■ **라우터(Router)** : IP주소를 이용하여 패킷의 최단 전송 경로를 설정하는 장치

05 ■ **Tracert** : 송신한 패킷이 어떤 경로로 가는지 추적하는 명령어
　　■ **Netstat** : 현재 자신의 컴퓨터에 연결된 다른 컴퓨터의 IP 주소나 포트 정보를 확인하는 명령어

06 ■ **응용 계층** : 응용 프로세스 간의 정보 교환, 파일 전송 등의 전송 제어 기능이 있다.

　　■ OSI 7계층 : 1계층(물리 계층) → 2계층(데이터 링크 계층) → 3계층(네트워크 계층) → 4계층(전송 계층) → 5계층(세션 계층) → 6계층(표현 계층) → 7계층(응용 계층)

07 URL의 일반적인 형식은 프로토콜://서버 주소[:포트 번호]/파일 경로이다.

08 **포인트 투 포인트(Point to point)방식** : 중앙 컴퓨터와 터미널이 1:1로 연결되어 있는 형태로 스타(Star)형이라고 한다. 모든 통신이 중앙 컴퓨터에 의해 제어되는 형태이다.

09 ■ **패치 프로그램(Patch Program)** : 오류 수정이나 성능 향상을 위해 이미 배포된 프로그램의 일부를 변경해 주는 프로그램
　　■ **데모 프로그램(Demo Program)** : 기능을 알리기 위해 기간이나 기능에 제한을 두어 무료 배포하는 프로그램

10 ■ **시스템 소프트웨어** : 컴퓨터와 사용자의 중간에서 시스템을 효율적으로 운영할 수 있도록 도와주는 프로그램
　　■ **응용 소프트웨어** : 사용자들이 특정한 용도에 맞게 활용하기 위해 작성된 소프트웨어
　　■ **임베디드 소프트웨어** : 미리 정해진 특정한 기능을 수행하고, 특정의 하드웨어(셋톱박스, 디지털TV, 스마트워치 등)만을 지원하기 위해 만들어지고 탑재되는 소프트웨어

11 CPU는 클럭 주기에 따라 명령을 수행하며 클럭 주파수가 높을수록 연산 속도가 빠르다고 할 수 있다.

12 ■ **CISC(Complex Instruction Set Computer)** : 많은 종류의 명령어와 주소 지정 모드 지원, 프로그램 구현이 수월하나 처리 속도가 느리다.
　　■ **RISC(Reduced Instruction Set Computer)** : 적은 명령어로 프로그램 구현이 어려우나 처리 속도가 빠르다. 생산 가격이 싸고 소비 전력이 낮으며, 성능이 좋은 그래픽용이나 워크스테이션에서 주로 사용한다.

13 **SSD(Solid State Drive)** : 반도체를 이용한 기억장치로 HDD에 비해 저장 용량당 가격이 비싼 편이지만 속도가 빠르고 발열, 소음이 적으며 소형화, 경량화할 수 있는 장점이 있다.

14 ■ RAM의 속도 단위로는 보통 MHz(메가헤르츠)를 사용한다.
　　■ BPI(Bit Per Inch)는 인치당 비트 수로 보통 기록 매체의 기록 밀도 단위로 사용한다.

15 PS/2 또는 직렬 포트를 통해 연결된 키보드와 마우스 등의 이전에 사용하던 특정 장치는 장치 및 프린터 폴더에 표시되지 않는다.

16 바로 가기 메뉴의 [연결 프로그램]에서는 연결 프로그램을 삭제할 수 없으며, 다른 앱으로 실행되도록 변경할 수 있다.

17 ■ Windows 10은 기본적으로 NTFS 파일 시스템을 사용 하지만 FAT32도 사용할 수 있다.
- ■ **ReadyBoost** : USB 메모리와 같은 외부 저장 장치를 추가적인 캐시(cache) 메모리로 사용하여 컴퓨터의 속도를 높이는 기술
- ■ **Windows Defender** : Windows에 기본적으로 탑재된 보안 프로그램으로 백신 프로그램, 랜섬웨어 방지 기능을 제공

18 '컴?.*'을 입력하면 '컴'으로 시작하고 파일명이 두 글자인 파일을 검색할 수 있다.

19 **[폴더 옵션]의 [기본값 복원]** : [일반] 탭에서 설정한 '폴더 찾아보기', '항목을 다음과 같이 클릭', '개인 정보 보호' 등의 설정한 값들을 원래대로 복원한다.

20 **Alt** + **Esc** : 열린 항목 간 전환

2 과목 · 스프레드시트 일반

21 ■ **Ctrl** + **F** : [찾기] 탭이 선택되어 있는 [찾기 및 바꾸기] 대화상자를 표시
- ■ **Ctrl** + **H** : [바꾸기] 탭이 선택되어 있는 [찾기 및 바꾸기] 대화상자를 표시

22 Range("A1").Formula = 3 * 4 → [A1] 셀에 수식 '=3*4'의 결과인 12가 입력된다.

23 [데이터] 탭-[정렬 및 필터] 그룹-[정렬]을 선택하고 [옵션]을 클릭한 후 [정렬 옵션] 대화상자에서 '대/소문자 구분'을 선택하여, 오름차순으로 정렬하면 소문자가 대문자보다 우선순위를 갖는다.

24 엑셀에서 기본적으로 제공되는 목록(Sun~Sat, 일~토, 1월~12월 등)은 수정하거나 삭제할 수 없다.

25 =IFS(D2>=3.5,"최우수",D2>=2.5,"우수",TRUE," ") → 평균이 3.5 이상이면 '최우수', 2.5 이상이면 '우수', 나머지(TRUE)는 빈 공간으로 표시

26 ■ =MAX($B$2:$B$4)=$B2 → $B$2:$B$4에서 가장 큰 값에 서식을 지정하므로 [A3:C3] 셀에 서식이 지정된다.
- ■ =RIGHT($A2,1)="손" → 맨 오른쪽의 글자가 '손'인 것을 찾으므로 서식은 지정되지 않는다.

27 이름으로 그룹화하여 매출에 대한 합계를 부분합으로 계산하였다.

28 특수문자를 입력하려면 먼저 한글 자음을 입력한 후 키보드의 **한자** 키를 눌러 원하는 특수문자를 선택한다.

29 ■ 경과된 시간을 표시하려면 [h]를 이용한다.
- ■ [h] : 경과된 시간, [m] : 경과된 분, [s] : 경과된 초

30 [D2:D5] 영역을 블록으로 지정하고 {=B2:B5*C2:C5}를 입력하면 각 배열에 해당하는 값들끼리 곱한 결과가 표시된다.

31 ■ 매크로 이름의 첫 글자는 반드시 문자로 지정해야 하며, 이후 문자는 문자, 숫자 또는 밑줄을 사용할 수 있다.
- ■ 매크로 이름에는 공백을 사용할 수 없다.

32 =SUMIF(B2:B7,"〈 〉0")/COUNT(B2:B7) → COUNT(B2:B7)은 숫자가 포함된 셀의 개수를 모두 세므로 0도 포함하여 전체 평균과 같은 결과 값이 나온다.

33 **PMT(이율, 기간, 현재가치, 미래가치, 납입시점)** : 일정 금액을 정기적으로 납입하고 일정한 이자율이 적용되는 대출 상환금을 계산
- ■ **이율** : 월 이율로 계산하기 위해 12로 나눈다. → 5.5%/12
- ■ **기간** : 월 단위로 계산하기 위해 12를 곱한다. → 2*12=24
- ■ **현재가치** : 불입액이 양수로 나오기 위해 음수를 취한다. → -10000000
- ■ **미래가치(불입 후 잔액)** : 대출금의 미래 가치는 0이므로 생략
- ■ **납입시점** : 월말은 0 또는 생략, 월초는 1

34 [페이지 나누기 미리보기]에서 수동으로 삽입된 페이지 나누기는 실선으로 표시되고 자동으로 추가된 페이지 나누기는 파선으로 표시된다.

35 다른 워크시트의 값을 참조하는 경우 해당 워크시트 이름이 숫자로 시작하거나 중간에 공백이 있는 경우에 워크시트의 이름은 작은 따옴표(' ')로 묶인다.
예) ='1월'!A1

36 ■ 탭 스크롤 단추를 이용하면 빠르게 시트 탭을 이동할 수 있다.
- ■ 행과 열이 교차되면서 만들어진 사각형으로 데이터가 입력되는 기본 단위를 셀(Cell)이라고 한다.
- ■ 새로운 통합 문서를 열었을 때 기본적으로 만들어지는 워크시트 수는 [파일] 탭-[옵션]-[일반]의 '포함할 시트 수'에서 지정할 수 있다.(최대 255개)

37 ④ [파일]-[옵션]-[일반] 탭의 '새 통합 문서 만들기' 항목에서 지정

38 ■ Alt + F11 : Visual Basic 편집기 창이 열린다.

■ Alt + F1 : 데이터가 있는 워크시트에 기본 차트인 묶은 세로 막대형 차트가 작성

■ [차트 삽입] 대화상자에서 [모든 차트] 탭의 맨 위에 있는 작은 차트 모양 위에서 마우스 오른쪽 버튼을 눌러 '기본 차트'로 설정할 수 있다.

39 ■ **주식형 차트** : 주가 변동을 나타내는 차트로 시가, 종가, 거래량, 저가, 고가 등을 표시한다.

■ **영역형 차트** : 시간에 따른 변화를 보여주며 각 값의 합계와 전체에 대한 관계를 비교할 수 있다.

■ **방사형 차트** : 데이터 계열이 많을 때 사용하며 가운데에서 뻗어가는 형태의 차트이다.

40 ■ 머리글, 바닥글에서는 문자열을 큰 따옴표(" ") 없이 사용한다.

■ &[날짜]와 같이 왼쪽에 & 연산자를 사용한다.

3 과목 **데이터베이스 일반**

41 DblClick : 컨트롤을 더블 클릭할 때 발생

42 보고서를 인쇄하거나 미리 보는 경우에는 보고서 바닥글이 마지막 페이지의 페이지 바닥글 위에 한 번만 표시된다.

43 ■ **데이터 조작어(DML)** : SELECT, UPDATE, INSERT, DELETE

■ **데이터 정의어(DDL)** : CREATE, ALTER, DROP

■ **데이터 제어어(DCL)** : COMMIT, ROLLBACK, GRANT, REVOKE

44 ■ **정규화(Normalization)** : 추가, 갱신, 삭제 등 작업 시의 이상 현상이 발생하지 않도록 하기 위해 테이블을 분해하는 과정이다.

■ 정규화는 데이터베이스의 개념적 설계 단계와 논리적 설계 단계에서 수행된다.

45 [열] 탭에서 지정한 '눈금 설정'과 '열 크기'에 비해 페이지의 가로 크기가 작은 경우 자동 축소되지 않고 일부 데이터는 잘려서 표시되지 않는다.

46 '제품명' 컨트롤은 본문에 작성되었으며 '중복 내용 숨기기'를 '예'로 설정한 것이다.

47 보고서만 'Word'(*.rtf)로 내보내는 경우 원본 테이블이 없어도 보고서와 연결된 데이터는 표시된다.

48 숫자 형식을 선택하면 기본적으로 정수(Long)가 지정된다.

49 ■ 한 개의 INSERT문으로 여러 개의 레코드를 삽입할 수 있지만 한 번에 하나의 테이블에만 추가할 수 있다.

■ **INSERT INTO 테이블 (필드명1, 필드명2...) VALUES (값1, 값2...)** : 테이블에 레코드를 추가한다.

50 ■ **SELECT T1.품번, T2.제조사 FROM T1, T2** : 테이블 T1의 품번 필드와 테이블 T2의 제조사 필드를 검색

■ **WHERE T2.소재지 IN ('서울', '수원') AND T1.품번 = T2.품번;** : T2의 소재지가 서울 또는 수원이고 T1의 품번과 T2의 품번이 같은 레코드만 표시

51 **매개 변수 쿼리** : 쿼리 실행 시 값이나 패턴을 묻는 메시지를 표시한 후 사용자에게 조건 값을 입력받아 사용하는 쿼리로 조건 지정시 [ ]를 사용한다.

52 ■ **INSTR(문자열, 찾으려는 문자)** : 문자열에서 찾으려는 문자의 위치를 반환

■ =instr("ABCDABCDAB","CD") → "ABCDABCDAB"에서 첫번째 "CD"의 위치를 찾으므로 결과 값은 '3'이 된다.

53 ■ UPDATE 테이블명 SET 필드이름 = 변경값 WHERE 조건식

■ **급여=급여*1.2** : 급여를 20% 인상

54 Access에서는 두 테이블을 직접 다대다 관계로 설정할 수 없으므로 3개의 테이블로 각각 일대다 관계를 설정해야 한다.

55 모달 대화상자를 실행하면 새로운 폼이 만들어지며 [확인]과 [취소] 버튼이 생성된다. [확인]이나 [취소] 버튼을 누르면 대화상자가 닫힌다.

56 Me![DateDue].Visible = False → 현재 폼의 DateDue 컨트롤의 Visible 속성값을 False로 지정, 즉 표시되지 않도록 한다.

57 '예/아니오'의 세부 형식은 Yes/No, True/False, On/Off 형식이 있다.

58 [탭 순서] 대화상자의 [자동 순서]는 폼에 삽입된 컨트롤의 위치를 기준으로 위에서 아래로, 왼쪽에서 오른쪽으로 자동 설정된다.

59 크로스탭 쿼리에서 행 머리글로 사용될 필드는 3개까지 지정할 수 있으며, 열 머리글로 사용할 필드는 하나만 지정할 수 있다.

60 '일대다' 관계일 때 기본 폼에는 '일'에 해당하는 데이터가 표시되며, 하위 폼에는 '다'에 해당하는 데이터가 표시된다.

제2회 최신기출문제

정답

01 ②	02 ②	03 ③	04 ②	05 ④	06 ③	07 ③	08 ①	09 ③	10 ①
11 ②	12 ②	13 ①	14 ②	15 ①	16 ③	17 ③	18 ①	19 ①	20 ③
21 ④	22 ③	23 ②	24 ④	25 ②	26 ③	27 ③	28 ②	29 ②	30 ③
31 ②	32 ③	33 ②	34 ④	35 ①	36 ③	37 ③	38 ②	39 ②	40 ①
41 ④	42 ①	43 ④	44 ③	45 ④	46 ②	47 ④	48 ③	49 ②	50 ①
51 ②	52 ③	53 ④	54 ②	55 ①	56 ③	57 ③	58 ③	59 ③	60 ①

---

1 과목   컴퓨터 일반

01   하이퍼미디어는 사용자에 의해 문서의 읽는 순서가 결정되는 비선형 구조이다.

02
- **애드웨어** : 광고를 보는 대가로 무료로 사용하는 소프트웨어
- **스파이웨어** : 다른 사람의 컴퓨터에 잠입하여 중요한 개인 정보를 빼가는 소프트웨어
- **프리웨어** : 개발자가 소스를 공개한 소프트웨어로 제한 없이 사용할 수 있는 소프트웨어
- **셰어웨어** : 일정 기간 동안만 사용이 가능하거나 기능에 제한을 두는 소프트웨어

03   FTP 서버에 있는 프로그램은 접속 후에 서버에서 바로 실행할 수 없으며 다운로드 받은 후에 실행할 수 있다.

04   IPv6는 128비트 주소로 16비트씩 8부분으로 구성되어 있다.

05   ④는 라이브러리에 대한 설명이다.

06   BIOS(Basic Input/Output System) : 기본 입출력 장치나 메모리 등 하드웨어 작동에 필요한 프로그램으로 ROM에 저장되어 있다.

07
- USB는 범용 직렬 장치를 연결할 수 있게 해주는 컴퓨터 인터페이스이다.
- 핫 플러그인(Hot Plug In) 기능과 플러그 앤 플레이(Plug & Play) 기능을 모두 지원한다.
- 허브를 이용하여 하나의 USB 포트에 여러 개의 주변기기를 연결할 수 있으며, 최대 127개까지 연결할 수 있다.

08   ②-물리 계층, ③-전송 계층, ④-응용 계층

09
- **블루투스(Bluetooth)** : 휴대폰, 노트북, 이어폰, 헤드폰 등의 휴대기기를 서로 연결해 정보를 교환하는 근거리 무선 기술 표준으로 IEEE 802.15.1 규격을 사용하는 PANs(Personal Area Networks)의 산업 표준이다.
- **USN(Ubiquitous Sensor Network)** : 필요한 사물에 전자 태그를 부착하여 네트워크를 통해 실시간으로 정보를 활용하는 통신망이다.

10   디스크 조각 모음 : 디스크에 단편화되어 저장된 파일들을 모아서 디스크의 수행 속도를 높여주는 기능으로, 디스크의 용량을 늘리거나 하드디스크를 인식하지 못하는 경우와는 아무 상관이 없다.

11
- **MIDI(Musical Instrument Digital Interface)** : 전자 악기 사이의 데이터 교환을 위한 규약으로 용량이 작으며 사람의 목소리나 자연음은 재생할 수 없다.
- **스트리밍(Streaming) 사운드 파일** : 실시간으로 사운드를 보내기 위해 만들어진 압축 방식으로 인터넷을 통해 데이터를 계속 받으면서 동시에 이미 다운로드 받은 데이터를 재생한다.
  예) RealAudio 사운드 파일, ASF(Advanced Streaming File) 파일 등

12   주기적으로 시스템을 재부팅하는 것은 부품의 수명을 연장하는 것과 관계가 없다.

13
- **시스템 소프트웨어** : 컴퓨터와 사용자의 중간에서 시스템을 효율적으로 운영할 수 있도록 도와주는 프로그램으로 ②, ③, ④는 시스템 소프트웨어에 속한다.
- **응용 소프트웨어** : 사용자들이 특정한 용도에 맞게 활용하기 위해 작성된 소프트웨어로 ①은 응용 소프트웨어에 속한다.

14
- **엑스트라넷(Extranet)** : 인터넷 기술을 사용하여 공급자 · 고객 · 협력업체 사이의 인트라넷을 연결하는 협력적 네트워크
- **인트라넷(Intranet)** : 인터넷 관련 기술과 통신 규약을 이용하여 조직 내부 업무를 통합하는 정보시스템

15   [제어판]-[키보드]에서 입력 위치를 표시하는 커서의 모양을 선택할 수는 없다.

16   ①-언어 번역 프로그램(처리 프로그램), ②-응용 프로그램 ④-입출력 관리 프로그램

17   파일 및 폴더의 공유는 탐색기 창에서 파일이나 폴더를 선택하고 마우스 오른쪽 버튼을 누른 후 [공유] 또는 [속성]-[공유]를 선택한다.

18   캐시 메모리는 휘발성 메모리로 구성되며 고속 액세스가 가능한 기억장치이다.

19
- 연결 프로그램은 탐색기에서 파일을 선택하고 마우스 오른쪽 버튼을 누른 후 [연결 프로그램]을 선택하여 변경한다.
- [파일 탐색기]에서 [보기]-[옵션]-[폴더 및 검색 옵션 변경]을 클릭하여 [폴더 옵션]을 변경한다.

20 명령 프롬프트는 [실행] 창에서 'cmd'를 입력하여 실행할 수 있다.

<table>
<tr><td>2 과목</td><td>스프레드시트 일반</td></tr>
</table>

21 엑셀 리본 메뉴의 [탭]으로는 홈, 삽입, 페이지 레이아웃, 수식, 데이터, 검토, 보기, 개발 도구가 있으며 [편집] 탭은 존재하지 않는다.

22 그룹별로 요약된 데이터에 설정된 윤곽을 제거해도 원본 데이터는 삭제되지 않는다.

23 그룹화를 위한 데이터의 정렬을 오름차순으로 할 때와 내림차순으로 할 때의 그룹별 부분합의 결과는 동일하다.

24 연결을 제거하면 연결만 제거되며 외부에서 연결하여 가져온 데이터는 제거되지 않는다.

25 변경 셀은 결과 셀의 값을 예측할 수 있는 숫자 값이 입력되어 있는 셀이고 결과 셀은 수식이 입력되어 있는 셀이다.

26
- [통합 문서 공유]를 이용하면 동시에 여러 사용자가 통합 문서에서 작업할 수 있지만 통합 문서의 암호는 사용자별로 다르게 설정할 수 없다.
- [검토]-[변경 내용]-[통합 문서 공유]

27 셀의 바로 가기 메뉴에 [셀 편집]은 없으며, 셀을 편집하기 위해서는 셀을 두 번 클릭하는 방법, 수식 입력줄을 클릭하는 방법, F2 키를 누르는 방법이 있다.

28 셀을 이동하면 메모도 함께 이동된다.

29
- Worksheets("Sheet3").Rows(4) : Sheet3의 4행
- Font.Bold : 글꼴 스타일을 굵게 지정

30
- Ctrl + Page Up : 이전 워크시트로 이동
- Ctrl + Page Down : 다음 워크시트로 이동

31
- IFERROR(식 또는 값, 반환 값) : 식 또는 값이 오류이면 반환 값을 표시하는 함수
- =IFERROR(ISERR(A7),"ERROR") : [A7] 셀이 #N/A이면 FALSE를 표시하고, 그 외 오류가 발생하면 TRUE를 표시함
  - ISERR(인수) : 지정한 셀에 #N/A 오류가 발생하면 FALSE를 그 외 오류가 발생하면 TRUE를 표시하는 함수
- =IFERROR(ISLOGICAL(A3),"ERROR") : [A3] 셀이 논리값이면 TRUE이므로 결과 값은 TRUE
  - ISLOGICAL(인수) : 지정한 셀의 값이 논리값이면 TRUE를, 아니면 FALSE를 표시하는 함수
- =IFERROR(ISERROR(A7),"ERROR") : [A7] 셀이 오류 값이면 TRUE이므로 결과 값은 TRUE
  - ISERROR(인수) : 지정한 셀에 오류가 발생하면 TRUE를 그 외에는 FALSE를 출력하는 함수
- =IF(ISNUMBER(A4),TRUE,"ERROR") : [A4] 셀이 숫자이면 TRUE, 그렇지 않으면 "ERROR"를 표시하므로 결과 값은 TRUE
  - ISNUMBER(인수) : 지정한 셀의 값이 숫자이면 TRUE를, 아니면 FALSE를 표시하는 함수

32
- R은 행, C는 열, +는 아래와 오른쪽, –는 위와 왼쪽을 의미한다.
- ActiveCell.FormulaR1C1 = "=RC[-2]*RC[-1]" : 현재 셀을 기준으로 왼쪽 두 번째 셀과 바로 왼쪽 셀을 곱한다.

33 정렬은 기본적으로 위에서 아래로 정렬하며, [정렬 옵션] 대화 상자에서 '왼쪽에서 오른쪽'을 선택하여 변경할 수는 있다.

34 **3차원 참조** : 여러 시트 내에서 위치가 같은 셀들을 범위로 지정하는 참조 형태로 배열 수식에는 3차원 참조를 사용할 수 없다.

35 [페이지] 탭 '자동 맞춤'에서 용지 너비와 용지 높이를 모두 1로 설정하면 1페이지에 모두 출력되도록 배율이 조정된다.

36 차트 요소들은 맞춤, 그룹, 회전 등의 정렬 설정을 할 수 없다.

37 '쓰기 암호'는 '열기 암호'와 별도로 설정할 수 있으며, 암호를 모르더라도 읽기 전용으로 열어 열람이 가능하고 복사본으로 문서 저장이 가능하다.

38
- 세로 축을 선택한 후 [축 서식]의 축 옵션에서 가로 축 교차를 '축의 최대값'으로 설정하면 세로 축의 최대값인 2300과 가로 축이 교차된다.
- '값을 거꾸로'를 설정하면 세로 축의 값도 반대로 표시되므로 적합하지 않다.

39 틀 고정은 통합 문서 보기가 [기본] 또는 [페이지 나누기 미리 보기]일 때 설정할 수 있다.

40
- **합계 배열 공식** : =SUM(IF(조건,합계를 구할 범위))
- {=SUM(IF($B$2:$B$7=B10,$C$2:$C$7))} : [$B$2:$B$7] 영역과 [B10:B11] 영역을 비교하여 과목이 일치하면 점수의 합계를 구한다.

3 과목   데이터베이스 일반

41 ■ **네트워크 데이터 모델** : 데이터베이스의 논리적 구조가 그래프(graph) 또는 네트워크(network) 형태로 설명되는 모델

■ **계층 데이터 모델** : 두 레코드 타입을 부모 자식 관계로 설명되는 모델

42 ■ 레이블은 우편물 발송을 위한 것이지만 반드시 출력하려는 테이블에 우편번호와 주소가 있을 필요는 없다.

■ 우편물 레이블 마법사는 [만들기] 탭-[보고서] 그룹-[레이블]을 이용하여 작성할 수 있다.

43 '단추' 컨트롤은 매크로 함수를 수행하는 용도 이외에 레코드 탐색, 레코드 작업, 폼 작업, 보고서 작업, 응용 프로그램 등에 사용될 수 있다.

44 ■ [직접 지정]은 관계가 설정되어 있지 않은 상태에서 사용자가 직접 기본 폼과 하위 폼을 연결할 수 있는 기능이다.

■ 연결하는 필드의 변경은 [데이터] 탭의 '하위 필드 연결'이나 '기본 필드 연결'에서 가능하다.

■ 하위 폼 필드 연결기 창에서는 기본 폼과 하위 폼의 연결 필드를 한꺼번에 지정할 수 있다.

45 ■ Between 20 And 30 : 20 이상이고 30 이하

■ 이름 like "김*" : 이름이 '김'으로 시작

46 ■ **보고서 머리글** : 보고서의 맨 앞에 한 번 출력되며, 일반적으로 로고, 보고서 제목, 날짜 등을 표시할 때 사용

■ **그룹 바닥글** : 그룹의 맨 뒤에 출력되며, 그룹별 요약정보를 표시할 때 사용

47 '레이아웃 보기'는 '보고서 보기'와 '인쇄 미리 보기'를 혼합한 형태로 컨트롤의 위치와 크기를 변경할 수는 있지만 데이터를 변경할 수는 없다.

48 ■ **SELECT 학년, 반, 이름 FROM 평균성적** : [평균성적] 테이블에서 학년, 반, 이름을 검색

■ **WHERE 평균 >= 90 ORDER BY 학년 DESC 반 ASC;** : 평균이 90 이상인 학생들을 '학년' 필드의 내림차순, '반' 필드의 오름차순으로 정렬하여 표시

49 **예/아니오 형식** : Yes/No, True/False, On/Off 등 두 값 중 하나만 입력하는 경우에 사용

50 레이블 컨트롤에는 탭 순서를 지정할 수 없다.

51 **인덱스(Index)** : 키 값을 기초로 하여 테이블에서 찾기나 정렬 속도를 빠르게 하는 기능으로 OLE 개체 형식의 필드에는 지정할 수 없다.

52 ■ 필드의 형식이 바이트이지만 유효성 검사 규칙에 의해 200 이하의 값만 입력할 수 있다.

■ 동일한 학과코드는 입력될 수 없으며, 학과코드는 반드시 입력되어야 한다. → 인덱스 : 예(중복 불가능), 필수 : 예

■ 문자나 4자리 이상의 숫자는 입력할 수 없다. → 바이트

■ 레코드가 새로 생성되는 경우, '10'이 자동으로 입력된다. → 기본값

53 ■ '거래처별 제품목록'이라는 제목은 2페이지 상단에 표시된 것으로 페이지 머리글에 해당된다.

■ 그룹 머리글 영역에 표시되었다면 두 번째 그룹의 상단에도 표시되어야 한다.

54 ■ **마름모** : 관계(Relationship) 타입

■ **사각형** : 개체(Entity) 타입

■ **타원** : 속성(Attribute) 타입

■ **밑줄 타원** : 기본키 속성

■ **선** : 개체 타입과 속성 또는 개체 타입 간의 연결

55 ■ **열 형식** : 각 필드가 왼쪽의 레이블과 함께 각 행에 표시되며, 가장 일반적으로 사용하는 형식

■ **테이블 형식** : 각 레코드의 필드들이 한 줄로 나타나며, 레이블은 폼의 맨 위에 한 번 표시되는 형식

■ **데이터시트** : 데이터시트 보기 형식

■ **맞춤** : 필드 내용에 따라 각 필드를 균형있게 배치하는 형식

56 ■ **추가 쿼리** : 기존의 테이블에 레코드를 추가하는 쿼리

■ **테이블 만들기 쿼리** : 테이블의 데이터를 복사하거나 데이터를 보관해야 하는 경우에 사용되며, 새로운 테이블을 생성

57 **CANCELEVENT 함수** : 이 매크로 함수가 포함된 매크로 실행 이벤트를 취소할 수 있으며 CANCELEVENT 함수는 인수가 없다.

58 ■ * : 모든 문자를 대표하는 와일드 카드

■ ? : 한 글자를 대표하는 와일드 카드

■ 와일드 카드를 포함하는 경우에는 Like 연산자를 사용한다.

59 AddNew는 새 레코드를 만드는 RecordSet 개체의 매서드이다.

60 ID가 기본 키로 지정되어 있으므로 Null 값은 입력될 수 없으며 반드시 값이 입력되어야 한다.

제3회 최신기출문제

정답

01 ③	02 ①	03 ③	04 ②	05 ②	06 ②	07 ④	08 ③	09 ②	10 ②
11 ④	12 ②	13 ②	14 ③	15 ②	16 ②	17 ②	18 ②	19 ①	20 ④
21 ③	22 ④	23 ①	24 ③	25 ②	26 ④	27 ①	28 ③	29 ②	30 ②
31 ①	32 ③	33 ①	34 ②	35 ④	36 ③	37 ③	38 ①	39 ④	40 ④
41 ④	42 ②	43 ②	44 ②	45 ①	46 ②	47 ②	48 ②	49 ①	50 ②
51 ④	52 ③	53 ④	54 ③	55 ④	56 ②	57 ③	58 ①	59 ②	60 ③

---

1 과목   컴퓨터 일반

01
- **모핑(Morphing)** : 2개의 이미지를 부드럽게 연결하여 변환 또는 통합하는 것
- **안티 앨리어싱(Anti-Aliasing)** : 이미지 가장자리의 톱니 모양 같은 계단 현상을 제거하여 경계선을 부드럽게 하는 필터링 기술
- **디더링(Dithering)** : 제한된 색상을 조합하여 복잡한 색이나 새로운 색을 만드는 작업
- **모델링(Modeling)** : 물체의 형상을 컴퓨터 내부에서 3차원 그래픽으로 어떻게 표현할 것인지를 정하는 과정
- **렌더링(Randering)** : 3차원 애니메이션을 만드는 과정 중의 하나로 물체의 모형에 명암과 색상을 입혀 사실감을 더해 주는 작업

02
- **스니핑(Sniffing)** : 네트워크를 거쳐 전송되는 패킷 정보를 읽어 계정과 암호를 알아내는 행위
- **스푸핑(Spoofing)** : 프로그램이 정상적인 상태로 유지되는 것처럼 믿도록 속임수를 사용하는 행위
- **웜(Worm)** : 자기 복제를 하는 프로그램으로 특정 대상을 파괴하는 행위
- **바이러스(Virus)** : 컴퓨터 사용자 몰래 다른 파일에 자신의 코드를 복사하는 행위

03
- **HDD 인터페이스 방식** : IDE, EIDE, SCSI, SATA 등
- **그래픽 카드 인터페이스 방식** : ISA, VESA, AGP 등

04
- 비트맵 방식의 파일 형식은 복원한 데이터가 압축 전의 데이터와 완전히 일치하는 무손실 압축과 복원한 데이터가 압축 전의 데이터와 일치하지 않는 손실 압축을 사용한다.
- GIF는 무손실 압축 방식, JPG는 무손실 압축과 손실 압축 방식을 모두 사용한다.

05 FTP 서버에 있는 프로그램은 접속 후에 서버에서 바로 실행할 수 없으며 다운로드 받은 후에 실행할 수 있다.

06 **와이브로(Wibro)** : 이동 중에도 초고속 인터넷을 이용할 수 있는 무선 휴대 인터넷 서비스

07 방화벽은 외부에서 들어오는 패킷을 검사하여 인증된 패킷만 통과시키는 기능으로 방화벽을 이용하더라도 외부의 보안이 완벽하다고 볼 수 없으며, 내부의 불법적인 해킹은 막을 수 없다.

08 디스플레이의 방향은 [디스플레이] 설정에서 변경할 수 있다.

09 링형(Ring Topology)은 특정 노드에 이상이 생기면 전체 통신망에 영향을 미치며 쉽게 해결이 어렵다.

10
- **주문형 소프트웨어(Customized software)** : 특정 조직이나 개인에 의해 사용될 목적으로 설계된 프로그램
- **쉐어웨어(Shareware)** : 사용 기간과 일부 기능을 제한하여 정식 제품의 구입을 유도하기 위한 프로그램
- **프리웨어(Freeware)** : 누구나 자유롭게 사용할 수 있는 프로그램으로 기능 및 기간에 제한이 없는 프로그램

11
- **에니악(ENIAC)** : 최초의 전자 계산기
- **에드삭(EDSAC)** : 최초의 프로그램 내장 방식 컴퓨터
- **유니박(UNIVAC)** : 최초의 상업용 전자 계산기

12 공용 폴더 공유시 사용자 별로 폴더에 대해 접근 권한을 설정할 수 있으며 폴더 내의 일부 파일에 대해 사용자 별로 접근 권한을 다르게 설정할 수 없다.

13 ①-웹 브라우저(Web Browser), ③-플러그인(Plug-In), ④-웹 캐시(Web cash)

14 바로 가기 아이콘의 [속성] 창에 있는 디스크 할당 크기는 바로 가기 아이콘의 용량이며, 연결된 항목의 디스크 할당 크기는 해당 항목의 [속성] 창에서 확인할 수 있다.

15
- RAM에는 실행되는 프로그램과 데이터가 저장된다.
- RAM은 전원이 꺼지면 기억된 내용이 사라지는 휘발성 메모리로 읽고 쓰기가 자유롭다.
- ①, ③, ④는 ROM에 대한 설명이다.

16 IPv6는 128비트 주소로 16비트씩 8부분으로 구성되며 IPv4 주소 체계에 비해 자료 전송 속도가 빠르다.

17 운영체제는 컴퓨터의 하드웨어를 제어하고 응용 소프트웨어를 위한 기반 환경을 제공하여, 사용자가 컴퓨터를 사용 할 수 있도록 중재 역할을 해주는 소프트웨어로 반드시 설치되어야 컴퓨터를 사용할 수 있다.

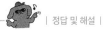

18 ■ 블루레이 디스크는 기존의 붉은 색 레이저를 사용하는 CD, DVD에 비해 푸른색 레이저를 사용하며 파장이 짧기 때문에 높은 정밀도로 데이터를 읽거나 쓸 수 있다.

■ 단층 구조는 한 면에 최대 27GB, 듀얼 구조는 50GB의 데이터를 기록한다.

19 Windows의 버전과 CPU의 종류, RAM의 크기를 확인할 수는 있지만 변경하는 것은 불가능하다.

20 ■ **관리자 계정** : 소프트웨어나 하드웨어를 설치하고 모든 파일에 액세스할 수 있으며, 다른 사용자 계정도 변경이 가능하다.

■ **표준 사용자 계정** : 소프트웨어나 하드웨어 설치, 다른 사용자나 컴퓨터 보안에 영향을 주는 설정은 할 수 없다.

---

2 과목 **스프레드시트 일반**

21 ■ **[테두리 없음]** : 복사한 셀에 적용된 테두리를 제외하고 나머지 서식과 셀의 내용은 그대로 붙여넣는다.

■ **[연결하여 붙여넣기]** : 복사한 셀에 입력된 내용을 연결하여 셀 서식을 제외한 셀의 내용만 붙여넣는다.

■ **[그림]** : 복사한 셀에 입력된 내용이 변경되더라도 그림에 표시되는 텍스트는 변경되지 않는다.

■ **[연결된 그림]** : 복사한 셀에 입력된 내용이 변경되는 경우 그림에 표시되는 텍스트도 자동으로 변경된다.

22 ■ **MOD(숫자1, 숫자2)** : 숫자1을 숫자2로 나눈 나머지를 표시

■ **COLUMNS(범위)** : 범위에 들어있는 열의 수를 반환

■ **COLUMN(셀 또는 범위)** : 범위의 열 번호를 반환

■ =MOD(COLUMN(B3),2)=0 → COLUMN(B3)에 의해 열 번호인 2가 반환되며, 2를 2로 나눈 나머지가 0이 되므로 조건부 서식이 적용된다. 마찬가지로 D열의 경우에도 열 번호 4가 반환되며, 4를 2로 나눈 나머지가 0이 되므로 조건부 서식이 적용된다.

23 그림과 같이 리본 메뉴에 바로 가기 키를 나타내려면 **Alt** 키나 **F10** 키를 누른다.

24 **병합** : 열려 있는 모든 통합 문서의 시나리오를 수집하여 현재 워크시트의 시나리오에 통합한다.

25 ■ =CHOOSE(LEFT(B3,1),"강남","구로","종로") → #VALUE! 오류발생

■ CHOOSE 함수는 처음 인수인 'LEFT(B3,1)'은 문자 'A'가 나오므로 오류가 발생, 처음 인수는 반드시 숫자로 나와야 함

26 **Ctrl** + **~** : 셀에 입력된 수식의 결과가 아닌 수식 자체를 표시

27 ? : 유효하지 않은 자리에 0대신 공백을 채우며, 소수점을 기준으로 정렬한다.

표시 형식	입력 자료	출력 자료
?.???	3.14 10.123	3.14 10.123

28 ■ **MOD(숫자1, 숫자2)** : 숫자1을 숫자2로 나눈 나머지를 표시

■ **INDEX(범위, 행번호, 열번호)** : 범위에서 행번호와 열번호가 교차하는 값을 표시하며, 데이터 범위가 하나의 행(열)인 경우 인수 생략 가능

■ =INDEX($E$2:$E$4,MOD(A2-1,3)+1) → MOD(A2-1,3)+1에 의해 A2에서 1을 뺀 값을 3으로 나눈 나머지에 1을 더하면 1, 2, 3이 반복되므로 $E$2:$E$4에서 1행, 2행, 3행이 교대로 표시된다.

29 ■ '찾을 내용'으로 와일드 카드인 *나 ?도 사용할 수 있다.

■ 와일드 카드를 포함한 내용을 찾으려면 ~*, ~? 등으로 지정한다.

30 ■ **이중 축 차트** : 차트에 보조 축을 표시하는 차트로 특정 데이터 계열의 값이 다른 계열의 값과 현저하게 차이가 날 경우나 두 가지 이상의 데이터 계열을 가진 차트에 사용한다.

■ ①-원형 차트, ③-혼합형 차트, ④-세로 막대형 차트

31 ■ **PV(이자율, 기간, 각 기간 지급액, 미래가치)** : 현재가치를 구하는 함수

■ **이자율** : 연이율을 12로 나눠 월이율로 계산

■ **기간** : 12를 곱해서 월 단위로 계산

■ **각 기간 지급액** : 없으므로 생략

■ **미래가치** : 투자가 완료된 후 얻고자 하는 미래가치나 현금 잔액

32 Range("1:1").Font.Bold = True → 1행의 글꼴 서식을 '굵게'로 설정

33 ■ **정렬** : 특정 필드를 기준으로 오름차순 또는 내림차순으로 정렬

■ **시나리오 관리자** : 변화요소가 많아 결과값 예측이 어려울 때 가상값을 지정하여 결과를 비교 분석하는 기능

■ **부분합** : 특정한 필드를 기준으로 분류하여 요약 함수를 계산

■ **피벗 테이블** : 많은 양의 데이터를 손쉽게 요약·분석할 수 있는 대화형 테이블

■ **해 찾기** : 워크시트의 다른 수식 셀 값에 대한 제약조건

또는 제한에 따라 목표 셀 하나에 들어있는 수식에 대한 최적의 값(최대값 또는 최소값)을 찾는 기능

- **데이터 유효성 검사** : 사용자가 셀에 입력하는 데이터 형식 또는 값을 제한하는 기능

34 데이터 계열의 요소 간 값의 차이가 큰 경우 [축 서식]의 [축 옵션]에서 '로그 눈금 간격'을 10으로 지정하면 값의 차이를 표시할 수 있다.

35 OutsideScope( )는 LocalVariable( )와 다른 프로시저이므로 LocalVariable( )에서 선언된 strMsg 변수를 사용할 수 없으므로 MsgBox를 이용해 대화상자에 표시할 수 없다.

36 배열에서 열은 콤마(,)로 구분하고 행은 세미콜론(;)으로 구분한다.

37

◢	A	B	C	D
1	1	2	3	4
2	6	7	8	9

려 메모를 시트의 끝에

38 **화면에 보이는 셀만** : 일반 복사 기능은 기본적으로 화면에 보이는 셀과 함께 숨겨지거나 필터링된 셀도 복사되므로 '화면에 보이는 셀만'을 선택하여 화면에 보이는 셀만 복사한다.

39
- REPLACE("February",SEARCH("U","Seoul-Unesco"), 5,"") → SEARCH("U","Seoul-Unesco")에 의해 "Seoul-Unesco"에서 "U"의 위치를 대소문자 구분 없이 찾으므로 4가 되며, REPLACE에 의해 "February"의 4번째에서 5 글자를 공백으로 채우면 "Feb"가 된다.
- =FIXED(3456.789,1,FALSE) → 숫자를 고정 소수점 형태의 텍스트로 바꾼다. FALSE는 쉼표를 표시한다.
- =EOMONTH(DATE(2015,2,25),1) → 시작 날짜를 기준으로 1개월 후의 마지막 날짜를 표시
- =CHOOSE(ROW(A3:A6), "동","서","남",2015) → ROW(A3:A6)는 범위의 행 번호를 반환하므로 3이되며, CHOOSE에 의해 세 번째 값인 '남'이 표시된다.

40
- MS-Word(*.doc)는 [데이터] 탭-[외부 데이터 가져오기] 그룹을 이용하여 가져올 수 없다.
- **[데이터] 탭-[외부 데이터 가져 오기] 그룹을 이용하여 가져올 수 없는 파일 형식** : 한글(*.hwp), MS-Word(*.doc), 압축된 Zip 파일 등

3 과목 **데이터베이스 일반**

41 **개체(entity)** : 현실 세계에 존재하는 객체나 개념

42
- **UNION 쿼리** : 성격이 유사한 2개의 테이블을 합쳐 하나의 테이블로 작성
- **UNION** : 중복된 레코드를 제거하고 합친다.
- **UNION ALL** : 별도의 중복 제거 과정을 거치치 않고 합친다.
- 쿼리 실행 결과의 필드 수는 학번, 학과, 점수 3개이다.
- 쿼리 실행 결과의 필드는 성적.학번, 성적.학과, 성적.점수이다.
- 쿼리 실행 결과는 학번의 오름차순으로 정렬되어 표시된다.

43 **WHERE 나이 Between 28 AND 40** : 나이가 28 이상 40 이하인 레코드를 검색

44 레이블 컨트롤에는 조건부 서식을 지정할 수 없다.

45
- **일반 텍스트 상자** : 일반 테스트 상자에 텍스트 또는 숫자를 입력하여 컨트롤 원본으로 지정하면 '#Name?' 오류가 발생한다.
- **바운드 텍스트 상자** : 폼이나 보고서에서 테이블이나 쿼리의 필드를 컨트롤 원본으로 사용하는 컨트롤
- **언바운드 컨트롤** : 폼이나 보고서에서 컨트롤 원본이 지정되지 않은 컨트롤
- **계산 컨트롤** : 컨트롤 원본으로 식을 사용하는 컨트롤

46
- 다른 구역에서 복사하여 붙여넣으면 붙여넣기 구역의 왼쪽 위에 붙여진다.
- **Shift** 키를 누른 상태에서 방향키를 누르면 컨트롤의 크기를 변경할 수 있다.
- **Ctrl** 키를 누른 상태에서 방향키를 누르면 컨트롤의 위치를 이동시킬 수 있다.

47 SELECT * FROM 직원 WHERE 부서번호 IN (SELECT 부서번호 FROM 부서 WHERE 부서명='인사부') → 먼저 부서 테이블에서 부서명이 '인사부'인 직원의 부서번호를 검색한 후 직원 테이블에서 해당 직원의 사번, 사원명, 부서번호를 검색한다.

48
- =[Page] → 2
- =[Page] & "중 " & [Page] → 2중 2
- =Format([Page], "000") → 002

49 **일대일 관계** : 한 테이블에 있는 하나의 레코드는 다른 테이블에 있는 단 하나의 레코드가 연관되어 있는 경우로 양쪽 테이블의

연결 필드가 모두 중복 불가능의 인덱스나 기본키로 설정되어 있는 경우에만 가능하다.

50 테이블, 쿼리, 폼, 보고서, 매크로 및 모듈을 현재 데이터베이스로 가져올 수 있다.

51
- **보고서 바닥글** : 보고서의 맨 마지막 페이지에 한 번만 표시되며 보고서의 요약을 표시하려는 경우에 사용
- **페이지 바닥글** : 모든 페이지의 맨 끝에 출력되며, 페이지 번호 또는 페이지별 정보를 표시하려는 경우에 사용

52 **무결성 제약 조건** : 정확성과 안정성을 유지하기 위한 제약 조건으로 테이블에 부적절한 자료가 입력되는 것을 방지하기 위해서 테이블을 생성할 때 정의하는 규칙

53 긴 텍스트 형식은 최대 64,000자까지 입력이 가능하며 짧은 텍스트 형식은 최대 255자까지 저장된다.

54 **[잠금] 속성** : 컨트롤에 입력된 데이터의 편집 여부를 설정하며, '예'로 설정하면 편집을 할 수 없으므로 읽기 전용 폼을 만들 수 있다.

55
- **IME 모드** : 컨트롤에 포커스가 위치할 때 입력 모드를 지정
- **엔터키 기능** : 입력란 컨트롤에서 엔터키를 눌렀을 때 수행할 작업을 지정
- **상태 표시줄** : 컨트롤에 포커스가 들어왔을 때 상태 표시줄에 표시할 메시지 지정
- **탭 인덱스** : 폼에서 해당 컨트롤의 탭 순서를 지정

56
- **CurrentData** : 현재 데이터베이스에 저장된 개체를 참조하는 속성
- **CurrentProject** : 현재 프로젝트나 데이터베이스에 대한 프로젝트를 참조하는 속성
- **DoCmd** : 프로시저에서 매크로 함수를 실행할 수 있는 개체

57
- 입력된 문자를 포함하는 데이터를 검색하려면 Like 연산자와 만능 문자를 이용해야 한다.
- Me.Filter = "고객ID like '*' & txt고객ID & '*'" → 고객ID가 'txt고객ID'에 입력된 글자를 포함하는 레코드를 현재 폼의 Filter 속성으로 정의한다.
- Me.FilterOn = True → Filter 속성에 정의된 Filter를 적용한다.

58 **인덱스(Index)** : 키 값을 기초로 하여 테이블에서 찾기나 정렬 속도를 빠르게 하는 기능

59 GROUP BY문을 사용할 때에는 HAVING절을 사용하여 조건을 지정한다.

60
- =DLOOKUP("필드","도메인","조건") : 도메인에서 조건에 맞는 필드를 검색한다.
- =DLOOKUP("성명", "사원", "[사원번호] = 1") : 사원 테이블에서 사원번호가 1인 데이터의 성명 필드를 검색

제4회 최신기출문제

정답

01 ③	02 ②	03 ①	04 ②	05 ①	06 ④	07 ④	08 ②	09 ④	10 ②
11 ②	12 ③	13 ④	14 ②	15 ④	16 ④	17 ①	18 ②	19 ②	20 ④
21 ③	22 ③	23 ②	24 ②	25 ④	26 ③	27 ④	28 ③	29 ②	30 ④
31 ④	32 ③	33 ①	34 ④	35 ②	36 ②	37 ③	38 ④	39 ③	40 ④
41 ④	42 ④	43 ①	44 ③	45 ②	46 ④	47 ①	48 ②	49 ③	50 ④
51 ①	52 ②	53 ④	54 ②	55 ②	56 ①	57 ①	58 ①	59 ④	60 ④

1과목 컴퓨터 일반

01 ①-4세대, ②-5세대, ③-1세대, ④-3세대

02 디스크 여유 공간을 보려면 Windows 탐색기에서 디스크를 선택하고 마우스 오른쪽 버튼을 누른 후 [속성]을 선택한다. [디스크 속성] 창의 [일반] 탭에서 사용 중인 공간과 사용 가능한 공간을 확인할 수 있다.

03 사용자 계정을 추가하거나 삭제하려면 [제어판]-[사용자 계정]을 선택한다.

04
- **COBOL** : 사무 처리용 프로그래밍 언어
- **DHTML** : 기존의 정적인 웹 페이지에 동적인 기능을 추가하기 위해 만들어진 웹 프로그래밍 언어
- **SGML** : 다양한 형태의 전자 문서들을 서로 다른 시스템들 사이에 정보의 손실 없이 효율적으로 전송·저장·자동 처리를 하기 위한 웹 프로그래밍 언어
- **WML** : 무선 인터넷 환경에서 사용할 목적으로 개발한 웹 프로그래밍 언어

05 ②-리피터(Repeater), ③-라우터(Router), ④-DNS(Domain Name System)

06 **⊞**+**E** : 파일 탐색기를 실행하는 바로 가기 키

07 공개키 암호화 기법에서는 암호화할 때 사용하는 키는 공개하고, 복호화할 때 사용하는 키는 비밀로 하는 방식을 사용한다.

방식	비밀키 암호화 기법	공개키 암호화 기법
특징	암호화 키와 복호화 키가 같다.	암호화 키와 복호화 키가 다르다.
장점	암호화, 복호화 속도가 빠르다.	키 분배가 용이하다.
단점	키 분배가 어렵다.	암호화, 복호화 속도가 느리다.
대표적인 알고리즘	DES	RSA

08 ■ **셰어웨어** : 일정 기간 동안만 사용이 가능하거나 기능에 제한을 두는 소프트웨어
■ **베타 버전** : 공식 프로그램을 발표하기 전에 일반 사용자에게 공개하여 평가를 받는 소프트웨어

09 ■ **DXF** : 벡터 파일 형식으로 오토 캐드에서 사용되는 그래픽 파일
■ **AVI** : Windows의 표준 동영상 파일 형식
■ **DVI** : 비디오 영상을 압축하여 디지털 데이터로 저장했다가, 컴퓨터로 재생할 동영상 압축, 복원 처리 기술
■ **ASF** : 마이크로소프트 사에서 개발한 스트리밍을 위한 동영상 파일 형식

10 운영체제는 컴퓨터가 동작하는 동안 주기억 장치 내에 위치하여 여러 종류의 자원 관리 서비스를 제공한다.

11 ■ ① **기밀성** : 허가되지 않은 사용자 또는 객체가 해당 정보의 내용을 알 수 없도록 비밀을 보장하는 것
■ ③ **무결성** : 허가되지 않은 사용자 또는 객체가 정보를 함부로 수정할 수 없게 하는 것
■ ④ **인증** : 정보를 보내오는 사람의 신원 확인, 사용자를 식별하고, 사용자의 접근 권한을 검증하는 것

12 **펌웨어(Firmware)** : 하드웨어와 소프트웨어의 중간 형태로 소프트웨어를 하드웨어화한 것이라고 볼 수 있다. 마이크로 컴퓨터에서 펌웨어는 대부분 ROM에 저장되어 관리된다.

13 ■ JPG는 비트맵 파일의 형식으로 이미지를 확대하면 테두리가 거칠어지는 계단 현상이 있다.
■ 이미지를 확대해도 테두리가 거칠어지지 않고 매끄럽게 표현되는 것은 벡터 파일의 형식이다.

14 ■ **인터럽트(Interrupt)** : 예기치 않은 일이 발생한 경우 현재 실행 중인 프로그램을 일시 중지하고, 응급사태를 해결하고 다시 원래의 상태로 복귀하는 것
■ **클라이언트/서버(Client/Server)** : 분산 처리 시스템으로 서비스를 요구하는 클라이언트와 서비스를 제공하는 서버로 구성하여 자원을 공유하는 시스템
■ **DMA(Direct Memory Access)** : CPU의 간섭없이 주기억 장치와 입출력 장치 사이에서 직접 전송이 이루어지는 방식
■ **채널(Channel)** : CPU와 독립적으로 입출력을 빠르게 처리할 수 있도록 만든 입출력 전용 프로세서

15 ■ **Nslookup** : DNS에게 특정 도메인의 IP 주소를 문의하는 대화식 프로그램
■ **Gopher** : 메뉴 방식으로 정보를 검색하는 서비스
■ **Archie** : 익명의 FTP(anonymous FTP)에서 정보를 검색하는 서비스
■ **IRC** : 인터넷에서 채팅을 할 수 있도록 지원하는 서비스

16 ■ RAM을 추가할 때는 메인보드가 지원하는 핀 수를 확인하고 같은 핀수의 RAM을 추가해야 한다.
■ **수치가 클수록 좋은 것** : CPU 클록 속도, 하드디스크 용량 등
■ **수치가 작을수록 좋은 것** : RAM이나 ODD의 접근 속도

17 ■ 글꼴 파일은 TTF, OTF, FON 등의 확장자를 가진다.
■ **rtf** : 마이크로소프트사가 중심이 되어 표준화한 텍스트 문서 파일 형식
■ **inf** : 드라이버에 대한 정보를 나타내는 파일

18 **IPv6** : IPv4의 단점을 개선하기 위해 개발된 새로운 IP 주소 체계로 128 비트의 주소를 사용하며, IPv4에 비해 자료 전송 속도가 빠르고, 주소의 확장성과 융통성이 우수하다.

19 ■ **유비쿼터스 센서 네트워크(USN ; Ubiquitous Sensor Network)** : 각종 센서에서 감지한 정보를 무선으로 수집하는 기술
■ **텔레매틱스(Telematics)** : 자동차와 무선 통신을 결합한 기술로 운전 경로를 안내하거나 차량 사고를 감지하는 역할
■ **테더링(Tethering)** : 인터넷에 연결된 기기를 이용하여 다른 기기도 인터넷 사용이 가능하게 하는 기술
■ **블루투스(Bluetooth)** : 휴대기기를 무선으로 연결하는 기능
■ **고퍼(Gopher)** : 인터넷에서 메뉴 방식으로 정보를 검색하는 서비스

20 ①-프로그램 제거 또는 변경, ②-Windows 기능 켜기/ 끄기, ③-설치된 업데이트 보기, ④ 다양한 테마는 바탕 화면에서 마우스 오른쪽 버튼을 누르고 [개인 설정]을 선택한 후 추가로 설치할 수 있다.

2 과목 **스프레드시트 일반**

21 ■ [통합 문서 보호]를 설정하면 포함된 차트, 도형 등의 그래픽 개체를 변경할 수 있다.
■ 통합 문서 보호를 설정하면 시트 삽입, 삭제, 이동, 숨기기, 이름 바꾸기, 창 이동, 창 크기 조절 등을 할 수 없다.

22 한 열에 숫자 입력 셀이 5개 있고, 텍스트 입력 셀이 3개 있는 경우 자동 필터는 셀의 수가 많은 '숫자 필터' 명령으로 표시된다.

23 **텍스트 방향** : 텍스트 방향대로, 왼쪽에서 오른쪽, 오른쪽에서 왼쪽

24 ■ **데이터 표** : 특정 값의 변화에 따른 결과값의 변화 과정을 한 번의 연산으로 빠르게 계산하여 표의 형태로 표시해 주는 도구
■ **통합** : 비슷한 형식의 여러 데이터의 결과를 하나의 표로 통합하여 요약해 주는 도구
■ **부분합** : 데이터를 일정 기준으로 요약하여 통계 처리를 수행하는 도구
■ **시나리오 관리자** : 특정 셀의 변경에 따라 연결된 결과 셀의 값이 자동으로 변경되어 결과값을 예측하는 도구

25 Excel의 [데이터] 탭 [연결] 그룹에서 [연결]을 클릭하면 기존 Access 파일의 연결을 추가하거나 제거할 수 있다.

26 [페이지 설정] 대화상자에는 '일련번호로 출력' 항목이 없다.

27 ■ =EXACT("EXCEL","excel") → FALSE
■ =SUBSTITUTE("EXCEL 2016","16","21") → EXCEL 2021
■ =CONCAT(ROW(A3),"행") → 3행
■ =QUOTIENT(MOD(10,6),2) → 3

28 열 구분선을 옮기려면 구분선을 드래그하면 된다.

29 ■ **Do ~ while ~ Loop** : 조건식이 참인 동안 명령문을 반복 수행한다.
■ k는 초기값이 0이며, 조건식에 의해 3보다 작은 동안 명령문으로 수행하므로 k가 0일 때와 k=k+2에 의해 k가 2일 때 명령문이 수행된다.
■ A1.offset(0,1) = 10 → [A1] 셀을 기준으로 아래로 0칸, 오른쪽으로 1칸이므로 [B1] = 10
■ A1.offset(2,1) = 10 → [A1] 셀을 기준으로 아래로 2칸, 오른쪽으로 1칸이므로 [B3] = 10

30 그룹 상태에서 여러 개의 시트에 정렬 및 필터 기능은 수행할 수 없다.

31 ■ =SUM(IF(검색 범위=조건, 참, 거짓))
■ {=SUM(IF($D$2:$D$14=H2,$E$2:$E$14,0))} → IF에 의해 지점($D$2:$D$14)에서 '서울'(H2)인 것을 찾아 참이면 대출금액($E$2:$E$14)의 합을 구하고, 거짓이면 0을 더한다.
■ SUMIF를 사용하려면 '=SUMIF($D$2:$D$14,H2,$E$2:$E$14)'와 같이 입력한다.

32 암호로 보호된 공유 통합 문서에서 보호를 해제하려면 먼저 통합 문서의 공유 상태를 해제해야 한다.

33 ■ **FV(이자, 기간, 금액, 불입액, 현재가치, 납입시점)** : 미래 가치를 구하는 함수
■ **이자율** : 연이율을 '12'로 나눠 월이율로 계산
■ **기간** : '12'를 곱해서 월 단위로 계산
■ **불입액** : 만기 금액이 양수로 나오게 하기 위해 음수로 지정
■ **현재가치** : 없으므로 생략
■ **납입시점** : 말일은 '0'이므로 생략

34 ■ 보조 눈금선은 표시하지 않았으며 기본 가로 눈금선과 기본 세로 눈금선을 표시했다.
■ 기본 세로(값) 축의 주 눈금을 '500'으로 설정하였다.
■ 매출액 계열은 기본 축이며 판매수량 계열을 보조 축으로 설정했다.

35 배열 상수는 숫자, 논리값, 텍스트, 오류값을 사용할 수 있으나 수식은 사용할 수 없다.

36 ■ **창 나누기** : 워크시트의 내용이 많아 하나의 화면으로 표시하기 어려운 경우 떨어져 있는 데이터를 한 화면에 표시하는 기능
■ **틀 고정** : 열 또는 행을 고정하여 셀 포인터의 이동과 관계없이 화면에 항상 표시하는 기능
■ **페이지 나누기** : 인쇄를 위해 워크시트를 별도의 페이지로 나누는 구분선을 삽입하는 기능

37 **중복** : 중복 값이 모두 지전되므로 합격, 불합격이 입력된 [B2:C8] 영역의 14개가 적용된다.

38 틀 고정 형태는 작업 영역으로 저장할 수 없다.

39 ■ ③은 no가 10 미만인 경우 sum을 구하고 no를 증가시키므로 1부터 9까지의 합이 구해진다.
■ 1부터 10까지의 합을 구하려면 no <= 10으로 수정한다.

40 분기는 가로 축, 영업1팀과 영업2팀은 데이터 계열로 사용되고 있다.

41 보고서의 컨트롤을 이용하여 레코드 원본으로 사용된 테이블에 데이터를 입력하거나 수정할 수 없다.

42 ■ ALTER TABLE 고객: 고객 테이블을 변경
■ DROP 취미 CASCADE; : 취미 필드를 삭제하며, 해당 필드와 연관된 다른 테이블의 내용도 삭제

43 ■ Undo : Control 개체 또는 Form 개체에서 변경된 값을 원래대로 되돌리기 위해 사용
■ Close : DoCmd 개체에서 개체를 닫는 명령어
■ OpenForm : DoCmd 개체에서 폼을 여는 명령어
■ Quit : DoCmd 개체에서 액세스를 종료하는 명령어

44 ■ DBMS의 단점 : 운영비 증가, 전문가 필요, 복잡한 백업과 복구, 시스템의 취약성 등
■ DBMS의 장점 : 데이터의 중복 및 종속성의 최소화, 데이터의 일관성 유지, 데이터의 무결성 유지, 데이터의 보안 보장, 데이터의 공유 가능

45 ■ 매개 변수 쿼리 : 쿼리 실행 시 값이나 패턴을 묻는 메시지를 표시한 후 사용자에게 조건 값을 입력받아 사용하는 쿼리로 조건 지정시 [ ]를 사용한다.
■ 크로스탭 쿼리 : 간단한 스프레드시트 형식의 쿼리
■ 통합 쿼리 : 성격이 유사한 두 개의 테이블이나 쿼리를 합쳐 하나로 만드는 쿼리
■ 실행 쿼리 : 기존 테이블을 업데이트, 추가, 삭제 등의 작업을 통해 변경하는 쿼리

46 [그룹화 및 정렬] 기능은 보고서에서 레코드를 그룹화하기 위해 사용되지만 폼에서는 사용할 수 없다.

47 하위 폼의 제목(레이블)을 변경하려면 [형식] 탭의 '캡션'을 수정한다.

48 ■ [페이지] 탭에서 용지 방향, 용지, 프린터를 선택할 수 있다.
■ [인쇄] 대화상자에서 인쇄할 범위로 인쇄할 페이지를 지정할 수 있다.

49 ■ [형식] 탭 : 형식, 소수 자릿수, 표시, 날짜 선택 표시, 너비, 높이, 위쪽, 왼쪽, 배경 스타일, 배경색, 테두리 스타일, 테두리 두께, 테두리 색 등
■ [데이터] 탭 : 컨트롤 원본, 텍스트 형식, 입력 마스크, 기본 값, 유효성 검사 규칙 등

■ [이벤트] 탭 : On Click, Before Update, After Update, On Dirty, On Change 등
■ [기타] 탭 : 이름, 데이터시트 캡션, 줄 바꿈 처리, Enter 키 기능, 탭 인덱스, 탭 정지, IME 모드 등

50 기본 값 속성을 이용하여 레코드 추가 시 기본으로 입력되는 값을 설정한다.

51 컨트롤 원본 : 목록으로 표시할 데이터를 SQL문을 지정하거나 필드명을 선택하여 지정한다.

52 ■ 개념적 설계 : 다양한 사용자의 요구 사항을 분석하여 정보 구조를 표현한 관계도(ERD)를 생성하는 단계
■ 논리적 설계 : 개념적 설계를 데이터 모델링을 거쳐 논리적으로 표현하는 단계
■ 물리적 설계 : 컴퓨터 시스템의 저장 장치에 저장하기 위한 구조와 접근 방법 등을 설계하는 단계

53 ■ ="Page" & [Page] & "/" & [Pages] → Page1/5
■ =[Page] & "/" & [Pages] & "Page" → 1/5Page

54 백만원 이상, 오백만원 이하 : 〉=1000000 And 〈= 5000000 또는 Between 1000000 And 5000000

55 ■ 한 줄에 하나의 명령문을 사용하지만 두 개 이상의 명령문을 사용하는 경우 명령문과 명령문 사이에 콜론(:)을 찍어 구분한다.
■ 프로시저 명령문의 끝에는 세미콜론(;)을 찍지 않는다.

56 0 : 숫자(필수), 9 : 숫자, 공백(선택), # : 숫자, 공백(선택), L : 영문, 한글(필수)

57 ■ 예/아니요 : 1비트, Yes/No, True/False, On/Off 형식 등 두 값 중 하나만을 선택할 때 사용
■ 통화 : 8바이트, 소수점 왼쪽으로 15자리, 오른쪽으로 4자리까지 표시 가능
■ 숫자 : 바이트형(1Byte), 정수형(Integer, 2Byte), 정수형(Long, 4Byte), 실수형(Single, 4Byte), 실수형(Double, 8Byte)이 있으며 산술 계산에 이용되는 숫자 데이터

58 DISTINCT : 검색 결과 중 중복된 결과 값을 제외하고 표시

59 ■ SELECT 부서정보. 부서번호, 부서명, 번호, 이름, 실적 FROM 부서정보 RIGHT JOIN 사원정보 ON 부서정보.부서번호 = 사원정보.부서번호; → 오른쪽 외부 조인이므로 [사원정보] 테이블에서는 모든 레코드가 표시되고, [부서정보] 테이블에서는 [사원정보] 테이블과 부서번호가 일치하는 것만 표시 한다.

■ **왼쪽 외부 조인(LEFT JOIN)** : 왼쪽 테이블에서는 모든 레코드를 포함하고, 오른쪽 테이블에서는 조인된 필드가 일치하는 레코드만 포함된다.

■ **오른쪽 외부 조인(RIGHT JOIN)** : 오른쪽 테이블에서는 모든 레코드를 포함하고, 왼쪽 테이블에서는 조인된 필드가 일치하는 레코드만 포함된다.

60 =DSUM("필드", "도메인", "조건") : 도메인에서 조건에 맞는 필드의 합계를 구한다.

제5회 최신기출문제

정답

01 ④	**02** ③	**03** ④	**04** ④	**05** ②	**06** ③	**07** ③	**08** ①	**09** ③	**10** ④
11 ③	**12** ②	**13** ②	**14** ②	**15** ④	**16** ①	**17** ③	**18** ③	**19** ②	**20** ③
21 ③	**22** ②	**23** ④	**24** ④	**25** ③	**26** ②	**27** ③	**28** ①	**29** ④	**30** ④
31 ③	**32** ②	**33** ④	**34** ③	**35** ④	**36** ①	**37** ④	**38** ③	**39** ①	**40** ④
41 ②	**42** ③	**43** ④	**44** ④	**45** ④	**46** ④	**47** ②	**48** ③	**49** ①	**50** ③
51 ④	**52** ③	**53** ②	**54** ③	**55** ①	**56** ④	**57** ③	**58** ②	**59** ②	**60** ②

1 과목 컴퓨터 일반

01 ■ **벡터 방식** : 이미지를 점과 선을 이용하여 표현하는 방식으로 확대시 계단 현상이 발생하지 않는다. (AI, WMF 등)

■ **비트맵 방식** : 이미지를 픽셀의 집합으로 표시하며 래스터 이미지라고도 한다. 확대시 계단 현상이 발생한다. (BMP, JPG, GIF, PNG 등)

02 명령 프롬프트 창, USB 드라이브, 네트워크 드라이브에서 삭제한 파일은 휴지통에 보관되지 않으므로 복원 메뉴로 복원할 수 없다.

03 MIDI(Musical Instrument Digital Interface) : 전자 악기 사이의 데이터 교환을 위한 규약으로 용량이 작으며 사람의 목소리나 자연음은 재생할 수 없다.

04 ■ 프로그램을 작성하기 위하여 사용하는 프로그램 언어, 규약 및 해법에는 저작권법을 적용하지 않는다.

■ **프로그램 언어** : 프로그램을 표현하는 수단으로서 문자·기호 및 그 체계

■ **규약** : 특정한 프로그램에서 프로그램 언어의 용법에 관한 특별한 약속

■ **해법** : 프로그램에서 지시·명령의 조합 방법

05 ①-SMTP, ②-POP3, ③-MIME, ④-MIME

06 **분산 서비스 거부 공격(DDoS ; Distributed Denial of Service)** : 악성코드나 이메일 등을 통하여 일반 사용자의 PC를 감염시켜 좀비PC를 만든 다음 동시에 동작하여 특정 사이트를 공격하는 방식

07 ■ **테더링(Tethering)** : 인터넷에 연결된 기기를 이용하여 다른 기기도 인터넷에 접속될 수 있도록 설정하는 방법

■ **와이파이(WiFi)** : 무선 접속 장치가 설치된 곳의 일정 거리 안에서 무선 인터넷을 할 수 있는 근거리 통신망

■ **블루투스(Bluetooth)** : 휴대폰, 노트북, 이어폰 등의 휴대기기를 서로 연결해 정보를 교환하는 근거리 무선 기술 표준

■ **와이브로(WiBro)** : 이동 중에도 인터넷을 이용할 수 있는 무선 휴대 인터넷

08 LAN은 전송 거리가 짧으므로 WAN에 비해 에러 발생률이 낮은 통신망이다.

09 ■ **3세대 이동통신** : WCDMA, Wibro, IMT 2000

■ **4세대 이동통신** : LTE-advanced, Wibro-Evolution

10 ■ **웹 브라우저** : 인터넷 웹페이지를 볼 수 있게 해주는 프로그램으로 응용 소프트웨어에 속한다.

■ **시스템 소프트웨어** : 컴퓨터와 사용자의 중간에서 시스템을 효율적으로 운영할 수 있도록 도와주는 프로그램

11 **운영체제의 목적** : 처리 능력 향상, 반환 시간(응답 시간) 단축, 사용 가능도의 향상, 신뢰도 향상

12 ①, ③, ④는 모두 ROM(Read Only Memory)에 대한 설명이다.

13 ■ **스풀링(Spooling)** : 인쇄 도중에도 다른 작업을 할 수 있는 병행 처리 기능으로 프린터에서 인쇄를 하기 전에 인쇄 내용을 하드 디스크에 임시로 보관하는 것이다.

■ 반드시 스풀링을 설정할 필요는 없으며, 프린터를 설치하는 과정에서 스풀링의 설정이 필요하지는 않다.

14 SSD(Solid State Drive) : 반도체를 이용한 기억장치로 HDD에 비해 저장 용량당 가격기 비싼 편이지만 속도가 빠르고 외부의 충격에 강하며, 발열, 소음, 전력 소모가 적고 소형화, 경량화할 수 있는 장점이 있다.

15 컴퓨터 속도가 심하게 느려진 경우에는 CPU나 RAM을 교체하는 것이 바람직하다.

16
- Windows Home 버전에는 원격 데스크톱 기능이 없다.
- [설정]-[시스템]-[원격 데스크톱]에서 설정할 수 있다.

17 NTFS 파일 시스템을 사용하지 않는 컴퓨터 또는 드라이브로 파일을 복사하면 설정된 암호는 유지되지 않는다.

18 시스템 복원은 시스템 파일과 설정을 이전 시점으로 되돌리는 것으로, 시스템 복원을 수행할 때 이전에 삭제된 파일이나 폴더가 휴지통에서 원래 위치로 복원되지는 않는다.

19 [포인터 옵션] 탭에서 **Ctrl** 키를 누르면 포인터의 위치를 표시하도록 설정할 수 있다.

20
- [파일 탐색기]에서 파일을 **Ctrl**과 **Shift** 키를 누른 채 드래그하여 바탕 화면에 놓으면 바로 가기 아이콘이 만들어진다.
- [파일 탐색기]에서 파일을 **Ctrl** 키를 누른 채 드래그하여 바탕 화면에 놓으면 파일이 복사된다.

2 과목 스프레드시트 일반

21 웹 페이지에서 텍스트, 서식이 설정된 텍스트 영역, 테이블의 텍스트 등은 가져올 수 있지만 그림과 스크립트의 내용은 가져올 수 없다.

22 **Ctrl** + **Y** : 다시 실행, **Ctrl** + **D** : 열 방향 자동 채우기

23 **Ctrl** + **Page Down** : 다음 워크시트로 이동
Ctrl + **Page Up** : 이전 워크시트로 이동

24 =MOD(COLUMN(A$1),2)=0 → 열 번호를 2로 나눈 나머지가 0인 경우에 서식을 지정하므로 짝수 번호의 열에만 배경색이 설정된다.

25
- *-#,##0 : '*'는 다음에 나오는 문자를 반복하여 표시하므로 '----6,789'로 표시
- # ???/??? : '?'는 유효하지 않은 자리는 공백으로 표시하며, 0.75는 '3/4'로 표시된다.
- 0,00#, : '0'은 유효하지 않은 자리를 0으로 표시하며, 맨 뒤의 콤마(,)는 천 단위 배수로 표시한다.
- ▲#;▼#;0 : 양수, 음수, 0값을 세미콜론(;)으로 구분한다. -6789는 음수이므로 '▼#'에 의하여 '▼6789'로 표시된다.

26 워크시트의 이름을 변경하지 못하도록 하려면 [검토] 탭-[통합 문서 보호]를 이용해야 한다.

27
- Range("A1", "C5").Select : [A1:C5] 영역을 모두 선택
- Range("A1, C5").Select : [A1] 셀, [C5] 셀 선택

28
Count = 1 → Count를 1로 설정한다.
Total = 0 → Total을 0으로 설정한다.
Do While Count 〈 100 → Count가 100보다 작은 동안 반복한다.
Total = Total + Count → Total에 Count를 더한다.
Count = Count + 2 → Count에 2를 더한다.
Loop
MsgBox Total → Total을 메시지 상자에 표시한다.

29 평균, 개수, 숫자 셀 수, 최소값, 최대값, 합계를 선택할 수 있으며 문자 데이터가 입력된 셀의 수는 구할 수 없다.

30 수식 '=A1+B1+C1'에 [C1] 셀을 포함하여 스스로를 참조하려 하므로 순환 참조 경고 메시지 창이 표시된다.

31
- **YEAR(TODAY( ))** : 현재 날짜의 연도를 구한다.
- YEAR(XLOOKUP(B8,A2:A6,B2:B6)) → '김인수'를 [A2:A6] 영역에서 찾은 후 [B2:B6] 영역에서 일치하는 입사일자의 연도를 구한다.

32
- [부분합] 대화상자에서 '새로운 값으로 대치' 옵션은 해제되었지만 '데이터 아래에 요약 표시' 옵션은 해제되지 않았다.
- 부분합을 설정하면 자동으로 윤곽이 지정된다.
- 첫 번째 정렬 기준은 '부서', 두 번째 정렬 기준은 '제품명'이다.

33 워크시트에서 차트 데이터 범위 영역의 중간에 데이터 계열(열)을 삽입해도 차트에 삽입되지 않는다. 단, 차트 데이터 범위 영역의 중간에 항목(행)을 삽입하면 차트에 적용 된다.

34 반복할 행이나 반복할 열은 연속된 행이나 열만을 지정할 수 있다.

35 [확대/축소] 대화상자에서 지정한 배율은 화면에서만 적용되며, 인쇄 시 [페이지 설정]의 확대/축소 배율에 반영되지 않는다.

36
- 이?? : 이름이 세 글자이며 '이'로 시작한다.
- 이* : 이름이 '이'로 시작하며 글자 수는 상관이 없다.
- AND 조건 : 같은 행에 조건을 입력
- OR 조건 : 다른 행에 조건을 입력

37 범례는 별도로 표시되어 있지 않지만 차트 하단의 데이터 표에 범례 표지가 표시되어 있다.

38 정렬 기준을 글꼴 색이나 셀 색으로 선택한 경우, 기본 정렬 순서는 선택한 색을 기준으로 '위에 표시' 또는 '아래쪽에 표시'만 가능하며, 밝은 색에서 어두운 색 순으로 정렬할 수는 없다.

39 배열 상수를 입력할 때 열 구분은 쉼표(,)로, 행 구분은 세미콜론(;)으로 한다.

40 =SUMIF(A1:C15,E2,C1:C15) → SUMIF의 첫 번째 인수를 여러 열로 구성된 범위로 지정한 경우 첫 번째 열에 조건을 적용한다. 즉, [A1:C15] 셀 영역의 첫 번째 열에서 '영업1부'를 찾을 수 없으므로 결과가 0이 된다.

3과목 데이터베이스 일반

41
- OpenForm : 폼을 여는 매크로 함수
- RunCommand : 명령어를 실행
- RunMacro : 매크로를 실행
- RunSQL : SQL을 실행

42
- i가 1부터 20까지 1씩 증가하는 동안 i를 4로 나눈 나머지가 0이면 Sum에 i를 더한다.
- 즉, i가 4, 8, 12, 16, 20일 때 i를 더하므로 Sum은 60이 된다.

43 객체지향형 모델은 객체 지향 프로그래밍(OOP) 기술을 도입하여 저장한 데이터베이스로, 모든 정보를 객체라는 형태로 표현하는 것이 특징이다. 일반화, 집단화 등의 개념을 사용하는 것은 일반적인 데이터베이스 모델에 대한 설명이다.

44 파이썬(Python) : 1991년 네덜란드 수학자 귀도 반 로섬에 의해 개발된 객체 지향 프로그래밍 언어

45
- 업무 문서 양식 마법사 : 거래 명세서, 세금 계산서의 기본 양식을 제공하는 마법사
- 새 보고서 : 필드와 컨트롤을 추가하여 보고서를 디자인
- 보고서 마법사 : 마법사를 이용하여 간단하게 보고서를 작성
- 보고서 디자인 : 빈 양식의 보고서에서 사용자가 직접 텍스트 상자, 레이블 등의 필요한 컨트롤들을 삽입하여 작성

46
- 사용 가능 : 컨트롤에 포커스를 이동할 수 있는지의 여부를 설정
- 잠금 : 컨트롤에 입력된 데이터의 편집 여부 설정

47 보고서의 레코드 원본은 하나 이상의 테이블이나 쿼리에서 필요한 필드를 선택할 수 있다.

48
- SELECT DateAdd("y", 5, Date()) AS 날짜계산; → 오늘 날짜에서 5일을 더한 날짜를 표시
- SELECT DateAdd("yyyy", 5, Date()) AS 날짜계산; → 오늘 날짜에서 5년을 더한 날짜를 표시

49
- 보고서 보기 : 페이지를 구분하지 않고 보고서를 표시
- 인쇄 미리 보기 : 페이지를 구분하여 보고서를 표시

50
- 크로스탭 쿼리는 값을 요약한 다음 행 머리글과 열 머리글의 두 가지의 집합 기준으로 그룹화 한다.
- 열과 행이 교차하는 곳에는 숫자, 날짜, 텍스트 필드를 선택할 수 있다.
- 크로스탭 쿼리는 테이블, 쿼리 개체를 데이터 원본으로 사용한다.

51
- SELECT 동아리 FROM 학생 → 학생 테이블의 동아리 필드를 검색
- GROUP BY 동아리 HAVING COUNT(*)> 2; → 동아리별로 그룹화하여 같은 동아리 개수가 2보다 큰(3개 이상) 동아리를 표시

52
- distinct는 중복을 제거한다는 의미로 select 바로 다음에 와야 한다.
- select * distinct from member where age=17; → select distinct * from member where age=17;

53 여러 개의 컨트롤들을 비순차적으로 선택하려면 **Shift** 또는 **Ctrl** 키를 누른 채 원하는 컨트롤을 각각 클릭한다.

54 외부 데이터 가져오기 : Excel, Access, ODBC 데이터베이스, 텍스트 파일, XML 파일, HTML 문서 등

55
- 항상 참조 무결성 유지 : 한 테이블이 다른 테이블의 기본 키를 참조하는 외래 키를 가질 때 외래 키는 널(null)이거나 다른 테이블의 기본 키에 존재하는 값이어야 한다.
- [사원] 테이블에 입력하려는 사원의 '부서코드'는 반드시 [부서] 테이블에 존재하거나 널 값이어야 한다.

56
- 간단한 날짜 : 2015-10-13
- 기본 날짜 : 2015-10-13 오후 5:34:23
- 자세한 날짜 : 2015년 10월 13일 토요일
- 보통 날짜 : 15년 10월 13일

57
- 필드 이름의 첫 글자는 숫자로 시작할 수 있으며, 공백은 첫 글자로 사용할 수 없다.
- 테이블 이름과 동일한 이름을 필드 이름으로 지정할 수 있다.
- 필드 이름에 마침표(.), 느낌표(!), 악센트 기호('), 대괄호([ ])를 제외한 특수 문자 및 문자, 숫자, 공백 등을 조합하여 포함할 수 있다.

58 폼의 제목 표시줄에 표시되는 텍스트는 '캡션' 속성을 이용하여 변경할 수 있다.

59 ■ **폼 분할** : 데이터시트 보기와 폼 보기를 동시에 표시하는 폼
  ■ **여러 항목** : 한 번에 여러 레코드를 표시하는 폼을 작성
  ■ **폼 마법사** : 마법사를 이용하여 간단히 폼을 작성
  ■ **모달 대화상자** : 실행된 상태에서는 다른 폼이나 개체를 선택할 수 없는 대화상자로 다른 개체로 이동하기 위해서는 반드시 대화상자를 닫아야 한다.

60 폼의 모양은 열 형식, 테이블 형식, 데이터시트, 맞춤의 4가지를 제공한다.

제6회 최신기출문제

정답

01 ②	02 ②	03 ③	04 ③	05 ④	06 ①	07 ①	08 ④	09 ②	10 ②
11 ③	12 ④	13 ①	14 ④	15 ②	16 ①	17 ②	18 ②	19 ④	20 ④
21 ①	22 ④	23 ④	24 ③	25 ①	26 ②	27 ④	28 ①	29 ④	30 ②
31 ②	32 ②	33 ④	34 ④	35 ②	36 ①	37 ②	38 ③	39 ③	40 ①
41 ②	42 ①	43 ④	44 ④	45 ①	46 ④	47 ④	48 ③	49 ②	50 ②
51 ③	52 ①	53 ④	54 ②	55 ③	56 ④	57 ④	58 ②	59 ③	60 ③

1 과목   컴퓨터 일반

01 [속성] 대화상자의 [자세히] 탭에서 동영상의 길이, 프레임 속도, 프레임 너비, 프레임 높이, 총 비트 전송률 등을 확인할 수 있으나 비트 수준은 표시되지 않는다.

02 하이퍼미디어는 문서를 읽는 순서가 사용자에 의해 결정되는 비선형 구조를 가지고 있다.

03 ■ **비밀키 암호화 기법** : 암호화 키와 복호화 키가 같은 방식으로 암호 알고리즘이 단순하여 암호화나 복호화를 하는 속도가 빠르다.
  ■ **공개키 암호화 기법** : 암호화 키와 복호화 키가 다른 방식으로 암호 알고리즘이 복잡하여 암호화나 복호화를 하는 속도가 느리다.

04 ■ **유즈넷(Usenet)** : 인터넷상의 전자게시판으로 특정한 주제나 관심사에 대해 의견을 제시하고 자료를 등록할 수 있는 서비스

  ■ **텔넷(Telnet)** : 멀리 떨어져 있는 컴퓨터에 접속하여 자신의 컴퓨터처럼 사용할 수 있도록 하는 서비스

05 ■ 네트워크에 접속된 다양한 단말 장치를 자동으로 인식하고 호환성을 제공하려면 동일한 프로토콜을 사용해야만 한다.
  ■ **프로토콜(Protocol)** : 네트워크에서 서로 다른 기종 간에 데이터를 전송할 때 원활한 정보 교환이 가능하도록 절차 등을 규정한 통신 규약으로 흐름 제어, 동기화 기능, 오류 제어, 단편화와 재조합, 주소 지정, 순서 지정, 캡슐화 기능 등을 수행한다.

06 ■ **중앙 집중식** : 중앙 컴퓨터가 모든 단말기에서 요구하는 데이터 처리를 전담하는 방식
  ■ **P2P(Peer to Peer)** : 동등한 계층 노드들이 서로 클라이언트와 서버의 역할을 동시에 하는 방식
  ■ **클라이언트/서버 방식** : 양방향 통신을 사용하며, 실시간 처리가 가능하므로 대기 시간이 필요하지 않다.

07 **블루투스(Bluetooth)** : 휴대폰, 노트북, 이어폰, 헤드폰 등의 휴대기기를 서로 연결해 정보를 교환하는 근거리 무선 기술 표준으로 IEEE 802.15.1 규격을 사용하는 PANs (Personal Area Networks)의 산업 표준이다.

08 국가의 모든 공공 기관에 보관된 자료를 복제한 경우는 저작재산권의 제한 사항에 해당되지 않는다.

09 ①-데모 프로그램, ③-베타 버전, ④-패치 프로그램

10 ■ 윈도우 시작 단추의 검색 상자에 'msconfig' 또는 '시스템 구성'을 입력 후 **Enter** 키를 누르면 [시스템 구성] 창이 열린다.
  ■ 기본 장치 및 서비스로만 Windows를 시작하여 발생된 문제를 진단하는 것은 진단 모드 이다.
  ■ 시스템 구성의 모드

정상 모드	모든 장치 드라이버 및 서비스 로드
진단 모드	기본 장치 및 서비스만 로드
선택 모드	시스템 서비스 로드, 시작 항목 로드, 원래 부팅 구성 사용을 선택

11 명령 프롬프트는 윈도우 시작 단추의 검색 상자에 'cmd'를 입력하여 실행할 수 있다.

12 ■ **다중 처리 시스템(Multi-Processing System)** : 2개 이상의 CPU를 이용하여 동시에 여러 개의 프로그램을 처리하는 방식
  ■ **시분할 처리 시스템(Time Sharing System)** : 여러 명의 사용자가 사용하는 시스템에서 시간을 분할하여 프로그램을 실행하는 시스템

■ **다중 프로그래밍 시스템(Multi-Programming System)** : 하나의 CPU와 주기억장치를 이용하여 여러 개의 프로그램을 동시에 처리하는 방식

■ **듀플렉스 시스템(Duplex System)** : 2개의 CPU로 하나가 가동될 때 다른 하나는 고장을 대비해 대기하는 시스템

13
■ **ASCII 코드** : 7비트로 구성되어 128가지의 문자 표현이 가능하며 주로 개인용 컴퓨터와 데이터 통신에서 사용된다.

■ **BCD 코드** : 6비트로 구성되어 64가지의 문자 표현이 가능하며, 대소문자를 구별할 수 없다.

■ **EBCDIC 코드** : 8비트로 구성되어 256가지의 문자 표현이 가능하며 대형 컴퓨터에서 주로 사용한다.

■ **Unicode** : 컴퓨터에서 세계 각국의 언어를 16비트로 표현할 수 있는 국제 표준 코드

14
■ **SATA(Serial ATA)** : 2003년에 규정이 제정된 직렬 인터페이스 방식으로 PATA 방식보다 편의성과 안정성이 향상되었으며 전원이 켜진 상태에서도 하드 디스크의 교체가 가능한 핫 플러그인 기능을 지원한다.

■ EIDE는 일반적으로 PATA를 의미한다.

15
■ 주기적으로 자주 시스템을 재부팅하여 부품의 수명을 연장시킬 수는 없다.

■ **번인 현상(Burn-in)** : 고정된 화면을 장시간 켜놓았거나 같은 이미지가 화면에 계속 표시되었을 때 해당 이미지가 사라지지 않고 화면상에 남아있는 현상

16 **디스크 조각 모음** : 디스크에 단편화되어 저장된 파일들을 모아서 디스크의 수행 속도를 높여주는 기능으로 디스크의 용량을 늘리거나 하드디스크를 인식하지 못하는 경우와는 상관이 없다.

17
■ PS/2 또는 직렬 포트를 통해 연결된 키보드와 마우스 등의 이전에 사용하던 특정 장치는 [장치 및 프린터] 폴더에 표시되지 않는다.

■ [설정]-[장치]-[추가 마우스 옵션]에서 설정할 수 있다.

18 직업 표시줄은 [시스템]이 아닌 [설정]-[개인 설정]에서 설정을 변경할 수 있다.

19 보호 대상이 되는 사용자의 계정(자녀)은 '표준 사용자 계정'이어야 한다.

20 32비트 버전의 Windows에서 64비트 버전의 프로그램을 설치하면 지원되지 않는 기능들이 있으므로 제대로 작동하지 않는다.

2 과목 스프레드시트 일반

21 외부 데이터 가져오기로 가져올 수 있는 파일 형식로는 ACCESS, 웹, 텍스트, PDF 파일, 기타 원본 등이 있으며 MS-Word 파일은 가져올 수 없다.

22 연결을 제거해도 현재 통합 문서에 가져온 데이터는 삭제 되지 않는다.

23
■ **오름차순 정렬** : 숫자 – 공백으로 시작하는 문자열 – 특수문자 – 영문 소문자 – 영문 대문자 – 한글 – 논리값 – 오류값 – 빈 셀(대/소문자를 구분하는 경우)

■ **내림차순 정렬** : 오류값 – 논리값 – 한글 – 영문 대문자 – 영문 소문자 – 특수문자 – 공백으로 시작하는 문자열 – 숫자 – 빈 셀(대/소문자를 구분하는 경우)

24 수식이 아닌 상수로 입력되게 하려면 수식을 입력한 후 바로 F9 키를 누른다.

25
■ **목표값 찾기** : 수식에서 원하는 결과를 알고 있지만, 그 결과를 얻는 데 필요한 입력 값을 알고자 하는 경우 사용

■ 수식 셀($B$9)의 만기시 수령액 1,000,000원이 2,000,000원(찾는 값)이 되려면 값을 바꿀 셀($B$4)은 얼마가 될지 찾는다.

26 피벗 테이블의 셀에 메모를 삽입한 경우 데이터를 정렬하여도 메모는 피벗 테이블의 셀에 고정되어 있다.

27 ①, ②, ③은 [파일]-[옵션]의 [고급]에서 설정한다.

28
■ **셀의 값이 1000 이상이면 '파랑'** : [파랑][>=1000]

■ **1000 미만 500 이상이면 '빨강'** : [빨강][>=500]

■ 각 조건에 대해 천 단위 구분 기호(,)와 소수 이하 첫째 자리까지 표시 : #,##0.0

■ '#'은 유효하지 않은 0을 표시하지 않으며, '0'은 유효하지 않은 자릿수에 0을 표시한다.

■ 각 구역은 세미콜론(;)으로 구분한다.

29
■ **한 단계씩 실행** : F8 키

■ **모듈 창의 커서 위치까지 실행** : Ctrl + F8 키

■ **매크로를 바로 실행** : F5 키

30 다른 워크시트의 값을 참조하는 경우 해당 워크시트의 이름에 사이 띄우기가 포함되어 있으면 워크시트의 이름은 작은 따옴표(')로 묶인다.
예) 이름이 '월별 분석'인 워크시트를 참조하는 경우 : ='월별 분석'!A1

31 ■ **방사형** : 여러 데이터 계열의 집계 값을 비교하므로 세로 축만 존재한다.

■ **거품형** : 가로 축과 세로 축이 존재하며, 세 번째 열을 추가 하여 거품의 크기를 지정한다.

32 ■ **Range("A1").Select** : [A1] 셀을 선택한다.

■ **ActiveCell.FormulaR1C1="Name"** : 선택된 [A1] 셀에 "Name"을 입력한다.

■ **Range("B2").Select** : [B2] 셀을 선택한다.

33 ■ **SEARCH(텍스트1, 텍스트2)** : 텍스트1을 텍스트2에서 찾아 시작 위치를 반환하며, 대소문자를 가리지 않고 한글 1자를 1바이트로 계산

■ **SEARCHB(텍스트1, 텍스트2)** : 텍스트1을 텍스트2에서 찾아 시작 위치를 반환하며, 대소문자를 가리지 않고 한글 1자를 2바이트로 계산

■ **=MID(A5,SEARCHB(A1,A5)+5,3)** → SEARCHB(A1,A5)에 의 해 [A1] 셀의 내용을 [A5] 셀에서 찾지만 [A1] 셀에 아무것도 입력되어 있지 않으므로 1이 된다. MID 함수에 의해 [A5] 셀 의 6번째에서 3글자를 표시하므로 결과는 '설악산'이 된다.

■ **=REPLACE(A5,SEARCHB("한",A2),5," ")** → SEARCHB ("한",A2)에 의해 "한"을 [A2] 셀에서 찾으므로 1이 된다. REPLACE 함수에 의해 [A5] 셀의 1번째에서 5번째 글자를 없애므로 결과는 '설악산'이 된다.

■ **=MID(A2,SEARCHB(A4,A3),2)** → SEARCHB(A4,A3)에 의 해 [A4] 셀의 내용을 [A3] 셀에서 찾은 결과는 6이 된다. MID 함수에 의해 [A2] 셀의 6번째에서 2글자를 표시하므로 결과는 '민국'이 된다.

■ **=REPLACE(A3,SEARCHB(A4,A3),2,"명세서")** → REPLACE 함수에 의해 [A3] 셀의 6번째에서 2글자를 '명세서'로 바꾸 므로 결과는 '분기 수익명세서'가 된다.(분기 수익 : 5글자이 기 때문에 6번째 위치에 '명세서'를 추가함)

34 {=SUM(IF($B$2:$B$15=E2,$C$2:$C$15))} → [B2:B15] 범위 와 [E2] 셀의 값을 비교하여 일치하는 배열의 값을 [C2:C15]로 반환한 값을 합계로 구한다.

35 워크시트 이름에는 ₩, /, ?, *, [] 등의 문자는 사용할 수 없다.

36 ■ **오차 막대** : 차트에서 잠재적인 오차량을 표시

■ **표시 방향(모두)** : 기준점을 기준으로 양의 값, 음의 값이 모두 표시된다.

■ **오차량(고정값 10)** : 기준점을 기준으로 양의 값은 +10, 음의 값은 −10이 된다.

37 ■ {=SUM(IF(검색 범위=조건, 참, 거짓))

■ {=SUM(IF($C$3:$C$15=LEFT(F3,2),1,0))} : IF에 의해 출 신지역($C$3:$C$15)에서 '서울'(LEFT(F3,2))인 것을 찾아 참이면 1을 더하고, 거짓이면 0을 더한다.

38 ■ **Ctrl** + **1** : 셀 서식 대화상자 표시

■ **Ctrl** + **2** : 글꼴 스타일 '굵게' 적용, 다시 누르면 취소

■ **Ctrl** + **3** : 글꼴 스타일 '기울임 꼴' 적용, 다시 누르면 취소

■ **Ctrl** + **4** : 선택한 셀에 밑줄 적용, 다시 누르면 취소

■ **Ctrl** + **5** : 취소선 적용, 다시 누르면 취소

39 틀 고정 구분선은 마우스로 드래그하여 이동할 수 없다.

40 [새 창]을 클릭하면 현재 통합문서와 동일한 통합문서가 새 창 으로 열려진다.

3 과목　데이터베이스 일반

41 ■ **모듈** : VBA에서 프로시저, 형식, 데이터 선언과 정의 등의 선언 집단을 의미

■ **매크로** : 여러 개의 매크로 함수를 하나로 묶어서 반복 작업 을 쉽게 처리하는 기능

■ **이벤트** : 프로그램 실행 중에 일어나는 사건

■ **폼** : 데이터의 조회, 입력, 수정, 삭제 등의 작업을 편리하게 수행할 수 있는 개체

42 ■ &는 문자를 연결하는 연산자이므로 "1" & "2"의 결과 값은 12

■ 3 MOD 3 → 3을 3으로 나눈 나머지이므로 결과 값은 0

■ 1 <> 2 AND 3 > 3 → 1과 2는 같지 않고 3은 3보다 크다는 의미이므로 결과 값은 0(FALSE)

■ 1 AND 2 → 0 이외의 값은 모두 TRUE이므로 결과 값은 −1(TRUE)

43 매크로는 주로 컨트롤의 이벤트에 연결하여 사용하며, 폼이나 보고서 컨트롤의 이벤트에 연결하거나 독립적으로 실행할 수도 있다.

44 **파이썬(Python)** : 1991년 네덜란드 수학자 귀도 반 로섬에 의 해 개발된 객체 지향 프로그래밍 언어

45 튜플(Tuple)은 행(레코드)을 의미하며, 튜플의 수는 카디널리티 (Cardinality)라고 한다.

46 '레이아웃 보기'는 '보고서 보기'와 '디자인 보기'를 혼합한 형태 로 데이터를 변경할 수 없다.

47 ■ **사용 가능** : 컨트롤에 포커스를 이동할 수 있는지의 여부를 설정
　　■ **잠금** : 컨트롤에 입력된 데이터의 편집 여부 설정

48 주 보고서에는 최대 7개까지 하위 보고서를 중첩하여 작성할 수 있다.

49 ■ SELECT Count(*) → 전체 개수를 표시
　　■ FROM (SELECT Distinct City From Customer); → Customer 의 City가 중복된 것을 제외
　　■ City 필드에서 중복된 것을 제외하면 부산, 서울, 대전, 광주, 인천이 남으므로 전체 개수는 5개이다.

50 ■ 레코드를 여러 번 복사한 경우 마지막 복사한 레코드만 사용 가능하다.
　　■ 레코드를 추가하는 단축키는 **Ctrl** + **+** 이다.
　　■ 여러 레코드를 선택하여 한 번에 삭제할 수 있으며, 삭제된 레코드는 복원할 수 없다.

51 ■ RIGHT([주민번호],2)="01" → [주민번호] 필드에서 맨 뒤의 두 자리가 '01'인 레코드를 추출
　　■ **DATE( )** : 시스템의 현재 날짜
　　■ **YEAR(날짜)** : 날짜에 해당하는 연도
　　■ **INSTR(문자열, 찾으려는 문자)** : 문자열에서 찾으려는 문자의 위치를 반환
　　■ **RIGHT(필드, 개수)** : 필드의 맨 뒤에서 개수만큼 문자를 추출
　　■ **LIKE 패턴** : 패턴에 일치하는 값을 검색

52 ■ 한 개의 INSERT문으로 여러 개의 레코드를 삽입할 수 있지만 한 번에 하나의 테이블에만 추가할 수 있다.
　　■ INSERT INTO 테이블 (필드명1, 필드명2...) VALUES (값1, 값2...) : 테이블에 레코드를 추가한다.

53 [텍스트 가져오기 마법사]를 이용하여 기존 테이블에 내용을 추가하려는 경우 가져오는 도중에 데이터를 수정할 수는 없다.

54 'Σ 요약' 기능은 테이블, 폼, 쿼리에서는 사용할 수 있지만 보고서에서는 사용할 수 없다.

55 분할 표시 폼을 만든 후에는 컨트롤의 크기를 조정할 수 있으며, 기존 필드 추가만 가능하다.

56 ■ **간단한 날짜** : 2015-10-13
　　■ **기본 날짜** : 2015-10-13 오후 5:34:23
　　■ **자세한 날짜** : 2015년 10월 13일 토요일
　　■ **보통 날짜** : 15년 10월 13일

57 ■ **폼 디자인** : 빈 양식의 폼에서 사용자가 직접 텍스트 상자, 레이블, 단추 등의 필요한 컨트롤들을 삽입하여 작성
　　■ **폼** : 한 번에 한 개의 레코드에 대한 정보를 입력하는 폼
　　■ **폼 분할** : 데이터시트 보기와 폼 보기를 동시에 표시하는 폼
　　■ **여러 항목** : 한 번에 여러 레코드를 표시하는 폼을 작성

58 [파일] 탭-[옵션]-[현재 데이터베이스]-[응용 프로그램 옵션]-[폼 표시]를 선택한다.

59 크로스탭 쿼리에서 행 머리글로 사용될 필드는 3개까지 지정할 수 있으며, 열 머리글로 사용할 필드는 하나만 지정할 수 있다.

60 **매개 변수 쿼리** : 쿼리 실행 시 값이나 패턴을 묻는 메시지를 표시한 후 사용자에게 조건 값을 입력받아 사용하는 쿼리로 조건 지정시 [ ]를 사용한다.

제7회 최신기출문제

정답

01 ①	**02** ②	**03** ①	**04** ③	**05** ①	**06** ④	**07** ②	**08** ③	**09** ②	**10** ③
11 ④	**12** ④	**13** ②	**14** ③	**15** ④	**16** ③	**17** ③	**18** ①	**19** ③	**20** ④
21 ③	**22** ①	**23** ③	**24** ②	**25** ③	**26** ②	**27** ③	**28** ④	**29** ④	**30** ②
31 ①	**32** ②	**33** ②	**34** ①	**35** ③	**36** ①	**37** ②	**38** ②	**39** ④	**40** ①
41 ③	**42** ④	**43** ③	**44** ④	**45** ①	**46** ①	**47** ①	**48** ②	**49** ③	**50** ④
51 ②	**52** ④	**53** ③	**54** ②	**55** ②	**56** ①	**57** ④	**58** ①	**59** ②	**60** ②

1 과목 **컴퓨터 일반**

01 ■ **유니코드(Unicode)** : 컴퓨터에서 세계 각국의 언어를 16 비트로 표현할 수 있는 국제 표준 코드
　　■ **BCD 코드** : 6비트로 구성되어 64가지의 문자 표현이 가능하며, 대소문자를 구별할 수 없다.
　　■ **ASCII 코드** : 7비트로 구성되어 128가지의 문자 표현이 가능하며 주로 개인용 컴퓨터와 데이터 통신에서 사용된다.
　　■ **EBCDIC 코드** : 8비트로 구성되어 256가지의 문자 표현이 가능하며 대형 컴퓨터에서 주로 사용한다.

02 ■ 모니터 크기는 화면의 대각선 길이를 센티미터(cm) 단위로 나타낸다.
- ■ **재생률(Refresh Rate)** : 화면을 유지하기 위해 1초에 전자 빔을 쏘는 횟수
- ■ **플리커프리(Flicker free)** : 깜빡임을 제거하여 눈의 피로, 두통을 줄인 모니터

03 ■ SRAM은 주로 트랜지스터로 구성되며, 재충전이 필요없다.
- ■ DRAM은 주로 콘덴서로 구성되며, 재충전이 필요하다.

04 **USB(Universal Serial Bus)** : 범용 직렬 버스로 컴퓨터와 주변 장치를 연결하는 표준 규격, USB 3.0의 최대 데이터 전송 속도는 5Gbps

05 ■ [Windows 작업 관리자]에서 네트워크의 작동 상태를 확인할 수는 있지만 수정할 수는 없다.(**Ctrl** + **Shift** + **Esc** 로 실행)
- ■ 네트워크의 작동 상태는 [제어판] – [네트워크 및 공유 센터]에서 확인하고 수정할 수 있다.

06 ■ **연관(Associative) 메모리** : 주소 대신 기억된 내용의 일부를 이용하여 정보를 검색하는 기억장치
- ■ **가상(Virtual) 메모리** : 보조기억장치를 마치 주기억장치와 같이 사용하여 주기억장치의 용량을 확대하여 사용하는 방법

07 작업 표시줄에 있는 단추를 큰 아이콘이 아닌 '작은 아이콘'으로 표시되도록 설정할 수 있다.

08 **⊞** + **E** : 파일 탐색기를 실행한다.

09 ■ 표준 사용자 계정에서는 [사용자 계정 컨트롤 설정] 창이 열리지 않으므로 UAC의 알림 빈도를 설정할 수 없다.
- ■ **사용자 계정 컨트롤(UAC : User Account Control)** : 프로그램에서 관리자 수준의 권한이 필요한 변경 작업을 수행할 때 이를 사용자에게 알려 컴퓨터를 제어할 수 있도록 도와주는 기능

10 ■ BIOS는 컴퓨터에서 전원을 켜면 부팅의 가장 기본적인 기능을 처리해주는 프로그램으로 ROM이나 플래시 메모리에 내장되어 있다.
- ■ CMOS는 부팅 시에 필요한 하드웨어 정보를 담고 있으며 CMOS setup 프로그램을 BIOS에 내장하여 부팅할 때 실행된다.

11 스크립트 언어란 컴파일을 하지 않고 작성해서 바로 실행하는 프로그램으로 ASP, JSP, PHP는 모두 웹 서버에서 작동하는 프로그램을 만드는 언어이다.

12 ■ **OLE(Object Linking and Embedding)** : Windows 환경에서 각종 응용 프로그램 간에 데이터 교환을 위해 서로의 데이터를 공유하는 기능
- ■ **선점형 멀티태스크(Preemptive Multitasking)** : 운영체제가 CPU를 선점하여 프로그램의 제어권을 가지는 기능
- ■ **GUI(Graphic User Interface)** : 사용자와 컴퓨터가 마우스를 이용하여 아이콘 등으로 명령을 내리고 작업을 수행하는 방식
- ■ **PnP(Plug & Play)** : 자동 감지 설치 기능으로 컴퓨터에 장치를 연결하면 자동으로 장치를 인식하여 쉽게 장치를 연결하는 기능

13 ■ IPv6은 128비트 주소로 16비트씩 8부분으로 구성되며 각 부분은 콜론(:)으로 구분한다.
- ■ IPv4는 32비트 주소로 8비트씩 4부분으로 구성되며 각 부분은 .(Period)으로 구분한다.

14 ■ **단방향 전송** : 한쪽 방향으로만 데이터를 전송하는 방식 (라디오, TV 방송)
- ■ **반이중 전송** : 양쪽 방향으로 데이터를 전송하지만 동시 전송은 불가능한 방식(무전기)
- ■ **브로드밴드 전송** : 디지털 데이터 신호를 아날로그로 변조하여 다수의 통신 채널로 데이터를 동시에 전송하는 방식

15 **Ping** : 원격 컴퓨터가 현재 네트워크에 연결되어 정상적으로 작동하는지 알아보는 서비스

16 ■ **코덱(CODEC)** : 음성 또는 영상의 신호를 디지털 신호로 변환하는 코더와 그 반대로 변환시켜 주는 디코더의 기능을 함께 갖춘 기술
- ■ **허브(HUB)** : 컴퓨터들을 LAN에 접속시키는 네트워크 장치
- ■ **디지털 서비스 유니트(DSU)** : 원거리 전송에 적합하도록 디지털 신호의 형태로 변형하는 장치
- ■ **통신제어장치(CCU)** : 통신 회선과 정보 처리 장치와의 사이에 위치하여 단말 장치와의 제어, 정보 신호의 제어를 실행하는 장치

17 ■ **DoS(서비스 거부 공격)** : 일시에 대량의 데이터를 한 서버에 집중, 전송시켜 시스템에 오버플로우를 일으켜 정상적인 서비스를 수행하지 못하도록 만드는 행위
- ■ ①-스푸핑(Spoofing), ②-스니핑(Sniffing), ④-DoS (Denial of Service)

18 **프록시(Proxy) 서버** : 클라이언트와 서버 사이에서 데이터를 중계하는 서버로 어떤 사이트에 접속할 때 프록시 서버에서 데이터를 가지고 와서 전달하는 방화벽 기능과 캐시 기능을 가지고 있다.

19 ■ MPEG는 Windows에서 재생하기 위해 별도의 코덱과 플레이어(앱)가 필요하다.

- ③은 AVI에 대한 설명이다.

20 ■ **벡터 방식의 대표적인 프로그램** : 일러스트레이터, 플래시, 코렐 드로 등
- **비트맵 방식의 대표적인 프로그램** : 포토샵, 페인트 샵 프로 등

2 과목   스프레드시트 일반

21 하위 데이터 집합에도 필터와 정렬, 조건부 서식을 적용하여 원하는 정보만 강조할 수 있다.

22 자동 필터에서 요일로 필터링하는 기능은 제공되지 않는다.

23 ■ 제한 대상에는 데이터가 없다.
- **제한 대상** : 모든 값, 정수, 소수점, 목록, 날짜, 시간, 텍스트 길이, 사용자 지정

24 ■ 쿼리를 백그라운드로 실행하면서 Excel을 사용할 수 있지 만, OLAP(온라인 분석 처리) 쿼리는 백그라운드로 실행할 수 없다.
- 통합 문서를 열 때 외부 데이터 범위를 자동으로 새로 고치려 면 [데이터] 탭-[연결] 그룹-[연결]-[속성]을 클릭하여 '파일 을 열 때 데이터 새로 고침' 항목을 체크한다.
- 열려 있는 통합 문서가 여러 개이면 각 통합 문서에서 [데이 터] 탭-[연결] 그룹-[모두 새로 고침]을 실행한다.
- 일정한 간격으로 데이터 새로 고침을 자동 수행하도록 설정 하려면 [데이터] 탭-[연결] 그룹-[연결]-[속성]을 클릭하여 '다음 간격으로 새로 고침' 항목을 체크한다.

25 ■ *-#,###0 : '*'는 다음에 나오는 문자를 반복하여 표시하므 로 '----6,789'로 표시
- # ???/??? : '?'는 유효하지 않은 자리는 공백으로 표시하며, 0.75는 '3/4'로 표시된다.
- 0,00#, : '0'은 유효하지 않은 자리를 0으로 표시하며, 맨 뒤 의 콤마(,)는 천 단위 배수로 표시한다.
- ▲#;▼#;0 : 양수, 음수, 0값을 세미콜론(;)으로 구분한다. -6789는 음수이므로 '▼#'에 의하여 '▼6789'로 표시된다.

26 날짜가 입력되는 경우에는 자동으로 입력되지 않는다.

27 ■ 통합 문서 보호를 설정한 경우 삽입되어 있는 차트를 다른 워크시트로 이동시킬 수 있다.
- 통합 문서 보호를 설정하면 시트 삽입, 삭제, 이동, 숨기기, 이름 바꾸기, 창 이동, 창 크기 조절 등을 할 수 없다.

28 **Ctrl** + **X** 키를 이용하여 잘라내기 한 경우 [선택하여 붙여 넣기]가 비활성화되므로 [값 붙여넣기]를 실행할 수 없다.

29 Range("B3").CurrentRegion.Select : B3셀과 연결된 인접 영역을 블록으로 지정하므로 [A1:C7] 셀이 선택된다.

30 ■ Range("A1:C3").Value = 10 → [A1:C3] 영역에 모두 10이 입력된다.
- Range("A1", "C3").Value = 20 → [A1:C3] 영역에 모두 20 이 입력되므로 10은 모두 20으로 바뀐다.
- Range("A1, C3").Value = 30 → [A1] 셀과 [C3] 셀에만 30 이 입력된다.

31 ■ =CHOOSE(CELL("row",B3),C2,C3,C4,C5,C6) → CELL ("row",B3)에 의해 [B3] 셀의 행 번호를 반환하므로 3이 되어 C4셀의 값인 '영업 사원'이 출력된다.
- =CHOOSE(TYPE(B4),C2,C3,C4,C5,C6) → TYPE(B4)에 의해 [B4] 셀의 유형인 2가 반환되므로 C3셀의 값인 '부사장'이 출력된다.(type → 숫자 : 1, 텍스트 : 2, 논리값 : 4, 오류값 : 16, 배열 : 64)
- =OFFSET(A1:A6,2,2,1,1) → [A1:A6] 셀 영역의 2행 2열 만큼 떨어진 영역에서 한 개의 행과 한 개의 열을 반환하 므로 '부사장'이 출력된다.(A1 셀을 기준으로 계산)
- =INDEX(A2:D6,MATCH(A3,A2:A6,0),3) → MATCH(A3, A2:A6,0)에 의해 [A2:A6] 셀 영역에서 [A3] 셀의 위치인 2를 반환하므로 [A2:D6] 셀 영역의 2행 3열에 위치한 '부사 장'이 출력된다.

32 같은 위치에 있는 값끼리 더해지므로 [B5] 셀에는 8이 표시 된다.

33 ■ **MDETERM 함수** : 배열로 저장된 행렬에 대한 행렬식을 산출
- **MINVERSE 함수** : 배열로 저장된 행렬에 대한 역행렬을 산출

34 ■ MOD(ROW(C3:C8),2)=1 → [C3:C8] 셀 영역의 행 번호를 2 로 나눈 나머지가 1이 되는 것
- {=AVERAGE(IF(MOD(ROW(C3:C8),2)=1,C3:C8))} → 나머지 가 1인 경우를 만족하는 값의 평균을 구하므로, 1과목의 평균을 구할 수 있다.

35 틀 고정 선은 창 나누기 선과 달리 더블 클릭하여 취소할 수 없다.

36 ■ **도넛형 차트** : 원형 차트와 비슷하지만 여러 데이터 계열을 표시할 수 있는 차트

- **방사형 차트** : 중간 지점에서 뻗어 나가는 자체 값 축이 있는 차트
- **혼합형 차트** : 두 개 이상의 데이터 계열이 있는 경우 특정 데이터 계열을 다른 차트로 표시한 것으로 2차원 차트에서만 가능

37
- ***.xlsm 형식** : VBA 매크로 코드나 Excel 4.0 매크로 시트(.xlm)를 저장
- ***.xml 형식** : xml 데이터 형식으로 저장

38
- 하나의 데이터 계열에 두 개 이상의 추세선을 동시에 표시할 수 있다.
- 추세선은 데이터의 추세를 그래픽으로 표시하고 예측 문제를 분석하는데 사용된다.

39 [확대/축소] 대화상자에서 지정한 배율은 인쇄 시 [페이지 설정]의 확대/축소 배율에 반영되지 않는다.

40 [페이지 나누기 미리보기]에서 수동으로 삽입된 페이지 나누기는 실선으로 표시되고 자동으로 추가된 페이지 나누기는 파선으로 표시된다.

3 과목 데이터베이스 일반

41
- **ExportWithFormatting** : 데이터베이스 개체를 엑셀, 텍스트, html 파일 등으로 내보내기를 수행한다.
- [부서] 테이블을 HTML 형식으로 지정하여 부서.htm 파일로 저장한다.

42 텍스트 상자 컨트롤에는 caption 속성이 없다.

43 **참조 무결성** : 한 테이블이 다른 테이블의 기본 키를 참조하는 외래 키를 가질 때 외래 키는 널(null)이거나 다른 테이블의 기본 키에 존재하는 값이어야 한다.

44
- **실행 쿼리** : 테이블 만들기 쿼리, 추가 쿼리, 삭제 쿼리, 업데이트 쿼리
- **선택 쿼리** : 선택한 필드를 이용하여 만드는 단순 쿼리

45
- **데이터 제어어(DCL)** : 데이터 보안 및 회복, 무결성, 병행 수행 제어 등을 정의하는 데이터베이스 언어
- **데이터 정의어(DDL)** : 데이터베이스를 생성, 수정, 삭제하는 데 사용되는 데이터베이스 언어
- **데이터 조작어(DML)** : 사용자가 데이터베이스의 데이터를 실질적으로 처리하는데 사용하는 언어

46 보고서 바닥글은 보고서의 마지막 페이지에 한번 출력되며, 모든 페이지에 출력되는 것은 페이지 머리글/바닥글이다.

47 보고서에서는 필드나 식을 기준으로 최대 10단계까지 그룹화할 수 있다.

48 '=[Page/Pages]'은 '=[Page] & "/" & [Pages]'로 수정해야 한다.

49
- **크로스탭 보고서** : 여러 개의 열로 이루어지고, 그룹 머리글과 그룹 바닥글, 세부 구역이 각 열마다 나타난다.
- **레이블 보고서** : 우편 발송용 레이블을 만드는 기능으로 그룹 머리글, 그룹 바닥글이 존재하지 않는다.

50 관계의 종류는 일대다, 다대다, 일대일이 존재하지만 액세스에서는 다대다 관계를 직접 표현할 수 없다.

51
- SELECT A FROM 갑 UNION SELECT A FROM 을; → 갑 테이블과 을 테이블에서 속성 A가 중복되는 것은 한 번만 기록하여 하나로 합치므로 0, 1, 2, 3, 4, 5, 6이 나온다.
- **UNION 쿼리** : 성격이 유사한 2개의 테이블을 합쳐 하나의 테이블로 작성

52 FROM 절에는 테이블 이름뿐만 아니라 쿼리 이름도 지정할 수 있다.

53 '예/아니오'의 세부 형식은 Yes/No, True/False, On/Off 형식이 있다.

54
- 행 원본 유형을 '값 목록'으로 설정하고 목록 값만 허용을 '아니요'로 지정하면 직접 입력한 값을 원본으로 사용할 수도 있다.
- **바운드 열** : 여러 개의 열이 표시될 때 실제 컨트롤에 저장되는 열로 열 개수가 2라면 1 또는 2로 지정해야 한다.

55 **모달 폼** : 실행된 상태에서는 다른 폼이나 개체를 선택할 수 없는 폼으로 다른 개체로 이동하기 위해서는 반드시 폼을 닫아야 한다.

56
- **On Enter** : 텍스트 상자에 사용자가 검색어를 입력하고 **Enter** 키를 누를 때 검색이 일어나게 하는 이벤트 속성
- **On Change** : 콤보 상자의 텍스트 부분이나 텍스트 상자의 내용을 변경할 때 발생하는 이벤트 속성

57
- **InStr(시작위치, 문자열, 찾을 문자열, 옵션)** : 문자열의 시작위치에서 찾을 문자열의 위치를 표시하는 기능(옵션 : 0- 대소문자 구분, 1-대소문자 구분 없음)
- InStr(3,"I Have A Dream","A",1) → "I Have A Dream"의 3번째 문자(H)부터 시작하여 대소문자 구분 없이 'A'를 찾으므로 결과 값은 4이다. (단, 카운트는 첫 번째 글자 'I'부터 함)

58 인덱스(Index) : 키 값을 기초로 하여 테이블에서 찾기나 정렬 속도를 빠르게 하는 기능

59 ■ 조건부 서식은 식이 아닌 필드 값이나 식으로 설정할 수 있다.
■ 지정한 조건 중 2개 이상이 참이면, 첫 번째 조건의 서식이 지정된다.

60 기본 폼은 단일 폼 형태로만 표시할 수 있으며 연속 폼 형태로 표시할 수 없다.

제8회 최신기출문제

정답

01 ④	**02** ③	**03** ①	**04** ③	**05** ③	**06** ②	**07** ③	**08** ③	**09** ④	**10** ③
11 ②	**12** ②	**13** ④	**14** ②	**15** ①	**16** ③	**17** ③	**18** ④	**19** ④	**20** ③
21 ③	**22** ②	**23** ③	**24** ②	**25** ③	**26** ①	**27** ②	**28** ③	**29** ③	**30** ③
31 ④	**32** ③	**33** ③	**34** ②	**35** ①	**36** ④	**37** ④	**38** ③	**39** ④	**40** ②
41 ②	**42** ④	**43** ②	**44** ④	**45** ④	**46** ②	**47** ①	**48** ④	**49** ④	**50** ①
51 ②	**52** ④	**53** ②	**54** ③	**55** ②	**56** ②	**57** ③	**58** ④	**59** ④	**60** ②

[1 과목] **컴퓨터 일반**

01 **동배 간 처리(Peer-To-Peer) 방식** : P2P 방식이라고 하며 전용 서버가 필요 없고 모든 컴퓨터가 서버인 동시에 클라이언트인 방식으로 클라이언트-서버 방식보다 유지보수 및 데이터의 보안 유지가 어렵다.

02 ■ 멀티미디어는 사용자 선택에 따라 비순차적으로 처리되는 비선형성의 특징을 가진다.
■ ①-디지털화, ②-양방향성, ④-통합성

03 ■ **비트맵 방식** : 픽셀(pixel)이라고 하는 여러 개의 점으로 이미지를 표현하는 방식
■ **벡터 방식** : 점, 직선, 도형 정보를 사용하여 수학적인 계산에 의해 이미지를 표현하는 방식

04 **공개키 암호화 기법**
■ 비대칭 암호화 기법으로 암호화 키와 복호화 키가 서로 다르다.

■ 암호화 키는 공개(공개키)하고 복호화 키는 비밀(개인키)로 한다.
■ 대표적인 알고리즘으로 RSA가 있다.
■ **단점** : 알고리즘이 복잡하며 암호화와 복호화 속도가 느리다.
■ **장점** : 키의 분배가 용이하고 관리해야 할 키의 개수가 적다.

05 FTP 계정이 있는 경우의 URL은 'ftp://user_name:password @ ftp주소' 형식을 사용한다.

06 ■ 데모 버전은 정식 프로그램의 기능을 홍보하기 위해 기능 및 기간을 제한하여 배포하는 프로그램이며, 셰어웨어 역시 특정 기능 및 기간을 제한하는 프로그램으로 두 가지 모두 체험판이라는 공통점을 가지고 있다.
■ **프리웨어(Freeware)** : 누구나 자유롭게 사용할 수 있는 프로그램으로 기능 및 기간에 제한이 없는 프로그램
■ **포스트카드웨어(Postcardware)** : 사용자가 소프트웨어 제공자에게 사용의 대가로 우편엽서 한 장만을 보내기만 하면 되는 프리웨어
■ **상용 소프트웨어(Commercial Software)** : 정식 대가를 지불하고 사용해야 하며 해당 프로그램의 모든 기능을 사용할 수 있는 프로그램

07 방화벽은 외부의 불법 침입으로부터 내부의 정보 자산을 보호하고 외부로부터 유해 정보 유입을 차단하기 위한 방법으로 네트워크의 부하가 증가하고, 전송 처리 속도가 느려질 수 있다.

08 ■ 와이파이는 사용 거리에 제한이 있고 전송 속도가 3G 이동통신에 비해 빠르며 전송 비용이 저렴하다.
■ **인프라스트럭쳐(infrastructure) 모드** : 무선 신호를 전달하는 AP(access point, 무선 공유기 등)가 주변의 일정한 반경 내에 있는 복수의 단말기(PC 등)들과 데이터를 주고받는 형태
■ **애드혹(ad hoc) 모드** : AP 없이 단말기끼리 P2P 형태로 데이터를 주고받는 형태

09 ■ **Tracert** : 송신한 패킷이 어떤 경로로 가는지 추적하는 명령어
■ **Netstat** : 현재 자신의 컴퓨터에 연결된 다른 컴퓨터의 IP 주소나 포트 정보를 확인하는 명령어

10 파티션이란 하나의 물리적 장치를 여러 개의 논리적인 부분으로 나누는 것으로 하나의 파티션에는 하나의 파일 시스템만을 사용할 수 있다.

11 자동 줄 바꿈이 설정된 경우에는 [편집]-[이동] 명령이 활성화되지 않는다.

12 **Unicode** : 컴퓨터에서 세계 각국의 언어를 16비트(2바이트)로 표현할 수 있는 국제 표준 코드이다.

13 ■ **논리적 구성 단위** : 필드(Field)-레코드(Record)-파일(File)-데이터베이스(Database)

■ **물리적 구성 단위** : 비트(Bit)-니블(Nibble)-바이트(Byte)-워드(Word)

14 가상 메모리는 [제어판]-[시스템]-[고급 시스템 설정]-[고급] 탭에서 [성능]의 [설정]을 클릭하고 [고급] 탭에서 설정할 수 있다.

15 ■ 마이크로프로세서는 제어장치, 연산장치, 레지스터가 하나의 반도체 칩에 내장된 장치이다.

■ **임베디드 시스템** : 전자제품에 마이크로프로세서를 내장시킨 시스템

16 ROM(Read Only Memory) : 펌웨어(Firmware)를 저장하는 비휘발성 메모리로 BIOS, 자가 진단 프로그램 등을 저장한다.

17 정렬 기준은 이름, 수정한 날짜, 유형, 크기, 만든 날짜, 만든 이, 제목 등이 있으며 숨김 파일은 정렬 기준에 속하지 않는다.

18 바로 가기 메뉴의 [연결 프로그램]에서는 연결 프로그램을 삭제할 수 없으며, 다른 앱으로 실행되도록 변경할 수 있다.

19 분석 및 디버그 로그 표시는 [제어판]-[관리 도구]-[이벤트 뷰어]의 [보기]-[분석 및 디버그 로그 표시]를 선택한다.

20 SSD(Solid State Drive) : 반도체를 이용한 기억장치로 하드디스크 드라이브에 비해 속도가 빠르고 발열, 소음이 적으며 소형화, 경량화할 수 있는 장점이 있다.

2 과목   스프레드시트 일반

21 [Ctrl] + [Enter] : 일정 범위 내에 동일한 데이터를 한 번에 입력한다.

22 ■ 고급 필터의 조건에 수식을 포함할 때는 필드명을 다르게 입력하거나 입력하지 않는다.

■ **?** : 한 문자를 대체할 수 있는 와일드 카드

■ ***** : 여러 문자를 대체할 수 있는 와일드 카드

■ "=?영*"에서 '='은 비교 연산자

23 오차 막대를 추가하면 오차 한계 및 표준 편차를 한 눈에 파악할 수 있으며, 오차 막대를 화면에 표시하는 방법은 모두, 양의 값, 음의 값이 있다.

24 [텍스트 나누기]는 하나의 열을 구분선을 넣어 여러 개의 열로 분할하는 기능으로 분할하려는 범위에 포함할 수 있는 열은 반드시 1개여야 한다.

25 ■ 그룹별로 요약된 데이터에 설정된 윤곽을 제거하면 윤곽 기호는 삭제되지만, 원본 데이터는 삭제되지 않는다.

■ 윤곽 기호가 표시되지 않은 경우 [Excel 옵션]-[고급]에서 '윤곽을 설정한 경우 윤곽 기호 표시'를 체크한다.

■ 윤곽에 스타일을 적용하려면 [데이터] 탭의 [윤곽선] 그룹에서 윤곽선 대화상자 표시 아이콘을 클릭하고 [설정] 대화상자에서 '자동 스타일'을 체크한다.

26 시나리오 관리자에서 시나리오를 삭제해도 시나리오 요약 보고서의 해당 시나리오는 삭제되지 않는다.

27 ■ [홈] 탭 [편집] 그룹의 [찾기 및 선택]-[이동 옵션]을 이용하면 조건부 서식이 적용되고 있는 셀의 범위를 알려주지만 순서대로 찾아 이동할 수는 없다.

■ 동일한 셀 범위에 둘 이상의 조건부 서식이 True로 평가되어 충돌되는 경우 위에 있는 규칙이 우선순위가 높다.

■ 조건부 서식을 만들 때 조건으로 동일한 워크시트의 다른 셀만 참조할 수 있다.

■ 만약 조건부 서식에서 글꼴을 빨강으로 지정하고, 사용자가 글꼴을 노랑으로 지정했다면 조건부 서식이 우선이 되어 글꼴은 빨강으로 지정된다.

28 셀을 선택한 후 [F2] 키를 누르면 셀에 입력된 내용의 맨 뒤에 삽입 포인터가 나타난다.

29 ■ Range("A1").Formula = 3*4 → [A1] 셀에 수식의 결과인 12가 입력된다.

■ Range("A1").Formula = "3*4" → [A1] 셀에 수식 '=3*4'가 입력된다.

30 ■ RANK($F2,$F$2:$F$10) → 총점의 내림차순으로 순위를 구한다.

■ SUM(($F$2:$F$10=$F2)*($B$2:$B$10>$B2)) → 총점이 같은 것 중에서 국어 점수가 자신보다 큰 개수를 구한다. 예를 들어, F3 셀의 순위는 1등이며, 동점(4명) 중 국어 점수가 높은 사람이 2명이므로 순위는 3이 된다.

31 ■ [홈] 탭 [편집] 그룹에 있는 [지우기]-[모두 지우기]를 이용하여 셀을 지운 경우 셀의 내용과 서식뿐만 아니라 메모도 삭제된다.

■ 메모 텍스트에는 [홈] 탭의 [글꼴] 그룹에 있는 [채우기 색]과 [글꼴 색] 옵션이 활성화되지 않으므로 사용할 수 없다.

■ 삽입된 메모의 인쇄 방법을 지정하려면 [페이지 설정] 대화상자의 [시트] 탭에서 지정한다.

32 'ActiveX 컨트롤'은 [디자인 모드]에서 매크로 동작이 실행되지 않지만 '양식 컨트롤'은 [디자인 모드] 상태와 상관없이 매크로 동작이 실행된다.

33
- [계열 겹치기] 값은 -100에서 100 사이의 백분율로 조정하며, 값이 높을수록 세로 막대가 겹쳐진다.
- [간격 너비] 값은 숫자가 높을수록 막대 사이의 간격이 넓어진다.
- 세로(값) 축 값의 순서를 거꾸로 표시하려면 [축 서식]의 [축 옵션]에서 '값을 거꾸로'를 체크한다.

34
- **간단하게 인쇄** : 워크시트에 입력된 차트, 도형, 그림, 워드아트, 클립아트, 테두리 등의 그래픽 요소를 제외하고 텍스트만 빠르게 인쇄하는 방식
- 워크시트의 눈금선을 인쇄하려면 [페이지 설정] 대화상자의 [시트] 탭에서 '눈금선'을 체크한다.

35
- **공유 통합 문서** : 여러 사람이 동시에 내용을 편집하도록 네트워크 위치에 놓는 것으로 [검토] 탭-[변경 내용] 그룹-[통합 문서 공유]를 선택한다.
- 통합 문서를 공유한 후 하이퍼링크, 시나리오, 매크로, 조건부 서식, 차트, 그림 등의 기능은 모두 변경할 수 없다.

36
- INDEX(범위, 행번호, 열번호, 참조 영역 번호)
- INDEX((A1:C6, A8:C11), 2, 2, 2) : 참조 영역 번호가 '2'이기 때문에 두 번째 참조 영역인 [A8:C11]의 두 번째 행과 두 번째 열의 교차값을 구하므로 '3,550'을 구한다.

37
- =REPLACE("February",SEARCH("U","SeoulUnesco"),5,"") → SEARCH("U","SeoulUnesco")에 의해 "SeoulUnesco"에서 "U"의 위치를 대소문자 구분 없이 찾으므로 4가 되며, REPLACE에 의해 "February"의 4번째에서 5 글자를 공백으로 채우면 "Feb"가 된다.
- =FIXED(3456.789,1,FALSE) → 숫자를 고정 소수점 형태의 텍스트로 바꾼다. FALSE는 쉼표를 표시한다.
- =EOMONTH(DATE(2015,2,25),1) → 시작 날짜를 기준으로 1개월 후의 마지막 날짜를 표시한다.
- =CHOOSE(ROW(A3:A6), "동","서","남",2015) → ROW(A3:A6)는 범위의 행 번호를 반환하므로 3이 되며, CHOOSE에 의해 세 번째 값인 '남'을 표시한다.

38
- **3차원 참조** : 여러 시트의 동일한 셀이나 범위에 대한 참조
- 배열 수식에는 3차원 참조를 사용할 수 없다.

39
그룹으로 묶은 시트에서 복사하거나 잘라낸 모든 데이터를 다른 한 개의 시트에 붙여 넣으려면 오류가 발생한다.

40
- 사용자가 설정한 인쇄 영역은 엑셀을 종료해도 계속 유지된다.
- 인쇄 영역을 설정하려면 [페이지 레이아웃] 탭-[페이지 설정] 그룹-[인쇄 영역]-[인쇄 영역 설정]을 선택한다.

---

3 과목 **데이터베이스 일반**

41
개체의 특성이나 상태를 기술해 주는 것을 개체 속성(Attribute)이라 한다.

42
- **데이터 정의어(DDL)** : CREATE, DROP, ALTER
- **데이터 조작어(DML)** : SELECT, UPDATE, INSERT, DELETE
- **데이터 제어어(DCL)** : GRANT, REVOKE, COMMIT, ROLLBACK

43
- 보고서 머리글은 보고서의 맨 앞에 한 번 출력되며, 함수를 이용한 집계정보를 표시할 수 있다.
- 페이지 머리글이나 페이지 바닥글에는 함수를 이용한 집계 정보를 표시할 수 없다.

44
- **매개 변수 쿼리** : 쿼리 실행 시 값이나 패턴을 묻는 메시지를 표시한 후 사용자에게 조건 값을 입력받아 사용하는 쿼리로 조건 지정시 [ ]를 사용한다.
- **선택 쿼리** : 선택한 필드를 이용하여 만드는 단순 쿼리
- **요약 쿼리** : 집계 함수(SUM,AVG, COUNT, MAX, MIN 등)를 이용하여 그룹별 계산을 하기 위한 쿼리
- **크로스탭 쿼리** : 쿼리 결과를 Excel 워크시트와 비슷한 표 형태로 표시하는 특수한 형식의 쿼리

45
- 마법사에서 사용 가능한 필드 지정 시 우편물 레이블에 추가 가능한 필드는 각 줄에 10개이다.
- [우편물 레이블 마법사]는 [만들기] 탭-[보고서] 그룹-[레이블]을 이용하여 작성할 수 있다.

46
그룹 수준을 삭제하면 그룹 머리글 또는 그룹 바닥글 구역에 삽입되어 있는 모든 컨트롤도 함께 삭제된다.

47
- INSERT 문으로 테이블에 값을 삽입하는 경우 기본 키인 '번호' 필드는 반드시 입력되어야 한다.
- UPDATE SERVICE SET 등급 = 'C' WHERE 등급 = 'D' → 등급이 'D'인 값을 모두 'C'로 변경한다.
- INSERT INTO SERVICE (등급, 비용, 번호) VALUES ('A', 10000, 10) → 등급은 'A', 비용은 '10000', 번호는 '10'인 새로운 레코드를 삽입한다.
- UPDATE SERVICE SET 비용 = 비용*1.1 → 비용을 10% 인상한 값으로 변경한다.

48
- WHERE 정가 BETWEEN 10000 AND 20000 → 정가가 10000 이상이면서 20000 이하인 것을 검색
- 정가 'BETWEEN 10000 AND 20000'는 '정가 >= 10000 AND 정가 <= 20000'과 같다.

49
- SELECT 이름, 부서 FROM 사원 : 사원 테이블에서 이름과 부서를 검색
- WHERE 주소='서울' : 주소가 '서울'인 것만 검색
- ORDER BY 입사년도 ASC : 입사년도의 오름차순으로 표시

50
- Seek : Recordset 개체에서 현재 인덱스에 지정한 조건에 맞는 레코드를 검색하여 현재 레코드로 설정
- Find : 지정한 기준에 맞는 레코드를 검색(인덱스가 없는 경우)

51
- 사용자 정의 개체를 만들 때에는 클래스 모듈을 사용한다.
- **표준 모듈** : 다른 개체와 연결되지 않은 일반적 프로시저
- **클래스 모듈** : 폼이나 보고서에 연결된 프로시저

52
관계가 설정되어 있는 경우 다른 테이블이 참조하고 있는 기본 테이블의 기본 키는 해제할 수 없으므로 관계를 먼저 삭제해야 한다.

53
중첩된 하위 폼은 최대 7개 수준까지 만들 수 있다.

54
이미 [디자인 보기] 상태로 열려 있는 테이블에 대한 관계 설정 시 오류가 발생하므로 열려 있는 테이블을 먼저 닫고 관계를 설정해야 한다.

55
- L : 영문, 한글(필수)
- A : 영문, 한글, 숫자(필수)
- 0 : 숫자(필수)
- 9 : 숫자, 공백(선택)
- # : 숫자, 공백(선택)

56
- 컨트롤의 탭 순서는 작성한 순서대로 자동으로 지정된다.
- [탭 순서] 대화상자의 [자동 순서]를 지정하면 폼에 삽입된 컨트롤의 위치를 기준으로 위에서 아래로, 왼쪽에서 오른쪽으로 자동 설정된다.

57
- **유효성 검사 규칙** : 필드에 입력할 수 있는 값을 제한하는 식
- **필드 크기** : 필드에 입력할 수 있는 최대 문자 수
- **필수** : 필드에 데이터를 반드시 입력하도록 지정
- **기본값** : 새 레코드가 추가될 때 기본적으로 입력되는 값

58
'예/아니요' 필드를 추가하는 경우 기본적으로 '확인란' 컨트롤이 삽입된다.

59
[폼 보기] 상태에서는 [컨트롤] 그룹을 사용할 수 없다.

60
'컨트롤 원본' 속성에서 함수나 수식 사용 시 문자는 큰따옴표("), 필드명이나 컨트롤 이름은 대괄호([ ])를 사용하여 구분한다.

제**9**회 최신기출문제

정답

01 ③	**02** ③	**03** ①	**04** ③	**05** ②	**06** ④	**07** ①	**08** ④	**09** ④	**10** ③
11 ①	**12** ③	**13** ④	**14** ④	**15** ④	**16** ④	**17** ①	**18** ④	**19** ①	**20** ③
21 ③	**22** ①	**23** ③	**24** ⑦	**25** ②	**26** ②	**27** ①	**28** ③	**29** ③	**30** ③
31 ③	**32** ②	**33** ①	**34** ②	**35** ②	**36** ④	**37** ③	**38** ⑤	**39** ①	**40** ②
41 ④	**42** ②	**43** ②	**44** ④	**45** ④	**46** ②	**47** ①	**48** ③	**49** ④	**50** ②
51 ①	**52** ①	**53** ②	**54** ④	**55** ①	**56** ②	**57** ③	**58** ③	**59** ④	**60** ④

---

1 과목 · **컴퓨터 일반**

01
- MIDI(Musical Instrument Digital Interface) : 전자 악기 사이의 데이터 교환을 위한 규약으로 시퀀싱 작업(컴퓨터로 음악제작)이 가능하다.
- MOV : 애플사에서 개발한 동영상 압축 기술

02
①-디더링(Dithering), ②-모핑(Morphing), ③-렌더링(Rendering), ④-안티 앨리어싱(Anti-Aliasing)

03
방화벽은 외부에서 내부로 들어오는 패킷의 내용을 체크하여 외부의 불법 침입으로부터 보호하는 시스템으로 전자 메일 바이러스나 온라인 피싱 등을 방지할 수는 없다.

04
인터넷과 같은 통신 매체뿐만 아니라 USB 메모리 등을 이용하여 외부에서 가져온 파일을 통해서도 감염될 수 있다.

05
사물 인터넷은 IoT(Internet of Things)라고도 하며 인터넷을 기반으로 사람을 포함한 모든 사물과 공간, 데이터 등을 연결하는 서비스이다.

06
- 원격의 컴퓨터에 접속하여 자신의 컴퓨터처럼 사용하는 기능은 텔넷(Telnet)으로 웹 브라우저를 이용하여 실행할 수는 없다.
- ①-[파일]-[다른 이름으로 저장] 또는 [파일]-[인쇄] 메뉴를 이용
- ②-플러그인(Plug-In) : 웹 브라우저에 추가 기능을 부여하는 프로그램
- ③-[보기]-[소스] 메뉴를 이용하면 소스 파일을 볼 수 있다.

07
- IPv4 : 32비트 주소로 8비트씩 4부분으로 구성되며 각 부분은 점(.)으로 구분

- IPv6 : 128비트 주소로 16비트씩 8부분으로 구성되며 각 부분은 콜론(:)으로 구분

08
- **연결 제어** : 데이터를 정확하게 전송하는 기능
- **흐름 제어** : 신호등과 같은 역할로 네트워크에서 혼잡을 방지하는 기능
- **오류 제어** : 데이터 전송시 오류를 검사하는 기능

09 객체 지향 언어로는 C++, Actor, SmallTalk, JAVA 등이 있으며 BASIC, Pascal, C언어는 절차 지향 언어이다.

10
- **디스크 조각 모음** : 디스크에 단편화되어 저장된 파일들을 모아서 디스크의 수행 속도를 높여주는 기능
- **디스크 조각 모음을 수행할 수 없는 대상** : CD-ROM 드라이브, Windows가 지원하지 않는 형식의 압축 프로그램, 네트워크 드라이브
- **디스크 조각 모음을 수행할 수 있는 대상** : 하드 디스크, 외장 하드 디스크

11 실수를 표현하는 부동 소수점 방식은 부호(1bit), 지수부, 가수부로 구분하여 표현한다.

12
- 디지털 컴퓨터는 숫자, 문자 등과 같이 이산적으로 변하는 데이터를 효율적으로 처리한다.
- 아날로그 컴퓨터는 온도, 전압, 진동 등과 같이 연속적으로 변하는 데이터를 효율적으로 처리한다.

13
- **SCSI(Small Computer System Interface)** : 하드 디스크, CD-ROM, 스캐너 등의 주변 기기를 컴퓨터에 연결할 때, 직렬 방식으로 연결하기 위한 표준이다.
- **미러링(Mirroring)** : 실시간 백업 기능
- **스트라이핑(Striping)** : 데이터를 일정한 크기로 나누어 분산 저장하는 기능

14 하드 디스크를 인식하지 못하는 것은 하드웨어적인 문제로 운영체제를 재설치하는 것은 옳지 않은 방법이다.

15
- RAM은 휘발성 메모리로 전원이 공급되지 않으면 내용이 모두 지워진다.
- SRAM은 DRAM보다 접근 속도가 빠르다.
- 주기억장치의 접근 속도 개선을 위하여 캐시 메모리가 사용된다.

16 **부호기(Encoder)** : 해독된 명령에 따라 각 장치로 보낼 제어 신호를 생성하는 회로

17
- **듀얼 시스템(Dual system)** : 2개의 CPU가 같은 업무를 동시에 처리하여 그 결과를 상호점검하면서 운영하는 시스템

- **듀플렉스 시스템(Duplex system)** : 2개의 CPU로 하나가 가동될 때 다른 하나는 고장을 대비해 대기하는 시스템
- **클러스터링 시스템(Clustering system)** : 여러 대의 컴퓨터를 병렬로 연결하는 방식
- **다중 처리 시스템(Multiprocessor system)** : 2개 이상의 CPU를 이용하여 동시에 여러 개의 프로그램을 처리하는 방식

18 Windows 검색 상자에서는 검색 필터를 사용할 수 없으며 검색 필터는 파일 탐색기의 검색 상자에서 사용할 수 있다.

19
- **디바이스 스테이지(Device Stage)** : Windows에서 디바이스 스테이지를 제공하는 장치(스마트폰, 디지털 카메라 등)가 컴퓨터에 연결되면 자동 실행되는 기능
- 해당 장치의 제조업체에 의해 각 장치가 자동으로 연결되며, 연결시 선택할 수 있는 옵션은 각 장치마다 다르게 표시된다.

20 **멀티 부팅(Multi Booting)** : 하나의 컴퓨터에 여러 개의 운영체제를 설치하는 것으로 2개의 Windows 중에서 이전 버전을 먼저 설치하고 최신 버전을 다음에 설치해야 정상적으로 부팅된다.

2과목 스프레드시트 일반

21
- **[<1]0.??;#,###** : 1 미만이면 0.??, 그렇지 않으면 #,###, ?는 유효하지 않은 0은 공백으로 표시하므로 0.5가 표시된다.
- **@@@** : 입력받은 문자열을 세 번 반복한다.
- **#"0,000"** : 입력받은 숫자를 표시하고 뒤에 "0,000"을 붙인다.
- **mmm-dd** : 월을 Jan~Dec로 표시하고 날짜를 두 자리로 표시한다.

22 **셀 복사** : [A1] 셀의 값 10이 [A2] 셀과 [A3] 셀에 복사되고, [A1] 셀의 서식도 복사된다.

23 시나리오를 만들 때 [변경 셀]은 사용자가 값을 입력할 수 있으며 여러 개의 셀을 참조할 수 있다.

24
- 피벗 테이블 보고서를 선택한 후 [피벗 테이블 분석] 탭 [동작] 그룹의 [모두 지우기] 명령을 수행하면 피벗 테이블 보고서와 피벗 차트가 모두 제거된다.
- 피벗 차트 보고서를 정적 차트로 변환하려면 피벗 테이블 보고서를 선택한 후 Delete 키를 눌러 피벗 테이블 보고서를 삭제한다.

25 [데이터 가져오기] 대화상자에서 데이터가 들어갈 위치는 현재 활성화된 워크시트의 셀 포인터 위치가 기본적으로 선택되며,

[새 워크시트]를 선택하면 새 워크시트의 [A1] 셀이 기본으로 선택된다.

26 셀에 데이터를 입력하고 **Shift** + **Enter** 키를 누르면 셀 입력이 완료되고 바로 위의 셀이 선택된다. 즉, **Shift** + **Enter** 키는 **Enter** 키의 반대 방향으로 움직인다.

27 기본적인 정렬은 '위에서 아래'의 행 단위 정렬이며, [정렬] 대화상자의 [옵션] 도구에서 방향을 '왼쪽에서 오른쪽'을 선택하면 열 단위로 정렬할 수 있다.

28 ■ **추세선** : 데이터의 추세를 그래픽으로 표시하고 예측 문제를 분석하는데 사용된다.
■ **추세선을 적용할 수 없는 차트** : 3차원, 원형, 도넛형, 방사형, 표면형

29 ■ **ClearFormats** : 서식 지우기
■ **Clear** : 모두 지우기
■ **ClearContents** : 내용 지우기
■ **ClearComments** : 메모 지우기

30 별표(*), 물음표(?) 및 물결표(~) 등의 문자가 포함된 내용을 찾으려면 '찾을 내용' 앞쪽에 물결(~) 을 입력한다.
예) ~*, ~?, ~~

31 ① COUNTA(B2:D4)는 비어있지 않은 셀의 개수를 구하므로 9, MAXA(B2:D4)는 논리값과 텍스트를 포함해서 가장 큰 값을 구하므로 100, =SUM(COUNTA(B2:D4), MAXA(B2:D4)) → 109
② SMALL(C2:C4,2)는 두 번째로 작은 값을 구하므로 87, LARGE(C2:C4,2)는 두 번째로 큰 값을 구하므로 87, =AVERAGE(SMALL(C2:C4,2), LARGE(C2:C4,2)) → 87
③ LARGE(B3:D3,2)는 두 번째로 작은 값을 구하므로 87, SMALL(B3:D3,2)는 두 번째로 작은 값을 구하므로 87, =SUM(LARGE(B3:D3,2), SMALL(B3:D3,2)) → 174
④ COUNTA(B2,D4)는 B2와 D4에서 비어있지 않은 셀의 개수를 구하므로 2, MINA(B2,D4)는 B2와 D4 중 작은 값을 구하므로 83, =SUM(COUNTA(B2,D4), MINA(B2,D4)) → 85

32 한 단계씩 실행 : **F8** 키, 매크로 실행 : **F5** 키

33 ① EOMONTH(A1,-3)는 2017년 3월 5일을 기준으로 3개월 전의 마지막 날짜를 구한다. 예) EOMONTH(A1,-3) → 2016-12-31
② DAYS(A3,A1)는 2017년 3월 5일에서 2017년 4월 10일까지 경과한 날짜를 구한다.
③ NETWORKDAYS(A1,A2)는 2017년 3월 5일에서 2017년 3월 20일까지에서 공휴일과 주말을 제외한 순수 작업 일수를 구한다.

④ WORKDAY(A1,10)는 2017년 3월 5일에서 주말과 공휴일을 제외하고 10일이 지난 날짜를 구한다.

34 공유된 통합 문서는 여러 사용자가 동시에 변경할 수 있다.

35 배열 상수를 입력할 때 쉼표(,)는 열 구분을, 세미콜론(;)은 행 구분을 의미하므로 입력 결과는 다음과 같다.

	A	B	C
1	1	2	3
2	4	5	6

=SUM(A1, B2) → 1+5=6

36 **.xltx** : Excel 서식 파일의 기본 서식으로 VBA 매크로 코드나 Excel 4.0 매크로 시트(.xlm)를 저장할 수 없다.

37 ① 인쇄 배율을 수동으로 설정할 수 있으며, 배율은 워크시트 표준 크기의 10%에서 400%까지 설정 가능하다.
② 머리글/바닥글은 [머리글/바닥글] 탭에서 설정하고, 행/열 머리글은 [시트] 탭에서 설정 가능하다.
④ 셀에 설정된 메모는 시트에 표시된 대로 인쇄하거나 시트 끝에 인쇄되도록 [시트] 탭에서 설정할 수 있다.

38 ■ [페이지 나누기 미리 보기]는 [보기] 탭 - [통합 문서 보기] 그룹 - [페이지 나누기 미리 보기]를 선택하여 실행한다.
■ [페이지 나누기 삽입] 기능은 선택한 셀의 위쪽 행, 왼쪽 열로 페이지 나누기를 삽입한다.

39 **#NULL!** : 교차하지 않은 두 영역의 교점을 지정한 경우 발생되는 오류이다.
예) =SUM(A1 B1)

40 **분산형 차트** : 항목의 값을 점으로 표시하여 여러 데이터들의 관계를 보여주며, 주로 통계 데이터나 과학 데이터의 차트 작성에 이용된다.

3 과목   데이터베이스 일반

41 ■ DoCmd.OpenForm "사원정보", acNormal → [사원정보] 폼을 폼 보기로 연다
■ DoCmd.GoToRecord, acNewRec → 새 레코드를 추가한다.

42 ■ **DoCmd.OpenQuery** : 선택 쿼리를 데이터시트 보기, 디자인 보기, 인쇄 미리 보기 등으로 연다.
■ **Docmd.RunSQL** : SQL 문을 실행한다.
■ DoCmd.RunQuery, Docmd.OpenSQL은 존재하지 않는 매서드이다.

43
- **그룹 바닥글** : 각 레코드 그룹의 맨 끝에 출력되며, 그룹에 대한 요약 정보를 표시할 때 사용한다.
- **페이지 바닥글** : 각 페이지의 하단에 출력되며, 날짜나 페이지 번호 등을 표시한다.

44
- **정규화(Normalization)** : 추가, 갱신, 삭제 등 작업 시의 이상 현상이 발생하지 않도록 하기 위해 테이블을 분해하는 과정이다.
- 정규화를 통해 데이터의 중복을 최소화할 수 있지만 완전히 제거할 수는 없다.

45
- **기본 키** : 다른 레코드와 유일하게 식별할 수 있는 속성으로 Null 값이나 중복된 값을 가질 수 없다.
- 기본 키는 두 개 이상의 필드로 구성되기도 하며, 이것을 복합 키 또는 슈퍼 키라고 한다.

46
- **바운드 컨트롤** : 폼이나 보고서에서 테이블이나 쿼리의 필드를 컨트롤 원본으로 사용하는 컨트롤
- **언바운드 컨트롤** : 폼이나 보고서에서 컨트롤 원본이 지정되지 않은 컨트롤
- **계산 컨트롤** : 컨트롤 원본으로 식을 사용하는 컨트롤
- **레이블 컨트롤** : 제목이나 설명과 같은 텍스트를 표시하는 컨트롤

47
- **업무 문서 양식 마법사** : 거래 명세서, 세금 계산서의 기본 양식을 제공하는 마법사
- 우편물 레이블은 [만들기] 탭-[보고서] 그룹-[레이블]을 이용하여 작성할 수 있다.

48
- 필드나 식을 기준으로 최대 10개까지 그룹 수준을 정의할 수 있다.
- 머리글 구역과 바닥글 구역을 제거해도 그룹 수준이 삭제되지는 않으며, 그룹 수준을 삭제하려면 '그룹, 정렬 및 요약' 창에서 **Delete** 키를 눌러 삭제한다.
- 그룹화를 하려면 그룹 머리글이나 그룹 바닥글 중 하나만 선택해도 된다.

49 조건부 서식은 조건에 맞는 경우에만 서식을 지정할 수 있다.

50
- SELECT*FROM movie ORDER BY 영화명, 장르; → movie 테이블에서 영화명을 기준으로 오름차순 정렬하고 영화명이 같은 경우 장르 순으로 오름차순 정렬한다.
- ASC(오름차순)은 기본값으로 생략이 가능함

51
- **열 형식** : 각 필드가 왼쪽의 레이블과 함께 각 행에 표시되며, 가장 일반적으로 사용하는 형식
- **테이블 형식** : 각 레코드의 필드들이 한 줄에 나타나며,

레이블은 폼의 맨 위에 한 번 표시되는 형식
- **데이터시트** : 데이터시트 보기 형식
- **맞춤** : 필드 내용에 따라 각 필드를 균형있게 배치하는 형식

52
- SELECT COUNT(Full_name) FROM PERSON → PERSON 테이블에서 Full_name의 개수를 구한다.
- WHERE Full_name Like "*" & "오" → "*" & "오"는 '오'로 끝나는 모든 이름을 의미하므로 '김종오'가 이에 해당된다.

53
- UPDATE 테이블명 SET 필드이름 = 변경값 WHERE 조건식;
- UPDATE 사원 SET 연봉=연봉*1.03 WHERE 호봉=6 → 사원 테이블에서 호봉이 6인 사원의 연봉에 1.03을 곱한 값 (3% 인상)으로 수정한다.

54
- **목록 상자** : 제공된 항목에서만 여러 개의 값을 선택할 수 있으며 직접 입력할 수는 없는 컨트롤
- **텍스트 상자** : 데이터나 계산 결과를 표시하는 컨트롤
- **레이블** : 제목, 캡션 등과 같은 텍스트를 표시하는 컨트롤
- **콤보 상자** : 제공된 항목에서 한 개의 값을 선택하거나 직접 입력할 수 있는 컨트롤

55
- **datediff(형식, 날짜1, 날짜2)** : 날짜1에서 날짜2 사이의 간격을 지정된 형식으로 표시한다.
- **select datediff("yyyy", '1990-03-02', date())** : '1990-03-02'에서 현재 날짜까지의 경과 값을 년 수로 구한다.

56
- **피벗 차트** : 피벗 테이블을 원본으로 하여 시각화한 차트를 보여주는 개체
- **폼 분할** : 폼 보기와 데이터시트 보기를 동시에 표시하는 폼

57 **관련 레코드 모두 삭제** : <제품> 테이블의 레코드를 삭제하면 <주문내역> 테이블의 관련 레코드가 모두 삭제된다.

58
- **>** : 대문자로 변환
- **<** : 소문자로 변환
- **L** : 영문, 한글(필수)
- **A** : 영문, 한글, 숫자(필수)
- **?** : 영문, 한글(선택)
- **0** : 숫자(필수)
- **9** : 숫자, 공백(선택)
- **#** : 숫자, 공백(선택)

59
- 유효성 검사 규칙에 의해 '1'은 입력되지 않는다.
- 유효성 검사 규칙에 의해 '-1'은 입력되지 않는다.
- 기본값과 소수 자릿수에 의해 필드 값을 입력하지 않으면 '0.0'이 입력된다.

- 형식이 표준이므로 '1234'를 입력하면 콤마가 삽입되어 '1,234.0'이 표시된다.

60 데이터시트 보기에서는 Shift 키를 이용하여 필드를 선택하고 이동하는 것은 가능하지만 Ctrl 키는 사용할 수 없다.

제10회 최신기출문제

정답

01 ③	02 ②	03 ①	04 ④	05 ④	06 ④	07 ②	08 ③	09 ③	10 ③
11 ②	12 ②	13 ②	14 ④	15 ④	16 ②	17 ①	18 ②	19 ①	20 ④
21 ②	22 ④	23 ②	24 ③	25 ③	26 ②	27 ③	28 ③	29 ②	30 ④
31 ①	32 ②	33 ①	34 ②	35 ③	36 ②	37 ③	38 ②	39 ③	40 ②
41 ④	42 ③	43 ④	44 ①	45 ②	46 ④	47 ③	48 ②	49 ②	50 ②
51 ②	52 ④	53 ①	54 ④	55 ②	56 ③	57 ④	58 ③	59 ③	60 ③

1 과목 컴퓨터 일반

01
- **H.264** : 고선명 비디오의 압축 방식
- **FLAC** : 오디오 파일을 무손실 압축하는 방식
- **AIFF** : 오디오 파일을 무손실 압축하는 방식
- **WAV** : 무압축 방식으로 아날로그 사운드를 디지털 사운드로 바꾼 방식

02 비트맵 방식은 벡터 방식에 비해 메모리를 많이 차지하며, 화면에 표시하는 속도는 별도의 계산없이 출력하므로 일반적으로 벡터 방식에 비해 빠르다.

03
- **연결형 바이러스** : 프로그램의 위치 정보를 바이러스의 위치 정보로 바꾸는 바이러스
- **기생형 바이러스** : 프로그램의 앞이나 뒤에 기생하는 바이러스
- **산란형 바이러스** : 바이러스를 확장자가 COM인 파일로 만들어서 실행 파일인 EXE보다 먼저 실행되도록 만드는 바이러스
- **겹쳐쓰기형 바이러스** : 원래 프로그램의 일부에 겹쳐쓰기를 하는 바이러스

04
- **Nslookup** : DNS에게 특정 도메인의 IP 주소를 문의하는 대화식 프로그램
- **Gopher** : 메뉴 방식으로 정보를 검색하는 서비스
- **Archie** : 익명의 FTP(anonymous FTP)에서 정보를 검색하는 서비스
- **IRC** : 인터넷에서 채팅을 할 수 있도록 지원하는 서비스

05 방화벽은 내부 네트워크와 외부 네트워크 사이에 위치하여 외부에서 들어오는 패킷을 검사하는 방식으로 내부의 불법적인 해킹은 막을 수 없다.

06 게이트웨이(Gateway)는 서로 다른 네트워크를 연결하는 관문 역할을 하며, 전송 계층에서 사용되는 장비이다.

07
- **SMTP** : 사용자가 작성한 이메일을 다른 사람의 계정으로 전송해 주는 역할을 하는 프로토콜
- **POP3** : 메일 서버의 이메일을 사용자의 컴퓨터로 가져올 수 있도록 메일 서버에서 제공하는 프로토콜
- **MIME** : 멀티미디어 전자 우편을 주고받기 위한 인터넷 메일의 표준 프로토콜

08
- **링형(Ring)** : 여러 대의 컴퓨터를 원형의 모양으로 서로 연결한 형태
- **망형(Mesh)** : 모든 컴퓨터를 그물 모양으로 서로 연결한 형태

09
- **다중 처리 시스템(Multi-Processing)** : 2개 이상의 CPU를 이용하여 동시에 여러 개의 프로그램을 처리하는 방식
- **다중 프로그래밍 시스템(Multi-Programming)** : 한 개의 CPU로 여러 개의 프로그램을 동시에 처리하는 방식

10
- **1의 보수** : 0을 1로, 1을 0으로 바꾼다.
- **2의 보수** : 1의 보수에 1을 더하거나 오른쪽에서 시작해서 첫 번째 1까지는 그대로 두고 나머지는 0을 1로, 1을 0으로 바꾼다.
- ③-2진수 '1010'의 1의 보수는 '0101'이고 2의 보수는 '0110'이다.

11 유니코드는 컴퓨터에서 세계 각국의 언어를 16비트로 표현할 수 있는 국제 표준 코드이다.

12 ①-상용 소프트웨어, ③-프리웨어, ④-ROM-BIOS

13 3D 프린터의 인쇄 방식
- **적층형** : 레이어로 쌓아 입체 형상을 만드는 형식
- **절삭형** : 작은 덩어리로 깎아서 만드는 형식

14 **채널** : CPU와 독립적으로 입출력을 빠르게 처리할 수 있도록 만든 입출력 전용 프로세서로 중앙처리장치와 입출력장치 사이의 속도 차이로 인한 문제를 해결할 수 있다.

15 ■ 캐시 메모리로 SRAM이 사용되어 접근 속도가 매우 빠르다.
■ 캐시 적중률이 높을수록 컴퓨터 시스템의 전체 처리 속도가 향상된다.
■ 가상 메모리는 보조기억장치의 일부를 주기억장치처럼 사용하는 메모리이다.

16 무정전 전원 공급장치(UPS)는 갑자기 정전되었을 때 이를 감지하여 빠르게 전원을 공급하는 장치이다.

17 색인이란 파일을 검색하는데 필요한 상세 정보를 모아둔 것으로, 이 정보를 통해 빠르고 정확하게 검색 작업을 실시할 수 있다.

18 ■ [설정]-[시스템]-[정보]를 클릭한 후 화면 오른쪽에서 [고급 시스템 설정]을 클릭하여 시스템 속성을 변경한다.
■ 컴퓨터의 디스크에 대해 시스템 보호를 설정하거나 해제하려면 [시스템 속성] 창의 [시스템 보호] 탭에서 설정할 수 있다.

19 휴지통에 지정된 최대 크기를 초과하면 보관된 파일 중 가장 오래된 파일부터 자동 삭제된다.

20 ①-프로그램 제거 또는 변경, ②-Windows 기능 켜기/끄기, ③-설치된 업데이트 보기, ④-다양한 테마는 바탕 화면에서 마우스 오른쪽 버튼을 누르고 [개인설정]을 선택한 후 추가로 설치할 수 있다.

2 과목 스프레드시트 일반

21 ■ **목표값 찾기** : 수식에서 원하는 결과를 알고 있지만, 그 결과를 얻는 데 필요한 입력 값을 알고자 하는 경우 사용
■ **찾는 값** : 목표로 하는 수식의 결과 값을 직접 입력한다.

22 ■ **하이퍼링크** : 웹 페이지, 그림, 전자 메일 주소, 프로그램에 대한 링크를 만드는 기능
■ **워크시트에 외부 데이터를 가져오는 방법** : Access, 웹, 텍스트, 기타 원본(SQL Server, Analysis Services, XML 데이터 가져오기, 데이터 연결 마법사, Microsoft Query)

23 데이터를 뒤에서부터 앞으로 검색하려면 **Shift** 키를 누른 상태에서 <다음 찾기>를 클릭한다.

24 선택된 범위에서 지역이 같은 것이 삭제되지만, 테이블 밖의 값은 변경되거나 이동되지 않는다.

25 ■ **영역형 차트** : 시간에 따른 변화를 보여주며 각 값의 합계와 전체에 대한 관계를 비교할 수 있다.
■ **주식형 차트** : 주가 변동을 나타내는 차트로 시가, 종가, 거래량, 저가, 고가 등을 표시한다.
■ **방사형 차트** : 데이터 계열이 많을 때 사용하며 가운데에서 뻗어가는 형태의 차트이다.

26 ■ 고급 필터의 조건 범위에서 AND는 같은 행에 조건을 표시하고, OR는 다른 행에 표시한다.
■ ***남** : 담당이 '남'으로 끝난다.
■ **=C2>=AVERAGE($C$2:$C$5)** : 판매금액이 판매금액의 평균 이상이다.

27 Range("1:1").Font.Bold = True → 1행 전체의 글꼴 서식을 '굵게'로 설정한다.

28 **Ctrl** 키를 누르고 자동 채우기 핸들을 아래로 드래그하면 연속 데이터 채우기가 실행되어 1씩 증가된다.

29 ■ 숫자를 셀에 입력한 후 텍스트로 서식을 지정하는 것은 오류가 아니므로 [오류 추적 단추]가 나타나지 않는다.
■ [파일]-[옵션]-[수식]에서 '오류를 반환하는 수식이 있는 셀'을 선택하면 오류 발생시 [오류 추적 단추]가 나타난다.

30 ■ **##*!** : `*`은 다음에 오는 문자를 반복하여 열 너비를 채우라는 의미로 '13!!!!!!!'과 같이 표시
■ **hh:mm** : 시:분의 형태로 표시되며 0.5는 24시 중의 1/2이므로 12:00로 표시
■ **yyyy-mm-dd** : 년, 월, 일의 형태로 표시되며 1900-1-1을 기준으로 10번째 날짜이므로 1900-01-10으로 표시
■ **#,** : 천 단위를 생략하므로 1만 표시

31

■ **MsgBox** : 메시지 박스를 표시
■ **vbYesNoCancel** : 예, 아니오, 취소 3개의 단추를 활성화
■ **vbQuestion** : 물음표 아이콘을 표시
■ **vbInformation** : 정보 아이콘을 표시
■ **vbExclamation** : 경고 아이콘을 표시

32 ■ =SUMIFS(합계 범위, 조건 범위, 조건) : 조건에 만족하는 합계 범위의 값을 더하며, 여러 개의 조건을 사용할 수 있다.

■ =SUMIFS(F3:F12,D3:D12,"여") 또는 =SUMIFS(F3:F12, D3:D12,D3)으로 지정하면 옳은 수식이 된다.

33 ■ INDEX(범위, 행번호, 열번호) : 범위에서 행번호와 열번호가 교차하는 값을 표시

■ MATCH(조건1&조건2, 범위1&범위2, 0) : 조건1과 조건2를 범위1과 범위2에서 찾아 상대적인 위치 값을 반환

■ {=INDEX($C$10:$C$13,MATCH(MONTH(A2)&B2,$B$10 :$B$13&$A$10:$A$13,0))*C2} → MATCH(MONTH(A2) &B2,$B$10:$B$13&$A$10:$A$13,0)에 의해 [A2] 셀의 월과 [B2] 셀의 제품명을 $B$10:$B$13와 $A$10:$A$13에서 찾아 위치를 반환하므로 1이 된다. INDEX 함수에 의해 $C$10:$C$13의 1행에서 단가를 찾아 수량을 곱해준다.

34 인쇄 영역은 [페이지 설정]의 [시트] 탭에서 지정할 수 있지만 [인쇄 미리 보기] 상태에서는 '인쇄 영역'이 활성화되지 않으므로 변경할 수 없다.

35 ■ =MOD(2, -5) → 2를 -5로 나눈 나머지를 구하므로 -3 (MOD(n, d) = n-d * INT(n/d)로 계산)

■ =COLUMNS(C1:E4) → 열의 개수를 구하므로 3

■ =COLUMNS({1,2,3;4,5,6}) → 배열에서 콤마(,)는 열을 구분하고 세미 콜론(;)은 행을 구분하므로 열의 개수는 3

■ =COUNT(0, "거짓", TRUE,"1") → 인수 중 숫자의 개수를 세므로 텍스트인 "거짓"을 제외한 개수는 3

36 ■ IFERROR(값, 반환할 값) : 값이 오류이면 반환할 값을 표시

■ ISLOGICAL(값) : 값이 논리값이면 'TRUE' 표시

■ ISERR(값) : 값이 #N/A를 제외한 오류값이면 'TRUE' 표시

■ ISERROR(값) : 값이 오류값이면 'TRUE' 표시

■ ISNUMBER(값) : 값이 숫자이면 'TRUE' 표시

■ ①, ③, ④는 'TRUE'가 표시되지만, ②는 'FALSE'가 표시된다.

37 [쓰기 암호]는 암호를 모르더라도 읽기 전용으로 열어 열람이 가능하고 복사본으로 문서 저장이 가능하다.

38 데이터 범위 내에 숨겨진 행이나 열의 데이터는 차트에 표시되지 않는다.

39 틀 고정은 통합 문서 보기가 [페이지 레이아웃] 상태일 때는 설정할 수 없다.

40 ■ 워크시트 복사는 **Ctrl** 키를 누르면서 원본 워크시트 탭을 마우스로 드래그 앤 드롭하면 된다.

■ 연속된 여러 개의 시트를 선택할 때는 첫 번째 시트를 선택하고 **Shift** 키를 누른 상태에서 마지막 워크시트의 시트 탭을 클릭하면 된다.

■ 떨어져 있는 여러 개의 시트를 선택할 때는 먼저 **Ctrl** 키를 누른 상태에서 원하는 워크시트의 시트 탭을 차례로 누르면 된다.

3과목 **데이터베이스 일반**

41 매크로의 이름을 Autoexec로 저장하면 데이터베이스를 열 때마다 매크로가 자동으로 실행되며, 자동실행 매크로가 실행되지 않게 하려면 **Shift** 키를 누른 채 데이터베이스 파일을 연다.

42 Sub 프로시저는 결과 값을 반환하지 않으며, Function 프로시저는 프로시저를 실행한 후 결과 값을 반환한다.

43 ■ 데이터베이스 관리 시스템은 데이터 간의 중복 및 종속성을 최소화한다.

■ 데이터베이스 관리 시스템(DBMS)의 장점 : 데이터의 중복 및 종속성의 최소화, 데이터의 일관성 유지, 데이터의 무결성 유지, 데이터의 보안 보장, 데이터의 공유 가능

44 ■ 내부 조인(INNER JOIN) : 테이블1의 필드와 테이블2의 필드가 일치하는 레코드만 표시

■ 왼쪽 외부 조인(LEFT JOIN) : 왼쪽 테이블에서는 모든 레코드를 포함하고, 오른쪽 테이블에서는 조인된 필드가 일치하는 레코드만 포함된다.

■ 오른쪽 외부 조인(RIGHT JOIN) : 오른쪽 테이블에서는 모든 레코드를 포함하고, 왼쪽 테이블에서는 조인된 필드가 일치하는 레코드만 포함된다.

45 ■ 캡션 : 표시될 제목을 지정

■ 형식 : 데이터의 표시 형식을 지정하는 속성

■ 스마트 태그 : 필드에 적용할 작업 태그

■ 입력 마스크 : 데이터를 입력할 때 표시되는 형식을 지정하는 속성

46 ■ 불일치 검색 쿼리 : 다른 테이블의 레코드와 일치하지 않는 레코드를 찾아서 쿼리를 만드는 기능으로 두 개 이상의 테이블이 있어야 한다.

■ 단순 쿼리 : 선택한 필드를 이용하여 만드는 선택 쿼리

■ 중복 데이터 검색 쿼리 : 테이블이나 쿼리에서 중복된 필드 값이 있는 레코드를 찾는 쿼리

■ 크로스탭 쿼리 : 간단한 스프레드시트 형식의 쿼리

47 **중복 내용 숨기기** : 동일한 내용이 한 번만 표시되도록 지정하려면 '예'로 설정

48
- 보고서의 각 구역은 표시하거나 숨길 수 있으며 보고서 머리글도 숨길 수 있다.
- 보고서에서는 바운드 컨트롤, 계산 컨트롤, 언바운드 컨트롤 모두 사용이 가능하다.
- 보고서의 그룹 중첩은 가능하며, 같은 필드나 식에 대해 여러 번 그룹을 만들 수 있다.

49 요약 옵션은 정렬 순서 지정 단계에서 지정하는 것으로 그룹 수준을 지정해야만 요약 옵션을 정할 수 있다.

50
- 주 보고서와 하위 보고서에서 사용되는 테이블/쿼리 등이 (일대다) 관계로 설정된 경우
- 주 보고서는 (기본 키)를 가진 테이블/쿼리를 사용하고, 하위 보고서는 (기본 키 필드)와 같거나 호환되는 데이터 형식을 가진 필드가 포함된 테이블/쿼리를 사용할 경우

51 [탭 순서] 대화상자의 [자동 순서]는 폼에 삽입된 컨트롤의 위치를 기준으로 위에서 아래로, 왼쪽에서 오른쪽으로 자동 설정된다.

52 **테이블에서 내보내기가 가능한 파일 형식** : Excel, 텍스트 파일, XML, PDF, XPS, 전자메일, Access, Word, Sharepoint, ODBC, HTML, dBASE 등

53 Between 2 and 3 → 2 이상이고 3 이하인 레코드를 출력한다.

54 직원 테이블의 부서명은 부서 테이블의 기본 키인 부서명을 참조하므로 외래 키에 해당한다.

55
- SELECT COUNT(가족수) FROM 급여; → 급여 테이블에서 가족수의 개수를 표시하며 Null은 포함되지 않으므로 결과는 2이다.
- **Count(*)** : 전체 레코드 건수로 Null값도 포함된다.
- **Count(필드)** : Null값을 포함하지 않은 전체 레코드 건수를 표시한다.

56
- 소[!비유]자 → '비'와 '유'는 제외하므로 소비자와 소유자를 제외하고 '소'로 시작해서 '자'로 끝나는 문자열을 검색한다.
- 1#3 → #은 숫자 1개를 의미한다.
- 소?자 → ?는 문자 1개를 의미한다.
- b[a-c]d → a-c는 a부터 c까지를 의미한다.

57 하나의 폼에서 폼 보기와 데이터시트 보기로 동시에 같은 데이터를 보려면 폼 분할 도구를 사용해야 하며, 분할 표시 폼은 [만들기] 탭-[폼] 그룹-[기타 폼]-[폼 분할]을 선택하여 만들 수 있다.

58 긴 텍스트 형식에는 최대 64,000자까지 입력이 가능하다.

59 폼이나 보고서를 다른 파일 형식으로 출력하거나 내보내면 조건부 서식은 해제된다.

60 (3)번 부분을 더블 클릭하면 폼의 속성 창이 열린다.

제11회 최신기출문제

정답

01 ①	02 ④	03 ②	04 ①	05 ③	06 ②	07 ②	08 ①	09 ②	10 ②
11 ③	12 ③	13 ③	14 ①	15 ③	16 ①	17 ③	18 ④	19 ①	20 ④
21 ②	22 ④	23 ③	24 ③	25 ④	26 ③	27 ②	28 ③	29 ②	30 ①
31 ③	32 ④	33 ④	34 ①	35 ①	36 ③	37 ③	38 ①	39 ④	40 ③
41 ④	42 ④	43 ④	44 ③	45 ②	46 ①	47 ①	48 ②	49 ④	50 ③
51 ④	52 ④	53 ③	54 ③	55 ②	56 ②	57 ④	58 ④	59 ④	60 ②

1과목 **컴퓨터 일반**

01
- 샘플링(Sampling)은 아날로그 신호를 디지털 신호로 변환해 주는 작업이다.
- 샘플링 레이트(Sampling Rate)는 1초에 몇 개의 샘플을 추출할 것인지를 정하는 것으로 높을수록 원음에 가까우며, 단위는 Hz를 사용한다.

02
- **벡터 방식** : 이미지를 점과 선을 이용하여 표현하는 방식으로 확대시 계단 현상이 발생하지 않는다. (일러스트레이터, 플래시, 코렐 드로 등)
- **비트맵 방식** : 이미지를 점의 집합으로 표시하며 확대시 계단 현상이 발생한다. (포토샵, 페인트 샵 프로 등)

03 방화벽은 외부에서 들어오는 패킷을 검사하여 인증된 패킷만 통과시키는 기능으로 내부 네트워크에서 외부로 나가는 패킷을 체크할 수는 없다.

04
- **키 로거** : 키보드의 키 입력 시 캐치 프로그램을 사용하여 ID나 암호 정보를 빼내는 행위
- **애드웨어** : 소프트웨어를 실행할 때마다 광고를 보여주는 프로그램

■ **스파이웨어** : 다른 사람의 컴퓨터에 잠입하여 중요한 개인 정보를 빼가는 소프트웨어

05 ■ **TCP** : 메시지를 송수신의 주소와 정보로 묶어 패킷 단위로 나누는 역할(전송 계층)
■ **IP** : 패킷 주소를 해석하고 최적의 경로를 결정하여 전송하는 역할(네트워크 계층)

06 ■ **유비쿼터스 센서 네트워크(USN : Ubiquitous Sensor Network)** : 각종 센서에서 감지한 정보를 무선으로 수집하는 기술
■ **텔레매틱스(Telematics)** : 자동차와 무선 통신을 결합한 기술로 운전 경로를 안내하거나 차량 사고를 감지하는 역할
■ **테더링(Tethering)** : 인터넷에 연결된 기기를 이용하여 다른 기기도 인터넷 사용이 가능하게 하는 기술
■ **블루투스(Bluetooth)** : 휴대기기를 무선으로 연결하는 기능
■ **고퍼(Gopher)** : 인터넷에서 메뉴 방식으로 정보를 검색하는 서비스

07 ■ **POP3** : 메일 서버의 이메일을 사용자의 컴퓨터로 가져올 수 있도록 메일 서버에서 제공하는 프로토콜
■ **SMTP** : 사용자가 작성한 이메일을 다른 사람의 계정으로 전송해 주는 역할을 하는 프로토콜
■ **MIME** : 멀티미디어 전자 우편을 주고받기 위한 인터넷 메일의 표준 프로토콜

08 ■ **IPv6** : 128비트로 확장되었으며 16비트씩 8부분으로 나누고 콜론(:)으로 구분
■ **IPv4** : 32비트를 8비트씩 4부분으로 나누고 점(.)으로 구분, 각 자리는 0~255의 숫자로 표시

09 ■ **내부 버스** : CPU 내부에서 레지스터 간을 연결하는 버스
■ **외부 버스** : CPU와 주변 장치를 연결하는 버스
■ **확장 버스** : 메인보드에서 지원하는 기능 외에 다른 기능을 지원하는 장치를 연결하는 버스

10 ASP, PHP, JSP는 모두 서버 측에서 수행되는 서버 스크립트 언어이다.

11 ■ **임베디드 시스템** : 전자제품에 마이크로프로세서를 내장시킨 시스템
■ ①-분산 처리 시스템, ②-일괄 처리 시스템, ④-듀얼 시스템

12 ■ **사용 가능도(Availability)** : 시스템을 사용할 필요가 있을 때 즉시 사용할 수 있는 정도

■ **운영체제의 목적** : 처리 능력 향상, 신뢰도 향상, 반환 시간(응답 시간) 단축, 사용 가능도의 향상

13 ①-4세대, ②-5세대, ③-1세대, ④-3세대

14 ■ CMOS는 부팅시에 필요한 정보를 담고 있는 반도체로 CMOS 셋업은 컴퓨터에게 어떤 주변기기들이 장착되어 있으며 어떻게 제어를 해야 할지 알려주는 절차이다.
■ 멀티 부팅 시 사용하려는 BIOS의 종류는 CMOS 셋업에서 설정할 수 없다.

15 파티션은 프로그램과 데이터를 분리하거나 운영체제를 여러 개 사용할 때 지정하는 것으로 하드디스크의 부족한 공간을 확보하는 것과는 상관이 없다.

16 [프로그램 제거]를 이용하여 프로그램을 제거할 수는 있지만 삭제된 프로그램 파일을 복원할 수는 없다.

17 ■ **NTFS** : NT File System의 약어로 하드디스크의 파티션 크기를 256TB까지 지원한다.
■ **Active Directory 서비스** : 사용자, 사용자 그룹, 네트워크 데이터 등을 하나로 통합 관리하는 새로운 인터페이스

18 ■ TCP/IP 속성에서 IP 주소, 서브넷 마스크, 기본 게이트웨이를 지정할 수 있으며 라우터 주소는 지정할 수 없다.
■ **IP 주소** : 현재 컴퓨터에 설정된 IP 주소
■ **기본 게이트웨이** : 종류가 다른 네트워크 간의 통신을 가능하게 해주는 장치
■ **서브넷 마스크** : IP 주소의 네트워크 부분과 호스트 부분을 구별하여 하나의 IP를 여러 개로 나누어서 사용할 수 있다.

19 [제어판]-[키보드]에서 입력 위치를 표시하는 커서의 모양을 선택할 수는 없다.

20 인쇄 중인 문서나 오류가 발생한 문서를 다른 프린터로 전송하는 기능은 인쇄 관리자 창에서 할 수 없다.

21 날짜 데이터의 자동 채우기 옵션으로는 일 단위, 평일 단위, 월 단위, 연 단위가 가능하다.

	A	B	C	D
1	2019-01-01			
2	2019-01-02			
3	2019-01-03			
4				
5		○ 셀 복사(C)		
6		◉ 연속 데이터 채우기(S)		
7		○ 서식만 채우기(F)		
8		○ 서식 없이 채우기(O)		
9		○ 일 단위 채우기(D)		
10		○ 평일 단위 채우기(W)		
11		○ 월 단위 채우기(M)		
12		○ 연 단위 채우기(Y)		
		○ 빠른 채우기(F)		

22
- 사번에 'a'를 포함하거나 끝 문자에 '?'가 들어가는 행을 표시하므로 2행, 3행, 5행이 표시된다.(대/소문자 구분 안함)
- '*'나 '?' 등의 와일드 카드 자체를 포함하는 것을 찾으려면 '~*', '~?'와 같이 앞에 '~'를 입력한다.

23 웹 페이지에서 텍스트, 서식이 설정된 텍스트 영역, 테이블의 텍스트 등은 가져올 수 있지만 그림과 스크립트의 내용은 가져올 수 없다.

24 정렬 기준을 글꼴 색이나 셀 색으로 선택한 경우, 기본 정렬 순서는 선택한 색 아이콘 순서대로만 가능하며, 밝은 색에서 어두운 색 순으로 정렬할 수는 없다.

25 [데이터] 탭-[쿼리 및 연결] 그룹에서 [쿼리 및 연결]을 클릭하면 기존 Access 파일의 연결을 추가하거나 제거할 수 있다.

26
- INDEX(범위, 행번호, 열번호) : 범위에서 행번호와 열번호가 교차하는 값을 표시
- MOD(값, 나누는 수) : 값을 나누는 수로 나누어 나머지를 구하는 함수
- =INDEX($E$2:$E$4, MOD(A2-1,3)+1) → MOD(A2-1,3)+1에 의해 번호에서 1을 뺀 값을 3으로 나눈 나머지에 1을 더하면 1번은 1, 2번은 2, 3번은 3, 4번은 다시 1이 된다. INDEX 함수에 의해 부서명에서 MOD(A2-1,3)+1에 해당하는 부서명을 표시한다.

27 ①, ③, ④의 경우는 선택된 범위 전체의 셀 내용이 모두 지워지지만, **Back space** 키를 누른 경우에는 맨 처음 선택한 셀의 내용만 지워진다.

28
- =FREQUENCY(배열1, 배열2) : 배열2의 범위에 대한 배열1 요소의 빈도수를 계산

- =PERCENTILE(범위, 인수) : 범위에서 인수 번째의 백분위 수 값을 계산

29 #,###, : 소수점 이하를 없애고 천 단위를 생략하며 천 단위 구분 기호를 붙여준다. 천 단위를 생략할 때 반올림을 하므로 2,452가 표시된다.

30 매크로 이름 상자에서는 매크로의 이름을 변경할 수 없으며 [편집] 단추를 누른 후 VBA에서 변경이 가능하다.

31
- **[페이지 레이아웃]** : 워크시트에 머리글과 바닥글 영역이 함께 표시되어 간단히 머리글/바닥글을 추가할 수 있다.
- **[페이지 나누기 미리 보기]** : 인쇄할 때 페이지가 어디에서 나누어지는지 표시하며, 머리글/바닥글을 추가할 수는 없다.

32
- Range("D2").Select → [D2] 셀을 선택
- ActiveCell.FormulaR1C1 = "=SUM(RC[-2]:RC[-1])" → 활성화된 셀에 SUM 함수 입력([B2] 셀은 RC[-2], [C2] 셀은 RC[-1])
- Range("D2").Select → [D2] 셀을 선택
- Selection.AutoFill Destination:=Range("D2:D5"), Type:=xlFillDefault : [D2:D5] 영역에 자동 채우기
- Range("D2:D5").Select → [D2:D5] 셀 선택
- Range("D6").Select → [D2] 셀을 선택

33
- $B$2는 절대 참조된 상태이므로 복사해도 그대로 $B$2를 유지하며, 상대 참조인 C2만 변경된다.
- **[D2] 셀** : =SUM($B$2:C2) → 15(5+10)
- **[D3] 셀** : =SUM($B$2:C3) → 36(5+10+7+14)
- **[D4] 셀** : =SUM($B$2:C4) → 63(5+10+7+14+9+18)

34 **Home** 키를 누르면 해당 행의 첫 셀인 [A3] 셀로 이동한다.

35
- =VLOOKUP(찾을 값, 범위, 열번호, 방법) : 범위의 첫 번째 열에서 찾을 값에 해당하는 값을 찾고, 같은 행의 지정한 열 번호에 있는 값을 반환해 준다.
- 코드에 찾을 값으로 지정한 "C"는 존재하지 않으므로 수식에서 잘못된 인수를 사용했을 때 나타나는 오류값 #N/A가 표시된다.

36
- {=SUM(A1:A3*{30,20,10})} → 쉼표(,)에 의해 [A1] 셀과 30, 20, 10을 각각 곱하며, 나머지 [A2] 셀과 [A3] 셀도 같은 방법으로 계산하여 모두 더한다.

  (1*30)+(1*20)+(1*10)+(2*30)+(2*20)+(2*10)+(3*30)+(3*20)+(3*10)=360

- {=SUM((A1:A3*B1:B3))} → (1*30)+(2*20)+(3*10)=100

- {=SUM(A1:A3*{30;20;10})} → (1*30)+(2*20)+(3*10)=100
- =SUMPRODUCT(A1:A3, B1:B3) → (1*30)+(2*20)+(3*10)=100

37
- [통합 문서 보호]를 설정하면 포함된 차트, 도형 등의 그래픽 개체를 변경할 수 있다.
- [통합 문서 보호]를 설정하면 시트 삽입, 삭제, 이동, 숨기기, 이름 바꾸기, 창 이동, 창 크기 조절 등을 할 수 없다.

38 워크시트에 삽입된 차트는 [차트 이동] 기능을 이용하여 새 통합 문서가 아닌 새로운 시트나 현재 통합 문서의 다른 시트로 이동할 수 있다.

39 [페이지 나누기 미리 보기]를 이용하면 페이지 구분선을 드래그하여 페이지 나누기를 빠르게 조정할 수 있다.

40
- 세로 축을 선택한 후 [축 서식]의 축 옵션에서 가로 축 교차를 '축의 최대값'으로 설정하면 세로 축의 최대값인 2300과 가로 축이 교차된다.
- '값을 거꾸로'를 설정하면 세로 축의 값도 반대로 표시되므로 적합하지 않다.

3 과목 · 데이터베이스 일반

41 Function과 Private를 선택한 경우 Function 프로시저는 해당 모듈의 프로시저에서만 액세스할 수 있다.
- **Sub** : 코드를 실행하고, 결과 값을 반환하지 않는다.
- **Function** : 코드를 실행하고 실행된 결과 값을 반환한다.
- **Property** : 개체의 속성을 새로 정의할 때 사용되는 것으로 반환 값이 있다.
- **Private** : 해당 모듈 내의 프로시저에서 사용이 가능하다.
- **Public** : 모든 모듈에서 사용이 가능하다.

42 하위 보고서는 일대다 관계가 적용되어 있는 테이블이나 쿼리의 데이터를 표시하려는 경우 유용하게 사용하는 기능으로 하위 보고서에는 그룹화 및 정렬 기능을 설정할 수 있다.

43 **매크로** : 액세스의 반복적인 작업을 자동화하고 폼이나 보고서의 컨트롤에 기능을 미리 정의하여 사용하는 기능이다.

44 **무결성 제약 조건** : 정확성과 안정성을 유지하기 위한 제약 조건으로 테이블에 부적절한 자료가 입력되는 것을 방지하기 위해서 테이블을 생성할 때 정의하는 규칙

45
- **마름모** : 관계(Relationship) 타입

- **사각형** : 개체(Entity) 타입
- **타원** : 속성(Attribute) 타입
- **밑줄 타원** : 기본키 속성
- **선** : 개체 타입과 속성 또는 개체 타입 간의 연결

46
- **보고서 머리글** : 보고서의 첫 페이지 상단에 한 번만 표시되며, 회사의 로고나 제목을 표시
- **페이지 머리글** : 보고서 모든 페이지 상단에 표시되며 열 제목 등을 표시
- **그룹 머리글** : 그룹의 상단에 표시되며, 그룹의 이름이나 요약 정보 등을 표시
- **그룹 바닥글** : 그룹의 하단에 표시되며, 그룹의 요약 정보 등을 표시

47
- 레이블 컨트롤에는 조건부 서식을 지정할 수 없다.
- 하나의 컨트롤에 대해 규칙은 3개 이상(최대 50개)도 지정할 수 있다.
- 규칙 유형에서 '다른 레코드와 비교'를 선택하면 적용할 형식으로 '데이터 막대 형식'을 지정할 수 있다.

48 보고서의 레코드 원본으로는 여러 개의 테이블이나 쿼리에서 필드를 선택하여 지정할 수 있다.

49
- **SELECT 문** : 테이블에서 필드를 지정하여 검색
- **GROUP BY 절** : 특정 필드를 기준으로 그룹화하여 검색
- **HAVING 절** : 그룹에 대한 조건을 지정할 때 사용
- **ORDER BY 절** : 특정 필드를 기준으로 레코드를 정렬할 때 사용(ASC : 오름차순, DESC : 내림차순)

50 크로스탭 쿼리에서 행 머리글로 사용될 필드는 3개까지 지정할 수 있으며, 열 머리글로 사용할 필드는 하나만 지정할 수 있다.

51
- UPDATE 테이블명 SET 필드이름 = 변경값 WHERE 조건식
- Table1에서 지역이 "서울"이거나 모집인원이 1000보다 큰 경우 모집인원 필드의 값을 2000으로 변경한다.

52
- **4 MOD 2** : 4를 2로 나눈 나머지 값을 구하므로 0이 표시된다.
- **IIF(1,2,3)** : 조건이 TRUE(1)이므로 2가 표시된다.
- **MID("123456",3,2)** : "123456"의 3번째 자리부터 2글자를 표시하므로 34가 표시된다.
- **"A" & "B"** : 문자 "A"와 "B"를 연결하여 표시하므로 "AB"가 표시된다.

53 [외부 데이터] 탭-[가져오기 및 연결] 그룹-[Excel]을 선택하면 현재 데이터베이스의 새 테이블로 원본 데이터 가져오기, 다음 테이블에 레코드 복사본 추가, 연결 테이블을 만들어 데이터 원본에 연결 중 하나를 선택할 수 있다.

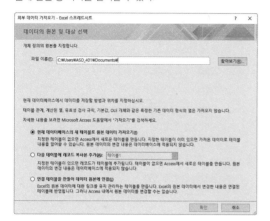

54 유효성 검사 규칙에서 20보다 큰 숫자를 입력해야 하며, 유효성 검사 규칙에 맞지 않으면 '숫자는 >20으로 입력합니다.'라는 메시지를 표시되며, 값을 다시 입력해야만 한다.

55 기본 키는 반드시 지정할 필요는 없으며, 두 개 이상의 필드로 지정된 복합키를 지정할 수도 있다.

56 폼 보기와 데이터시트 보기를 동시에 표시하는 분할 표시 폼은 [만들기] 탭-[폼] 그룹-[기타 폼]-[폼 분할]을 선택하여 만들 수 있다.

57 폼의 레코드 원본으로는 테이블, 쿼리, SQL문을 지정할 수 있으며 매크로는 폼의 레코드 원본으로 사용할 수 없다.

58 긴 텍스트 형식은 최대 64,000자까지 입력이 가능하며 짧은 텍스트 형식은 최대 255자까지 저장된다.
Access 2016에서 기존의 메모 형식이 긴 텍스트로 변경되었다.

59 ② 새(빈) 레코드를 표시한다.

60 ■ 모달 폼 : 실행된 상태에서는 다른 폼이나 개체를 선택할 수 없는 폼으로 다른 개체로 이동하기 위해서는 반드시 폼을 닫아야 한다.
■ 하위 폼 : 다른 폼 안에 컨트롤로 삽입되어 연결된 폼

제**12**회 최신기출문제

정답

01 ①	02 ④	03 ③	04 ④	05 ②	06 ②	07 ③	08 ③	09 ④	10 ④
11 ④	12 ④	13 ③	14 ③	15 ②	16 ④	17 ①	18 ④	19 ③	20 ①
21 ①	22 ②	23 ①	24 ④	25 ③	26 ①	27 ④	28 ③	29 ②	30 ④
31 ③	32 ④	33 ①	34 ②	35 ②	36 ③	37 ①	38 ④	39 ②	40 ②
41 ③	42 ③	43 ②	44 ②	45 ①	46 ②	47 ③	48 ③	49 ②	50 ④
51 ①	52 ④	53 ④	54 ④	55 ⑤	56 ③	57 ④	58 ③	59 ②	60 ④

1 과목 컴퓨터 일반

01 ■ 마이크로프로세서는 제어장치, 연산장치, 레지스터가 하나의 반도체 칩에 내장된 장치이다.
■ 임베디드 시스템 : 전자제품에 마이크로프로세서를 내장시킨 시스템

02 ■ 데이터 레지스터(Data Register) : 연산에 사용될 데이터를 기억하는 레지스터
■ 상태 레지스터(Status Register) : 다양한 산술 연산 결과의 상태를 알려주는 레지스터

03 방화벽은 외부에서 내부로 들어오는 패킷의 내용을 체크하며 내 컴퓨터에서 외부로 나가는 패킷의 내용은 체크하지 않는다.

04 컴퓨터에 설치된 응용 프로그램(앱)을 설치하거나 제거하려면 [제어판]-[프로그램 및 기능]을 이용한다.

05 ■ 바이러스에 감염된 파일이 있는 경우에는 백신으로 치료를 하는 것이 우선이며 모두 삭제하는 것은 좋은 방법이라고 볼 수 없다.
■ 하드 디스크 용량 부족 문제 해결 방법 : 불필요한 파일을 삭제, 사용하지 않는 응용 프로그램 삭제, 사용하지 않는 Windows 구성 요소 제거, 디스크 정리를 수행하여 불필요한 파일 삭제, 휴지통 파일 삭제

06 검색 내용에 '–'를 붙이면 해당 내용이 포함되지 않은 파일이나 폴더를 검색한다.

07 Windows에 탑재된 레지스트리 편집기인 'regedit.exe'를 실행하면 레지스트리를 수동으로 편집할 수 있다.

08 ■ Java Script : 웹 페이지에서 사용자로부터 특정 값을 입력받아 동적으로 처리할 수 있는 객체 기반의 스크립트 프로그래밍 언어

- ■ CSS(Cascading Style Sheets) : 웹 문서의 스타일을 미리 저장해 둔 스타일시트
- ■ UML(Unified Modeling Language) : 시스템 개발 과정에서 의사 소통을 위한 표준화 모델링 언어
- ■ VRML(Virtual Reality Modeling Language) : 인터넷에 3차원 공간을 표현하는 기술 언어

09 ■ 사용 가능도는 컴퓨터 시스템 내의 한정된 자원을 여러 사용자가 요구할 때, 신속하고 충분히 지원해 줄 수 있는지의 여부로 사용 가능도의 향상이 요구된다.

- ■ **운영체제의 목적** : 처리 능력 향상, 신뢰도 향상, 반환 시간(응답 시간) 단축, 사용 가능도의 향상

10 ■ SATA(Serial ATA) : 2003년에 규정이 제정된 직렬 인터페이스 방식으로 PATA 방식보다 편의성과 안정성이 향상되었으며 전원이 켜진 상태에서도 하드 디스크의 교체가 가능한 핫 플러그인 기능을 지원한다.

- ■ EIDE는 일반적으로 PATA(Parallel ATA)를 의미한다.

11 **유비쿼터스 컴퓨팅(Ubiquitous Computing)** : 언제, 어디서나, 누구나 상호 접속의 컴퓨팅이 이루어지는 것을 의미하며 기본적으로 사물이 정보를 수집하는 작업이 요구되며 정보수집을 담당하는 핵심 장치는 센서이다.

12 ①-다중 처리 시스템, ②-시분할 시스템, ③-분산 처리 시스템, ④-다중 프로그래밍 시스템

13 ■ **앨리어싱(Aliasing)** : 비트맵 이미지를 확대할 때 나타나는 계단 현상

- ■ **안티 앨리어싱(Anti Aliasing)** : 이미지 표현에 계단 현상을 제거하는 작업

14 PNG(Portable Network Graphics)는 8비트 알파 채널을 이용하여 부드러운 투명층을 표현할 수 있다.

15 **와이브로(WiBro)** : 이동 중에도 인터넷을 이용할 수 있는 무선 휴대 인터넷

16 ①-웜(Worm), ②-트로이 목마(Trojan horse), ③-스푸핑(Spoofing), ④-스니핑(Sniffing)

17 ■ A 클래스 : 0~127
- ■ B 클래스 : 128~191

■ C 클래스 : 192~223
- ■ A 클래스 > B 클래스 > C 클래스이며, A 클래스는 대규모 통신망에 사용된다.

18 **TCP/IP의 계층**

- ■ **1계층** : 링크 계층(네트워크 인터페이스 계층) → 실제 데이터를 송·수신
- ■ **2계층** : 인터넷 계층
- ■ **3계층** : 전송 계층
- ■ **4계층** : 응용 계층 → 사용자가 컴퓨터에 접근할 수 있도록 서비스를 제공

19 ■ DES는 비밀키 암호화 기법의 대표적인 알고리즘이다.
- ■ **공개키 암호화 기법**
  - 비대칭 암호화 기법으로 암호화 키와 복호화 키가 서로 다르다.
  - 암호화 키는 공개(공개키)하고 복호화 키는 비밀(개인키)로 한다.
  - 대표적인 알고리즘으로 RSA가 있다.
  - 단점 : 알고리즘이 복잡하며 암호화와 복호화 속도가 느리다.
  - 장점 : 키의 분배가 용이하고 관리해야 할 키의 개수가 적다.

20 ①-클라이언트/서버 방식, ②-중앙 집중 방식, ③-P2P(동배간 처리) 방식

2 과목   스프레드시트 일반

21 ■ **데이터 표** : 특정 값의 변화에 따른 결과값의 변화 과정을 한 번의 연산으로 빠르게 계산하여 표의 형태로 표시해 주는 도구

- ■ **통합** : 비슷한 형식의 여러 데이터의 결과를 하나의 표로 통합하여 요약해 주는 도구
- ■ **정렬** : 데이터를 오름차순이나 내림차순으로 정렬하는 기능
- ■ **시나리오 관리자** : 특정 셀의 변경에 따라 연결된 결과 셀 값이 자동으로 변경되어 결과값을 예측하는 도구
- ■ **부분합** : 데이터를 일정 기준으로 요약하여 통계 처리를 수행하는 도구
- ■ **피벗 테이블** : 방대한 양의 자료를 빠르게 요약하여 보여주는 대화형 테이블
- ■ **목표값 찾기** : 수식의 결과값은 알고 있으나 그 결과값을 얻기 위한 입력값을 모를 때 사용하는 도구
- ■ **데이터 유효성 검사** : 사용자가 셀에 입력하는 데이터 값이나 형식을 제한하는 기능

22 함수를 이용하여 조건을 입력하는 경우 원본 필드명과 동일한 필드명을 조건 레이블로 사용해서는 안되며 필드명을 생략하거나 다른 이름을 지정해야 한다.

23 피벗 차트 보고서는 피벗 테이블을 원본으로 한 차트로 분산형, 주식형, 거품형으로 변경할 수 없다.

24 ■ 가져온 데이터는 원본 텍스트 파일이 수정되어도 수정된 내용이 자동으로 반영되지 않는다.
  ■ 텍스트 파일에서 특정 열(column)만 선택하여 가져올 수 있다.
  ■ *.hwp는 외부 데이터 가져오기로 가져올 수 없다.

25 **개인용 매크로 통합 문서** : 작성된 매크로를 Office 설치 폴더 내 [XLSTART] 폴더에 Personal.xlsb로 저장하며 엑셀이 실행될 때마다 모든 통합 문서에서 실행할 수 있다.

26 행 머리글과 열 머리글이 만나는 워크시트 왼쪽 맨 위의 [모두 선택] 단추(▨)를 클릭하면 시트 전체가 선택된다.

27 매크로의 마지막 줄에 [A3] 셀을 선택하도록 되어 있으므로 어떤 셀을 클릭하고 매크로를 실행하던 셀 포인터 위치는 [A3] 셀이다.

ActiveCell.Offset(0, 1).Range("A1").Select → 활성화된 셀의 오른쪽 셀이 [A1] 셀이라고 가정하고 이를 기준으로 [A1] 셀을 선택
ActiveCell.FormulaR1C1 = "성적현황" → 활성화된 셀에 "성적현황"을 입력
ActiveCell.Offset(1, -1).Range("A1").Select → 활성화된 셀의 아래, 왼쪽 열이 [A1] 셀이라고 가정하고 이를 기준으로 [A1] 셀을 선택
ActiveCell.FormulaR1C1 = "학번" → 활성화된 셀에 "학번"을 입력
ActiveCell.Offset(0, 1).Range("A1").Select → 활성화된 셀의 오른쪽 셀이 [A1] 셀이라고 가정하고 이를 기준으로 [A1] 셀을 선택
ActiveCell.FormulaR1C1 = "학과" → 활성화된 셀에 "학과"를 입력
Range("C2").Select → [C2] 셀을 선택
ActiveCell.FormulaR1C1 = "이름" → 활성화된 셀에 "이름"을 입력
Range("A3").Select → [A3] 셀을 선택

28 **빠른 실행 도구 모음** : 자주 사용하는 도구들을 모아두는 곳으로 간단히 추가하거나 제거할 수 있으며, 리본 메뉴 아래에 표시할 수도 있다.

29 시트 이름은 영문 기준으로 대·소문자 구분 없이 최대 31자까지 지정할 수 있다.

30 ■ 워크시트 화면의 확대/축소 배율 지정은 지정한 시트에만 적용된다.
  ■ 틀 고정과 창 나누기를 동시에 수행할 수 없다.
  ■ 화면에 표시되는 틀 고정 형태는 인쇄 시 적용되지 않는다.

■ 틀 고정 구분선은 마우스 드래그로 위치를 변경할 수 없으며 창 나누기 선은 드래그로 위치를 변경할 수 있다.

31 **내용 있는 셀만 붙여넣기** : 복사한 데이터 범위에서 빈 셀을 제외하고 내용이 있는 셀만 붙여넣는 기능으로 잘라낸 데이터에는 사용할 수 없다.

32 ■ ROW( ) : 행의 번호를 구하는 함수
  ■ MOD(값, 나누는 수) : 값을 나누는 수로 나누어 나머지를 구하는 함수
  ■ =MOD(ROW(),2)=1 : 행 번호를 2로 나눈 나머지가 1인지 확인한다. 즉, 행 번호가 홀수인지 확인한다.

33 [Ctrl] + [Enter] : 여러 셀을 선택하여 동일한 데이터를 한 번에 입력하는 기능

34 ■ ISBLANK 함수 : 값이 빈 셀이면 TRUE를 반환한다.
  ■ ISODD 함수 : 값이 홀수이면 TRUE를 반환한다.
  ■ TYPE 함수 : 값의 데이터 형식을 나타내는 숫자를 반환한다.

35 ■ **표면형 차트** : 두 개의 데이터 집합에서 최적의 조합을 찾을 때 사용한다.
  ■ **꺾은선형 차트** : 일반적인 척도를 기준으로 연속적인 데이터를 표시할 수 있으므로 일정 간격에 따른 데이터의 추세를 표시할 때 사용된다.

36 ■ [페이지 레이아웃] 보기 상태로 지정하려면 [보기] 탭-[통합 문서 보기]-[페이지 레이아웃]을 선택한다.
  ■ 마우스로 페이지 구분선을 클릭하여 페이지 나누기 위치를 조정하는 것은 [페이지 나누기 미리 보기]이다.

37 계열 겹치기 값은 0보다 크면 차트 계열 막대가 겹쳐지고 0보다 작은 값을 입력하면 차트 계열 막대의 간격이 넓어지므로 계열 겹치기 값이 0보다 크게 설정되었다.

38 ■ SEARCHB(A4,A3) : A4의 값을 A3셀에서 찾은 후 위치를 2바이트로 계산하면 6이 된다.
  ■ REPLACE(A3,SEARCHB(A4,A3),2,"명세서") → A3셀의 6번째에서 2글자를 '명세서'로 바꾸는 것으로 '분기 수익명세서'가 된다.(분기 수익 : 5글자이기 때문에 6번째 위치에 '명세서'를 추가함)

39 {=B2:B5*C2:C5}를 입력하면 각 배열에 해당하는 값들끼리 곱한 결과가 표시된다.

40 {=SUM(IF($C$3:$C$15=LEFT(F3,2),1,0))} → [C3:C15]의 출신지역이 [F3:F7]의 앞 두 글자와 일치하면 1을 더하고 그렇지 않으면 0을 더하므로 출신지역별 인원수를 계산할 수 있다.

41 ■ **IME 모드** : 컨트롤에 포커스가 위치할 때 한글이나 영문의 입력 모드를 지정

■ **캡션** : 표시될 제목을 지정

■ **문장 입력 시스템 모드** : 필드로 포커스가 이동될 때 설정될 일본어 입력기의 상태

■ **스마트 태그** : 필드에 적용할 작업 태그

42 조회 목록으로 표시할 열의 개수는 변경할 수 있으며 [조회] 탭의 [열 개수] 항목에서 지정한다.

43 ■ **L** : 영문, 한글(필수)

■ **A** : 영문, 한글, 숫자(필수)

■ **0** : 숫자(필수)

■ **9** : 숫자, 공백(선택)

■ **#** : 숫자, 공백(선택)

44 디자인 보기 화면에서 삽입된 하위 보고서는 하나의 컨트롤로 취급되므로 크기를 조절할 수 있다.

45 ■ **항상 참조 무결성 유지** : 한 테이블이 다른 테이블의 기본 키를 참조하는 외래 키를 가질 때 외래 키는 널(null)이거나 다른 테이블의 기본 키에 존재하는 값이어야 한다.

■ [사원] 테이블에 입력하려는 사원의 '부서코드'는 반드시 [부서] 테이블에 존재하거나 널 값이어야 한다.

46 i는 0에서 7까지 2씩 증가하며 Num에 i를 누적한 후 MsgBox에 Num을 표시한다.

i	Num
0	0
2	2
4	6
6	12

47 하나의 매크로에는 하나 이상의 매크로 함수가 포함될 수 있다.

48 ■ **스키마(Schema)** : 데이터베이스에 저장되는 데이터 구조와 제약 조건을 정의한 것으로 사용자의 관점에 따라 외부 스키마, 개념 스키마, 내부 스키마로 나누어진다.

■ **외부 스키마** : 일반 사용자나 응용 프로그래머의 관점에서 본 스키마

■ **개념 스키마** : 데이터베이스 전체의 논리적 구조

■ **내부 스키마** : 데이터베이스의 물리적 구조

49 ■ **정규화(Normalization)** : 추가, 갱신, 삭제 등 작업 시의 이상 현상이 발생하지 않도록 하기 위해 테이블을 분해하는 과정으로 정규화를 통해 일관성을 유지하고 데이터 중복을 최소화한다.

■ 정규화를 실행한다고 모든 테이블의 필드 수가 동일해지는 것은 아니다.

50 보고서를 작성하는 방법으로는 [보고서]. [보고서 디자인], [새 보고서], [보고서 마법사] 도구를 사용하는 방법이 있다.

51 ■ **보고서 머리글** : 로고, 보고서 제목, 날짜 등을 삽입하며 보고서의 맨 첫 페이지에 한 번 출력된다.

■ **보고서 바닥글** : 보고서 내용의 총합계, 총평균, 총개수 등을 요약하여 표시하며 보고서의 맨 마지막 페이지에 한번 출력된다.

52 ① ="Page" & [Page] & "/" & [Pages] → Page1/5

② =[Page] & "페이지" → 1페이지

③ =[Page] & "/" & [Pages] & " Page" → 1/5 Page

53 조건이 같은 행에 입력되어 있으면 AND 조건을 의미하며, 입학 연도는 표시에 체크되어 있지 않으므로 표시하지 않는다.

54 ■ **=Dcount("필드","테이블",조건)** : 테이블에서 조건에 맞는 필드의 개수를 표시한다.

■ **=DLookup("필드","테이블",조건)** : 테이블에서 조건에 맞는 필드를 검색한다.

55 GROUP BY 문으로 레코드를 결합한 후에 조건을 지정하려면 WHERE 절 대신 HAVING 절을 사용해야 한다.

56 분할 표시 폼은 [만들기] 탭-[폼] 그룹-[기타 폼]-[폼 분할]을 선택하여 만들 수 있으며 데이터 원본 변경은 폼 보기와 데이터시트 보기에서 모두 가능하다.

57 ■ SELECT T1.품번, T2.제조사 FROM T1, T2 → 테이블 T1의 품번 필드와 테이블 T2의 제조사 필드를 검색

■ WHERE T2.소재지 IN ('서울', '수원') AND T1.품번 = T2.품번; → T2의 소재지가 서울 또는 수원이고, T1의 품번과 T2의 품번이 같은 레코드만 표시

58 ■ 출간연도를 오름차순으로 정렬하고, 출간연도가 같은 경우에는 저자를 오름차순으로 정렬한다.

■ **SELECT * FROM book** : 테이블 book의 모든 필드를 표시

■ ORDER BY [출간연도] ASC, [저자] ASC; : 1차 정렬 기준은 출간연도의 오름차순, 2차 정렬 기준은 저자의 오름차순 정렬

59 ■ 모달 속성을 설정하면 포커스를 다른 개체로 이동하기 위해서는 반드시 폼을 닫아야 한다.

■ 그림 맞춤 속성은 왼쪽 위, 오른쪽 위, 가운데 등을 선택할 수 있다.

■ 레코드 집합 종류 속성의 값이 '스냅숏'인 경우 원본 테이블의 업데이트는 안 되며, 조회만 가능하다. '다이너셋'인 경우에는 레코드 집합을 변경하면 테이블이 업데이트된다.

60 탭 순서에서 컨트롤을 제거하려면 컨트롤의 탭 정지 속성을 '아니요'로 설정한다.

제**13**회 최신기출문제

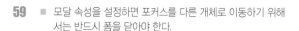

01 ④	02 ③	03 ④	04 ③	05 ①	06 ②	07 ③	08 ③	09 ④	10 ④
11 ③	12 ③	13 ②	14 ④	15 ④	16 ③	17 ④	18 ④	19 ③	20 ④
21 ③	22 ①	23 ④	24 ①	25 ①	26 ②	27 ③	28 ②	29 ④	30 ③
31 ③	32 ③	33 ②	34 ④	35 ④	36 ②	37 ③	38 ②	39 ②	40 ①
41 ③	42 ②	43 ③	44 ①	45 ④	46 ②	47 ④	48 ①	49 ③	50 ④
51 ①	52 ③	53 ②	54 ④	55 ②	56 ④	57 ③	58 ③	59 ④	60 ②

1 과목 **컴퓨터 일반**

01 ■ **가상 기억장치(Virtual memory)** : 보조 기억장치의 일부를 주기억장치처럼 사용하여 주기억장치의 용량을 확대하는 기법

■ **캐시 메모리(Cache Memory)** : CPU와 주기억장치 사이에서 속도 차이를 보완하여 주기억장치이 접근 시간을 치소하하는 기법

02 ■ MPEG은 1988년 설립된 동화상 전문가 그룹을 의미하는 Motion Picture Experts Group에서 개발한 동영상 압축 기술이다.

■ **스트리밍(Streaming)** : 전송되는 데이터를 끊임없고 지속적으로 처리할 수 있어 파일을 다운 받으면서 재생할 수 있는 기능

03 ■ **EBCDIC 코드** : 8비트를 사용하며 최대 256개의 문자 표현이 가능

■ **BCD 코드** : 6비트를 사용하며 최대 64개의 문자 표현이 가능

04 ■ **모핑(Morphing)** : 사물의 형상을 다른 모습으로 서서히 변화시키는 방법으로 영화의 특수효과에서 많이 사용하는 기법

■ **렌더링(Rendering)** : 3차원 애니메이션을 만드는 과정으로 명암과 색상을 이용하여 사실감을 표현하는 기법

■ **안티앨리어싱(Anti-Aliasing)** : 계단 현상을 제거하는 기법

■ **블러링(Bluring)** : 흐림 효과를 내는 기법

05 **P2P(Peer to Peer) 방식** : 서버 없이 개인 대 개인으로 연결하여 파일을 공유하는 기술

06 ■ **오픈 소스 소프트웨어(Open source software)** : 소스 코드를 공개해 누구나 그 코드를 무료로 이용하고 수정하거나 재배포할 수 있는 소프트웨어

■ **주문형 소프트웨어(Customized software)** : 특정 조직이나 개인에 의해 사용될 목적으로 설계된 프로그램

■ **쉐어웨어(Shareware)** : 일정 기간 동안만 사용이 가능하거나 기능에 제한을 두는 소프트웨어

■ **프리웨어(Freeware)** : 무료로 사용을 허용하는 소프트웨어

07 가젯은 웹 브라우저를 통하지 않고 실행할 수 있는 미니 프로그램으로 바탕 화면의 바로 가기 메뉴 [개인 설정]을 선택하여 설정할 수 없다.

08 다른 드라이브로 파일을 이동하려면 **Shift** 키를 누르고 드래그 해야 한다.

09 바로 가기 메뉴의 [연결 프로그램]에서는 연결 프로그램을 삭제할 수 없으며, 다른 앱으로 실행되도록 변경할 수 있다.

10 ■ **ASCII 모드** : 아스키 코드의 텍스트 파일 전송

■ **Binary 모드** : 그림, 동영상, 실행 파일, 압축 파일 전송

11 [오류 검사]는 하드 디스크의 파일과 폴더 및 논리적, 물리적인 오류를 검사하고 수정하는 기능으로 컴퓨터 시스템이 오작동하는 경우나 바이러스에 감염되는 것을 예방하기 위해서는 사용할 수 없다.

12 ■ **JSP(Java Server Page)**는 HTML내에 자바 코드를 삽입하여 웹 서버에서 동적으로 웹 페이지를 생성하여 웹 브라우저에 돌려주는 언어로 대부분의 운영체제에서 실행되며 특히 유닉스 계열에서 잘 실행된다.

■ **ASP** : 서버 측에서 동적으로 수행되는 페이지를 만들기 위한 언어로 Windows 계열의 운영체제에서 실행이 가능하다.

13 기본 프린터는 네트워크 프린터와 로컬 프린터 모두 설정이 가능하지만 한 번에 1대만을 기본 프린터로 설정할 수 있다.

14 **계산 속도의 단위** : $ms(10^{-3}) \rightarrow \mu s(10^{-6}) \rightarrow ns(10^{-9}) \rightarrow ps(10^{-12}) \rightarrow fs(10^{-15}) \rightarrow as(10^{-18})$

15 ■ **채널(channel)** : CPU와 독립적으로 입출력을 빠르게 처리할 수 있도록 만든 입출력 전용 프로세서
  ■ **레지스터(register)** : 프로그램을 실행하는데 필요한 명령어나 데이터를 임시로 보관하는 CPU 내부의 기억 장소
  ■ **인터럽트(interrupt)** : 예기치 않은 일이 발생한 경우 현재 실행 중인 프로그램을 일시 중지하고, 응급사태를 해결하고 다시 원래의 상태로 복귀하는 것
  ■ **콘솔(console)** : 컴퓨터의 단말 장치

16 ■ **테더링(Tethering)** : 인터넷에 연결된 기기를 이용하여 다른 기기도 인터넷에 접속될 수 있도록 설정하는 방법
  ■ **와이파이(WiFi)** : 무선 접속 장치가 설치된 곳의 일정 거리 안에서 무선 인터넷을 할 수 있는 근거리 통신망
  ■ **블루투스(Bluetooth)** : 휴대폰, 노트북, 이어폰 등의 휴대기기를 서로 연결해 정보를 교환하는 근거리 무선 기술 표준
  ■ **와이브로(WiBro)** : 이동 중에도 인터넷을 이용할 수 있는 무선 휴대 인터넷

17 ■ CMOS 셋업은 부팅시 필요한 하드웨어 정보를 설정하는 과정으로 프린터의 설정과는 관계가 없다.
  ■ **스풀(SPOOL)** : 인쇄 도중에도 다른 작업을 할 수 있는 병행 처리 기능으로 프린터에서 인쇄를 하기 전에 인쇄 내용을 하드 디스크에 임시로 보관하는 것

18 방화벽은 외부의 불법 침입으로부터 내부의 정보 자산을 보호하고 외부로부터 유해 정보 유입을 차단하기 위한 방법으로 위험한 첨부 파일이 있는 전자 메일을 사용자가 열지 못하도록 하는 기능은 없다.

19 ■ **분산 서비스 거부 공격(DDoS : Distributed Denial of Service)** : 악성코드나 이메일 등을 통하여 일반 사용자의 PC를 감염시켜 좀비PC를 만든 다음 동시에 동작하게 함으로써 특정 사이트를 공격하는 방식
  ■ ①-스니핑(Sniffing), ②-스푸핑(Spoofing), ④-키 로거(Key Logger)

20 CMOS 셋업에서는 부팅에 관한 기본 정보를 기록하고 어떤 주변 장치가 장착되어 있는지를 알려주는 과정으로 Windows 로그인 암호 변경은 할 수 없다.

21 ■ 수식이 아닌 상수로 입력되게 하려면 수식을 입력한 후 바로 **F9** 키를 누른다.
  ■ **3차원 참조** : 여러 시트 내에서 위치가 같은 셀들을 범위로 지정하는 참조 형태 예) =SUM(Sheet1:Sheet2!A1) → Sheet1의 A1셀과 Sheet2의 A1셀의 합계

22 ■ **INDEX(범위, 행번호, 열번호)** : 범위에서 행번호와 열번호가 교차하는 값을 표시
  ■ **MATCH(조건1&조건2, 범위1&범위2, 0)** : 조건1과 조건2를 범위1과 범위2에서 찾아 상대적인 위치 값을 반환
  ■ {=INDEX($C$10:$C$13,MATCH(MONTH(A2)&B2,$B$10:$B$13&$A$10:$A$13,0))*C2} → MATCH(MONTH(A2)&B2,$B$10:$B$13&$A$10:$A$13,0)에 의해 [A2] 셀의 월과 [B2] 셀의 제품명을 $B$10:$B$13와 $A$10:$A$13에서 찾아 위치를 반환하므로 1이 된다. INDEX 함수에 의해 $C$10:$C$13의 1행에서 단가를 찾아 수량을 곱해준다.

23 그룹으로 묶은 시트에서 복사하거나 잘라낸 모든 데이터를 다른 한 개의 시트에 붙여넣으려면 오류가 발생한다.

24 ■ 2차원 차트를 작성하여 추세선을 추가한 뒤에 3차원으로 변환하면 추세선이 삭제된다.
  ■ 추세선 유형으로는 지수, 선형, 로그, 다항식, 거듭제곱, 이동평균 등 6가지 추세선 유형이 있다.
  ■ 3차원, 방사형, 원형, 도넛형, 표면형 차트에는 추세선을 사용할 수 없다.

25 ■ 창 나누기는 2개 또는 4개 영역으로 분할할 수 있다.
  ■ 틀 고정선은 마우스를 드래그하여 위치를 변경할 수 없다.
  ■ 창 나누기는 [실행 취소] 명령으로 나누기를 해제할 수 없으며, 창 나누기 선을 마우스로 더블클릭하거나 [보기] 탭-[창] 그룹 -[나누기]를 클릭하여 해제할 수 있다.

26 자동 필터에서 조건 지정 시 각 열에 설정된 조건들은 AND 조건으로 묶여 처리되며, 자동 필터에서 열과 열을 OR 조건으로 묶어서 처리할 수 없다.

27 ■ SQRT(16) → 16의 제곱근을 구한다.
  ■ ABS(-2) → -2의 절대값을 구한다.
  ■ POWER(2,3) → 2의 3제곱을 구한다.

28 [윤곽 지우기]를 실행하면 설정된 윤곽 기호만 제거된다.

29 ■ **보고서 필터** : 구분, 차종

■ **행 레이블** : 이름, 입사
■ **열 레이블** : 부서
■ **값 영역** : 통근거리

30 ■ 윗주에 입력된 텍스트 중 일부분의 서식을 별도로 변경할 수 없으며, 텍스트 전체의 서식을 변경할 수 있다.
　■ [홈] 탭-[글꼴] 그룹-목록 단추-[윗주 설정]을 클릭하여 서식을 지정할 수 있다.

31 ■ [페이지 설정] 대화상자에는 '일련번호로 출력' 항목은 없다.
　■ [페이지 설정] 대화상자의 [페이지] 탭에서 [시작 페이지 번호]의 '자동'을 지우고 일련번호를 입력한다.

32 **Worksheet_Change** : 워크시트가 변경되었을 때 실행된다.

Private Sub Worksheet_Change(ByVal Target As Range) → 워크시트가 변경되었을 때 실행
If Target.Address = Range("a1").Address Then → [A1] 셀이 변경되면
Target.Font.ColorIndex = 5 → [A1] 셀의 글꼴 색을 ColorIndex가 5인 색으로 변경
MsgBox Range("a1").Value & "입니다." → [A1] 셀의 값을 메시지 박스에 표시

33 ■ 인쇄 영역으로 설정되면 페이지 나누기 미리 보기에서는 설정된 부분은 밝게, 설정되지 않은 부분은 어둡게 표시된다.
　■ **인쇄할 영역을 블록 설정** : [페이지 레이아웃] 탭-[페이지 설정] 그룹-[인쇄 영역]-[인쇄 영역 설정] 클릭 → [보기] 탭-[통합 문서 보기] 그룹-[페이지 나누기 미리 보기] 클릭

34 ■ **SEARCH(찾을 문자열, 문자열, 시작 위치)** : 문자열에서 찾을 문자열의 위치를 구하며, 대소문자를 구분하지 않는다.
　■ **REPLACE(문자열, 시작 위치, 개수, 바꾸려는 문자열)** : 문자열의 시작 위치에서 개수만큼 다른 문자열로 바꾼다.
　■ =REPLACE("February",SEARCH("U","Seoul-Unesco"),5,"")

→ SEARCH("U","Seoul-Unesco")에 의해 "Seoul-Unesco"에서 "U"의 위치를 대소문자 구분 없이 찾으므로 4가 되며, REPLACE에 의해 "February"의 4번째에서 5 글자를 공백으로 채우면 "Feb"가 된다.

■ **FIXED(숫자, 소숫자리 수, 논리값)** : 숫자를 소수점 형식의 텍스트로 변경하며 논리값이 TRUE이면 쉼표가 없고, FALSE이면 쉼표가 표시된다.
■ **EOMONTH(날짜, 개월)** : 지정된 날짜의 이전이나 이후 개월의 마지막 날짜를 표시한다.
■ **ROW(범위)** : 범위의 첫 셀의 행 번호를 반환한다.

35 ■ **Alt + ↓** : 목록으로 표시
■ **Shift + ↓** : 블록을 한 셀씩 늘리기
■ **Ctrl + ↓** : 연속된 데이터가 있을 경우 맨 아래쪽 셀로 이동 (데이터가 없으면 맨 마지막 행으로 이동)

36 '계열 겹치기' 옵션을 음수로 설정하면 데이터 계열 막대 간격이 넓어지고 양수로 설정하면 데이터 계열 막대가 겹쳐진다.

37 ① 0.25 → 0#.#% → 25.% (0.25에 100을 곱한 25를 이용함)
② 0.57 → #.# → .6 (#은 유효하지 않은 0을 표시하지 않음)
④ 100 → #,###;@"점" → 100 (@"점"은 문자일 때 적용됨)

38 **조건이 한 개인 경우 개수를 구하는 방법**
■ =SUM((조건)*1)
■ =SUM(IF(조건,1))
■ =COUNT(IF(조건,1))

39 매크로에 지정된 바로 가기 키가 엑셀 고유의 바로 가기 키와 중복될 경우 매크로에 지정된 바로 가기 키가 우선한다.

40 ■ **시나리오** : 다양한 상황과 변수에 따른 여러 가지 결과값의 변화를 가상의 상황을 통해 예측하여 분석하는 도구
　■ 시나리오는 현재 시트 앞에 새 워크시트를 삽입하고 시나리오 보고서를 표시하며 별도의 파일에 저장할 수는 없다.

3 과목　데이터베이스 일반

41 ■ **Format( )** : 식의 결과를 지정된 표시 형식으로 표시
예) =Format([단가]*[수량]*(1-[할인률]),"0.0")
■ **Str( )** : 숫자를 문자열로 변환
■ **Val( )** : 문자열에 포함된 숫자를 숫자로 변환
■ **DLookUp( )** : 조건에 맞는 필드 값을 구한다.

42 ■ **참조 무결성** : 한 테이블이 다른 테이블의 기본 키를 참조하는 외래 키를 가질 때 외래 키는 널(null)이거나 다른 테이블의 기본 키에 존재하는 값이어야 한다.

■ 외래 키 값이 있는 테이블의 레코드를 삭제할 때는 참조 무결성이 위배되지 않지만 참조되는 테이블 즉, 기본 키 값이 있는 테이블의 레코드 삭제 시에 참조 무결성이 위배될 수 있다.

43 그룹 머리글/바닥글은 그룹에 대한 요약 정보를 표시하며, 전체 보고서에 대한 요약 값을 표시하려면 보고서 머리글/바닥글을 이용해야 한다.

44 ■ **Yes/No** : 1bit
■ **날짜/시간** : 8byte
■ **통화** : 8byte
■ **일련 번호** : 4byte

45 ■ 데이터가 이미 입력된 필드도 기본 키로 지정할 수 있다.
■ 모든 테이블에 기본 키를 반드시 설정할 필요는 없다.
■ 액세스에서는 단일 필드 기본 키, 일련번호 기본 키 이외에 두 개 이상의 필드로 구성된 복합 키도 정의 가능하다.
■ OLE 개체나 첨부 파일 형식의 필드에는 기본 키를 지정할 수 없다.

46 ■ **OpenForm** : 폼을 여는 매크로 함수
■ **RunCommand** : 명령어를 실행
■ **RunMacro** : 매크로를 실행
■ **RunSQL** : SQL을 실행

47 ■ select * from 직원 → 직원 테이블의 모든 필드를 검색
■ where 근무년수 >= 3 → 근무년수가 3년 이상
■ order by 나이 desc, 급여 asc → 나이를 내림차순으로 정렬하되, 같은 나이일 경우 급여를 오름차순으로 정렬

48 보통 하위 폼은 기본 폼 내에서 존재하지만 별도의 독립된 폼으로 열 수도 있다.

49 me![DateDue].Visible = False → 현재 폼의 DateDue 컨트롤의 Visible 속성값을 False로 지정, 즉 표시되지 않도록 한다.

50 크로스탭 쿼리에서 행 머리글로 사용될 필드는 3개까지 지정할 수 있지만, 열 머리글로 사용할 필드는 하나만 지정할 수 있다.

51 ■ INSERT INTO 테이블 (필드명1, 필드명2...) VALUES (값1, 값2...) : 테이블에 레코드를 추가한다.
■ 여러 개의 레코드를 한 개의 테이블에 추가할 수 있지만, 여러 개의 테이블에 추가할 수는 없다.

52 ■ LIKE "*신림*" : "신림"을 포함한 문자열을 찾는다.
■ LIKE "?신림?" : 두 번째가 "신"이고 세 번째가 "림"인 문자열을 찾는다.

53 ■ 지원자 테이블은 지원자ID를 기본 키로 가지며 이름, 성별, 생년월일, 연락처를 포함한다.
■ 경력 테이블은 경력ID를 기본 키로 가지며 지원자ID는 지원자 테이블을 참조하는 외래 키이다.

54 ■ **IME 모드** : 컨트롤에 포커스가 위치할 때 입력 모드를 지정
■ **탭 인덱스** : 폼에서 해당 컨트롤의 탭 순서를 지정

55 본문 영역의 모든 컨트롤에 조건부 서식을 지정하려면 모든 컨트롤을 선택해야 하며, 조건식은 [필드]=값의 형식으로 지정한다.

56 ■ **총 권수** : =Count(*) & "권"
■ **정가 합계** : =Sum([정가])

57 ■ **정규화(Normalization)** : 추가, 갱신, 삭제 등 작업 시의 이상 현상이 발생하지 않도록 하기 위해 테이블을 분해하는 과정이다.
■ 정규화를 통해 데이터의 중복을 최소화하고 테이블 간의 종속성을 줄일 수 있다.

58 ■ 모듈은 매크로에 비해 복잡한 작업을 처리하기 위해 프로그램을 직접 작성하는 것이다.
■ **매크로(Macro)** : 여러 개의 매크로 함수를 하나로 묶어서 반복 작업을 쉽게 처리하는 기능
■ **모듈(Module)** : VBA를 이용하여 프로그래밍 할 수 있는 기능

59 ■ =[Page] → 1
■ =[Page]& "페이지" → 1페이지
■ =Format([Page], "000") → 001

60 ■ 보고서에서도 폼에서와 같이 이벤트 프로시저를 작성할 수 있다.
■ 보고서 머리글과 보고서 바닥글의 내용은 각각 보고서의 첫 페이지와 마지막 페이지에 출력된다.
■ 보고서의 레코드 원본으로 테이블, 쿼리를 지정할 수 있지만 엑셀과 같은 외부 데이터, 매크로 등을 지정할 수 없다.
■ 컨트롤을 이용하지 않고 보고서에 테이블의 데이터를 표시할 수는 없다.

제14회 최신기출문제

정답

01 ④	02 ④	03 ①	04 ④	05 ③	06 ③	07 ③	08 ④	09 ④	10 ④
11 ④	12 ②	13 ②	14 ①	15 ②	16 ①	17 ④	18 ②	19 ③	20 ④
21 ②	22 ①	23 ①	24 ②	25 ②	26 ②	27 ①	28 ③	29 ①	30 ③
31 ③	32 ③	33 ①	34 ④	35 ②	36 ④	37 ③	38 ④	39 ④	40 ③
41 ④	42 ④	43 ④	44 ④	45 ②	46 ④	47 ①	48 ②	49 ③	50 ②
51 ③	52 ②	53 ②	54 ④	55 ④	56 ②	57 ②	58 ④	59 ③	60 ①

1 과목 컴퓨터 일반

01
- 렌더링(Rendering) : 컴퓨터 그래픽에서 3차원 질감을 줌으로써 사실감을 추가하는 과정
- 모델링(Modeling) : 물체의 형상을 컴퓨터 내부에서 3차원 그래픽으로 어떻게 표현할 것인지를 정하는 과정
- 애니메이션(Animation) : 정지 화면을 마치 움직이는 것처럼 보여주는 기법
- 리터칭(Retouching) : 이미지를 수정하여 다른 형태로 변형하는 작업

02
- 프레임 너비는 동영상 프레임의 크기를 결정하는 요소로 화면을 구성하는 가로 점의 수를 의미
- mp3 파일의 크기 = 표본 추출률(Hz) * 샘플 크기(bit)/8*1 (모노) 또는 2(스테레오)*시간(초)

03 프록시 서버(Proxy Server)는 클라이언트와 서버 사이에서 데이터를 중계하는 서버로 어떤 사이트에 접속할 때 프록시 서버에서 데이터를 가지고 와서 전달하는 방화벽 기능과 캐시 기능을 가지고 있다.

04 바이러스는 소프트웨어뿐만 아니라 하드웨어(하드디스크, CMOS 등)의 성능에도 영향을 미칠 수 있다.

05 스마트 그리드(smart grid) : 기존의 전력망에 정보 통신 기술을 접목한 것으로 전기 생산과 소비 정보를 전기 공급자와 생산자들에게 제공하여 효율적으로 전기 공급을 관리할 수 있도록 하는 서비스

06
- A, B, C, D, E 클래스로 나누어지는 것은 IPv4이다.
- IPv6 : 128비트를 16비트씩 8부분으로 나누고 콜론(:)으로 구분하며, 실시간 흐름 제어로 향상된 멀티미디어 기능을

지원하고, 인증성, 기밀성, 데이터 무결성의 지원으로 보안 문제를 해결할 수 있다.

07 계정이 있는 FTP의 경우 'ftp://사용자이름[:비밀번호]@서버 이름:포트번호' 형식으로 사용한다.

08
- 네트워크에 접속된 다양한 단말 장치를 자동으로 인식하고 호환성을 제공하려면 동일한 프로토콜을 사용해야만 한다.
- 프로토콜(Protocol) : 네트워크에서 서로 다른 기종 간에 데이터를 전송할 때 원활한 정보 교환이 가능하도록 절차 등을 규정한 통신 규약으로 흐름 제어, 동기화 기능, 오류 제어, 단편화와 재조합, 주소 지정, 순서 지정, 캡슐화 기능 등을 수행한다.

09
- ④는 절차 지향 프로그래밍 언어에 대한 설명이다.
- 절차 지향 프로그래밍 언어 : 순차적인 처리가 중요시 되며 프로그램 전체가 유기적으로 연결되도록 만드는 프로그래밍 기법

10
- OLE(Object Linking and Embedding) : Windows 환경에서 각종 응용 프로그램 간에 데이터 교환을 위해 서로의 데이터를 공유하는 기능
- 선점형 멀티태스크(Preemptive Multitasking) : 운영체제가 CPU를 선점하여 프로그램의 제어권을 가지는 기능
- GUI(Graphic User Interface) : 사용자와 컴퓨터가 마우스를 이용하여 아이콘 등으로 명령을 내리고 작업을 수행하는 방식
- PnP(Plug & Play) : 자동 감지 설치 기능으로 컴퓨터에 장치를 연결하면 자동으로 장치를 인식하여 쉽게 장치를 연결하는 기능

11
- ④는 Unicode에 대한 설명이다.
- Unicode : 컴퓨터에서 세계 각국의 언어를 16비트로 표현할 수 있는 국제 표준 코드

12 펌웨어(Firmware) : 하드웨어와 소프트웨어의 중간 형태로 펌웨어는 대부분 ROM에 저장되어 관리되며 하드웨어 교체 없이 펌웨어 업데이트만으로도 시스템의 성능을 향상시킬 수 있다.

13 칩셋(Chip Set) : 메인보드에 설치된 다양한 장치들을 통합적으로 제어하고 관리한다.
① 메인보드, ② 칩셋, ③ 버스, ④ 포트

14
- SSD는 HDD에 비해 외부의 충격에 강하며, 디스크가 아닌 메모리에 데이터를 기록하므로 배드섹터가 발생하지 않는다.
- ③은 DVD에 대한 설명이다.

15 인터럽트(Interrupt)
- 예기치 않은 일이 발생한 경우 현재 실행 중인 프로그램을 일시 중지하고, 응급사태를 해결하고 다시 원래의 상태로 복귀하는 것
  - **외부 인터럽트** : 전원 이상 인터럽트, 외부 신호 인터럽트, 기계 착오 인터럽트, 입출력 인터럽트 등
  - **내부 인터럽트** : 잘못된 명령이나 잘못된 데이터를 사용할때 발생
  - **소프트웨어 인터럽트** : 사용자가 프로그램을 실행시키거나 감시 프로그램(Supervisor)을 호출하는 동작을 수행하는 경우

16 레지스터 : CPU 내부에서 처리할 명령어나 연산 결과 값을 일시적으로 저장하는 기억장치로 메모리 중에서 가장 속도가 빠르다.

17
- ④는 [컴퓨터 관리]에서 [이벤트 뷰어]를 시작 → [보기] 메뉴-[분석 및 디버그 로그 표시/숨기기]
- 윈도우 <시작> 단추 위에서 마우스 오른쪽 버튼을 눌러 [컴퓨터 관리]를 클릭

18 NTFS는 NT File System의 약어로 하드디스크의 파티션 크기를 256TB까지 지원한다.

19
- 폴더의 [속성] 창은 일반, 공유, 보안, 이전 버전, 사용자 지정 탭으로 구성된다.
- 폴더 안의 파일을 삭제하려면 폴더 안에서 파일을 선택한 후 Delete 키를 눌러서 삭제한다.

20
- 시스템 복원은 컴퓨터 시스템에 문제가 생겼을 경우 시스템 파일과 설정을 이전 시점으로 되돌리는 기능이다.
- ④는 디스크 조각 모음에 대한 설명이다.

2 과목 **스프레드시트 일반**

21 그룹을 지정하면 '그룹1', '그룹2' 등의 이름으로 자동 생성되며 'A 그룹'과 'B 그룹'은 그룹명을 입력해서 변경한 것이다.

22 '날짜 필터' 목록에서는 일, 주, 월, 분기, 년 등을 필터링 기준으로 사용할 수 있으나 요일로 필터링 할 수는 없다.

23 '새로운 값으로 대치' 항목을 선택하면 이전 부분합을 지우고 새로운 부분합을 구하므로 체크를 해제해야 한다.

24 [텍스트 나누기]는 하나의 열에 구분선을 넣어 여러 개의 열로 분할하는 기능으로 행에 대해서는 구분선을 설정할 수 없다.

25 $#,##0;($#,##0) : 양수인 경우에는 '$' 기호 다음에 천 단위 구분 기호로 숫자를 표시하고, 음수인 경우에는 괄호 안에 '$' 기호, 천 단위 구분 기호로 숫자를 표시한다.

26
- Ctrl + Enter : 일정 범위 내에 동일한 데이터를 한 번에 입력한다.
- 사용자 지정 연속 데이터 채우기를 사용하려면 먼저 [파일] - [옵션] - [고급] 탭에서 [사용자 지정 목록 편집]을 클릭한 후 목록을 추가할 수 있다.

27
- 날짜 데이터는 슬래시(/)나 하이픈(-)으로 연, 월, 일을 구분하여 입력한다.
- 수식에서 날짜 데이터를 직접 입력할 때에는 큰 따옴표("")로 묶어서 입력한다.
- 단축키 Ctrl + ;를 누르면 오늘 날짜가 입력된다.

28
① 셀을 왼쪽으로 밀기
② 셀을 위로 밀기
③ 내용 지우기(Delete)
④ 열 전체

29 매크로 기록 시 리본 메뉴에서의 탐색은 매크로에 기록되지 않는다.

30 Workbooks.Close : 현재 활성화된 통합 문서를 종료한다.

31
- RANK.EQ($F2,$F$2:$F$10) : 총점의 내림차순으로 순위를 구한다.
- SUM(($F$2:$F$10=$F2)*($B$2:$B$10>$B2)) : 총점이 같은 것 중에서 국어 점수가 자신보다 큰 개수를 구한다.
- 예를 들어, F3셀의 순위는 원래 2등인데 동점 중 국어 점수가 큰 것이 1개이므로 순위는 3이 된다.

32
- LEFT(원본값,2)의 결과는 맨 앞의 2글자인 문자를 추출하기 때문에 숫자로 변환하여 계산해야 한다.
- =SUMPRODUCT(1*(B2:B6)) : [B2:B6] 영역에 1을 곱해 숫자로 바꾼 후 합계를 구한다.
- =SUM(VALUE(B2), VALUE(B3), VALUE(B4), VALUE(B5), VALUE(B6)) : [B2:B6] 영역의 각 값을 숫자로 바꾼 후 합계를 구한다.
- =SUMPRODUCT(--(B2:B6)) : [B2:B6] 영역 앞에 --를 붙이면 숫자 값으로 변경된다.

33
- =ABS(INT(-3/2)) : -3을 2로 나누면 -1.5가 나오며 INT 함수에 의해 가까운 정수로 내리면 -2가 나오고, 절대값을 취한 값인 2가 표시된다.
- =MOD(-3,2) : -3을 2로 나눈 나머지인 1이 표시된다.

(MOD(n,d) = n-d*INT(n/d)이므로 -3-2*INT(-3/2)=-3 -2*(-2)=-3+4=1)

■ =ROUNDUP(RAND( ), 0) : RAND( ) 함수에 의해 0에서 1사이의 난수값이 나오며, 이것을 정수로 올림하면 1이 표시된다.

■ =FACT(1.9) : FACT( ) 함수는 계승값을 구하는 함수로 소수가 인수로 입력되면 소수 이하는 무시되고 정수로 변환된다. FACT(1)의 결과인 1이 표시된다.

34 ■ INDEX(범위, 행번호, 열번호, 참조 영역 번호)

■ =INDEX((A1:C6,A8:C11),2,2,2) : 두 번째 참조 영역인 [A8:C11] 영역에서 2행 2열의 위치에 있는 값을 표시한다.

35 [Alt] + [F1] 키는 범위로 지정된 영역을 기준으로 차트를 생성한다.

36 ■ 주식형 차트를 작성하려면 주식의 고가, 저가, 종가의 순서로 데이터가 정리되어 있어야 한다.

■ **분산형 차트:** 여러 데이터 계열에 있는 숫자 값 사이의 관계를 보여 주거나 두 개의 숫자 그룹을 xy 좌표로 이루어진 하나의 계열로 표시할 때 사용된다.

■ **도넛형 차트:** 여러 열이나 행에 있는 데이터에서 전체에 대한 각 부분의 관계를 비율로 나타내어 각 부분을 비교할 때 사용된다.

■ **영역형 차트 :** 시간에 따른 변화를 보여주며 각 값의 합계와 전체에 대한 관계를 비교할 수 있다.

37 ■ 자동 복구를 활성화하려면 [파일]-[옵션]-[저장] 탭에서 '자동 복구 정보 저장 간격'과 '저장하지 않고 닫은 경우 마지막으로 자동 저장된 버전 유지' 항목을 체크한다.

■ [파일] 탭-[정보]-[통합 문서 관리]에서 저장되지 않은 통합 문서를 관리할 수 있다.

38 새로 (값) 축에서 마우스 오른쪽 버튼을 누르고 [축 서식]을 선택 → [축 옵션]에서 '로그 눈금 간격'을 체크하고 기준을 10으로 지정한다.

39 인쇄 미리 보기 상태에서 오른쪽 하단의 [여백 표시]( )를 클릭하면 페이지 여백을 변경할 수 있다.

40 인쇄 영역을 추가(인쇄 영역에 추가)하여 확대할 수는 있지만 하나의 시트에서만 가능하다.

---

3 과목 **데이터베이스 일반**

41 각 매크로에는 하위 매크로가 여러 개 포함될 수 있으며 하위 매크로는 RunMacro나 OnError 매크로 함수에서 이름으로 호출한다.

42 ■ DoCmd.OpenForm "사원정보", acNormal → [사원정보] 폼을 폼 보기로 연다

■ DoCmd.GoToRecord, , acNewRec → 새 레코드를 추가한다.

43 데이터 중복이 있으면 제어가 분산되고 데이터의 불일치가 발생하여 데이터 무결성을 유지하기 어려워진다.

44 애트리뷰트는 널(null) 값을 가질 수 있으며, 기본 키에 해당하는 애트리뷰트는 널 값을 가질 수 없다.

45 보고서에서 원본 데이터를 설정하려면 [속성 시트]-[데이터] 탭-[레코드 원본]에서 테이블이나 쿼리를 선택한다.

46 보고서의 그룹 수준 및 정렬 수준은 최대 10개까지 정의할 수 있다.

47 =COUNT(*)를 입력하면 Null 필드를 포함한 총 레코드 수를 계산하며, 그룹 바닥글 구역에 입력한 경우에는 그룹별 레코드 개수를 출력한다.

48 보고서 머리글은 보고서의 맨 앞에 한 번 출력되며, 함수를 이용한 집계정보를 표시할 수 있다.

49 ■ SELECT 학년, 반, 이름 FROM 평균성적 : [평균성적] 테이블에서 학년, 반, 이름을 검색

■ WHERE 평균 〉 = 90 ORDER BY 학년 DESC 반 ASC; : 평균이 90 이상인 학생들을 '학년' 필드의 내림차순, '반' 필드의 오름차순으로 정렬하여 표시

50 크로스탭 쿼리 : 필드별 합계, 개수, 평균 등의 요약을 계산한 다음 표로 표시하는 쿼리

51 ■ UPDATE 테이블명 SET 필드이름 = 변경값 WHERE 조건식

■ [학생] 테이블에서 학번이 100인 레코드의 주소를 '서울'로 변경한다.

52 날짜 데이터 형식은 # 기호를 사용하여 구분하므로 <#2019-07-17#로 지정한다.

53 ■ 내부 조인(INNER JOIN) : 테이블1의 필드와 테이블2의 필드가 일치하는 레코드만 표시

- **왼쪽 외부 조인(LEFT JOIN)** : 왼쪽 테이블에서는 모든 레코드를 포함하고, 오른쪽 테이블에서는 조인된 필드가 일치하는 레코드만 포함된다.
- **오른쪽 외부 조인(RIGHT JOIN)** : 오른쪽 테이블에서는 모든 레코드를 포함하고, 왼쪽 테이블에서는 조인된 필드가 일치하는 레코드만 포함된다.

54
- 기본 키는 테이블에서 유일성과 최소성을 가지며 Null 값을 가질 수 없고 중복될 수 없다.
- 관계가 설정되어 있는 테이블에서 기본 키 설정을 해제할 수 없으며 관계를 삭제하고 기본 키 설정을 해제해야 한다.

55
- 일련 번호 형식은 레코드가 추가될 때 자동으로 1씩 증가하는 번호가 부여된다.
- 일련 번호 형식은 기본적으로 4바이트로 지정되지만 16바이트로 변경할 수 있다.

56
- 텍스트 상자는 바운드 컨트롤, 언바운드 컨트롤로 모두 사용할 수 있다.
- **바운드 컨트롤** : 테이블이나 쿼리의 필드를 컨트롤 원본으로 사용하는 컨트롤
- **언바운드 컨트롤** : 데이터 원본이 없는 컨트롤

57
- **캡션** : 표시될 제목을 지정
- **형식** : 데이터의 표시 형식을 지정하는 속성
- **스마트 태그** : 필드에 적용할 작업 태그
- **입력 마스크** : 데이터를 입력할 때 표시되는 형식을 지정하는 속성

58
- 탭 정지 속성의 기본값은 '예'이며, '아니요'를 선택하면 **TAB** 키를 눌러도 커서가 오지 않는다.
- 탭 인덱스는 컨트롤의 탭(**TAB**) 순서를 지정한다.

59
- 폼에 컨트롤을 삽입하면 컨트롤을 만든 순서대로 탭 순서가 정해진다.
- 위에서 아래, 왼쪽에서 오른쪽 탭 순서를 만들려면 [탭 순서] 대화상자에서 [자동 순서]를 클릭한다.

60 폼은 테이블이나 쿼리의 데이터와 연결된 바운드 폼과 연결되지 않은 언바운드 폼이 있다.

제15회 최신기출문제

정답

01 ③	02 ②	03 ③	04 ③	05 ②	06 ②	07 ④	08 ④	09 ②	10 ③
11 ③	12 ④	13 ①	14 ④	15 ④	16 ③	17 ④	18 ①	19 ④	20 ④
21 ④	22 ④	23 ①	24 ③	25 ③	26 ③	27 ②	28 ①	29 ③	30 ④
31 ②	32 ④	33 ④	34 ③	35 ②	36 ③	37 ③	38 ③	39 ④	40 ②
41 ②	42 ①	43 ①	44 ④	45 ②	46 ①	47 ①	48 ④	49 ③	50 ①
51 ④	52 ③	53 ①	54 ②	55 ①	56 ①	57 ②	58 ④	59 ①	60 ④

1 과목 컴퓨터 일반

01
- **사운드 파일** : WAV, MP3, MIDI, FLAC, AIFF 등
- **H.264** : 동영상 압축 규격으로 비디오 데이터의 녹화, 압축 및 배포를 위한 일반적인 포맷이다.

02
- **비선형 콘텐츠** : 사용자와의 상호작용을 통하여 진행 상황을 제어하는 콘텐츠로 하이퍼미디어 콘텐츠라고 한다.
- **선형 콘텐츠** : 영화와 같이 논리적인 순서대로 제공되는 콘텐츠이다.

03 비밀키 암호화 기법
- 암호화 키와 복호화 키가 동일한 암호화 기법
- 비밀키 암호의 안전성은 키의 길이 및 키의 비밀성 유지 여부에 영향을 받는다.
- **장점** : 알고리즘이 간단하고 암호화와 복호화 속도가 빠르다.
- **단점** : 키의 분배가 어렵고 관리해야 할 키의 개수가 많다.

04
- **분산 서비스 거부 공격(DDoS : Distributed Denial of Service)** : 악성코드나 이메일 등을 통하여 일반 사용자의 PC를 감염시켜 좀비PC를 만든 다음 동시에 동작하게 함으로써 특정 사이트를 공격하는 방식
- ① 스니핑, ② 스푸핑, ④ 키로거

05
- **VoIP** : 음성 데이터를 인터넷 프로토콜 네트워크를 통해 전송하여 통화할 수 있게 하는 음성 통신 기술이다.
- PSTN은 전화 통신망을 의미하며, VoIP는 인터넷을 이용하여 일반 전화보다는 요금이 저렴하지만 트래픽이 많아지면 통화 품질이 떨어질 수 있는 단점이 있다.

06
- **데이터 마이닝** : 방대한 데이터를 분석하여 유용한 정보를 찾아내는 기술

- **데이터 웨어하우스** : 다양한 운영 시스템에서 추출, 변환, 통합되고 요약된 데이터베이스
- **데이터 마이그레이션** : 데이터를 필요에 따라 이전하는 것
- **메타데이터** : 데이터에 대한 구조화된 데이터

07 **프로토콜(Protocol)** : 네트워크에서 서로 다른 기종 간에 데이터를 전송할 때 원활한 정보 교환이 가능하도록 절차 등을 규정한 통신 규약으로 흐름 제어, 동기화 기능, 오류 제어, 단편화와 재조합, 주소 지정, 순서 지정, 캡슐화 기능 등을 수행한다.

08
- **Tracert** : 송신한 패킷이 어떤 경로로 가는지 추적하는 명령어
- **Netstat** : 현재 자신의 컴퓨터에 연결된 다른 컴퓨터의 IP 주소나 포트 정보를 확인하는 명령어

09 IPv6는 16진수로 표현되며 콜론(:)으로 구분된다.

10
- **객체 지향 프로그래밍(Object-Oriented Programming)** : 프로그램에서 사용하는 데이터 구조의 데이터형과 사용하는 함수까지 정의하는 프로그래밍 기법으로 코드의 재사용과 유지보수가 용이
- **절차 지향 프로그래밍 언어** : 순차적인 처리가 중요시 되며 프로그램 전체가 유기적으로 연결되도록 만드는 프로그래밍 기법

11
- **ASCII 코드** : 7비트로 구성되어 128가지의 문자 표현이 가능하며 주로 개인용 컴퓨터와 데이터 통신에서 사용된다.
- ③은 해밍 코드(Hamming Code)에 대한 설명이다.

12
- **다중 처리 시스템** : 2개 이상의 CPU를 이용하여 동시에 여러 개의 프로그램을 처리하는 방식
- **시분할 처리 시스템** : 여러 명의 사용자가 사용하는 시스템에서 시간을 분할하여 프로그램을 실행하는 시스템
- **다중 프로그래밍 시스템** : 하나의 CPU와 주기억장치를 이용하여 여러 개의 프로그램을 동시에 처리하는 방식
- **듀플렉스 시스템** : 2개의 CPU로 하나가 가동될 때 다른 하나는 고장을 대비해 대기하는 시스템

13 **프로그램 카운터(PC)** : 다음에 실행할 명령어의 번지를 기억하는 레지스터

14
- **DPI(Dots Per Inch)** : 프린터의 해상도로 1인치에 몇 개의 점이 출력되는지의 단위
- **CPS(Character Per Second)** : 초당 인쇄되는 문자 수
- **BPS(Bits Per Second)** : 초당 전송되는 비트 수
- **PPM(Paper Per Minute)** : 분당 인쇄되는 페이지 수

15
- **BIOS(Basic Input/Output System)** : 기본 입출력 장치나 메모리 등 하드웨어 작동에 필요한 프로그램으로 ROM에 저장되어 있으며, CMOS 셋업 프로그램에서 시스템의 날짜와 시간, 하드디스크 타입, 부팅 순서, 칩셋, 전원 관리 등을 설정할 수 있다.
- 가상 메모리의 페이징 파일 크기는 [제어판] - [시스템] - [고급 시스템 설정]의 [고급] 탭에서 [설정] 단추를 누른 후 설정할 수 있다.

16 **SSD(Solid State Drive)** : 반도체를 이용한 기억장치로 HDD에 비해 저장 용량당 가격이 비싼 편이지만 속도가 빠르고 발열, 소음이 적으며 소형화, 경량화할 수 있는 장점이 있다.

17
- 윈도우 시작 단추의 검색 상자에 'msconfig' 또는 '시스템 구성'을 입력 후 **Enter** 키를 누르면 [시스템 구성] 창이 열린다.
- 시스템 구성의 모드

정상 모드	모든 장치 드라이버 및 서비스 로드
진단 모드	기본 장치 및 서비스만 로드
선택 모드	시스템 서비스 로드, 시작 항목 로드, 원래 부팅 구성 사용을 선택

18
- 폴더 옵션은 항목을 실행하는 방법과 항목의 표시 여부 등 폴더에 관한 각종 옵션을 지정하는 곳이다.
- ①은 [보기] - [창] 그룹에서 설정할 수 있다.

19
- 시스템 폴더나 파일은 백업을 이용할 수 없으며, 시스템 복원을 이용하여 복원 지점을 지정하고 복원할 수 있다.
- 백업을 이용하면 컴퓨터의 파일과 설정의 복사본을 만들 수 있다.

20
- 작업 표시줄에 있는 시작 단추와 검색 상자는 숨길 수 없다.
- 작업 보기 단추의 표시 여부는 작업 표시줄에서 마우스 오른쪽 단추를 누른 후 설정할 수 있다.

2 과목   스프레드시트 일반

21
- 자동 필터는 각 열에 입력된 데이터의 종류가 혼합되어 있는 경우 가장 많은 형식의 데이터만 표시된다.
- 고급 필터에서 조건을 수식으로 작성하는 경우에는 원본 데이터의 필드명과 다른 필드명을 입력하거나 생략해야 한다.
- 자동 필터에서 여러 필드에 조건을 설정한 경우 필드간은 AND 조건으로 처리되어 결과가 표시된다.

22 행을 기준으로 정렬하려면 [정렬] 대화상자의 [옵션]에서 정렬 옵션의 방향을 '왼쪽에서 오른쪽'으로 선택한다.

23 시나리오 요약 보고서를 만들 때에는 결과 셀을 지정할 필요가 없지만, 시나리오 피벗 테이블 보고서를 만들 때에는 결과 셀을 반드시 지정해야 한다.

24
- 사용 중인 셀 스타일을 수정하면 스타일이 적용된 해당 셀에는 자동으로 수정된 셀 스타일이 적용된다.
- 셀 스타일은 [홈] 탭-[스타일] 그룹에서 적용하며 사용 중인 셀 스타일을 수정하려면 해당 셀 스타일에서 마우스 오른쪽 단추를 누른 후 [수정]을 선택한다.

25
- 피벗 테이블의 하위 데이터 집합에도 조건부 서식을 적용할 수 있다.
- 조건부 서식을 지정하려면 해당 범위를 지정한 후 [홈] 탭 – [스타일] 그룹 – [조건부 서식]을 선택한다.

26
① # : #은 0이 입력된 경우 0을 표시하지 않으므로 아무것도 표시되지 않는다.
② #.# : 소수 이하 한 자리로 표시되므로 반올림되어 123.5가 표시된다.
③ ##.## : #은 0이 입력된 경우 0을 표시하지 않으므로 100이 표시된다.
④ #,### : 천 단위 구분기호를 표시하므로 12,345가 표시된다.

27
- 문자 데이터는 그대로 복사되어 채워지나 날짜 데이터는 증가되어 채워진다.
- 숫자 데이터는 그대로 복사되어 채워진다.
- 숫자가 입력된 두 셀을 블록 설정하여 채우기 핸들을 드래그하면 두 숫자의 간격만큼 증가하거나 감소되어 채워진다.

	A	B	C	D	E
1	문자	날짜	숫자와 문자	숫자	두 개의 숫자
2	엑셀	2020-12-25	1A	100	10
3	엑셀	2020-12-26	2A	100	20
4	엑셀	2020-12-27	3A	100	30
5	엑셀	2020-12-28	4A	100	40
6	엑셀	2020-12-29	5A	100	50

28 **Ctrl** + **Page Down** 키를 누르면 현재 시트를 기준으로 오른쪽에 있는 다음 시트로 이동한다.

29
- [디자인 모드] 상태에서 ActiveX 컨트롤은 크기, 이동은 가능하지만 매크로 동작이 실행되지 않으므로 매크로 동작을 실행하려면 [디자인 모드]를 해제해야 한다.
- 양식 컨트롤은 [디자인 모드] 상태에서 크기, 이동, 매크로 동작이 모두 가능하다.

30
- OFFSET(범위,행,열,높이,너비) : 지정한 행 수와 열 수인 범위에 대한 참조를 표시
- =OFFSET(B3,-1,2) : [B3] 셀에서 -1행 2열만큼 떨어진 영역의 값을 반환하므로 '박태훈'이 출력된다.('-'는 반대값)

31
- Test의 값은 0부터 1씩 증가하여 10을 초과할 때까지 반복문이 실행된다.
- Test의 값이 11이 되면 반복문이 종료되고 [A1] 셀에 Test 값인 11이 입력된다.

32
- =SMALL(A1:G1,{3}) : [A1:G1] 영역에서 3번째로 작은 값인 30을 표시한다.
- =AVERAGE(SMALL(A1:G1,{1;2;3;4;5})) : [A1:G1] 영역에서 작은 값 5개의 평균인 30을 표시한다.
- =LARGE(A1:G1,{5}) : [A1:G1] 영역에서 5번째로 큰 값인 30을 표시한다.
- =SMALL(A1:G1,COLUMN(D1)) : COLUMN(D1)에 의하여 [D1] 셀의 열 번호인 4가 반환되므로 [A1:G1] 영역에서 4번째로 작은 값인 40이 표시된다.

33
- =IFS(MID(C2,8,1)="1","남",MID(C2,8,1)="2","여",MID(C2,8, 1)="3","남",TRUE,"여") : [C2] 셀의 8번째 글자가 1이면 '남', 2이면 '여', 3이면 '남', 나머지 TRUE면 '여'를 표시한다.
- =CHOOSE(VALUE(MID(C2, 8, 1)), "남", "여", "남", "여") : [C2] 셀의 8번째 글자를 숫자로 바꾼 값이 1이면 '남', 2이면 '여', 3이면 '남', 4이면 '여'가 표시되므로 '남'이 표시된다.
- =XLOOKUP(VALUE(MID(C2,8,1)),$F$2:$F$5,$G$2:$G$5) : [C2] 셀의 8번째 글자를 숫자로 바꾼 값을 [F2:F5] 영역에서 찾은 후 [G2:G5] 영역에서 일치하는 문자를 반환한다.
- =IF(MOD(VALUE(MID(C2, 8, 1)), 2)=0, "남", "여") : [C2] 셀의 8번째 글자를 숫자로 바꾼 값을 2로 나눈 나머지가 0이면 '남', 그렇지 않으면 '여'가 표시되므로 '여'가 표시된다.

34 차트가 선택되어 있는 경우 '차트1', '차트2' 등으로 표시된다.

35 설정한 확대/축소 배율은 통합 문서의 해당 시트에만 적용된다.

36
- {=COUNT(($D$2:$D$9=$A12)*($E$2:$E$9=B$11))} : [D2:D9] 영역의 국적과 [A12] 셀의 값이 같고 [E2:E9] 영역의 장르와 [B11] 셀의 값이 같으면 1, 그렇지 않으면 0을 반환한 후 개수를 모두(0;1;0;0;0;0;0;0) 세로로 8이 표시된다.
- ①, ②, ④ : [D2:D9] 영역의 국적과 [A12] 셀의 값이 같고 [E2:E9] 영역의 장르와 [B11] 셀의 값이 같으면 1을 더한다.

37
- **간단하게 인쇄** : 차트, 도형, 그림, 클립아트 등의 그래픽 요소를 제외하고 텍스트만 빠르게 인쇄하는 기능이다.
- 워크시트의 눈금선을 인쇄하려면 [페이지 설정] 대화상자의 [시트] 탭에서 [눈금선]을 체크한다.

38
- 범례에서 표시되는 데이터 계열의 순서는 차트에서 마우스 오른쪽 버튼을 누른 후 [데이터 선택]을 클릭하고 [데이터 원본 선택] 대화상자에서 변경할 수 있다.

■ 데이터 범위 내에 숨겨진 행이나 열의 데이터는 차트에 표시되지 않지만 [데이터 원본 선택] 대화상자의 <숨겨진 셀/빈 셀>을 이용하여 표시할 수 있다.

39 원형 대 가로 막대형은 원형 그래프와 가로 막대형을 함께 표시하여 데이터를 비교하며, 원형 그래프는 1개의 계열만을 표시하므로 각 분기의 실적을 모두 표시할 수 없다.

40 **[상태 표시줄 사용자 지정]에서 선택할 수 있는 자동 계산 :** 평균, 개수, 숫자 셀 수, 최소값, 최대값, 합계

3 과목 **데이터베이스 일반**

41 [파일]-[열기]에서 파일을 선택한 후 [단독으로 열기] 클릭 → [파일]-[정보]에서 [데이터베이스 암호 설정]을 클릭하고 암호 설정

42 ■ **데이터 제어어(DCL) :** 데이터 보안, 무결성, 데이터 회복, 병행 수행 제어 등을 정의하는데 사용
■ **데이터 부속어(DSL) :** 호스트 프로그램에 삽입되어 실행되는 DML 명령어
■ **데이터 정의어(DDL) :** 데이터베이스를 생성하거나 수정하기 위해 사용
■ **데이터 조작어(DML) :** 데이터의 삽입, 삭제, 수정, 검색 등의 처리를 요구하기 위해서 사용

43 ■ ORDER BY절은 특정 필드를 기준으로 오름차순(ASC)이나 내림차순(DESC)으로 정렬한다.
■ 정렬 방법을 지정하지 않으면 기본적으로 오름차순(ASC)이 수행된다.

44 보고서는 필드나 식을 기준으로 최대 10단계까지 그룹화 할 수 있으며, 같은 필드나 식도 여러 번 그룹화 할 수 있다.

45 [보고서 디자인 도구]-[디자인] 탭-[도구] 그룹-[기존 필드 추가]를 클릭한 후 [필드 목록] 창에서 선택한 필드를 본문 영역으로 드래그하면 텍스트 상자 컨트롤이 생성된다.

46 ■ **보고서 보기 :** 작성된 보고서를 화면을 통해 미리 보는 기능으로 페이지 구분없이 표시된다.
■ **인쇄 미리 보기 :** 출력되는 모양 전체를 미리 보는 기능으로 페이지를 구분하여 표시한다.

47 ■ 대리점명으로 그룹화되어 있으며 대리점명을 그룹 머리글에 표시하였다.

■ '모델명' 필드에는 '중복 내용 숨기기' 속성을 '예'로 설정하여 중복된 내용은 표시되지 않는다.
■ 지점별 소계는 그룹이 끝날 때 반복되므로 그룹 바닥글에 삽입한 것이다.
■ 순번은 '=1'로 입력한 후 '누적 합계' 속성을 '그룹'으로 설정하여 그룹마다 누적되도록 했다.

48 ■ SELECT AVG([나이]) FROM 학생 → <학생> 테이블에서 [나이]의 평균을 표시
■ WHERE 학년="SN" GROUP BY 전공 → 학년이 "SN"인 학생을 전공이 같은 학생끼리 그룹으로 묶음
■ HAVING COUNT(*) >=2; → 2명 이상의 학생이 있는 그룹

학년이 "SN"인 학생을 전공으로 그룹화하면 통계(2명), 영문(1명)이며, 2명 이상의 학생이 있는 그룹은 통계이므로 나이(23, 25)의 평균은 24이다.

49 **Like 연산자 :** 조건 값이 명확하지 않을 때 사용하며, 와일드 카드를 이용하여 사용자가 지정한 패턴과 일치하는 데이터를 찾는다.

50 ■ L : 영문, 한글(필수)
■ A : 영문, 한글, 숫자(필수)
■ 0 : 숫자(필수)
■ 9 : 숫자, 공백(선택)
■ ? : 영문, 한글(선택)

51 ■ <고객> 테이블의 '고객ID'는 기본 키이므로 동일한 값을 입력할 수 없다.
■ <계좌> 테이블의 '고객ID' 필드는 <고객> 테이블의 '고객 ID'를 참조하는 외래 키이므로 동일한 값을 입력할 수 있다.

52 ■ **참조 무결성 :** 한 테이블이 다른 테이블의 기본 키를 참조하는 외래 키를 가질 때 외래 키는 Null 값이거나 다른 테이블의 기본 키에 존재하는 값이어야 한다.
■ <구매리스트> 테이블의 '고객번호' 필드는 Null 값이거나 <고객> 테이블의 '고객번호' 필드에 존재하는 값이어야 한다.

53 [텍스트 가져오기 마법사]를 이용하여 기존 테이블에 내용을 추가하려는 경우 가져오는 도중에 데이터를 수정할 수는 없다.

54 하나의 폼에서 폼 보기와 데이터시트 보기로 동시에 같은 데이터를 보려면 폼 분할 도구를 사용해야 하며, 분할 표시 폼은 [만들기] 탭-[폼] 그룹-[기타 폼]-[폼 분할]을 선택하여 만들 수 있다.

55 **DoCmd.OpenQuery :** 쿼리를 실행

■ 폼 머리글은 폼의 제목이나 각 레코드에 공통으로 적용되는 정보이다.

■ 폼 머리글은 인쇄할 때 첫 페이지의 상단에 한 번만 표시된다.

57 ■ 폼에 컨트롤을 삽입하면 컨트롤을 만든 순서대로 탭 순서가 정해진다.

■ 위에서 아래, 왼쪽에서 오른쪽 탭 순서를 만들려면 [탭 순서] 대화상자에서 [자동 순서]를 클릭한다.

58 ■ 조인은 2개 이상의 테이블을 연결하여 하나의 테이블처럼 사용하기 위해 연결하는 방법을 정의하는 것이다.

■ 조인에 사용되는 기준 필드의 데이터 형식은 같거나 호환되어야 한다.

59 ■ DAVG("필드", "도메인", "조건") : 도메인에서 조건에 맞는 필드의 평균을 구한다.

60 매크로는 주로 컨트롤의 이벤트에 연결하여 사용하며, 폼이나 보고서 컨트롤의 이벤트에 연결하거나 독립적으로 실행할 수도 있다.

제**16**회 최신기출문제

정답

01 ④	02 ①	03 ③	04 ④	05 ④	06 ③	07 ③	08 ③	09 ②	10 ④
11 ④	12 ④	13 ②	14 ④	15 ④	16 ②	17 ④	18 ④	19 ①	20 ③
21 ①	22 ③	23 ③	24 ①	25 ④	26 ③	27 ①	28 ④	29 ①	30 ③
31 ②	32 ①	33 ④	34 ③	35 ④	36 ③	37 ①	38 ③	39 ③	40 ④
41 ④	42 ①	43 ④	44 ④	45 ④	46 ①	47 ①	48 ①	49 ③	50 ③
51 ②	52 ②	53 ②	54 ③	55 ③	56 ①	57 ④	58 ③	59 ①	60 ④

1 과목 컴퓨터 일반

01 **펌웨어(Firmware)** : 하드웨어와 소프트웨어의 중간 형태로 소프트웨어를 하드웨어화한 것이라고 볼 수 있으며 하드웨어 교체없이 펌웨어 업데이트만으로도 시스템의 성능을 향상시킬 수 있다.

02 **비밀키 암호화 기법**
■ 암호화 키와 복호화 키가 동일한 암호화 기법
■ 비밀키 암호의 안전성은 키의 길이 및 키의 비밀성 유지 여부에 영향을 받는다.
■ **장점** : 알고리즘이 간단하고 암호화와 복호화 속도가 빠르다.
■ **단점** : 키의 분배가 어렵고 관리해야 할 키의 개수가 많다.

03 방화벽은 외부에서 내부로 들어오는 패킷의 내용을 체크하여 외부의 불법 침입으로부터 보호하는 시스템으로 전자 메일 바이러스나 피싱, 내/외부의 새로운 위험 등을 방지할 수는 없다.

04 8진수를 16진수로 변환하려면 8진수를 2진수로 변환한 후 2진수 4자리는 16진수 한 자리에 해당되므로 4자리씩 묶어 16진수로 변환한다.

예) $45_{(8)} \rightarrow \underset{① \quad ②}{100101_{(2)}} \rightarrow 25_{(16)}$

① 8진수 1자리는 2진수 3자리에 해당하므로 각각의 값을 2진수 3자리로 변환(4 → 100, 5 → 101)

② 2진수 4자리는 16진수 1자리에 해당하므로 뒤에서부터 4자리로 묶어 16진수 1자리로 변환(0010 → 2, 0101 → 5)

05 여러 파일이 백업되어 있는 경우 개별 파일을 선택하거나 전체 파일을 복원할 수 있다.

06 ■ **테더링(Tethering)** : 인터넷에 연결된 기기를 이용하여 다른 기기도 인터넷에 접속될 수 있도록 설정하는 방법
■ **와이파이(WiFi)** : 무선 접속 장치가 설치된 곳의 일정 거리 안에서 무선 인터넷을 할 수 있는 근거리 통신망
■ **블루투스(Bluetooth)** : 휴대폰, 노트북, 이어폰 등의 휴대기기를 서로 연결해 정보를 교환하는 근거리 무선 기술 표준
■ **와이브로(WiBro)** : 이동 중에도 인터넷을 이용할 수 있는 무선 휴대 인터넷

07 ■ ③은 게이트웨이에 대한 설명으로 게이트웨이는 현재 위치한 네트워크에서 다른 네트워크로 연결하기 위한 프로토콜
■ 브리지는 독립적으로 작용하기 때문에 통신 프로토콜을 바꾸지 않고도 네트워크 확장이 가능하다.

08 ■ **엑스트라넷(Extranet)** : 인터넷 기술을 사용하여 공급자 · 고객 · 협력업체 사이의 인트라넷을 연결하는 협력적 네트워크
■ **인트라넷(Intranet)** : 인터넷 관련 기술과 통신 규약을 이용하여 조직 내부 업무를 통합하는 정보시스템

09 ■ **TCP** : 메시지를 송수신의 주소와 정보로 묶어 패킷 단위로 나누는 역할(전송 계층) – ①, ③, ④ TCP에 해당

- IP : 패킷 주소를 해석하고 최적의 경로를 결정하여 전송하는 역할(네트워크 계층)

10
- MPEG-1 : 비디오 테이프 수준의 화질을 제공하며 비디오 CD 제작에 사용
- MPEG-2 : 높은 화질과 음질을 제공하며 DVD, HDTV 등에 사용(MPEG-3은 MPEG-2에 흡수)
- MPEG-4 : 멀티미디어 통신을 위해 만들어진 영상 압축 기술
- MPEG-7 : 동영상 데이터 검색과 전자상거래 등에 적합하도록 개발
- MPEG-21 : 디지털 컨텐츠의 제작, 유통, 보안 등 모든 과정을 관리할 수 있는 규격

11
- GIF는 비트맵 방식으로 이미지를 표현한다.
- 벡터 방식으로 이미지를 표현하는 파일 형식은 WMF, AI 등이다.

12
- 장치 및 프린터에는 사용자 컴퓨터, 마우스, 휴대용 장치, 프린터 등이 표시된다.
- 하드 디스크 드라이브와 사운드 카드는 [제어판]-[장치 관리자]에 표시된다.

13
- **부호기(Encoder)** : 해독된 명령에 따라 각 장치로 보낼 제어 신호를 생성하는 회로
  - ① 명령 해독기(Decoder), ③ 프로그램 카운터(PC), ④ 보수기(complementor)

14 하나의 바로 가기 아이콘에는 하나의 원본 파일만 연결할 수 있으며, 하나의 원본 파일에는 여러 개의 바로 가기 아이콘을 만들 수 있다.

15 공유한 파일명 뒤에 '$'를 붙이면 '숨긴 공유 폴더'가 되어 해당 공유 폴더는 목록에 보이지 않으므로 다른 사용자가 해당 파일을 사용하고 있는지 여부를 알 수 없다.

16 해상도(Resolution)는 화면에 포함되어 있는 픽셀의 수로 픽셀의 수가 많아질수록 해상도는 높아지며, 색상의 수와는 관계가 없다.

17
- **패치 프로그램(Patch Program)** : 오류 수정이나 성능 향상을 위해 이미 배포된 프로그램의 일부를 변경해 주는 프로그램
  - ① 상용 소프트웨어, ② 데모 버전, ④ 베타 버전

18
- **연관(Associative) 메모리** : 주소 대신 기억된 내용의 일부를 이용하여 정보를 검색하는 기억장치

- **가상(Virtual) 메모리** : 보조기억장치를 마치 주기억장치와 같이 사용하여 주기억장치의 용량을 확대하여 사용하는 방법

19 한번 압축한 파일은 재압축해도 파일 크기에 거의 변화가 없으므로 재압축을 반복해도 파일 크기를 줄일 수 없다.

20
- 바탕 화면의 바로 가기 메뉴에는 보기, 정렬 기준, 새로 고침, 새로 만들기, 디스플레이 설정, 개인 설정 등이 표시된다.
- 삭제된 컴퓨터, 휴지통, 네트워크 등의 바탕 화면 아이콘을 다시 표시하려면 [설정]-[개인 설정]-[테마]-[바탕 화면 아이콘 설정]에서 지정한다.

2 과목 스프레드시트 일반

21 피벗 테이블 보고서의 원본 데이터를 수정해도 피벗 테이블 보고서에 자동으로 반영되지 않으므로 [피벗 테이블 도구] - [분석] 탭-[데이터] 그룹-[새로 고침]을 이용하여 변경해야 한다.

22 [A1] 셀을 선택한 후 [A2:A6] 범위에 글꼴 스타일을 지정하는 매크로를 상대참조로 기록하였으므로 [C1] 셀을 선택하고 매크로를 실행한 경우 [C2:C6] 범위에 글꼴이 지정된다.

23 원본 데이터에서 변경 셀의 현재 값을 수정해도 시나리오 요약 보고서는 자동으로 업데이트 되지 않으므로 새로운 시나리오 요약 보고서를 작성해야 한다.

24
- ="=??" : 사원명이 두 글자인 레코드를 선택("=??"에서 '='은 비교 연산자)
- =B2>AVERAGE($B$2:$B$9) : [B2] 셀이 [B2:B9] 범위의 평균보다 큰 레코드를 선택
- 실적은 수식을 조건으로 지정하므로 '실적'과 동일한 필드명을 사용할 수 없으므로 '실적조건'으로 지정한다.

25 [Ctrl] 키를 누른 상태에서 <방향키>를 누르면 해당 방향으로 연속된 마지막 셀로 이동한다. 단, 연속된 데이터가 없는 경우에는 마지막 행 또는 열로 이동한다.

26 **텍스트 파일 가져오기**
- 텍스트 파일을 워크시트로 가져오는 기능이다.
- 구분 기호로 탭, 세미콜론, 쉼표, 공백 등이 기본으로 제공되며, 사용자가 원하는 구분 기호를 설정할 수도 있다.
- 열 데이터 서식을 지정하거나 특정 열만 지정하여 가져올 수 있다.(텍스트 마법사 3단계에서 '열 가져오지 않음'을 이용함)

- [데이터] 탭 - [외부 데이터 가져오기] 그룹 - [텍스트]를 클릭한다.

27
- 찾을 내용에 '*수정*', 바꿀 내용에 '*변경*'으로 입력하고, [모두 바꾸기] 단추를 클릭하면 '수정'이라는 글자가 들어간 셀의 내용이 모두 '*변경*'로 바뀐다.
  예) 수정사항은 → *변경* / 이수정은 → *변경*
- 와일드 카드 문자 자체를 검색하려면 '~*', '~?'와 같이 '~'을 입력한다.

28
- 오늘 날짜 입력 : **Ctrl** + **;** 키
- 현재 시각 입력 : **Ctrl** + **Shift** + **;** 키

29
- **계열 겹치기** : 수치가 클수록 각 막대의 겹쳐지는 부분이 커지며 문제에서는 계열 겹치기가 0%로 설정되어 있다.
  - **간격 너비** : 간격 너비는 막대와 막대 사이의 간격을 말하는 것으로 수치가 클수록 항목 사이의 공백이 커지며, 간격 너비를 0%로 지정하면 청량리, 왕십리, 용산, 대학로 사이의 간격이 없어진다.

30
- *-#,###0 : '*'는 다음에 나오는 문자를 반복하여 표시하므로 '----6,789'로 표시
- # ???/??? : '?'는 유효하지 않은 자리는 공백으로 표시하며, 0.75는 '3/4'로 표시된다.
- 0,00#, : '0'은 유효하지 않은 자리를 0으로 표시하며, 맨 뒤의 콤마(,)는 천 단위 배수로 표시한다.
- ▲#;▼#;0 : 양수, 음수, 0값을 세미콜론(;)으로 구분한다. -6789는 음수이므로 '▼#'에 의하여 '▼6789'로 표시된다.

31
- **Alt** + **F11** : Visual Basic 편집기를 실행
- **Alt** + **F8** : [매크로] 대화상자 표시

32
- =CHOOSE(CELL("row",B3),C2,C3,C4,C5,C6) → CELL("row",B3)에 의해 [B3] 셀의 행 번호를 반환하므로 3이 되어 C4셀의 값인 '영업 사원'이 출력된다.
- =CHOOSE(TYPE(B4),C2,C3,C4,C5,C6) → TYPE(B4)에 의해 [B4] 셀의 유형인 2가 반환되므로 C3셀의 값인 '부사장'이 출력된다.(type → 숫자 : 1, 텍스트 : 2, 논리값 : 4, 오류값 : 16, 배열 : 64)
- =OFFSET(A1:A6,2,2,1,1) → [A1:A6] 셀 영역의 2행 2열만큼 떨어진 영역에서 한 개의 행과 한 개의 열을 반환하므로 '부사장'이 출력된다.(A1 셀을 기준으로 계산)
- =INDEX(A2:D6,MATCH(A3,A2:A6,0),3) → MATCH(A3, A2:A6,0)에 의해 [A2:A6] 셀 영역에서 [A3] 셀의 위치인 2를 반환하므로 [A2:D6] 셀 영역의 2행 3열에 위치한 '부사장'이 출력된다.

33
- =SMALL(B1:B3,COLUMN(C3)) : COLUMN(C3)에 의해 [C3] 셀의 열 번호인 3이 반환되므로 [B1:B3] 영역에서 3번째로 작은 값인 70이 출력된다.
- =SMALL(A1:B3,AVERAGE({1;2;3;4;5})) : AVERAGE({1;2;3;4;5})에 의해 1,2,3,4,5의 평균인 3이 반환되므로 [A1:B3] 영역에서 3번째로 작은 값인 30이 출력된다.
- =LARGE(A1:B3,ROW(A1)) : ROW(A1)에 의해 [A1] 셀의 행 번호인 1이 반환되므로 [A1:B3] 영역에서 첫 번째로 큰 값인 70이 출력된다.
- =LARGE(A1:C3,AVERAGE({1;2;3;4;5})) : AVERAGE({1;2;3;4;5})에 의해 1,2,3,4,5의 평균인 3이 반환되므로 [A1:C3] 영역에서 3번째로 큰 값인 70이 출력된다.

34
- 통합 문서 보호를 설정하면 워크시트의 이동, 삭제, 숨기기, 워크시트의 이름 변경 등의 기능을 실행할 수 없다.
- 워크시트에 입력된 내용을 수정할 수 없도록 하려면 시트 보호를 설정해야 한다.

35
- {=SUM(($A$2:$A$13=$A17)*($B$2:$B$13=B$16)* $E$2:$E$13)} : [A2:A13]의 부서명과 [A17] 셀이 일치하고 [B2:B13]의 직위와 [B16] 셀이 일치하면 [E2:E13]의 종합점수를 더하여 합계를 계산한다.
- 부서명은 [A17:A19] 영역의 열만 참조하므로 $A17과 같이 지정하고, 직위는 [B16:D16] 영역의 행만 참조하므로 B$16과 같이 지정한다.

36 수식이 아닌 상수로 입력되게 하려면 수식을 입력한 후 바로 **F9** 키를 누른다.

37 [새 창]을 클릭하면 현재 통합문서와 동일한 통합문서가 새 창으로 열려진다.

38 셀의 특정 범위에 대한 이름을 정의
- **방법1** : 이름을 정의하려는 영역을 범위로 지정한 후 이름 상자에 이름을 입력하고 **Enter** 키를 누른다.
- **방법2** : [수식] 탭-[정의된 이름] 그룹-[이름 정의]를 실행한 후 [새 이름] 대화상자에 이름을 입력한다.

39 차트에 적용된 원본 데이터의 행이나 열을 숨기는 경우 차트에도 반영이 되어 나타나지 않는다.

40 인쇄 내용을 페이지의 가운데에 맞춰 인쇄하려면 [페이지 설정] 대화 상자의 [여백] 탭에서 '페이지 가운데 맞춤'의 '가로'와 '세로'를 체크한다.

3과목 데이터베이스 일반

41
- L : 영문자, 한글 입력(필수)
- 9 : 숫자, 공백 입력(선택), 덧셈과 뺄셈 기호 사용할 수 없음
- > : 대문자로 변환
- < : 소문자로 변환

42
- 튜플(Tuple)은 속성의 모임으로, 테이블에서 행을 의미한다.(레코드)
- 한 릴레이션(Relation)에 포함된 튜플(Tuple)들은 모두 상이하며, 튜플(Tuple) 사이에는 순서가 무의미하다.

43
- 정규화는 데이터의 중복 최소화와 불일치를 방지하기 위해 테이블을 분해해 가는 과정이다.
- 데이터의 추가, 갱신, 삭제 등 작업 시에 이상(Anomaly) 현상이 발생하지 않도록 하는 것이다.

44 액세스에서 다대다 관계는 설정할 수 없으며, 관계의 종류는 선택하는 것이 아니라 관계를 구성하는 기본 키와 외래 키의 설정에 따라 자동으로 설정된다.

45
- 인덱스는 키 값을 기초로 하여 테이블에서 찾거나 정렬 속도를 빠르게 하는 기능이다.
- 인덱스는 여러 개의 필드에 설정이 가능하며, 기본 키는 자동으로 인덱싱 된다.

46 폼 필터는 [폼 보기]에서 [홈]-[정렬 및 필터] 그룹-[필터]를 클릭하여 조건에 맞는 레코드만 표시할 수 있다.

47
- INSERT INTO Artist VALUES ('ACE', '한국', Null, Null); → [Artist] 테이블에 'ACE', '한국', Null, Null을 입력
- INSERT INTO CINTA (고객번호, 작가이름) VALUES (1004, 'ACE'); → [CINTA] 테이블의 고객번호와 작가이름에 1004, 'ACE'를 입력([Artist] 테이블에 'ACE'라는 작가가 없으므로 불가능)
- INSERT INTO Customer (고객번호, 고객이름) VALUES (1004, 'ACE'); → [Customer] 테이블의 고객번호와 고객이름에 1004, 'ACE'를 입력([Customer] 테이블에 1004번 고객번호가 존재하므로 불가능)
- INSERT INTO CINTA VALUES (1234, 'CAT', '유화'); → [CINTA] 테이블에 1234, 'CAT', '유화'를 입력([Customer] 테이블에 1234번 고객번호가 존재하지 않으므로 불가능)

48
- SELECT AVG(나이) FROM 학생 → [학생] 테이블에서 나이의 평균을 표시

- WHERE 전공 NOT IN ('수학','회계'); → 전공이 수학, 회계가 아닌 레코드
- 전공이 수학, 회계를 제외한 (21+31+23)/3 = 25

49
- 매개 변수 쿼리는 쿼리를 실행할 때 매개 변수를 입력하여 조건에 맞는 결과만 표시하는 쿼리이다.
- 매개 변수 대화상자에 표시할 텍스트는 디자인 보기의 조건 행에 대괄호([ ])로 묶어서 입력한다.

50 DoCmd.OpenReport "제품별재고현황" → '제품별재고현황' 보고서를 연다.

51
- **SELECT Count(*) :** 전체 개수를 표시
- **FROM (SELECT Distinct City From Customer); :** Customer의 City가 중복된 것을 제외
- City 필드에서 중복된 것을 제외하면 부산, 서울, 대전, 광주, 인천이 남으므로 전체 개수는 5개이다.

52 '컨트롤 원본' 속성에서 함수나 수식사용 시 문자는 큰따옴표("), 필드명이나 컨트롤 이름은 대괄호([ ])를 사용하여 구분한다.

53 페이지 번호의 표시 위치는 '페이지 위쪽'과 '페이지 아래쪽' 중 선택할 수 있다.

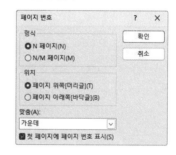

54
- **레이블 보고서 :** 우편물 레이블 인쇄용 보고서
- **우편 엽서 보고서 :** 우편 엽서용 보고서
- **업무 문서 양식 보고서 :** 거래 명세서, 세금 계산서 등의 업무용 양식 보고서

55 컨트롤의 이름은 중복 설정이 불가능하다.

56 모달 속성을 '예'로 선택하면 포커스를 다른 개체로 이동하기 위해서는 반드시 폼을 닫아야 한다.

57 보고서 마법사에서 필드 선택은 여러 개의 테이블이나 여러 개의 쿼리에서 가능하다.

58 분할 표시 폼을 만든 후에는 컨트롤의 크기를 조정할 수 있으며, 기존 필드의 추가도 가능하다.

59 FindRecord 함수는 특정한 조건에 맞는 첫 번째 레코드를 검색한다.

60 ■ 폼 분할은 데이터시트 보기와 폼 보기를 동시에 표시하는 기능으로 [만들기] 탭-[폼] 그룹-[기타 폼]-[폼 분할]을 선택하여 생성한다.

■ 하위 폼은 [폼 디자인 도구]-[디자인] 탭-[컨트롤] 그룹-[하위 폼/하위 보고서] 컨트롤을 클릭한 후 드래그하여 작성하거나 [데이터베이스] 창에서 테이블, 쿼리, 폼 등을 [폼] 창으로 드래그하여 작성할 수 있다.